DICTIONNAIRE AMOUREUX DES TRAINS

DU MÊME AUTEUR

AUX ÉDITIONS PLON

La Saga des Romanov.

AUX ÉDITIONS PERRIN

Louis II de Bavière ou le Roi foudroyé. Couronné par l'Académie française.
Haussmann, la gloire du Second Empire. Prix Historia.
Sissi ou la Fatalité. Prix des Ambassadeurs.
La Princesse Mathilde. Prix Napoléon III.
Eugénie, la dernière impératrice. Grand Prix de la Fondation Napoléon.
Rodolphe et les secrets de Mayerling.

ALBUMS ILLUSTRÉS DE PHOTOGRAPHIES DE JÉRÔME DA CUNHA

Sur les pas de Mozart, en collaboration avec Frédéric Pfeffer.
Les Châteaux fous de Louis II de Bavière.
Sur les pas de Sissi.
A Saint-Pétersbourg sur les pas des tsars.

AUX ÉDITIONS DE FALLOIS

Malesherbes, gentilhomme des Lumières. Grand Prix de la Biographie d'Histoire de l'Académie française.

AUX ÉDITIONS DU ROCHER

Le Roman de Vienne.
S.A.S. Rainier III de Monaco : 700 ans d'histoire des Grimaldi.
Inoubliable Grace de Monaco.
Colette et Monaco.

AUX ÉDITIONS JULLIARD

Sleeping Story, la fabuleuse épopée des wagons-lits.

AUX ÉDITIONS ANDRÉ BARRET

L'Aventure des chemins de fer (1832-1914).

AUX ÉDITIONS DENOËL, EN COLLABORATION AVEC JEAN-PAUL CARACALLA

L'Orient-Express. Couronné par l'Académie française.
Le Transsibérien.
Les Trains des Rois et des Présidents.
Le Train Bleu et les grands express de la Riviera.
La Tour Eiffel (album du Centenaire).

AUX ÉDITIONS FLAMMARION

Mémoires d'un palace. Photographies de Jérôme da Cunha.

AUX ÉDITIONS CHRONIQUE/DARGAUD

Chronique du XXe siècle (rédacteur en chef).
Chronique de Paris (rédacteur en chef).

AUX ÉDITIONS JEAN-PIERRE BARTHÉLEMY/CAISSE NATIONALE DES MONUMENTS HISTORIQUES ET DES SITES

Le Haut-Kœnigsbourg. Photographies de Robert César.

JEAN des CARS

DICTIONNAIRE AMOUREUX DES TRAINS

Dessins d'Alain Bouldouyre

Plon

COLLECTION DIRIGÉE PAR
JEAN-CLAUDE SIMOËN

ISBN : 978-2-259-20340-1

Pour Jean-Paul Caracalla.

Et, « in memoriam »,
pour Jean Ferré (†),
homme libre et
journaliste libre.

« Il y a moins de bénéfices à espérer d'un billet de loterie
que d'un billet de chemin de fer. »

Paul MORAND,
de l'Académie française.

Prologue sous pression...

« On va faire du train ! » Le cri, libérateur, était lancé. Mes parents et mes grands-parents maternels, qui adoraient les voyages ferroviaires, savaient qu'ils ne pouvaient me faire un cadeau plus somptueux. On allait prendre le train ! Pas pour un petit parcours mais pour une soirée, une nuit et un début de matinée. On allait loin, vers le Midi ou les Alpes du Sud. C'était magique : je ne tenais plus en place, je sautais dans l'appartement, fou de joie, et deux jours avant le départ je ne parvenais pas à m'endormir. Seul me bercerait le bruit ensorcelant, le fameux « tagada, tagada, tagada » (j'admets d'autres traductions de ce langage mécanique des roues sur les intersections des rails plus courts qu'aujourd'hui)... Et encore ! J'étais comme les locomotives à vapeur, sous pression.

C'était au début des années cinquante. Un voyage exigeait encore une préparation, comme dans les romans de Jules Verne, l'un de mes plus fidèles compagnons de jeunesse. Même si la lecture d'une carte ou d'un itinéraire était une habitude excitante, je connaissais par cœur notre périple. C'en était un. Je me récitais des noms, mythiques pour moi seul et les inconditionnels : Laroche-Migennes, Livron, Blancarde... La gare de Paris-Lyon fut celle de mes premiers rêves. Edith Piaf a chanté qu'il y a des gens bizarres dans les trains et dans les gares, mais moi je ne voyais que des pèlerins d'un art du voyage, aujourd'hui presque disparu. J'aimais déjà l'extraordinaire Buffet, dit du Train Bleu*, avec ses peintures 1900 évoquant des pays de soleil, ses femmes à voilette et ses messieurs à canotier et, bien sûr, le campanile à l'énorme horloge qui sanctionnait nos retards éventuels. Très éventuels car, bien entendu, comme dans une pièce de Labiche, nous arrivions, affolés, au moins une heure à l'avance. Régulièrement, un chef de gare (car je ne pouvais admettre un autre grade pour répondre aux interrogations familiales) nous informait :

— Le train n'est pas encore formé...

Alors, je guettais le bout de la voie qui se multipliait en un écheveau d'acier d'où émergerait enfin la rame qui m'emporterait au bout de la nuit.

Elle arrivait. Il y avait les voyages chic et les autres. L'élégance était, ces années-là, celle du Train

Bleu, pseudonyme qui avait remplacé, depuis longtemps, la dénomination officielle de « Calais-Méditerranée Express », parti pour la première fois de cette même gare le 9 décembre 1922. De Paris à Vintimille (parfois jusqu'à San Remo), ses voitures (à noter définitivement : on ne dit pas « wagons » pour les humains) étaient bleues, flanquées des armes de la Compagnie Internationale des Wagons-Lits et des Grands Express Européens, deux lions dorés. Au-dessus, un double filet jaune soulignait la hauteur de la caisse. Une rame luxueuse, homogène, nimbée d'une lumière ambrée. Les noms me faisaient fantasmer : la plaque de parcours, long rectangle blanc avec les principales destinations (Paris-Nice), et la caractéristique de ce rapide de nuit, le seul, sur ce trajet, alors composé de voitures-lits, d'une voiture-restaurant et d'une splendide voiture-salon-bar. Un palace du rail. Comme dans un vieux film, nous allions à Monte-Carlo. Le départ était à 20 heures. Lorsque j'eus douze ans, un âge prétendu raisonnable, j'eus le droit de me hisser sur l'un des quatre tabourets du bar. Un soir faste, mon père, qui ne s'était pas encore surnommé lui-même « Guy des Gares » pour faire croire à certains critiques qu'ils avaient de l'esprit, m'apprit à regarder autre chose que les marqueteries vernies, les affiches publicitaires et les lampes aux abat-jour de soie rose qui faisaient scintiller l'argenterie. Il me dit :

— Voici des gens célèbres dont tu entendras parler plus tard. Mademoiselle Chanel, Sacha Guitry et Walt Disney.

En effet, j'en ai beaucoup entendu parler.

Coup de sifflet, autoritaire, suivi de l'avertissement « Attention au départ ! », démarrage plus ou moins doux, arrachement progressif, des portières qui claquent, des « Bon voyage ! » échappés du quai jusqu'aux fenêtres qu'on pouvait encore ouvrir, des cahotements sur les aiguillages. Le sublime hôtel roulant attaquait la nuit, entièrement éclairé – sauf le fourgon – comme un paquebot. C'était féerique.

L'immense Sacha, qui faisait des mots comme on respire, déclara :

— Mon cher... Savez-vous pourquoi on appelle ce train le Bleu ? Parce qu'on s'y fait des bleus !

En effet, entre les tables, il fallait naviguer et on se cognait dans des bruits de fer. On roulait. Enfin ! La première magie du train est son roulement. La seconde, à l'époque, était cet univers sonore bientôt ouaté et harmonisé par la vitesse. Bleu dense à l'extérieur comme la Méditerranée par temps de mistral, d'or à l'intérieur comme un soleil couchant, tel était mon paradis éphémère. A Villeneuve-Saint-Georges, la cacophonie devenait une symphonie. Le barman, snob et satisfait de sa clientèle, pouvait murmurer :

— Mon bar est aussi bien fréquenté que celui du Ritz !

Un train mondain, de stars du Festival de Cannes, de joueurs de casinos, de retraités fortunés allant réchauffer leur carcasse dans le parfum des mimosas. Des oisifs, aussi, qui dissimulaient au soleil les ombres de leur vie après la guerre. Ou encore la promenade des Anglais, riches ou qui se comportaient comme tels. De grands noms, des habitués, des amateurs de romantisme. Un style. Un club. Une époque.

Puis, la sacro-sainte clochette de cuivre, agitée par le chef de brigade, sonnait « Premier Service ! ».

Nous quittions le bar pour le restaurant. Même si l'électricité sonnait, elle, le glas de la traction à vapeur, la cuisine fonctionnait toujours au charbon, comme en 1928. Car ces belles voitures avaient de la mémoire ; les LX 10 et 16 (pour dix et seize voyageurs seulement) totalisaient des millions de kilomètres depuis les Années folles. Si elles pouvaient parler ! Arborant une cravate à élastique « pour faire comme Papa », je dévorais le menu, d'abord des yeux. Le foie gras en gelée, l'entrecôte aux pommes sarladaises, les fromages à cœur, la tarte aux pommes. Je n'avais droit qu'à de l'eau mais déjà je savais le nom du plus ferroviaire des bordeaux, le listrac. Nous n'étions pas dans ce que le journaliste et chroniqueur James de Coquet, l'une des belles plumes du *Figaro*, nommait « le wagon-frichti » mais à une des meilleures tables roulantes d'Europe. Cher wagon-restaurant... Il combinait plusieurs plaisirs, dont celui, très ferroviaire, de la conversation.

La nuit s'annonçait douillette dans le sleeping familial. Tout était chaud, accueillant, préservé. Appuie-tête rembourré, lampe d'applique, velours frappé, bois précieux. Le summum du luxe était signé d'acajou, éclairé de bois blond. Dès que la porte était fermée, les sons étouffés nous changeaient d'ambiance. Le mystère s'installait. Un personnage qui m'est cher, le légendaire « contrôleur des Wagons-Lits » (dont l'intitulé exact est, en réalité, conducteur), portant l'uniforme marron et casquette, avait préparé nos lits. Alors, je restais le plus longtemps possible à la fenêtre pour guetter le convoi dans une courbe à quelque 120 km/h. Il glissait sur les rubans miroirs. Et je m'endormais d'un coup dans la lueur bleutée de la veilleuse. Plus tard, je compris pourquoi Joseph Kessel* écrivait dans son roman-reportage *Wagon-Lit* (1932) que « le miracle était à l'intérieur de cette boîte vernie », la cabine, et que « les hommes semblaient plus audacieux et les femmes plus belles »... Il est vrai que les trains de nuit sont comme les jolies femmes, ils ont besoin de reflets dorés.

Le talentueux duo complice de romans policiers sans policier, Boileau-Narcejac, a mitonné un livre pour amateurs, *Le Train Bleu s'arrête treize fois*.

J'espérais que le mien ne s'arrêterait jamais car les longs parcours sont les plus fascinants. A bord, se dégage un art de vivre. On s'installe pour l'aventure. La gare de Marseille-Saint-Charles étant en cul-de-sac, c'est à La Blancarde que se produisait le miracle suivant. La brigade du dîner était relevée par celle du petit déjeuner. Et je me réveillais alléché par deux odeurs, celle du café-toasts et celle de la vapeur, le tronçon Marseille-Vintimille n'étant pas encore électrifié. On sentait que la traction n'était plus la même. On entendait l'effort. En tête, s'échappait un son régulier, bien perçu quand on se trouvait du côté de la courbe. En écho, les rochers de la Côte d'Azur me renvoyaient un thème obsessionnel, un *Boléro* de Ravel de chuintements. Escarbilles, fumée, bielles tricoteuses de sensations délicieuses. Au matin, la Pacific 231 E 3 avait mission de compenser le retard nocturne et ne se privait pas de cracher noir-gris-blanc sur les Maures et l'Estérel. « On va faire l'heure », assurait, optimiste, le conducteur, qui avait passé la nuit sur une méchante couchette amovible de moleskine, au bout du couloir, après avoir noté les arrêts des voyageurs, alimenté la chaudière toujours au charbon et servi des thés ou cafés complets aux paresseux et aux amoureux de l'intimité. « Faire l'heure » : l'une des plus belles expressions pour ceux qui avaient la religion de l'exactitude, une idée fixe et une réputation quasi universelle. Moi, évidemment, excité comme une puce, je me précipitais au wagon-restaurant. Tout seul comme un grand. J'admirais les attentions du personnel, digne d'une grande maison. J'appris quelques ficelles du métier. Par exemple, pour éviter de renverser le contenu de votre tasse, mettez la cuiller dedans. Et j'observais le maître d'hôtel qui, sur un petit carré de papier posé sur le bord de la table, traçait une croix. Chaque partie correspondait à la commande du voyageur. Ainsi, il n'y avait pas d'erreur dans le service. Les œufs brouillés ? Ils étaient pour moi.

On descendait du train les vêtements piquetés de filaments noirs, assez sales, il est vrai. Paul Morand* écrit joliment, lors d'un voyage dans le Sud-Express (Paris-Madrid-Lisbonne), qu'il savait si la frontière espagnole était franchie – en dehors des différences d'écartement des voies – uniquement en examinant la taie de son oreiller : au matin « il était moucheté du charbon des Asturies »... On était arrivés, hélas...

Mon voyage ordinaire n'était pas moins passionnant. J'allais retrouver mes cousins dans les Hautes-Alpes, près d'Embrun. Ici, point de luxe, ni sleepings ni restaurant, pas même un verre d'eau. Un train familial. Nous voyagions ainsi. Le rituel n'était évidemment pas le même qu'à bord du Bleu bien que mon excitation fût identique. Ma grand-mère, prévoyante, préparait des sandwiches onctueux mais, hélas, enveloppés dans un papier dont les froissements étaient insupportables. Après le cri du loueur d'« Oreillers ! Couvertures ! », je revendiquais la couchette du haut pour pouvoir soulever le rideau en pleine nuit et surtout à l'aube, dès que possible, sans réveiller tout le monde. Le départ était à 21 heures. Nous avions donc dîné avant mais les sandwiches et la Thermos avaient pour mission de parer aux fringales nocturnes et assuraient un petit déjeuner indispensable car notre « rapide » était souvent en retard dans les montagnes... Ce pique-nique était rassurant. Et on pouvait se croire à une autre époque car ma grand-mère multipliait les paquets. Il y en avait partout, y compris le panier de la chatte noire à tache blanche, l'irascible Poufette, qui n'arrêtait pas de miauler. Et de griffer et de cracher si on essayait de pactiser. Nous étions un peu la Famille Fenouillard.

J'avais été émerveillé par le record de vitesse* établi par une machine électrique, la BB 9004, une BB contemporaine de Brigitte Bardot ; elle avait atteint 331 km/h. C'était le 29 mars 1955, sur une célèbre ligne droite de 66 km dans les Landes, jusqu'à Morcenx. En réalité, deux locomotives, sorties des ateliers de deux constructeurs différents, avaient battu le record du monde sur rails, tractant chacune trois voitures de troisième classe qui avaient subi, sans dommage, le vertige de cette allure phénoménale sur une ligne construite au siècle précédent. Après un tel sprint, ces voitures furent mises à la retraite et les troisièmes classes supprimées l'année suivante. Ces essais, qui visaient surtout à renforcer la sécurité, en particulier sur la ligne Paris-Lyon, révélèrent qu'après le passage de cette rame historique les rails, de préférence parallèles, ne l'étaient plus tout à fait ! On allait faire ce qu'il fallait, l'objectif du 140 km/h en vitesse commerciale étant fixé. En attendant le 200... dix ans plus tard.

Dans le Paris-Briançon, je ne risquais pas de telles émotions. Nous étions un peu au début du film des *Vacances de M. Hulot*, entre des haut-parleurs dispensant des annonces incompréhensibles et des ribambelles de gosses désobéissants. Lors de mes vacances alpines, ce qui me faisait frissonner de plaisir était une gare au sud de Valence, Livron, dans la Drôme. Je la guettais vers 5 heures du matin. A cet endroit, la vapeur gardait ses droits, partagés avec quelques autorails. Plus de caténaires gâchant mon paysage défilant mais des poteaux télégraphiques dont les fils montaient et descendaient sans fin et des sémaphores mécaniques, de vieilles lampisteries, des commandes manuelles d'aiguillages, des châteaux d'eau pour les tenders assoiffés. Le ciel, mon ciel, était dégagé pour que s'y inscrive la fumée, surtout si nous étions en tête, ce que j'adorais car je scrutais le travail des bielles. L'extase. La voie était unique, admirablement dessinée le long de la Drôme. Véritable ligne impériale oubliée, déjà envisagée sous Napoléon III*, elle offre, sur près de 250 km, l'un des plus majestueux tracés français. Les contreforts du Vercors, le massif du Dévoluy, des amphithéâtres rocheux, des gorges, des tunnels, des viaducs et des cols redoutables, comme celui de Cabre (1 180 m) après Luc-en-Diois, me donnaient l'impression de voir un paysage de western* sur l'écran de ma fenêtre, surtout avant la mise en eau de la retenue de Serre-Ponçon le 18 mai 1961. Le tunnel du col de Cabre marque la limite entres les régions ferroviaires de Lyon et de Marseille. Mais sa construction, entre 1886 et 1891, fort dangereuse, est originale : il a été conçu pour une double voie jamais construite ; en réalité, son large gabarit devait permettre une meilleure évacuation de la fumée... Notre train se faufilait dans ce grandiose décor et, à chaque entrée et sortie de tunnel, les longs coups de sifflet décuplaient mon plaisir. Plus tard, j'appris la symbolique érotique au cinéma* de ces scènes combinant vitesse, variations sonores et pénétrations dans l'inconnu sombre.

Et puis, faire la course avec les automobiles était irrésistible. On se croisait, on se saluait. On avait le temps, c'était un jeu. Même les vaches nous regardaient parce que le « rapide » jouait un spectacle dont il était la vedette. Passages à niveau, sonneries de voies envolées à l'aube et, bien sûr, je ne perdais pas une seconde du spectacle de la locomotive en plein effort, tricotant comme une longue machine à coudre. Un train héroïque où mécanicien et chauffeur, l'équipe, ne pouvaient relâcher leurs interventions un instant. Ouverture du foyer toutes les 45 secondes. Trois pelletées de charbon à une place précise, au centre, à gauche, à droite pour le chauffeur tandis que le mécanicien, masqué par ses lunettes comme celles des premiers aviateurs, surveillait la voie, l'indicateur de vitesse et aussi la pression. Avec des rampes de plus de 20 %, la honte eût été de tomber... en panne ! Je prenais des notes sur le matériel. C'était souvent une belle Américaine qui nous tractait, une de ces machines dites de la Libération, la 141 E 543, et j'ai connu son mécanicien, Raoul Marcellin. Il était de Veynes. Si ce nom ne vous dit rien, sachez que Veynes est un lieu mythique de la géographie ferroviaire des Alpes du Sud. Le chemin de fer y était arrivé en 1875. C'était – et c'est toujours – le croisement des lignes Grenoble-Marseille et Valence-Briançon. On disait « L'Etoile de Veynes » comme on avait parlé, sous le roi Louis-Philippe, de

« L'Etoile de Legrand », du nom de l'ingénieur qui avait tracé les premières lignes au départ de Paris. Dans cette région d'accès difficile où l'avion est improbable, Veynes fut un fleuron de la Compagnie du PLM. Son dépôt géra jusqu'à cent locomotives, dont cinquante-quatre sur une seule rotonde dès 1885. Avec plus de cinq cents employés, Veynes avait été la capitale cheminote d'une région où les montagnes, encore impressionnantes, étaient déjà dorées du soleil méridional. Au petit matin, sur le quai, les accents chantaient. Et il faut bien dire que pour Aspres-sur-Buëch, Montmaur et ses deux châteaux ou Saint-Julien-en-Beauchêne, l'arrivée du « rapide de Paris » était un événement. Le seul, ou presque, de la journée jusqu'au retour, le soir. Entre le train « descendant » et le « montant », le calme demeurait montagnard. On allait « au rapide » et cela vous posait. On savait que ce n'était pas un omnibus local, un de ces tortillards poussifs mais pittoresques qui ont grandi les chefs-lieux de canton et les Sous-Préfectures. L'hiver, pour regagner Paris, en gare d'Embrun où tout le monde se connaissait, j'attendais la sonnette de voie. « Il a quitté Châteauroux ! » On se préparait à l'assaut des voitures au marchepied toujours trop haut. Avez-vous remarqué les gens qui prennent leur valise ou s'avancent dès l'annonce comme si le train se devait d'accélérer sa marche ?

— Jean, ne te mets pas aussi près du quai !

Mon audace me valut une gifle de ma tante. « Qu'est-ce que je dirai à ta mère si tu te fais écraser ? » Le chef de gare, sauveteur attentif, intervenait : « En arrière, s'il vous plaît ! » car le souffle et les échappements d'une Mikado, même au freinage, ça vous bouscule !

Une longue courbe avant l'arrivée, le suspense me gonflait d'un plaisir secret. Il y avait du monde, en cette fin de vacances. Je pariais avec mon grand-père qu'il y aurait deux machines. Une double traction ! L'extase pour les doux maniaques dans mon genre. On le voyait tout de suite car, le train étant quelques instants de profil, je devinais deux lueurs orange-blanc à l'avant... Deux foyers ! Deux locomotives ! Le train serait très lourd. Et, souvent, les sports d'hiver exigeaient un convoi supplémentaire. A dix minutes près, on se trompait et la famille était éparpillée mais les contrôleurs nous connaissaient. C'est ainsi que, pour un déjeuner de Noël, mon père, s'étant distraitement fourvoyé, se retrouva seul dans le supplémentaire venant de Paris, ce qui n'était pas grave, mais il était porteur de la dinde truffée, ce qui était beaucoup plus préoccupant.

Ce sont là mes plus anciens souvenirs. Aujourd'hui, je les revis souvent et je les complète lors de voyages spéciaux, rétro, où dépasser le 100 km/h serait du gâchis. J'ai été conducteur des Wagons-Lits sur le Paris-Istanbul, j'ai animé des croisières sur rails en Russie, en Mongolie et en Chine. J'ai pris l'exotique train des Volcans à Java, j'ai rêvé à bord du Congo-Océan (Dakar-Niamey) et je raffole du Chemin de fer de la Baie de Somme. Au Japon, dans le Shinkansen, le TGV* nippon, j'ai partagé un gâteau d'anniversaire avec Jacques Chirac, alors maire de Paris. J'ai franchi la Cordillère des Andes. Et j'ai eu le privilège d'actionner le régulateur contrôlant l'admission de la vapeur d'une vénérable 150 allemande en Bulgarie puis en Turquie, dans une arrivée romanesque sur le Bosphore. J'ai fait vibrer la « Bête humaine* », suante, transpirante, tremblante mais tellement vivante de spasmes. Un langage, un dialogue pour initiés.

Bref, j'aime tout ce qui roule.

Nostalgie ? Bien sûr ! Et quelle joie de voir que, depuis une vingtaine d'années, de vieux trains sont restaurés, des machines sauvées avec amour et réparées, remis en services touristiques pour la plus grande joie des passionnés qui réservent leurs places des mois à l'avance. C'est mon cas !

Quel bonheur de retrouver l'ambiance d'hier et les gestes d'autrefois, quand le chemin de fer faisait rêver ! Les manœuvres en gare, l'accrochage de la machine qui suscite l'émerveillement silencieux ou des commentaires, les prises d'eau, les sons magiques, tel le coup de sifflet du chef de gare auquel répond celui du chef de traction, l'irrépréssible frisson du départ...

Je suis donc un obsédé du train. Un ferrovipathe qui n'a aucune intention de se soigner. D'où me vient cette fièvre ? Assurément de mon arrière-grand-père. Dans les années 1910, il ne pouvait pas voir partir un express sans monter à bord, ayant, bien sûr, serré la main au mécanicien et au chauffeur avant le départ. Une tradition républicaine qu'approuvait ce saint homme. A cause de ses incessants voyages, le duc des Cars avait reçu un surnom de ses amis du Jockey-Club : « Sleeping Cars » ! Il connaissait tous les horaires, les correspondances et les employés. Je suis donc tombé, très tôt, dans la marmite. Elle devait ressembler à une chaudière. Nostalgie ? Pas seulement. Ne croyez pas que seul le passé me fascine. Journaliste à *Paris Match*, je fus l'un des premiers à faire un parcours d'essai à bord d'une rame prototype du

TGV*, le 001. Il était à turbine. Le choc pétrolier l'obligea à se convertir à l'électricité. C'était le 15 novembre 1977. J'eus le privilège d'être dans la cabine de conduite. Vitesse homologuée ce jour-là : 298 km/h. Un éblouissement. Une joie définitive. Ce n'est qu'à l'arrivée, en regardant ma carte d'accès, que je lus cette mention : « Le titulaire de cette carte est autorisé à ses risques et périls. » Ouf !

Le TGV* allait changer la France et les Français en attendant de changer les relations européennes, à partir de 2007. Un progrès de plus, remarquable. Une poésie en moins, hélas...

C'est à tous les amoureux des trains, ceux d'hier, d'aujourd'hui et de demain, que je propose ce voyage à travers leur histoire. *Un Dictionnaire amoureux* ne peut qu'être injuste, subjectif, sélectif, incomplet, personnel. C'est la règle. Je n'y parlerai que de ce que j'aime ou presque. Mais il y a aussi quelques surprises, cocasses ou émouvantes, des évocations ou références inattendues.

Etes-vous prêts à rêver ? Comme on ne dit plus mais je le dis quand même :

— En voiture !

« La trépidation excitante des trains
Nous glisse des désirs dans la moelle des reins. »

Alphonse ALLAIS.

Abri

Bien avant de désigner un souterrain pour se protéger des bombardements aériens pendant la Deuxième Guerre mondiale, l'abri est un habitacle provisoire et rudimentaire. Cela est valable pour tout le monde... sauf pour les mécaniciens et les chauffeurs de locomotives à vapeur. En France, le terme semblait un peu prédestiné puisque son origine, partiellement latine, *apricari* signifiait « se chauffer au soleil »... D'accord pour le chauffage mais il sera au charbon ou au bois puis, hélas, souvent au fuel après 1950, et ne pourra lutter contre les tourbillons... L'abri n'est autre que la cabine de conduite de la machine. A l'heure où les conducteurs de TGV* sont confortablement assis pour faire leur métier, ayons une pensée pour les héroïques pionniers du rail. Ils sont, vers 1840, en plein vent, juchés sur une vague rambarde ou une plaque de tôle. Les ingénieurs n'ont pas encore pensé à ces hommes. Au mieux, ils sont protégés par un garde-corps sans toit. Les machines Crampton de la Compagnie du Nord, parmi les plus anciennes qu'on ait vues en France, roulent déjà à 100 km/h en 1849 sans protection excessive de l'équipe. On verra certains chauffeurs et mécaniciens installer des toiles préparées par leur femme... L'ennemi n'était pas le vent – inévitable – mais la pluie ou la neige. A dater de 1860, peut-être en suivant l'exemple américain, l'abri digne de ce nom apparaît. Sa solidité est essentielle puisque toutes les commandes de la locomotive sont groupées derrière ce pare-brise qui deviendra structuré, bien intégré ou caréné, et fera partie de l'esthétique des légendaires 231 et d'autres championnes de vitesse.

L'abri fait mentir les dictionnaires car les hommes y passent tellement de temps que c'est un domicile. La preuve : chaque machine aura son équipe attitrée. Une fois montés, les places et fonctions ne varient pas, le mécanicien à gauche, la main sur le levier d'admission de la vapeur ou les freins, l'œil sur l'indicateur de vitesse. A droite, le chauffeur avec ses pelles ou, selon les cas, réglant aussi le *stoker*, un système alimentant en permanence la chaudière en charbon depuis le tender grâce à une vis sans fin. L'abri est un endroit où, une fois que le train est en marche, les hommes ne se parlent pratiquement plus, sauf imprévu. Le bruit est infernal, on communique par signes et je vous renvoie, pour une remarquable illustration, au film *La Bête humaine**. Les regards, gestes et sifflets de Gabin à Carette valent tous les dialogues.

Dernière remarque et non la moindre : le sol de l'abri est très instable, solidaire des mouvements de la locomotive. Plus elle va vite, plus on est secoué par des trépidations épouvantables. Les abris de certains modèles de machines au début du XXe siècle étaient si malmenés que les hommes en avaient intestins et estomacs bouleversés...

Accidents

Il faut bien en parler... J'en retiens deux seulement, spectaculaires, entrés dans l'Histoire et insolites.

Dès 1840, Honoré Daumier* exerce sa verve satirique contre les compagnies dont les trains ont de nombreux accidents et contre certains voyageurs au comportement bizarre et intéressé. Sur un premier dessin, des gens, ravis, béats et satisfaits, ouvrent les portières et descendent d'un convoi. « Avoir fait un voyage de quinze lieues en chemin de fer et pas un accident... Quelle chance ! » dit la légende. Un second dessin montre un couple et un homme seul dans un compartiment. Les deux messieurs bavardent : « Il me semble que nous allons dérailler !... » dit l'un. L'autre répond, doctoral : « Vous avez peur en chemin de fer ? Moi... Pas... Ma vie est assurée pour 100 000 francs... Je ne serais même pas fâché qu'il nous arrive un accident pour pouvoir me faire payer une indemnité par ma compagnie... »

La mentalité méfiante de la clientèle louis-philipparde donne des idées aux assureurs : prévoir des primes et des indemnités pour les risques encourus dans ce nouveau moyen de transport pas très maîtrisé. On voit même, vers la fin de la monarchie de Juillet, paraître une annonce dans la presse parisienne, avec un titre bien visible : « Accidens [sans t] en chemins de fer ». Et on est informé que « chez MM. Norbert Estibal et Fils, 12, place de la Bourse, on délivre des bulletins de voyage de l'assurance ». Quelques précisions liées à la constitution d'une « Caisse paternelle » : « L'Assurance contre les accidens [*re-sic*] en chemins de fer ont lieu au parcours ou par abonnement », « les bulletins de voyage sont au porteur et seulement valables pour les départs d'une même journée », « les polices d'abonnement sont nominatives et valables pour tous les chemins de fer d'Europe ».

Parmi les premières causes d'accidents non liés à la traction ou à la vitesse, la fermeture des portières de compartiment, souvent défectueuse. Et certains voyageurs, grisés par le 30 km/h, les ouvraient pendant la marche... D'où une réglementation imposant, sur ordre des préfets, la fermeture obligatoire des portes à clé... de l'extérieur ! Une précaution aux conséquences désastreuses. En 1839, la ligne Paris-Versailles (rive droite) était ouverte aux trains de voyageurs depuis Saint-Lazare et, le 18 septembre 1840, la ligne desservant la rive gauche entrait en service depuis l'Embarcadère de l'Ouest, bâtiment néo-classique à deux niveaux. Le trafic est de plus en plus important et les Parisiens exaspèrent M. Thiers* : ils aiment rouler et prendre l'air à bord de ce gros « joujou », vif en troisième classe. Un joyeux dicton est chanté dans les voitures découvertes dont les banquettes sont notoirement inconfortables : « Qu'importe le wagon, pourvu qu'on ait l'ivresse ! »

Le dimanche 8 mai 1842, il fait très beau. A Versailles, les Grandes Eaux s'élèvent dans le ciel pour la fête du roi et les foules se précipitent en chemin de fer vers le château de Louis XIV. La Compagnie de l'Ouest a prévu des convois supplémentaires. Au retour, le train de 5 h 30 est complet. Deux locomotives ont été accrochées. On s'écrase dans les trois classes des dix-sept voitures. A raison de 40 voyageurs en moyenne à l'intérieur et 20 à l'extérieur dans chacune, on comptera 768 personnes avec celles montées aux gares intermédiaires jusqu'à celle de Bellevue. Avant chaque départ, les employés ont consciencieusement fermé toutes les portières. Parti à 5 h 33, le convoi de 127 mètres et de 160 tonnes roule normalement. Lors de la descente entre Clamart et Meudon, un essieu de la première machine à quatre roues, la *Matthieu-Murray*, se rompt ; la seconde prend de la vitesse et vient heurter celle de tête. Le poids du convoi aggrave le choc. La première machine est éventrée, entraînant les remorques 25 mètres plus bas, sur le talus ; Georges, le chef mécanicien de la machine folle à six roues, l'*Eclair*, est broyé. Son tender vole littéralement et s'écrase sur la voie de droite. Dans un épouvantable fracas de ferraille, les voitures en bois éclatent et, selon les témoins horrifiés, « le feu tombe entre les rails ». Jusqu'à 10 mètres de hauteur, les wagons s'amoncellent les uns sur les autres. Immédiatement, l'incendie gagne les cinq premières voitures, brûlant et asphyxiant les passagers qui hurlent. En quarante minutes, le convoi n'est plus que cendres. Le train de plaisir est devenu le train fatal. Triste dimanche que celui de la première catastrophe de l'histoire ferroviaire. Ce qui n'était qu'un accident est devenu une effroyable tragédie à cause des portières fermées : aucun passager n'a pu s'échapper du brasier. Les secours n'ont rien pu faire, la garde municipale, la gendarmerie et les hommes d'un régiment de ligne ont été impuissants devant un mur de flammes. Parmi des cadavres moins mutilés que les autres, « celui d'une jeune femme ayant encore les débris d'un bracelet au bras et une chaîne en or mais la figure entièrement carbonisée et celui d'un homme portant sur le bras droit un tatouage représentant le Saint-Sacrement »... Toute la nuit, des convois transportent les corps jusqu'à Paris pendant que les procureurs du roi, ceux de la Seine et de Versailles, le préfet de police et le juge d'instruction Déterville-Desmortiers sont sur les lieux. Le lendemain, des ouvriers et des militaires s'activent pour enlever avec des pelles et des perches les restes des victimes.

« Ce ne sont que des cendres et des ossements accumulés les uns sur les autres, au milieu desquels on retrouve des pièces d'or, d'argent, des montres et autres bijoux fondus par la chaleur. » Le surlendemain, la compagnie publie le sinistre bilan : 55 morts, 63 blessés graves. Des chiffres malheureusement provisoires : on parlera de 164 victimes... Une annonce de la direction assure que la seule cause est la rupture d'un essieu – ce n'est que l'origine du drame – et qu'il s'agit, hélas, d'un de ces « accidents qui échappent à la prévision humaine »... Après vingt heures de recherches, on apprend, avec consternation, qu'une des victimes est le contre-amiral Dumont d'Urville, qui a péri avec son épouse et leur fils. Or, cet homme mort à quelques kilomètres de Paris avait parcouru les deux tiers des mers du globe pendant seize ans. Lors de ses expéditions, il avait dressé des cartes marines de 15 000 lieues de côtes (environ 60 000 km). Le 21 janvier 1840, par 138° de longitude, sous le cercle Polaire, il avait découvert une terre inconnue recouverte de glace et de neige ; il l'avait baptisée « Terre Adélie », du prénom de sa femme. Il avait également mis au jour les débris du navire de La Pérouse naufragé, exploré le Pacifique. Mais, en 1821, il avait rapporté une statue déterrée par un paysan dans une île grecque. C'était la *Vénus de Milo* dont les bras furent brisés plus tard et que Dumont d'Urville avait décrite dans son rapport comme « ... une femme nue dont la main gauche relevée tenait une pomme et la droite soutenait habilement une ceinture drapée ». Même sans bras, elle allait émerveiller les visiteurs du Louvre. Qu'un si grand marin, revenu sain et sauf de dangereuses et lointaines équipées, disparaisse à l'âge de cinquante et un ans dans le brasier du train fou de Versailles bouleverse l'opinion. Sa mort est trop stupide. Et elle relance les polémiques.

Cinq ans après l'inauguration de la ligne de Paris à Saint-Germain, les plus ardents défenseurs du chemin de fer ne peuvent que s'interroger sur ses dangers. Et prendre des mesures pour en limiter les risques. Les pessimistes triomphent. N'avaient-ils pas prédit des cataclysmes en tout genre ? L'Académie des sciences tient immédiatement une séance extraordinaire ; on y discute de la fermeture extérieure des portières, manifestement imbécile, mais aussi d'un matériel fatigué, mal entretenu et défectueux, sans oublier une charge beaucoup trop lourde. L'enquête révèle que la locomotive *Matthieu-Murray* « roulait sans cesse depuis le 30 septembre 1839 sans qu'on eût jamais changé les essieux ». Le mécanicien Dupuis avoue qu'il avait surnommé la machine rafistolée « une bécasse » et que « lorsqu'on dirigeait sa marche en avant, elle reculait » ! L'ingénieur Perdonnet avait, en vain, réclamé que le parc de locomotives de seize machines, trop limité, soit porté d'urgence à trente-deux car « Messieurs, les machines sont comme les hommes, il faut qu'elles se reposent ». La compagnie avait effectivement commandé des essieux et des roues de rechange en Angleterre, mais ces pièces restaient bloquées en douane depuis mars 1841... parce que ladite compagnie n'avait pas de quoi acquitter les taxes ! D'autres graves fautes sont relevées. Ainsi, à Versailles, le chef de gare Lamoninari, cédant à l'enthousiasme et à l'impatience des voyageurs, avait fait atteler la *Matthieu-Murray* qui ne pouvait dépasser le 40 km/h et l'*Eclair* qui, elle, atteignait le 50 km/h. A cette incompatibilité s'ajouta la vitesse excessive du convoi. A Bellevue, des voyageurs inquiets avaient regardé leur montre : six minutes et demie seulement depuis Sèvres, c'était de la folie ! Plusieurs protestèrent. Un avocat, Me Blaze, criait au contrôleur : « Vous allez d'un train à tout étriper ! Vous n'aurez plus ma clientèle ! » Les roues commençaient à vaciller. Quelques secondes plus tard, c'était l'accident. Le rapport d'enquête est accablant.

Dix jours après, sur l'avis de la Commission des machines à vapeur, le ministre des Travaux publics prend un arrêté en dix-huit articles. Il interdit, sur cette ligne, une vitesse supérieure à 10 m/seconde, soit 36 km/h. Diverses modifications concernant la traction et la composition des trains sont décidées. Et surtout « les voitures de voyageurs ne pourront jamais être fermées à clé » (article 5).

Cette catastrophe historique a une conséquence inattendue, une chanson... La ballade, sur l'air peu engageant de *Lucie la Poitrinaire* (!), raconte, en six couplets, comment les voyageurs insouciants sont tués par une machine infernale. Extrait macabre :

Le vent courait avec rapidité ;
Mais sa course était bien moins vive
Que la prompte locomotive
Dans son fougueux élan précipité.
Au loin, la mort, à la face hideuse,
Ouvrait ses bras à la foule joyeuse
De souvenirs, de plaisirs et d'amour :
La machine roulait toujours.

Quelque cent vingt ans plus tard, dans une célèbre parodie de *Train fatal*, les Frères Jacques chantaient « Roule, roule, train du malheur... ». L'écrivain Jean de La Varende (1887-1959) racontait une réplique d'un parfait mauvais goût qu'on lui avait rapportée dans sa jeunesse : en apprenant la disparition du contre-amiral Dumont d'Urville et les mesures de sécurité qui avaient suivi, quelqu'un avait osé dire :

— Au moins, ce grossier matelot aura servi à quelque chose !

L'illustre époux d'Adélie n'était pas mort pour rien...

La photographie est très connue, l'événement aussi, et on se demande encore comment il n'y a pas eu des dizaines de victimes... Le 22 octobre 1895, à Paris, il est 4 heures précises de l'après-midi. L'express n° 56, parti de Granville (Manche) à 8 h 45, est attendu avec trois minutes de retard au quai n° 6 de la gare de l'Ouest. Il s'agit de la deuxième, construite, un peu en avant de la précédente sur le boulevard du Montparnasse, entre 1848 et 1852. L'architecte Victor Lenoir a conçu un élégant monument. Sa particularité est de permettre aux passants dans la rue de voir les rames derrière les deux verrières.

A la surprise générale, le train arrive plus tôt que prévu et surtout à grande vitesse, sans aucun ralentissement ! Sous la halle de fonte et les arcades cintrées, tous les gens sur le quai et à son extrémité ont compris : la catastrophe est inévitable. Les abords se vident en quelques instants. Au milieu des cris et des jets de vapeur, dans un vacarme terrifiant, la machine n° 721, une 120 de 36 tonnes, pulvérise les tampons, écrase le butoir et s'enfonce dans le mur. Brisant l'une des deux baies vitrées du premier étage – le niveau où sont les voies –, la locomotive tombe sur la place, vingt mètres plus bas, devant le bureau des tramways et le buffet. Fichée dans le sol, elle est chevauchée par son tender et le premier fourgon qui ne chute pas sur la chaussée. En revanche, le second fourgon dont la vigie s'avance dans le vide, le wagon-poste et les dix voitures avec cent vingt voyageurs n'ont miraculeusement pas déraillé. Cette partie du convoi reste au bord du trou béant ouvert dans la gare. Entre les deux allégories de *L'Agriculture* et de *L'Industrie*, l'horloge indique 4 h 01. Dans cet incroyable accident, on ne déplore qu'une seule victime, une femme. C'est une couturière venue remplacer, quelques instants, son mari à la vente des journaux du soir. Le kiosque a été écrasé. La fatalité... La pauvre Mme Héguillard était mère de deux enfants. Un autre drame a été évité : l'un des tramways bondés, dont les voies sont perpendiculaires à celles des chemins de fer, est passé une seconde avant la chute de la locomotive... Sous la direction du préfet de police, M. Lépine, un service d'ordre de trois cents gardiens de la paix maintient les journalistes et les curieux à distance. On craint un effondrement du mur ou la chute du fourgon en équilibre. L'accident – on ne le saura que par le rapport d'enquête le 9 novembre – a pour origine un freinage insuffisant et l'inattention du mécanicien à la vitesse autorisée. Une défaillance mécanique et une faute humaine. Par définition, la faible adhérence des roues et le déplacement facile de centaines de tonnes rendent primordiale la question des freins. Le temps des hommes agissant en serre-freins est révolu. Au coup de sifflet, secoués dans leurs vigies-guérites, ils actionnaient les freins d'une voiture ou d'un wagon, parfois de deux. Il fallait être acrobate. Le métier, scandaleusement mal rémunéré, était si dangereux que les malheureux étaient surnommés « serre-fesses ». Jusque vers 1850, certains wagons, sans freins, étaient attelés entre deux voitures équipées d'un dispositif rudimentaire. Et on ne tenait pas compte du poids... dans les descentes !

Après une série impressionnante – et prévisible ! – d'accidents, le système dit du « frein continu » (sur la totalité du convoi) est adopté par les compagnies, en particulier celle de l'Ouest, en 1877. On comprend pourquoi. Désormais, c'est le mécanicien de la locomotive qui commande le freinage général ; le système à air comprimé, inventé par l'industriel américain George Westinghouse en 1869 et utilisé dès 1872, est désormais obligatoire. Une nouvelle réglementation l'impose à tous les réseaux français au plus tard en 1882. Dernière révélation après la chute de la locomotive : à l'aide d'échafaudages et d'étais, elle fut, laborieusement, récupérée et remise en état... Méditons cette pensée acide de Jules Renard : « Je n'ai jamais eu la chance de manquer un train auquel il soit arrivé un accident. »

Amour(s)

Les moyens de transport et le décor du voyage ont toujours été le prétexte, l'occasion, le début et la fin d'innombrables histoires d'amour, voire le cadre de leur épanouissement. Il n'y a pas de romance sans qu'intervienne, à un moment ou à un autre et même régulièrement, un départ, une arrivée, un trajet, un parcours... Les ports, les aéroports et les gares sont les abris ou les alibis de ces aventures du cœur et du corps, prévues ou imprévues, légitimes ou clandestines. Ici, on s'en doute, je m'en tiendrai aux gares et aux trains. Il y a de quoi raconter ! Comment choisir ? Que retenir ? Entre les émois favorisés par les trains de banlieue – il y en a –, les TGV* qui réduisent le temps de faire connaissance sauf rendez-vous et les grands trains romantiques, je choisis une histoire réelle, vécue par mon instructeur de la Compagnie des Wagons-Lits, le charmant M. Tanguy, lorsque je suivis un stage théorique et pratique en 1974 pour me glisser dans l'uniforme d'un conducteur, d'abord de Paris à Milan puis sur le Paris-Istanbul qui agonisait, avant de connaître une inespérée renaissance, sous des formes variées, à partir de 1977 et surtout de 1981.

L'affaire se situe en 1960, dans l'avant-dernière année d'exploitation du Simplon-Orient-Express*. Né des décombres de la Grande Guerre, ce fils du mythique Orient-Express* (le vrai, celui né en 1883), le SOE pour les amateurs, était encore un train de luxe, avec ses vieilles voitures-lits de première et deuxième classes de l'entre-deux-guerres et une voiture-restaurant sur tout le parcours. Il reliait la capitale française à la Suisse, l'Italie, la Yougoslavie, la Bulgarie et, selon les voitures, Athènes ou Istanbul. Il n'était pas réputé pour sa vitesse et annonçait les grandes migrations ouvrières transformant les villes en banlieues d'une nouvelle Europe en gestation. Avec son chic ébréché, il prolongeait une formidable aventure.

Nous sommes à Venise, gare de Santa Lucia, ce qui est déjà tout un programme puisque les voies butent, ou peu s'en faut, sur le Grand Canal. Sur le quai, un homme et une femme, à quelques mètres l'un de l'autre, disent au revoir à leur conjoint. C'est un soir de printemps et la lagune est parée de ses sortilèges. Dans le couloir de la voiture dont M. Tanguy est responsable, l'épouse et le mari de ceux qui restent échangent de torrides serments avec ceux qui partent : « Téléphone-moi si tu peux dès ton arrivée ! Ou envoie-moi un télégramme. » « Fais attention ! » « Tu me manques déjà... » et autres « Je t'aime ! ». Dans sa longue carrière, le conducteur en avait vu et entendu de ce style mais rarement, me dira-t-il, avec autant de sincérité.

Comme ses collègues, M. Tanguy était l'homme de tous les secrets. Il savait tout et ne disait rien... Mais ce qui s'est passé méritait d'être révélé. Le train part en direction de Trieste et de la frontière yougoslave, à Villa Opicina. Dans le couloir, M. X. et Mme Y. rêvent en longeant l'Adriatique. Soudain, M. X. dit à la dame qui s'apprêtait à regagner sa cabine dans une autre voiture :

— Madame... je sais que je vais vous paraître audacieux ou mal élevé mais, comment dire... je supporte mal la solitude. Mes affaires m'appellent en Grèce et je n'ai pas trouvé une place d'avion...

Peut-être pourrions-nous prendre le thé au wagon-restaurant ? Oserai-je vous faire cette proposition ?

La dame, pas très jolie mais avec beaucoup de charme, ne dit rien. Choquée ? Furieuse ? M. X. reprend :

— Excusez-moi... Ce paysage est tellement beau ! Et puis, autant l'avouer, je déteste l'avion !

C'était ce qu'il fallait dire ! La dame :

— Moi aussi !

Et, après un nouveau silence où seul s'exprimait le train (« tagada, tagada, tagada »), elle ose :

— J'accepte votre invitation. J'ai besoin de me réchauffer...

Ils partent. Le service du thé va bientôt s'achever. On les sert quand même. Ils parlent, se présentent (sous quels noms ? on ne le saura jamais) et bavardent. De tout, de rien, du temps, des papiers et passeports qu'il va falloir présenter car la Yougoslavie du maréchal-président Tito est pointilleuse sur les formalités. Quant à la Bulgarie, c'est un cauchemar, celui d'un satellite soviétique. Oui, il y aura le contrôle des agents des Chemins de fer, celui de la police et l'inspection de la douane, la pire. Un serveur, qui prépare déjà les tables pour le dîner, entend :

— Figurez-vous, Madame, qu'en me rendant à Budapest, ces fouineurs ont dévissé plusieurs fois les lampes de mon sleeping comme si j'y cachais des microfilms !

— Et moi, on m'a fait ouvrir mes valises entre Prague et Vienne et on a même fouillé ma lingerie ! Un comble !

Le chef de brigade intervient, avec une impatience polie :

— Madame, Monsieur, je suis désolé mais nous

devons tout mettre en ordre. Il y a beaucoup de réservations. Puis-je vous conseiller le premier service, à 19 h 30 ?

M. X. et Mme Y. se regardent. Sourires. Ils sont déjà complices.

— Quelle bonne idée ! dit M. X. La même table, s'il vous plaît. Pour deux.

Ils s'en vont. M. X. et Mme Y. ne sont pas dans la même voiture, je le répète car c'est important. Ils se retrouvent, changés, une heure plus tard.

Premier passage de frontière. Une escouade d'uniformes scrute les voyageurs, examine la paperasse. Le silence bureaucratique glaçant des dictatures, entre la courtoisie et la haine. Un agent, coiffé d'une de ces larges casquettes à la russe, manie le tampon nerveusement sur une planchette rabattable, arrimée à son ventre. C'est son bureau. Le coup de tampon est libérateur.

Pendant que certains voyageurs s'expliquent laborieusement et doivent retourner dans leur compartiment chercher ce qui leur manque, suivis des douaniers soupçonneux, nos deux inconnus dînent. La sole est convenable, le chablis pas assez frais mais peu importe. Ils trinquent à cette façon de retenir le temps, en le prenant, et roulent vers ces Balkans compliqués mais passionnants.

21 heures. M. X. se lève, conquérant. Mme Y. le précède, séduite.

Arrivé dans sa voiture, notre inconnu interpelle assez grossièrement le conducteur, M. Tanguy, en train de pointer sa clientèle.

— Conducteur !... Je vais passer un moment avec cette dame, dans son compartiment.

Et il glisse des billets dans la main du conducteur. Employé modèle, M. Tanguy objecte :

— Monsieur, le règlement interdit ce genre de chose. Surtout dans ce pays. Les contrôleurs de route ne sont pas tous passés. Vous devez rester dans votre voiture et même dans votre cabine... Ici.

M. X. s'énerve :

— Ecoutez ! Je sais ce que j'ai à faire ! Fichez-moi la paix ! Tenez, prenez mon passeport, mon billet et tout.

M. Tanguy insiste :

— Monsieur, c'est dangereux et je risque ma place ! Il y a des inspections en cours de route ! Nous aussi sommes très surveillés ! Je vous en prie...

Mais M. X. est déjà parti rejoindre Mme Y. dans sa voiture. Une urgence. Il n'entend pas – ou ne veut pas entendre – M. Tanguy l'avertir :

— Monsieur ! Revenez avant 3 heures du matin !

M. X. n'est jamais revenu. A 3 heures du matin, le SOE était coupé en deux à Nis, important nœud ferroviaire au sud de Belgrade. Ses étreintes ont sans doute empêché ce Casanova du rail de s'en apercevoir. Il s'est retrouvé en direction d'Istanbul alors qu'il se rendait à Athènes *via* Salonique, sans passeport, sans visa et sans bagages ! Il a été débarqué à la première frontière. En songeant aux multiples ennuis qui lui sont tombés dessus (et qu'il méritait !), on peut conclure qu'il n'a jamais oublié l'irrésistible Mme Y...

Anatolie-Express et Taurus-Express

(Ankara-Istanbul-Alep, Turquie, Syrie)

Le nom Taurus désigne une chaîne montagneuse en Anatolie qui s'élève jusqu'à plus de 3 000 mètres. Après la Première Guerre mondiale, les deux termes géographiques sont à l'origine de deux nouveaux grands trains. Sur le papier, l'Anatolie-Express (Istanbul-Ankara-Istanbul en quatorze heures) est tri-hebdomadaire. Le Taurus-Express (Tripoli de Syrie-Alep-Istanbul-Alep) parcourt 1 728 km en cinquante-huit heures, soit une moyenne de 30 km/h, ce qui est héroïque, deux fois par semaine. Ces deux trains se séparent ou se rejoignent à Eskisehir. Ils sont les correspondants asiatiques du Simplon-Orient-Express*. En 1924, Mustafa Kémal Atatürk* a transféré la capitale de la nouvelle Turquie à Ankara. Cette décision, ajoutée aux mandats accordés à la France (Syrie, Liban) et au Royaume-Uni (Irak, Palestine), impose une extension des grandes communications internationales avec l'Europe. En 1925, à Baden-Baden, en Forêt-Noire, les diverses administrations ferroviaires se réunissent afin d'examiner les meilleures conditions d'un voyage depuis ou vers l'Asie Mineure. Si la Turquie n'est plus une grande puissance, elle s'européanise et reste le territoire obligé d'une relation pouvant inclure Le Caire dans ses étapes. Car tel est le grand projet... Mais, dans l'Orient où rien n'est simple, la coordination des rames se heurte au problème du transfert des passagers et de leurs bagages de la gare européenne d'Istanbul (Sirkeçi) à la gare asiatique (Haydarpaça). Une gare de chaque côté du Bosphore. Un projet de tunnel sous-marin est vite abandonné, davantage pour des raisons financières que techniques. La Compagnie Internationale des Wagons-Lits (CIWL) crée alors son propre service de vedettes pour aller d'une rive à l'autre. Mais, vexées qu'Istanbul ne soit plus qu'un lieu de passage dans un sens ou dans l'autre, les autorités locales imposent une nuit d'arrêt aux voyageurs en interdisant soudain la navigation nocturne... tout en leur conseillant de profiter d'une cité fascinante.

Cette rupture du voyage théorique nuit beaucoup à sa réalisation. En 1928, lors de la conférence des Horaires qui se tient à Vienne, la CIWL arrache enfin au délégué turc la suppression de ces arrêts. En trois ans, les difficiles négociations ont permis, en principe, de relier l'Egypte à un réseau européen et de prévoir d'autres relations, par exemple jusqu'à Téhéran. Cet ambitieux projet devient une réalité le 15 février 1930 avec la mise en marche des Anatolie et Taurus-Express. Ce dernier gagne trente-six heures sur l'horaire initial. De Haydarpaça à Tripoli de Syrie, il ne faut plus que quarante-cinq heures à dater du 15 mai 1933. Seul le confort laisse à désirer jusqu'à la livraison des premières voitures-lits métalliques roulant en Asie, le 11 novembre 1936. Enfin, le service atteint Mossoul le 31 mars 1939 et Bagdad le 17 juillet 1940. C'est cette ligne qu'emprunte Agatha Christie* pour découvrir l'ancienne Mésopotamie. Vers le sud, Istanbul-Beyrouth ne prend plus que quarante-huit heures et la Corne d'or n'est plus qu'à trois jours et demi du Caire et cinq jours et demi de Téhéran. Cependant, la publicité pour cette remarquable organisation, vantée par des affiches qui sont déjà une évasion, se concentre sur deux informations. La première annonce « Londres-Le Caire en 8 jours, sécurité, rapidité, économie ». Mais, de cette époque, ma préférée est celle due à André Wilquin et constitue une évolution graphique essentielle. Il n'est plus besoin d'illustrer tel ou tel pays ; des symboles en pierre suffiront : voici une coupole de mosquée, une colonne grecque ionique, une tête de pharaon, un pilier feuillu ; la masse est dorée, couleur de sable. C'est un résumé de l'Orient mythique. Deux noms en arc de cercle entourent ces visions « Simplon-Orient-Express Taurus-Express ». Les noms des villes desservies ont disparu, il sont remplacés par ceux des... continents ! Ainsi, la combinaison des deux express permet à l'affichiste d'indiquer, au-dessus de sa signature et en lettres blanches qui tranchent sur l'obscurité avalant la moitié d'un train, ces trois mots : « Europe, Asie, Afrique ». Du jamais vu ! Une couverture géographique sans précédent et sans équivalent, uniquement en wagons-lits, avec 11 630 km de voies, 22 villes de première importance, 14 pays et 3 continents !

C'est dans l'Anatolie-Express que se situe l'un des épisodes d'une des plus fameuses histoires d'espionnage de la Deuxième Guerre mondiale, connue plus tard sous le nom de l'Affaire Cicéron. Cette aventure est authentique ; elle a été relatée par le contact de l'espion Cicéron à l'ambassade du IIIe Reich à Ankara, L.C. Moyzisch. « Cicéron » est le nom de code attribué par les Allemands au valet de chambre de l'ambassadeur britannique à Ankara au début de 1944, lorsqu'il leur propose ses services occultes. En réalité, il se nommait Elyesa Bazna, était d'origine ottomane et était né en 1904, en Serbie. Petit escroc, il s'était fait engager, en 1932, comme chauffeur à l'ambassade de Yougoslavie à Ankara. Il fait son chemin. On le retrouve en 1942 valet à l'ambassade américaine puis à celle du Royaume-Uni. Dans un but purement lucratif, il se procure des informations confidentielles, directement sorties du coffre personnel de l'ambassadeur. Ces documents concernent une entente secrète entre les Alliés et la Turquie (censée être neutre), des plans des bombardements en Grèce et même ceux du débarquement en Normandie. Tout cela ne sera qu'un marché de dupes : les Allemands ne croiront pas aux informations qui, pourtant, étaient vraies ; ils les paieront cher en... fausse monnaie, des livres sterling bien imitées. Cette histoire ne pouvait que séduire l'immense réalisateur Joseph Mankiewicz. Les rapports ambigus pouvoir/ argent, maîtres/ domestiques, charme/mensonge l'ont toujours fasciné. Afin de corser le scénario, il y rajoute un personnage féminin d'une extrême séduction, la comtesse, merveilleusement jouée par Danielle Darrieux, dans un rôle pervers. Bazna devient Diello, incarné par un James Mason au sommet de son art. Dans le film de Mankiewicz, sorti en 1952, le valet est démasqué par les Britanniques, trahi par la comtesse et sous l'inquiétante protection de deux agents allemands car il détient les derniers microfilms annonçant de futures opérations alliées. Il fuit Ankara pour Istanbul. Dans l'atmosphère feutrée mais ambiguë du train de luxe qu'il prend *in extremis*, entouré d'agents secrets des deux bords, il se demande lesquels de ces « anges gardiens » sont les plus dangereux. Il espère encore négocier cent mille livres ses ultimes renseignements. La séquence s'achève à Istanbul avec, à l'horizon, la rive européenne, où se découpent les minarets de Sainte-Sophie et de la Mosquée bleue. Le valet réussit à s'enfuir vers le Brésil. Dernier clin d'œil des coulisses de cet authentique chef-d'œuvre, racontées par Pascal Mérigeau, auteur d'un livre sur Joseph Mankiewicz : le véritable Bazna, que l'on croyait mort au moment du tournage, ne disparaîtra qu'en 1970. Il avait posé devant une photo de James Mason en smoking blanc dans son personnage. Mais l'image – cinématographique – était nettement plus belle que la réalité...

Anna Karénine

La plus tragique des héroïnes ferroviaires. Le roman de Léon Tolstoï, d'abord paru en feuilleton dans *Le Messager russe* en 1877 avant sa publication en librairie, est une peinture de la société aristocratique à l'époque du tsar Alexandre II. L'auteur y oppose des époux modèles à des amants perdus, le bonheur paisible du ménage Cherbatski à l'adultère du comte Alexis Vronski avec Anna Karénine, à la suite de leur rencontre à un bal. Anna Karénine, soumise « à une séduction presque infernale », ment, s'abaisse et quitte les siens, mari conformiste et enfant. Pour mettre un terme à sa passion scandaleuse, l'épouse infidèle se retrouve, solitaire et affolée, sur un quai de gare. Se souvenant de la vision d'un inconnu déchiqueté par un train, elle se jette sous les roues d'une locomotive. *A priori*, on pourrait penser que l'immense créateur de *Guerre et Paix* exagère et sombre dans ce qu'on appellera le roman de gare* (ce qui, pour moi, ne saurait être une insulte !)...

Ce serait oublier que ce livre, remarquable de vérité, éternel dans sa progression dramatique, a pour base un fait divers.

Comme les meilleurs romanciers de son époque, tel Gustave Flaubert, Léon Tolstoï s'inspire d'une tragédie vécue. L'affaire se situe le 5 janvier 1872, dans la province de Toula, au centre de la Russie. Dans la petite gare d'Iassenki, une jeune femme, nommée Anna Stépanova, se suicide, écrasée par la machine d'un train de marchandises. Les nombreux témoins attestent que le suicide ne fait aucun doute mais le procureur impérial veut savoir pour quelles raisons. L'enquête établit que l'amant de la jeune femme, riche propriétaire foncier, a rompu avec elle, lui préférant une nouvelle maîtresse. Quelques heures après le décès d'Anna Stépanova, son corps est autopsié dans un baraquement de la gare, par ordre de la justice. Au milieu des policiers et des médecins, se trouve un personnage massif, trapu, évidemment barbu et les yeux surmontés de gros sourcils. C'est Léon Tolstoï, le comte Tolstoï qui est venu en voisin ; l'un de ses domaines est proche. Sa célébrité est telle que personne n'a pu lui refuser d'assister à la pénible opération. Il observe le corps déchiqueté et sanglant de cette femme dont le visage est miraculeusement intact. Mais ses yeux, révulsés, sont, pour Tolstoï, un enseignement, une idée. La malheureuse a dû les ouvrir une seconde avant d'être broyée. C'est un regard d'horreur...

Tolstoï est frappé par le destin de la désespérée trahie et la manière, si spectaculaire, en quelque sorte moderne, dont elle a choisi de mourir. Rentré chez lui, l'écrivain médite le drame, ses causes, ses modalités, sa fin, moins banale, selon lui, qu'une passion qui se termine mal. Il faut du courage pour se jeter sous une locomotive... Pendant un an, Tolstoï mûrit son projet en ébauchant un autre roman historique. Il met quatre années à écrire ce deuxième chef-d'œuvre. Finalement, il se résout à se servir du désespoir d'Anna Stépanova et donne à son héroïne le même prénom. Au lieu du poison ou du revolver, le train devient une arme, l'ultime coup de la fatalité. Comme dans le fait divers, le romancier a recours au passage d'un convoi de marchandises. De même, Vronski, sanglotant, recueille la tête de sa maîtresse, seul vestige intact d'un amour beau mais interdit. Hélas, le succès phénoménal de l'ouvrage a peut-être donné des idées à d'innombrables dépressifs et amoureux éconduits morts sous la motrice d'un métro...

Antonioni, Michelangelo

Acteur de théâtre, critique, scénariste
et réalisateur italien, né en 1912, mort en 2007

Que vient faire Antonioni dans ce *Dictionnaire amoureux des trains* ? Ce cinéaste novateur réalise, en 1960, un chef-d'œuvre, *L'Avventura*, qui provoque un choc au Festival de Cannes. Cette magnifique histoire, racontée par une écriture à l'opposé d'un récit classique, a pour point de départ la disparition d'une jeune femme dans les îles Eoliennes. Son amant et sa meilleure amie la recherchent – sans jamais la retrouver – et tombent finalement amoureux l'un de l'autre. *L'Avventura* illustre le passage d'une passion à une autre dans le sublime décor de la Sicile baroque. Rien n'est convenu dans ce film décrivant « la maladie des sentiments » et pourtant... Antonioni ne résiste pas à utiliser ce vieux complice du cinéma*, le train, dans une séquence très importante. Il y a recours de la manière la plus traditionnelle : fuite, retrouvailles, séparation entre les deux héros incarnés par Monica Vitti et Gabriele Ferzetti. Ils tentent de résister à la naissance de leur idylle. La ligne intervenant dans *L'Avventura* est celle qui fait le tour de la Sicile. Dans ce tournage, déjà très difficile (mauvais temps, manque d'argent, extrême exigence du metteur en scène), les scènes ferroviaires vont durer plus longtemps que prévu car le réalisateur ne tient pas compte du trafic normal, parfois sur une voie escarpée et d'un tracé qui ne dispose pas de garages suffisants. La recherche d'un tronçon disponible est une aventure dans *L'Avventura*.

Témoignage : « Hier matin, un train spécial est

parti de la gare de Palerme. Il y avait deux wagons pour la troupe, un pour le matériel et une plate-forme pour le groupe électrogène. Un fonctionnaire des chemins de fer accompagnait le train. On devait tourner pendant deux ou trois heures sur une voie peu fréquentée. (...) Depuis deux jours, nous tournons. Nous montons et descendons, dans une course échevelée, de Palerme à Termini Imerese. De temps à autre, Antonioni veut modifier l'allure du train, il veut qu'il s'arrête, qu'il ralentisse, qu'il accélère. Le mécanicien est relié par un haut-parleur à l'assistant metteur en scène qui lui transmet les ordres. Il entend ce qu'on lui dit mais ne peut pas répondre. Pour donner son accord, il fait siffler deux fois la locomotive. L'ingénieur des Chemins de fer a un air abattu, épuisé. Il dit que c'est l'expérience la plus dramatique de sa vie. Maintenant que tout est fini, il avoue que plusieurs fois nous nous sommes trouvés dans des situations dangereuses. Un jour, un rapide nous talonnait et Antonioni voulait absolument faire arrêter notre train, il avait un cadrage à faire. Heureusement, l'ingénieur réussit à nous mettre à l'abri sur une voie de garage. (...) La scène d'amour à Santa Panagia a été extrêmement pénible. Elle a duré dix jours. Tous les matins, la troupe était prête au passage du train qui devait secouer les deux amants. Pendant dix jours, les mécaniciens nous ont regardés avec un intérêt croissant, ils se demandaient ce que faisaient ces deux amoureux, toujours à la même heure, entourés d'une foule de gens » (DVD, Editions Montparnasse, 2004).

Monica Vitti, filmée avec amour, est d'une beauté et d'une sensualité inoubliables lorsqu'elle apparaît à la fenêtre de son compartiment, à la fois choquée des avances de l'amant de son amie disparue... mais le guettant aussi, espérant qu'il montera dans ce train pour la rejoindre. A la gare de Milazzo, alors que cet omnibus banal démarre, il le rattrape. A quelques secondes près...

Aquarium

Le développement des chemins de fer sous Napoléon III* a diverses conséquences heureuses, dont celle de faire découvrir et apprécier aux Parisiens aisés le poisson frais de Normandie et d'une partie de la Bretagne, pêché au petit matin, transporté par convoi spécialement aménagé dans la journée et consommable le soir même. Le schéma complémentaire était fréquent, avec des rames nocturnes, moins sensibles à la chaleur. Il s'agit là d'une ancienne tradition adaptée au progrès, reprenant ce qu'on appelait « la route du hareng » sous l'Ancien Régime. Mais il fallait, dans le meilleur des cas, trois jours de transport... Ouverte dès 1848, la ligne Boulogne-Paris permet au poisson de la Manche, de la mer du Nord, de la mer d'Islande et des côtes africaines d'être en trois heures à Paris. Les wagons réfrigérants STEF, reconnaissables à leur couleur blanche, transporteront jusqu'à près de 4 000 tonnes de poisson les mois d'hiver, dans d'excellentes conditions de fraîcheur. Les « trains de marée », prioritaires, ont disparu à la fin des années 1960, lorsque la réfrigération et les débuts de la congélation dans les restaurants, les grandes surfaces puis chez les particuliers ont permis la conservation des produits de la mer et des rivières.

Au début de cette aventure ferroviaire marchande délicate, quelques malins ont trouvé un système fort astucieux pour que le poisson soit toujours frais. L'affaire se situe vers 1863 et elle m'avait été relatée par l'ami Vincenot* lorsque nous évoquions les fraudes, les rapines et les trafics incroyables auxquels pouvaient se livrer certains cheminots dans les trains – et grâce à eux – avant 1900, pour améliorer leur ordinaire.

Entre la Saône, le Rhône et l'Ain, la région de la Dombes est un plateau à faible altitude riche en étangs poissonneux. Une équipe qui « fait la ligne » se met en affaires louches avec un poissonnier. On ne sait qui a eu l'idée mais elle est d'une grande simplicité : les poissons seront transportés dans le water-ballast du tender ! Un véritable aquarium, sûr, discret. Un système génial. Et on ne s'occupe pas de savoir si la marchandise apprécie les secousses ! Après le poisson volant, voici le poisson roulant. Un soir, l'équipe regagne Dijon avec 180 kilos de tanches vives, dénichées dans la vase, leur habitat. Elles sont vertes et bien gluantes. Il fait nuit. Au dépôt, le mécanicien et le chauffeur s'activent pour transvaser leur précieuse cargaison que va réceptionner un complice. Survient le chef du dépôt, agité. Il leur apprend que, par suite d'une avarie sur le tronçon Dijon-Lyon, leur machine doit immédiatement repartir pour Lyon où, d'ailleurs, elle vient d'être affectée. Catastrophe ! Et la locomotive repart, conduite par une autre équipe ignorant tout du trésor frétillant dans le tender... Il ne faut surtout pas ébruiter la vérité ! Les trafiquants du rail font grise mine. Leur hiérarchie et leurs camarades compatissent : on est toujours triste, à l'époque, quand on est séparé de sa machine...

Quelques jours passent. Le mécanicien est convoqué au bureau du chef de dépôt. A Lyon, une odeur épouvantable, venant du tender, a envahi les locaux. On a découvert des dizaines de poissons morts. Et on exige des explications !

— C'était mon secret pour détartrer, monsieur l'ingénieur !

Il fallait oser !

— Pour détartrer ?

— Oui, monsieur l'ingénieur. Vous savez que nous avons chacun notre petite recette pour éviter l'entartrage... Moi, je mettais des poissons... Pour faire leur squelette, ils pompaient tout le calcaire !

Cette locomotive et son aquarium nauséabond dépendaient maintenant du dépôt de Lyon-Mouche. Pour la pêche à la mouche ?

Armand, Louis

Ingénieur, économiste, président de la SNCF, de l'Académie des sciences morales et politiques, de l'Académie française, 1905-1971

J'ai eu la chance de connaître Louis Armand. L'homme était charmant, d'un humour délicieux comme il l'a prouvé dans ses *Propos ferroviaires* (1970, Fayard). Le technicien fascinait, éblouissait, d'une clarté définitive. De lui, Jacques Rueff, avec lequel il cosigna, en 1960, un célèbre rapport demandé par le général de Gaulle, disait : « Une intelligence explosive, une culture universelle, un cœur fraternel. Tout faisait de Louis Armand un type unique d'humaniste, raffiné et subtil. » On pouvait parler de tout avec cet homme attentif aux autres, savant mélange d'enthousiasme et de pondération, d'une curiosité inlassable. Un voyage avec lui, dans la cabine d'une locomotive, fut, pour l'adolescent que j'étais, une fantastique leçon de choses. A l'arrivée, je savais tout !

Il serait prétentieux et vain de retracer, ici, la prodigieuse carrière de ce fils d'instituteurs savoyards, sorti au deuxième rang de Polytechnique et au premier de l'Ecole des mines. Rappelons, tout de même, que ses débuts dans le chemin de fer datent de 1934, au PLM. Il s'y distingue en inventant un procédé pour réduire ou éliminer l'entartrage des chaudières des locomotives à vapeur. Comment y est-il parvenu ? Parce qu'il avait d'abord travaillé dans le... thermalisme, en Auvergne. Ses travaux sur la solubilité des sels de chaux dans les eaux minérales chaudes lui donnèrent l'idée de s'occuper de l'intérieur des machines, souvent endommagé par le calcaire. C'était leur « artériosclérose », me dit-il en souriant ! Louis Armand était un spécialiste en thermochimie et son traitement, révolutionnaire, de l'eau porta son nom. Ingénieur en chef à Paris-Lyon en 1939, son action pendant la guerre fut déterminante pour le réseau Résistance Fer et la « Bataille du rail ». Dès 1949, directeur général de la SNCF, il est le promoteur du développement de la traction électrique et des records de vitesse* en 1955, performances qui devaient sauver les chemins de fer français. Il choisit une petite ligne de sa Savoie natale, entre Aix-les-Bains et La Roche-sur-Foron, pour des essais préalables. Partisan d'une démocratisation des transports, il supprime les troisièmes classes en 1956. Il refusa toujours une carrière politique directe, en particulier le portefeuille de ministre de l'Equipement que lui proposait Pierre Mendès France en juin 1954. En revanche, bien que non-parlementaire et à la demande du président du Conseil Guy Mollet, il intervient, le 5 juillet 1956, à la tribune de l'Assemblée pour présenter, avec le physicien Francis Perrin, le dossier de l'Euratom. Car Louis Armand est un Européen de conviction et les trains sont un moyen d'unir des Etats. Il soutient les traités instituant la Communauté Européenne du Charbon et de l'Acier et celle de l'Energie Atomique. Ses futures fonctions à l'Union internationale des Chemins de fer marqueront toujours, au milieu d'innombrables activités, son attachement au rail et à son rôle dans les échanges humains. Mon père qui l'admirait – et c'était réciproque – lui ayant demandé une conférence, nous vîmes Louis Armand assez régulièrement pendant quelque temps. Il fit une farce professionnelle assez originale. Ayant fixé l'heure d'un conseil d'administration de la SNCF en fin de matinée, il nous raconta qu'il avait retenu les administrateurs pour un déjeuner rapide. Il fit servir, entre autres, des sandwiches. Rassis et peu appétissants. On le lui fit remarquer. Il répondit : « Messieurs, ce sont les mêmes que nous servons dans nos gares et dans des trains aujourd'hui ! » *Charlie-Hebdo* avait publié un féroce dessin de Reiser : « Même les affamés du Biafra refusent les sandwiches de la SNCF ! »

Plus tard, il envoya à mon père une lettre, écrite dans sa propriété de Villers-sur-Mer, lui expliquant qu'il venait de passer deux jours « à fabriquer une cloche électronique pour [ses] petits-enfants » et parlant du Collège d'Europe, à Bruges. Fin août 1971, Guy des Cars recevait une des dernières lettres de

Louis Armand, peut-être la dernière. Il aimait plaisanter – très gentiment – « Guy des Gares ». Il faut enfin préciser qu'il s'est beaucoup intéressé au projet de tunnel sous la Manche ; il était membre de son conseil de surveillance dès 1957 mais la société fut dissoute en 1969, à son grand regret. Il faudra encore vingt ans pour la reprise du dossier et sa réalisation. Louis Armand est le premier cheminot élu sous la Coupole. C'est le romancier Pierre Benoit qui le sollicite au fauteuil du professeur de médecine Henri Mondor. En mars 1964, Jean Rostand reçoit Louis Armand à l'Académie française. Pour la plus grande joie de l'assistance, le malicieux biologiste s'adresse au récipiendaire en lui disant : « Grâce à vous, on verra courir des trains français qui seront les plus rapides du monde ; en 1955, on applaudira aux exploits de la fameuse BB 9004 qui court à plus de 300 km/h... car n'oublions pas que cette double initiale fut d'abord illustrée par une belle locomotive ! »

Armistice (voiture dite de l', 1918 et 1940)

Elle n'a jamais fait partie du matériel de l'Orient-Express* ou de ses diverses branches. Et pour cause : cette voiture en bois de teck, sortie des ateliers de la Compagnie générale de construction au printemps 1914, était affectée exclusivement aux lignes de l'Ouest français, Paris-Laval et Paris-Saint-Brieuc, de juin à août 1914, ce qui n'est pas le plus court chemin pour rallier Constantinople... Son service étant suspendu par suite de la mobilisation générale, elle est garée près de la tour Eiffel, au Champ-de-Mars, puis à Clichy. Elle roule ensuite sur Paris-Saintes et Paris-Le Mans, puis cesse toute activité en 1916 en raison de la phase critique de la Grande Guerre. On en profite pour revernir sa caisse marron clair. En 1917, elle assure quelques liaisons Paris-Evreux puis, au début de 1918, Paris-Trouville. De nouvelles restrictions l'immobilisent à nouveau au garage de Clichy. Le 15 octobre 1918, un courrier très urgent du lieutenant-colonel Loiseleur, du 4e Bureau de l'Etat-major de l'armée, donne l'ordre au directeur de la Compagnie des Wagons-Lits d'affecter la voiture n° 2419 D au train spécial du maréchal Foch et de la transformer en bureau. Et puisqu'il s'agit, à l'origine, d'un restaurant, on ne devrait pas dire « wagon de l'Armistice » mais « voiture de l'Armistice ». Je conviens que le terme peut induire les non-spécialistes en erreur...

Dans la grande salle (les restaurants de l'époque sont divisés en deux salles, fumeurs et non-fumeurs, déjà !), les tables à quatre places situées près de la cloison sont conservées avec leurs sièges ; dans la petite salle, on installe une longue table pour pouvoir y étaler des cartes. Dans la cuisine, le fourneau est remplacé par de petites tables pour les dactylographes et des installations téléphoniques. Ces travaux sont réalisés très rapidement, entre le 15 et le 27 octobre. Le 28, la 2419 D achève sa modeste carrière provinciale et entre dans l'Histoire. Son nouveau voyage est complexe car l'emplacement du train de l'état-major doit être tenu secret. Avec ses sœurs la 2418, la voiture-lit 1888, la voiture-salon 2443 et deux fourgons dits de choc, elle est prise en charge par le général Weygand le 28 octobre. Le train des plénipotentiaires français se cache dans la forêt de Compiègne, non loin de la gare de Rethondes, près d'une clairière. Après plusieurs séances de négociations, commencées le 8 novembre, les trente-quatre articles précisant les conditions de l'armistice sont approuvés par l'état-major allemand, arrivé dans un autre train qui comprend, entre autres, l'étonnante voiture-salon verte à trois essieux des aides de camp de Napoléon III*, frappée d'un N surmonté de la couronne impériale française, souvent utilisée par l'impératrice Eugénie*. Un émouvant symbole de revanche...

Le 11 novembre 1918, à 5 heures du matin, dans la 2419 D, sont réunis le maréchal Foch, commandant en chef des armées alliées, l'amiral Wemyss, Premier Lord de l'Amirauté britannique, le secrétaire d'Etat Erzberger, président de la délégation allemande, le ministre plénipotentiaire comte von Oberndorff, le général d'état-major von Winterfeldt, le capitaine de vaisseau Vanselow, le capitaine Mariott et le contre-amiral George Hope. Les documents signés mettent fin à un conflit effroyable de cinquante-deux mois. Il est 11 heures, ce onzième jour du onzième mois de 1918. Après cette journée mémorable, le convoi effectue quelques voyages pour des réunions complémentaires, à Trèves puis à Spa. Sa réquisition est levée en septembre 1919.

Donnée à l'Etat, la voiture-restaurant modifiée est remise au gouvernement français le 8 novembre 1920 et incorporée au train présidentiel à l'occasion du voyage à Verdun du chef de l'Etat, Alexandre Millerand. Y prennent place MM. Poincaré, Maginot, le général Joffre et S.E. M. Wallace, ambassadeur des Etats-Unis en France. Après quelques tergiversations entre la présidence de la République et le ministère de la Guerre, il est décidé que la voiture historique sera placée dans la cour d'honneur de l'hôtel des Invalides. Des ateliers de Saint-Denis, où elle a été nettoyée, repeinte et greffée de plaques commémoratives, la 2419 D entreprend son voyage le plus délicat le 27 avril 1921. Montée sur deux chariots et remorquée par deux tracteurs, elle traverse Paris entre 22 heures et 3 h 20 du matin. La foule suit ce lent périple avec autant de curiosité que d'émotion. Devant l'entrée des Invalides, un problème se pose, auquel personne n'avait songé : la caisse de la voiture est plus large que le portail ! Il faut attaquer à coups de pic les bordures pour pouvoir faire entrer l'insolite mastodonte, malgré les protestations du secrétariat d'Etat aux Beaux-Arts !

Pendant six ans, sous la pluie, le soleil et la neige, la glorieuse voiture peut juger de l'ingratitude des hommes. Plus d'honneurs militaires, plus d'entretien : elle ne roule plus, elle rouille... Bien que qualifiée de Monument historique, aucun crédit n'a été dégagé pour sa maintenance. Les badauds formulent des commentaires désobligeants. Les autorités civiles et militaires se renvoient la responsabilité de l'état lamentable de la pauvre 2419 D, oubliée. Elle est devenue une honte pour l'honneur national et personne ne s'avise que les objets inanimés peuvent avoir une âme et de la mémoire. La colère éclate en 1925 avec un article d'un quotidien hollandais d'Amsterdam, *De Telegraaf*, sur le « wagon malade ». Un journal français, *L'Œuvre*, dénonce l'incurie des pouvoirs publics. Et *Le Figaro* écrit : « Le wagon de Rethondes voudrait bien changer d'air » en proposant plusieurs solutions, dont celle de la construction d'un abri sur le lieu même de l'armistice. Rien n'y fait. La Compagnie des Wagons-Lits tire le signal d'alarme : « Si vous attendez encore, votre wagon est condamné à mort. » En dépit de l'indignation, les protestations finissent au fond des placards, dans une incroyable indifférence officielle.

Le sauvetage survient alors que l'on ne l'attendait plus. Un Américain de Pasadena (Californie), scandalisé de cette inertie surréaliste, un certain Arthur Henry Fleming, interroge le maire de Compiègne :

— Combien vous faut-il pour sauver le wagon ?

— Cent cinquante mille francs, Monsieur...

— OK, je paie !

Soudain, l'administration, tant civile que militaire, s'empresse.

Le 8 avril 1927, la voiture, terriblement dégradée, repart pour les ateliers du Landy, au nord de Paris. En un mois, elle est remise à neuf et attend, le 10 mai, son départ pour Rethondes. Le 11 novembre 1927, à 13 h 38, un train spécial composé de huit voitures-salons Pullman* quitte la gare du Nord pour la clairière de l'Armistice. A 15 heures, c'est le ministre de la... Marine, Georges Leygues, qui inaugure le nouveau musée installé dans l'abri en ciment armé conçu par l'architecte Marcel Mage. Il y a trois ouvertures et c'est le sergent Mouly, ancien combattant blessé de guerre, qui veille au bon déroulement de la visite. Foch, Weygand et Hope signent le livre d'or et révèlent quelques secrets de l'armistice signé neuf ans plus tôt. Tout a été conservé, jusqu'au téléphone de campagne. Une plaque rend hommage à la générosité de M. Fleming, ami de la France. L'insulte est effacée. Un journaliste conclut cette inauguration par ces mots : « Une des plus glorieuses reliques de la Grande Guerre est sauvée pour les générations futures. » Hélas, cette réflexion est prématurée. Après la gloire, l'oubli et la réhabilitation, viennent une nouvelle honte et une seconde humiliation qui brisent sa retraite sur rails. Elle est l'enjeu d'une implacable vengeance.

20 juin 1940. Pour la seconde fois, la 2419 D est le théâtre d'un événement historique. Des soldats allemands font sauter la façade de l'abri, sortent la voiture et la poussent jusqu'à l'emplacement précis où elle se trouvait le 11 novembre 1918. Deux jours plus tard, à 15 heures, Adolf Hitler, le maréchal Goering, l'amiral Raeder, le ministre des Affaires étrangères von Ribbentrop, le général Keitel, Rudolf Hess montent dans la voiture. Ils sont bientôt rejoints par les plénipotentiaires français, le général Huntzinger, l'ambassadeur Noël, le général Bergeret et le vice-amiral Le Luc. Paul Schmidt, ministre plénipotentiaire, sert d'interprète. Après lecture des conditions d'armistice, le Führer se lève et sort de la voiture. Il est 15 h 42. Le soir, à 18 h 52, l'armistice est signé.

Les formalités ont été comme la défaite française, rapides. Hitler balaie celle de l'Allemagne vingt-deux ans plus tôt.

La 2419 D n'en a pas fini avec son destin mouvementé ; elle est prisonnière. Dès le lendemain, une note du haut commandement allemand spécifie que la voiture sera transférée à Berlin et que les deux voies ferrées de Rethondes seront détruites. Le 24 juin, hissée sur un plateau, la 2419 D est remorquée jusqu'à Berlin par un énorme tracteur qui traverse l'Allemagne victorieuse. Elle aurait pu rouler à vitesse réduite mais son exhibition devait être, selon Hitler, une leçon d'histoire. Pendant une semaine, ce témoin de deux armistices opposés est exposé au cœur de Berlin. Sur la place du Lustgarten, à l'extrémité de la célèbre promenade Unter den Linden, en face de la cathédrale des rois de Prusse, une foule immense vient la visiter. Sur la grande table est présenté l'original du traité de Versailles, le *diktat* qui, entre autres, avait déchaîné la colère de Hitler. Puis la 2419 D est reléguée dans une gare de triage, entamant un exil oublié.

On la croit détruite lors des bombardements de la gare de Berlin-Anhalt en 1944, lorsqu'on apprend qu'elle se trouve à l'abri dans une petite ville de Thuringe, à un embranchement de la ligne Eisenach-Gotha. Au moment où arrivent les premiers blindés américains, un détachement de SS reçoit de Hitler l'ordre rageur de faire sauter ce pauvre wagon-restaurant. Rien ne pourra sauver la 2419 D d'une fin tragique. Ainsi, il faut savoir que le « wagon de l'Armistice » aujourd'hui exposé à Rethondes n'est pas celui de 1918 ni de 1940. D'une série différente, la voiture-restaurant

2439, qui a été choisie en remplacement, présente des caractéristiques très proches de la voiture authentique. Rebaptisée 2419 D, son aménagement intérieur respecte scrupuleusement l'ancien décor. Si cette reconstitution a choqué de nombreux historiens ferroviaires, ce « wagon de l'Armistice », faux, reste un vrai symbole de la paix retrouvée et le témoignage d'une ancienne Europe, fanatique et guerrière.

Avarice

Dans la nuit du dimanche 3 au lundi 4 septembre 2006, Daniel Stepanovich, un Américain âgé de quatre-vingts ans, est décédé brusquement dans le train qui le conduisait du Colorado à Chicago. L'histoire serait banale si la fille du défunt n'avait pas attendu la fin du trajet pour déclarer le décès au chef de train et au conducteur de sa voiture-lit. Pendant vingt-trois heures, elle a prétendu que son père avait un grand besoin de... repos et qu'il ne fallait pas le déranger. A l'arrivée à Chicago, elle a avoué aux policiers qu'elle avait gardé le silence parce que, de cette façon, le transport du corps de son cher papa était gratuit. Elle jugeait inutile de régler les frais de son rapatriement... Le regretté M. Stepanovich avait-il pris un aller simple ?

B

« C'est là que vient se casser net le pur rayon
Qui m'a conduit d'un rêve à l'autre par le monde,
Rails infinis, sous le beau clair de lune et les fourgons
A qui j'ai confié l'amertume profonde
De tous mes chers départs et tant d'enchantements...
J'aime les trains mouillés qui passent dans les champs. »

Henry BATAILLE, *Les Trains*.

Baie de Somme

Chemin de fer, de 1887 à aujourd'hui

Qu'il est charmant et sympathique, ce petit train touristique ! Une pure merveille que des bénévoles, courageux et astucieux, ont sauvée il y a plus de trente ans d'une mort programmée. Un vrai bol d'air à respirer du printemps à la fin septembre. Et aussi une petite leçon d'histoire, celle des tortillards régionaux, des bains de mer pour les Parisiens et des « chemins de fer économiques » de la fin du XIXe siècle.

Rendez-vous à Noyelles, en Picardie. De chaque côté de la gare, la voie normale Paris-Boulogne et celle, à écartement étroit (0,60 mètre), qui conduit à la découverte de la baie de Somme et de ses trois cents espèces d'oiseaux. Il y a deux lignes, l'une allant vers Saint-Valéry-sur-Somme et Cayeux-sur-

Mer, l'autre au Crotoy. Jusqu'à ces ravissants ports de pêche, c'est une succession d'étangs et de méandres de la Somme où le flux des marées est un magnifique spectacle, dans une lumière nacrée. Ici, entre jardins et pâturages, la protection de la nature n'est pas une utopie et les convois sont peu agressifs. La concession, à la Compagnie du Nord, de ce parcours de 27 km remonte au 28 mai 1887. La ligne de 7 km qui joint Saint-Valéry présente une particularité technique rare en France. En effet, la voie du Chemin de Fer de la Baie de Somme (CFBS) est imbriquée dans la voie standard ; cela autorisait un matériel adaptable à conduire les voyageurs sans changement jusqu'à la Manche. Jusqu'à la Première Guerre mondiale, le CFBS relie la région au trafic de la Seine-Inférieure, aujourd'hui la Seine-Maritime. Les plages sont très fréquentées par les habitants des centres urbains. Après 1920, la situation se dégrade progressivement pour trois raisons. Relevons la concurrence des autocars qui connaissent un grand succès populaire ; ensuite, pour ceux qui en ont les moyens, des trains rapides mettent les rivages de la Côte d'Azur à douze heures de Paris contre vingt auparavant ; enfin, les ports périclitent. Les amoureux du CFBS se demandent encore comment ce mini-réseau a pu fonctionner jusqu'en 1972...

Une efficace association de défense prend le relais. A temps. Et une savante prospection d'un matériel complémentaire est organisée dans toute la France. Ainsi, d'anciens tramways de Seine-et-Marne qui roulaient du côté de Fontainebleau et Bourron-Marlotte sont acquis. En même temps, les voies sont remises en état. Des locomotives à vapeur sont sauvées, la plus ancienne datant de 1917. Il en vient de partout pour reconstituer un parc d'aspect homogène. Ici, une

Henschel allemande de 1937, là des Decauville de 1916 et 1931, ici encore une Franco-Belge de 1944. De vaillantes 040 à tender incorporé, restaurées, repeintes et astiquées avec leurs plaques. Ajoutons des locotracteurs diesel et des voitures adorables. Ma préférence va à la voiture-salon en bois ; elle a l'âge de la tour Eiffel mais, après travaux, son aspect est irréprochable. Ajoutons des autorails, des wagons de marchandises, des wagons-citernes, des wagons-bennes. Une belle écurie dont plusieurs éléments ont été, heureusement, classés Monuments historiques, sage et rare décision pour des trains à ces normes. Un personnel de traction et d'accompagnement fait parfaitement revivre cette ambiance bon enfant, à petite vitesse mais grand plaisir. Souvent, des fêtes de la vapeur réunissent à Noyelles des passionnés britanniques et les trains spéciaux vapeur de l'AJECTA (Association des Jeunes pour l'Entretien et la Conservation des Trains d'Autrefois) et du MFPN (Matériel Ferroviaire Patrimoine National) qui arrivent à Noyelles tirés par une la Pacific 231K 8 ou la 140 R 850. Le salut des « grandes » aux modestes « aînées » dont la vie est prolongée par un succès croissant... si le beau temps s'y met !

Bellonte, Maurice

Pionnier de l'aviation, 1896-1984

C'était en 1976, lors d'une signature de livres. Un homme charmant vint me voir, un auteur. Il voulait me raconter un souvenir... ferroviaire, inattendu chez ce héros de l'aviation. Costes et Bellonte ! Le fameux duo des « vainqueurs de l'Atlantique Nord », une légende, un exploit sensationnel... Dieudonné Costes avait disparu mais Maurice Bellonte était bien là, devant moi. Sur leur appareil Breguet, le *Point d'interrogation*, ces deux pilotes, spécialistes des grands raids, avaient réussi la première liaison aérienne de Paris à New York sans escale, entre le 1er et le 2 septembre 1930. Ils avaient tenu en l'air pendant trente-sept heures et dix-huit minutes, parcourant 6 000 km. « Dans une carlingue ouverte, exposée au vent », me précisa-t-il, souriant.

Il s'était assis et j'étais passionné. Devant moi, se trouvait celui qui, à vingt ans, fut l'un des premiers aviateurs de la Grande Guerre ; celui qui, déjà avec Costes, avait pulvérisé les records de distance en ligne droite de Paris à la Chine, puis de vitesse de Hanoï à Paris, en septembre 1929. Il venait de publier le récit de son *Premier Paris-New York*, les gens le reconnaissaient. Il me dit, l'œil malicieux :

— Vous vous intéressez à l'Orient-Express*, je vous ai lu. Mais vous ne savez pas combien il m'a été utile, ce fameux train !

— Vous, Monsieur, un aviateur ?

— Justement ! Entre 1928 et 1931, j'étais navigateur et je travaillais entre autres pour la Compagnie franco-roumaine. Nous assurions la ligne Paris-Bucarest-Paris.

Eh bien, je puis vous dire que ce train nous a sauvés plus d'une fois ! Dans les Carpates, notre radio tombait régulièrement en panne. Le pilote et moi étions dans le brouillard, sans savoir exactement où nous nous trouvions. Alors, je sortais l'horaire du train et je regardais l'heure. Nous descendions le plus bas possible et, tout d'un coup, on apercevait le panache de fumée ! Il n'y avait aucun doute possible : l'Orient-Express était en général exact. Nous n'avions plus qu'à le suivre ! Il était notre guide... Je me suis toujours méfié des mauvaises conditions météorologiques. J'ai sans cesse été attiré par la sécurité, je n'admets que les risques calculés. Avec l'Orient-Express je ne prenais guère le risque de me tromper : il n'y avait que lui dans la région avec ces belles voitures...

Bertin, Jean

Ingénieur et inventeur français,
administrateur de sociétés, 1917-1975

C'est un triste spectacle. L'histoire d'une invention jamais commercialisée, d'un nouveau système ferroviaire conçu par un spécialiste des moteurs d'avion... Ce fut le plus avancé des projets du genre. Son concepteur l'appela d'un nom digne de Jules Verne : l'« Aérotrain ». Il n'en reste aujourd'hui qu'une ruine industrielle au nord d'Orléans, le long de la voie, sur la gauche en venant de Paris. Là, à deux mètres au-dessus des champs de la Beauce, des centaines de piliers, barbouillés de tags multicolores, soutiennent encore la ligne d'essai en béton moulé construite en 1969 et abandonnée en 1974. Suivant le relief, ce titanesque mille-pattes surplombant les récoltes ondule légèrement. La ligne s'arrête brutalement, comme la vie de Jean Bertin, décédé à cinquante-huit ans, désespéré que son « Aérotrain » n'ait finalement pas été retenu par les pouvoirs publics pour atteindre de grandes vitesses. Il s'agissait de concurrencer l'avion ; il avait mis au point un avion sur rails... ou plutôt sur un seul rail. Mais son invention ne doit pas être confondue avec les monorails électriques connus dès 1872 et autres chemins de fer suspendus, tel celui du zoo de Berlin en 1909, pour le confort de ses visiteurs.

De naissance bourguignonne, Jean Bertin étudie au collège d'Autun avant de « monter » à Paris. Polytechnicien, ingénieur militaire de l'Air et licencié en droit, il est directeur technique adjoint de la Société Nationale d'Etudes et de Construction des Moteurs d'Aviation (SNECMA). Dix ans plus tard, détaché de cette entreprise, il fonde, en 1956, une société d'études technologiques et mécaniques. Il s'intéresse aux aéroglisseurs marins. A l'époque, plusieurs spécialistes jugent que les records de vitesse* atteints lors d'essais en 1955 ne permettront pas aux chemins de fer de rouler en exploitation normale à 200 km/h. Et encore... Jean Bertin combine ses prodigieuses connaissances (adhérence, soufflerie, aérodynamisme) et invente, en 1961, un engin futuriste qu'il baptise « Aérotrain ». Partant du principe qu'un aéronef n'a, pour voler, aucun contact avec le sol, le véhicule – une cabine d'avion sans aile, blanche à filets rouges – n'a pas de roues. L'« Aérotrain » est soutenu par des coussins d'air horizontaux et verticaux. Il glisse sur une voie ayant la forme d'un T inversé. Il est d'abord propulsé par un moteur à hélice et atteint 303 km/h, puis par des réacteurs (deux essais : 345 puis 422 km/h). On peut rappeler qu'en 1931 un véritable « dirigeable sur rails », inventé par l'Allemand Franz Kruckenberg, avait atteint des performances remarquables (150 km/h en deux minutes !). Bien que roulant sur des voies classiques, cette carlingue d'avion propulsée par une hélice à quatre pales a été abandonnée : elle ne pouvait que gêner tout le trafic... normal !

De grandes discussions techniques et commerciales entourent l'invention différente de Jean Bertin ; elle a des avantages (économie d'entretien de la voie, faible encombrement des infrastructures, légèreté) mais aussi des inconvénients (consommation d'énergie permanente, impossibilité de retourner les véhicules, nombre restreint de voyageurs et surtout incompatibilité totale avec le réseau SNCF, d'où la nécessité d'en construire un nouveau...). Il faut rappeler que dans plusieurs pays (Allemagne, Japon, Italie, Etats-Unis) des projets comparables sont étudiés et essayés. Certains succès – 478 km/h avec un réacteur américain d'aviation le 5 mars 1978 – semblent donner raison à Jean Bertin : l'avenir du train rapide est un aéroglisseur guidé sur une voie au lieu de l'être sur l'eau. La SNCF et la RATP, entre autres entreprises assurant les transports ferroviaires publics, sont priées de s'intéresser aux innovations de Jean Bertin, notamment pour des liaisons de banlieue : 23 km seraient parcourus en dix minutes. Le 17 mai 1974, un protocole est ratifié par le gouvernement... mais, exactement deux mois plus tard, il est annulé par les pouvoirs publics. En réalité, depuis 1969, l'aventure du TGV* est lancée. Et la rame 001, encore appelée « Turbotrain » car elle fonctionne avec une turbine à gaz, a atteint 318 km/h le 8 décembre 1972. Après avoir frôlé la réalisation effective, l'« Aérotrain » est condamné. Mais c'est lui qui a poussé la SNCF à mettre en chantier des trains totalement nouveaux sur des voies spéciales, dont le seul objectif est la grande vitesse en service normal. L'un des derniers prototypes de l'« Aérotrain » aéropulsé, qui était préservé dans un atelier du Loiret, a été détruit par un incendie le 25 mars 1992. Triste destin...

Et si Jean Bertin n'avait eu, comme tort principal, que celui d'être trop en avance ? Régulièrement, les projets les plus fous germent dans l'esprit des ingénieurs. En 2006, des successeurs de Jean Bertin sont au travail, avec des idées complémentaires et des techniques différentes. Mais ils ont la même ambition : aller toujours plus vite et plus loin. L'ébauche d'un train européen, qui vole quasiment quatre mètres au-dessus de rails magnétiques, à quelque 500 km/h, est étudiée et testée en Allemagne. Son nom : « Transrapid ». Constructeurs : Thyssen, Krupp et Siemens. Il s'agit de l'adaptation du Maglev chinois, sans conducteur, qui relie le centre-ville de Shanghai (si l'on peut parler ainsi de cette mégapole !) à l'aéroport sur environ 35 km. Franchi l'obstacle technique, on bute toujours sur l'obstacle financier : un kilomètre d'une ligne « Transrapid » coûte 2,6 fois plus cher que celle du TGV-Méditerranée. Pour cette raison, le projet d'une liaison rapide Berlin-Hambourg a été abandonné : il en aurait coûté plus de cinq milliards d'euros... En revanche, des relations plus courtes et plus fréquentées sont à l'étude, en Rhénanie et en Bavière, entre Munich et son nouvel aéroport Franz-Josef Strauss, il est vrai fort loin en direction du nord mais bien desservi (environ quarante-cinq minutes) par voie ferrée. Le nouveau train entrerait en service en 2011. Une autre ligne, appelée « Eurorapid », pourrait relier la Ruhr à Amsterdam, voire Berlin et Prague. Cette même société Transrapid a fait des propositions aux monarchies du Golfe. Et, devant les hésitations du gouvernement d'Angela Merkel à s'engager définitivement sur ce projet, le consortium a menacé de vendre son brevet à la Chine. Hélas, le vendredi 22 septembre 2006 en début de matinée, ce fleuron de la technologie allemande a connu une triste notoriété. Près de Lathen, dans le nord-ouest du pays, une rame d'essais, circulant à 200 km/h, a percuté un véhicule de maintenance. Une trentaine de personnes se trouvaient à bord, principalement des proches de la société d'exploitation. Installés dans une voiture panoramique, les passagers ont vu, au sens propre, la mort en face. Le bilan fut très lourd : 23 morts, 10 blessés graves. Cependant, il faut préciser que c'est une erreur humaine qui est à l'origine de la tragédie ; jamais la voiture de chantier n'aurait dû se trouver sur la ligne à l'heure d'un essai annoncé. Dramatique manque de coordination dans les horaires, la catastrophe, dont la Chancelière Merkel a constaté l'horreur, rejoint la longue liste noire des inventions liées aux améliorations du voyage, souvent maudites. L'avenir du « Transrapid » a été remis en question.

Bête humaine (La)

Roman d'Emile Zola, 1889, adapté au cinéma* par Jean Renoir en 1938

Quand on sait que Zola a longtemps cherché le titre de son livre, qu'il en a imaginé jusqu'à cent trente-deux (!) comme *Le Monde en marche* ou *L'Envers du progrès*, on ne peut qu'admirer la justesse, la simplicité et la force de l'expression *La Bête humaine* qu'il a finalement choisie. Le plus beau des titres ferroviaires, la définition de référence d'une locomotive à vapeur. Dans l'œuvre du romancier chef de file des naturalistes, le chemin de fer est important, présent ou simplement évoqué, comme dans *Thérèse Raquin* (1867). Que le monde des trains et des gares fascine et inspire ses contemporains et confrères Maupassant et Huysmans est normal. Mais l'originalité de ce roman est que, pour la première fois, la locomotive est un véritable personnage, dépassant l'idée amusante abordée par Huysmans de considérer une petite locomotive comme un être vivant. Mieux, elle est une femme et répond au doux prénom de *Lison*. Or, Zola invente une passion quasi charnelle entre le mécanicien Lantier et la *Lison* sur la ligne Paris-Le Havre, Lison étant d'ailleurs le nom d'une commune du Calvados. « Il aimait d'amour sa machine depuis quatre ans qu'il la conduisait. » C'est une relation bizarre mais réelle. Il la flatte comme une bête de concours en actionnant ses manettes ; ce sont autant de caresses. Mais, comme tout amant excentrique et jaloux, il est exigeant, capricieux et bougon. Quand elle file régulièrement à toute vapeur et permet au convoi d'être à l'heure, elle a droit à un compliment de cavalier à l'égard d'un pur-sang victorieux : « Bonne bête ! » Mais si elle peine, patine, a des faiblesses et se traîne en route, il lui dit qu'elle est « poussive ». Pis : il lui lance « Sale rosse ! ». Une vraie scène de ménage. Le mélange du vocabulaire animalier et des termes féminisés est extraordinaire. Et Zola ne se prive pas de décrire l'humeur docile ou nerveuse de la *Lison*. Pour nous prouver que, entre cette carcasse d'acier fumant et l'homme chargé de la dompter, il y a un véritable dialogue. La machine parle, c'est évident. Elle siffle, sue, transpire, émet des sons étranges, entre les cognements et les chuintements. Et même au dépôt, où son foyer entretient un minimum de pression et de chaleur, elle ne dort jamais tout à fait. Elle n'est pas froide, elle vit, immobile, presque silencieuse, comme un animal tapi dans l'ombre. Notons que de tels rapports ne sont possibles que chez un homme tout de même déséquilibré et sujet à des crises d'épilepsie (le roman est une série de drames et de crimes) et parce que l'équipe, avec le chauffeur Pecqueux, est le maître habituel de cette locomotive. La *Lison* est concédée au duo Lantier-Pecqueux mais surtout, évidemment, à Lantier. Elle est sa maîtresse métallique. Il la bichonne, la nettoie, s'inquiète de ses imperfections ou des traces de son âge car la mécanique fatigue. La *Lison*, telle une femme, pourrait être malade. Il s'en soucie en inspectant son corps rond. C'est de la tendresse de la part de celui qui vit professionnellement avec elle. La toilette complète, qui dure des heures, doit la rendre belle, vaillante. Au chauffeur qui astique et brique, le chef de traction ne passe rien, « exigeant de Pecqueux des aciers brillants comme de l'argent ». En réalité – et Zola, au cours de son enquête minutieuse, l'a très bien compris –, il y a deux équipes. Celle constituée par les deux hommes qui font marcher la *Lison* et le trio entre eux et la locomotive, d'une rigoureuse fidélité. « Entre eux et la machine, ils formaient un véritable ménage à trois, sans jamais une dispute. » Si une avarie immobilise leur « bête humaine », ils refusent d'en conduire une autre. Le service attendra la réparation ; en aucun cas le duo Lantier-Pecqueux ne prendra les commandes d'une locomotive qui n'est pas la leur. La hiérarchie évite de briser une équipe en mutant ailleurs l'un des deux compagnons ; le moral et la rentabilité s'en ressentent. On voit même certains qui préfèrent quitter leur poste et se retrouver aux ateliers plutôt que d'être transférés loin de leurs habitudes. Zola – et plus tard Jean Renoir en l'adaptant au cinéma – montrent que les hommes, en montant à bord, cessent d'être ce qu'ils sont dans la vie privée. Ils ne sont plus célibataires, mariés ou pères de famille. Ils forment un couple. Ils ont une autre vie – bien connue de leur femme s'ils sont mariés –, visible. Elle peut être clandestine quand le chauffeur Pecqueux a une épouse à Paris et une maîtresse au Havre. Une femme dans chaque gare ! L'une des preuves que la *Lison* n'est pas qu'une machine c'est, précisément, que Lantier lui a donné un nom. Quand on aime, on ne donne pas un numéro à l'être aimé mais un prénom. Lorsque, après un terrible accident, la machine vit ses derniers instants, des sentiments humains envahissent Lantier pour elle, et non pour les femmes témoins de la catastrophe : « Ses regards troubles se portèrent sur elles tour à tour, sans qu'il parût les reconnaître. Elles ne lui importaient pas. Mais ses yeux, ayant rencontré à quelques mètres la machine qui expirait, s'effarèrent d'abord, puis se fixèrent, vacillant d'une émotion croissante. Elle, la *Lison*, il la reconnaissait. » On entend un ultime souffle, une expiration de vapeur, rageuse mais épuisée. La *Lison* se meurt, offrant « l'affreuse tristesse d'un cadavre humain, énorme de tout un monde qui avait vécu et d'où la vie venait d'être arrachée dans la douleur ». Jamais un écrivain n'avait su transcrire la douleur d'un cheminot amputé de la mécanique qui réglait sa vie. Lantier, se rendant compte trop tard qu'il avait délaissé sa locomotive pour une rivale de chair et d'os, « ayant compris que la *Lison* n'était plus, referma les yeux avec le désir de mourir lui aussi, si faible qu'il croyait être emporté dans le dernier souffle de sa machine ; et de ses paupières closes, des larmes coulaient maintenant, inondant ses joues ». La véritable tragédie dans ce roman aux intrigues sensuelles et criminelles. On pourrait comparer la douleur du mécanicien et du chauffeur à celle des cheminots français pendant la Deuxième Guerre mondiale lorsque, sur ordre du réseau Résistance-Fer, ils devaient saboter leurs locomotives dans la Bataille du rail. On peut ajouter que, après le « décès » de la *Lison*, la remplaçante qui leur est attribuée n'aura jamais de prénom. Elle ne sera qu'un numéro de série, la 608, une triste banalité technico-administrative. Cette locomotive, ils ne l'aimeront pas ; elle les conduira à la mort. Il a souvent été reproché à Emile Zola de se perdre dans de longues descriptions du milieu, du décor et du ou des métiers qu'il a choisis pour raconter une histoire. Cette accusation, fondée dans *Le Ventre de Paris*, n'est pas avérée dans *La Bête humaine*. En effet, en choisissant des cheminots et comme principal lieu de l'action la cabine d'une locomotive, l'écrivain ne quitte pas son sujet. Il romance, d'une façon magistrale, le documentaire qu'il a préparé. Ce fut une gestation. Même s'il fut, de bonne heure, orphelin de son père, le Vénitien François Zola, Emile était le fils d'un ingénieur qui avait construit la première ligne d'Europe continentale, celle de Linz à Gmüden, le long du Danube, en Autriche, ouverte en 1824. Outre ses impressions personnelles et souvenirs de voyages, le romancier s'informe auprès de la Compagnie de l'Ouest. La direction l'accueille très favorablement. Son mentor est le sous-chef du mouvement, M. Lefèvre. Zola prend d'innombrables informations techniques – qui donnent au livre sa vérité –, reçoit des confidences et des souvenirs, visite scrupuleusement la gare Saint-Lazare, prend des trains pour Dieppe et Le Havre. Mais le plus important est de pouvoir monter dans la cabine d'une locomotive. Zola obtient l'autorisation au printemps 1889 et est accompagné dans son expérience de M. Clérault, ingénieur en chef de la traction. Il pourra ainsi décrire exactement l'habitacle, les gestes des deux hommes qui se parlent peu à cause du bruit et communiquent le plus souvent par gestes. Il les interroge et apprend presque tout de leur métier, si dur et si fatigant. Zola exprime fort bien l'épreuve physique, la tension et le surmenage que représente la conduite d'une machine à pleine vitesse : « Mon impression sur la locomotive. D'abord, une grande trépidation, de la fatigue dans les jambes et un ahurissement à la longue produit par les secousses. La tête semble se vider. » Ensuite, puisque Zola introduit dans son projet une catastrophe ferroviaire, il se documente sur les nombreux accidents survenus en France et en Belgique ; les journaux en sont pleins. Et les drames sociaux, crimes, assassinats sont décortiqués – et repris – par le romancier, en particulier la rivalité, par jalousie, d'un mécanicien envers son chauffeur. Celui-là précipita celui-ci sur la voie et tomba avec lui, fait divers relaté par *Le Gaulois* du 12 mars 1886. Le chemin de fer sera souvent le sujet des photographies prises par Emile Zola, à partir de 1894, aussi bien depuis sa maison de Médan sur la ligne Paris-Le Havre que lors de son voyage en Italie ou son exil en Angleterre, lors de l'affaire Dreyfus. Bien que transposée et située au cinéma* plus de quarante ans après sa publication, l'adaptation par Jean Renoir de *La Bête humaine* est exemplaire et sa réalisation d'une parfaite maîtrise. Un classique. Jean Gabin dans le rôle de Lantier et Julien Carette dans celui de Pecqueux sont plus vrais que nature. D'authentiques cheminots ! Ils ont vécu, pendant des semaines, au milieu des vrais gens du rail et les ont observés. Les notations de Zola sur les gestes, les regards, les silences, les coups de sifflet de Lantier-Gabin, leur échange de cigarettes et le travail de l'équipe se retrouvent dans des plans inoubliables, tournés par le jeune opérateur Claude Renoir. On est à la place de ces deux hommes, l'œil sur le foyer ou la tête en dehors, les yeux couverts par les grosses lunettes pour scruter la voie. Renoir junior filme depuis l'avant d'une machine ou d'une plate-forme à la place du tender. Quelques allégements du roman sont bien trouvés ; le scénario introduit une note sentimentale qui ne nuit pas au réalisme. *La Bête humaine* est sans doute le plus parfait mariage train-cinéma* dans l'histoire d'un crime qui engendre un assassinat et provoque un suicide. Et la SNCF, à peine née, ne pouvait trouver meilleure illustration d'un univers fascinant. Tout y est excellent et bien observé, mais j'ai une préférence pour la séquence d'ouverture et celle, de nuit, où Lantier-Gabin, lavé, rasé, cravaté et portant casquette, fait visiter le dépôt à sa maîtresse Séverine-Simone Simon. Il lui présente sa *Lison*. Muette. Mais le spectateur sait que la *Lison* n'aime pas qu'on la trompe. Elle est dans l'obscurité mais son foyer est entretenu. Elle attend sa revanche. La locomotive renouvelle le triangle de l'adultère. La véritable rivale, c'est elle. En revanche, dans *Désirs humains* (*Human Desires*, 1954), Fritz Lang nous propose une adaptation de *La Bête humaine* moins ferroviaire (la locomotive, une énorme diesel, n'a que peu d'importance) mais assez fidèle à la trame générale du roman de Zola. L'action est transposée à la fin de la guerre de Corée. Deux meurtres commis par le même cheminot, l'atmosphère inquiétante du dépôt du *Chicago Arrow* (« Flèche de Chicago ») et un Glenn Ford mécanicien et héros militaire qui ne peut être coupable dans l'Amérique puritaine. Le film est très noir, serré, dense, d'une facture solide. La Bête, ici, est bien

humaine puisqu'il s'agit de Gloria Grahame, parfaite en garce manipulatrice et cause de tous les drames. Il faut dire que le rôle était initialement prévu pour Rita Hayworth ; elle lui aurait sans doute apporté plus de sensualité mais pas forcément les mêmes ambiguïtés, essentielles dans le scénario. On notera la réplique cynique d'un des dirigeants de la compagnie, très ennuyé en apprenant le premier crime dans un des wagons-lits de l'express : « Si les gens veulent en tuer d'autres, pourquoi ne prennent-ils pas l'avion ? »

Bibesco, Marthe Lahovary

Princesse, 1887-1973

C'était un spectacle extraordinaire que de voir cette femme arriver à la gare pour prendre l'Orient-Express*. Dans les années 1920-1930, le départ des gens importants – ou qui pensent l'être – est un événement. On en parle plus que de l'arrivée du train lui-même. Devenue, par son mariage, la représentante d'un des plus illustres noms d'Europe centrale, la princesse Bibesco est accompagnée d'une femme de chambre, de porteurs de bagages, d'un chauffeur, parfois d'un majordome. C'est toute sa maison qui se déplace et on compte près de dix personnes pour en accompagner une. A l'arrivée, ce sera presque pareil. La princesse, elle, ne porte rien sauf des gerbes de fleurs, qu'elle s'est peut-être envoyées elle-même et qui seront disposées dans son compartiment-salon, communiquant avec l'autre *single* qu'elle utilisera comme chambre. Elle est une éternelle passagère de l'Orient-Express.

Un jour, le train est arrêté à Jimbolia, premier bourg roumain après la frontière hongroise et à 40 km à l'ouest de Timisoara, pour faire du charbon et de l'eau. Comme d'habitude, ces opérations, qui pourraient être rapides, vont prendre au moins deux heures, peut-être trois. Il faut bien que les vendeurs ambulants, voire le buffet de la gare, tirent profit du passage du train deux fois par semaine... De plus, un orchestre de Tsiganes joue pour les voyageurs. Et ses musiciens sont très encouragés par les billets qu'on leur glisse dans la main. En bref, une vaste conspiration de négoces variés prolonge artificiellement l'arrêt. Marthe Bibesco, qui voyage avec une amie en direction de la Roumanie, descend pour se détendre. Robe encore longue – malgré la mode – pour dissimuler ses jambes, fardée et empanachée, elle part dans la campagne, bavardant avec son amie. Exaltées, se lançant à la tête leurs histoires et leurs traits d'esprit, les deux femmes s'éloignent, oublient le temps... Elles n'entendent même pas les coups de sifflet impératifs. Elles arrivent pour voir les feux arrière du fourgon. Trop tard ! L'Orient-Express roule sans elles vers Bucarest... Elles passeront trois jours sans papiers ni bagages dans la piètre auberge de Jimbolia. Mais était-ce grave ? Non : on savait très bien qui elles étaient, on les avait reconnues ; ces personnages de la Mitteleuropa insouciante des Années folles pouvaient tout se permettre sauf de passer inaperçus. Le prince Bibesco, propriétaire d'immenses domaines, était fier d'impressionner ses visiteurs en déclarant : « L'Orient-Express met quatre heures à me traverser. » Un de ses proches, trouvant qu'il exagérait, glissait, perfide : « Trois quarts d'heure suffisent ! » Le plus original dans cet incident banal est la présence des musiciens. Ils ne sont pas là par hasard. Un aristocrate hongrois était tellement heureux que le train de l'Europe passe sur ses terres, qu'il donnait des réceptions dans la voiture-restaurant, louée spécialement en dehors du service normal. Cette passion était, bien sûr, assouvie dans les deux sens. Il payait des Tsiganes pour accompagner la traversée de la Puszta, monotone selon lui... Et il laissa, à sa mort, une somme rondelette pour qu'à chaque passage du convoi les musiciens jouent dans la voiture-restaurant et aux arrêts... Pour la première fois, un train est l'objet d'un... testament ! Les dernières volontés du paisible fanatique hongrois furent respectées jusqu'à épuisement de la rente, en 1939. Le silence des violons qui suivit ne pouvait qu'annoncer la mort d'une certaine Europe.

Bielles

Elles sont fascinantes. Leur mouvement progressif au départ fait d'une locomotive à vapeur un spectacle. Certaines machines électriques, comme la CC 100 de la région Sud-Ouest, en étaient pourvues. Bielles motrices, d'accouplement, de commande ou de transmission, elles visualisent l'effort de la mécanique. Cette perfection, une vraie magie, me rappelle la réflexion d'un chef de traction, il y a des années, lorsque nous étions dans l'abri* de la 230 G 353, la dernière vapeur de la SNCF, star du cinéma* et de la télévision. On l'a vue dans *Le Crime de l'Orient-Express* et *Julia*. Ce matin de juin, nous quittions son dépôt de Noisy-le-Sec, « haut-le-pied », c'est-à-dire sans train. Nous allions vers la gare Saint-Lazare pour tirer un convoi spécial. Petite vitesse, foule d'amateurs, ciel pur. Nous arrivons sous une passerelle. Une jeune et jolie femme, en minijupe légère d'été, marche au-dessus de notre superbe machine. Le chef mécanicien a l'œil à tout. Il me fait un petit signe. C'est vrai que la passante a de jolies jambes... La malheureuse ne sait pas ce qui l'attend ! A sa hauteur, un puissant panache soulève sa jupe, accompagné d'un coup de sifflet admiratif ! Charmant spectacle. La jeune femme hurle et doit traiter l'équipe de cochons, mais nous n'entendons que son cri ! Au maître des lieux, j'annonce :

— Je dirai à votre femme que vous êtes un obsédé sexuel !

— Mais pas du tout ! C'est le mouvement de sa démarche qui m'intéresse. Elle a de belles bielles !

Je l'ai cru. C'était l'avis, motivé, d'un technicien...

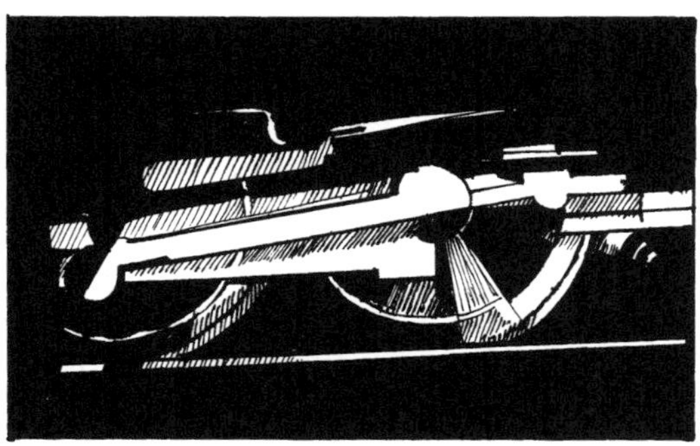

Billets

Avec l'électronique, c'est encore un peu de charme qui s'en va. La lecture d'un billet était, avec celle d'une carte, la sensation initiale du voyage. La première manière de contrôler l'accès des voyageurs au chemin de fer fut de leur remettre un jeton de cuivre après paiement de leur place. C'était en 1832, en Angleterre. Très vite, l'idée, originale, de tarifs spéciaux applicables aux clients réguliers a été adoptée. C'était un abonnement pour faire l'aller-retour dans la même journée ; leurs titulaires s'appelaient les *commuters* (abonnés), terme exclusivement réservé au monde ferroviaire. Pendant longtemps, la base de la tarification fut le kilométrage, notamment en France. Les premiers tickets, de petits morceaux de carton, furent généralisés vers 1860, accompagnés de suppléments éventuels (train rapide, lit, couchette, etc.). A ligne exceptionnelle, document exceptionnel : le plus long billet de chemin de fer jamais émis fut celui du Nord-Express (Paris-Moscou) *via* Cologne, Berlin et Varsovie combiné avec celui du Transsibérien* de luxe (Moscou-Pékin) en 1907. Le trajet total Paris-Pékin demandait seize jours, ce qui était remarquable pour l'époque. Ce titre de transport, lorsqu'il est complet, comporte trente-sept coupons format carte de visite, rédigés en français : chemin de fer, wagon-lit, petit déjeuner, déjeuner et dîner « à la fourchette » puis « à la baguette », si l'on veut (et si l'on peut !), en Chine. Tout est payé d'avance. Seuls les vins sont non compris. Le premier coupon est valable de Paris à Jeumont, soit la frontière belge. Il y a un coupon pour le territoire français, cinq pour le belge, trois pour l'Allemagne, deux pour la Pologne, douze pour la Russie, quatre pour la Chine, soit vingt-cinq pour le parcours, trois seulement pour le sleeping (Paris-Varsovie, Varsovie-Moscou, Moscou-Pékin) et sept pour les repas (Paris-Cologne, Cologne-Berlin, Berlin-Varsovie, Varsovie-Moscou, Moscou-Irkoutsk, Irkoutsk-Mandchourie, Mandchourie-Pékin).

En 1974, lors de mon expérience de conducteur des Wagons-Lits de Paris à Istanbul, l'un de mes voyageurs avait un carnet de billets en seize parties. Il allait de Londres à Téhéran. Il était, évidemment, britannique. « Philéas Fogg, *I presume* ? » Mais il n'est pas nécessaire d'aller loin pour éprouver la sensation du dépaysement en lisant un billet. Dans le nord du Pays de Galles, dont l'originalité culturelle et la complexité linguistique ne sont pas des légendes, une gare détenait le record du nom le plus long – que je renonce à écrire –, un seul mot de cinquante-quatre lettres avec double, triple et quadruple consonnes sur toute la largeur du ticket de quai. Après une laborieuse traduction, le nom de la gare apparaissait fort poétique et géographiquement très précis : « L'église de Marie près de la fontaine du blanc noisetier à proximité du violent tourbillon proche de l'église de Tysilio à côté de la grotte rouge ». Seuls des gens pressés, mesquins et affreusement matérialistes ont pu exiger et obtenir des British Railways que cette gare soit désaffectée en 1972.

Blanche, Francis

Artiste dramatique, chansonnier, auteur, réalisateur, acteur, 1921-1974

Etait-ce parce que son grand-père avait produit, au théâtre, *Le Tour du monde en quatre-vingts jours* et qu'il y avait joué le rôle de Philéas Fogg ? Francis Blanche aimait les trains. Son personnage de Français râleur, rouspéteur, ronchon et farceur, auteur de canulars énormes, s'y épanouissait, pour la plus grande joie des voyageurs. Ses victimes étaient en général le personnel à bord. J'en conserve deux souvenirs d'adolescence, fondés sur la confrontation linguistique, alors que la traction électrique étend sa toile d'araignée sur la France vers 1965. Ces deux histoires ont, depuis, elles aussi beaucoup voyagé...

Au wagon-restaurant :

— Maître d'hôtel !

— Monsieur ?

— Avec ma sole, pourrais-je avoir des pommes vapeur ?

— Hélas non, Monsieur. La ligne vient d'être électrifiée...

Après avoir tiré le signal d'alarme (son grand plaisir) sans aucune raison, Francis Blanche explique au contrôleur :

— Je vous demande de me servir de témoin. Je vais faire un procès à la SNCF car j'ai reçu une escarbille de charbon dans l'œil !

— Mais, Monsieur, c'est impossible ! La locomotive est électrifiée !

— Dans ce cas, c'est beaucoup plus grave. J'ai dû recevoir un kilowatt !

Blixen, Karen

Pseudonyme de Karen Christence Dinesen, baronne Blixen-Finecke, écrivain danois, 1885-1962

« J'avais une ferme en Afrique... » Ainsi commence le livre *La Ferme africaine* (1937) dont le metteur en scène américain Sydney Pollack a tiré, en 1986, le célèbre film *Out of Africa*. Il raconte la vie d'une femme née dans l'une des plus anciennes familles aristocratiques du Danemark. Jeune fille, ayant une grande sensibilité artistique, elle poursuit des études aux Beaux-Arts à Paris, Rome et Londres. En 1914, elle épouse un baron danois ruiné qui se trouve être un de ses cousins. Il l'emmène en Afrique orientale, au Kenya. Elle y possède une plantation de café. Eprise d'un aventurier chasseur d'éléphants, elle divorce en 1922 mais demeure au Kenya jusqu'en 1931. Lorsqu'elle regagne le Danemark, sans ressources, elle se consacre à une œuvre littéraire et au journalisme. Elle rédige d'abord en anglais avant de se traduire elle-même en danois et utilise au moins trois pseudonymes, selon les pays où elle est publiée, dont un masculin en 1944.

Out of Africa débute par son arrivée à Nairobi pour gagner l'exploitation familiale, immense et féodale, à 2 000 mètres d'altitude. La baronne danoise découvre l'Afrique noire par le Chemin de fer de l'Ouganda, qui relie Mombasa, sur la côte de l'océan Indien, à Nairobi et continue jusqu'au lac Victoria et à Kampala, capitale du protectorat britannique de l'Ouganda. La ligne a été construite au début du XXe siècle par l'East African Railways C° à travers les plateaux et la savane de ces riches provinces de l'Afrique anglaise. Au moment du voyage de la baronne Blixen-Finecke, âgée de vingt-neuf ans, le Kenya n'est pas encore une colonie de la Couronne mais un territoire concédé à Londres par le sultan d'Oman sous forme de protectorat, depuis 1894. Le trafic est limité à Nairobi-Mombasa depuis une dizaine d'années, soit environ 520 km, tandis, que les travaux continuent vers le nord. Le train de Karen Blixen circule depuis quatorze ans. Partant du niveau zéro, la rampe grimpe jusqu'à 1 661 mètres, altitude de Nairobi, ville née en 1899 grâce au train, à l'emplacement même du quartier général des travaux de la ligne. Le musée du Rail, près de la gare, évoque bien cette épopée africaine parmi d'autres, un monument de la voie à écartement métrique.

Le Chemin de fer de l'Ouganda est une conséquence du partage du « gâteau africain » par les grandes puissances. Lors de conférences successives, prenant la mesure des appétits coloniaux, la Grande-Bretagne craint l'expansion des Français et des Allemands entre le Soudan et l'Ethiopie. Aussi, la ligne Kampala-Mombasa – chargée du transport minier jusqu'à l'océan – est-elle mise en chantier dans l'urgence, en liaison avec le projet de ligne du Cap au Caire. Ces travaux constituent une sorte de couronnement ferroviaire du règne de Victoria ; on espère qu'ils seront assez avancés lors de la célébration du jubilé de la reine en 1897. Mais ils sont très difficiles. Tout sera d'un prix élevé, le tribut humain (2 500 morts, 6 000 blessés) comme les installations. A la Chambre des communes, le gouvernement est malmené lors des débats. Les parlementaires radicaux et socialistes ricanent de la frénésie des conservateurs à faire construire cette ligne. Ils la surnomment : *The Lunatic Line* (« La Ligne des fous »). Folle, elle l'est, dès la presqu'île de Mombasa où les navires de fort tonnage ne peuvent, à l'époque, être reçus avec leurs chargements de locomotives, de rails et de wagons... On doit construire des quais plus grands et aménager un havre plus profond.

Peu à peu, la rampe s'annonce, gagnant 170 mètres d'altitude en 24 km. Les manguiers, les bananiers et les cocotiers deviennent rares, c'est la limite de la savane. Puis, en remontant avant les collines, la traversée du désert rouge de Taru, seulement hérissé de buissons d'épines et de petits acacias, prend neuf mois d'un travail épuisant. L'agitation en Ouganda ralentit le chantier et des troupes sont envoyées vers le lac Victoria. Longeant des sommets de plus de 2 000 mètres, le tracé franchit la rivière Tsavo, à environ deux tiers du parcours jusqu'à Nairobi. Un pont doit être jeté entre les deux rives ; un peu plus loin, commencent les actuels parcs nationaux de Tsavo-Ouest et Est. Les ancêtres des animaux d'aujourd'hui guettent la chair fraîche, celle des Blancs, des Noirs et des Indiens Sikhs. Ils furent quelque trente mille venus du Penjab dont on retrouve, de nos jours, les descendants très implantés dans le commerce et les professions libérales. En 1896, lions et rhinocéros font quelque cent vingt-huit victimes officielles ; le chantier prend une année de retard. Ajoutons la famine, la malaria et la tenace poussière rouge qui recouvre tout : c'est seulement en mai 1899 que les équipes, exsangues, atteignent un coin perdu, appelé « Waso Nairobi » (« Rivière d'eau froide »). Le climat est très agréable dans ces montagnes. Et puis, quelle récompense d'apercevoir, à l'ouest, le volcan Kilimandjaro, le plus haut sommet d'Afrique (5 895 mètres), ses neiges éternelles qui envoûteront des aventuriers comme Ernest Hemingway. Et les couchers de soleil sont parmi les plus beaux qu'on puisse admirer. L'impériale Victoria a quatre-vingt-un ans lorsqu'elle est informée du premier train de voyageurs qui roule après sept années d'efforts et de sacrifices ; il faut encore trois ans aux pionniers pour construire les gares – il y en aura trente et une principales, une en moyenne tous les 18 km – de la ligne depuis Mombasa. Ne pas manquer celle de Kikobo, qui veut dire « hippopotame ». Dans la rivière du même nom, il y en a.

Lorsque Karen Blixen quitte le Kenya, en 1931, la voie est enfin achevée jusqu'à Kampala. A la fin des années 1970, dans l'Ouganda ravagé par la guerre civile de l'invraisemblable dictateur Idi Amin Dada, le trafic s'arrête, de nouveau, à Nairobi. En 1985 et 1986, le journaliste français Yves Thréard emprunte souvent le train nocturne. Le voyage, qui dure au moins douze heures, est rocambolesque : « Une nuit, nous avons été immobilisés en plein "bush" (la brousse) pendant près de trois heures. L'un des marmitons de la cuisine était tombé du convoi, à 30 km/h, avec une bassine de soupe ! Tout le personnel le cherchait le long de la voie. Il s'en est tiré avec quelques contusions... »

Aujourd'hui, l'ancien « train des fous », très confortable, est souvent celui qu'empruntent les touristes qui veulent se reposer des fatigues d'un safari près de Nairobi en se baignant sur les plages blanches de Mombasa. C'est le sens favori des étrangers. Les grosses diesel mauves et aux couleurs du Kenya tirent environ huit à dix voitures, dont un restaurant auquel ont accès les passagers de première et de deuxième classes. Ceux de la troisième, entassés sur des banquettes avec paquets et animaux, se ravitaillent auprès des innombrables petits marchés ambulants surgis à chaque halte. Les wagons-lits, à deux en première, sont exotiques avec leurs chromes, leur vernis, leurs moustiquaires, leur couverture et les gants blancs du conducteur. En deuxième, on compte quatre banquettes rabattables. A noter : les hommes y sont séparés des femmes. Au wagon-restaurant, aéré par une batterie de ventilateurs, il y a, en général, trois services ; on conseille les deux premiers, avant 21 heures, mieux approvisionnés et mieux servis que le dernier. Gentillesse assurée, couverts en argent très victoriens, vestes blanches boutonnées jusqu'au cou, efficacité du service variable. Il est difficile d'échapper à des soupes de légumes, à la sauce anglaise à la menthe, mais le curry est excellent. La carte des vins propose des crus kenyans, assez chers, et des bières, fraîches, réputées et très demandées. Le thé et le délicieux café (dont le Kenya est un grand producteur mondial) vous seront largement proposés. Le voyage – on peut aussi le vivre de jour une fois par semaine – varie entre onze et quinze heures. Sur cette voie, le 40 km/h est raisonnable, le 70 km/h à la limite de l'imprudence mais quel formidable souvenir ! Observez bien l'emblème des Kenya Railways, qui gèrent ce trafic. Dans un ovale jaune, un lion écarlate, britannique ou indigène, on ne sait, gravit ce qui ressemble à une échelle. En réalité, il s'agit d'un rail, entre deux surfaces liquides. La ligne joint l'eau salée à l'eau douce. Une sagesse africaine que, selon Karen Blixen dans son livre, les Européens ont oubliée ou perdue. Les Noirs, eux, savent d'instinct « que Dieu et le Diable sont un, que leur majesté est également grande et leur splendeur également éternelle ».

Bons baisers de Russie

Roman de Ian Fleming (1957), film britannique de Terence Young (1963). Titre original : *From Russia with Love*

C'était l'un des dix livres favoris de John Fitzgerald Kennedy mais c'est le cinéma* qui a réellement assuré le succès de cette histoire. Après quelques allusions dans des films secondaires postérieurs à 1945, la deuxième réalisation de la prolifique série des aventures de James Bond permet à l'Orient-Express* une brillante rentrée cinématographique. En adaptant l'ouvrage (traduction française chez Plon en 1960) avec Richard Maybaum, Terence Young réussit l'un des meilleurs suspenses d'espionnage. Scénario astucieux, quelques gadgets mais pas trop (la mallette), les sortilèges d'Istanbul, le camp des Tsiganes, un exotisme pas trop appuyé, le récit est très dépaysant. Le plus séduisant agent secret britannique, l'incorrigible 007, a volé un décrypteur de codes au consulat soviétique grâce à la complicité d'une ravissante employée. Les services secrets parallèles ou dissidents – les pires – sont à leurs trousses et ils n'ont d'espoir que dans leur fuite ferroviaire. Un tiers de l'action, mouvementée, se déroule dans le train en direction de Belgrade et Venise. Humour, charme, dialogues piquants et angoisse : on ne s'ennuie pas un instant. Un *James Bond* très bien mené, avec, au départ, encore peu de moyens par rapport à la prestigieuse suite mais des trouvailles. C'est parfaitement crédible. Et, dans le rôle-titre, Sean Connery demeure inoubliable.

Le tournage fut périlleux. En Turquie, le mauvais temps entraîna un dépassement de budget de deux cent mille livres sur les un million neuf cent mille initialement prévues. L'équipe se transporta alors en Ecosse où les landes et les lochs pouvaient passer pour la très découpée côte Adriatique. Au cours d'une séquence acrobatique, un accident d'hélicoptère blessa le metteur en scène et son assistant, Michael White, heureusement sans gravité. Lors de raccords en studio à Londres – auxquels j'assistai –, un cascadeur fut brûlé. Enfin, le comédien Pedro Armendariz, qui jouait le rôle de Kerim Bey, chef du réseau britannique à Istanbul, assassiné dans le train par un agent de l'Est, attendit la fin du film pour se suicider : il se savait condamné par un cancer...

Remarquablement tournée, d'un style éblouissant, la partie ferroviaire donne bien le sentiment de l'étroitesse des cabines, en particulier dans les bagarres. Le film montre une authentique voiture-lit du fameux train, la n° 3893, de type Y. Construite en Belgique en 1948, elle avait été réellement affectée au parcours en Turquie. Un bon point pour l'exactitude historique. De même, par petites touches, l'espion de Sa Gracieuse Majesté fait la différence entre ses bonnes manières et les autres : c'est au wagon-restaurant que son adversaire commet la faute de commander un vin rouge avec sa sole grillée... C'est une habitude slave, donc le bizarre capitaine Nash, officiellement monté à Belgrade, n'est pas ce qu'il prétend être ! Terence Young m'avait dit, lui qui était né à Shanghai, combien il était attaché à rappeler le passé diplomatique européen du train. Devenu un classique du cinéma*, *Bons baisers de Russie* est le modèle d'une aventure vraisemblable, soignée. Toutefois, dans son livre, Ian Fleming avait écrit que la plaque de parcours de l'Orient-Express* était « la plus romanesque du monde ». Le romancier et les

cinéastes après lui commettent l'erreur fréquente : il ne s'agit pas, à Istanbul, de l'Orient-Express mais de son plus célèbre rejeton, le Simplon-Orient-Express*, qui vivait là ses ultimes années, encore tiré par une locomotive à vapeur, une 150 allemande, jusqu'à la frontière turque, à Edirne. Mais l'essentiel n'était-il pas que sur le quai n° 3 de la gare européenne, celle de Sirkeçi, ornée d'un gigantesque portrait de Mustafa Kémal Atatürk*, on ressente « la poésie tragique du départ » ?

Brunel, Isambard Kingdom

Ingénieur britannique, 1806-1859

Le 17 juillet 1871, paraît un nouveau livre de Jules Verne, le huitième, *Une ville flottante*. Un roman assez court dont le personnage réel est un gigantesque paquebot transatlantique qui fait sa dernière traversée Liverpool-New York. Cette histoire est celle d'un rêve qui fut une réalité mais finit en un échec grandiose à cause de ses incroyables dimensions pour l'époque : 200 mètres de long, propulsion à voiles, roues et hélices, cinq cheminées et capacité, théorique, de... dix mille passagers ! Un précurseur du *Titanic*... Son nom : *Great Eastern*, le plus monumental navire du monde pendant cinquante ans. Il est l'œuvre d'un ingénieur au nom étrange, Isambard Kingdom Brunel, descendant d'une famille protestante française. Avant son géant des mers, cet homme est l'inventeur du plus grand train jamais construit, le *Great Western Railway*. Déjà, son père Marc s'était illustré dans le domaine ferroviaire en creusant, entre 1824 et 1842, le tunnel sous la Tamise, ce qui lui avait valu de la part de la reine Victoria un titre de baronnet en 1841. Son fils l'assista dans cette tâche. Il était alors âgé de dix-huit ans. Isambard Kingdom estime que Stephenson a une vision trop étriquée du chemin de fer. L'écartement des voies qu'il a retenu, inspiré des essieux des chars romains et des diligences, soit environ 5 pieds (1,435 mètre), ne permet pas, selon lui, un gabarit suffisant au matériel. Et, toujours selon ses recherches, la vitesse des trains restera limitée. A force de persuasion, il convainc les dirigeants d'une compagnie d'élargir la voie jusqu'à 7 pieds (2,134 mètres). L'aventure du *Great Western* commence et seul l'entêtement britannique l'explique. Stephenson lui-même se laisse séduire. Dès 1837, il fabrique une locomotive, la *North Star*. Un monstre impressionnant aux roues motrices de 2,13 mètres et d'un poids de 21 tonnes. Docks, ponts et un tunnel de près de 3 km de long sont édifiés. Une ligne est tracée de Londres à Bristol puis à Exeter et Plymouth ; bientôt, c'est un réseau à ces mesures qui couvre le sud-ouest de la Grande-Bretagne, incluant le Pays de Galles. Tout est grand dans les projets de l'ingénieur, soutenu par sir Marc. Son père a le temps de voir naître un paquebot portant le nom de *Great Britain* (vraiment *great* !) en 1843, le premier construit en fer. Isambard ne recule devant aucune dépense et multiplie les inventions ferroviaires, de la signalisation par télégraphe électrique à la gare londonienne de Paddington, dont les dimensions lui permettront d'absorber un trafic de plus en plus dense pendant un demi-siècle. Une nouvelle révolution industrielle. Cependant, cette métamorphose spectaculaire se heurte à l'existence d'un réseau déjà bien étendu de voies « normales », à l'écartement standard. C'est le même handicap que rencontrera, cent ans plus tard, l'ingénieur français Jean Bertin*. Les lignes construites en service et leurs infrastructures seraient inutilisables. Brunel est intervenu trop tard. On peut toujours le regretter... Après quelques dizaines d'années et la disparition de Marc Isambard, mort en 1859, épuisé et croulant sous les difficultés, le dernier train à voie très large quitte Londres en 1892. Une foule de messieurs en redingote et haut-de-forme assiste à ce départ qui ressemble à une veillée funèbre... On comprend qu'un tel homme ait fasciné Jules Verne. Le paquebot *Great Eastern*, dont l'exploitation est un gouffre financier, reprend la mer en 1867 pour la pose du premier câble sous-marin transatlantique. Le thème du volume de l'écrivain, père du roman de la Science, honore un rêve évanoui. Mais, de nos jours, entre Oxford et Reading, à l'ouest de Londres, des amateurs ont créé un Railway Centre à Didcot, animé par la Great Western Society. On a pu y observer, pour le bicentenaire de la naissance d'Isambard Kingdom Brunel, en 2006, une réplique de la locomotive appelée, avec humour, *Fly* (« Mouche »), construite en 1840 par sir Daniel Gooch. Elle a roulé. Sur un tronçon de voie très large...

« En Hollande, les gens sont tellement propres que,
quand ils ont envie de cracher,
ils prennent le train pour la campagne. »

Georges COURTELINE.

Campagnes en train

Tournées électorales aux USA

Dès 1870, le chemin de fer entre, spectaculairement, dans la vie politique nord-américaine. La revue *Trans-Continental*, qui commence à paraître cette année-là, ne consacre pas seulement un terme nouveau, celui d'un train traversant les Etats-Unis. La gazette, illustrée, assure également la publicité des séduisants voyages organisés par la compagnie Pullman* (et d'autres, moins prestigieuses) pour le plaisir et les affaires des magnats du rail que sont MM. Gould, Vanderbilt et Morgan, notamment. Car il y a d'immenses fortunes ferroviaires : leur puissance se mesure par des milliers de kilomètres de voies ferrées et par la somptuosité de leurs trains privés. Qui n'a pas son chemin de fer personnel n'existe pas tout à fait dans le monde de la finance...

Ces voitures sont longues (leur caisse mesure en général 15 mètres) et hautes (de 2,30 mètres à 3 mètres), ce qui permet aux voyageurs de circuler avec leur chapeau sur la tête jusqu'à ce que les messieurs, croisant une dame, se découvrent, comme dans le Vieux Monde. En ce temps-là, la richesse, même récente, cherche à se patiner de bonnes manières venues de Paris ou de Londres.

Ces fabuleuses voitures, bientôt surnommées *Palaces on Wheels* (« Palaces sur roues » et ensuite « Palaces du rail ») ont un nom (une habitude anglaise), la plupart du temps évocateur de la « mythologie » d'outre-Atlantique : *Mayflower*, *Davy Crockett*, *President X...* Elles peuvent être louées à de hautes personnalités ou à des amateurs fortunés soucieux de respectabilité, et il n'est pas de meilleure façon de se faire remarquer qu'en traversant le continent. Dans ces tournées étonnantes, on se bouscule. On y rencontre des notabilités européennes couronnées comme S.M. la reine Marie de Roumanie, qui avait accueilli les premiers passagers de l'Orient-Express*, ou des demi-mondaines telle l'actrice Lily Langtry, maîtresse du prince de Galles, le futur roi Edouard VII. La compétition dans les aménagements internes est inouïe : certaines voitures sont équipées de baignoires aux robinets en argent massif, d'autres d'une salle avec des machines à coudre (ah ! ce bon M. Singer qui pense à tout !) pour les femmes de chambre. Quelques voitures, luxe suprême, ont des rideaux de soie tissés à... Lyon ! On ne sait si l'on doit admirer l'élégance du matériel ou les voyageurs venus d'Europe. En 1906, un Polonais de quarante-six ans, moustachu et couvert d'une épaisse tignasse, est convié à une tournée spéciale. C'est le virtuose du piano Ignace Paderewski. Entré à douze ans au conservatoire de Varsovie, il en avait été nommé professeur quatre ans plus tard. Ensuite, il enseigne à Berlin, à Vienne et à Strasbourg. Ses récitals déplacent les foules. L'importance colonie polonaise de New York l'invite à se produire à travers les Etats-Unis. Sa seule exigence, outre ses cachets confortables, est de voyager dans la superbe voiture « General Stanley ». Il la loue comme une maison avec le personnel habituel (cuisinier, maître d'hôtel, valet de chambre) au tarif de cinq cents dollars par jour, soit la moitié de son cachet quotidien. Il est tellement fasciné par ces déplacements que lorsqu'il entamera une carrière politique (il sera président du Conseil polonais et ministre des Affaires étrangères, et le seul musicien professionnel signataire du traité de Versailles), il ne cessera de voyager dans des trains spéciaux et mourra, en 1941, lors d'une tournée plus diplomatique que musicale en qualité de chef du gouvernement polonais en exil, avec les prérogatives d'un président de la République... en exil. Si les gloires de l'art voyagent comme des rois, les présidents américains vont en faire autant.

Le matériel de la compagnie Baltimore & Ohio est le premier étudié – ou adapté – pour des déplacements politiques officiels. Chaque rame se termine par une voiture-plate-forme d'où le président ou le candidat peut s'adresser à la foule grâce à une batterie de haut-parleurs installés sur le toit de la dernière voiture. C'est une tribune roulante, un balcon ferroviaire décoré d'un grillage en bronze – ou en or ! – qui peut être décoré d'un drapeau ou d'une énorme cocarde. Comme l'a souligné l'historien américain Lucius Beebe (*Mansions on Rails*, « Demeures sur rails », Howell North, 1959), cette compagnie est surnommée *The Presidential Railway* (« Le Chemin de fer des Présidents »). Benjamin Harrison (1833-1901), petit-fils du neuvième président et lui-même vingt-troisième président, roule fastueusement de Washington à New York. Républicain, ancien général nordiste partisan de la Doctrine de Monroe, il réunit le premier « sommet panaméricain » en 1889. L'allure du président Harrison est sévère (barbe digne, redingote) mais il aime son confort en voyage. La presse rapporte qu'il peut lire un journal dans un fauteuil perpendiculaire à la marche du train grâce à un éclairage au gaz comprimé dispensant une lumière vive. C'est le dernier chic. Quarante mille (!) voitures-salons, restaurants et fumoirs sont ainsi équipées et le procédé sera exporté vers l'Europe. Autre preuve d'un confort élaboré : le chauffage des poêles au bois fonctionne aussi l'été lorsque le convoi gravit les montagnes Rocheuses jusqu'à 2 000 mètres d'altitude avant de redescendre sur le Pacifique.

Toutefois, les trains américains, hier comme aujourd'hui, n'ont jamais été rapides. On plaisante leur lenteur dans ce pays où *Time is money* (« Le temps c'est de l'argent »). Le président Theodore Roosevelt est intrigué par le télégramme qu'on lui remet, expédié d'une gare : « Un cow-boy américain arrive sur la côte Est par train spécial plus rapidement que n'a pu le faire aucun conducteur de bestiaux avant moi. De combien vais-je battre le record du Trans-Continental ? » L'excentrique inconnu avait fait un pari et il était en passe de le gagner. Moyennant cinq mille cinq cents dollars, il s'était juré de parcourir la distance Los Angeles-Chicago (2 265 miles, plus de 4 000 km) en moins de cinquante-sept heures cinquante-six minutes. Pour pulvériser ce record officiel, il avait loué un train, appelé pour la circonstance *Coyote Special*, et brûlait les étapes à bord de son Pullman. Un autre original, appelé Walter Scott, couvrit la même distance en cinquante-quatre heures. C'était en 1905 et Chicago l'accueillit comme un héros. Le président était dépassé, dans tous les sens du terme.

Son cousin, Franklin Delano Roosevelt (1882-1945), locataire démocrate de la Maison-Blanche pendant la Deuxième Guerre mondiale, pousse très loin l'utilisation du train comme symbole politique. D'abord parce qu'il sillonne le pays lors d'une difficile campagne à bord de sa rame *The Roosevelt Special*. Ensuite, parce que sur sa plate-forme il harangue curieux et sceptiques en compagnie de son candidat à la vice-présidence, J.N. Garner. Ici, la politique et le rail se rejoignent d'une manière inattendue. Leur programme est appelé *Ticket*, exactement *Democratic Presidential Ticket*, l'expression signifiant à la fois une vision politico-économique et un billet de chemin de fer ! Comme on le sait, l'expression est restée...

En dépit de milliers de kilomètres et de dizaines de discours, le *Roosevelt Special* n'obtient pas le succès escompté. Des écrivains sarcastiques (John Dos Passos, Erskine Caldwell) jugent M. Roosevelt si *special* qu'ils l'accusent de symboliser « une version démagogique du républicanisme ». Et d'ajouter que les trains de la politique peuvent dérailler comme les autres ! Quand ce même Roosevelt se rend, secrètement, à la conférence de Casablanca du 14 au 24 janvier 1943 pour étudier, avec Churchill, la suite des opérations militaires alliées, il s'embarque en Floride à destination du Maroc. La brigade de son train spécial est consignée dans un camp, derrière des barbelés. Protestations, indignations. Il ne fallait pas révéler où était le président et les services secrets avaient considéré que les vitres blindées de la rame appelée « POTUS Special » (initiales de *President of the United States*) n'étaient pas une garantie de discrétion absolue... Son successeur, Harry Truman, fait doter le train de micros sophistiqués pour sa campagne de 1948 et le général Dwight Eisenhower, Ike, transforme la plate-forme en bureau pour signer des milliers d'autographes. John Fitzgerald Kennedy rebaptise le train *Frontier Special*, décoré, à l'arrière, de sa photographie bien visible, une innovation médiatique qui ira, comme l'on sait, en s'amplifiant. A Michigan City, le 14 octobre 1960, il peut, depuis son train, s'adresser à plus de six mille admirateurs. Succès total. Un mois plus tard, il devient le premier président catholique des Etats-Unis. Le train lui avait porté chance. Après son assassinat, Lyndon Baines Johnson parcourt le pays avec sa famille et Jackie, la très médiatique veuve de JFK. Les interventions se font à bord du *Lady Bird Special*, équipé d'un pupitre pour poser les discours. Johnson est réélu en novembre 1964. Et Richard Nixon, à bord d'un nouveau matériel aux voitures à caisse métallique comparables à celles du Mistral français, débute sa campagne à Springfield (Ohio) le 22 octobre 1968. Le *Nixon Special* est entouré d'une foule dense. On ne compte que quatre haut-parleurs mais ils sont très puissants. Plus récemment, Bill Clinton a eu recours au train en veillant à ce qu'il soit tiré par une nouvelle locomotive, jugée très performante et qui eut sa part dans le succès du candidat.

Caoutchouc (train du)

Ligne Porto Velho-Manicoré, Brésil

Un siècle plus tard, il existe toujours. Il roule chaque dimanche. Mais, même pour les Brésiliens, il n'est pas facile à prendre ni même à trouver car il est enfoui dans la forêt amazonienne. C'est le train du Caoutchouc, au nord-ouest du Brésil, à 1 000 km au sud-ouest de Manaus et de son Opéra de la jungle. Un train vestige d'une épopée, celle des aventuriers de l'hévéa, quand le latex incisé devait se transformer en or. Un or gommeux, souple, rare, dont l'Europe avait besoin avant 1910. Quelques-uns de ces pionniers firent fortune ; on les appela « les barons du caoutchouc », si riches que leurs cigares n'étaient pas brésiliens, ils venaient de Cuba. On ne les a pas surnommés ainsi par hasard. Il y avait déjà une *baronne* dans la jungle amazonienne, à la frontière bolivienne. Elle venait de Philadelphie, donc du beau monde, et était arrivée le 4 juillet 1878, jour anniversaire de l'indépendance américaine. Son voyage depuis la Pennsylvanie avait pris trois mois. Elle portait un numéro, le 12. On l'appelait *la Baronne* parce qu'elle impressionnait. Elle symbolisait la civilisation et le progrès, elle apportait des promesses d'un nouvel Eldorado. Elle était la première locomotive de la ligne Porto Velho-Manicoré (360 km), ouverte pour profiter de la fièvre du caoutchouc. Le train sur rails était l'unique moyen de gagner Manaus, où d'autres trains, de bateaux cette fois, transporteraient le fruit gommeux des incisions dans les arbres – ensuite débités pour l'ameublement – jusque vers l'est et l'Atlantique.

De tous les chemins de fer construits dans des régions difficiles, le tortillard du latex – ce qu'il en reste tient du miracle – est certainement l'un des plus héroïques. En 1872, les Britanniques sont les premiers à y songer ; deux ans plus tard, ils y renoncent, harcelés par les crocodiles, les serpents et les Indiens. Une deuxième tentative échoue. Ce n'est qu'à la troisième, osée par des Américains, que la ligne est construite, en 1907. Les travaux, d'une difficulté hallucinante, en particulier climatique, causent la disparition de six mille ouvriers, noyés dans les tourbillons boueux du rio Madeira, un affluent de l'Amazone tentaculaire. Lorsque le premier convoi franchit la douzaine d'ouvrages d'art enserrés de fougères géantes, il reçoit l'accablant surnom de « *train de la Mort* ». Le train du Caoutchouc est si brinquebalant, sa voie, métrique, si tordue que le convoi lui-même a l'air d'un monstrueux anaconda, fumant, tordu, mou, en élastique...

Mais on prévoit que la ligne ira jusqu'à la frontière bolivienne. Et de là, par un réseau hypothétique, les chargements de caoutchouc pourraient gagner le Pacifique. Un rêve fou, à la dimension amazonienne. Hélas, peu avant 1914, le rêve est balayé par une affreuse réalité qu'on pourrait qualifier d'espionnage et de vol scientifiques. En effet, deux Britanniques parviennent à s'emparer d'un peu de semence d'hévéa et la dissimulent dans deux... crocodiles empaillés qu'ils affirment rapporter comme souvenirs. O infamie, les reptiles sont chargés à bord du train... qu'ils vont condamner. L'hévéa, d'abord découvert au Pérou au XVIIe siècle puis en Guyane au début du XIXe, cesse d'être une exclusivité latino-américaine. Le monopole disparaît. A cause de ces deux agents à la solde de Londres, le marché du caoutchouc brésilien s'effondre. Et, près d'un siècle après cette catastrophe, ceux qui continuent d'inciser ces grands arbres pour recueillir la gomme ont à peine de quoi vivre.

Interrompue, aujourd'hui la voie n'est plus en service que sur une trentaine de kilomètres. Mais trente kilomètres dans la jungle d'Amazonie, c'est prodigieux. D'abord, on se demande où est la voie tant le mur de feuilles et de lianes recouvre tout en une nuit. Les rails sont cachés. Le train lui-même est recouvert d'une fantastique voûte végétale. Les quatre allers-retours dominicaux sont souvent retenus à l'avance par les amateurs, qui totalisent ainsi 120 km d'émotions. Judicieusement, les machines actuelles sont en partie vert sombre et rouge avec une porte de boîte à fumée argentée, ressemblant à un couvercle de vieille lessiveuse ; ainsi, elles tranchent sur le monde vert où elles se faufilent. Leur panache a parfois l'air de sortir d'un arbre ! Les trois voitures en bois, sans vitres et siglées EFMM, et les wagons sont un morceau de forêt roulant à 20 km/h. Holton Davis, mécanicien de la 140 n° 16, arrivée de Philadelphie elle aussi mais en 1940, est évidemment amoureux de son antiquité de quarante tonnes qui est alimentée au bois. Mais il conduit aussi une solide Allemande, venue de Berlin en 1936, rafistolée de pansements métalliques après des aventures incroyables. « A l'époque, il n'y avait pas de corruption. Le train devait nous apporter la richesse dans cette partie oubliée du Brésil. » Son collègue Heraklion Rodriguès, à la retraite, ne peut dissimuler ses larmes en évoquant le serpent mécanique du caoutchouc. « Il est l'âme de la région. » Le long de la voie, des lambeaux de tronçons abandonnés partant pour nulle part, de surréalistes poteaux télégraphiques de 1908, des squelettes noirs, ceux d'anciennes machines rongées par la faune et la flore. Un cimetière ferroviaire en Amazonie. Les survivantes saluent leurs sœurs défuntes d'un sifflet grave et rauque comparable à une corne de brume. Ici et là, dans l'eau boueuse, des dragues flottantes. Ce sont les baraques-ateliers de chercheurs d'or. Certains extraient jusqu'à cent quatre-vingts grammes de poussière d'or par jour, obstinés dans la recherche d'un filon. L'or après le caoutchouc, les rêves passent.

En arrivant à Porto Velho, les rails sont posés directement sur la route ; ici, les pluies diluviennes n'emporteront pas la voie et on est sûr de la retrouver ! On salue aussi les réservoirs d'eau, appelés « les Trois Maria ». Des gares fantômes, de vrais musées de cette épopée à part en Amérique du Sud, nous sommes à Rondömia ou à Guayara Mirim. Chaque dimanche, des buvettes sont improvisées pour un pique-nique tropical dégusté à bord du convoi. Elisabeth Farias, une passagère attentive : « J'ai pris ce train pour la première fois il y a quarante ans. Il faudrait que le service soit prolongé sur toute la ligne. » En attendant, le témoin suintant et bruyant s'offre un luxe rare. Selon le poids de sa cargaison humaine ou marchande (car c'est un train « *mixto* », bien entendu), le train va mettre de quinze minutes à une heure. En général, on le supplie de rouler le plus lentement possible. Un chauffeur apporte une précision essentielle : « Ici, la locomotive ne dérange pas la jungle. Dans les années trente, à l'est du Brésil, la surproduction de café avait obligé les dirigeants ferroviaires à faire marcher les machines au café à la place du bois ou du charbon. Du café grillé... qui sentait si mauvais qu'on devait placer les locomotives à l'arrière car c'était irrespirable. Ici, rien de comparable. Le train du Caoutchouc s'est fondu dans la nature. »

Cassandre

Affichiste et styliste, 1901-1968

Pour une fois, ce nom n'est pas synonyme d'un prophète du malheur. C'est le pseudonyme d'un immense artiste de l'entre-deux-guerres, un géant du graphisme qui a donné ses lettres de noblesse à la représentation de l'ordinaire et du quotidien. Adolphe Jean-Marie Mouron naît le 24 janvier 1901 en Ukraine, où s'est installée sa famille, issue de la bonne bourgeoisie bordelaise. En 1918, arrivé à Paris trois ans plus tôt, il étudie la peinture mais lui préfère vite l'affiche, financièrement moins risquée et moins accaparée par les vieilles barbes ou, au contraire, les génies des Années folles. D'ailleurs, il avoue, en 1960 : « Si j'ai toujours préféré l'aventure que m'offraient l'industrie, ses métiers, le théâtre, c'est que j'espérais trouver en eux un peu de vie, cette vie que je ne pouvais plus rencontrer dans les cimetières des marchands de tableaux. » C'est à vingt-deux ans qu'il obtient son premier succès. Dans sa commande pour le magasin Au Bûcheron, il dessine un ouvrier très musclé qui brandit une hache afin de trancher un tronc massif. La composition est géométrique et dépouillée, on lui affecte le qualificatif de « cubiste ». A cette époque, pour vanter les périples qu'elles organisent, les compagnies de chemins de fer mettaient en valeur des paysages attrayants et de belles voyageuses. Mouron, qui choisit on ne sait exactement quand de signer désormais son travail A.M. Cassandre, va glorifier les outils et les moyens du transport. Sur sa table d'architecte, il met son crayon au service de la technique et du progrès. Ainsi, les imposants paquebots et de puissantes locomotives, cadrés comme dans une photo ou dans un film, donnent une formidable impression de force. Blaise Cendrars* affirme que « Cassandre est devenu l'un des animateurs les plus vivants de la vie moderne : le premier à mettre en scène la rue ». Dans cet art très moderne, retenons deux chefs-d'œuvre ferroviaires. L'affiche du Nord-Express, exploité par six compagnies et desservant Paris-Londres-Bruxelles-Liège-Berlin-Varsovie et Riga, capitale de la Lettonie, met en scène une locomotive à pleine vitesse, vue en contre-plongée. Encore plus audacieuse est l'affiche du train Pullman* Etoile du Nord. Elle ne dessine qu'un aiguillage et des rails se rejoignant à l'horizon où brille une étoile. Après la guerre, ce remarquable artiste s'est tourné vers le décor de théâtre. On lui doit aussi d'autres réussites comme la publicité des parfums

Guerlain (1951), le fameux « Dubo, Dubon, Dubonnet » en trois séquences et l'élégant logo d'Yves Saint Laurent. Cassandre a mis fin à ses jours en 1968. En septembre 2005, une exposition à la Bibliothèque nationale de France-Richelieu a rendu hommage à ce talent exceptionnel. Pour lui, l'affiche devait « raconter une histoire ».

Ceinture (Petite)

Une charmante promenade ferroviaire autour de Paris, fermée partiellement en 1934 par suite de l'extension de la capitale. Ce périphérique du rail, abandonné depuis des années, était une ligne de 27 km qui faisait le tour de la ville à l'intérieur, en suivant les anciennes fortifications, alors que la Grande Ceinture était au moins à 12 km. La Petite Ceinture permettait de nombreux raccordements en même temps qu'elle desservait les quartiers excentrés. Après l'accord signé en juin 2006 entre la Ville de Paris, Réseau Ferré de France, propriétaire des voies, et la SNCF, le gestionnaire, ces lignes, talus et petites gares endormies – comme celle de Charonne –, laissés en déshérence, seront aménagés pour les loisirs. De nombreux jardins et des allées plantées vont sortir de terre. Ce sera une ceinture verte là où, souvent, depuis des années, l'herbe a déjà poussé entre les traverses. Depuis mars 2006, une centaine d'ouvriers, des « écocantonniers », se sont attaqués à l'anneau ferroviaire entourant Paris. L'absence d'entretien a permis l'éclosion d'un milieu naturel diversifié. Par exemple, dans le XIIe, deux cents variétés végétales et cent cinquante espèces animales ont été recensées ; dans le XVIIe, un jardin potager est en cours de création ; dans le XVIIIe, la façade de la gare de Saint-Ouen doit être restaurée.

Les riverains sont ravis car l'accumulation d'immondices et de déchets les exaspérait. Mais la nouvelle promenade ne sera pas uniquement piétonne. Si, par exemple, dans le secteur de la porte d'Auteuil et de la Muette, le tronçon est déjà « déferré », au nord de Paris, entre Clichy-Batignolles et la porte de Pantin, la Petite Ceinture restera réservée au trafic ferroviaire. Sur les tronçons ayant perdu leur vocation initiale, on mettra en service, en principe à partir de 2007, des vélos-rail*. On les prévoit, notamment, au sud, vers le quai André-Citroën, les gares de Rungis, Masséna et Bagnolet. Il n'est pas sûr, *a priori*, qu'on puisse rouler en vélo-rail sous les tunnels. Pour faire le tour complet de Paris à bord de ce pédalo sur roues, il faudra encore attendre longtemps.

Cendrars, Blaise

1887-1961

Il reste le plus fabuleux conteur du Transsibérien* d'avant 1914 et de toujours. Même aujourd'hui, en dépit de nouveaux textes magnifiques, il incarne la référence poétique de ce train comme Valéry Larbaud* et Paul Morand* sont les témoins littéraires définitifs de l'Orient-Express*. Aucune chronique, aucun roman, aucun reportage même télévisé – il y en a de formidables – ne peut traduire, comme il l'a fait avec ses mots, l'étrange et irrésistible attrait de ces rames filant vers l'Extrême-Orient. Ses strophes nerveuses et syncopées de *La Prose du Transsibérien et de la Petite Jehanne de France* (Denoël, 1913) sont des images. Vraies hier, elles conservent leur vérité et la légende de l'auteur les vivifie. Son existence et son œuvre sont étroitement mêlées ; elles sont devenues le livre de bord d'un destin aventureux. C'est un éclair fulgurant à la gloire du plus long chemin de fer de la planète. Selon l'écrivain américain John Dos Passos, Cendrars est le « Homère du Transsibérien ».

Né Frédéric Sauser en Suisse romande, à La Chaux-de-Fonds, patrie de Le Corbusier, dans le canton de Neuchâtel, en 1887, il saute dans un train en partance pour Bâle. Direction ? Le bout du monde ! Le grand voyage commence, pour effacer les frontières. Le « monde entier » sera son domicile. « Je ne voulais pas sortir des gares, je revins, coup sur coup, une demi-douzaine de fois à Berlin ! De Hambourg, de Königsberg (aujourd'hui Kaliningrad, en Russie), de Breslau, de Cologne, car je ne faisais que changer de train dans toutes les gares du Reich... » A Pforzheim, petite ville du Bade-Wurtemberg au nord de la Forêt-Noire, il rencontre, au buffet de la gare, un Juif de Varsovie, représentant en bijouterie, un certain Rogovine. C'est un homme entreprenant et fascinant, un commerçant-aventurier qui « fait des affaires en Europe, en Russie, en Mandchourie et même aux Indes ». Un prodigieux vendeur de pacotille exotique. Rogovine est séduit par ce gamin curieux et enthousiaste qui n'a que quinze ans, rencontré devant le guichet d'un prêteur sur gages. Le jeune Suisse n'a plus un sou mais il est riche d'une flamme, la passion.

— Tu brûles comme un petit Satan. Je ferai quelque chose de toi, lui annonce Rogovine, qui décide de l'employer.

Le voici commis et bientôt associé, habillé de neuf et portant, glissé à sa ceinture, un revolver... Pendant trois ans, les deux hommes parcourent des milliers de kilomètres, prenant un de ces trains qui partaient, disent-ils, de Moscou vers la Mandchourie tous les vendredis matin :

« Et je partis moi aussi pour accompagner le voyageur en bijouterie qui se rendait à Kharbine. Nous avions deux coupés dans l'express et trente-quatre coffres de joaillerie de Pforzheim. » La clientèle visée par le duo est celle de « marchands qui avaient encore assez d'argent pour tenter de faire fortune et qui emportaient, les uns, cent caisses de réveils et de coucous de la Forêt-Noire, les autres, des cercueils de Malmö, remplis de boîtes de conserves et de sardines à l'huile » !

S'ensuit un invraisemblable troc dans les compartiments : des articles de Paris (faits en Arménie !) contre des gramophones, des poignards damasquinés contre des mors de cheval, des vases cloisonnés contre des tapis. Un bazar roulant où rien, sans doute, n'est authentique sauf l'ambiance.

Que Blaise Cendrars – c'est maintenant son nom – ait exercé tous les métiers, on s'en doute. Plus tard, son autobiographie, publiée en 1945, brouille les pistes et accumule avec talent les expériences et aventures quasi mythiques. Il parle plusieurs langues, est très cultivé, dit avoir étudié la médecine, la musique et la philosophie, parle de Saint-Pétersbourg après

Dumas père et de Nijni-Novgorod sur les pas de Michel Strogoff. Il est partout, notamment à Moscou en 1904, ce qui est un repère précis et précieux car c'est à cette époque qu'il situe son voyage de Moscou à Pékin. La guerre entre la Russie et le Japon a réquisitionné tous les trains pour le transport des troupes ; les hostilités tournent au désastre pour l'empire du tsar Nicolas II. Alors, le poète écrit, dans son texte publié neuf ans plus tard :

A partir d'Irkoutsk, le voyage devint beaucoup plus lent
Beaucoup trop long
Nous étions le premier train qui contournait le lac Baïkal
....
J'ai vu
J'ai vu les trains silencieux, les trains noirs qui revenaient de l'Extrême-Orient et qui passaient en fantômes
Et mon œil, comme un fanal arrière, court encore derrière ces trains...
....

J'ai vu des trains de soixante locomotives qui s'enfuyaient à toute vapeur pourchassés par les horizons en rut et des bandes de corbeaux qui s'envolaient désespérément après
Disparaître
Dans la direction de Port-Arthur.

La Petite Jehanne de France l'interroge :

— Dis, Blaise, sommes-nous bien loin de Montmartre ?

Il répond :

— A seize mille lieues du lieu de ma naissance...

Et les trains filent à travers la Sibérie en sifflant la mort lorsqu'ils croisent des convois de soldats fous et que « des doigts idiots tambourinent sur toutes les vitres ».

L'édition de son poème *La Prose du Transsibérien* s'enrichit d'une édition de luxe, un tirage spécial de cent cinquante exemplaires réalisé à Paris sur trois papiers différents. Ces volumes comportent une surprenante et somptueuse illustration, œuvre de Sonia Delaunay, qu'il avait rencontrée à New York vers 1910. Tous deux réalisent le premier livre à compositions abstraites paru en France. Publié avec un dépliant de plus de deux mètres de long, composé de plus de dix corps et caractères différents, le texte et les dessins colorés sont au même rythme. « Madame Delaunay a fait un si beau livre de couleurs que mon poème est plus trempé de lumière que ma vie. Voilà ce qui me rend heureux », déclare Cendrars. Ainsi naît un mouvement qu'on nommera le simultanéisme, cher à Apollinaire et aux surréalistes.

Engagé dans la Légion étrangère, perdant le bras droit lors de la Première Guerre mondiale et surnommé « Blaise Sans Bras » par sa femme Raymonne, Blaise Cendrars affronte les sceptiques, ceux qui doutent qu'il ait réellement accompli ses voyages de Moscou à Pékin, avec une réponse en forme de défi : « Qu'importe que j'aie fait ce voyage en Transsibérien si la lecture de mon poème vous l'a fait prendre. » Une certitude : son chien avait dû prendre des trains. Il s'appelait « Wagon-Lit »...

Chansons

Le chemin de fer est une musique. Tous les compositeurs le reconnaissent. Lancinante, régulière, chaotique, selon le matériel, la vitesse et les voies, elle est la manifestation sonore du mouvement et du voyage. Le glissement des TGV* et autres rapides actuels sur des rails longs et soudés est agréable et rassurant mais cette amélioration, entamée vers 1980, a, disons-le, supprimé cette délicieuse sensation d'un arrachement puis d'une conquête sur l'espace et le temps. Pour s'en convaincre, il suffit de monter dans un train régional omnibus circulant sur des lignes secondaires. On y entend encore, on y vit toujours la chanson mécanique d'autrefois. Et, parfois, comme l'a chanté Richard Anthony, on « entend siffler le train », ce tube du printemps 1962, adapté du folklore américain et qui au mois de mars avait déjà dépassé le cap du million d'exemplaires vendus. Pour mémoire, citons le désopilant *Twist SNCF* d'Henri Salvador. Reportons-nous à la préhistoire du genre, au milieu du XIXe siècle. On constate qu'aucun autre moyen de transport n'a suscité autant de chansons et dans tous les registres, de la romance au militaire, du comique à l'humanitaire, de la tragédie à la satire. Il faut écouter ou réécouter le remarquable travail de l'historien Guy Breton, dans un merveilleux et savoureux disque qu'il a réalisé sous le titre *Chansons sur rails*. Une anthologie, de 1872 à 1952, chantée par Jacques Martin, Ginette Garcin, Robert Rocca, Simone Langlois, Christian Borel et Cathy Albert. Il était juste que d'excellents chansonniers apportent leurs talents à cette rétrospective car ils sont à l'origine de cette reconnaissance. En effet, après les premières peurs suscitées par les *Dragons de feu*, *Coursiers de l'Avenir* et autres *Chars du Progrès*, peurs entretenues par quelques politiciens sourds et des « savants » prédisant l'Apocalypse, « une alliée inattendue vint bientôt au secours du chemin de fer : la chanson. Les paroliers populaires, tout comme les journalistes sportifs, ont une langue imagée qui touche les foules », souligne Guy Breton dans sa présentation. Les voyageurs apprirent à vivre avec le train, sans crainte, avec plaisir. Le public fut « émerveillé par ce nouveau moyen de locomotion qui semblait surgi d'un conte de fées, il n'eut plus, dès lors, qu'un désir : grimper dans des wagons lancés "à la vitesse de l'éclair" sur un "rail d'argent"... ».

On peut estimer que la vitesse, dont François Arago avait dénoncé les dangers, apparut immédiatement comme un prodige. Ainsi, après que la reine des Français, la courageuse Marie-Amélie, fut montée, en 1837, dans le premier convoi de Saint-Lazare à Saint-Germain-en-Laye (où elle savoura, aussi, des pommes soufflées*), le train entre dans l'histoire musicale. Un auteur célèbre l'événement pour les amateurs de tabac :

En passant par le souterrain
Vous prenez votre tabatière ;
A Clichy vous l'avez en main,
Et vous prisez au Pont d'Asnières.
Vous éternuez au Vésinet
Et vous arrivez – tant ça glisse –
Au Pont du Pecq avant qu'on ait
Le temps d'vous dir' : « Dieu vous bénisse ! »

Conclusion : exaltant, le train est également apaisant, et un endroit où il y a des gens bien élevés. Le contraire des risques annoncés pour la santé des imprudents. C'est par la chanson que le chemin de fer entre dans la vie des Français. La grande littérature l'avait boudé et ridiculisé ; il se venge en suscitant d'innombrables textes de boulevard... et de coin de rue.

Des perles, il y en a dans ce florilège. On trouve des textes industriels, de *La Locomotive* (1872) à *La Locomotive du Creusot* (1880), qui glorifient la « vapeur fugitive », des familiaux (*Ma grand'mère était garde-barrière*, 1932), des interrogatifs (*Tu prends quelle heure ?*, 1933), des citadins (*Dans mon p'tit train de banlieue*, 1933, *La Marche des trains de banlieue*, 1960), des dramatiques (*Le Train fatal*, 1920). Cette dernière œuvre est un mélo des années vingt, une chanson très inquiétante puisqu'elle commence par :

Dans la campagne verdoyante
Le train longeant sa voie de fer...

« Oui, nous avertit Guy Breton, vous avez bien lu : “longeant sa voie de fer”... Ce train roule donc à côté des rails ! On ne s’étonnera pas, dans ces conditions, que tout se termine par une effroyable catastrophe... » Seuls les surréalistes et les auteurs de dessins animés oseraient de telles images !

Vers 1900, les chansons vendues en « petits formats » sont souvent accompagnées d’illustrations dans le genre roman-photo. L’une d’elles, intitulée *En wagon*, de Marcel Houjan, représente un monsieur et une dame qui ne se connaissent pas. Or, le mode d’emploi du chemin de fer n’est pas encore connu de tous. Comment se comporter ? Que dire et ne pas dire ? Que faire et ne pas faire ? Quelle attitude est conseillée en première, en deuxième, en troisième classe ? Un manuel de 1901 prévoit – avec une monumentale banalité – la conversation dans une gare, une salle d’attente, quand on vient chercher de la famille ou des amis. La chanson *En wagon* nous raconte la suite, lorsque les deux voyageurs font lentement connaissance au rythme de dix couplets. Extraits :

En wagon de seconde classe
Un beau matin, je prenais place
En face d’un gentil minois ;
Et pendant que mon inconnue
Baissait les yeux en ingénue
Je l’admirais en tapinois.
(...)
Elle se tut, j’étais en panne ;
Alors, j’atteignis un havane
Et, pour renouer l’entretien
« Pardon, Madame, la fumée... »
« Du tout, j’y suis accoutumée
Et cela ne me gêne en rien »
(...)

Puis ce fut tout. Nouveau silence
Vraiment je n'avais pas de chance
Et je restais là, tout penaud,
Quand tout à coup, laissant sa place,
D'un geste tout rempli de grâce
Elle retira son manteau.
(...)
Ah ! Comme par un ressort mue
Elle se dresse tout émue,
Sublime d'indignation :
« Arrière, Monsieur, me dit-elle,
Ne m'approchez pas ou j'appelle
Et rougissez de votre action. »
(...)
Nous roulions toujours en silence...
Enfin, près d'elle je m'avance
Et tout en lui prenant la main,
Je murmurai : « Grâce, Madame,
Vous ne voyez donc pas ma flamme,
Pardonnez mon tendre larcin. »
(...)
Le voyage fut gai sans doute
Pendant le reste de la route,
Nous échangeâmes des serments.
Depuis, nous voyageons ensemble,
C'est tout naturel il me semble,
Car elle est ma femme à présent.

Un auteur se distingue particulièrement en 1899, d'autant plus que l'homme, né en 1873, est un juriste, fin lettré, plusieurs fois chef de cabinet de divers préfets, y compris en Algérie, et envoyé en mission en Italie pour enquêter sur l'administration des territoires rattachés à la France... durant l'occupation napoléonienne. Maurice Etienne Legrand a une double vie intellectuelle. Cet administrateur de l'Etat est aussi un chansonnier qui débute au Chat Noir, le sulfureux cabaret montmatrois d'Aristide Bruant. Poète, essayiste et auteur dramatique, Legrand devient célèbre sous le pseudonyme de Franc-Nohain. Il collabore à des revues et commente, en vers, l'actualité du moment. Ses couplets humoristiques sur le chemin de fer, écrits lorsqu'il n'a pas vingt ans, sont réunis sous le titre *Les Chansons des trains et des gares*. Franc-Nohain y passe en revue toutes les situations dans un monde où

C'est le perpétuel recommencement des locomotives.
On part, on va, on vient et quand on arrive
On trouve que ce n'était guère la peine, en définitive.

Tout le monde, au tournant du XIXe et du XXe siècle, chante le train mais Franc-Nohain y apporte une tonalité nouvelle. C'est un mélange de fantaisie, d'humour noir, de cruauté et de tendresse qui fait date. Les titres décomposent le voyage : *Nous déjeunerons dans le train*, *Passage à niveau*, *Leçon de lecture*, *Bagages*, *Confidences*, *Le Petit Jardin du garde-barrière*. Farceur, Franc-Nohain nous propose aussi l'irrésistible situation où « la locomotive regarde une vache en passant » et s'offre un jeu de mots très 1900 lorsque la machine, épuisée, voudrait s'arrêter dans un champ et

Jouir en paix de la nature
Avec une progéniture
De petits locomotivaux !

C'est, en contrepoint à *La Bête humaine**, une approche gaie et farfelue de la locomotive et des trains. Egalement drôle est sa chanson titrée *La Pro-*

testation des pendules. L'heure exacte des chemins de fer est alors une réalité naturelle au-delà d'une obligation. On règle sa montre sur l'horloge de la gare, on se réveille avec le 6 h 23 et on s'endort au passage du 21 h 52... Les pendules sont jalouses que l'on fasse plus attention aux trains qu'à elles sur les cheminées et que les gens règlent désormais leur vie sur le passage des convois ! En représailles, les pendules, vexées, se proposent de mettre les trains sur les dites cheminées... Les vieux balanciers protestent contre cette nouvelle habitude qui consiste à dire, fièrement :

— J'ai l'heure du chemin de fer !

Franc-Nohain admet tout de même que cette religion de la ponctualité est pénible pour les machines :

Mais quand on est locomotive, il faut
Qu'on parte et reparte et se presse
Car ce n'est pas à 18, ni à 16,
C'est à 17
Qu'inéluctable est la correspondance de l'express
Avec le rapide Bordeaux-Cette

Aujourd'hui, nous écrivons « Sète » mais la rime ne change pas... Franc-Nohain, dont la production littéraire et théâtrale est impressionnante, peut être considéré comme le premier parolier du rail puisqu'il a exploré, décrit et plaisanté cet univers, à la fois du côté des voyageurs et de quelques catégories de personnel.

Les mésaventures de Paul Deschanel*, le président de la République tombé de son train en 1920, inspirent au chansonnier Lucien Boyer un texte qui est un monument de dérision, *Le Pyjama présidentiel*, repris par tous les Français qui s'esclaffent. Pour un franc, on peut se procurer ce chef-d'œuvre, la *Chanson Express* en cinq couplets où l'illustration montre un président en pyjama à brandebourgs, qui ouvre les bras tel le « ravi » dans une crèche provençale et semble annoncer « Me voici ! Tout va bien ! Ne vous inquiétez pas » à un maire ceint de son écharpe et chapeau bas, un pompier qui salue, un chef de fanfare et deux enfants tenant des bouquets de fleurs. Ecoutons Lucien Boyer, parolier, musicien et arrangeur de ce bijou d'irrespect républicain :

Monsieur Paul Deschanel
Désormais est immortel,
Il vient de faire un tour
Plein d'adresse et plein d'humour :
Allant à Montbrison,
Par la portièr'du wagon
Il s'est j'té... sans filet
Et s'est retrouvé complet.

Suit le refrain, sur l'air de la célèbre *Gavotte Stéphanie* :

Il n'a pas abîmé son pyjama
C'est épatant mais c'est comm'ça !
Il n'a pas abîmé son pyjama,
Il est verni l'Chef de l'Etat !

En effet, bien que légèrement contusionné à la jambe et blessé à la tête, l'illustre voyageur avait été retrouvé dans un surprenant état de propreté ; il était pourtant tombé sur de la terre meuble en raison de travaux sur la voie... Un mystère de plus dans cette histoire burlesque !

L'gard'barrièr'du patelin
En le voyant si gandin
Lui posa cett'question
— Quelle est votre profession ?
Et Popaul répliqua :
— Je suis le Chef de l'Etat.
L'autr'pensa, « c'est Charlot
Qui prépare un numéro ! »
(...) Refrain
La femme'du gard'barrière
était très hospitalière.
Elle lui donna son lit
Mais d'abord elle en sortit.
On le mit dans l'dodo
Et tout l'mond' murmurait
Pendant qu'il buvait du lait
(...) Refrain
Et voilà que bientôt
Arrivèrent en auto,
Abrutis, stupéfaits,
Le ministre et l'sous-préfet :
— Ah ! Monsieur l'Président
Recevez nos compliments.
Que n'avons-nous pas été là
Pour vous servir de mat'las.
(...) Refrain
Ce glorieux pyjama
S'ra son costume de gala,
On y brode en relief
Ces deux initial's : R.F.
R.F. ne vous déplaise
Ce n'est plus Républiqu'Française
C'est bien plus rigolo,
Ça veut dire : Rendu Franco !

Autrement dit, transport payé par le contribuable !

Lorsque, dans les années 1930, l'automobile séduit de plus en plus une catégorie d'amateurs de vitesse et de belles mécaniques – il y a même un Salon de l'auto –, dans certaines chansons le train apparaît comme le concurrent, voire l'ennemi. Il est même le symbole des « trains rouges* » du Front populaire. Grand air, tandem et premières vacances. Dans le film musical *Prends la route* (1937), de Jean Boyer, lui-même chansonnier et fils de l'auteur du *Pyjama présidentiel*, Jacques Pills, ancien boy de Mistinguett, et Georges Tabet, pianiste de jazz au cinéma* parisien Mac-Mahon, célèbres et joyeux duettistes, critiquent le train qui fait tomber la moyenne. Pour Pills et Tabet, le tortillard, l'express ou le rapide sont les empêcheurs de rouler vite :

Y'a toujours un passage à niveau
Qui barr'la route
Ça vous dégoûte...

Charles Trenet, Mireille, Jean Nohain (fils de Franc) et plus tard Jean Yanne chantent le train qui fait partie du paysage, bucolique et familier, *Le petit train s'en va dans la campagne...* Ajoutons Marcel Amont qui reprendra *J'aime l'amour en wagons-lits*. Et Serge Gainsbourg, en recevant le Grand Prix de l'académie Charles-Cros le 23 avril 1959 pour *Le Poinçonneur des Lilas*, fait entrer le métro parisien au panthéon de la chanson ferroviaire. Il faut reconnaître que tous les textes importants ont une tonalité nostalgique.

Trois exemples. Dans *Paris-Méditerranée* (paroles de Raymond Asso), Edith Piaf chante, dramatique :

C'est une aventure bizarre.
Comme le train quittait la gare,
L'homme a bondi dans le couloir
Et, le front contre la portière,
Il regardait fuir la lumière
De Paris mourant dans le soir.
Un train dans la nuit vous emporte.
Derrière soi, des amours mortes,
Mais l'on voudrait aimer encor.
La banlieue triste qui s'ennuie
Défilait morne sous la pluie...
Il regardait toujours dehors.

Julien Clerc, amoureux joyeux et confiant :

J'arrive par le train prochain
Je dirai au contrôleur :
« Tenez, compostez mon cœur
Qui bat à toute vapeur. »
Pourvu qu'on arrive à l'heure.
(...)
Mais pour qui sent en son sein
L'amour qui l'attend au loin
Et ne rentre pas en vain
Rien ne vaut le prochain train.

Même Georges Brassens a chanté :

Que vers le sol natal mon corps soit ramené
Dans un sleeping du Paris-Méditerrannée.

Au fait, quand aurons-nous une évocation musicale ayant pour thème le TGV* ? Est-ce possible ?

Chapelle

Voiture spéciale du Transsibérien, 1896

Le 29 mars 1891, un *oukase* (décret) impérial du tsar Alexandre III donne mission à son fis, le tsarévitch Nicolas, d'inaugurer les premiers travaux du Transsibérien*, c'est-à-dire de prolonger la ligne reliant Moscou à l'Oural. Le 13 octobre 1896, deux ans après la mort d'Alexandre III, sous le règne du nouveau tsar, Nicolas II, l'exploitation du tronçon occidental (Tcheliabinsk-fleuve Ob, soit 1 000 km) commence. Tous les calculs prouvent que les ouvriers, malgré la rotation des équipes, sont très longuement absents de chez eux car ils viennent de loin. Dans la Russie tellement liée à la religion orthodoxe et pratiquante, le souverain juge qu'il est impensable de ne pas pouvoir suivre l'office une fois par semaine... C'est ainsi qu'une extraordinaire voiture-chapelle est spécialement construite pour rejoindre les chantiers, aller de l'un à l'autre en fonction de l'état des travaux, selon de complexes raccordements de voies. Son toit est surmonté d'une croix. Montée sur deux bogies, la voiture est décorée, sur chaque côté, de neuf fenêtres-vitraux. A l'arrière, une échelle assez raide, en huit barreaux, permet à l'officiant de faire entendre quatre cloches pour appeler au culte. Cette chapelle roulante et sonnante intrigue et attire la foule qui se presse lorsqu'elle arrive, seule et insolite, tirée par une locomotive qui lui est affectée. A l'intérieur de la voiture, chandeliers et lutrins entourent l'iconostase, le mur sacré qui sépare le pope des fidèles. Et chaque nouveau tronçon est béni sans tarder...

Charbon (aller au)

L'expression, familière, est toujours utilisée. Elle signifie qu'on va se mettre au travail, dénouer une situation complexe, fournir un effort. Mais il est arrivé qu'elle soit appliquée, au sens littéral, à des voyageurs qui n'étaient en rien cheminots. Au lendemain de la Première Guerre mondiale, le Simplon-Orient-Express*, qui vient d'être créé, est bloqué, le 20 juin 1919, à Subotica, au nord de Belgrade. Pendant seize heures, la rame, à destination de Paris, est immobilisée, faute de combustible pour la machine. Les temps sont difficiles et les conditions de circulation encore aléatoires, ce que l'on comprend fort bien. On s'informe : aucune précision ne peut être donnée sur l'arrivée éventuelle du charbon libérateur dans cette gare de Voïvodine, rattachée à la Serbie et plus connue pour ses ressources agricoles que minières. La discussion entre le chef de gare, le chef de train, le mécanicien et le chauffeur s'enlise. Les voyageurs sont exaspérés : on leur laisse entendre qu'ils risquent d'être arrêtés plusieurs jours... à moins que ces Messieurs veuillent bien acheter le wagon de bois qui est sur une voie de garage ! Du bois au lieu du charbon ? C'est possible ! Au bout de deux heures de négociations, le bois est chargé dans le tender moyennant quatre mille couronnes... et le train repart.

L'affaire est ébruitée. Quatre jours plus tard, au même endroit et comme par hasard, il est demandé, poliment mais fermement, aux passagers de pallier les regrettables défauts d'approvisionnement des Chemins de fer du royaume des Serbes, des Croates et des Slovènes de Sa Majesté Pierre Ier, constitué un an plus tôt et dont les frontières viennent à peine d'être fixées par trois traités (Neuilly, Saint-Germain et Trianon). Cette fois, un Français raconte sa mésaventure dans une lettre, datée du 30 juin, écrite entre Venise et Milan : « Comme certains d'entre nous avaient des affaires pressées, nous décidâmes de faire comme les voyageurs du train précédent, c'est-à-dire d'acheter à nos frais un wagon de bois. Beaucoup d'entre nous s'y sont opposés, deux officiers français, entre autres, ont protesté contre cette manière de faire en faisant remarquer, fort judicieusement, que ce procédé passerait à l'état d'habitude et qu'il n'y avait aucune raison que la demande ne fût progressivement augmentée ; et c'est, effectivement, ce qui arriva. Une fois assez difficilement amassée la somme de quatre mille couronnes, il nous fut exigé six mille couronnes. »

Devant cette insolite et désagréable menace de racket, un Roumain, commandant la gendarmerie de Tàguras, s'émeut auprès du général serbe contrôlant la région. Un capitaine français est délégué comme autorité militaire de la gare de Subotica. Son enquête révèle qu'il y a bien une quantité de charbon en réserve mais qu'elle insuffisante, le convoi risquant de tomber en panne dans les montagnes... Il va falloir acheter du charbon et du bois ! Grand seigneur, l'officier roumain donne six cents couronnes de sa poche. Le chef de gare, qui sent que l'incident va atteindre une fâcheuse dimension internationale, prend l'engagement de faire arriver le train à Vinkovci, nœud ferroviaire au nord-ouest de Belgrade, à cinq heures de trajet. Bilan de la transaction forcée : six mille couronnes supplémentaires et vingt-quatre heures de retard. Sans tarder, les voyageurs enfin parvenus à Trieste se hâtent de rédiger une protestation. Ils exigent « une enquête sévère pour que de pareils faits ne se reproduisent plus et que tout l'argent illégalement perçu leur soit restitué ».

Chateaubriand, comtesse de Durfort, née

En Bretagne, lors des arrêts, les domestiques apportaient une chaise afin d'aider le châtelain local à escalader le marchepied de la voiture, trop haute faute de quai. Un témoin de ces mondanités ferroviaires rapporte que, avant 1939, par égard pour la comtesse de Chateaubriand, l'express Rennes-Saint-Malo s'immobilisait, lorsqu'elle regagnait Combourg, à la halte desservant le château immortalisé par l'écrivain. Les voyageurs étaient toujours étonnés d'être ainsi réveillés en pleine nuit par cet arrêt imprévu. « On avait encore des égards pour les gens du monde », selon cet expert en dîners en ville !

Chemin de fer (jeu de casino)

En 1858, la principauté de Monaco souffre de ses difficiles conditions d'accès. Le passage par la montagne est lent, onéreux et impossible à la mauvaise saison. Seule la mer permet au Rocher et aux territoires soumis à la couronne monégasque (Roquebrune et Menton) d'être reliés à la France et au Piémont-Sardaigne. Le prince Charles III, souverain depuis deux ans, est un homme moderne qui cherche à désenclaver son petit Etat. Avec Napoléon III*, il travaille à un projet de voie ferrée taillée dans la montagne. Cette nécessité devient urgente lorsque, en 1860, un plébiscite attribue Nice et la Savoie à la France tandis que se forge l'Unité italienne. Mais, contre toute attente, Menton et Roquebrune choisissent de devenir des communes françaises. En une journée, Monaco perd 93 % de son territoire et 83 % de sa population. Charles III va transformer ce désastre en aubaine, grâce au chemin de fer, dans tous les sens de l'expression. En effet, il autorise les jeux à Monaco alors qu'ils sont interdits à Nice. Son homme de confiance, François Blanc, un ancien agent de change bordelais qui avait fait le succès de la station thermale allemande de Hombourg, est un esprit remarquable. Il négocie avec le PLM des trains spéciaux pour les joueurs, obtient un horaire tardif pour que ceux-ci puissent regagner Nice dans la nuit. Pendant ce temps, les travaux, conséquences d'un traité d'amitié franco-monégasque, améliorent la desserte de la ligne avec le percement d'un tunnel et une nouvelle gare. En 1866, Charles III crée le quartier de Monte-Carlo, qui sera le fleuron de l'élégance et des mondanités sur la Côte d'Azur. Au casino, le prince est informé que le jeu dit de chemin de fer, variété de baccara apparue en 1855, a de plus en plus de succès dans les salons voisins de l'Opéra édifié par Charles Garnier. Depuis Nice, le voyage ne dure plus que vingt minutes. Le prince, qui interdit aux Monégasques de jouer en Principauté, décide que les joueurs ayant tout perdu, soit entre eux, soit contre la banque, bénéficieront d'un billet de... chemin de fer gratuit pour regagner leur domicile en France ou en Italie, dans un rayon de 50 km. On ne s'étonne donc pas que la fréquentation ferroviaire et du casino connaisse une spectaculaire augmentation. Charles III a misé sur le chemin de fer et gagné ! Le 27 juin 1962, en souvenir de cet audacieux pari, un train spécial de Paris à Monte-Carlo est intégralement transformé en casino roulant.

Chemins de fer (médaille des)

Autrefois, sous la Troisième République dans les années 1920, elle était accordée par le ministère des Travaux publics au personnel (employés et ouvriers) des chemins de fer d'intérêt général ou local après trente années de service, vingt seulement pour l'Algérie. Les chauffeurs et mécaniciens y avaient droit au bout de vingt-cinq ans. La médaille de vermeil exigeait cinquante ans de service sans interruption. Le revers de la médaille représentait une locomotive allant vers la droite, une 230. Son ruban comportait sept raies verticales, alternativement bleu, blanc, rouge. A l'avers, le profil gauche de la République. J'aurais tellement voulu avoir cette médaille !

Christie, Agatha

1891-1976

Avec soixante-dix-huit romans traduits dans quarante-quatre langues et vendus à des dizaines de millions d'exemplaires, cette lady est « la femme à qui le crime a le plus rapporté depuis Lucrèce Borgia » (sir Winston Churchill). Son roman *Le Crime de l'Orient-Express* (1934) est inspiré d'une situation réelle sur laquelle grand-mère Agatha, entre deux tasses de thé et après avoir mijoté une énigme dans son bain, a greffé une intrigue spectaculaire écrite, selon son habitude, en six semaines.

La base véridique en est l'isolement du Simplon-Orient-Express* à cause d'une tempête de neige. Partie de Paris le 31 janvier 1929, la rame n° 3 avance péniblement en Thrace orientale, c'est-à-dire en Turquie, après la frontière bulgare. La voie, unique, est barrée de congères. A 130 km d'Istanbul, le train est bloqué près d'un village, Tcherkesskeuy. Impossible d'avancer et, bientôt, de faire machine arrière car la neige tombe en abondance et gèle tout de suite. La température descend à – 25 °C ! Toute la partie européenne de la Turquie est figée par le froid et le convoi lui-même est presque dissous dans cet univers blanc. Seuls le filet de vapeur et les lanternes révèlent la machine immobilisée.

Les secours tardent à venir. Le personnel des deux voitures-lits, des fourgons et de la voiture-restaurant se démène, héroïque, pour assurer la survie des voyageurs. L'un d'eux, un Britannique qui ne part jamais sans sa paire de Holland & Holland, abat d'une balle un loup rôdeur aux alentours du train. Le loup avait faim, les voyageurs aussi. Comme dans *Le Petit Chaperon rouge*, c'est le loup qui perd et fait son apparition, imprévue, comme seule viande à la cuisine. L'eau est gelée, le charbon manque, la pression tombe, le chauffage n'est plus qu'un souvenir et le SOE semble s'enfoncer dans les entrailles d'une planète de glace. Les plaques de neige recouvrent le train comme un sarcophage nacré. Enfin, le mur blanc est déchiré, pulvérisé dans un grondement bizarre ; un éperon rouge surgit du néant, c'est le chasse-neige. Il est parti d'Istanbul depuis cinq jours à la rencontre du train fantôme. Cinq jours d'angoisse dans l'ancienne Constantinople ayant perdu, depuis 1924, son statut de capitale au profit d'Ankara. Sur le Bosphore, l'incroyable rumeur agite le Bazar : « L'Orient-Express a disparu ! » Le téléphone et le télégraphe étant hors d'usage, il a fallu envoyer la locomotive chasse-neige (venue d'Amérique du Nord) à la rencontre du train blanc et dégager la voie après cent vingt heures de lutte contre les éléments.

Alors, se déroule une scène surprenante : les voyageurs, reconnaissants envers les hommes du train, du chef de traction au plongeur en cuisine, signent une lettre, en français, rédigée à Tcherkesskeuy le 5 février 1929. Les paraphes, noms et adresses sont à l'image du train, internationaux. Des Viennois, des Napolitains, des Allemands, deux Anglais, des habitants d'Istanbul – dont un diplomate de l'ambassade de France – qui, obstinément, continuent de signer Constantinople... Les voyageurs estiment de leur devoir de saluer la vaillance des cheminots : « Au risque de leur santé, ils sont montés sur les toits des wagons en pleine tempête afin de les approvisionner en eau et, manquant de charbon, tous, sans exception, ont fait leur devoir jusqu'au bout. »

Pourtant, les naufragés de la neige ne sont pas au bout de leurs peines. Il leur faut encore près de trois jours, à la vitesse de 40 km/h, en suivant le chasse-neige, heureusement à double éperon, pour atteindre enfin le Bosphore. Ils y font une arrivée historique, le 12 février 1929. Accueillis en miraculés et en héros, leurs témoignages et récits ultérieurs s'enrichiront de détails piquants mais difficilement vérifiables... Contentons-nous de ce qui est avéré : le SOE bat deux records, celui du retard (cinq jours) et celui de la durée totale du voyage (douze jours, soit plus qu'un trajet normal du Transsibérien, contre trois d'après l'horaire habituel...). Et sans une seule plainte, ce qui constitue un autre genre de record.

En Turquie, l'incident fait grand bruit. Et les journaux se déchaînent, repris par des quotidiens britanniques. Ces reportages tombent sous les yeux d'une jeune romancière anglaise, la chère Agatha, divorcée du major Archibald Christie. Née Agatha Mary Clarissa Miller, elle s'est fait connaître par un livre très astucieux, un succès, *Le Meurtre de Roger Ackroyd*, où l'assassin n'est autre que... Chut ! Je ne gâcherai pas le plaisir de ceux qui ne l'ont pas encore lu. Que lit Agatha ? La une du journal *L'Arkhan* du 11 février, citée par le *Times*, sous le titre « L'incurie de la Compagnie des Chemins de fer orientaux » :

« Ainsi que nous l'avons annoncé hier, la longue détention dans les neiges des passagers de l'Orient-Express a pris fin. Ce n'était pas trop tôt. Et à ce propos, quelques réflexions s'imposent : si l'on songe que, pour venir en Turquie, le convoi a traversé les derniers contreforts des Alpes, à la frontière entre l'Italie et la Yougoslavie, les Balkans et le Rhodope, la région de Nis, en Macédoine où les neiges atteignent par endroits une hauteur moyenne de dix mètres, la plaine bulgare enfin et que, partout, il a pu passer sans incident pour venir échouer en Thrace orientale où la neige ne dépasse pas cinq mètres, on ne peut s'empêcher de constater que l'organisation des Chemins de fer orientaux est inférieure chez nous à ce qu'elle est dans les petits Etats voisins. »

Sous la plume du journaliste turc, l'orgueil national est manifestement blessé. « Nous avons pu aborder quelques-uns des héros involontaires. Ils sont unanimes à flétrir le manque d'intérêt total manifesté à leur égard par la compagnie concessionnaire qui était pourtant moralement responsable de leur sort ! » Ils ont failli mourir de froid et de faim...

Pour Agatha Christie, le train coupé du monde est le cadre original d'un meurtre qui ne le sera pas moins. Son excellent livre est devenu, en 1974, un film de Sydney Lumet. Tourné, pour les extérieurs, sur une ligne du haut Doubs, avec une distribution nécessairement cosmopolite, ce long-métrage souffre de la transposition à l'image du train immobile. Pas de mouvement, pas de sons, seules fonctionnent les « petites cellules grises » du détective belge Hercule Poirot. Ce n'est plus un train, c'est un salon où est révélée une incroyable machination.

Agatha Christie devra plus que la notoriété à son imagination. Le fameux train lui apportera une revanche sur son bonheur perdu. Dépressive, elle monta à bord jusqu'à Istanbul (gare de Sirkeçi) et prit la correspondance du Taurus-Express* à la gare d'Haydarpaça, sur la rive asiatique, à destination d'Alep et de Bagdad. Là, elle rencontra un archéologue réputé, professeur à Oxford, sir Max Mallowan. Elle l'épousa et se passionna pour les fouilles dans l'antique Mésopotamie. Ce choix l'incita à prodiguer ce conseil, plus tard, à une de ses nièces qui lui annonçait son mariage : « Tu devrais épouser un archéologue : plus tu vieilliras, plus il t'aimera ! » Et devenue, pour l'état civil, lady Mallowan, la romancière, ancienne infirmière de la Grande Guerre et experte en narcotiques pour calmer les blessés, montra sa reconnaissance envers le SOE en partant à son bord en voyage de noces à travers les Balkans...

Cimetière

Deux ans avant le célèbre « hold-up du siècle » qui mit la police ferroviaire* britannique et Scotland Yard sur les dents, un autre fait divers, beaucoup moins connu, avait enchanté le grand acteur sir Alec Guiness. Simplicité du plan, efficacité de l'exécution, bilan non négligeable (trente millions de livres sterling volés), invention humoristique, il jugea le scénario excellent et la mise en scène exemplaire. Et, comme il se doit, l'affaire se situe en Angleterre...

Dans la soirée du 29 mars 1961, un train omnibus de la banlieue londonienne s'arrête, comme d'habitude, à la petite gare de Chapham, au sud de la capitale. Il est 22 heures. William Dufty, le gardien du fourgon postal, proche de la retraite, se penche, par routine, pour observer les voies. Le terminus n'est pas loin. Il voit arriver un infirmier en blouse blanche qui pousse une chaise roulante dans laquelle se trouve un impotent recouvert de couvertures.

— Bonsoir ! Puis-je installer mon patient dans votre fourgon ? Ce sera plus facile que dans une voiture... Je le raccompagne chez lui...

Compatissant, le brave William Dufty sourit. Et il appelle d'autres cheminots pour l'aider à hisser le handicapé.

— Là, vous serez en sécurité. Toutes les portes sont blindées, par précaution contre les gangsters...

L'infirmier s'installe dans la première voiture après le fourgon. Le train repart. Il ne met, selon l'horaire, que quatre minutes pour atteindre la gare suivante, Earlsfield. A peine roule-t-il que le malade repousse ses couvertures, bondit, matraque le convoyeur et le ligote. L'infirmier le rejoint et tous deux s'emparent de cinq sacs postaux contenant – ils le savent – de grosses sommes en espèces. Tout se passe très vite : le plan des malfaiteurs ne supportait pas dix secondes de retard. A l'extérieur, deux complices attendent dans une Ford Consul. Ils se sont chargés de la préparation du forfait en garant leur véhicule – volé – devant la porte du cimetière d'Earlsfield. Après avoir forcé la grille, ils ont couru au milieu des tombes et sectionné la barrière de fil de fer séparant la nécropole de la voie, juste au pied d'un signal lumineux ; là, avec dextérité, ils sont parvenus à le faire passer du vert au rouge. Le mécanicien stoppe, étonné, car, à cette heure où il y a peu de trafic, ce signal n'est jamais « fermé ». Au même instant, la porte du fourgon s'ouvre, le faux malade et le faux infirmier sautent à terre avec les sacs. La Ford Consul démarre avec les autres voleurs et le butin. L'attaque n'a pris que trois minutes. Du grand art, selon sir Alec, qui avait fait beaucoup rire six ans plus tôt dans le film *Tueurs de dames* où le pont d'une gare servait à une image de funérailles d'un comique très british...

Cinéma

Et si un voyage en train n'était qu'un long, un fantastique « travelling », une sorte de plan-séquence précurseur ? Après tout, ce mot qui désigne un mouvement en avant ou en arrière de la caméra ne signifie-t-il pas « en voyageant » ou, par extension, « voyager » ? Et cette caméra, n'est-elle pas alors montée sur des rails ? Et si la fenêtre, celle, ouvrable, d'hier et celle, fermée, d'aujourd'hui, était un écran, parfois petit comme jadis dans les cinémas pour étudiants du quartier Latin, ou panoramique comme celui d'une grande salle bien équipée ? Le cinéma* et le train étaient faits pour se rencontrer. Et nous proposer un spectacle permanent, que l'on roule ou que l'on soit arrêté. Car un film, comme un voyage en train, a une durée convenue d'avance, à la minute près quand tout va bien, c'est-à-dire sans interruption de la projection (cela devient fort rare), ou sans incident sur la voie ou grève ou tempête ou grand gibier osant affronter, pourquoi pas, la ligne du Thalys entre Liège et Aix-la-Chapelle (cela arrive, croyez-moi !).

Le train est un formidable acteur. Il change mais ne vieillit pas car il apparaît, depuis plus de cent dix ans, sans lifting ni maquillage. On lui doit des milliers de films, courts, moyens, longs, documentaires ou de fiction. Certes, il aime être la star, comme dans *Le Mécano de la General* (1926) du génial horloger du rire Buster Keaton, *Une femme disparaît* (1938) du maître des maîtres Alfred Hitchcock, *La Bête humaine** (1938) de l'immense Jean Renoir, *Pacific 231* (1949) du poète scientifique Jean Mitry, *Le train sifflera trois fois* (1952) du rigoureux Fred Zinnemann, *L'Express du colonel von Ryan* (1965) du bon faiseur Mark Robson, *Trans-Europ-Express* (1966) de l'intellectuel Alain Robbe-Grillet ou *Le Dernier Train du Katanga* (1968) de Jack Cardiff, l'un des meilleurs directeurs de la photographie de sa génération.

Vedette et même comédien unique par son importance inattendue, le chemin de fer crève l'écran, littéralement, dans le premier film projeté devant un public payant, *L'Arrivée d'un train en gare de La Ciotat* (1895), tourné par Louis Lumière un jour d'été. Ce Lyonnais au patronyme prédestiné avait posé sa grosse boîte à images animées sur le quai de La Ciotat parce qu'il passait ses vacances en famille dans sa résidence estivale. Dès qu'un train venant de Marseille surgirait, il tournerait sa manivelle, le plus régulièrement possible. Quatre mois plus tard, le 28 décembre de la même année, certains des trente-sept premiers spectateurs entassés dans le sous-sol du Salon indien, boulevard des Capucines à Paris, eurent très peur lors de cette séance historique, inouïe, une projection de cinématographe, invention et curiosité. Ils crurent que le train allait les écraser et se levèrent ! La caissière n'eut pas cette peur, elle était au rez-de-chaussée. Sa crainte était une faible recette mais, grâce à une affiche visible depuis le trottoir, elle compta, à raison de un franc par client (environ vingt euros d'aujourd'hui), trente-sept francs, ce qui était encourageant en cette période dite de la trêve des confiseurs. Magnifique cadeau de Noël que ces cinquante secondes qui font grossir la locomotive depuis le bout du quai ! Et on remarque combien les voyageurs ouvrant les portières des compartiments avec canotiers, chapeaux melons et voilettes sont anonymes. Des figurants qui ne jouent pas : ils vivent. Ainsi, l'entrée, spectaculaire, du train dans l'histoire du cinéma* montre que ce mode de transport ne sera jamais neutre. Il fera peur ou séduira, amusera ou servira de carte postale, sera un prétexte ou un simple décor. Mais, à des degrés divers, le train est, en soi, un scénario. Qu'il arrive ou qu'il parte, qu'il roule péniblement ou à grande vitesse, qu'il soit dans une gare ou qu'on l'attende – ou le redoute – en guettant une voie vide, chaque train est une histoire. Pourquoi ? Parce qu'il a un horaire. Ou devrait en avoir un. Avant, après, il se passe nécessairement quelque chose. Et s'il n'arrive pas, c'est aussi un scénario. On ne compte plus les films qui obéissent aux lois de la tragédie classique (unité de lieu, de temps et d'action) ou de la comédie puisque le chemin de fer est un univers. Simple reportage – les premières « actualités », même si ces dix-sept mètres de pellicule de moins d'une minute couvrent un événement quotidien et banal depuis déjà un quart siècle –, cette arrivée en gare est la représentation immobile (la caméra est posée) d'un mouvement. Train et cinéma* : le mariage de deux mouvements – ou de deux mouvements qui se préparent –, voilà le premier mariage.

Le train remplit vite le catalogue des films Lumière. Arrivées, départs, passages, chargements, que ce soit à Aix-les-Bains ou en Egypte. Rapidement, la voie permet des effets, des découvertes qui sont à la fois des images et des informations puisque, dès l'année suivante, en 1896, les inondations du Rhône sont filmées... depuis un train. C'est ici que le chemin de fer montre sa réelle supériorité sur les autres modes de transport ou de voyage. Ainsi que le soulignent Daniel Corinaut et Roger Viry-Babel dans leur remarquable ouvrage *Travellings du rail* (Denoël, 1989, préface de Wim Wenders) :

« L'automobile n'est qu'un instrument de déplacement. Elle exige de nous une attention soutenue et ne laisse aucune place à l'imaginaire. Quant au statut de passager sur un paquebot ou dans un avion, il nous coupe radicalement de nos attaches terrestres. Nos points de repère mesurés par le compas et la boussole sont presque uniquement sidéraux. Notre quotidien s'éloigne irrémédiablement. Le train, lui, concilie le désir pascalien de l'immobilité et les nécessités contemporaines du trajet. »

Le contact physique du chemin de fer avec la planète et celui des voyageurs avec le plancher des voitures et wagons, la cadence du roulement, inquiétante ou libératrice, l'univers d'un compartiment, protégé ou menacé, l'accès à la machine qui nous conduit vers une destination et un destin, tout concourt à placer le voyageur dans un cabinet de magie pour y vivre un programme d'illusions, de sensations et d'impressions. Un paquebot est majestueux mais, s'il n'y a ni tempête ni naufrage dans le scénario, l'image lasse. Un avion, sauf acrobaties aériennes et duel, ne fait que se déplacer. Si une catastrophe ou une difficulté technique surviennent, le drame est obligatoirement collectif. A l'inverse, le train, au cinéma* comme dans la réalité, permet des situations individuelles au milieu du destin de centaines de passagers. Nuit d'amour ou assassinat ne concernent, visuellement, qu'une cabine alors que les autres voyageurs ignorent la romance ou le drame qui se jouent derrière la cloison.

Songez aux plans où, pour annoncer la scène suivante et augmenter la tension des spectateurs, les réalisateurs incluent l'entrée, en pleine vitesse, d'un train sous un tunnel... La signification peut être freudienne, carrément érotique ou policière avec ce convoi qui s'engouffre dans le noir, le mal, l'inconnu... Et ces quelques secondes sont ponctuées de coups de sifflet, d'ailleurs obligatoires à l'entrée et à la sortie des tunnels.

Evidemment, après les premiers accompagnements au piano puis à l'orchestre, le film sonore apporte au train son fascinant langage. Il est universel, sans doublage ni sous-titrage. Mieux : le train ne parle pas mais il s'exprime avec ses sonorités. Un régal pour les ingénieurs du son ! Car le chemin de fer sonore nous dit plusieurs choses, selon que l'on est dans une première classe ouatée ou dans un wagon à bestiaux, à la fenêtre ou dans les soufflets, à pleine vitesse ou sur une rampe. Et tout le monde comprend, sans que les humains aient besoin d'un dialogue, que le train commande l'action, la dirige, la domine. Les regards suffisent. J'en prends pour exemple le magnifique film *Le Jour et l'Heure* de René Clément (1962), ce grand cinéaste, réalisateur entre autres de *La Bataille du rail* (1946). La longue et formidable séquence où Simone Signoret et l'aviateur américain Stuart Whitman sont précédés par le chef opérateur caméra à l'épaule et le réalisateur dans un Paris-Toulouse bondé de l'Occupation est un morceau d'anthologie, à la fois du meilleur cinéma* et du film ferroviaire. Entre les alertes, la pénible avancée dans le couloir, les visages qui scrutent et tentent de savoir de quel côté sont ces deux voyageurs qui osent déranger tout le monde, la méfiance, la peur et le courage, un silence humain oppressant mais martelé par le leitmotiv des frottements de l'acier en font un monument du septième art où le train de l'angoisse est remarquablement mis en scène.

Après la caméra immobile de Louis Lumière, le même pionnier nous offre, avant 1900, de nouvelles sensations, fortes et inédites, tel le « Passage d'un chemin de fer pris de l'avant de la locomotive et la même prise de l'arrière du train ». Une fantastique trouvaille ! Est-ce le train qui avance ou l'appareil de prises de vues ? Est-on un voyageur ou un spectateur ? Le résultat est si fascinant qu'un ancien capitaine des pompiers de Kansas City a l'idée d'aménager une salle en longueur reproduisant une voiture Pullman*. La fenêtre arrière, un balcon sur rails typique des chemins de fer américains, est tendue d'un écran. Avec divers appareils, cet entrepreneur improvisé de spectacles projette des films tournés soit à l'arrière d'un train, soit à l'avant. L'opérateur est intrépide : sa caméra sur trépied est arrimée au chasse-pierre d'une énorme locomotive de type 120 et lui, botté et sanglé, filme sans perdre ni sa casquette, ni son nœud papillon à col cassé ! L'effet visuel est garanti. Il devient un argument publicitaire aussi bien pour le cinématographe que pour les compagnies ferroviaires. Cette attraction, un long double travelling, est le « clou » de l'Exposition universelle de Saint Louis (Missouri) en 1904. Rien n'est plus troublant que de voir un film avec un train... dans un train en marche !

En 1904, l'extérieur de cette voiture-cinéma qui mesure quinze mètres de long, construite par les célèbres Hale's Tour et Scènes du Monde, annonce *Trains toutes les dix minutes*. Un départ ? Un film ! On s'y bouscule. Et on en ressort avec la certitude d'avoir fait un voyage immobile qui n'est rien d'autre que l'origine du documentaire. La première démonstration du Cinérama dans les années 1960 (triple caméra, triple écran) avec la mythique séquence d'ouverture sur le *Scenic Railway* de Coney Island, ces montagnes russes géantes près de New York, reprendra le même principe, amplifié par le son stéréophonique. Ainsi, le train acteur, scénariste, metteur en scène et le cinéma* s'unissent pour nous transmettre la sensation physique du transport. Elle peut être primaire avec de simples mais efficaces séquences prises dans la machine (*Impressions de vitesse*, documentaire de la SNCF à bord de la locomotive du Mistral de Paris à Dijon) ou élaborée par un montage nerveux, y compris musical avec la partition métallique d'Arthur Honegger, dans *Pacific 231* de Jean Mitry, couronné au Festival de Cannes 1950. On peut penser qu'une pareille réussite eût été inconcevable sans les effets visuels qu'offre une locomotive à vapeur...

Enfin, après cette conquête technique et intellectuelle, vient la découverte sociale par le cinématographe, témoin sincère mais aussi faussaire avec les « Actualités reconstituées ». Les gens du rail, mécaniciens, chauffeurs, agents de la voie, personnel de la gare, lampistes, aiguilleurs, gardes-barrières, ceux du dépôt fournissent des thèmes d'histoires où la peinture du métier est réaliste. De même, les clients sont bien étudiés avec, par exemple, l'étonnant *Voyage à travers l'impossible* de Georges Méliès (1904). Véritable Daumier du cinéma*, cet inventeur des truquages et effets spéciaux (mort ruiné et oublié, vendant des jouets et des automates gare Montparnasse...), le farceur Méliès nous montre une voiture, en effet, impossible, puisqu'elle comprend trois compartiments, chacun dans une classe. En première, au milieu (loin des essieux, c'est plus confortable !), les voyageurs sont affolés par deux personnages qui, ayant ouvert le toit, observent ce qui se passe chez ces bourgeois aisés et sans doute satisfaits d'eux-mêmes. Rien de tel en deuxième classe où une seule des voyageuses s'étonne des cris et du bruit en première. Enfin, en troisième, jouxtant le compartiment de première de l'autre côté, les domestiques trinquent, insouciants. La société est en voyage et le cinéma* est devenu son portraitiste, avec l'acuité d'un Emile Zola.

« On tourne ! » L'expression, devenue symbolique, est toujours employée plus d'un siècle après les premiers tours de manivelle de Louis Lumière. Les roues du train tournent aussi. L'osmose est parfaite entre un voyage et un spectacle.

Claudel, Paul

Poète, dramaturge et diplomate,
de l'Académie française, 1868-1955

Issu de la bourgeoisie provinciale de l'Aisne, reçu premier au concours des Affaires étrangères, ses nombreux voyages professionnels lui font rencontrer la faune des grands trains au début du XXe siècle. Ayant choisi la carrière consulaire, il est envoyé, en juin 1895, en mission en Chine. Nommé vice-consul à Fou-tcheou, la capitale du Fou-kien, Paul Claudel est fasciné par l'Orient. Bon négociateur, il est félicité par l'ambassadeur qui songe à lui pour défendre les intérêts français dans la construction d'une ligne de chemin de fer du Tonkin à Vladivostok, en passant par les ports chinois du Sud. Mais, finalement, c'est un confrère plus expérimenté que lui qui est choisi pour mener les discussions... Affecté à Han-keou, au confluent du Yang-tseu-kiang et du Han, il prend sa revanche ferroviaire et diplomatique. En alliance avec la Belgique, le jeune vice-consul Claudel se montre très efficace dans les négociations pour construire une ligne reliant le nord et le sud de la Chine, de Pékin à Han-keou. « Face à eux, les Anglo-Américains. Nouvelles félicitations de l'ambassadeur : la coalition franco-belge l'emporte » (Dominique Bona, *Camille et Paul. La passion Claudel*, Grasset, 2006). De 1909 à 1914, il est consul de France à Prague, Francfort et

Hambourg. Paul Claudel traverse l'Europe. La réputation de l'Orient-Express* est déjà faite et le diplomate la dissèque : espions, demi-mondaines, princes déchus et plénipotentiaires porteurs de secrets d'Etat se croisent dans les couloirs où l'on rencontre, dit-il, « des marchands orientaux enrichis dans les peaux, si riches qu'ils mettent leurs diamants aux bagages » !

Clochette (de wagon-restaurant)

Un début de soirée en 1922, à bord du Sud-Express (Paris-Madrid-Lisbonne). Peu avant le dîner, le maître d'hôtel, M. Louther, est victime d'un des inconvénients des trains : à cause des courants d'air, il est aphone. Comment faire pour bien annoncer la phrase rituelle « Premier Service ! » en passant dans les voitures ? Personne ne saura jamais pourquoi ni comment il a trouvé une petite cloche et l'a agitée au cours d'un aller-retour pour informer les voyageurs.

Une de ces clochettes de métal doré est dans ma collection. Elle a cessé de sonner en 1976...

Colette, Sidonie Gabrielle

Ecrivain, journaliste, artiste de music-hall, comédienne, auteur dramatique, présidente d'honneur du Conseil littéraire de la principauté de Monaco, présidente de l'académie Goncourt, 1873-1954

— Et comment s'appelle cette propriété ?
— Tamaris-les-Pins...
— C'est un joli nom pour une gare !

C'est ainsi que Colette découvre, en 1925, une petite maison, basse d'étage, près de la plage, dans la baie des Canoubiers, à Saint-Tropez. Comme on lui fait remarquer que la vigne pousse dans la ramade, elle trouve à la maison son nouveau nom, définitif et charmeur, « La Treille muscate ». Une grande passion commence entre l'écrivain et « La Treille muscate », quasi charnelle, dont le Saint-Tropez d'avant guerre, après les engouements de Paul Signac et de son cénacle de peintres, va tirer une notoriété nouvelle.

Contrairement à une idée reçue, Colette n'était pas une sédentaire. D'elle, on conserve trop souvent la dernière image d'une femme plutôt enveloppée, à l'abondante chevelure, immobilisée par l'arthrite et qui régnait, depuis son appartement du Palais-Royal, sur la vie littéraire au début des années 1950. Dans un premier temps, fin 1925, elle s'était installée 9, rue de Beaujolais, dans un entresol qu'elle surnommait « le Tunnel », avant d'emménager, dix ans plus tard, dans un véritable appartement avec des fenêtres donnant sur le jardin.

Colette a beaucoup voyagé, en voiture (dès 1907, elle en achète une et apprend à conduire) puis, entre les deux guerres (100 km pour un déjeuner à une table réputée !), en avion (Paris-Nice-Paris à la fin de sa vie). Elle fut aussi une habituée de nombreux trains, archétype de « La Vagabonde », selon le titre d'un de ses livres (1910). Et ses pérégrinations correspondent à des moments forts dans sa vie et dans son œuvre. Dans ses *Dialogues de bêtes* (1904), qu'elle signe Colette Willy, en se joignant au pseudonyme de son premier mari Henry Gauthier-Villars, elle raconte la première confrontation d'animaux au chemin de fer. Les deux personnages de la nouvelle *Le Voyage* sont un chien, dit Toby-Chien, et une chatte, Kiki-la-Doucette. Ils n'ont jamais pris un train. L'originalité et le charme de l'écriture tiennent dans une astuce : la chatte est enfermée dans un panier, tandis que le chien voit tout ce qui se passe. Puisque la chatte, elle, ne voit rien, c'est le chien qui lui raconte cette étrange et nouvelle aventure. Toby-Chien la compare à une promenade en voiture à cheval : « Comme cette voiture va vite ! Ce n'est pas le même cocher que d'habitude. Je n'ai pas vu les chevaux mais ils sentent bien mauvais et fument noir. » Pour le chien – qui parle –, les hommes ne parlent pas. Leurs annonces dans les gares ne sont que des aboiements. Que dit un employé sur le quai, compréhensible seulement pour le chien narrateur ? « Aoua, aouaaoua, éouan, ouain ! » Ces *Dialogues de bêtes*, qui permettent à Colette de sortir de l'anonymat et d'être reconnue femme de lettres, sont quatre à l'origine. Devant leur succès, elle écrira trois autres livres sur le même sujet, douze au total, en 1930. Personnalités et critiques, enthousiasmés, supplieront l'auteur d'écrire, sur les modèles des *Claudine*, d'autres aventures, *Kiki-la-Doucette à Paris* et *Kiki-la-Doucette en ménage* ! Avec le mouvement du train – lequel, en général, met les animaux domestiques mal à l'aise –, Toby-Chien éprouve des sensations nouvelles, qu'il traduit à la chatte prisonnière. Le convoi roule à travers une forêt, fouettant les arbres près de la voie, ce qui donne : « Des choses vertes qui passent tout contre vous, si près et si vite qu'on en reçoit une claque sur les yeux. » On retrouve ici les émotions des premiers voyageurs en chemin de fer, en particulier celle de la vitesse immobilisant le paysage. Les animaux de Colette sont merveilleusement humains...

En février 1908, Colette est invitée à jouer sur la Côte d'Azur et à Monaco *La Chair*, une pantomime qui fait scandale un peu partout. L'hiver est très mondain sur la Riviera ; chaque jour, cinq express de luxe arrivent à Nice et à Monte-Carlo. Colette, qui fait partie d'une troupe, voyage en troisième classe. Et subit un trajet de plus de vingt heures... Une dure école. Divorcée, suspectée de nombreuses liaisons féminines, Colette survit. Si, à la ville, elle s'habille volontiers en homme, à la scène, elle dévoile ses seins et apparaît enroulée dans des voiles qui sont, en réalité, des draps mouillés collant à sa peau et accentuant ses formes. Prenant le train à Monte-Carlo (où personne ne s'est offusqué de ses audaces), elle arrive à Nice où, en descendant de l'omnibus, elle apprend que le préfet des Alpes-Maritimes a pris un arrêté exigeant qu'elle couvre au moins... un de ses seins, le gauche, une demi-mesure (!) qui déclenche les sarcasmes des uns et l'indignation des ligues de vertu envahissant la gare avec des pancartes. La tournée est épuisante ; elle dure des mois. Colette écrit à sa mère, Sido, comment elle résiste au rythme épuisant des trains ordinaires à l'aube, des valises, des hôtels médiocres, des salles d'attente et des salles de spectacles où tout peut arriver. Jetée comme un ballot dans le fourgon, Colette la gourmande se désole de l'invariable « pâle rôti de veau des buffets de gare » à Toulon et à Marseille.

Devenue, par son deuxième mariage, en 1912, la baronne Henry de Jouvenel, Colette retrouve la Côte d'Azur dans des conditions bien différentes. Elle entre dans le monde, celui de Marcel Proust* et d'une haute société où les ambiguïtés sont diverses ; elle y noue des complicités. Cette nouvelle vie sociale ne l'empêche pas d'écrire à une cadence balzacienne. Elle publie *L'Entrave* (1913), roman qu'elle n'aime pas et jugera très sévèrement en 1946. Deux amants sont dans un train. « Nous avons eu des heures charmantes aujourd'hui. Dans le wagon-restaurant, par exemple, il faisait bon jouer au couple... et dire à Jean tout bas, avec un reproche hyprocrite : "N'ayez pas l'air si aimable avec moi, voyons ! On va penser que nous avons fait connaissance tout à l'heure dans le couloir." » Colette analyse finement que l'amour en train est un moment hors du temps, avec un code et des usages, mais qu'il reste détaché de la vie réelle. C'est un entracte, une rencontre des corps et des cœurs hors du monde, qui ne redevient banale qu'au moment de la séparation (éventuelle...).

Bien plus tard, en avril 1925, Colette rencontre, au Cap-d'Ail, un courtier en diamants, juif, d'origine néerlandaise, Maurice Goudeket, alors qu'elle vit la fin de sa liaison, torride et scandaleuse, avec son beau-fils Bertrand de Jouvenel. Il est sous son charme et c'est à cause d'un train qu'elle se laisse séduire. En effet, homme d'affaires avisé et à l'aise dans la vie, Goudeket est rappelé par un télégramme à Paris. Pas de chance, le Train Bleu* est complet ; même le concierge de l'Hôtel de Paris, à Monte-Carlo, ne peut lui dénicher un sleeping. Tant pis, tant mieux : à Colette, il propose de remonter vers la capitale en voiture. A sa secrétaire, elle annonce : « Je vais rentrer par un magnifique retour en auto. » Et à Francis Carco : « J'y mettrai trois jours ou l'éternité », contre quatorze heures par le rapide de nuit. Maurice Goudeket sera son troisième et dernier mari, le 6 avril 1935. Et Colette redeviendra Colette, tout simplement.

Dans l'hiver 1925-1926, elle tient le rôle de Léa dans l'adaptation théâtrale de son roman *Chéri* au Théâtre Daunou, puis saute dans le premier express nocturne en direction de Marseille pour y jouer la même pièce avec Pierre Fresnay. Le jour de relâche, entre deux trains, elle passe une journée à Paris pour corriger les épreuves de *La Fin de Chéri*, ouvrage qu'elle commence à maudire parce qu'elle est épuisée. A cause de la fatigue du voyage, elle ne s'aperçoit pas qu'il manque un cahier de trente-deux pages dans son texte. Sans remarquer cette énorme coupure, elle donne le bon à tirer, presque en retournant à la gare de Lyon. Trente-cinq mille exemplaires sont imprimés avant qu'elle ne constate cette catastrophe, deux mois plus tard.

A nouveau, on ne voit qu'elle dans les couloirs des wagons-lits. Elle y prend froid, s'y enrhume et se plaint de « geler » la nuit avant de jouer, avec son accent bourguignon enroué, à Menton, à Nice et à Toulon puis en Belgique et en Suisse. C'est à Monte-Carlo qu'elle fait ses adieux à la scène et tente de faire avancer les travaux qu'elle a entrepris à « La Treille muscate ». Hélas, bientôt, elle est exaspérée par les hordes de touristes curieux, descendus des « trains rouges * » du Front populaire, qui l'épient dans sa maison ou lorsqu'elle fait des courses. Saint-Tropez commence à être envahi. Ces mal élevés, ces curieux, ces indiscrets l'empêchent de se baigner nue. Si elle met un maillot noir un peu mité, elle se moque d'elle-même : « J'ai l'air d'un gruyère en deuil ! » Furieuse, elle vend sa chère thébaïde à Charles Vanel, en 1938. Après 1945, très liée à la famille Polignac et au nouveau souverain monégasque, S.A.S. le prince Rainier III, elle reprend souvent le chemin de la Principauté, pour ses diverses activités littéraires. Mais à soixante-dix-sept ans, souffrant d'intolérables inflammations articulaires, un voyage vers le soleil est une épreuve. La voiture ? Pas question, ce serait trop long et elle refuse le transport en ambulance, une humiliation. Un wagon-lit ? Il faudrait pouvoir installer des pyramides d'oreillers ajourés, mousseux et brodés. L'essai, dans un somptueuse voiture LX 16 (Série Luxe, pour seize voyageurs seulement), n'est pas heureux. Finalement, ce sera l'avion. Elle y monte le 7 mai 1950 avec sa fidèle Pauline et Maurice Goudeket, époux très attentionné. Voici Colette en ménage... A Nice, où elle se sent reçue « avec l'âme d'un sous-préfet », c'est une voiture du palais princier qui, désormais, la conduira vers Monaco, « le seul pays dont les frontières soient des fleurs », comme elle l'a défini dans une lettre adressée au prince Rainier, lors de son avènement, en 1949. Colette, l'habituée du Train Bleu, Colette, la vagabonde, a changé d'époque.

Compiègne (Séries de)

Sous le Second Empire, deux gares connaissent une activité particulière, la gare du Nord à Paris et celle de Compiègne, dans l'Oise. Le premier « Embarcadère du Chemin de fer du Nord », édifié sur des terrains à vocation agricole et maraîchère, couvrait trois hectares en 1846. Transformée et agrandie sous la forme que nous lui connaissons encore par l'architecte Jacques Ignace Hittorff de 1861 à 1863, cette gare est celle de la compagnie créée et animée par le baron James de Rothschild. Si les frontons néo-classiques des façades sont décorés de statues des principales villes desservies par le réseau, les halles sont couvertes par une immense verrière que soutient une colonnade de fonte, audacieuse pour l'époque. Une splendide cathédrale du progrès. Il faut dire que la gare du Nord est celle d'où partent les trains des fameuses « Séries de Compiègne ». C'est une idée de l'empereur de réunir autour de lui et de sa femme ce que la France et les étrangers qui y résident comptent de gens talentueux, illustres ou simplement importants. Le couple impérial reçoit au château de Compiègne, surtout à la période de la chasse, se comportant davantage en châtelains qu'en souverains.

Eugénie* est chargée d'organiser ces grands mouvements mondains (et demi-mondains...), politiques, diplomatiques, artistiques et scientifiques. Elle donne une tonalité différente à chacune des Séries, qui commencent fin octobre ou début novembre et durent chacune sept jours, jusqu'au 15 décembre, jour de la Sainte-Eugénie. L'impératrice se révèle une maîtresse de maison remarquable, inventant même à Compiègne le système de la commande du « petit déjeuner en chambre » grâce à un carton accroché à la poignée. Avec son chambellan et les dirigeants ferroviaires, elle met au point les Séries et donc le mouvement des trains qui assureront le transport des trois cents invités aller-retour, car il serait mal vu d'y arriver dans son équipage quand on en a un... L'invitation est complète : transport, séjour, déjeuners ou dîners avec Leurs Majestés, chasses, spectacles...

L'aventure commence en 1856 avec trois Séries (le rodage), cinq en 1858 et 1859, six en 1861 (le record), soit une moyenne de quatre par an. Il n'y en a ni en 1860 ni en 1867, respectivement à cause de la désastreuse affaire mexicaine, de la découverte par l'Impératrice d'une nouvelle liaison de son époux, et de l'Exposition universelle.

La liste des invités est le premier casse-tête. Ils sont rassemblés par thèmes, comme la Série sérieuse (très ennuyeuse) ou la Série distinguée (où les femmes rivalisent de charme, de séduction et d'esprit avec plus ou moins de bonheur). Ne pas en faire partie est une avanie. La ravissante Mme de Beyens, jolie mais pas très fine, demande à une autre invitée :

— Etes-vous de la Série élégante ?

— Non ! Je suis de la vôtre !

Le deuxième casse-tête est celui des bagages, certaines invitées intriguant pour rester une ou deux semaines supplémentaires... Il faut donc prévoir chapeaux, bijoux, capes, fourrures, robes pour toutes circonstances et des températures un peu fraîches à cette saison en bordure de la forêt. Deux fourgons sont à peine suffisants pour les malles d'une Série ; mais quand dans le même train se trouvent, toujours somptueuses, la princesse de Metternich, ambassadrice d'Autriche, et la comtesse de Pourtalès, le chef de gare et le chambellan ont la migraine : à elles seules, ces deux femmes ont mobilisé un fourgon encombré de robes du soir ! A cause de deux invitées, les discussions techniques, calculs savants de poids et de vitesse, aboutissent à l'adjonction... d'un troisième fourgon !

Gare du Nord, le train spécial part toujours à 2 h 30 de l'après-midi ; avec les années et le succès, il y aura jusqu'à cinq trains par jour dans chaque sens pour les invités de la Cour mais un seul « Express impérial ». Une voiture est spécialement mise à la disposition de l'empereur. Elle est vert sombre, à trois essieux ; les armes impériales dorées sont au centre ; de chaque côté, deux portières ouvrant sur deux petits salons encadrant celui de Napoléon III* sont frappées d'une couronne et d'un N également doré. Chaque rame est composée de dix voitures de première classe ; il n'y a pas d'invités de deuxième ou troisième classes... La gare du Nord est la plus huppée de l'Empire ! Six voitures sont aménagées en salons et quatre normales ; dans celles-ci, les domestiques et dans celles-là, leurs maîtres. Le trajet ferroviaire dure une heure trente pour environ 80 km. La petite gare de Compiègne se trouve hissée au rang de terminus impérial, avec salon d'honneur, parfois détachement de troupes pour la Série militaire et un fantastique ballet de bagagistes et valets transportant malles et sacs vers des breaks, coupés et autres attelages conduisant ce caravansérail jusqu'au palais où l'opération inverse va mobiliser un personnel en livrée pendant environ deux heures. Dans ces trains, on rencontre aussi bien Gustave Flaubert (très ennuyé parce que son habit « a craqué dans le dos » comme dans *La Vie parisienne*), Prosper Mérimée, épuisé, répétant « Je suis à moitié mort. Le destin ne m'a pas fait pour être courtisan » – mais il aurait été effondré de ne pas être invité ! On y verra même Louis Pasteur, à qui l'impératrice apportera son soutien et celui de l'empereur afin de poursuivre ses recherches et expériences sur la vaccination..

En 1987, en compagnie de Philippe Séguin, futur auteur d'un *Louis-Napoléon le Grand* remarqué (Grasset, 1990), j'ai assisté à l'inauguration du nouveau nom de la place de Roubaix, longeant la façade de la gare du Nord, devenue place Napoléon III*, ce que beaucoup de gens et de voyageurs ignorent... Après une longue injustice, c'est un hommage mérité envers un homme qui a tant œuvré pour le rail, les travaux et les embellissements, tant de Paris que de la France.

Crime politique ?

L'affaire Prince, 18 février 1934

C'est l'une des grandes énigmes ayant gravement fragilisé la Troisième République, une affaire, au milieu d'autres, qui a contribué à ternir davantage l'image des mœurs politiques après une série de scandales retentissants. Elle a passionné et écœuré l'opinion, déjà révulsée par le climat délétère d'une France où des politiciens sont compromis. Rappelons, brièvement, le contexte pour nous en tenir à ce fait divers ferroviaire qui n'a jamais été réellement élucidé.

En décembre 1933, une gigantesque escroquerie est découverte au préjudice du Crédit municipal de Bayonne. Le directeur de l'établissement ainsi que le député-maire sont arrêtés et accusés d'avoir gagé deux cent quarante millions de francs sur de faux bijoux pour le compte d'un certain Alexandre Stavisky, fondateur du Crédit municipal, en fuite. Escroc notoire, surnommé « l'homme aux doigts d'or », offrant des parures à toutes les femmes qu'il invitait chez Maxim's, le sulfureux « Monsieur Alexandre » a bénéficié, une fois de plus, de protections très haut placées. Diverses poursuites engagées contre lui n'ont jamais abouti.

Le 8 janvier, son corps est retrouvé dans un chalet de Haute-Savoie. Personne ne croit à une mort volontaire. On suppose qu'il allait parler... *Le Canard enchaîné* titre « Stavisky se suicide d'un coup de revolver qui lui a été tiré à bout portant ». Les sanglantes émeutes du 6 février 1934, place de la Concorde à Paris, font suite à une série de démissions. Le règne de l'argent facile et celui des réseaux secrets sont dénoncés.

Des magistrats intègres travaillent sur ce dossier brûlant, en particulier Albert Prince, conseiller à la cour d'appel de Paris, qui en sait long sur Stavisky puisqu'il a dirigé la Section financière du parquet de Paris. Il s'étonne du silence qui a suivi ses nombreux rapports et désire s'en entretenir avec M. Lescouvé, premier président de la Cour de cassation, le plus haut magistrat de France. Rendez-vous est pris pour le 21 février. Mais la veille, 20 février, Mme Prince, épouse du conseiller, reçoit un coup de téléphone de Dijon, l'informant que sa belle-mère, fort âgée et qui vit dans une maison de retraite dijonnaise, est victime d'une occlusion intestinale. Les médecins doivent pratiquer une opération délicate et la présence de son fils est nécessaire car il doit être instruit des risques de l'intervention. Albert Prince déplace son rendez-vous et prend, gare de Lyon, le train de 12 h 32 à destination de Dijon.

Dans la soirée, le mécanicien du convoi de messageries 4805 constate, à son arrivée à Paris, que sa locomotive porte des traces de sang. Puis, on apprend que le cheminot Boisselet a découvert, ce 21 février au matin, un cadavre décapité, sectionné en trois parties, le long de la voie, au lieu-dit La Combe-aux-Fées. La gendarmerie établit qu'il s'agit du magistrat, dont on était sans nouvelles. Les poches de son costume sont retournées et sa serviette vide. L'affaire Prince commence...

Il était arrivé à Dijon à 16 h 40. Après avoir rendu visite à sa mère, bien portante, il avait télégraphié à sa femme : « Dr Hallinguer déclare état aussi normal que possible. » Il avait retenu une chambre dans un hôtel où il avait laissé sa valise. Et c'est là que l'on perd sa trace. L'autopsie, confiée à d'éminents médecins légistes, établit que le conseiller Prince a été écrasé vivant par la locomotive du train de marchandises mais qu'il avait inhalé, auparavant, une substance toxique irritante dont on a retrouvé des traces dans ses bronches.

Les spécialistes des morts suspectes et mises en scène ajoutent que ce produit a été administré de force car on relève, autour de la bouche, des ecchymoses qui ne peuvent qu'être antérieures à l'écrasement par la machine. Ils fixent même l'absorption deux heures avant la mort. Peut-il s'agir d'un suicide ? Non car le train qui a écrasé le magistrat est passé exactement à 21 h 40 ; or, il en était passé six autres avant celui-là. Donc, si le conseiller était endormi deux heures avant sa mort, c'est qu'il ne s'était pas placé tout seul sur les rails... Conclusion : l'assassinat du conseiller Prince ne fait aucun doute.

Deux semaines après le 6 février, l'affaire Prince agit comme un tonneau d'huile sur un incendie. Stavisky exécuté, Albert Prince – qui enquêtait sur lui – est tombé dans un traquenard puisque sa mère est, compte tenu de son âge, en bonne santé. Le président Lescouvé n'hésite pas à dire que le conseiller avait signé son arrêt de mort depuis qu'il avait découvert que ses rapports à son supérieur direct, le procureur Pressard, étaient étouffés parce que ce dernier était le beau-frère de Camille Chautemps, président du Conseil au moment du scandale Stavisky. La presse, déjà échauffée, étale son indignation. Le bouillant Léon Daudet, monarchiste qui méprise les « valets de la Gueuse » (les républicains), accuse Camille Chautemps d'avoir fait « taire » le conseiller Prince.

La Justice s'en mêle. Le garde des Sceaux, Henry Chéron, annonce qu'il va suivre l'affaire lui-même. Il charge un policier de l'enquête. L'ennui est que son choix est plus que malheureux : ce policier s'était illustré en retrouvant les talons des chèques remis par Stavisky aux politiciens. La façon dont il avait récupéré ces preuves était aussi spectaculaire que douteuse. Le ministre de la Justice l'avait néanmoins gratifié du qualificatif envié ou redouté de « premier flic de France », formule autrefois exclusivement réservée à Clemenceau... Ajoutons que ce policier avait été frappé de mesures disciplinaires pour escroqueries et abus de pouvoir. C'est l'inspecteur Bonny, le déjà trop célèbre inspecteur Bonny, qui finira dans la peau d'un agent de la Gestapo avec son complice, le gangster Lafon...

Bonny le fanfaron se rend sur les lieux. La reconstitution du drame est faite au milieu d'une vingtaine d'hommes en chapeau mou et canotier, policiers, magistrats, médecins, et de gendarmes à La Combe-aux-Fées. Un corps est placé entre les rails puis ses restes mutilés éparpillés comme on les avait retrouvés, recouverts d'un manteau. On n'en apprend pas davantage. Cheminots, mécaniciens et ingénieurs du PLM sont interrogés. On en sait de moins en moins. Comme l'inspecteur Bonny désire compromettre l'ancien préfet de police Chiappe, dont la tentative d'éloignement au Maroc et la démission avaient provoqué les émeutes du 6 février, il concocte un rapport dans lequel l'assassinat – le mot n'est plus mis en doute – du conseiller Prince est un coup de truands marseillais liés au milieu corse, donc au préfet Chiappe ! Les coupables seraient les fameux Carbone, Spirito et un troisième, Lussats, surnommé « le

Marquis ». Du beau gibier... qui a d'excellents avocats, lesquels prouvent, facilement, que leurs clients ne sont pour rien dans cette affaire. A noter : plus tard, ils se serviront des trains Paris-Marseille pour régler leurs comptes, comme les films de la série *Borsalino* l'ont raconté. Dans la nuit du 15 au 16 décembre 1943, Carbone, le caïd du milieu marseillais dont le vrai nom est Paul Bonaventure, meurt des suites d'un sabotage du Marseille-Paris par la Résistance.

L'enquête sur l'affaire Prince n'avance pas ; c'est sans doute ce qu'on souhaite « en haut lieu » mais l'inspecteur Bonny, fonctionnaire véreux dont les méthodes sont dénoncées, est lâché par ses protecteurs et se retrouve... en prison ! L'opinion est de plus en plus exaspérée par l'atmosphère glauque d'amitiés politico-financières qui empoisonnent l'affaire Prince et la vie des Français.

Nouvelle annonce du gouvernement : on reprend tout et la contre-enquête est confiée au commissaire Guillaume. Celui-ci accomplit un travail minutieux, en apparence sérieux, où les témoignages et avis du personnel ferroviaire sont essentiels. Après six mois d'investigations, le commissaire Guillaume dépose son rapport, le 16 août 1934. Il conclut dans le sens attendu... par le gouvernement pour calmer les esprits, c'est-à-dire à un suicide particulièrement alambiqué. Selon cette thèse, le conseiller Prince avait des soucis d'argent et une vie privée agitée. Pour ménager les convictions catholiques de son épouse, il aurait maquillé son suicide en crime, mais c'était bien lui qui s'était donné la mort. A cette démonstration, les médecins opposent des démentis formels. D'après leurs constatations et examens, le suicide est impossible ; c'est donc bien un assassinat, le magistrat en savait trop, il voulait en savoir davantage et il a été attiré dans un guet-apens. Et les journalistes soulignent que les deux morts, celle de Stavisky et celle de Prince, s'éclairent mutuellement. Ils échafaudent deux hypothèses. Soit Albert Prince menait une enquête personnelle, en marge de ses missions, et a découvert un terrible secret ; soit sa mort a été orchestrée pour achever de troubler le pays et entretenir le désordre dans la rue et le discrédit de la France.

L'opinion, peu à peu, se désintéresse du mystère de La Combe-aux-Fées. Il ne sera jamais réellement éclairci. Les tensions en Europe sont de plus en plus inquiétantes. Officiellement, une ordonnance de non-lieu classe l'affaire le 21 janvier 1937. Dans son livre *Mon père, l'inspecteur Bonny* (Robert Laffont, 1975), Jacques Bonny avance que c'est son père qui a fait assassiner le Conseiller Prince sur ordre d'un ministre qui, bien qu'il ne soit pas nommé, serait bien Camille Chautemps. Une seule certitude : c'est bien un train qui a écrasé le magistrat Albert Prince...

D

« J'avais lancé également un train de voyageurs.
Il partait à toute allure de la grand-place,
et résolument s'avançant sur la mer
sans s'inquiéter du matériel,
il filait en avant, sauvé par la foi. »

Henri MICHAUX.

Daumier, Honoré

Dessinateur, peintre, caricaturiste et sculpteur, 1808-1879

Il est le plus grand illustrateur des débuts du voyage en chemin de fer. Né à Marseille, il se fait connaître par ses caricatures politiques et sociales. En 1832, son *Gargantua*, représentant un monarque engloutissant d'énormes budgets, lui vaut six mois de prison à Sainte-Pélagie bien qu'il l'ait signé du pseudonyme de Rogelin. De *La Caricature* au *Charivari*, la famille du roi-citoyen Louis-Philippe, croqué en forme de poire, et la personne de Thiers, chef du gouvernement, sont harcelées sans merci mais avec drôlerie par ce défenseur de la cause libérale. Métiers, professions et corporations ne résistent pas à son crayon génial. *Les Gens de justice*, *Les Gens de médecine*, *Locataires et Propriétaires*, *Les Femmes socialistes*, par exemple, constituent de savoureuses et irrésistibles galeries de personnages aux physiques remarquablement croqués. Les premiers temps, pittoresques, de l'aventure – et des mésaventures – ferroviaires sous la monarchie de Juillet sont pour lui un réservoir d'observations et de situations qu'il consigne dans des dessins satiriques exceptionnels. Daumier prend le parti du voyageur qui subit les aléas d'un confort rudimentaire, en particulier en troisième classe, avec des légendes explicites et féroces : puisqu'il n'y a pas de toit, s'il pleut on apprend qu'« Un bain pour trois sous, c'est pas cher ! ». Les conditions du voyage sont décrites avec exactitude mais amplifiées par un humour corrosif. La gare, le buffet, le train, les voisins désagréables et prétentieux, les chapeaux et les coiffes, les bagages, les incidents sont réunis dans le premier catalogue de ce nouvel univers. Daumier est également précieux par ses dessins du personnel, avec ses uniformes dont la coupe est empruntée au monde maritime : le chef de gare, le surveillant-chef, le conducteur-chef, l'aiguilleur, le conducteur d'arrière agitant son chiffon blanc... Daumier est un témoin sans égal. Il reflète une époque où la naissance du chemin de fer est souvent présentée

comme celle d'un monstre terrifiant dont un des adversaires, Alfred de Vigny, a dit, dans un superbe vers, que c'était « un brouillard étouffant que traverse un éclair ». Sous la Troisième République, devenu aveugle et aidé par Corot, il est soutenu par l'Etat qui ne craint plus ses sarcasmes.

Delvaux, Paul François Ernest

Peintre belge, 1897-1994

En 1965, une grande collectionneuse allemande, réputée pour la sûreté de son goût et de son jugement, Mme Fänn Schniewind, déclarait à l'une de ses nièces qui me l'a raconté : « Si vous voulez acheter un grand tableau de Delvaux, on doit y voir une gare ! » Il est l'un des plus grands peintres surréalistes et l'un de ceux chez qui le chemin de fer tient une place essentielle, avec des temples antiques et d'énigmatiques jeunes femmes dénudées, trois thèmes qu'il lui arrive de mélanger. Il estimera que le train et la femme sont liés.

Né au 31 de la chaussée de Tirlemont, à Antheit, près de Liège, ce fils de notaire est très tôt passionné par les quais de gare, les trains et les tramways. « A force d'errer le long des voies de chemin de fer, j'ai fini par comprendre le mode de suspension des wagons. Ce n'est pas si simple, il faut bien regarder. Mon père avait obtenu un laissez-passer qui me permettait de circuler librement le long des voies et des dépendances du Quartier Léopold. Pendant la construction du boulevard Militaire, j'entraînai ma mère voir deux trains Decauville en action, un grand et un petit », dira-t-il, évoquant le souvenir de l'installation familiale à Bruxelles (*Paul Delvaux, sa vie* par Guy Carels et Charles Van Deun, Fondation Paul Delvaux, Saint-Idesbald, 2004). Et parmi ses premiers croquis, vers l'âge de douze ans, on remarque deux wagons de marchandises. En 1912, il construit une maquette du nouveau tram économique desservant l'ouest de la capitale belge. « Je l'ai fabriquée à partir de dessins d'après nature, en utilisant les planchettes du temple égyptien que j'avais réalisé avant ; des hiéroglyphes se trouvent encore au plafond du tram. » Adolescent calme, parlant peu, hirsute et débraillé, il s'assied et se met à dessiner sans cesse, toujours sans rien dire. Ce mutisme désespère son père qui lui dit : « Tu ne feras jamais rien de bon. Fais-toi facteur. » En revanche, sa mère, qui a décelé son tempérament artistique, le soutiendra toujours. C'est sans doute pour cette raison qu'il avouera : « C'est curieux, j'associe toujours le tram à ma mère », laissant sous-entendre une association presque physique. Et, guettant le passage d'un tramway depuis son balcon, au côté de sa mère, il imitait le roulement du tram en jouant avec une brosse.

En 1919, rencontrant, dans un hôtel de Zeebrugge, le peintre Franz Courtens, assez connu et que le roi Albert Ier a titré baron, ses parents s'entendent dire : « Votre fils a du talent, il a de l'avenir... » Ravis et rassurés, ils acceptent que Paul, dont les travaux enthousiasment ce personnage important, suive ses cours dans l'atelier de peinture décorative et monumentale de Constant Montald. Toutefois, ils y mettent une condition : « ... que Paul puisse vivre de sa peinture à vingt-cinq ans, c'est-à-dire trois ans plus tard ».

A cette date, 1922, il exécute d'excellentes esquisses au crayon de la gare du Luxembourg et de celle du Quartier Léopold. Très intéressé par le *Premier Manifeste du Surréalisme* (1924), Delvaux, grand, maigre, nerveux, le geste maladroit et la parole indécise, va suivre une évolution artistique influencée de manière décisive par l'œuvre de Giorgio de Chirico, où passent aussi des trains noirs. Chirico organise la rencontre d'une colonnade grecque et d'une locomotive en assurant Delvaux que « le romantisme de la vie moderne s'exprime dans la nostalgie des gares, des arrivées et des départs ». René Magritte, Paul Eluard et André Breton l'invitent aux expositions du groupe tandis qu'il se lie avec le surréaliste belge Delville. Evoquant cette période, Paul Delvaux dira, en 1966, lors d'une conférence au Cercle culturel de La Panne, station de la côte belge : « Qu'est-ce que le surréalisme ? A mon sens, surtout une recrudescence de l'idée poétique dans l'art, la réintroduction du sujet mais dans un sens bien déterminé, qui est celui de l'étrange et de l'illogique. »

Et il continue de dessiner des tramways vicinaux, d'une grande précision, en particulier des voitures mixtes première et deuxième classes avec fourgon central. Dans ses peintures ferroviaires, l'atmosphère est souvent nocturne, comme issue d'un rêve et pratiquement sans personnages (*Train et paysage*, 1930, aquarelle ; *La Gare de Statte*, 1935, encre de Chine et aquarelle ; *Le Train dans la campagne de Huy*, 1939, encre de Chine et aquarelle). Le musée de Charleroi expose une très belle *Gare vide* et le Metropolitan Museum de New York un admirable *Train du soir* (1957).

Si l'on doit retenir une année particulièrement

féconde de son œuvre liée au rail, c'est 1963. Il peint et dessine *La Halte*, *Petite place de gare*, *Le Viaduc* (étude à l'encre de Chine et lavis), *Gare la nuit* avec une petite fille de dos au premier plan, regardant l'arrivée d'un convoi (étude, encre de Chine), *Gare la nuit II*, *Gare de jour* et *Gare de jour II*. Et il s'amuse à poser pour un photographe à la fenêtre d'une portière – démontée, isolée, dans son atelier – d'une vieille voiture de deuxième classe non-fumeurs. Sa célébrité lui vaut une commande – qu'il accepte – de la Société Nationale des Chemins de fer Belges (SNCB) pour décorer l'intérieur de certaines voitures des Trans-Europ-Express (TEE) partant ou arrivant à Bruxelles. C'est un hommage rare qui rappelle le temps où des décorateurs réputés apportaient leur style aux trains de luxe des années 1920 et 1930. Mais quelques « amateurs » ayant envie de s'approprier quatre des peintures de Paul Delvaux, elles sont retirées des voitures et conservées, sagement, dans les bureaux de la direction de la SNCB.

Le 28 octobre 1984, le peintre, âgé de quatre-vingt-sept ans, reçoit son plus beau titre de gloire ferroviaire. Le ministre des Transports De Croo le nomme, très officiellement, chef de gare honoraire de Louvain-la-Neuve. Une grande intronisation. Sur sa longue chevelure blanche, le héros du jour pose sa belle casquette fuschia et noir à galons dorés. Et, tel un enfant, il donne un coup de sifflet. Dans son discours de remerciement, il parle, avec nostalgie, d'une époque où le train était essentiel dans la vie, des gares et des faubourgs de Bruxelles qu'il ne reconnaît plus tant la capitale a été transformée par son destin européen : « Je suis un vieux Bruxellois et je me sens comme un exilé ; mais je m'en fous car on a détruit ma ville et ici tout le monde est tellement gentil avec moi. » Peu de temps après, ne voyant plus, il arrête de peindre, accablé à l'idée de ne plus éprouver « cette volupté de mettre la pâte de couleur sur une toile ».

Le dernier des surréalistes s'éteint chez lui, à Furnes, le mercredi 20 juillet 1994. Il tenait à nuancer son appartenance à cette école : « Ce qui m'en approche, c'est le sens poétique. Ce qui m'en sépare, c'est la théorie. » Seule la perspective l'intéressait. Au centre de son arbre généalogique, établi en 1977, il avait dessiné la dernière voiture d'un train qui s'éloigne, glissant sur les aiguillages, roulant devant un réverbère, sous un croissant de lune...

Deschanel, Paul

Président de la République, 1855-1922

Parfois, les hommes politiques tombent sur la tête. Ce qui est arrivé à Paul Deschanel est très connu et fort drôle mais les détails de l'affaire, en revanche peu connus, en font un véritable vaudeville politico-ferroviaire unique au monde. Un sommet du ridicule... pathétique, un scénario burlesque et qui fait entrer ce président de la Troisième République dans l'Histoire par la porte du rire. C'est sa seule gloire !

Le dimanche 23 mai 1920, à 21 h 30, le train présidentiel aux voitures en bois de teck comme celle de l'Armistice* quitte la gare de Paris-Lyon à destination de Montbrison, sous-préfecture de la Loire, réputée pour sa fourme, un onctueux fromage. Le chef de l'Etat doit inaugurer, le lendemain, un monument à la mémoire d'un des premiers aviateurs, le sénateur Emile Raymond, mortellement blessé le 21 octobre 1914 alors qu'il survolait les lignes allemandes. Le convoi est composé de neuf voitures, dont la voiture-lit spéciale du président, dite PR1, et la voiture-restaurant n° 1732, de 1907. La machine est pavoisée de drapeaux tricolores. A l'intérieur des cinq autres voitures, ont pris place Théodore Steeg, ministre de l'Intérieur, Pierre-Etienne Flandin, sous-secrétaire d'Etat à l'Aéronautique, trois généraux, un sénateur, un député ainsi que les commandants en chef des maisons civile et militaire de l'Elysée. Avec le personnel, les journalistes et les policiers, on compte quarante-quatre personnes dans le train, président compris.

Ce voyage suscite de nombreux commentaires inquiets. La santé de Paul Deschanel, âgé de soixante-cinq ans et qui a été élu contre Clemenceau, furieux et jugeant qu'on avait choisi « le plus bête » le 18 février précédent, inquiète son entourage. Il est à la fois déprimé et nerveux, bousculant le protocole d'une façon imprévisible et brutale. A Bordeaux, il avait ramassé des fleurs sur la table d'un banquet et les avait jetées aux invités stupéfaits, puis avait envoyé des baisers à la foule comme s'il était une vedette de music-hall ! Les journalistes s'amusent beaucoup de ces impairs, les médecins de l'Elysée et le gouvernement beaucoup moins. Ce voyage a failli être reporté car le président est fiévreux. En fait, la presse s'interroge joyeusement : que va-t-il se passer lors de ce voyage, son troisième déplacement officiel depuis son élection ?

A 10 heures du soir, Paul Deschanel absorbe un cachet de Trional, préparé par son valet de chambre qui occupe une cabine à l'extrémité de la voiture, une autre étant réservée à l'officier d'ordonnance. La chambre présidentielle, ses deux salons et son cabinet de toilette sont aménagés au centre. Pendant ce temps, le train roule à allure modérée et les journalistes conviennent de se retrouver à 7 heures pour le petit déjeuner ; les inspecteurs de la Sûreté, répartis à divers endroits du train, se relaieront pendant la nuit.

Il n'est pas 5 h 40 lorsque Jean-Clair Guyot, photographe et syndic de la presse présidentielle accréditée à l'Elysée, est réveillé, discrètement mais avec insistance, par un ingénieur du PLM – compagnie dont la compétence géographique englobe l'itinéraire Paris-Montbrison –, au nord-ouest de Saint-Etienne :

— Monsieur ! Monsieur ! Je suis navré mais j'ai besoin de savoir si vos confrères partis avec vous de Paris hier soir occupent tous en ce moment les lits qui leur sont attribués...

Question saugrenue ? Non, car le syndic est chargé du bon déroulement du voyage de la presse. A côté de l'ingénieur, un inspecteur de la Sûreté, l'air ennuyé parce que c'est son premier voyage officiel, compte et recompte la liste des noms arrêtée par le Protocole.

— Mais enfin, que se passe-t-il ? demande le photographe.

Gêné, l'ingénieur explique qu'à la gare de Saint-Germain-des-Fossés, nœud ferroviaire avant Vichy, une curieuse dépêche lui a été remise par le chef de gare, portant la mention « urgent ». Il semble que quelqu'un serait tombé du train en pleine nuit. A moins que ce soit quelque chose, une valise ou un sac. On en saura plus à l'arrêt de Roanne. L'ingénieur est tracassé car il craint un accident à cause d'une porte mal fermée et non gardée, ce serait parfaitement possible. Comble de l'ironie, il s'appelle – cela ne s'invente pas ! – M. Prudent. Il est si prudent que, après la traditionnelle poignée de main présidentielle à l'équipe de traction, il avait recontrôlé les mécaniciens et les chauffeurs, qui s'en étaient d'ailleurs vexés...

D'un coup, il lance cette idée de surveillant d'internat :

— Il faut faire l'appel !

Inutile de dire qu'il est reçu avec protestations et imprécations ! Des voix endormies répondent :

— Présent !

Et certains ajoutent qu'ils ne sont pas dans une chambrée ni dans *Le Train de 8 h 47** cher à Courteline !

Personne ne manque, M. Prudent est rassuré. Les cinquante-quatre voyageurs sont tous à bord. Plutôt cinquante-trois car, bien entendu, il n'est pas question de réveiller le président, qui a besoin de sommeil avant de prononcer son discours. Ces messieurs ont même marché très doucement dans le couloir longeant la suite de Paul Deschanel.

7 h 45, Roanne. L'arrêt ne doit durer qu'une minute, le temps de changer d'équipe sur la machine, mais quinze minutes plus tard le train spécial est toujours arrêté. Le photographe, qui n'a pu se rendormir, commande un chocolat au wagon-restaurant où la meute de ses confrères arrive, pas vraiment contente.

— Que se passe-t-il ? Sommes-nous en panne de locomotive ?

En lui servant ses toasts ambrés, le distingué chef de la brigade présidentielle des Wagons-Lits lui glisse l'incroyable nouvelle :

— Monsieur ne sait pas ? On ignore ce qu'est devenu M. Deschanel ! Ces Messieurs de la Sûreté disent que, cette nuit, il est tombé du train !

— Quoi ! Le président a disparu ? Ce n'est pas possible !

Une vive agitation secoue la rame. On soulève les banquettes, on inspecte les toilettes, on fouille le fourgon et les filets à bagages, mais rien, on ne trouve rien ni personne.

Sur le quai, le général Bailloud, alarmé de ces allées et venues, s'informe aimablement auprès du journaliste :

— Dites-moi, cher ami, savez-vous ce qui se passe ?

Le général ne sait pas ! Informé, il le prend très mal. Cramoisi, il apostrophe son interlocuteur :

— Monsieur, si c'est une plaisanterie de journaliste, elle est de bien mauvais goût.

Après un demi-tour impeccable, il s'éloigne et rejoint le bureau du chef de gare. Le ton monte. Ministres et parlementaires en jaquette, militaires en uniforme et policiers en « bourgeois » à chapeau melon s'invectivent et n'arrivent pas à y croire.

— Mais c'est incompréhensible !

Pour sortir de son appartement, le président doit traverser la cabine du commandant Féquent, lequel n'a rien remarqué. Le valet de chambre, Julien Drouot, non plus. Au pays de Descartes, la conclusion s'impose : le président n'a pas pu « descendre » du train. L'officier d'ordonnance calme les esprits :

— Allons, Messieurs, résumons : hier soir, le président a pris un calmant pour combattre sa fièvre. Il s'est couché à 10 heures en recommandant qu'on ne le réveille pas avant 7 heures. A 7 heures, il y a donc une demi-heure, son valet a frappé à sa porte en apportant le petit déjeuner. N'obtenant pas de réponse malgré ses appels, il est entré, a trouvé le compartiment vide, le lit vide mais défait, la salle de bains vide, le bureau également. On ne voit que des vêtements accrochés au portemanteau et une paire de bottines sur le tapis. Le mystère est complet. C'est affaire est extrêmement grave.

Et les regards, soupçonneux, se portent sur le malheureux valet, entré depuis peu au service privé du chef de l'Etat. On l'interroge encore. A ce moment, un inspecteur avoue que lors de l'arrêt à Montargis, entre 0 h 15 et 0 h 30, tandis que sur le quai désert il surveillait la voiture-lit-salon présidentielle, il avait remarqué que son rideau d'étamine bleue flottait par sa fenêtre grande ouverte. Il n'y avait pas prêté plus d'attention car le temps était lourd et un orage menaçait.

M. Deschanel avait trop chaud, c'était évident...

Il faut bien se rendre à l'évidence : le président de la République française a disparu et personne ne sait où il est ! Peu à peu, des informations étranges sont décodées : à 4 h 58, à Moulins où la machine faisait de l'eau, M. Prudent avait reçu du chef de gare une dépêche : « Un individu est tombé du train spécial. »

On comprend mieux l'inquiétude de M. Prudent ! A 5 h 40, une dépêche, adressée au sous-préfet de Montargis (et non au personnel du train !), annonçait : « Un homme se disant M. Deschanel est tombé du train présidentiel au km 110, 900. Autorités locales et docteur sont prévenus. » Donc, le président n'est pas descendu du train ni en marche ni à l'arrêt, il en est tombé. Mais où peut-il être, des heures plus tard ?

La consternation creuse les visages. Il faut appeler

Paris, ratisser le trajet avec des policiers, des soldats... Et essayer de ne pas ébruiter l'affaire, mais avec tous ces journalistes qui font déjà des paris ! Comble de malchance, une loi, toute récente, institue non seulement le repos dominical mais aussi les jours fériés dans les services téléphoniques interurbains. Or, ce lundi 24 mai 1920 est le lundi de Pentecôte, jour d'entrée en vigueur de la loi... Les députés et les sénateurs qui l'ont votée peuvent en mesurer les effets : la poste est fermée ! Le malheureux receveur est réveillé *manu militari*, mais pour avoir la ligne, c'est long, les autres bureaux étant aussi fermés. La gare est consignée mais cela ne sert à rien ! Enfin, à 8 h 30, une dépêche arrive de la gare de Montargis : « Le président de la République a été retrouvé en pyjama, vivant, le long de la voie, six kilomètres avant Montargis. Son visage est tuméfié mais il ne semble pas sérieusement blessé. » L'explication de cette rocambolesque mésaventure est fort simple : un peu avant minuit, M. Deschanel, incommodé par la chaleur mais sous l'effet d'un calmant-somnifère, se lève, ouvre la glace du bas, se penche pour respirer l'air frais de la nuit mais est déséquilibré par un cahot alors qu'il est courbé. La vitesse du train et le lieu de sa chute permettent de la fixer à 23 h 55. Ainsi, le train présidentiel a roulé pendant plus de six heures... sans son illustre voyageur ! Et sans qu'on le sache !

La suite est franchement comique. Bien réveillé, Paul Deschanel suit, en pleine nuit, la voie de gauche, en direction de Paris. Il se trouve à trois cents mètres d'une maisonnette de cantonniers lorsqu'il rencontre un poseur de rails, M. Radeau, en tournée d'inspection une lanterne à la main. Stupeur du cheminot quand il aperçoit cet inconnu, en élégant pyjama brodé mais sans pantoufles et le visage ensanglanté, qui se présente ainsi, les bras tendus :

— Je suis le président de la République ! Je suis tombé de mon train !

Le président ? Ici, au km 110, entre Mignères-Gondreville et Cormy-Corbeilles ? Dans cette tenue ? Allons, ce ne peut être qu'un ivrogne ! A la lueur de son falot, le visage déformé n'évoque guère le portrait officiel qu'il a vu dans *Le Petit Journal*. Mais il ne peut pas laisser errer cet individu qui marche mal sur le ballast... Et si c'était un fou échappé d'un asile ? M. Radeau conduit l'inconnu, fort aimable, au poste 78, la maison du garde-barrière Gustave Dariot. Lui et sa femme sont réveillés, affolés car aucun train ne passe à cette heure. L'inconnu répète son identité mais, comme il est très affaibli, on prévient un médecin voisin. En attendant, le logement étant petit, on installe le quidam dans... le lit conjugal. Le couple est certain que ce personnage est un Parisien : « il est très distingué » ! Mme Dariot fait alors une observation capitale qui enchantera la presse et fera rire toute la France :

— J'ai tout de suite vu que c'était un Monsieur : il avait les pieds propres !

Fière, elle lui apporte un bol de lait. Le médecin examine le blessé ; les plaies sont superficielles et, peu à peu, le visage est reconnaissable.

— Mais ma parole ! C'est le président de la République ! C'est bien M. Deschanel !

Il est 6 h 30 (à cette heure, dans le train, on ne sait encore rien...) lorsque le jeune sous-préfet de Montargis, Louis Lesueur, arrive avec un complet veston de rechange et un manteau parce qu'il ne faudrait pas que l'hôte de l'Elysée prenne froid après avoir eu si chaud. Ce sera, on s'en doute, un souvenir ineffaçable dans sa carrière ! Et il conduit le président à l'hôpital de Montargis d'où, sur réquisition, on peut enfin prévenir Roanne. Enfin ! A défaut d'être sain, le président est sauf !

Mais que faire avec la suite du programme ? Sur le passage du train reparti, la foule amassée crie « Vive Deschanel ! ». Avec deux heures de retard, le convoi arrive à Montbrison. *La Marseillaise*, les honneurs militaires, la ville pavoisée qui se prépare depuis des jours. C'est merveilleux ! Mais pas de président. Le ministre de l'Intérieur a beau répéter que le programme sera écourté en raison de la fatigue du chef de l'Etat, les journalistes, hilares, racontent la vérité. La population, déçue, se vexe : « Paris s'est encore moqué de la province ! » Le ministre lit le discours présidentiel mais le cœur n'y est pas. Et puis il y a le banquet, ce rituel républicain auquel on ne saurait déroger. Le président n'est pas venu ? S'il y a quelqu'un de catastrophé, c'est bien le père Crépet, un garde-champêtre de soixante-seize ans qui a parcouru 30 km à pied depuis Charelles-sur-Lavieu. Les policiers, émus, ont un geste :

— Mon brave, déclare le commissaire spécial Oudaille, vous ne serez pas venu pour rien. Tenez, c'est vous qui mangerez son déjeuner à la Sous-Préfecture !

Il faut voir l'excellent homme, assis au milieu des journalistes qui le font boire, devenir la vedette du banquet. Il porte toast sur toast à la santé du président. Bientôt, il titube. Lui aussi !

Comme on le sait, la santé mentale de Paul Deschanel va encore se dégrader, jusqu'à sa démission, le 21 septembre, après avoir voulu recevoir des parlementaires seulement vêtu... du grand cordon de la Légion d'honneur ! Les journaux et les chansonniers se déchaînent. Un « petit format », le texte et la partition d'une chanson populaire, se vend avec succès : *Le Pyjama présidentiel.* On s'esclaffe. *Le Canard enchaîné*, fondé quatre ans plus tôt, écrit : « Le Président, maintenant, est titré. D'autres descendent des Croisés, Lui d'la portière. » Et puis, pour conclure, voici le soliloque du poseur de rails :

C'qu'ils vont en faire une tir'lire
En arrivant à Montbrison !
Flûte alors... Qu'est-ce qu'ils vont lui dire
A la statue de Tartempion !
(...)
Va-t-il en couler de la tristesse
C'qu'il va rigoler Clemenceau !

Déjà membre de l'Académie française, Paul Deschanel devient encore plus Immortel avec une histoire de fou.

Desert-Express (Namibie)

Voulez-vous participer à un paisible safari sur rails mais sans la cohue des circuits très connus et très demandés ? Voici ce qu'il vous faut : le Desert-Express de Namibie. Il part deux fois par semaine, le mardi et le vendredi, de Windhoek, la capitale, en direction de Tsuneb, au nord. Et certains voyages spéciaux, en affrétant la rame pour un groupe d'amis, sont parfaitement possibles. Comme tous les trains de luxe d'aujourd'hui, le Desert-Express, entièrement climatisé, s'applique à prendre son temps ; sa vitesse varie de 25 à 50 km/h et il met, volontairement, quatre jours pour parcourir 500 km, en précisant qu'il s'arrête la nuit pour ne pas troubler le sommeil des voyageurs et ne repart jamais avant 5 heures du matin, ce qui est une heure normale d'activité en Afrique australe.

La Namibie est l'ancien Sud-Ouest africain, colonie allemande de 1888 à 1918 puis territoire confié, sous mandat de la SDN, à l'Afrique du Sud selon le traité de Versailles. Ce statut fut confirmé par l'ONU après 1945. Longtemps infiltrée par les maquis communistes de l'Angola voisin, la Namibie est le dernier pays d'Afrique à devenir indépendant, en 1990. Sa superficie est de plus du double de celle de l'Allemagne mais avec une population qui est la moitié de celle de Berlin. Ses trains sont un résumé d'une histoire plutôt rare, celle de la conquête allemande en Afrique voulue par Guillaume II. Windhoek conserve encore de nombreux vestiges de l'époque coloniale, en particulier une architecture « wilhelminienne » d'avant 1914, comme la salle, très aérée, des guichets de la gare.

S'il y a des voies ferrées dans ce pays qui est l'un des plus arides au monde, c'est à cause de... la peste. En 1897, la peste bovine ravage les troupeaux ; tout transport devient impossible. Les ingénieurs envoyés par Berlin construisent une première ligne à écartement très étroit (60 cm), du type des chemins de fer miniers. Il y a d'ailleurs un triangle minier dans le nord. La population apprend que là où il lui fallait trois semaines en char à bœufs pour un trajet, le train le réduira à trois jours. Lors des premiers voyages, en 1902, le convoi inaugural mettant vingt-quatre heures de plus, la déception est immense. Et, encore aujourd'hui, une rame ayant cinq minutes de retard vaut des bordées de protestations à la société nationale Transnamib. Au début du XXe siècle, la paie des ouvriers – russes, entre autres – était annoncée par une cloche, celle du trésorier qui faisait aligner en longue file les intéressés. Uniquement des hommes même si des centaines de femmes portaient des tronçons de rails... sur leur tête ! Par la suite, la voie a été reconstruite à l'écartement de 1,067 mètre qui est typique des chemins de fer coloniaux. Et le Desert-Express est l'un des rares trains de luxe réguliers circulant sur cette norme. Si les convois ordinaires – non conditionnés – roulent la nuit, le Desert-Express part à 9 heures du matin. Son matériel a été livré en 1998 mais la machine diesel, la nº 508 bleue à filets jaunes, date de 1968 ; d'une puissance de 2 000 ch, elle avait parcouru, en vingt ans, 3 500 000 km. Heureusement, ses moteurs sont neufs et lui permettent, en théorie, le 120 km/h. En théorie, comme on l'a dit... Neuf superbes voitures blanches à bas de caisse jaune le composent : sept voitures-lits à une, deux ou trois places mais seulement six compartiments par voiture, avec douches individuelles, une voiture-bar et une voiture-restaurant. Chaque voiture porte un nom de fleur, de plante ou d'animal. La clientèle, souvent sud-africaine ou allemande, est exigeante, elle aime pouvoir s'arrêter au milieu des réserves où girafes, lions, antilopes oryx et éléphants sont un spectacle attendu. Angela, chef de cabine, explique : « Nous prenons tout notre temps. Sur cette voie unique, nous pouvons nous arrêter ou même faire marche arrière si un voyageur veut prendre une photo ou filmer un troupeau, par exemple dans le parc Etosha. » La savane est calée entre des montagnes et la ligne passe souvent à 1 500 m d'altitude.

Dans les gares, des bâtiments sont transformés en musée du rail de l'époque allemande ; le soulèvement et les émeutes de 1904 sont évoqués. Le soir, le dîner est servi à 19 heures. Le chef, une femme blonde à la silhouette confortable, Heini Van Binjen, et son assistante proposent au choix, avec un grand souci de raffinement, trois entrées, quatre plats (excellents médaillons de gibier) et trois desserts servis par une brigade féminine. Une exploit pour une cuisine très bien équipée mais de poche. « Quand on travaille dans une petite cuisine, on peut travailler dans celle d'un grand hôtel mais non l'inverse ! » assure Heini. Sur demande, les menus sont personnalisés. Les aiguillages sont encore manuels mais le Desert-Express, qui a demandé deux cent cinquante mille heures de travail et est entré en service après dix-huit mois de travaux, offre un mélange réussi d'Afrique avec quelques touches européennes.

Une autre ligne, en direction de l'ouest, permet de découvrir l'extraordinaire désert, vers Walwis Bay, le seul port en eau profonde du pays. Le trajet, d'environ 375 km, est accompli en vingt et une heures contre trente-sept à l'époque de la vapeur. Dans cette région, où la température peut atteindre 70 °C, l'ancienne voie étroite des années 1900 avait été installée trop près de la mer ; le sable et le sel rongeaient les rails et les déraillements n'étaient pas rares. Les anciens racontent encore que les voitures et wagons étaient munis de freins commandés depuis leurs toits. Des serre-freins obéissaient au chef de train par des gestes ou des cris mais, à cause de la chaleur, souvent ils tombaient du train sans qu'on s'en aperçoive et couraient après le tortillard brinquebalant... Les gares servaient aussi de bureau de poste mais il n'y avait pas de timbres ; ce sont les cachets postaux qui, de nos jours, sont recherchés par les collectionneurs. Le paysage est stupéfiant de beauté avec des plantes rares, découvertes en 1869 par un botaniste autrichien, qui stockent l'eau dans leurs feuilles, ce qui leur permet de vivre pendant... quinze siècles ! A l'époque, sur les rails, tout ce qui pouvait rouler après adaptation était utilisé, de la charrette à âne aux premières automobiles. Passant devant des gares, certaines transformées en hôtels, l'architecture évoque davantage les stations de la mer Baltique que l'Afrique desséchée. L'ancien tracé, subordonné aux points d'eau, s'enfonce, depuis 1980, dans le désert. La longue machine américaine 502 du Desert-Express est équipée de protections contre les tempêtes de sable ; après chaque voyage, bihebdomadaire, il faut cinq heures à huit employés pour nettoyer le matériel. Pour économiser l'eau, le train est équipé des premières toilettes biologiques de l'histoire ferroviaire. Dans cette partie de la Namibie, le Desert-Express, avec ses couleurs claires, se fond dans le décor comme un gigantesque caméléon. Mais, à l'intérieur, son confort très étudié et l'attention du personnel en font une oasis roulante.

Dessins coquins (au XIXe siècle)

L'apparition des premiers wagons-lits excite la verve des dessinateurs. L'absence, relative, d'aménagements pour protéger la pudeur leur inspire des dessins polissons et des légendes savoureuses. L'un d'eux est Maurice de Bonvoisin, un aquarelliste belge (1849-1912) qui adopte le pseudonyme de « Mars ». Illustrateur d'un monde élégant, de l'Europe en voyage, il se fait une spécialité des modes vestimentaires. Dans *Le Charivari* du 3 février 1881, il montre une jeune femme en déshabillé, dans son sleeping (prononcer « schlépingue » !), importunée par un voyageur indiscret :

— Ciel ! Monsieur, qui êtes-vous ? Je ne vous connais pas !

— Mon Dieu, Madame, le sleeping, on dit qu'ça supprime les distances !

— Mais, Monsieur, vous voyez bien que je suis à ma toilette !

— Mais voui, Madame, je l'vois bien !

221 type 12 belge

Locomotive à vapeur, 1939

La Belgique l'avait déjà démontré dans la seconde moitié du XIXe siècle : les pays territorialement petits peuvent – et doivent – donner de grandes leçons dans le domaine des transports ; Georges Nagelmackers* en est un brillant exemple. La machine 221 type 12 est une curiosité ferroviaire et un témoignage rarissime : elle n'a été construite qu'à... six exemplaires et l'un d'eux est conservé au dépôt de Louvain. Elle est carénée partiellement, ce qui permet à l'air de glisser davantage et d'offrir une moindre résistance à la vitesse. La machine n'est que partiellement enveloppée. Elégante, mystérieuse, sans cheminée apparente, couplée à son tender également caréné, elle semble sortie d'une bande dessinée pour évoquer le train blindé d'un personnage inquiétant, un génie du mal, un dictateur. Pourtant, une machine comme la 12004, vert sombre avec trois filets jaunes qui allongent encore sa silhouette, n'a, en 1939, que l'ambition d'être rapide. On en voit circuler une, majestueuse et très performante, l'avant frappé des armoiries de la famille royale, lors d'un voyage officiel, au-dessus de ses chiffres d'identification en jaune. De profil, elle semble dépourvue de cylindres et seules les roues motrices et leurs bielles sont bien visibles. Cette disposition est dite du « mouvement intérieur » et elle avait été adoptée sur les premières locomotives britanniques entre 1830 et 1880. Elle évite les oscillations parasites des pièces lourdes comme les pistons et les bielles qui, en pleine vitesse, engendrent d'inquiétantes vibrations. Ce phénomène peut aller jusqu'à provoquer le déraillement ; il est appelé *boxing* par les ingénieurs d'outre-Manche, comme si la locomotive était un boxeur au combat, frappant tantôt du droit, tantôt du gauche et donc soumise à des va-et-vient de forces contradictoires. Cette protection, véritable bouclier, assure une bonne stabilité à la machine. L'inconvénient en est l'accès difficile pour le démontage et l'entretien.

En construisant cette série, qui fait grand bruit dans l'univers du rail européen juste avant la Seconde Guerre mondiale, la Société Nationale des Chemins de fer Belges (SNCB) entend mettre en service des trains très rapides. Le roi Léopold II lui-même, en son temps, s'emportait contre la lenteur de certains convois qui donnait une image trop négative de son royaume. En 1939, le développement des échanges européens, l'importance de Bruxelles et le passage de nombreux trains rapides internationaux d'Europe du Nord et d'Allemagne imposent que la traversée du territoire belge ne ralentisse pas leur moyenne. Il faut même faire mieux que les voisins français, allemands, néerlandais... La 221 type 12 relève le défi. Elle relie Bruxelles à Ostende en une heure exactement, soit à 121 km/h de moyenne, ce qui est remarquable. D'une masse de 89,5 tonnes, elle peut atteindre facilement le 140 km/h. Certaines de ces locomotives ont même tiré des trains au-delà de la frontière française, jusqu'à Lille, dans une double démonstration de vitesse et de raffinement. Malheureusement, la très brève carrière de ces impressionnantes machines, interrompue par les hostilités, est condamnée après 1945. On remarquera que, lors de la construction de la ligne à grande vitesse des trains Thalys sur Paris-Bruxelles, le tronçon belge a souffert d'un décalage des travaux avec la partie française, pendant plusieurs mois, jusqu'à l'achèvement et l'harmonisation de la cadence. Sur la voie classique, la vitesse était abaissée et nuisait à la réputation de ce métro des affaires et de la politique, indispensable à tous les acteurs de la construction européenne.

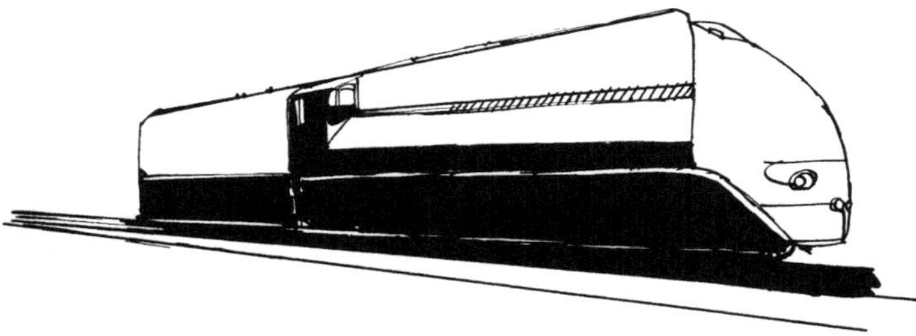

Diesel, Rudolf

Ingénieur allemand, 1858-1913

Qu'un nom de famille devienne un nom commun est la plus grande gloire pour un inventeur. D'origine bavaroise, son père, Théodore Diesel, relieur, est établi à Paris. Son deuxième fils, Rudolf, y naît le 13 mars 1858 ; il passe son enfance dans une ferme près de Vincennes et obtient, pour ses résultats scolaires, une médaille de bronze de la Société pour l'Instruction élémentaire. Dans la nuit du 4 au 5 septembre 1870, n'étant pas français, les Diesel doivent quitter la France vaincue pour l'Angleterre. Puis Rudolf étudie à Augsbourg et à l'Ecole polytechnique de Munich, suivant les leçons de Carl Linde, promoteur de l'industrie frigorifique. Après des débuts dans l'industrie à Winterthur (Suisse), il dirige, à Paris, la société de machines Linde, spécialisée dans la réfrigération. En 1881, il dépose son premier brevet pour confectionner des bouteilles conservant la fraîcheur, ancêtre des Thermos. En 1893, âgé de trente-cinq ans, il publie un traité révolutionnaire : *Théorie et construction d'un moteur thermique rationnel destiné à supplanter la machine à vapeur et les autres machines à feu connues aujourd'hui*.

En 1895, il se fixe à Munich. Ses idées correspondent aux recherches de nombreux ingénieurs soucieux de remédier, dans l'industrie, aux inconvénients de la vapeur, lourde, peu efficace et de faible rentabilité. La théorie de Diesel est mise en doute mais, après deux années d'essais, il présente un moteur de sa conception à Cassel. Lors de cette démonstration publique, il lui donne son nom. Le principe en repose sur l'emploi d'un mélange d'huile lourde, de pétrole et d'air (le gas-oil) n'ayant pas besoin d'une étincelle électrique pour fonctionner, contrairement à l'essence. Bien que contestée et revendiquée par un Britannique, l'invention séduit de grands industriels comme les Krupp, qui ont soutenu ses expériences. Ses brevets sont achetés par plusieurs entreprises européennes. Diesel devient le synonyme de moteurs consommant moins de carburant, très robustes, peu encombrants et non producteurs de fumée. S'il y a quelques inconvénients, vite connus (bruits, vibrations), un immense avantage emporte la conviction de l'Amirauté impériale allemande : le combustible est ininflammable, ce qui est une sécurité pour la marine. Elle adopte les moteurs diesel (le nom passe déjà dans le langage courant) en remplacement des chaudières au charbon. Et leur facilité d'entretien comme l'absence de risque d'explosion permettent à l'Allemagne de Guillaume II d'avoir, très tôt, une flotte de sous-marins. En 1899, Rudolf Diesel se plaint de problèmes de santé. En 1903, il monte à bord d'un bateau fluvial français, le premier au monde fonctionnant avec un moteur de son invention. En 1912, le premier navire équipé de la même façon est lancé ; c'est le *Seelandia*, battant pavillon danois. Cette même année, les ateliers suisses Sulzer, à Winterthur, construisent la première locomotive diesel. Ce prototype est destiné aux Chemins de fer prussiens ; la transmission est mécanique sur trois essieux par bielles. Plus tard, le diesel-électrique entraînera une génératrice ; elle fournira du courant à des moteurs qui actionneront les essieux.

Elégant et sévère – fines lunettes, moustache bien taillée et portant col cassé –, Rudolf Diesel est un génie qui a vite réussi. L'Amirauté britannique le sollicite pour de nouvelles applications. Au soir du 29 septembre 1913, il s'embarque sur le *Dresden*, navire allemand équipé de ses moteurs. Il doit faire la traversée d'Anvers à Harwich, petit port de l'Essex sur un large estuaire au nord-est de Londres. Au matin, on constate que Rudolf Diesel est introuvable. Les recherches n'aboutissent pas. Bien que son corps n'ait pas été retrouvé, l'enquête conclut que cet illustre passager est tombé à la mer en pleine nuit. Accident ? Assassinat commandité par des rivaux ? La thèse du suicide serait la plus vraisemblable, à cause de sa santé défaillante.

Le mystère de la disparition de cet homme de cinquante-cinq ans, fourmillant d'idées et entreprenant, émeut tous les milieux industriels et scientifiques ; il était invité à l'Exposition universelle de San Francisco, prévue en 1915. La progression de la locomotive diesel est interrompue par la Première Guerre mondiale, faute d'un parc suffisant. C'est aux Etats-Unis, après 1930, que la traction ferroviaire diesel connaît son premier essor, avec des convois très longs traversant des régions désertiques et nécessitant de puissantes machines. De telles motrices sont envisagées pour le projet de ligne transsaharienne ou, par exemple aujourd'hui, en Mauritanie. Le moteur diesel, sans cesse amélioré, a remplacé la locomotive à vapeur, trop gourmande d'eau, mais aussi pour sa main-d'œuvre réduite, son rendement amélioré, sa résistance aux variations de température et son autonomie beaucoup plus grande. Les CC 72 000 françaises, capables d'atteindre le 160 km/h, peuvent parcourir 1 500 km. La traction diesel est idéale dans les pays et les zones où l'électrification n'est pas rentable. Autonomes, les motrices diesel sont également une indispensable réserve de secours et de

dépannage, tant civile que militaire, en cas de défaillance ou de sabotage de l'alimentation électrique.

Doerr, Michel

Fondateur et premier directeur du musée français du Chemin de fer de Mulhouse, 1918-1995

Au buffet de la gare d'Austerlitz, le restaurant Le Grenadier de MM. Rouillon Père et Fils veillait à ne pas manquer du côtes-du-rhône dont ce grand ami était amateur. Michel Doerr était intarissable et cela nous donnait soif. A tous. Sur la nappe ou un bout de papier, il dessinait une locomotive à vapeur. Il en a même dessiné une qui est devenue... une girouette* sur le toit d'une maison ! Chacune de ses œuvres graphiques était précise. Que ce soit une Atlantic, une Pacific, une Allemande ou une Italienne, il n'y manquait pas une pièce. Et pour cause : il leur a consacré une bonne partie de sa vie, en était un expert mondial, auteur d'un livre qui fait autorité, *Esthétique de la locomotive à vapeur* (1972, La Vie du rail), couronné du 23e Prix Chatrian, distinction peu connue du grand public mais fort prisée. Maurice Genevoix et Armand Lanoux étaient du jury. Un académicien français et un académicien Goncourt saluaient cet ouvrage définitif. J'avais entendu parler de cet homme unique. J'ai connu Michel Doerr en 1977, lors du tournage de la série *Histoire des Trains* dont nous étions les conseillers. Des jours et des jours de travail, avec Daniel Costelle et son équipe, pour ajuster les textes et monter ces six heures coproduites par Pathé et diffusées par TF1. Son débit lent et sa précision de vocabulaire étaient l'opposé de la hâte et on pouvait redouter ses jugements. Lors d'une séquence où nous évoquions la célèbre gare de Laroche-Migennes sur la ligne Paris-Lyon, il me rappela que les machines y faisaient de l'eau.

— Elles avaient soif à cause des rampes en Bourgogne. Et moi aussi !

Le côtes-du-rhône arrivait à la rescousse.

En 1962, alors que la vapeur était déjà condamnée mais encore vive, Michel Doerr s'était installé un matin d'hiver, très sérieusement, au dépôt de La Villette avec un ingénieur du son et un magnétophone. Là, portant chapeau et pardessus, il écoutait les sons échappés d'une Pacific 231 K, en donnant des indications au technicien. Il remuait le bras droit comme un chef d'orchestre. On allait entendre la dernière symphonie du rail, le requiem où le dur (l'acier) et l'éphémère (la fumée) accompagnaient la fin d'un mythe.

— Attention ! Voici les compresseurs !

Il faisait enregistrer des sons pour l'Histoire. Et c'est parce que cet homme avait le sens du patrimoine qu'existe, aujourd'hui, la merveilleuse Cité du Train*, qui fut d'abord appelée, lors de sa création en 1971, musée français du Chemin de fer. Le musée, installé à Mulhouse, est placé dès sa conception sous la direction de ce passionné qui a sauvé et fait restaurer un matériel exceptionnel qui constitue, avec le musée d'York, au Royaume-Uni, l'une des plus belles collections au monde. Un jour, lorsque Jean-Paul Caracalla et moi préparions notre livre sur le Transsibérien*, nous avons montré à Michel Doerr un projet de couverture que nous avait proposé le maquettiste. Nous souhaitions son avis. Il nous le donna, sans appel :

— C'est superbe mais c'est n'importe quoi ! Cette locomotive serait incapable de rouler ! Elle boite ! Regardez-moi ces bielles, ces roues motrices ! Avec ça, vous ne faites pas une verste mais vous versez tout de suite !

Il s'était mis dans une petite colère, restée amicale. Après vérification du dessin, l'ami Doerr avait parfaitement raison. Comme tous les artistes, il avait l'œil. Il était un rigoureux gardien du temple. Il est mort à soixante-dix-sept ans, le 9 décembre 1995 ; il est de ceux qui ne pouvaient me guérir du virus du train. Son épouse portait un prénom idéal : Micheline...

E

« Sans le trouver, sans le trouver,
le train déchire le pays.
Solitaire, le train traîne sa vapeur. »

Tristan TZARA.

Ebats

Jeudi 6 septembre 1984. En gare d'Innsbruck, sur la ligne de l'Arlberg (Autriche), le Venice-Simplon-Orient-Express* va repartir. Mais, à la grande surprise du mécanicien, les freins sont bloqués... Contrôleurs et techniciens parcourent la luxueuse rame pour trouver l'origine de ce blocage. Ils traversent la voiture piano-bar où le champagne, les cocktails et les mélodies italiennes sont demandés puisque Vérone et la Vénétie ne sont plus très loin. Les boggies et les roues sont inspectés. Ce n'est qu'au bout de trente minutes, après de minutieuses vérifications, que le pot aux roses est découvert, dans la dernière voiture. Un couple, qui n'avait pu attendre d'arriver à Venise, est tellement absorbé par ses ébats amoureux quelque peu acrobatiques que la dame a pris l'un de ses pieds dans le signal d'alarme, déclenchant le frein de secours... Le train, qui avait perdu son créneau, est arrivé avec une heure de retard sur la lagune. Les passagers, hilares, l'ont surnommé « l'Orient-Sexpress ».

Egyptologues

(Le Caire-Louxor-Assouan)

Imaginez que vous regardez une affiche annonçant l'opéra *Aïda*. Pharaon, larges éventails en papyrus, hiéroglyphes, défilé de personnages exclusivement de profil, colonnes de temple : vous y êtes ! En contemplant l'œuvre du dessinateur Alphonse Birck (1896), vous assistez à la rencontre improbable de l'Egypte ancienne... et du chemin de fer ! Le titre du document est en immenses lettres bleues : « Fêtes de Ghezireh ». Au bas de ce spectacle, la Compagnie des Wagons-Lits énumère les services des « trains de luxe » de la galaxie des Orient-Express*. Un nom retient l'attention : Alexandrie. Aujourd'hui encore, la confrontation d'une des plus fascinantes civilisations antiques et de l'ère industrielle est vérifiée : la gare centrale du Caire se nomme « Ramsès » ; jusqu'à la fin août 2006, on ne pouvait ignorer une immense statue de Ramsès II, installée au milieu de la place depuis cinquante ans. Pour cause de pollution, elle a été transférée aux Pyramides. L'exil aurait pu être pire, mais le plus grand souverain de l'Egypte ancienne verra-t-il encore passer les trains ? Avec ou sans lui, la gare grouille de foules mouvantes ; autant vous prévenir tout de suite, c'est l'heure de pointe... en permanence ! Le plus dur est d'échapper aux vendeurs de tout et n'importe quoi, toujours très gentils mais par définition insistants. La patience et la résignation sont des vertus orientales. Benjamin Disraeli l'avait noté : « Le voyage apprend la tolérance. » Un seul impératif : avant tout périple, se munir d'eau minérale en bouteilles bien fermées.

Le succès de l'excellent film *Mort sur le Nil* (1978), d'après le roman éponyme d'Agatha Christie*, ne doit pas faire oublier que le train est l'autre bon moyen – souvent oublié – de découvrir l'Egypte, grâce à un parcours de 880 km sur un réseau total d'environ 4 800 km, principalement au nord. Il y a plusieurs combinaisons possibles, aller en bateau, retour en train ou l'inverse. La seule solution à éviter est la voiture... Mais l'amateur ferroviaire pourra aussi choisir un trajet en train de jour, au pittoresque assuré (les omnibus surpeuplés s'arrêtent au moins trente-trois fois...), et un trajet en train de nuit, très confortable et romantique. Depuis 1996, une douzaine de rames de sept voitures chacune, construites en Allemagne ou en Italie, ont transformé le voyage nocturne. L'air conditionné est fourni par un fourgon générateur, les cabines doubles sont agréables et la voiture salon-bar-restaurant d'un excellent niveau. Au-delà des clichés, le contact avec le pays est, j'ose l'écrire, plus authentique que lors d'une croisière, si inoubliable soit-elle. Ajoutons que le train est également plus économique et moins aléatoire que l'avion... C'est d'ailleurs de cette façon, par la combinaison train-bateau, que l'Egypte est devenue une destination touristique à partir de 1880. Quel que soit votre choix, le voyage dure « environ » quatorze heures. Ce n'est rien dans un pays où l'on s'est beaucoup occupé de l'éternité et c'est une occasion idéale de réviser un peu l'histoire du rail le long du troisième fleuve du monde.

Prenons un train matinal. La troisième classe n'est pas conditionnée. Crasse, promiscuité et authenticité. Un avantage : personne ne vous réclame plus de bakchich, un mot turc, car ici il n'y a plus de touristes mais uniquement des voyageurs. L'ambiance est sympathique, les gens aimables et attentionnés avec l'étranger. De fortes odeurs d'orange et de café, les cris d'une poule aux pattes attachées : vous êtes dans un train local qui transporte des fermiers d'un marché à l'autre. Mais quel paysage ! Sur la rive droite mais en regardant sur la gauche, les pics des Pyramides annoncent l'oasis d'El-Fayoum, la plus grande d'Egypte. On est tenté de descendre, de se promener et de reprendre un train suivant, sans tenir compte de l'horaire. Il y en a tout le temps mais... on ne sait pas quand ! Arrivé à Assiout, la frontière entre la Basse et la Haute-Egypte, vous êtes, d'un point de vue ferroviaire, à six heures du Caire par train direct ou à trois jours si vous musardez au gré des arrêts. Jusqu'à Assouan, la voie ayant été enfin doublée, des trains de jour roulant à 140 km/h assurent un voyage sans fatigue. On note des automotrices diesel de fabrication sud-coréenne. Le spectacle est des deux côtés de la voie, archéologique, biblique et misérable. Ici, les caravanes d'Arabie s'aventuraient vers le Sahara. Ici aussi, c'est le pays copte, ces Egyptiens demeurés chrétiens après la conquête musulmane. Leurs anciens monastères, appelés le Couvent rouge et le Couvent blanc, se distinguent sur les collines. Bientôt, le site, fascinant, de Louxor éblouit les voyageurs européens. Temples, felouques, corniche du fleuve, le silence venu de l'autre rive, celle de Thèbes, on devient tous égyptologues.

En remontant le cours du Nil, on dissèque aussi les phases d'une aventure technique et commerciale passionnante. Et, en examinant l'état de certains tronçons de voie, on s'interroge : sous quelle dynastie antique ont-ils été posés ? Lorsque le canal de Suez n'est encore qu'un projet – contrecarré par le cabinet de Londres –, la liaison entre la Grande-Bretagne et l'Inde est complexe ; un réseau de moyens de transports variés est sans cesse amélioré sous le nom de « la Malle des Indes* ». Il faut imaginer le troupeau de trois mille dromadaires entretenu par la compagnie maritime Peninsular & Oriental (PO) à Alexandrie. De ce port, courrier, paquets, colis et bagages lourds étaient acheminés à l'aide des « vaisseaux du désert » jusqu'au golfe de Suez. Les passagers, eux, étaient livrés à de rudimentaires voitures à chevaux. En 1851, le khédive Ismaïl Pacha, représentant du sultan de Constantinople et vice-roi d'Egypte, sollicite Robert Stephenson ; sur injonction de l'Angleterre, il le charge de construire une ligne d'Alexandrie au Caire. Achevée en 1856, elle coûta, à elle seule, la vie à près de cinquante mille fellahs, morts de soif, de fièvres et obligés, presque nus et pataugeant dans la boue, de réparer la première voie emportée par une crue du Nil. « Des conditions de travail scandaleuses », dénoncera Ferdinand de Lesseps. Il les rappellera souvent aux Britanniques, furieux de l'inauguration de son canal en 1869, quand ils lui reprocheront, hypocritement, les victimes de ses propres travaux. L'entêté Français, soutenu par sa cousine l'impératrice Eugénie* et bien entendu Napoléon III*, s'était d'ailleurs intéressé au développement ferroviaire égyptien tout en ayant un projet de chemin de fer en Mandchourie.

Le prolongement de la voie vers l'est, jusqu'à Suez, en 1858 perd son importance lorsque le canal entre en service. Mais le khédive, qui avait si vite saisi l'importance du chemin de fer pour s'affranchir de la tutelle ottomane, est fier de se promener à bord de son extraordinaire train privé. Avec faste, il y transporte sa cour entre Alexandrie et sa résidence d'été de Montaza. Cette migration l'empêche de penser aux ennuyeux comptes du chantier de son ami Lesseps. Commandé en 1859, livré en 1862, ce train est aussi l'œuvre de Robert Stephenson. La locomotive est une curiosité, vraiment spéciale, bénéficiant des innovations remarquables dont Stephenson Junior est l'autorité. Avec son tender incorporé (quatre essieux au total), la machine est solidaire d'un petit salon ; la forme des portes est encore empruntée à la carrosserie hippomobile. D'amples rideaux préservent l'intimité de Sa Majesté. Aucune erreur n'est possible sur le propriétaire de ce matériel : deux couronnes coiffent le toit du salon... « Si l'Egypte, comme l'écrivait l'historien grec Hérodote, est un don du Nil, ses voies ferrées, pour la plupart, sont un don des Britanniques, qui les construisirent pour combattre efficacement les rébellions nationalistes et les invasions étrangères entre 1870, année de leur arrivée au Caire, et 1953, année de leur départ », rappelle justement Robin Neillands (*Les Plus Beaux Voyages en train*, traduction-adaptation de Philippe Sabathé, Solar, 1994).

En un quart de siècle, le canal de Suez a transformé l'Egypte, attirant d'innombrables touristes britanniques et américains. A la fin du règne de Victoria, l'Egypte est l'enjeu d'une formidable complémentarité et concurrence touristique entre l'agence de l'illustre M. Cook et la Compagnie des Wagons-Lits. L'entreprise de Georges Nagelmackers* s'installe au Caire en 1894 en rachetant l'ancien palais du khédive. Au mobilier massif de l'Empire ottoman succède le confortable style anglais de chez Maple. La résidence est transformée en hôtel de luxe, le Ghezireh Palace. Or, un établissement prestigieux, le Shepheards, fondé quarante années plus tôt, a déjà une clientèle fidèle et célèbre. La compagnie belge doit donc innover pour se faire connaître. Et c'est ainsi que M. Nagelmackers verse une forte somme (deux mille livres sterling) au comité des fêtes du Caire pour étonner les professionnels du voyage, en particulier ce M. Cook qui s'était illustré en envoyant sa flottille de vapeurs au secours de sujets de Sa Gracieuse Majesté lors de l'attaque de Khartoum, au confluent du Nil bleu et du Nil blanc. L'affiche des « Fêtes de Ghezireh » dont j'ai parlé commémore cet événement insolite ; d'innombrables vocations égyptologiques sont enregistrées après l'entrée du pharaon Ramsès Ier à Thèbes... qui est reconstituée au Sporting Club de Ghezireh ! Une immense fête costumée avec animaux plus ou moins dressés, serveurs déguisés en scribes et même les trompettes du plus fameux pharaon de l'opéra, Radamès, celui de l'inévitable *Aïda*... Cette soirée va attirer encore plus de visiteurs. Elle engendre une autre compétition, celle des bateaux pour touristes, de plus en plus élégants, et celle, nouvelle, des trains chic lorsque la ligne atteint Louxor en 1898. Au-delà, les intrépides et les aventuriers poursuivent dans un train à voie de 1,067 m, supposé réaliser, un jour, la jonction avec les Chemins de fer du Soudan. En cas de vent de sable, fréquent, la gare terminus de ce tortillard du désert disparaissait presque sous de nouvelles dunes... Un projet de matériel à bogies adaptables fut abandonné et la voie mise à l'écartement classique en 1926.

Cependant, le succès de la solution ferroviaire tient à un matériel très particulier. Les voitures-lits, toutes peintes en blanc, sont dotées d'une double toiture. En y plaçant 150 kilos de glace au départ, on parvient à abaisser la température intérieure. Quand il fait 35 °C dehors, les cabines et les voitures-restaurants n'affichent pas plus de 25 °C. Les deux premiers sleepings sont construits en France, aux ateliers de Saint-Denis, en 1898, suivis de quatre restaurants bénéficiant aussi de ce système d'aération ; les voitures sont construites en 1900 à Prague, par les ateliers Ringhoffer, à qui l'on doit la voiture-salon de « Sissi, l'impératrice locomotive* ».

Une immense curiosité entoure ce train qui assure la liaison Le Caire-Louxor et bientôt Assouan. L'une de ces voitures à quatre essieux est même exposée au pavillon français à l'Exposition universelle de 1900. On s'y bouscule car cette voiture et les autres du même type ne circuleront jamais en Europe. Le *Star of Egypt*, express nocturne emprunté par lord Carnavon et Howard Carter lors de leurs fouilles dans la Vallée des Rois, en 1922, est si demandé qu'il est doublé d'un train diurne, entièrement Pullman*. Les voitures ont toutes un nom (par exemple, la n° 2914 s'appelle « Luxor », la n° 4171 « Edfou » ; les pharaons sont du voyage : n° 4174 « Tutank Amon », n° 4175 « Nefertari » et n° 4176 « Ramses »). Avec leur caisse en bois, elles sortent des ateliers de Birmingham en 1926. Le conditionnement d'air y est amélioré, les miroirs remplacent la marqueterie et le cuir le tissu. Le Sunshine Express va circuler dix ans, à dater du 1er novembre 1929. Plus tard, des voitures en acier, avec ventilateurs électriques, furent proposées aux amoureux de l'Egypte. Outre son luxe et la courtoisie de son personnel parlant anglais, français et arabe, et quelquefois d'origine maltaise, ce train qui roule jusqu'en 1939 a deux particularités, d'après un archéologue, alors adolescent, qui me l'a raconté. D'abord, les secousses surviennent toujours quand on ne les attend pas ! On les redoute au démarrage, mais rien... Les serveurs, eux, le savent bien et font des prodiges d'adresse, ne renversant jamais rien. Plus on descend vers le sud, plus les cahots sont forts à cause des rails très courts. Les locomotives semblent épuisées dès le départ. Ensuite, les jalousies dont sont équipées les fenêtres permettent de se protéger du soleil... mais pas du vol. En effet, dans certaines gares, lorsque l'express est arrêté à côté d'un train local sur une voie parallèle, d'adroits cambrioleurs pêchent avec une ligne vêtements et petits bagages des voyageurs ayant laissé leur fenêtre ouverte...

Aujourd'hui, en partant du Caire, la voie emprunte d'abord la rive occidentale du Nil ; à Nag Hammadi, avant le temple de la déesse Hathor à Dendérah, elle passe sur la rive orientale, ce qui complète les points de vue. Le panorama est splendide. Enfin, voici Assouan et sa gare d'aspect britannique. La vue sur les felouques au coucher de soleil, le tombeau de l'Aga Khan, le stylo d'Agatha Christie écrivant à l'hôtel Old Cataract sa diabolique intrigue et, à Noël 1995, l'ancien président François Mitterrand dans une suite du même hôtel... Il aime cet endroit, déclarant : « Mourir sur les bords du Nil, ce serait une belle mort, non ? » On ne visite pas l'Egypte, elle vous habite. Un autre voyage, intérieur, commence dans l'incomparable lumière dorée. L'égyptologie ferroviaire existe toujours. En voici trois preuves. La gare de Gizeh – celle des Pyramides – est en harmonie avec le site. C'est un temple pharaonique avec colonnes où passent des trains ! En 1987, le dessinateur Arroyau conçoit une superbe affiche stylisée de traits blancs sur fond noir pour le nouveau matériel des services Wagons-Lits en Egypte. Le personnage est à genoux. Son crâne rasé est recouvert de la coiffe à rayures que l'on retrouve sur le masque de Toutankhamon. La barbe de la puissance prolonge son menton. L'Egyptien tient une offrande. *A priori*, on ne peut en douter... Mais, en réalité, ce qu'il tient dans sa main droite est... une tasse de café bien chaud dont la fumée écrit, en s'élevant, « Wagons-Lits » ! Enfin, au musée du Caire, réputé pour ses merveilles, on a pris soin d'installer une maquette... de voiture Pullman ! En pierre. Pour qu'elle aussi résiste au temps...

Electrification (débuts)

D'abord très développée comme mode de traction sur les tramways, la première application pratique de l'électricité sur une grande ligne est réalisée, en 1895, aux Etats-Unis, pour la traversée souterraine de la ville de Baltimore, capitale du Maryland. En 1900, à Paris, la ligne reliant la gare d'Austerlitz à la nouvelle gare d'Orsay*, également majoritairement souterraine, est électrifiée. Puis, en 1917, cette alimentation connaît un essor décisif avec sa mise en service sur les 710 km de voies du Chicago-Milwaukee-Saint Paul. En France, un décret ministériel du 29 août 1920 impose la traction par courant continu sur la ligne du Paris-Orléans vers le sud-ouest avec une tension de 1 500 volts. Les locomotives sont munies d'un double système, soit par ligne aérienne (caténaire), soit par un troisième rail, comme le métro parisien.

Eléphant

Train suspendu *Schwebebahn*, de Wuppertal, Allemagne

Le dernier empereur d'Allemagne, Guillaume II, disposait, naturellement, d'un train spécial mais il a aussi donné son nom à un étonnant – et unique – train aérien en Europe. Depuis cent six ans, il circule toujours au-dessus de la ville de Wuppertal (vallée de la Wupper, Rhénanie du Nord-Westphalie). Cette rame suspendue est un monorail conçu par l'ingénieur Eugène Langen et construit de 1898 à 1900. C'était une commande des deux communes, alors séparées, d'Elberfeld et Barmen, réunies depuis 1929. On y raconte encore une remarque du Kaiser en passant sur ce pont reliant Barmen à Elberfeld ; s'adressant à l'impératrice, son épouse, il lui ordonne : « Augusta, mets ton chapeau ! Nous arrivons en ville ! » La réalisation en est si originale – et digne d'une anticipation de Jules Verne – que, le 24 octobre 1900, Leurs Majestés impériales, suivies de la Cour, montent à bord de ce nouveau mode de transport qui va permettre aux habitants de cette ville industrielle (chimie, soieries) de se déplacer rapidement. Les travaux ont nécessité 19 200 tonnes de fer et 472 piliers pour un coût total de seize millions de marks-or. Ce premier parcours, en réalité un essai d'Elberfeld à Vohwinkel, est très satisfaisant, le glissement des énormes roues, deux par voiture, étant remarquablement silencieux. La presse de l'époque relate que le Kaiser, de son bras valide, et sa femme saluent la foule avec hauteur à plusieurs reprises.

Ouvert au trafic le 1er mars 1901, dès 1925, le *Schwebebahn* a transporté vingt millions de voyageurs.

La voiture motrice nº 5, dans laquelle se trouvaient le couple impérial et sa suite, a miraculeusement survécu à deux guerres mondiales et un bon siècle de bouleversements. Les bombardements de 1943 à 1945, à cause de la proximité des complexes chimiques, ont causé de nombreux dégâts.

Connu dans toute l'Allemagne, le train suspendu acquiert une célébrité inattendue le 21 juillet 1950. Le cirque Althoff assurant la promotion de son spectacle a l'idée de faire monter un éléphanteau... dans le train suspendu ! Pour que l'on parle du nouveau programme présenté sous le chapiteau... On en a, en effet, parlé ! L'animal, habitué aux trains de cirque sur la terre ferme, a soudain le mal de l'air. Il est enfermé dans une cabine de première classe avec son cornac et... des voyageurs d'abord surpris puis inquiets. Ses barrissements font trembler la voiture. En effet, l'éléphanteau est pris de panique, brise une paroi de la cabine où il se sent prisonnier et plonge dans la rivière Wupper qui suit le parcours. Sans se faire mal, ce qui tient du miracle. L'éléphanteau, qui se prénommait « Tuffi », est devenu l'emblème de produits laitiers très populaires encore aujourd'hui. Un poème a même été écrit sur cette mésaventure peu banale.

Soigneusement restaurée et entretenue, la voiture impériale est appelée le « salon suspendu de Wuppertal » et ce tramway à l'envers fait partie du patrimoine de la ville. Le 24 octobre 1990, ses quatre-vingt-dix ans ont été célébrés. Depuis 1974, ce train suspendu est le premier d'Europe fonctionnant avec un seul homme grâce à un réseau de caméras et d'écrans, mais les effectifs complets sont de trois cents personnes (en 2006), dont quatre-vingt-huit pour l'entretien. Chaque rame est composée de deux voitures, sans interconnection, la seconde étant dite « promeneuse ». En tout, le train comporte soixante-trois places assises et le trajet de 13,3 km dure trente-cinq minutes avec vingt arrêts. En semaine, la cadence est d'un train toutes les trois à quatre minutes. Vitesse maximum : 60 km/h. La voiture de traction, à deux moteurs, pèse, vide, 13,9 tonnes. Celle du Kaiser, la n° 5 de 1900 avec une caisse rouge, est très demandée pour des promenades nocturnes, anniversaires et fêtes diverses. On peut la louer, y organiser un buffet par petites tables, des hôtesses assurant l'accueil (en costume d'époque sur demande) et le service ; l'équipement comprend aussi un réfrigérateur et un système de sonorisation pour entendre les commentaires. La durée du trajet, aller-retour, est alors d'une heure et cette formule de cocktail est très prisée. On peut même y apporter son propre pique-nique. Le Kaiser avait raison : le *Schwebebahn* est vraiment un train au-dessus de l'ordinaire... Pendant cent ans, ce train suspendu était considéré comme le moyen de transport le plus sûr du monde. Il n'avait connu aucun accident. Hélas, en avril 1999, à la suite d'une erreur humaine, une rame a heurté une cabine d'entretien. Bilan : 3 morts, 40 blessés. La sécurité du système a été entièrement revue.

Emprunts russes

Y aurait-il une fatalité liée aux chantiers pharaoniques entrepris depuis la fin du XIXe siècle ? A l'été 2006, les inquiétudes et mésaventures des huit cent mille petits porteurs d'actions d'Eurotunnel rappellent, hélas, combien l'épargne populaire a été victime du gigantisme ou de gestionnaires imprudents, voire malhonnêtes. Sans parler des affaires de Suez et surtout de celle de Panama (quatre-vingt-cinq mille souscripteurs ruinés en 1889), le souvenir des Emprunts russes auprès de nos arrière-grands-parents reste cuisant ! Cher, très cher Transsibérien* ! Et pourtant, qu'ils étaient beaux et prometteurs, ces titres de couleur bistre, verte, bleue ! Au milieu des caractères cyrilliques, on lisait par exemple « Société pour la construction de wagons à Saint-Pétersbourg ». Cette action, d'une valeur de cent roubles, était rassurante puisqu'une petite phrase annonçait : « Les statuts de la société ont été sanctionnés par S.M. l'Empereur le 3 juillet 1893. » Puisque le tsar, Nicolas II, s'impliquait lui-même dans l'affaire en garantissant le sérieux, on ne pouvait être plus impérial que le souverain... Même confiance devant cette obligation – je la choisis au hasard dans une liasse – de cent quatre-vingt-sept roubles et cinquante kopecks de la « Compagnie du Chemin de fer de l'Ouest-Oural », un appel de fonds à 4,5 % émis en 1912.

Pourquoi les Français ont-ils eu confiance dans ces emprunts émis à partir du 15 octobre 1888 et jusqu'en 1913, date du tricentenaire de la dynastie des Romanov, célébré avec éclat ? Parce que, au départ, un calcul politique avait conçu l'« alliance franco-russe ». Alexandre III, d'abord réticent à cause du souvenir de la Révolution de 1789 et des régicides, avait fini par se laisser convaincre. Il s'était même découvert en écoutant *La Marseillaise...* L'alliance fut conclue. Elle devait rompre l'isolement diplomatique où Bismarck avait conduit la France après 1871. En s'associant à l'Empire russe, la République française prenait en étau l'Empire allemand. De plus, il n'y avait aucun risque de conflit territorial entre les deux pays puisqu'ils n'avaient pas de frontières communes. Enfin, l'amour des Russes pour les Français était récompensé par les perspectives d'investissements, les débouchés, les marchés que les Français devaient trouver dans ce pays en pleine modernisation. Le Transsibérien était le symbole de cette alliance, et Jules Verne s'était fait l'avocat de sa nécessité dans *Michel Strogoff.* Sans l'immense contribution financière des Français, ce train n'aurait pu être construit.

Fin 1917, Lénine annule les emprunts contractés par le gouvernement impérial. Des milliers de familles françaises n'ont plus qu'à tapisser les murs de leur logement avec les titres sans valeur, voire à allumer de coûteux feux dans leur cheminée ! Après la chute de l'URSS, les descendants des actionnaires spoliés (trois cent cinquante mille personnes) ont repris leurs démarches avec énergie et davantage de confiance que sous le régime soviétique. En 1997, l'Etat français a reçu quatre cents millions d'euros, dont les deux tiers seulement ont été reversés aux intéressés. « Le reste s'est volatilisé à droite et à gauche », constata, amer, François Bayle, membre de l'Association des porteurs d'Emprunts russes, regroupant cinq cent soixante-dix personnes. Diverses menaces (saisies sur des bateaux, des biens immobiliers appartenant à des Russes d'aujourd'hui) sont, en fait, restées sans effet réel.

Espionnage

Le grand frisson ! Dans les trains à long parcours qui franchissent plusieurs frontières, les agents de puissances adverses ont de quoi faire. Des histoires, il y en a eu mille. J'en choisis une, authentique, qui m'a été racontée par un policier autrichien ayant vécu son dénouement tragique. Elle est exemplaire des rivalités au temps de la guerre froide*. Au matin du 24 février 1950, sur la ligne de l'Arlberg-Orient-Express (Bucarest-Paris *via* Innsbruck et Zurich), on découvre, dans le tunnel de Luz, près de Salzbourg, le corps déchiqueté d'un homme manifestement tombé du train en peine nuit. Tombé ou jeté ? Toute l'affaire est dans cette interrogation. Le visage de l'homme est méconnaissable mais l'enquête établit rapidement qu'il s'agit d'un diplomate américain, le capitaine Eugène Karp, attaché naval à l'ambassade américaine en Roumanie.

Ce fonctionnaire voyageait beaucoup dans les diverses branches de l'Orient-Express* de l'immédiat après-guerre. Au cours d'un de ses périples, il a rencontré un de ses compatriotes, Robert Vogeler. De voisinage en sympathie, de sympathie en amitié, les deux hommes s'arrangent pour partager le même compartiment double de wagon-lit. Quand Karp – célibataire – est seul, il constate qu'il est surveillé, ce qui se transforme un soir en attention délicate, romanesque et dangereuse : une jolie blonde, une Hongroise, qui lui demande si elle peut s'asseoir en face de lui au wagon-restaurant, c'est un « hasard » comme l'Orient-Express en a le secret. A la deuxième rencontre avec l'inconnue, le capitaine Karp se méfie. A la troisième, il se renseigne auprès de la CIA, dont il fait secrètement partie. Il apprend que la blonde si aimable est la maîtresse de Mathias Rakosi, vice-président du Conseil des ministres hongrois, secrétaire général du Parti des travailleurs et pur stalinien. Qu'une telle femme soit chargée de divertir, de compromettre et surtout de démasquer l'Américain prouve qu'il est en danger de mort. Washington donne l'ordre d'exfiltrer Karp le jour où son ami Vogeler, accusé d'espionnage, est condamné par un tribunal de Budapest à quinze ans de prison. Karp, sans succès, avait tenté de lui faire quitter la Hongrie de toute urgence. Trop tard. En hâte, Karp passe chez son épouse pour prendre des documents confidentiels, ce qui est une erreur, puis il essaie de gagner Paris par l'Arlberg-Orient-Express au soir du 23 février. Au wagon-restaurant, il est privé de son inquiétant vis-à-vis féminin et ne cesse de regarder autour de lui, d'après le chef de brigade qui le sert. Ensuite, on perd sa trace. Le conducteur de sa voiture-lit est retrouvé drogué. Le capitaine Karp n'a pas regagné son compartiment : son lit, préparé, n'a pas été utilisé et ses bagages sont toujours là, sans avoir été visités. Dans un premier temps, les enquêteurs autrichiens, qui ne sont pas en excellents termes avec les services hongrois, concluent à un accident. Fatigue ? Ivresse, erreur classique de porte confondue avec celle des toilettes ? Après avoir trouvé le briquet de son ami Vogeler dans sa poche – un signe de reconnaissance entre les deux agents –, le contre-espionnage américain fait fouiller le convoi à son arrivée à Paris pour compléter les investigations commencées, discrètement, en Suisse. Les experts se livrent à une expérience originale : du même train, à la même vitesse et au même endroit, ils jettent un sac de sable du poids du diplomate. Le sac tombe intact, verticalement, sur le ballast. Pour qu'il s'écrase contre la paroi du tunnel et donc vaincre la pression, deux hommes doivent employer toutes leurs forces. Un examen minutieux de la paroi montre des traces de sang, de chair, et des lambeaux de vêtements à hauteur d'homme. Le capitaine Karp, peut-être en s'enfuyant, a été jeté du train à un endroit rendant les recherches difficiles. Le jour même de ce qui fut officiellement classé comme « accident », Mme Vogeler, reçoit, chez elle à Vienne, toujours occupée par les Alliés dont les Soviétiques, un coup de téléphone. Une voix ferme lui conseille de ne pas oublier cet « accident » si elle veut revoir son mari vivant. Elle n'oublie pas et, après un échange d'agents, Robert Vogeler est libéré de sa prison hongroise quatorze mois plus tard, en avril 1951.

Dans la longue et palpitante épopée de l'Orient-Express, le capitaine Karp est le seul mort « officiel » recensé. L'histoire a inspiré divers romanciers et cinéastes, dans la bonne tradition des livres et films d'espionnage, comme l'excellent *Bons baisers de Russie**. Avec un humour aussi froid que la guerre des ombres, le policier autrichien, qui avait participé à l'enquête, conclut : « Le capitaine Karp ne pouvait ignorer ce que tous les habitués savent dans plusieurs langues : "Il est dangereux de se pencher au-dehors"... »

Etna, Sicile

Une voie ferrée sur un volcan ? Elle existe ! Elle est pour les amateurs de toutes les fumées, celles du centre de la Terre et, depuis 2005, celles d'un train assuré par une machine à vapeur aux roues et bielles rouges, du mois d'avril au mois de septembre. Le mariage des panaches ! L'initiative de l'Office du tourisme de Sicile n'est pas banale. Mais, en réalité, elle complète et enjolive un programme ferroviaire déjà original.

Si vous dites que vous allez en Sicile pour prendre le train qui fait le tour du massif de l'Etna, le plus grand volcan actif d'Europe, vous risquez fort de passer pour un dangereux maniaque tant il y a de beautés sur cette île sans égale, un monde au goût d'amande. Et on vous avertira, sans savoir de quoi il s'agit, que c'est dangereux. C'est, à peu près, ce qu'a pensé ma famille quand j'ai proposé, au milieu d'un séjour de rêve à Taormina, de monter à bord d'un chemin de fer de montagne pas comme les autres, ne serait-ce que parce que la montagne en question a une hauteur variable à cause de ses éruptions (plus ou moins 3 350 mètres), un diamètre moyen de 50 km, trois cents cônes et quatre grands cratères. Comment les hommes, ces fourmis, qui s'entêtent à vivre sur les flancs de la marmite infernale, ont-ils, en plus, osé construire une voie ferrée qui en fasse le tour... parfois ensevelie sous la lave et donc d'un itinéraire qui ressemble aux dessins de catastrophes vues par le crayon gargantuesque de Dubout ? Parce que la ligne unit des villages isolés mieux que la route et que le parcours est d'une beauté fascinante, inquiétante mais inoubliable. On compte près de 3 millions de passagers annuels.

Je suis donc parti seul, tôt ce matin d'été, sous le regard vaguement inquiet du concierge de l'hôtel qui m'avait préparé mon expédition. C'en est une, parfaitement raisonnable et insolite. J'avais de l'eau et des *biscottini* en cas de panne... car il y en a et ce ne serait pas pittoresque autrement. La ligne, construite à partir de 1889, à voie métrique, fait le tour du volcan en 114 km. Le départ ou l'arrivée sont à Catane et ou à Linguaglossa. Mon train, qui est le premier de la journée, part à 5 h 25. Le dernier à 18 h 34 (horaire à vérifier). Rapidement, on est dans l'ambiance d'un métro exotique passant à travers les massifs de câpriers, de genêts, de surprenants bouleaux nains, la vigne qui produit des vins capiteux, les chênes, les pins sombres, les bananiers, la plus grande châtaigneraie d'Europe. Puis soudain, des pentes abruptes, des gouffres noirs et vitreux. De chaque côté de la voie supposée parallèle, on revit la difficile naissance de la Terre, entre les empilements de coulées de lave, les fumerolles en altitude et une lumière brûlante qui ne cesse de changer. Le soleil joue avec les expulsions soufrées de gaz des *bocca*, ces bouches monstrueuses qui s'effondrent, renaissent, se craquellent, explosent en crevasses boursouflées... Quel spectacle ! Nous montons jusqu'à 976 mètres d'altitude. Et puis, il y a les replats paisibles, avec des troupeaux et des cultures obstinées sur ce sol d'une remarquable fertilité en particulier le vin et les fraises de Maletto. Le train est bruyant mais les Siciliens, pourtant volontiers silencieux, arrivent à couvrir le grondement des diesel. Il y a quatorze trains par jour, remplis d'écoliers le matin et le soir. On s'arrête à quelques passages à niveau symboliques où l'on voit des vestiges de l'ancien parcours, englouti par une colère de l'Etna (les 17 et 18 mars 1981, un mètre de magma a recouvert les rails) ; dans les petites gares – des haltes –, un jambon est remis au contrôleur, destiné à l'autre bout de la ligne. Je suis sûr qu'il sera fumé à l'arrivée. Vers midi, je m'accorde une pause (vin blanc frais, champignons et anchois dans une pâte à pizza différente des nôtres) pour reprendre des forces car la température ferroviaire dépasse le 40 °C. Et, l'après-midi, j'ai repris un autre train presque vide car, à l'heure de la sieste, il faut être un ferrovipathe (néologisme que je revendique !) incurable et un Français pour s'imposer un tel sauna. A ce moment, le *Circumetna* est une fournaise, une succursale du volcan. A environ 1 000 mètres d'altitude, avec des perspectives fantastiques sur la mer, on a du mal à croire que, l'hiver, la neige soit noire. Ces dernières années, on voit sur la ligne un autorail Fiat de 1937, laqué de rouge, soigneusement restauré et affecté à des voyages touristiques. C'était un modèle spécial, de 56 places, commandé par le Duce, Mussolini, pour faire plaisir aux insulaires. Une machine à vapeur 030, de 1894, est en cours de restauration. Elle se nomme « La Mascali ». A son époque, chaque gare de la ligne avait une locomotive à son nom.

L'autre circuit, mis en exploitation plus récemment, est celui du Val di Noto, encore appelé « train du Sud-Est ». Son matériel est en meilleur état et sa machine à vapeur vaillante. Le trajet relie Syracuse, qu'Henri Salvador voulait tant voir, à Raguse, en trois bonnes heures, sans dépasser l'altitude de 502 mètres, mais le coup d'œil sur la mer Ionienne, à gauche, et la Méditerranée, à droite, est splendide. Noto est une ville sicilienne baroque authentique qui a surgi après un tremblement de terre en 1693. Ici, ce n'est pas grave, on ne cesse de reconstruire ; depuis plus de deux mille ans et des centaines d'éruptions, l'Etna et les Siciliens poursuivent un dialogue étrange en feu d'artifice géant, parfois mortel, suivi de sommeil apparent ; le volcan et ses habitants se comprennent, on dirait même qu'ils se devinent. Ces deux lignes vous permettent d'entrer dans leurs secrets. Plus audacieuses que celles qui contournent le Vésuve, elles procurent un exotisme multiple et rare. Ainsi que le font les trains du nord de l'Ecosse, seuls ceux de l'Etna peuvent vous offrir des visions aussi grandioses et exclusives dans un tel paysage.

Eugénie

Impératrice des Français, 1826-1920

Lorsque Eugénie de Guzmàn y Palafox, comtesse de Teba, naît à Grenade, au cours d'un tremblement de terre, les chemins de fer n'existent ni en Espagne ni en France. A sa mort, à l'âge de quatre-vingt-quatorze ans, le Calais-Méditerranée-Express qu'elle prenait pour se rendre à sa villa Cyrnos, au Cap-Martin, est destiné à recevoir les premières voitures-lits métalliques d'Europe, celles du légendaire Train Bleu*. Entre-temps, la jeune aristocrate, dont la famille, désargentée, était peut-être la seule en Espagne à aimer Napoléon Ier, a sauté sur les genoux d'un gros monsieur, avec collier de barbe, pas beau mais très intelligent. Il lui racontait, à Paris, chez un chocolatier de la rue du Bac, une bataille dont il était le contemporain, Waterloo... C'était Stendhal. Devenue, contre toute attente, souveraine des Français au début de 1853, Eugénie se déplace souvent en train.

Le 19 août 1856, Napoléon III*, son épouse et leur

fils le prince impérial partent pour la première fois ensemble. Direction Biarritz. Le train impérial est encore modeste et le voyage, inconfortable, prend une fin d'après-midi et une nuit pour atteindre Bayonne, dans l'attente de l'achèvement de la ligne. Il n'y a encore ni wagons-lits, ni wagon-restaurant. L'éclairage des appliques en bronze est faible, les fenêtres à guillotine étroites et la poussière constelle les voyageurs. On connaît les ambitions de l'empereur pour le développement des chemins de fer mais, à cette date, l'aventure demeure embryonnaire. Ce premier train impérial, cadeau de la Compagnie du Paris-Orléans, n'a encore jamais circulé ; il est composé de quatre voitures et de deux fourgons à bagages, ornés de la lettre N et des armes impériales. La voiture de l'empereur comprend un grand salon et un plus petit pour ses aides de camp. Une autre dispose d'une plate-forme pour prendre l'air et saluer la foule ; les deux dernières sont réservées à la souveraine et à sa suite. Deux toilettes et un vestiaire ont été installés. Excepté la voiture-plate-forme-promenoir, elles sont de couleur grenat-bleu outremer. Colonnettes, bandeaux et corniches sont en bronze doré. La construction de ce train de luxe est l'œuvre de Barthélemy Camille Polonceau (1813-1859), célèbre ingénieur qui édifia la ligne de Paris à Versailles et a été promu ingénieur en chef de la traction du Paris-Orléans. La décoration et l'ameublement ont été confiés à Eugène Emmanuel Viollet-le-Duc (1814-1879). Ce légendaire architecte, inspecteur général des Edifices diocésains, chargé de la restauration des cathédrales et du château de Pierrefonds, n'a pas résisté à meubler le train en... néo-gothique à larges motifs floraux. Dans ce « train médiéval », ses collaborateurs se sont appliqués : Denuelle pour la peinture, Pyanet et Corbon pour la sculpture sur bois, Fraysse, Ternissier et Godin pour la tapisserie.

A 7 heures du soir, on dresse une table dans la voiture-salon. L'impératrice et ses dames d'honneur rejoignent les messieurs. Un médecin de la suite, le docteur Barthez, raconte : « On se mit à table, un peu gênés, il faut bien l'avouer ; la table trop étroite n'arrivait pas jusqu'aux divans ; trop courte, elle ne permettait pas à tous d'être assis commodément ; cependant, on se serra et l'on finit par se caser. L'Empereur était à un tout petit coin avec un angle saillant sur son estomac et n'ayant que la place de son assiette ; c'était de la vaisselle en argent. » Ce luxe est alors inhabituel car, aux Tuileries, Napoléon III refuse l'argent massif, préférant le métal argenté qu'un chimiste, le comte de Ruolz, vient de mettre au point. Ce nouveau procédé, le Ruolz, aura l'avantage d'être moins cher et d'encourager le progrès technique au service de la vie bourgeoise. Comme il n'y a pas de cuisine à bord, il faut se contenter d'un dîner froid qui a été préparé dans l'office. Un vrai pique-nique roulant : volailles, quelques perdreaux, du jambon, des fromages et des fruits, avec un peu de vin, jugé « excellent » par les convives. La conversation est gaie, Eugénie parle beaucoup, rit autant. « Il était impossible de mettre les gens plus convenablement à leur aise. Nous avions l'air d'une société riche et sans façons qui se donnait le plaisir d'une partie de voyage », dit encore le médecin.

Après la collation, Eugénie se retire dans sa voiture, embrasse son fils – il vient d'avoir cinq mois – surveillé par sa nurse ; il sera un peu perturbé par les bruits et les mouvements du train. L'empereur reste avec ses compagnons, fumant quelques cigarettes et invitant les amateurs à en faire autant. La nuit tombe. La tenue nocturne consiste d'abord à troquer le chapeau contre une casquette et on s'installe comme on peut, « chacun, adoptant une pose plus ou moins pittoresque, se mit à ronfler » ! Arrêts, essieux grinçants, freinages peu maîtrisés, prises d'eau pour les locomotives, la nuit est morcelée. « Vers trois heures du matin, précise le docteur Barthez, je m'éveillai, entendant un peu de bruit et, à travers une des glaces de notre salon, je vis une figure rieuse qui avait tout l'air de se moquer de nous. C'était l'Impératrice qui venait nous surprendre et qui riait de tout cœur de notre façon de dormir. Bientôt, on fut debout et après quelques instants, Sa Majesté se retira, nous disant que les représailles n'étaient pas permises... »

Ainsi, dans ce convoi encore presque digne des voyages illustrés par Daumier* et Labiche*, Eugénie roule vers cette côte basque qu'elle aime et en particulier Biarritz, l'endroit de France où elle se sentira la plus heureuse. De ce premier train impérial, il ne reste aujourd'hui que la voiture des aides de camp de l'empereur, exposée à la Cité du Train* à Mulhouse. Elle avait subi des modifications en 1878 et 1889 et s'est retrouvée, on ne sait comment, dans les Pyrénées-Orientales, en 1940, dans un état délabré. Elle aussi a connu l'exode... Elle a été remarquablement restaurée par la SNCF, aux ateliers de Romilly, dans son état d'origine.

F

« Comme il y a du monde sur les quais de gare !...
Je ne sais pas ce qu'on attend dans la ville.
Et le train crie aussi qu'il est triste
que les hommes y demeurent,
et triste aussi que d'autres sans un regard passent. »

Léon-Paul FARGUE, *Poèmes*.

Ferdinand Ier

Prince héritier de Bulgarie de 1887 à 1908, roi de 1908 à 1918

Nous savons tous que les hommes rajeunissent lorsqu'ils jouent avec un train électrique sur un circuit plus ou moins grand. Certains ont même une regrettable tendance à empêcher les enfants – les leurs, notamment ! – de s'amuser avec ce cadeau classique, autrefois, du Père Noël... Quelques personnages aiment se divertir avec les vrais trains, ce qui est beaucoup plus rare. Ainsi, Sa Majesté Ferdinand Ier de Bulgarie a un jouet qu'il n'aime pas prêter, l'Orient-Express* !

Né à Vienne en 1861, Ferdinand de Saxe-Cobourg-Gotha est élu prince de Bulgarie en juillet 1887. Il en prend le titre de tsar en 1908, après s'être affranchi de la tutelle ottomane. Pour consolider l'Etat bulgare et l'ancrer aux nations européennes, le prince puis monarque voyage énormément. L'Orient-Express, qui a ses fanatiques, exerce sur lui une fascination particulière. Un jour, encore prince héritier, il fait stationner sa voiture automobile le long de la voie, dès la frontière. Vêtu modestement, accompagné de son chauffeur, il force le train à s'arrêter en inventant d'incroyables prétextes. Il monte à bord de la machine, salue courtoisement l'équipe de traction surprise et inquiète, passe sur son costume une combinaison (blanche !) venant d'un grand tailleur parisien et se place entre le chauffeur et le mécanicien, leur intimant l'ordre de repartir. Il aime actionner le sifflet et, remplaçant le chef de traction, lance le convoi à vive allure. Le mécanicien proteste, la voie est médiocre, les courbes nombreuses, il faut absolument ralentir. Ce gamin de Ferdinand n'entend aucune injonction et freine brutalement pour « vérifier la qualité du matériel » !

Ce n'est pas, on s'en doute, du goût de tout le monde ! Avant la sortie du territoire bulgare, le cheminot improvisé arrête la rame, distribue des gratifications à l'équipe, la salue et descend pour retrouver son chauffeur qui l'a suivi, se changer et conduire les affaires de son Etat, nettement moins passionnantes que l'Orient-Express ! A plusieurs reprises, il se livre à ces dangereuses fantaisies. Les voyageurs bousculés se plaignent, le personnel, perturbé et affolé, se plaint. Il va y avoir un épouvantable accident ! Toutes ces réclamations et protestations arrivent à Paris, sur le bureau de Georges Nagelmackers*, alors directeur général de la Compagnie des Wagons-Lits. L'affaire est délicate, mais ce pionnier fait savoir, par voie diplomatique, que ce train international n'est pas un jouet et qu'il a le souci de la sécurité et du confort de sa clientèle. Le prince n'en tient pas compte. Il fait même atteler à l'express une voiture-salon. Va-t-il s'assagir et se contenter de profiter du voyage ? Non ! Dès qu'il est en territoire bulgare, il tire le signal d'alarme et court jusqu'à la locomotive. « Je suis chez moi ! » déclare-t-il, furieux qu'on l'empêche de participer à cette aventure européenne... Le secrétaire du cabinet secret de Son Altesse royale, confus, envoie un courrier cocasse à Nagelmackers. Il « prie M. le directeur général de croire à la reconnaissante expression [*sic*] de [son] auguste maître ». Et, afin d'apaiser le contentieux, le père de l'Orient-Express reçoit une belle décoration ! Les antagonismes balkaniques et les nationalismes en effervescence calmeront bientôt les penchants du prince à vouloir « jouer au train »...

Fierté

Les gens du rail ont toujours été fiers de leur métier. Même ceux qui le pratiquent occasionnellement ou dont ce n'était pas la vocation initiale affichent l'honneur qu'ils ont de l'exercer. Vers 1855, Franz von Diesbach, parent éloigné de Ghislain de Diesbach, merveilleux biographe de Proust, Chateaubriand et de la princesse Bibesco (Editions Perrin), avait quitté la Suisse pour aller chercher fortune à l'étranger. Ce garçon, de la branche bernoise et protestante de la famille, était réputé pour son caractère ombrageux et violent. Grâce à sa formation d'ingénieur, il entre aux Chemins de fer du Royaume de Naples et se révèle expert dans la conduite des locomotives. Un jour, il conduit lui-même le train royal de Naples à Caserte, le château des Bourbons. Le jeune souverain, François II des Deux-Siciles, est étonné de la mine de ce chauffeur grand, athlétique et blond, caractéristiques peu répandues chez ses sujets. Le monarque lui demande son nom. L'apprenant, il s'étonne qu'un jeune homme de si bonne famille se contente d'une place aussi modeste et lui propose de « faire quelque chose pour lui ».

Le jeune homme, altier, refuse cette aide. Un chauffeur de locomotive est un personnage important. Avec insolence, il répond :

— Sire, les souverains ont eu plus souvent besoin des Diesbach que ceux-ci n'ont eu besoin d'eux !

Entêté et heureux de sa condition, il fera carrière à Milan en devenant directeur des Chemins de fer de Lombardie lors de l'Unité italienne.

Flèche d'or (La)

Golden Arrow, Paris-Londres-Paris

C'était bien avant le tunnel sous la Manche et les Eurostar, il y a quatre-vingts ans. C'était au temps des Années folles, mais avant la crise économique. Je regarde souvent une très belle image, sans doute la plus mondaine de toutes les affiches vantant les voyages ferroviaires. Cette lithographie en couleurs, œuvre de W.S. Bylitipolos, date de 1926. Sa composition est unique car, si elle montre un train, elle témoigne aussi d'un art de vivre. Le train, c'est la Flèche d'or (*Golden Arrow*), d'illustre mémoire, qui tire son nom de la livrée de ses voitures, bleu sombre ou marron pour la caisse, crème au-dessus avec des filets jaunes. Et des flèches. En pleine vitesse en Picardie ou dans le Kent, c'était un trait de lumière. Même sous la pluie. Ce rapide fut le premier train de luxe européen uniquement composé de voitures Pullman* assurant la liaison diurne continent-Royaume-Uni. Un salon-salle à manger roulant, la même voiture assurant les deux fonctions, d'où un considérable gain de poids et d'allure puisqu'une voiture-restaurant était sans affectation entre les repas, donc non rentable et lourde. Dans le train Pullman, la cuisine occupait une petite partie d'une voiture, reconnaissable à ses trois vitres dépolies ; les déjeuners et thés qui y étaient préparés étaient servis dans les deux voitures voisines, ce qu'on appelait un « couplage ». On pouvait choisir entre la première et la deuxième classe, les fauteuils de celle-ci étant moins larges que ceux de celle-là, mais, aujourd'hui, nous nous en contenterions... avec bonheur.

L'affiche dont je parle montre, au premier plan, une voyageuse en robe rouge et petit col blanc, avec manteau léger et chapeau, tenant, dans sa main gauche, un guide des grands express. Au deuxième plan, un monsieur va, on le pense, faire un baisemain à une autre dame bien que cet usage ne se pratique pas, en principe, à l'extérieur. Elle aussi porte robe, couleur lilas, aux genoux depuis que Mademoiselle Chanel a révolutionné la mode et ordonné aux femmes de montrer leurs jambes. Le voyageur tient son chapeau. Au troisième plan, on aperçoit la moitié d'une voyageuse, sur le marchepied. La scène se déroule sous l'œil attentif d'un chef de train à casquette, impeccable comme un officier de marine. Cependant, au-delà de cet instantané, deux éléments sont à souligner. D'abord, l'artiste a bien dégagé les armes de la Compagnie des Wagons-Lits et la mention *Pullman Car*, synonymes de confort, de vitesse et d'élégance. Ensuite, presque au dernier plan mais bien au centre de l'affiche, un maître d'hôtel, représenté dans une fenêtre, porte religieusement une saucière et il n'en est pas peu fier. Il va servir le déjeuner sans tarder, le voyage durera environ sept heures, traversée maritime comprise.

Sept heures... C'était un seuil « psychologique », comme le rappelle Clive Lamming (*Les Grands Trains de 1830 à nos jours*, Larousse, 1989). Un défi car, au-delà de cette durée, la clientèle trouverait inadmissible de perdre son temps comme en 1900. Et même comme après la Première Guerre mondiale, où il fallait, à bord du Simplon-Orient-Express*, « au moins sept heures trente-cinq » de Londres à Paris... On avait donc gagné, en 1926, une petite ou une bonne demi-heure, selon les jours... et l'état de la mer. A cause d'une grève générale, son inauguration fut reportée du 15 mai au 13 septembre 1926.

Un train emblématique, comme l'Orient-Express* et le Train Bleu*, à cette différence près qu'il ne comportait pas de voitures-lits. Toutefois, une autre originalité le définissait : il n'y avait pas un train mais deux ! Le transport en ferry de voitures spéciales, d'un gabarit réduit aux normes anglaises, n'aura lieu qu'en 1936, avec la mise en service du *Night-Ferry**. On ne peut dire lequel des deux trains était le plus raffiné. La rame française (Paris-Nord-Calais Maritime) comprend des voitures totalement nouvelles, longues de 23,45 m, remarquablement suspendues. Je me souviens de l'absence totale de vibrations. Une crème caramel ne s'écroulait pas ! Chaque voiture avait une décoration différente mais on notait l'unité des matériaux choisis, les tables d'acajou, les marqueteries, les tissus or en première classe, gris-bleu en deuxième classe. Dans le cas des voitures-cuisines, on disposait de vingt-quatre places, trente-deux dans celles sans cuisine. Ces fauteuils n'étant pas fixes, on pouvait les déplacer à son aise. La porcelaine était soulignée par un mince filet doré. Le luxe triomphant et, redisons-le, la grande nouveauté de ne pas avoir à se déplacer pour se restaurer : c'était, pour la première fois, un « service à la place », une innovation mondiale. Côté britannique, les voitures avaient chacune un nom, aristocratique extrait du Gotha, exotique ou plus libidineux comme « Sappho »... l'exotisme commençant à Londres-Victoria ou à Douvres, terminus ou tête de ligne de cette rame restant toujours sur l'autre rive du « Channel ».

Cependant, au-delà du décor et du service, c'est la vitesse qui faisait aussi le succès de la Flèche d'or. Ah ! Ces locomotives ! Elles aussi étaient spéciales. Pour en avoir la meilleure idée de la version française, il faut visiter ou revoir la magique Cité du Train*, à Mulhouse, l'ancien musée français du Chemin de fer, admirablement mis en scène depuis sa rénovation le 11 mars 2005.

Honneur à la *Chapelon Nord* ! C'est une Pacific 231, transformée par l'ingénieur André Chapelon, génie de la vapeur au XXe siècle. Permettez-moi de vous la présenter, bien astiquée dans sa livrée chocolat avec ses jantes de roues blanches. Très chic ! A l'avant, sur un disque clair, on lit *Flèche d'or* et ce disque est traversé d'une flèche, d'or évidemment. De 1933 à 1938, construites aux ateliers du PO à Tours, une soixantaine de ces machines feront des... étincelles. En rappelant que les voitures pesaient 47 tonnes chacune (sans cuisine) et 51 tonnes (avec cuisine), les fantastiques améliorations apportées par André Chapelon permettaient à un train de 1 000 tonnes de rouler à 120-130 km/h en vitesse commerciale. La *Chapelon* et son tender pesaient... 172 tonnes ! Lors d'essais – en poussant une machine électrique ! – en 1957, elle atteignit le 170 km/h ! Rappelons, pour rire, qu'en 1860 un décret de l'empereur Napoléon III* interdit aux trains de rouler à plus de 130 km/h ! Côté anglais, la locomotive est aussi une Pacific, des Southern Railways, mais carénée, un peu futuriste. A l'avant, la mention *Golden Arrow* et une flèche, plus visible que sur son homologue française. Signe particulier : sur ses flancs, une énorme flèche en direction de la cheminée masquée. Elle était moins rapide que la *Chapelon*.

En 1930, la distance Paris-Londres *via* Calais et Douvres est couverte en six heures trente-cinq. Soit une moyenne de 70 km/h pour 464 km, traversée incluse. En 1932, le trajet Londres-Paris gagne vingt minutes et le Paris-Londres quarante minutes. On vous aurait ri au nez si, à cette époque, vous aviez parlé du tunnel sous la Manche !

J'ai souvent pris la Flèche d'or, d'abord avec mes parents qui étaient presque des abonnés. Je l'ai reprise pour partir en voyage de noces, en 1966. Le départ de la gare du Nord, voie 4, était à 12 heures. J'avais une pensée pour l'équipe de traction, qui était debout et au travail des heures avant, six, peut-être huit... Bien calé dans ce que j'appelais, enfant, des « fauteuils à oreilles », on déjeunait somptueusement. Quenelles de brochet, grenadin de veau jardinière... Paris-Calais (297 km) en trois heures, sans arrêt à Amiens, c'était prodigieux ! La Manche était paisible, on montait à bord de la rame anglaise pour le thé. Le sens de la marche était inversé et nous étions tirés par la machine n° 7004 dont le nom *William Shakespeare* disparaissait, ô sacrilège, au profit de celui du train. C'était, je ne pouvais en douter, l'heure où Sherlock Holmes aurait lu le *Times*. La gare de Victoria me paraissait toujours sombre, sale, et le train encore plus brillant. Vers 18 h 30, nous étions au centre de Londres. Aujourd'hui, près de quarante-cinq ans après la disparition de la Flèche d'or, je confesse que le déjeuner français était supérieur au britannique et que le thé anglais, l'*afternoon tea*, surpassait, largement, le service français à cause d'incomparables brioches aux groseilles. Entre Londres et Douvres, le choix était difficile entre cinq thés... Mais que dire du lait qu'on me proposa ? Kent, Jersey ou Guernesey ? Je n'ai jamais pu vérifier s'il y avait, réellement, une différence entre le produit crémeux de vaches dont certaines n'avaient jamais vu passer ce train... Cependant, un miracle s'est produit : depuis quelques années, le British Pullman organise des voyages ferroviaires de trois jours et deux nuits dont une journée complète dans les anciennes voitures, notamment vers Bath, cité où l'Empire romain prenait ses bains. Cette excursion, organisée par le réseau du Venice-Simplon-Orient-Express* (VSOE), en traction vapeur s'il vous plaît et avec orchestre de jazz, est une rutilante machine à remonter le temps. Le chef de train a des favoris analogues à ceux de François-Joseph – à moins qu'il ne s'agisse de ceux d'un cocher de fiacre victorien qui vous attendrait à Victoria Station. Car l'humour british recommande que ce train rétro parte de la même gare que celle des Eurostar...

« (...) Soudain, il s’abattit dans tout le wagon-restaurant un de ces silences que l’on a coutume d’attribuer au passage d’un ange. Mais, au milieu du silence des humains, les verres tintaient sur les tables, les roues résonnaient sur les rails d’acier, les vitres vibraient et des étincelles traversaient les ténèbres comme des allumettes lancées dans l’ombre (...). »

Graham GREENE, *Orient-Express*.

Garde-barrière

En dehors du personnel des gares et des rames, ce fut peut-être le métier ferroviaire le plus visible. Et l'un de ceux représentant une écrasante responsabilité. Si l'expression « garde-barrière » n'apparaît définitivement dans le vocabulaire qu'en 1865, la circulation des premiers convois sur des lignes coupant routes et chemins impose une surveillance attentive en fonction des horaires. Dans les premiers temps, les compagnies réservent cette fonction, jugée accessoire, aux veuves des cheminots occupant une petite maison et percevant un salaire modeste. Les trains ne dépassant guère le 60 km/h, il n'est pas difficile d'arrêter les charrettes et autres voitures hippomobiles. Lorsque, après 1870, la vitesse des rames est relevée à 100 km/h, des précautions techniques sont prises, avec la pose des pétards de voie si un obstacle obstrue la ligne ou présente un danger. C'est difficile car, souvent, il faut parcourir près d'un kilomètre avant la barrière pour que le train ait le temps de freiner. Par sécurité, la responsable est maintenant dotée d'une trompe, plus ou moins efficace...

C'est avec le développement de l'automobile, vers 1910, que le métier devient plus astreignant. L'inconscience des automobilistes qui veulent absolument passer malgré la sonnette et les signaux lumineux est la cause d'accidents nombreux. L'augmentation du trafic ferroviaire implique un travail permanent. La garde-barrière devient une employée aussi importante que le reste des équipes. La Première Guerre mondiale, en appelant les hommes sous les drapeaux, féminise davantage ce travail qui peut réserver quelques surprises quand le président de la République, Paul Deschanel*, se promène la nuit, en pyjama, le long d'une voie du Loiret. Dans certains pays, la réglementation est fonction de la géographie. Ainsi, en Russie, avant 1918, les gardes-barrières postés sur la ligne du Transsibérien* doivent, impérativement, guetter le panache de la locomotive à l'horizon – quand le terrain le permet ! – et rester en place

après le passage du train... jusqu'à la disparition de la même fumée ! En août 2006, les parents – inconscients – d'une fillette affectée de surdité se sont engagés sur une voie de Savoie, malgré la barrière baissée, sans surveiller leur enfant. Elle n'a pas entendu arriver une rame. Par miracle, seul son vélo fut accroché et elle ne fut pas blessée. Le mécanicien, traumatisé, a cru qu'il avait tué la petite fille. Il a dû être assisté d'un de ses collègues pour la fin du trajet...

Gare (romans de)

En ont-ils subi des sarcasmes, le mépris de la critique et les railleries de gens se prétendant cultivés, les auteurs de romans dits « de gare » ! C'est oublier qu'avec le chemin de fer un genre de littérature est né, aussi neuf que le mode de transport. N'en déplaise aux bilieux, aux snobs et aux supposés « intellectuels », cette catégorie littéraire a eu – et a toujours – une importance considérable. Ces livres naissent d'une situation sociale, provisoire ou répétée, le voyage en train. Encore faut-il s'entendre sur une définition. Une ? Plusieurs, en vérité. Il y a, essentiellement, deux manières d'en parler.

D'une part, voici des volumes proposés aux voyageurs qui cherchent de quoi lire avant de partir, une matière moins éphémère qu'un journal. Le développement des gares, les temps de parcours, les correspondances et les salles d'attente expliquent fort bien ce désir de se distraire et de s'informer grâce à un livre. Ces titres sont issus de l'expansion de la presse hebdomadaire puis quotidienne, avant 1850, c'est-à-dire qu'ils existent dès que le chemin de fer prend une place définitive dans la vie quotidienne. Ils sont le regroupement, en un ou plusieurs volumes, des « romans-feuilletons » que l'on trouve au « rez-de-chaussée » (bas de la première page) des journaux et assurent, largement, leur succès. Le roman dit « populaire » s'épanouit avec la presse du même nom. Mais qu'est-ce qu'un roman populaire ? Un texte qui séduit le plus grand nombre ; le succès n'est pas obligatoirement synonyme de médiocrité. Il vise au divertissement et à une agréable réflexion du lecteur. L'édition, en format bon marché, également dit populaire, ancêtre du livre de format de poche, rend cette production financièrement très accessible à des lecteurs au budget serré. Et je ne crois pas que Balzac, Arthur Bernède (*Judex*, 1917, *Belphégor*, 1927), Dumas Père et Fils, Paul Féval (*Le Bossu*, 1858), Emile Gaboriau (*Le Crime d'Orcival*, 1867), Maurice Leblanc (*Arsène Lupin*, de 1908 à 1929), Gaston Leroux (le cycle *Rouletabille* dès 1907), Pierre Souvestre et Marcel Allain (pour la série des *Fantômas*, dès 1910, totalisant 1 700 000 ex.), Xavier de Montépin (*La Voleuse d'amour*, 1894), Pierre Ponson du Terrail (*Rocambole* dès 1869 – dont le nom connaît la gloire d'être un adjectif), Eugène Sue (*Les Mystères de Paris*, 1842), Michel Zévaco (*Le Capitan*, 1907) et Delly (pseudonyme d'un frère et d'une sœur, *Esclave ou Reine*, 1909), par exemple, appartiennent à une catégorie d'auteurs que l'on puisse dédaigner. Ils ont, plus ou moins, un point commun : on se hâte de tourner la page pour savoir ce qui va se passer dans l'épisode ou le chapitre suivants. Ces ouvrages se répartissent en romans sentimentaux, d'une part, et en romans policiers, d'aventures ou d'espionnage d'autre part. Dans ces dernières catégories, personne ne peut soutenir que Georges Simenon* et la série des *Maigret* créée en 1929, Agatha Christie*, Frédéric Dard avec les aventures du commissaire *San Antonio* et Gérard de Villiers avec les exploits de *S.A.S.* ne sont pas des écrivains, des romanciers ni d'authentiques conteurs suivis par un lectorat considérable.

Par ailleurs, sensibles à l'atmosphère ferroviaire, d'autres auteurs situent leurs intrigues dans le monde du rail, d'Emile Zola avec *La Bête humaine**, 1890, à Maurice Dekobra, *La Madone des sleepings**, 1925. Il ne s'agit là que d'exemples. En résumé, le roman de gare peut être à la fois celui qu'on achète dans une gare et celui qui raconte toutes sortes de voyages en train. Les deux ne sont pas incompatibles. Ajoutons que ces mêmes volumes, souvent présents en librairie, amplifient ainsi leur audience. Qu'on les ait lus, qu'on ne les lise plus, qu'on les lise toujours ou qu'on s'intéresse à leurs successeurs, ils sont considérés comme des « phénomènes » dont on ne retient, dans certains milieux, que les chiffres de ventes en occultant leurs qualités d'écriture – variables, c'est évident, mais qui seules expliquent leur succès.

Il est piquant d'observer une situation qui s'est inversée. Jusque vers 1970, qu'un livre soit en vente dans une gare suffisait à lui décerner un label de médiocrité, réaction qui ne tient absolument pas compte du public et du respect qu'il mérite. Depuis – et il en est de même pour les grandes surfaces –, ne pas y figurer atteste qu'une certaine littérature n'a pas conservé la confiance ni l'intérêt de dizaines de milliers de lecteurs. Maintenant, éditeurs et auteurs se battent pour être dans les rayons « populaires » !

Qu'on me permette de dire que je suis bien placé pour avoir étudié ces réactions.

Quelques mots, donc, sur « le phénomène Guy des Cars »... Mon père a toujours écrit. Dans les années 1930, qu'un fils de duc ne choisisse pas la carrière militaire était mal vu. Guy de Pérusse, comte des Cars, s'est brouillé avec son père. C'est pourtant un ouvrage plutôt militaire, son premier livre, qui lui vaut un succès étonnant en dépit d'une période peu réjouissante : *L'Officier sans nom*, 1941, prix Goncourt de zone libre, décerné à Lyon. Ce récit de la triste « drôle de guerre » est salué par des talents aussi divers que ceux de Colette* et de Pierre Benoit. Jusqu'à son dernier roman *La Femme d'argent* (1991), en quelque soixante titres, Guy des Cars a conquis cent millions de lecteurs avec des ventes dépassant les cinquante millions d'exemplaires. Exaspérant pour l'intelligentsia et la critique rageuse, adulé par son public, il fut le premier auteur de cette envergure à soutenir les éditions de format de poche (J'ai Lu) et à revendiquer sa place... dans les librairies de gare. Et c'est ainsi qu'un jour de 1961 lors d'un déjeuner (gare de Lyon, au Train Bleu* !) auquel j'assistais avec M. Lagrange, directeur des librairies et bibliothèques de gare du réseau Hachette, j'entendis ce dialogue :

— Vos livres se vendent très bien dans les gares !

— Cela prouve que je suis devenu Guy des Gares et qu'avec mon patronyme j'ai créé un pseudonyme !

Ainsi, ce n'est pas un critique croyant avoir de l'esprit qui a inventé cette formule. Mais comme mon père, ravi, l'a colportée partout, elle a circulé comme si elle était une nouvelle flèche du Parthe, empoisonnée, pour faire mal. C'est lui et lui seul qui s'est surnommé ainsi, prenant de vitesse l'ironie et le dénigrement « confraternels »...

Quatre jours avant son décès, la dernière sortie de Guy des Cars fut pour une signature de ses livres... gare Saint-Lazare, près de son domicile. Une ultime fidélité à ses lecteurs... Il aurait sans doute souri au titre du film de Claude Lelouch sorti en juin 2007, *Roman de gare* !

Gare de l'Est

2 août 1914

Appelée aussi gare de Strasbourg depuis l'occupation de l'Alsace-Lorraine par l'Empire allemand, la gare de l'Est accueille tous les hommes âgés de plus de vingt-quatre ans qui doivent rejoindre les divisions de réserve. Le décret de mobilisation générale est paru avant-hier et la fameuse affiche blanche a été placardée partout. Les classes 1911, 1912 et 1913 sont déjà aux frontières. Les nouveaux appelés arrivent par vagues et les locomotives sont sous pression. Sur certaines voitures, la destination « Berlin » a été hâtivement tracée à la craie. Les optimistes assurent que les Français seront à Berlin dans trois semaines. Comme en 1870... A 7 heures du soir, une édition spéciale s'arrache sous l'immense voûte vitrée, dans une grande confusion. Les crieurs de journaux hurlent : « L'Allemagne déclare officiellement la guerre à la France ! » Beaucoup d'hommes, la fleur au revers et le sourire aux lèvres mais sans uniforme, montent dans des wagons de marchandises et partent confiants...

Gares (refusées)

Au XIXe siècle, le chemin de fer affole tant les esprits français, de Balzac à Flaubert, que certaines villes de province ne veulent pas de cette diabolique invention. Deux métropoles régionales, Orléans et Tours, refusent le passage d'une voie ferrée sur leur territoire et donc la construction d'une gare. Elles vont rapidement le regretter. Il faudra édifier des gares de dérivation, l'une aux Aubrais, l'autre à Saint-Pierre-des-Corps, et faire circuler des navettes en correspondance avec les trains Paris-Bordeaux et Paris-Limoges. Et Orléans comme Tours auront chacune une gare en cul-de-sac, trop grande pour un faux trafic, comme le regret d'avoir... manqué le train. Il y a aussi le cas des villes obstinées dans leur isolement qui ont persisté à éliminer toute connection avec le réseau ferré, par exemple Senlis, charmante cité de l'Oise qui, aujourd'hui, se félicite d'avoir su protéger sa tranquillité malgré la proximité de banlieues devenues « sensibles »...

Le célèbre et immense tableau du peintre américain Albert Herter, dont le fils avait été tué à l'été 1918, avait « disparu » de la gare au moment de la première édition de ce livre, à cause des travaux du TGV EST. Elle était en restauration. Certes… mais j'étais choqué que personne n'ait prévu sa réinstallation. J'ai donc mené une compagne contre l'oubli de ce symbole légendaire, notamment dans une tribune libre publiée par *Le Figaro* du 18 août 2007. Il a fallu encore six mois pour que la toile *Départ des Poilus. Août 1914*, fort bien restaurée, soit enfin remise en place lors d'une cérémonie hélas terne et sans panache… Et on parle de « devoir de mémoire » !

Giraudoux, Jean

Ecrivain, diplomate, auteur dramatique, 1882-1944

Après ses premiers voyages, en 1906, en Allemagne, en Belgique et aux Pays-Bas, nommé vice-consul à la direction politique et commerciale du ministère des Affaires étrangères, il publie un de ses premiers textes, *Provinciales*, en 1909.

C'est un délicieux recueil de textes courts marqués par son enfance et sa jeunesse en Limousin. Sa nouvelle *La Pharmacienne* relate la poursuite, par un agent-voyer (ingénieur chargé, à l'époque, des chemins vicinaux), de la plus jolie femme d'un paisible chef-lieu de canton. Hélas, elle est dans un train qui part et l'amoureux fait une chute en tentant de le rattraper. Il écrit : « La locomotive sifflait le long des tunnels, comme ces voyageurs qui chantent quand la peur les prend dans la forêt. »

Girouette

Jusqu'où peut aller l'amour des locomotives ? Très loin, très haut... et même sur le toit d'un manoir normand ! Raymond Floquet (1906-1988) était collaborateur d'un agent de change. Et passionné par tout ce qui concernait le rail. Dans les années 1930, il joint ce violon d'Ingres à celui de la photographie. En 1958, il achète un manoir parce qu'il peut y aller à pied en descendant du train, sur la ligne Lisieux-Pont-l'Evêque. La gare la plus proche de sa propriété, Manneville, n'est qu'à 600 m. Le train et une petite promenade, c'est parfait. De là, dominant la vallée d'Auge, cet homme respectable et consciencieux surveille, l'œil sur sa montre, le passage des tous les convois, pour vérifier qu'ils « font l'heure, y compris les trains supplémentaires » ! Sa collection de clichés sur plaques de verre fera les délices des lecteurs de *La Vie du rail*. Inévitablement, il fait la connaissance de Michel Doerr*. Ce dernier lui dessine alors, en mars 1962, une girouette (nom, d'ailleurs, venu de l'ancien normand) reproduisant, sur 1,50 m, le profil d'une locomotive, une 120 du réseau de l'Ouest, dans l'état semblable à celles qu'il avait si souvent vu passer. L'extraordinaire pièce de métal, unique en son genre, allait indiquer la direction du vent dans le Pays d'Auge pendant des années. Cette propriété ayant été vendue, elle a rejoint une série de vingt-cinq plaques de locomotives arrachées à l'oubli lorsque ces machines ont connu la disgrâce d'être découpées au chalumeau. Mais le fils de son ancien propriétaire, François Floquet, qui conserve ces souvenirs – dont l'un dans son bureau professionnel –, est bien un amoureux des trains d'autrefois : il a effectué, à la fin des années 1960, le dernier parcours d'Amiens à Calais de la Pacific 231 K 8 qui tirait le légendaire train Pullman* La Flèche d'or*. Ce jour-là, il y avait beaucoup de monde dans l'abri* de conduite...

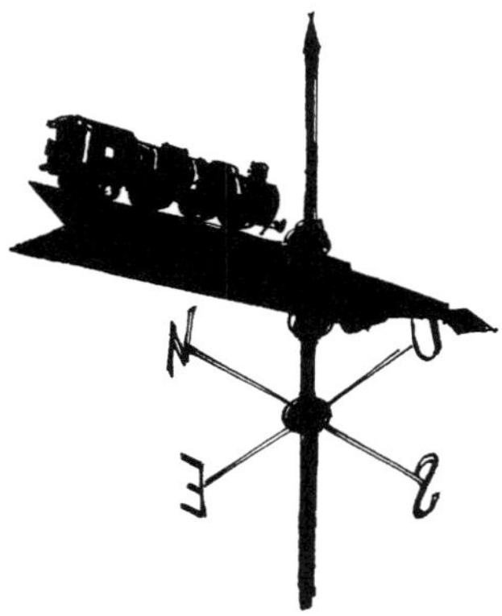

Glatt, Albert

Organisateur suisse de voyages en train, fondateur du « Nostalgie-Orient-Express », né en 1933

Depuis trente ans, chez les amateurs, son nom est synonyme de périples ferroviaires extraordinaires dans le monde entier. Avec lui, le train qui fait rêver est à l'honneur. Et je ne crains pas de dire que ce citoyen suisse est à l'origine de la renaissance de voyages en trains de luxe, à la mode d'autrefois. C'est lui qui, dès le printemps 1976, s'est discrètement ému de l'abandon et de la dégradation d'un matériel jugé « démodé ». A l'époque, directeur d'une agence de voyages, Intraflug, sur les hauteurs de Zurich mais ne s'intéressant pas spécialement au chemin de fer, Albert Glatt a un coup de cœur pour quelques vieilles voitures-lits et voitures-restaurants aperçues sur une voie et promises au chalumeau. En ce temps-là, les autorités ne jurent que par la vitesse. Albert Glatt va répondre par des « trains-croisières » où la nostalgie est du voyage. Il est d'autant plus sensible à l'importance de ce patrimoine que la suppression de la liaison directe Paris-Istanbul, par le Direct-Orient agonisant, est déjà programmée. Albert Glatt, avant tout le monde, ne se résout pas à l'abandon total d'un voyage romantique vers le Bosphore. Ce serait – j'en ai été le témoin – une insulte à l'Histoire. Après un premier train Milan-Istanbul, organisé par Walter Finkbonher avec du matériel des années 1920, l'expérience est concluante. Entêté, audacieux et précis, coiffé d'une inséparable casquette écossaise rouge, Albert Glatt se documente, recherche les voitures oubliées, les rachète, les sauve et procède à de premières réparations. Ces voitures deviennent propriété privée, leur caisse étant signée d'une lettre P dans un rectangle. Peu de gens croient en cette aventure à contre-courant, sauf quelques mordus dans mon genre. En octobre 1976, je fais la connaissance d'Alby (pour ses amis) lors d'un tournage télévisé. Il organise un Arlberg-Orient-Express* de Zurich à Istanbul avec des voitures-lits de type LX 16 (pour seize voyageurs contre... trente-six dans les voitures dites modernes !) qui étaient sur le Train Bleu*, deux Pullman* ayant fait les beaux jours du Côte d'Azur Pullman, une voiture-douches, ancien Pullman de

1936 transformé en 1966 avec sept cabines, en service permanent et entretenues par un préposé, une voiture-restaurant moderne en attendant la remise en état d'une voiture d'époque, un fourgon à bagages avec réserve de cuisine et cave des Chemins de fer fédéraux suisses.

La vie à bord est, dès ce moment, digne d'éloges et unique en Europe. La composition du train, identique pendant tout le parcours, est celle d'un hôtel roulant. Elle permet de retrouver l'atmosphère brillante, ouatée et privilégiée des grands express de jadis. Albert Glatt s'est plongé dans les archives pour les menus, les étiquettes, les programmes et quelques accessoires, comme les peignoirs de bain. Le nom de son train est explicite, « Nostalgie-Orient-Express ». Dans la série télévisée *Histoire des Trains* de Daniel Costelle (TF1/Pathé-Cinéma), nous lui consacrons une longue émission, sur tout le parcours. Pour quatre-vingt-dix passagers, on dénombre vingt stewards, les conducteurs des voitures, la brigade de cuisine (la Compagnie suisse des Wagons-Restaurants assurera certains voyages) et un médecin. Dîners en cravate noire et robe longue ne sont pas incongrus. Et, en Yougoslavie, en Bulgarie comme en Turquie, des locomotives à vapeur, qui allaient prendre leur retraite, sortent des dépôts et tirent le « Nostalgie » pour un voyage dans le temps, l'histoire et la géographie. Un très grand succès, avec des haltes animées et une arrivée sur le Bosphore où des janissaires montent la garde et des derviches tourneurs sur le quai... Albert Glatt et son équipe, bien organisée, mettent à la mode le premier « Orient-Express* rétro ».

Jusqu'en 1991, il y aura, chaque année, une moyenne de trois départs, certains de Paris. Plusieurs périples passent, alternativement, par le Simplon ou l'Arlberg, vont vers Athènes ou Istanbul, transitent *via* Munich, Vienne, Budapest et Bucarest. Par définition, ces rames ne circulaient pas en service régulier mais une importante clientèle germanique et anglo-saxonne était informée des dates de départ. En 1983, pour le centenaire de l'Orient-Express, un voyage, unique, emprunte, sur une large boucle européenne, un itinéraire combinant les lignes de l'Orient, de l'Arlberg et du Simplon. Une fête de famille !

Entre-temps, avec d'autres moyens et l'objectif, autant que les contraintes, d'un impeccable service régulier, le Venice-Simplon-Orient-Express* a commencé, en 1982, sa formidable et luxueuse aventure.

Avec ses voitures, Albert Glatt a organisé toutes sortes de trains, du tour de France à la découverte du cercle Polaire, de la Sibérie au Japon, et plus de cent circuits en locomotives à vapeur. Il a également affrété des trains en Chine, en Afrique du Sud, en Inde. Aujourd'hui, il fait rouler, l'été, des Transsibériens* et Transmongoliens (Moscou-Irkoutsk-Oulan-Bator-Pékin) de grand luxe, avec un matériel spécial, une excellente qualité de cuisine (avec un chef suisse) et de service. En projet, pour 2007 : un nouvel express du soleil de minuit, un voyage au Tibet, un en Ukraine et un Munich-Istanbul avec d'anciennes voitures royales hongroises qui ont été restaurées.

Grand-Mère

Locomotive électrique française, 1951

Le rail est une grande famille. Les cheminots donnent souvent des surnoms ou des noms au matériel (*Picasso**). La *Grand-Mère* est une machine de type CC bicourant, 1 500 volts continu ou 25 000 volts en monophasé 50 Hz. Elle fait partie des engins que Louis Armand*, alors dynamique directeur de la SNCF, commanda dès 1948, capables de tirer 530 tonnes sur des rampes de 20 mm par mètre. Elle fut essayée en Savoie et circula d'Aix-les-Bains à Saint-Gervais et Annemasse.

Sous l'impulsion des ingénieurs en chef Marcel Garreau et Fernand Nouvion, dirigeant la traction électrique de la SNCF, cet engin de 104 tonnes pouvait atteindre le 100 km/h. Avec une puissance de 3 060 kW, la CC fut la première locomotive française moderne de l'après-guerre mais de construction suisse, aux ateliers d'Oerlikon. Pourquoi *Grand-*

Mère ? Parce qu'elle est la génitrice de toute une famille de motrices, y compris le TGV*, adaptables jusqu'au quadricourant permettant de passer d'une ligne à grande vitesse à une ligne classique sans interruption. Pour cette raison, les rames du TGV Atlantique 301 et 302 sont aussi appelées *Grands-Mères*. Il n'y a plus de respect !

Greene, Graham

Romancier et auteur dramatique britannique, 1904-1991

De même qu'il y a des agents doubles – et ses livres en seront remplis –, Graham Greene, à la fois homme d'action et écrivain, puise de ses expériences la matière de nombreux livres où la psychologie des personnages est très fouillée. Chez ce fils de la bonne société – son père est directeur d'école – entré au *Times* en 1926, la découverte du monde est celle des points chauds du globe. La violence, la misère et la mort sont les thèmes de ses enquêtes et réflexions. L'opposition entre le Bien et le Mal est brûlante, reflet de sa conversion au catholicisme en 1927. Cela ne l'empêche pas de défier le destin : avec un revolver, il joue à la roulette russe. Entré en 1940 aux Affaires étrangères sans qu'on sache exactement ce qu'il y fait, l'homme d'action se dilue dans la guerre. Celle des ombres lui devient familière.

Agents secrets, espions et individus troubles sont issus de ses voyages entre 1930 et 1960 et ressortent, sous des formes diverses, dans ses récits. Le Liberia, le Mexique, la Malaisie, l'Indochine font partie de ses champs d'expérience où le chemin de fer est le principal moyen de transport. Les guerres (Espagne) et les dictatures (Cuba, Haïti, Argentine et Panama) prouvent que le monde n'est jamais en paix. De même, ses histoires d'amour sont torrides, compliquées et provocantes. L'enfer du désir – et du mensonge – y est aussi implacable que celui de la politique internationale. Dans *Orient-Express** (titre original : *Stamboul Train*, 1932, traduction française chez Stock de Denise Clairouin), son troisième livre et son premier grand succès, l'intrigue se déroule en trois jours, au rythme du voyage de la Belgique vers le Bosphore. Les titres des chapitres sont ceux des gares emblématiques du parcours, à l'exception d'une seule : Ostende, Cologne, Vienne, Subotica, Constantinople. La ville de Subotica, en Voïvodine (Yougoslavie), est mise en vedette parce qu'elle se situe entre la Serbie, la Hongrie, la Roumanie et la Croatie, donc à un carrefour passionnant pour l'auteur. Curieusement, la dénomination française Constantinople, qui contredit le titre anglais, est administrativement fausse depuis 1924 et les décisions de Mustafa Kémal Atatürk*. En revanche, en situant son intrigue dès la mer du Nord, Graham Greene est bien documenté : en effet, depuis le 20 juin 1920, une branche inclut effectivement Ostende dans le parcours et, depuis le 22 mai de cette même année, le réseau des diverses ramifications de l'Orient-Express est au complet jusqu'en Syrie, Palestine et Egypte.

Graham Greene réunit des gens qui défont et refont le monde. Après la douane belge, passée dans la gare maritime d'Ostende, l'un des voyageurs, Myatt, est très ennuyé de ne pas avoir un sleeping pour lui seul car « il avait horreur de se déshabiller devant un autre homme ». Et il est certain que le contrôleur de sa voiture-lit sera « grincheux ». En attendant le départ, cet habitué, qui se sent humilié d'être juif, fait quelques pas sur le quai mouillé. « Il passa devant les fenêtres éclairées du wagon-restaurant où de petites lampes voilées d'abat-jour de soie mauve luisaient sur la nappe car le couvert était mis pour le dîner. » Graham Greene égrène le nom des villes et remplace Subotica par Belgrade, ce qui s'impose. S'agit-il d'une distraction du romancier ou d'un remords ? Je ne sais... « Il longea la ligne des noms sans même leur jeter un regard, le trajet lui était familier, les noms glissaient à reculons à la hauteur de ses yeux comme les flèches, les minarets, les coupoles ou les dômes des villes elles-mêmes, sans offrir nul havre à ceux de sa race. »

Les extrêmes s'affrontent : l'argent et la misère, la religion et le rationnel, la puissance et la maladie. De formidables descriptions font participer le lecteur au voyage. Cette Europe, vue surtout de nuit, accentue le mystère qui entoure les personnages. Graham Greene fait remarquablement vivre l'atmosphère énigmatique des trains et des gares. Plus tard, sur un ton léger, il écrira une fantaisie, tendre et délicieusement optimiste, *Voyages avec ma tante* (*Travels with my Aunt*). Une extravagante Britannique, sans aucun complexe, élit domicile dans l'Orient-Express pour s'y livrer à divers trafics... afin d'être charitable ! Ainsi, elle transporte de l'argent pour des révolutionnaires turcs et le montant d'une rançon exigée par une mafia italienne ! Le comique de la situation naît de son neveu, qui l'accompagne. Ce pauvre garçon est d'un conventionnel absolu et sa merveilleuse tante a le plus grand mal à le décontracter. En 1972, George Cukor porte ce livre très amusant au cinéma* avec Maggie Smith dans le rôle de l'Anglaise excentrique et Alec MacCowen dans celui du neveu dépassé et même coincé. Au moment de leur départ, gare de Lyon (on pardonnera la petite erreur de la mention *Direct-Orient* en haut de la voiture...), il s'allonge enfin voluptueusement sur son lit. Puis, en s'étirant, ravi, comblé par l'instinct de l'aventure et excité de partager sa cabine avec une hippie peut-être sur la route de Katmandou, il s'adresse au spectateur en lançant :

— Après tout, je suis dans l'Orient-Express !

Une totale réussite, brillante et divertissante, de George Cukor, à partir d'un roman à l'opposé de l'univers sombre du *Troisième Homme*.

Guerre froide

Lorsque, le 5 mars 1946, Churchill accuse Moscou d'avoir fait tomber « un rideau de fer sur l'Europe », commence un nouveau conflit, la guerre froide. Dans l'Europe cassée en deux par une rivalité idéologique, économique et militaire, l'existence des grands trains internationaux est compromise puisque les frontières nient leur fonction. La survivance de l'Orient-Express* et de ses ramifications paraît à la fois un défi et une nécessité, tout en portant témoignage de l'évolution des idées et des techniques. En reprenant, le 1er juin 1948, son trajet de 1939, il perd son label officiel de « train de luxe ». La traversée, laborieuse et interminable, des Républiques populaires de Hongrie et de Roumanie impose, à côté des voitures-lits et des voitures-restaurants, un matériel conventionnel de première, de seconde et de troisième classes en places assises qui est propriété des Etats concernés. Le matériel privé est mal vu... Arrêts incessants, contrôles tatillons, suspicion généralisée, fausse courtoisie glacée des policiers, douaniers, agents de Chemins de fer : le voyage vers l'Europe centrale, devenue politiquement de l'Est, est une épreuve. Et une longue patience. S'y ajoutent les difficultés techniques : ponts détruits, tunnels endommagés, voies mal entretenues, tout ce qui fut un champ de bataille sur des milliers de kilomètres est en reconstruction, certes, mais des tronçons restent inutilisables et de longs détours ou des terminus forcés, obligatoires.

Les tracasseries des autorités s'expliquent par le nombre de gens fuyant les dictatures communistes. Les cas de Vienne et de Prague sont les plus révélateurs de ce climat d'angoisse digne de Graham Greene*. Occupée par les quatre puissances alliées depuis 1945, Vienne est le carrefour de tous les réseaux, y compris ceux des criminels de guerre. Des patrouilles en quatre uniformes, français, américain, britannique et soviétique, sillonnent les gares viennoises, démontant les panneaux des cabines et bloquant les toilettes, refuge habituel des gens en fuite. Des voyageurs qui n'ont rien à se reprocher sont retenus pendant des heures, fouillés et interrogés sans douceur. Un passeport en règle vaut plus que de l'or. La Commission de contrôle alliée enregistre de nombreuses plaintes de gens innocents, qui ne reçoivent que de vagues excuses pour toute réponse. On achète le silence – et la liberté – avec des montres, des cigarettes et des bas de soie. L'épouse d'un haut fonctionnaire des OBB (Chemins de fer autrichiens) est même scrupuleusement déshabillée par des femmes en uniforme. Parce qu'elle voyage gratuitement en première classe, elle est traitée de « capitaliste »...

Le 25 février 1948, par le « coup de Prague », un régime communiste prend le contrôle absolu de la Tchécoslovaquie. Le travail des conducteurs des wagons-lits devient périlleux ; certains s'enchaînent aux radiateurs, aux lits ou aux portes pour ne pas être arrêtés sous le moindre prétexte. L'existence de leur uniforme, celui d'une société privée, est une provocation. Il faut reconnaître que des trafics en tous genres sont organisés dans les trains reliant les deux parties de l'Europe. Mille cinq cents dollars enfermés dans une réserve de papier hygiénique, cinq cents dollars dans la glacière d'une voiture-restaurant... Des miroirs pour vérifier qu'aucun fugitif ne s'est caché dans les boggies ou entre les soufflets, des chiens policiers, c'est bien une guerre. La police tchécoslovaque ne plaisante pas : en cas de fraude, toute la rame est différée, c'est-à-dire conduite sur une voie de garage, et tous les voyageurs sont mis à la question, pour être sûr de démasquer le correspondant, l'intermédiaire, le coupable, mais cette intimidation n'est pas toujours efficace. Au fur et à mesure de l'ampleur des restrictions, la tentation des trafics augmente et, en représailles, les mesures d'immobilisation se multiplient. Les voitures de la Compagnie des Wagons-Lits sont de plus en plus insupportables à la « démocratie stalinienne ». On pouvait s'y attendre : les conventions sont dénoncées par la Yougoslavie en 1947, la Roumanie en 1948, la Tchécoslovaquie et la Hongrie en 1949, la Bulgarie en 1950. Les services internes, avec du matériel et du personnel étrangers, sont supprimés. Philippe Daudy, correspondant de l'Agence France-Presse dans la zone à cette époque, se souvient : « D'un coup, on entrait dans un autre monde. L'apparition des premiers uniformes, des premiers gardes, les longues capotes à la russe, le silence, la nudité, rien à vendre sur les quais, pas de petits chariots, une extrême politesse mais une grande absence, pas de contacts, pas de conversations. Tout cela était fort impressionnant. On accrochait un deuxième wagon-lit après la frontière et, alors, on sentait les notables du parti, visages fermés, en même temps que de nombreux uniformes d'officiers nous environnaient. Au wagon-restaurant, les plats d'argent étaient un peu éraillés ; on tentait de maintenir une forme de décorum mais la veste blanche du serveur, un peu de traviole, nous rappelait toute la fausseté et l'illusion de ces efforts. »

Deux journalistes américains, envoyés spéciaux du grand magazine *Life*, font l'expérience de la guerre de plus en plus froide et leur reportage va stupéfier les Etats-Unis, qui ignorent ce que sont une occupation et l'emprise de Staline qu'ils ont laissé entrer le premier dans Berlin. Pour Roy Rowan et le photographe Jack Birns, le voyage commence mal dès Paris – on est très méfiant à l'encontre de leur métier et de leur nationalité – et ne s'arrange pas à leur traversée de la Suisse où, avec une sage lenteur, on s'informe des buts de leur voyage avec des appareils photographiques d'un modèle nouveau... Leur passage à la frontière hongroise de Hegyeshalom (deux heures d'arrêt), roumaine à Lokhözada (deux heures et demie, démontage du matériel) puis cinq heures à Curtici (visas considérés comme périmés avant qu'une poignée de dollars ne les rende valables !) constituent le quotidien. Et un record : le trajet Vienne-Bucarest (environ 1 300 km) leur prend trente-cinq heures ! Epuisés, plongés dans un univers qu'ils ne soupçonnaient pas, nos reporters notent que les ampoules de leur sleeping ont été dévissées trois cents fois (pour vérifier si des messages ou des microfilms n'ont pas été collés contre la douille), les toilettes visitées vingt fois (sans être nettoyées) et cinquante personnes suspectées puis relâchées à regret par des limiers pour qui tout voyageur ne peut qu'être un agent de l'Amérique ou de ses complices capitalistes.

C'est dans cette atmosphère noire où les tunnels sont plus inquiétants que d'habitude et les volutes de fumée un rideau de mystère que se déroule une histoire véridique sur fond de rivalités entre les Alliés.

Un soir de mars 1948, deux Américaines, Mrs Lucile Vogeler et sa sœur Wilhelmine Eykens, prennent l'Arlberg-Orient-Express à destination du Tyrol où elles vont faire du ski. Elles quittent la Vienne angoissante du *Troisième Homme*. Trois heures plus tard, en pleine nuit et comme prévu, le train s'arrête sur le pont de l'Enns, un affluent du Danube qui marque la frontière entre les zones américaine et soviétique car l'Autriche, comme Vienne, est divisée en quatre zones d'occupation. Des policiers à casquette étoilée de rouge font réveiller les voyageuses sans ménagement, même si elles ne pouvaient ignorer cette habitude faite de torches électriques dans le visage, de coups violents sur les portes et de cris énergiques. Leurs passeports sont regardés en transparence mais à peine, les permis de circulation sont ignorés et, dans un mauvais allemand, un caporal leur déclare, d'un ton peu aimable :

— Vos papiers ne sont pas en règle !

Et de moins en moins aimable :

— Habillez-vous et descendez du train !

Obtenant de pouvoir refermer la porte de leur cabine double, les deux femmes se vêtent le plus lentement possible. C'est une ruse, Mrs Vogeler essayant de simuler une grossesse et sa sœur accentuant sa pâleur maladive par un maquillage blafard. Ainsi, peu séduisantes – c'est ce qu'elles pensent –, elles espèrent échapper au risque habituel des contrôles soviétiques, rarement puni : le viol... Enfin prêtes, le caporal – très impatient – les somme de prendre leurs bagages, quatre valises ; le conducteur de leur voiture, selon l'usage, s'offre à les aider mais le sous-officier n'apprécie guère cette élégance décadente. Sur le quai, un officier donne l'ordre : le train repart.

Conduites jusqu'à un baraquement rempli de soldats où fume un poêle dans de fortes odeurs de transpiration, les deux femmes refusent de boire de la vodka et subissent des propositions diverses, appuyées de menaces. Après quatre heures d'inquiétude, elles obtiennent le droit de partir, à pied, et de rejoindre un village voisin, tout cela sans explication, dans la nuit enneigée. A la poste où elles réveillent la responsable, elles demandent à parler au général Keyes, haut-commissaire américain à Vienne. Impossible : pour une telle communication, elles doivent avoir une autorisation écrite du commandant de la zone soviétique, celle où elles se trouvent... Enfin, après une longue supplication des deux sœurs, l'employée accepte de transmettre un télégramme d'appel au secours à l'intention du général Keyes. Elles attendent une réponse quand un colonel soviétique, parlant anglais, leur demande ce qu'elles font là. Elles lui racontent leur mésaventure. Il fronce les sourcils :

— Regagnez Vienne et ne voyagez plus jamais en zone soviétique.

Elles sauront, plus tard, que la réaction du commandement américain avait été immédiate et que son homologue à étoile rouge avait affirmé : « Les personnes coupables ont été punies. »

Méprise ? Excès de zèle ? Que s'était-il passé ? Une affaire typique de l'époque, une parmi d'autres, qui prouve que tout passager de ces trains mythiques pouvait être suspect. Les deux femmes se trouvaient, sans le savoir, dans les mailles d'un vaste filet. En l'occurrence, Robert Vogeler, le mari de Lucile, est, à trente-six ans, le vice-président délégué de la puissante compagnie International Telephone and Telegraph Corporation (ITT) pour l'Europe centrale. Son activité est très surveillée, d'autant plus qu'il est né de parents naturalisés français et allemands, et parle plusieurs langues. Circonstance aggravante, depuis juin 1946, ce résident du secteur américain est filé par les Soviétiques car il aurait fourni du matériel de mauvaise qualité à l'Armée rouge ; il est considéré comme un saboteur. Et, pour ne rien arranger, il passe son temps dans les trains : vingt-trois voyages Vienne-Prague, neuf Vienne-Budapest, et s'évanouit dans l'obscurité avec une facilité vexante. L'étau se resserre car son métier ressemble à une couverture de plus en plus transparente. Exaspérés, les services communistes de renseignements se lancent dans une chasse à l'homme, surveillant aussi son entourage. En août 1949, c'est la police politique hongroise (AVH) qui parvient à le maîtriser. C'est bien un agent américain. Son procès s'ouvre à Budapest le 17 février 1950. On lui conseille de reconnaître qu'il a eu « des contacts illégaux », ce qui lui vaut... quinze ans de prison. Mais en avril 1951 il est libéré. Soudain, l'accusation d'espionnage* était effacée...

Gulbenkian, Calouste Sarkis

Homme d'affaires arménien, 1869-1955

Les trains sont des refuges. Ils peuvent faciliter les fuites, les évasions, les disparitions. Le cas de Calouste Gulbenkian en est un exemple étonnant. Né à Scutari, faubourg de Constantinople, cet homme audacieux noue des relations avec Henry Deterding, dirigeant de la Royal Dutch Shell, et s'associe avec lui en 1895. Un an plus tard, en juillet 1896, un voyageur de l'Orient-Express* essaie de ne pas se faire remarquer en ne se séparant pas d'un tapis qu'il tient roulé contre lui. Des personnages hors du commun, dans ce train pas comme les autres, on en a déjà vu. Mais pourquoi ce voyageur, qui jette des regards inquiets autour de lui, ne sort-il presque pas de sa cabine ? Et pourquoi ne pose-t-il pas son colis de marchand de tapis qu'il aurait pu confier aux bagages ? Parce que dans le tapis est dissimulé son bien le plus précieux, son... fils, Nubar ! Arménien, le père a sauté dans le premier train pour fuir les persécutions de ses compatriotes, massacrés par Abdul Hamid II, tristement surnommé « le Sultan rouge ». Et ce tapis du Daghestan est tout ce qu'il a trouvé pour cacher son précieux fardeau.

Il atteint Paris où il propose aux autorités un contrat d'exploitation du sous-sol de la région de Mossoul, riche en pétrole. C'est à peine si on écoute cet étranger exigeant et qui se montre dur en affaires. Tant pis ! Toujours avec son fils, mais qu'il n'a plus besoin de cacher, il gagne Londres. Là, on l'écoute attentivement et on suit ses idées, au point qu'il est naturalisé sujet britannique en 1902.

Devenu un magnat de l'or noir, il cède, en 1920, ses droits au Consortium irakien (France, Royaume-Uni, Pays-Bas, Etats-Unis) mais se réserve un pourcentage de 5 % sur la propriété et les bénéfices. Son surnom, célèbre, devient celui de « Monsieur 5 % ». Puis, il en revend une partie à l'Etat français. Ravi d'avoir pu effacer une fâcheuse impression laissée par la France d'avant 1900, le président de la République, Raymond Poincaré, lui propose la dignité de grand croix de la Légion d'honneur. Calouste refuse et c'est son fils, le miraculé, qui est décoré ! Encore une originalité dans la vie peu banale de ce visionnaire. « Monsieur 5 % » acquiert ensuite une participation importante dans l'Anglo-Iranian Company. En 1940, il est nommé ministre plénipotentiaire d'Iran à Paris et représente son pays jusqu'à l'arrivée au pouvoir de Mossadegh, en 1951, qui nationalise les pétroles.

Opiniâtre mais d'un goût très sûr, il constitue, à Lisbonne, une fondation portant son nom pour gérer des collections d'œuvres d'art, plus de cent cinquante bibliothèques et des institutions culturelles tant au Portugal que dans d'autres pays. Expositions, bourses d'étudiants et prix décernés à des artistes ont fait de lui un mécène à 100 %. Il meurt à Lisbonne le 20 juillet 1955.

H

« La meilleure façon d'attraper un train,
c'est de manquer le précédent. »

CHESTERTON.

Hitchcock, sir Alfred

1899-1980

Si Hitchcock est un metteur en scène dont la carrière, de 1925 à 1975, est jalonnée de chefs-d'œuvre d'énigmes policières et de suspense, il est également fasciné par les trains et les a souvent utilisés. A l'inverse de David Lean*, les chemins de fer d'Alfred Hitchcock sont essentiellement vus de l'intérieur, toujours inquiétants. Ils symbolisent ou dissimulent un danger, physique ou psychologique. Avec ce maître qui manie l'angoisse et l'humour en se délectant, le Diable est peut-être à bord ! Sa première réalisation notoire sur le sujet est un film tourné à la fin de sa période anglaise, *Les Trente-Neuf Marches* (*The Thirty Nine Steps*, 1935). Une remarquable leçon de cinéma*, un bijou. Indémodable, passionnant, un grand classique. Se situant dans l'époque des soupçons de l'avant-guerre, c'est un formidable film d'espionnage dont le héros est innocent, selon une des clés de l'œuvre hitchcockienne. Point de départ de l'intrigue : une jeune femme confie à un officier canadien, qui vient d'arriver à Londres, qu'un important secret militaire vient d'être dérobé. Le vol a été commis grâce à un message transmis, de manière anodine, par un artiste de music-hall dont la mémoire est infaillible. Derrière ce complot, un réseau d'espions appelé – on l'apprendra – « Les trente-neuf marches ». La jeune femme est immédiatement assassinée et Scotland Yard est convaincu que le Canadien est son meurtrier. Les apparences sont contre lui. Poursuivi à la fois par des agents d'une puissance ennemie et par la police qui ne croit pas à ses dénégations, le faux coupable, Richard Hannay (l'acteur Robert Donat), tente de gagner l'Ecosse pour trouver un mystérieux professeur Jordan dont la victime avait eu le temps de lui donner l'adresse avant de mourir. Par un montage sonore spectaculaire, la femme de ménage qui découvre le corps de la morte pousse un hurlement, lequel est mixé avec le sifflet d'une locomotive sortant d'un tunnel. On en frissonne encore ! C'est une des plus belles transitions – inattendues – du cinéma* ferroviaire.

C'est en Ecosse que le train va jouer un rôle essentiel, car c'est lui qui transforme l'énigme en poursuite. Le chemin de fer introduit la notion de vitesse ; désormais, entre l'innocent et les méchants, la course est implacable. « Ce que j'aime dans *Les Trente-Neuf Marches*, c'est la soudaineté des transitions, expliquera Alfred Hitchcock à un de ses admirateurs, ancien critique devenu réalisateur, François Truffaut* (*Hitchcock/Truffaut*, avec la collaboration de Helen

Scott, Ramsay, édition définitive, 1983). Voilà ce qu'il y a d'épatant, la rapidité des transitions. Il faut travailler beaucoup pour y arriver, mais ça en vaut la peine. Il faut employer une idée après l'autre et cela en sacrifiant tout à la rapidité. »

L'officier croit s'y rendre pour se disculper mais, en réalité, il tombe dans la gueule du loup. Dans le train, évidemment le légendaire Flying Scotsman Londres-Edimbourg, le fugitif rencontre, par hasard, une certaine Pamela. Elle aussi le croit coupable. A cause de lui, leurs destins sont scellés. Ils sont traqués. Pour échapper à deux policiers (faux), il l'embrasse dans le compartiment car personne, selon Hitchcock, n'oserait déranger un couple d'amoureux ou d'amants. Ils se retrouvent menottés l'un à l'autre, prisonniers, et passent une nuit originale dans un hôtel, au prix d'un irrésistible jeu de main à main. Tous les ennuis qui accablent le héros sont aggravés par le lieu clos qu'est le chemin de fer. L'atmosphère sombre de la nuit écossaise, la lande hostile et la marche du train sont formidablement utilisées. Hitchcock prouve qu'il est un excellent technicien. Vingt ans plus tard, il s'expliquera sur sa méthode, éblouissante : « Je ne veux pas que l'intrigue suive la technique. J'adapte la technique à l'intrigue. Un bel angle de prises de vues peut causer un effet qui satisfait le chef opérateur ou même le metteur en scène. Mais la question est de savoir si, dramatiquement, ce plan est la meilleure façon de raconter l'histoire. » Il y a une séquence particulièrement réussie lorsque le train est soudain stoppé par le signal d'alarme mais pas n'importe où, sur l'un des audacieux viaducs métalliques qui enjambent les estuaires écossais. Signalons que ce fameux pont sur la Forth est, d'un point de vue architectural, avec ses poutrelles assemblées en forme de toasts géants, le modèle de celui qui sera construit sur la rivière Kwaï dans le film de David Lean.

Ici, le fuyard est accroché à l'arbalétrier, suspendu dans le vide. Au moment où les policiers vont enfin coincer leur proie, le train doit repartir... car le règlement interdit d'arrêter un convoi sur un pont ! On en déduit qu'Alfred Hitchcock avait sérieusement étudié les us et coutumes des chemins de fer britanniques... De même, Hitchcock connaissait une vedette de music-hall qui présentait un numéro fondé sur d'extraordinaires capacités mnémotechniques.

Dans *Les Trente-Neuf Marches*, ce qui compte est la manière dont le malheureux héros ressent le train et dont il le voit. Les deux voyageurs qui lisent leur journal face à lui ne sont-ils pas chargés, en fait, de le surveiller ? L'express qui devrait le conduire à la solution le dirige droit vers un piège. Les types de passagers sont présentés avec jubilation par le réalisateur, tel ce représentant en lingerie féminine qui sort de sa valise un corset monstrueux, un vrai tue l'amour. Cette horreur (qui ridiculise le fétichisme) nous vaut une réplique savoureuse d'un autre voyageur consterné devant le corset :

— Ma femme !

Et, en prime, la perplexité d'un pasteur devant l'objet !

Ce film, indémodable, a fait l'objet d'un très médiocre remake de Ralph Thomas (1960) et d'une troisième version, beaucoup plus intéressante, de Don Sharp (1978) qui a l'originalité de resituer l'affaire dans le cadre du roman d'origine de John Buchan, la

Première Guerre mondiale. Mais il y manque la patte, l'astuce et le charme hitchcockiens. Se méfier des imitations !

Avec *Une femme disparaît* (*The Lady Vanishes*, 1938), Alfred Hitchcock nous propose une œuvre parfaite, totalement maîtrisée, et son film le plus ferroviaire puisqu'il se déroule entièrement dans un train. Et quel train ! Il s'agit de l'Arlberg-Orient-Express, bien qu'il ne soit jamais nommé, mais son parcours en Autriche ne laisse pas de doute. Il vient des Balkans. On y trouve tout ce qui peut arriver dans un express international de l'époque : tempête de neige, frontières infranchissables, étranglement d'un chanteur, attaque de la rame sur une voie de garage par des soldats, un très inquiétant chirurgien du cerveau, une fausse religieuse qui porte des talons aiguilles et veille un patient dont la tête est couverte de bandelettes, une baronne Athona, épouse du ministre de la Propagande, un magicien italien, un magistrat et sa maîtresse, et la présence puis l'absence, inexplicable, d'une certaine Miss Froy... disparue et dont l'existence même est niée.

Avec son humour, le metteur en scène place au cœur de cette situation classique deux Britanniques obsédés par leur rage d'arriver à temps à Londres pour un match de cricket ! L'Europe va s'embraser – les allusions politiques sont claires –, on enlève et on tue miss Froy, ils s'en moquent ! Ces deux gentlemen, MM. Charters et Caldicott, sont seulement furieux de tous les retards et incidents qui les empêchent de poursuivre leur voyage. Hitchcock nous signale, au passage, que lorsque les trains sont bloqués, c'est toujours un mauvais signe... La coexistence des personnages est un modèle du genre et l'ironie ne perd jamais ses droits, ni l'érotisme. Ici, le technicien Hitchcock se révèle sans égal. En regardant ce célèbre et merveilleux film, on croit qu'il a eu à sa disposition tout un train pour tourner dans les Alpes. Les compartiments, les couloirs, le wagon-restaurant, le fourgon, rien n'y manque. On voit même le héros courir à travers trois voitures. Or, le réalisateur a tout reconstitué dans un petit studio près de Londres, à Islington (le même que pour *Les Trente-Neuf Marches*), forêt autrichienne comprise. Le plateau ne dépassait pas 30 m de long. « Hitch » a fait construire, en décor, une seule voiture, moitié *sleeping-car*, moitié *dining-car* ! La virtuosité et l'intelligence du découpage donnent l'impression que le train est complet, grâce à des maquettes et à des transparences. Un tour de force inégalé et l'avant-dernier film de sa période anglaise. Et un immense succès, tant public que critique. A la sortie du film, en juin 1935, un journaliste du *New York Times* décerne à Hitchcock un titre sans précédent, celui de « maître du choc et du suspense, de l'horreur glaciale et de l'humour sournoisement incongru ».

On se demande pourquoi les productions britanniques Rank/Hammer Films, à quoi l'on doit d'excellents films mythiques, le réalisateur Anthony Page et le scénariste George Axelrod ont éprouvé le besoin de tourner aussi un remake, certes soigné, sous le même titre, en 1979. Bien que la photographie en couleurs (qui n'ajoute rien, au contraire) soit signée Douglas Slocombe, il s'agit d'une pâle copie. Et inutile.

Quatorzième film de sa période américaine, *L'Inconnu du Nord-Express* (*Strangers on a Train*, 1951) permet à Hitchcock de mettre en scène un train de luxe américain sur la ligne Washington-New York. Mais la destination importe peu. L'adaptation du roman policier de Patricia Highsmith est écrite, en partie, par Raymond Chandler, un expert, mais ses relations avec le metteur en scène seront exécrables.

Le point de départ est simple : il s'agit d'un échange de meurtres afin de brouiller les pistes puisque les mobiles seront inexistants. Au wagon-restaurant, à une table tranquille, un jeune mais déjà connu champion de tennis, Guy (interprété par Farley Granger), est abordé par Bruno (Robert Walker) qui, à l'évidence, sait tout du sportif. Il a lu les journaux parlant de lui et sait qu'il a une liaison avec la fille d'un sénateur. Bruno, dangereux psychopathe, propose, tout simplement, si j'ose écrire, de tuer l'épouse du champion, laquelle ne veut pas divorcer ; en contrepartie, Guy devra assassiner le père de Bruno qui voudrait faire enfermer son fils, malade mental. Ce troc macabre – dont Guy ne veut pas entendre parler – tournera au cauchemar. Le film commence par des travellings sur les pieds d'un des personnages, puis des plans de rails qui s'éloignent, se resserrent et s'éloignent dans le ballet orchestré par les aiguillages. La question que l'on peut se poser est de savoir si une telle rencontre entre les deux hommes – qui n'est pas un hasard – aurait pu avoir lieu sur un paquebot ou dans un avion. Dans l'absolu, sans doute, mais Hitchcock nous indique que le train, en particulier le wagon-restaurant, incite à la confidence et à la découverte mutuelle des deux voyageurs face à face ; ils peuvent se parler. Le réalisateur indique également que les prétendus hasards des voyages peuvent être un leurre, la preuve. Donc, il nous met en garde contre les inconnus qui engagent trop facilement la conversation. A qui se fier ? Cela dépend du scénario car Hitchcock s'amuse à multiplier les fausses pistes. Qui manipule qui ? Le voisin qui vient de monter est-il un meurtrier ou une victime ? Le metteur en scène déploie d'astucieux rebondissements pour décrypter un train. Le compartiment peut être une prison ou un refuge, le couloir aussi ; ce sont deux cadres d'un même monde qui peuvent s'opposer pour le bonheur de l'histoire racontée. A la fin de ce film, Guy voyage, cette fois, avec son épouse. Un voyageur le reconnaissant s'adresse à lui. Mais le tennisman, échaudé par sa précédente rencontre ferroviaire, préfère qu'on ne s'intéresse plus à lui. En train, il faut se méfier des gens trop aimables... Le titre français du film est trompeur puisqu'il ne s'agit pas du véritable Nord-Express européen chanté par Valéry Larbaud* et Joseph Kessel*. De Washington à New York, le train, en effet, remonte vers le nord-est des Etats-Unis, jusqu'à la splendide gare du Grand Central, édifiée de 1903 à 1912 avec soixante-sept voies... « L'Inconnu du train », qui est la traduction du titre anglais, aurait sans doute moins excité le public francophone...

Entre 1932 et 1964, dans dix longs-métrages, le train occupe une place importante ou essentielle dans la cinématographie hitchcockienne.

Soupçons (*Suspicion*, 1941) est un film « britannique » par les acteurs et l'atmosphère mais le deuxième qu'il ait tourné à Hollywood. On retiendra deux scènes ferroviaires. L'une, au tout début, montre

John Aysgath (Cary Grant) confortablement assis dans un douillet compartiment de première classe. Face à lui, Lina Mac Kinlaw (Joan Fontaine) est plongée dans un livre sur la psychologie de l'enfant. Chapeau, lunettes et peu expansive, elle est, d'après Hitchcock, la vieille fille anglaise typique (!). Elle se rend à une chasse à courre. Sévère et *a priori* peu sexy (... quoiqu'il apprécie hautement la femme « glacier humain » !...), son vis-à-vis, très élégant dans son costume rayé, a un culot d'enfer : il n'a qu'un billet de troisième classe. Lorsque le contrôleur arrive, le désinvolte Cary Grant, qui doit payer un supplément, emprunte à Joan Fontaine, stupéfaite, un timbre fiscal pour s'acquitter de sa dette ! Le contrôleur n'a jamais vu cela non plus Trop tard : la voyageuse est déjà sous le charme. Pis : dominée...

Dans *L'Ombre d'un doute* (*Shadow of a Doubt*, 1943), un assassin, joué par Joseph Cotten, qui tente, dans un train, de commettre un nouveau meurtre sur sa nièce qui l'a démasqué, est lui-même happé par un convoi arrivant en face. Ici, le train est du début à la fin signe de mort. Dès les premières images, c'est en train que le personnage fait le voyage de New York à la Californie. Ensuite, sa nièce lui avoue : « J'ai eu des cauchemars à cause de toi, Oncle Charlie : j'ai rêvé d'un train. » La mort du criminel – qui passera pour un terrible accident – donne au chemin de fer le rôle d'un justicier.

En 1959, Hitchcock réalise, en couleurs et en Vistavision, *La Mort aux trousses* (*North by North-west*). Un chef-d'œuvre, un scénario implacable sur le thème, assez renouvelé ici, de l'innocent accusé à tort. Par suite d'un geste mal interprété et d'une confusion de nom, un publicitaire new-yorkais est pris pour un autre, en l'occurrence un agent américain... qui n'existe pas ; c'est un leurre conçu « par le contre-espionnage pour protéger l'agent placé par la CIA » auprès d'un amateur d'art qui vole des secrets d'Etat (voir *Hitchcock*, Bruno Villien, Colona, 1982).

On essaie de tuer l'innocent en le faisant boire mais il sort vivant de son accident de voiture. Au siège des Nations unies, à New York, le séduisant Roger O. Thornhill (Cary Grant) est pris en flagrant délit d'un crime qu'il n'a pas commis : le spectateur l'a vu. Ce n'est pas lui qui a planté un couteau dans le dos de la victime. Une seule solution, bien sûr, la fuite en train, car les gares seront peut-être moins surveillées que les aéroports. Alors que la musique angoissante de Bernard Herrmann, compositeur attitré du réalisateur, accentue la tension, Cary Grant monte dans le chic *Twentieth Century Express* New York-Chicago, qui part en fin d'après-midi pour un trajet de plus de 1 500 km. Hitchcock ne choisit pas ce train par hasard. Il circule depuis 1902 et est l'un des fleurons de la famille Vanderbilt. En 1948, le général Eisenhower présida la mise en service de son nouveau matériel. On peut y rencontrer beaucoup de gens et cela pimente la situation...

L'homme en fuite n'a ni billet (une habitude chez le metteur en scène !), ni bagage, ni de quoi se changer et sa photo est à la une de tous les journaux du soir de la côte Est... Jouant à cache-cache avec les contrôleurs, il aboutit au wagon-restaurant. Commence alors une magistrale séquence ferroviaire d'environ quinze minutes, subtile, drôle, haletante et très romanesque. S'asseyant au hasard à une table pour deux, le fugitif ne sait pas que la ravissante femme blonde face à lui, qui finit de dîner, avait donné quelques dollars au serveur pour qu'il le dirige vers sa table. Le publicitaire essaie de se faire passer pour un autre, mais miss Eve Kendall (Eva-Marie Saint) lui révèle qu'elle connaît tout de lui, « recherché pour meurtre par le FBI ». Alliée ou adversaire ? Il ne sait. A ce moment, le train s'arrête d'une manière imprévue. Miss Kendall signale à celui qui se prétend innocent que deux policiers montent à bord en ajoutant : « Ils n'ont pas l'air de sourire. » Et elle se lève, non sans indiquer discrètement son numéro de voiture et de cabine.

La suite se déroule dans le sleeping. Cette jolie femme, décidément très disponible, assigne au fuyard la couchette du haut. Mais, comme elle est censée voyager seule, elle l'enferme après avoir volé le passe au conducteur. Pendant l'interrogatoire des policiers, Cary Grant manque d'étouffer dans le coffre. Lorsqu'ils sont partis, il a ce mot : « Avez-vous l'huile d'olive ? Je me sens comme une sardine en boîte ! »

Ensuite, c'est le fameux baiser entre les deux passagers, l'un des plus longs et des plus sensuels du cinéma*. Sa particularité est qu'il est échangé dans des courbes de la voie, ce qui fait rouler, lentement, les partenaires contre la cloison. Ce n'est ni l'homme ni la femme qui décident de leur position, c'est le train ! Un dialogue épicé accroît l'érotisme de la scène qui s'achève sur un plan du bel express vu depuis la place des amoureux alors que, dans la nuit tombée, la locomotive émet un son qui ressemble à une plainte. Hitchcock évite de montrer le train qui passe – qui serait « le fameux point de vue d'une vache ». Nous sommes à l'intérieur et ce que les spectateurs voient sur l'écran est ce que voient les voyageurs. « Effectivement, explique sir Alfred, je me suis efforcé de garder le public dans le train, avec le train et tous les plans généraux du train ont été filmés comme d'une fenêtre chaque fois que la voie faisait une courbe. Nous avons mis trois caméras sur une plate-forme solidaire du train, le *Twentieth Century*, et nous avons fait exactement le trajet du film, aux heures mêmes où se passe l'action (...). »

Les plans suivants montrent comment, au matin, à l'arrivée à Chicago, l'homme recherché par toutes les polices réussit à se faire passer pour un porteur, chargé des bagages de la sensuelle blonde, avant de se doucher et de se raser dans la gare. C'est ensuite la scène spectaculaire de l'avion poursuivant Cary Grant dans la plaine du Middle West et s'écrasant contre un camion d'essence, admirablement dirigée. Elle fut l'affiche et la publicité du film, volant la vedette au train New York-Chicago. Heureusement pour nous, le dernier plan du film est un clin d'œil à la mythologie du chemin de fer : après avoir tendu la main à Eve, en péril sur le mont Rushmore, Roger

la lui tend à nouveau pour qu'elle le rejoigne sur la couchette supérieure du wagon-lit... là où il avait été enfermé. « C'est stupide », dit-elle en pensant le contraire. Ils sont sains et saufs, en voyage de noces. Et, au plan suivant, leur train entre dans un tunnel, image dont la symbolique sexuelle n'échappe à personne. Comme le dit le réalisateur : « Il y a quelque chose de plus important que la logique, c'est l'imagination. » Quel libidineux, ce cher monsieur Hitchcock, mais quel talent !

Honegger, Arthur

Compositeur suisse, 1892-1955

Le train mène à tout et pas seulement où l'on souhaite se rendre. Arthur Honegger, né au Havre, avait participé, en 1920, à la fondation du Groupe des Six avec Darius Milhaud. Sonates, quatuors, pastorales révélaient son goût pour Bach et la polyphonie que ses aînés avaient rénovée. Mais Honegger est aussi un amoureux de la poésie qui écrit des mélodies pour des textes de Jean Cocteau, de Guillaume Apollinaire et de Paul Fort. Et le chemin de fer va le conduire à créer une musique formidablement évocatrice et imagée. En 1923, il compose un poème symphonique, *Pacific 231*, la première œuvre musicale ferroviaire. Ce sera aussi – qu'on me pardonne cette audace – la première « musique de film », née... au temps du muet. Elle sera mise en images à trois reprises ; deux films, l'un américain (1929) et l'autre soviétique (1931), peuvent être oubliés au bénéfice total de celui de Jean Mitry (1949), qui réussit le mariage d'une mécanique multiple, en mouvement, avec une partition qui fait entendre ce fantastique travail. Ce chef-d'œuvre du cinéma* expérimental montre combien le compositeur veut lier la musique à l'action, ce qu'il fera également au théâtre. Il ne s'agit pas d'une illustration sonore mais de sons authentiques (roues, aiguillages, bielles) convertis en notes. Vers la fin de sa vie, Arthur Honegger est désespéré par un monde trop moderne, sans religion de l'esthétique ; il est furieux de l'inéluctable domination de la traction électrique. En 1947, pour le centenaire des Chemins de fer fédéraux suisses, il rend un ultime hommage à celle qui lui a inspiré une œuvre aussi forte qu'inattendue, et condamne le progrès : « Pour ceux qui ont vraiment aimé la locomotive, la vraie, celle à vapeur, ces motrices informes ne sont que des tramways. Elles sont attachées par leur trolley à un fil et pompent leur force à une autre source. Ce sont des parasites qui ont renié leur liberté comme il est d'usage aujourd'hui partout. »

Hoosac

Tunnel sous les monts Appalaches, 1875,
Etats-Unis

L'obstination est la religion des pionniers. Si on cite toujours les travaux titanesques du Transcontinental nord-américain, d'autres exploits dans le même pays sont injustement oubliés. Le tunnel de Hoosac, qui relie Boston, les Etats du Massachusetts et de Nouvelle-Angleterre à l'Ouest en passant sous la chaîne des Appalaches, est une aventure méconnue bien que digne de Ferdinand de Lesseps. Au départ, nous rencontrons un industriel qui a fait fortune dans la fabrication du papier, Alvah Crocker. Dès 1848, il estime que l'avenir de Boston est compromis si cette cité, bercée par l'épopée de l'indépendance et une vie intellectuelle réputée sur la côte Est, ne se réveille pas. Il faut absolument trouver un débouché vers l'ouest, la Pennsylvanie industrielle notamment puis les grands espaces. Un seul moyen : traverser les massifs très boisés des Appalaches, à quelque 200 km à l'ouest. Alvah Crocker se sent lui-même menacé dans ses affaires, l'acheminement du bois jusqu'aux scieries s'effectuant uniquement par bateau. C'est long, c'est cher. Son idée est de construire un tunnel ferroviaire d'une longueur exceptionnelle. Et il engage des ingénieurs géologues pour dresser les premiers relevés. Le verdict tombe au bout de deux ans : il faudra creuser sur 8 km. C'est dix fois plus que les galeries déjà en service pour les chemins de fer. A ceux qui lui disent que personne n'a jamais envisagé sérieusement de faire passer des trains sous des montagnes et sur une distance de 8 km, Crocker répond :

« Ce sera le plus long tunnel du monde ! Un tunnel vers le Far-West ! » Précisons qu'à l'époque la ligne du Transcontinental n'existe pas.

Mais, comme dans un western* – sauf que tout se passe à l'Est –, Alvah Crocker a un redoutable adversaire, Chester Chapin. Un magnat des chemins de fer régionaux, propriétaire de la seule ligne serpentant dans les Appalaches et qui entend défendre son monopole commercial. Pourtant, les inconvénients de ce passage à l'air libre sont nombreux : la voie, qui date de 1842, présente des pentes trop raides à plus de 1 000 mètres d'altitude ; les déraillements sont fréquents. Seule une nouvelle voie, mieux tracée, permettrait d'éviter accidents et retards. Au lieu de s'associer à Crocker, Chapin, disposant d'énormes moyens et politiquement influent, va tout tenter pour empêcher le projet de tunnel d'aboutir. Craignant que sa compagnie de chemins de fer ne périclite si une ligne plus rapide était mise en service, il va prétendre que l'idée de Crocker est dangereuse et ruineuse pour l'Etat. Un duel fantastique, mythique dans l'histoire du rail américain, commence. Il va durer vingt-six ans !

En 1854, un géologue au service de Crocker prélève trente échantillons de roche et, après analyse, affirme que c'est du granit. Est-il incompétent ou payé par Chapin ? On ne sait mais le résultat est désastreux : l'alternance de roches trop friables et trop dures pose d'immenses problèmes techniques. Chapin orchestre la polémique en utilisant les services d'un personnage douteux mais habile orateur, Byrd, qui rédige des pamphlets et nourrit la diffamation contre Crocker. Ces manœuvres sont efficaces : le Parlement de Boston, bien chapitré, ne versera sa subvention qu'à raison de cent mille dollars pour 300 mètres effectivement creusés. Chester Chapin est satisfait : les autorités, gouverneur en tête, se méfient des projets pharaoniques d'Alvah Crocker. On le surveille. Le chantier démarre. Il entraîne l'arrivée de centaines d'ouvriers qui vivent dans une ville provisoire de mille habitants, ce qui était la population de Los Angeles en 1850.

Hélas, malgré l'emploi de quelques instruments à vapeur, la technique des travaux en est restée au XVIIe siècle : les barres à mines, les explosions à la poudre noire sont aussi dangereuses qu'inefficaces ; en quelques jours, seuls 50 mètres sont péniblement creusés. Et les déflagrations incontrôlées sèment la peur. Alvah Crocker entend alors parler d'une révolution avec la mise au point des tunneliers, déjà employés en Europe. Il fait venir une de ces machines en 1857. Son transport jusqu'au chantier dure... six mois. Le tunnelier à dents fait des merveilles le premier jour en creusant 15 mètres. Alvah Crocker estime qu'à ce rythme le tunnel sera creusé en deux ans pour un budget d'un million neuf cent mille dollars. Mais, le lendemain, son axe ayant été faussé par la dureté de la paroi, le tunnelier est bloqué. Ses molettes en fonte sont trop fragiles. Il faut le dégager à l'aide de chevaux ! En plus, cette invention a mauvaise presse puisqu'elle retire du travail à la main-d'œuvre... On parle de « la roche démoralisée » ! Chapin et Byrd exploitent ces nouvelles difficultés et aggravent le scepticisme des autorités de Boston. Deux batailles sont menées simultanément : celle de Crocker contre la nature, celle de Crocker contre ses ennemis. On dira plus tard que ce fut « une guerre de Sécession en miniature... ».

En 1858 – on creuse depuis trois ans –, l'argent manque. Crocker, au bord de la ruine, persuade un ingénieur envoyé par le gouverneur (pour vérifier l'état réel des travaux et leurs risques) que le calendrier est respecté. En réalité, c'est faux. L'ingénieur ment et donne son approbation à Crocker. Quand Chapin découvre, en 1860, que les équipes ne sont pas encore au dixième de la longueur prévue (soit moins de 800 mètres) mais que la moitié de la subvention a été versée, il accuse publiquement Crocker d'escroquerie. Curieusement, le dénigrement de Crocker ne reçoit pas l'écho attendu. Puis, en 1861, avec la guerre civile, les travaux sont très ralentis. Lorsqu'ils reprennent, l'entrepreneur est convoqué devant une commission parlementaire. La largeur de son tunnel n'étant pas conforme aux plans, il est prié de s'expliquer. Ses réponses exaspèrent la commission. Cette fois, les travaux sont arrêtés et le chantier fermé. Chapin jubile : l'ennemi est à terre... Et son chemin de fer va pouvoir continuer à sillonner les Appalaches, là où l'Hudson prend sa source.

Mais Alvah Crocker va être de nouveau sauvé par le progrès technique. On lui signale qu'en France des machines à air comprimé sont utilisées sur le chantier du tunnel du Mont-Cenis, creusé entre la France et l'Italie. Elles attaquent la roche à la cadence, inouïe, de 300 coups/minute. Six années après son échec, Crocker démontre qu'avec ces appareils il va rattraper le temps perdu. La commission, impressionnée par une démonstration, débloque une partie des fonds. Chapin, affolé par ce rebondissement, se lance lui aussi dans de vastes travaux ; il va modifier le tracé de sa ligne afin que le tunnel de Crocker devienne inutile ! Des paris sont ouverts : qui va gagner, celui qui avance en dessous ou celui qui travaille au-dessus ? L'avantage passe à celui du dessous. En effet, d'une part l'air comprimé des perforatrices apporte une fraîche ventilation aux ouvriers ; c'est un progrès considérable car jusqu'ici il n'y avait aucune aération. D'autre part, le nouvel explosif inventé par Alfred Nobel*, la nitroglycérine, donne d'excellents résultats. Fini le temps de la poudre noire. Crocker aménage même une usine fabriquant, sous licence, le dangereux liquide instable du Suédois. Hélas, comme lors des expériences d'Alfred Nobel, des accidents surviennent. Dans un puits creusé à 300 mètres de profondeur, une terrible explosion, entendue jusqu'à 20 km, cause six morts. Le puits maudit est surnommé *Bloody Pit* (« Fosse sanglante »). Chapin tente un baroud d'honneur lors des élections du nouveau gouverneur. Il impose son homme de paille, Byrd, comme candidat... qui est battu de quelques voix ! Chapin renonce et tente de se venger en rachetant d'autres lignes pour constituer un réseau capable de répondre au tunnel.

En février 1875, un homme parcourt, à pied, le tunnel enfin terminé sous lequel la voie de 8 km est toute neuve. C'est Alvah Crocker, savourant à chaque traverse sa victoire. Mais il meurt d'une pneumonie quelques jours avant le passage du premier train. Le tunnel du mont Hoosac a employé trois mille hommes, fait cent quatre-vingt-treize victimes et coûté vingt et un millions de dollars de l'époque, soit un demi-milliard de dollars d'aujourd'hui. Avec l'express inaugural décoré, rempli de personnalités et d'invités, la Nouvelle-Angleterre est rapidement reliée au Far-West. La Baldwin n° 50 pose pour la photo avec une vingtaine de personnes, à l'entrée ouest. Cette réussite est totalement occultée par la mise en service des premiers tronçons du Transcontinental, dont la ligne est plus au sud et qui, pourtant, ne sera totalement achevée qu'en 1885, après vingt-six ans de travaux comme pour le tunnel d'Alvah Crocker.

Aujourd'hui, ce tunnel, qui demeure le plus long des Etats-Unis à l'est des montagnes Rocheuses, est toujours utilisé. Chaque jour, plusieurs trains franchissent la voie unique sous la voûte avec ses mentions inchangées : « Hoosac 1874 ». Il est intéressant de noter que, plus de cent trente ans après cette inauguration, les bases de certaines techniques de Crocker, évidemment modernisées, sont toujours en usage. L'actuel chantier titanesque du Saint-Gothard, appelé « Alpes Transit », qui mobilise deux mille spécialistes et devrait être ouvert en 2013, prépare ce qui sera le plus long tunnel ferroviaire du monde avec 53 km, soit trois de plus que celui sous la Manche (en réalité, la mer du Nord...). Crocker fut le premier

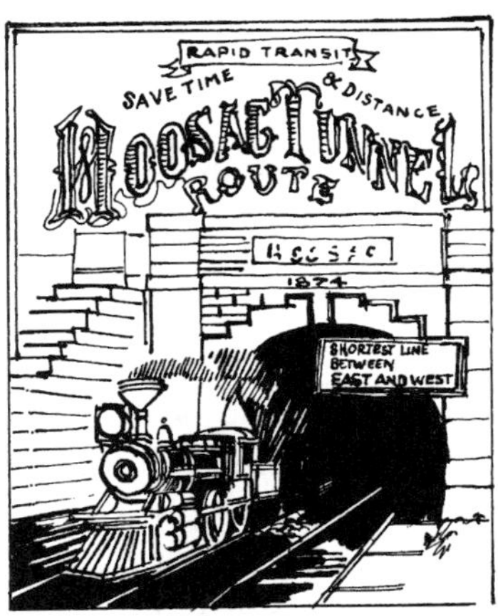

à employer, à grande échelle, de nouvelles méthodes telles que le dynamitage de l'intérieur vers l'extérieur. Et le tunnelier du Saint-Gothard, avec ses 4 000 tonnes et ses dix millions de pièces assemblées en trois mois, est le descendant direct du matériel européen qu'Alvah Crocker l'audacieux avait fait venir, à grands frais, pour sa conquête de l'Ouest...

« Dans les accidents de chemin de fer,
c'est toujours le dernier wagon le plus dangereux.
C'est pour cette raison qu'on l'a supprimé. »

Pierre Dac.

Inflation (1923)

Après la Première Guerre mondiale, en Europe, les Années folles le sont aussi sur le plan économique. En 1923, sévit l'« inflation galopante » et l'augmentation des prix, donc la dépréciation de la monnaie, va plus vite que les trains rapides. Dans un express qui traverse l'Autriche, le déjeuner au wagon-restaurant coûte l'équivalent de 65 000 marks. Lorsque le même train, dans la même journée, roule sur le territoire allemand, celui de la République de Weimar, le déjeuner monte à 1 500 000 marks et le dîner à 3 000 000 ! Des billets de... 10 milliards sont dans la caisse du chef de brigade ! Les additions tournent au cauchemar sans fin. Un record à signaler : une facture du 22 novembre 1923 pour la petite réparation effectuée sur une voiture-lit aux ateliers de Zossen, près de Berlin. Elle atteint un Himalaya de zéros : 12 284 100 000 000 000 marks, ce qui se lit 12 trillions, 284 billions et 100 milliards !

Iris 320

Un TGV* unique au monde

C'est un TGV* mais, à moins d'appartenir à la SNCF, vous ne pourrez jamais le prendre. C'est une rame exceptionnelle dont la peinture grise est égayée d'éléments rose et orange. Sur le flanc, le mystérieux code *Iris 320*, peint en rouge. Cette rame est uniquement destinée à la maintenance et au contrôle de l'infrastructure ferroviaire française. C'est elle qui homologue l'état des voies, la signalisation, les caténaires et les systèmes de télécommunications sur l'ensemble du réseau à grande vitesse en service. C'est ce train, unique au monde, qui permet aux autres de rouler à 300 km/h en toute sécurité. Depuis juin 2007, les contrôles se font à 320 km/h sur la ligne du TGV-Est, d'où le nom de cette rame-laboratoire roulante, bourrée d'instruments et d'appareils extraordinaires. Une technologie fantastique. Avant la mise en service de l'*Iris 320*, en avril 2006, chaque élément était contrôlé séparément grâce à une voiture spéciale, incorporée discrètement dans les TGV* commerciaux. Cela prenait du temps. « La particularité de l'*Iris 320*, explique son responsable, le jeune ingénieur Luc Panaget, est que toutes les mesures peuvent être effectuées en simultané, dans une seule rame, en temps réel. » Désormais, la totalité des LGV (Lignes à Grande Vitesse), soit 3 080 km en 2007 en comptant les deux voies, peut être contrôlée en une semaine. Le diagnostic est instantané. Si, par exemple, une caténaire est désaxée ou si une mauvaise symétrie des rails est enregistrée, l'intervention est... à grande vitesse.

K

« Son regard interrogateur se tourna vers Poirot. Le détective le regarda à son tour. — Voyons, mon ami, reprit M. Bouc, vous devinez ce que j'attends de vous. Je connais vos capacités. Prenez en main la direction de l'enquête. Ne me refusez pas ce secours. Pour nous, je veux dire pour la Compagnie Internationale des Wagons-Lits, cette affaire est grave. »

Agatha Christie, *Le Crime de l'Orient-Express*.

Kessel, Joseph

De l'Académie française, 1898-1979

On a peu l'habitude de considérer Joseph Kessel, « Jef » pour ses amis, comme un amoureux des trains. De sa naissance en Argentine dans une famille juive russe à ses innombrables voyages et grands reportages, notamment comme correspondant de guerre, cet homme d'action au visage buriné par tous les vents de l'Aventure s'est officiellement distingué comme aviateur, d'abord en s'engageant en 1916. De son expérience, il tire un magnifique roman, *L'Equipage*, publié en 1924, qui met en valeur la solidarité des pilotes et l'amitié entre les hommes face au péril. Ses émotions, son courage et sa détermination le pousseront à rejoindre l'Angleterre en 1942, avec le grade de chef d'escadrille.

Entre ces deux participations aux combats où il a

vécu la fraternité qu'impose le danger, le cosmopolite Kessel forge sa triple identité de Juif, Russe et Français. Et rencontre l'univers ferroviaire de deux façons différentes. En 1918, il se porte volontaire pour faire partie d'un corps expéditionnaire que la France envoie en Sibérie. Les Blancs et les Rouges se battent pour le contrôle de la ligne du Transsibérien*. A Vladivostok, le grand port de l'Extrême-Orient russe, les Alliés cherchent à récupérer d'importants stocks d'armes et de munitions qui avaient été livrées au gouvernement du tsar. Les troupes françaises dépêchées sur place doivent empêcher les bolcheviks (et les Allemands) de s'emparer de ce trésor de guerre. Mais, le voyage par chemin de fer étant impossible, le contingent ira par voie maritime. C'est long... si long que lorsque le bateau sur lequel se trouve Joseph Kessel arrive à l'autre bout de la Russie, l'armistice a été signé. C'est alors que ce boulimique d'aventures – il a vingt ans – se retrouve, on ne sait pourquoi ni comment, chef de gare... à Vladivostok ! Un aviateur aux chemins de fer ! L'histoire fera rire Mermoz.

Sa première activité ferroviaire consiste à gérer l'embouteillage des convois en fin de ligne alors qu'à 5 000 km de là, sur la voie, les combats font rage entre les troupes conservatrices de l'amiral Koltchak et les unités formées par Trotski, commissaire du peuple à la Guerre. Kessel chef de gare ! A Vladivostok ! Il en sera le plus célèbre ! En réalité, la véritable raison de sa nomination est qu'il parle russe... Et on se doute que ses compétences, en dehors de s'assurer un approvisionnement en vodka, sont limitées. Cet emploi ne dure guère ; Kessel préfère monter dans les trains plutôt que de les aligner, de les composer, de compter voitures et wagons et se contenter de les regarder passer. « A Vladivostok, j'avais vu, toutes nues, toutes sauvages, la violence, la misère et la luxure humaines. » Déjà, il est en route dans un train, pour la Chine et l'Inde, « vers les escales aux syllabes qui fascinent : Hong-Kong, Singapour, Colombo ! ».

Paris, 1919. Il est démobilisé. Mais un Joseph Kessel, citoyen d'un monde en convulsions, ne peut rester en place. Apprenant qu'une mission américaine part pour la Russie « afin de porter secours aux provinces de la Volga décimées par une famine effroyable », il veut partir en contournant la frontière des Soviets, peut-être gagner les Etats limitrophes, éventuellement se déguiser.

Et il redécouvre la magie rassurante des trains qui vont loin en écrivant un roman, que l'on suppose de commande, *Wagon-Lit* (Gallimard, 1932). Au début de son récit, il s'explique : « J'étais fatigué de l'aviation, pas du vol qui restera, sans doute, jusqu'à ma mort, mon plus réel besoin, mais de l'armée, de la discipline. » Après la description de ceux qui volent en équipage, l'auteur n'étudie pas l'équipe qui commande les locomotives mais l'atmosphère du Nord-Express qui va le conduire de Paris à Riga, en Lettonie, indépendante depuis 1920 après d'âpres luttes et important nœud ferroviaire sur les bords de la mer Baltique. On notera que cet ouvrage, qui reste peu connu dans son œuvre abondante (quatre-vingts titres), paraît dans une collection intitulée « Les rois du jour » alors qu'il s'agit d'un trajet nécessitant deux nuits de voyage.

Chez Kessel, l'écriture est l'expression d'aventures vécues ; il rend compte, d'une manière réaliste, de leurs foisonnements et de leur progression dramatique. Il se voudra toujours un *Témoin parmi les hommes*, comme l'indique le titre d'un de ses livres (1956). La Russie d'après la Révolution, la guerre civile et le monde des émigrés russes servent de cadre à *Wagon-Lit*, d'autant mieux qu'il parle russe. Voulant s'essayer au journalisme, il tente plusieurs démarches pour obtenir un faux passeport mais, au ministère de l'Intérieur, « le Directeur de la Sûreté m'éconduisit avec cette douceur qu'on emploie pour les fous (...). Je réunis les quelques milliers de francs qui formaient toute ma fortune personnelle, annonçai à mon journal que je partais à mes frais en Russie (je n'expliquai point les moyens que j'ignorais moi-même) et retins une place de wagon-lit pour Riga ». Une nouvelle épopée commence, même si le voyageur a pris des dizaines de trains dans de nombreux pays, aux Etats-Unis et en Asie, notamment. S'il a déjà accumulé de variables nostalgies ferroviaires, s'il évoque son passage surréaliste à Vladivostok, son émotion au départ de Paris-Nord est neuve, comme son projet : « Il m'est impossible de te faire partager le sentiment qui se répandit en moi lorsque je fis claquer la porte de ma cabine à l'instant même où le train se mit en route. Par chance, j'étais seul. Je pouvais sans contrainte, sans avoir besoin de surveiller mon visage ou mon attitude, me laisser aller à l'angoisse heureuse de ce départ. Toujours la vue d'un convoi prêt à glisser sur les rails polis qui ceignent et ceinturent la terre m'a fait battre le cœur (...). Et pour tout achever, de ma propre initiative, je me trouvais en sleeping ! » Il s'est toujours méfié du luxe, ne voulant pas « devenir prisonnier d'habitudes qui coûtent cher ». Cependant, comment résister à un tel rêve obsédant, fait d'inaccessible mais possible pour celui qui est redevenu un vagabond, est toujours un joueur impénitent et suspend sa modestie dans l'excitation du départ ? Le vrai luxe est de partir. Les privations viendront plus tard. « Combien de fois, dans mon enfance assez pauvre, ai-je rêvé sur les quais de gare devant les rames uniquement composées de wagons-lits et qui contenaient pour moi toute l'essence, toute la magie du voyage terrestre ? Sur leurs flancs, les pancartes portaient les noms des capitales, des grandes villes inconnues. Ils y menaient directement. A l'intérieur brillaient doucement des bois vernis, des velours. Les femmes, dans les couloirs, paraissaient plus belles, les hommes plus audacieux. » Kessel l'avoue. Il est comme un enfant « comblé pour la première fois dans ses désirs ». Il explore son univers, s'étend sur sa couchette pelucheuse pour prendre possession de ce domicile éphémère mais bien à lui, dispose ses bagages dans le vaste filet, essaie le fauteuil face à sa table, ouvre le cabinet de toilette. Une inspection excitante, au rythme du train qui précipite ses pensées, ses ambitions et ses craintes. « Je regardais à peine le paysage à travers la vitre contre laquelle crépitait une pluie d'automne. Le miracle était à l'intérieur, dans cette boîte close, vernie et capitonnée, et dans les battements de mon cœur fondus aux halètements de la bête métallique qui m'emportait, m'emportait... Et la nuit vint, et, avec elle, dans l'ombre du compartiment, le dur sommeil de la jeunesse. » Une nuit de prince... Après une journée et une nuit agitée à Berlin, notre héros regagne son train, avec inquiétude car il doit maintenant partager sa cabine. Son compagnon est un Anglais d'une trentaine d'années, vêtu d'un confortable tweed et fumant la pipe. Il se rend en Estonie, à Reval (aujourd'hui Tallin). L'amabilité de cet inconnu le soulage. Il craignait un importun, il a trouvé un complice, évoqué des souvenirs de guerre au wagon-restaurant et juge, finalement, qu'il n'est pas dérangé ; au contraire, le Britannique ajoute « un élément vivant aux prestiges du sleeping ». Kessel le narrateur espère bien dormir mais le train doit passer « vers minuit le couloir polonais ». Il s'installe dans la cabine du haut, savoure la sensation voluptueuse des draps frais et de l'oreiller moelleux, mais pas pour longtemps. Surgissent des douaniers, des policiers, avec des visages durs et tendus. Les passeports et les visas sont examinés avec des rictus de méfiance et des regards de menace. Les tensions politiques européennes, la domination du parti hitlérien en Allemagne, les susceptibilités des Baltes surveillés par Moscou et Berlin se transposent dans le train. Des ordres secs sont hurlés dans la nuit. Des uniformes, de plus en plus d'uniformes. Et un bruit inquiétant contre la voiture. Notre voyageur passe la tête par la fenêtre pour voir ce qui se passe. Un soldat lui intime l'ordre de rester derrière le rideau. Les coups redoublent. Son compagnon lui explique : « Ils plombent le wagon, pour être bien sûrs que personne ne sortira ou n'entrera pendant le trajet du couloir. Cela n'empêchera pas les Allemands, à l'autre bout, de se venger sur nous du contrôle polonais... Inutile de vous recoucher. » Les deux hommes fument et le train cahote doucement. L'angoisse, les pas des patrouilles, les visites de bagages, des soldats de plus en plus brutaux et enragés font comprendre à l'auteur du récit qu'il quitte un monde, celui de la liberté. « Je me sentis vraiment arraché à l'Europe occidentale, séparé d'elle par des barrières farouches. » Partout, un état de siège dans les gares, en s'approchant de la Lituanie, encore russifiée malgré elle avec la vodka, le borchtch, le pain noir et le thé servi dans un verre. Une ville en veilleuse, un pays informe. Le voyage se termine sur le quai de Riga. « Quand nos lits furent prêts, je les regardai avec attendrissement. Ils étaient le symbole du confort, du voyage sûr, de la tiédeur de vivre. J'allais quitter tout cela pour combien de temps ? Et reviendrais-je jamais ? Ainsi se bercent les enfants de visions terrifiantes auxquelles au fond d'eux-mêmes ils ne croient pas et pour mieux goûter l'abri où ils reposent. » Maintenant, Kessel est de nouveau seul. Le contraste entre le cocon protecteur et sa profanation par des hommes en armes est merveilleusement décrit. L'auteur veut oublier la violence et ne retenir que les heures à part, où il était protégé par le bouclier de la voiture-lit. « Mais le meilleur de mon souvenir restait attaché au compartiment de velours vert où j'avais nourri tant de songes et de fièvres heureuses. » Lorsqu'il montera dans le train du retour, il échangera avec la femme qu'il aime, Nina – qu'il va faire voyager en fraude –, un dialogue qui complète ses impressions du départ. Il a la chance de pouvoir repartir vers la France, mais tant de gens voudraient pouvoir en faire autant ! Kessel anticipe les affreuses visions d'après 1945 en Europe centrale, quand les laissés-pour-compte, les privés de papiers et d'existence soumis aux dictatures rouges savent que le départ leur est interdit. Nina est bouleversée : « Ils attendent, comme moi, le wagon de Paris pour le voir et seulement en rêver ensuite. Vous ne savez donc pas que c'est un pèlerinage quotidien. Ici, ou sur les voies de garage... » Arrive le train, libérateur pour le couple, atroce abandon pour les contemplateurs silencieux, sans bagages, pauvrement vêtus. « Wagons de tout calibre, de tout âge, wagons éclopés de la guerre civile, ils défilaient tristement, humblement quand, tout à coup, parmi eux jaillit une voiture qui, par contraste, semblait vernie, laquée, royale. Et sur ses flancs, une pancarte : Riga-Paris. »

Une oasis roulante. Une voiture chic, civilisée. Le luxe cerné par la misère, la certitude d'un Occident qui s'approche. L'auteur rejoint ici la génération d'écrivains aventuriers comme Blaise Cendrars* et Pierre Mac Orlan. Sans aventure, cette littérature n'existerait pas ; c'est celle de privilégiés de l'actualité, ceux que Kessel nommera « les rois mendiants », autrement dit les journalistes. Mais voir le monde en prise directe ne suffit pas ; il faut avoir le don de l'écriture. Joseph Kessel nous donne ici un puissant roman-reportage, témoignage d'un avant-guerre lui aussi en marche. Sept ans plus tard, l'Europe qu'il a traversée est torturée par une question : « Mourir pour Dantzig ? »

L

« A travers les glaces de mon wagon-salon,
j'ai vu venir et s'éloigner toutes les petites villes.
Et j'aurais voulu passer ma vie
dans chacune d'elles, humblement... »

Valéry LARBAUD.

Labiche, Eugène

Auteur dramatique, de l'Académie française, 1815-1888

Il est l'observateur minutieux des mœurs de la petite bourgeoisie sous le Second Empire et les débuts de la Troisième République, c'est-à-dire d'une époque où le chemin de fer s'installe définitivement dans la vie quotidienne. Le train crée des habitudes, des réflexes, des idées reçues et des peurs. Il nourrit des conversations, superpose des émotions et emmagasine des souvenirs inconcevables vingt ans plus tôt. Il exige de nouveaux comportements pour ceux qui n'ont jamais pris le train. Comment s'habituer à un horaire, à une correspondance, à une gare, à une salle d'attente ? Labiche montre, par la mécanique du vaudeville et son talent de nous faire rire, que la réunion de gens dans un compartiment et tout ce qui la précède ou la suit est une parfaite situation théâtrale ; des billets aux bagages, des employés aux compagnons de voyage, il y a là une mine d'or pour un auteur. Le train qui faisait peur à Théophile Gautier et agaçait Gustave Flaubert laisse la place au convoi qui divertit parce que des gens n'ayant rien en commun se trouvent soumis à un destin commun. Pour le pire et pour le rire.

Labiche n'est pas un moralisateur, il décrit et caricature ses contemporains, en exagérant à peine. Alphonse Daudet juge que « Labiche n'est pas seulement un merveilleux amuseur, mais un observateur profond, un railleur qui sait toujours où va son rire ». Les goûts, les travers, les ridicules d'une société sont mis en valeur par l'intérêt, l'appât du gain, l'avarice et l'ambition des personnages. L'argent, la prétention et l'infidélité les animent. Ce sont, en fait, leurs seules raisons de vivre. *Le Voyage de M. Perrichon* (1860), d'une grande drôlerie, est la première peinture d'un client des compagnies de chemins de fer aux prises avec un univers qu'il ne connaît pas. Chef-d'œuvre du répertoire comique, le premier acte nous montre son héros qui est arrivé très en avance. Ce sera – et c'est le cas chez beaucoup de gens – la manifestation d'une angoisse (manquer le train) ou d'un plaisir (vivre dans l'ambiance de la gare avant le départ). Perrichon, lui, est affolé et affairé, encombré de bagages volumineux. Pour maîtriser ce monde hostile parce qu'il lui est inconnu, le candidat au voyage appelle le cartésianisme au secours, afin de dominer la situation. C'est ainsi que, sur un carnet qui voudrait être celui de son expédition dans l'inconnu, il note « d'un côté la dépense, de l'autre les impressions » ! Rire garanti ! Pontifiant, proférant des banalités sentencieuses, Perrichon est renvoyé d'un guichet à l'autre. Il ne cesse de traverser la gare de Lyon alors qu'il prétend aller en Suisse. Si le personnage nous amuse, c'est parce que ses réactions, isolées, sont celles d'un être transplanté sur une autre planète, le monde du rail, qui a déjà ses lois. Perdu, il se défend maladroitement ; le bon bourgeois paniqué est un puissant ressort comique parce que le spectateur, lui, sait comment on vit à l'heure des trains qui sillonnent la France et l'Europe. Ils ont le mode d'emploi, Perrichon ne l'a pas et ses attitudes sont à contretemps. Le décalage des réactions provoque le rire, toujours cruel puisque le personnage principal est isolé et se débat dans les désordres d'un service médiocre alors que le chemin de fer n'est plus une nouveauté. M. Perrichon est en avance à la gare mais en retard d'une étape de la civilisation ; il en est resté à la diligence. Et à la préhistoire ferroviaire. D'ailleurs, dans sa pièce *Un pied dans le crime*, jouée six ans plus tard, se trouve un gag désopilant, né d'une erreur de paquets commise par un employé de la consigne. Le héros, furieux qu'on ait égaré le cadeau qu'il destinait aux amis chez qui il allait déjeuner aux environs de Paris, laisse éclater sa colère contre ces gens du rail qui ne provoquent que des catastrophes : « On a perdu mes bagages ! Oh, les chemins de fer ! Le monopole ! Le hideux monopole ! Veux-tu que je te dise ! J'en ai assez de tes chemins de fer ! Je regrette les diligences ! Oui, les diligences ! »

Ainsi que l'observe Marc Baroli, ancien élève de l'Ecole normale supérieure et docteur ès lettres, dans sa très remarquable étude – de référence – *Le Train dans la littérature française* préfacée par Pierre

Gaxotte (Editions N.M., 1969) : « Chez Labiche, au contraire, le comique naît d'une inadaptation qui est le fait du seul Perrichon. C'est dans une atmosphère parfaitement calme, au milieu de gens parfaitement accoutumés au voyage que se déploie sa prodigieuse agitation. Elle n'aurait aucun sens et le personnage aucun relief si toute une foule la partageait. C'est parce que le train est un instrument commode et habituel et un voyage en Suisse une entreprise sans histoire que Perrichon peut faire rire à propos d'une gare et d'un voyage en Suisse. Le rire est provoqué par le personnage, le chemin de fer ne fait que susciter ses réactions ou leur donner de l'ampleur. » Et les répliques annoncent les cuirs et pataquès des personnages de Feydeau. Exemple : « Il est sourd ? C'est pour cela qu'il ne répond jamais à nos lettres ! »

De même que Daumier* croque sans indulgence les comportements ferroviaires, le théâtre de Labiche étudie aussi minutieusement les métiers liés au rail que les voyageurs. Son œil d'entomologiste nous livre une galerie de personnages idiots, abrutis, gaffeurs, sournois, menteurs, mal élevés, malhonnêtes. Toute l'échelle sociale ferroviaire est passée au crible, de l'administrateur en quête d'adultère au graisseur de locomotive qui tache la robe d'une voyageuse sur le quai. Dans *Les Chemins de fer* (1867), il y a l'employé trop aimable et prévenant avec une dame perdue dans des bordereaux à remplir, non parce qu'il est consciencieux mais parce que la dame lui plaît. Survient le mari, soupçonneux, qui a loué un compartiment du train pour son épouse et lui-même afin d'éviter les fâcheux. L'employé, qui n'a pas renoncé à ses avances, se déguise en vieillard asthmatique et se fait passer pour un voyageur égaré dans ce compartiment réservé. Le mari, qui ne l'a pas reconnu, est affable et attentionné avec le pauvre homme... lequel, pris à son piège, ne sait plus comment se débarrasser du mari ! Il y a le caissier distrait qui passe pour indélicat et la jeune fille, fausse Anglaise, dont le fiancé s'évertue à lui apprendre la langue française mais ne parvient qu'à lui faire entendre des termes ferroviaires comme *railway*, hommage au pays qui l'a inventé. Un sommet du burlesque, précurseur de Buster Keaton dans *Le Mécano de la General*, est atteint avec l'illustre Tapiou, fameux pour ses gaffes monumentales. Sa carrière, ponctuée de catastrophes de plus en plus gigantesques, dérive ; il n'est jamais mis à pied mais exilé dans des gares de plus en plus petites et à des fonctions qui n'ont plus rien d'administratif. Il est sur le terrain, c'est-à-dire sur la voie, et le pire arrive, on s'en doute. Sa mission ? Décrocher deux wagons à l'arrêt. C'est simple. Mais le calamiteux et dévoué Tapiou est sourd, handicap générateur de quiproquos. Il a donc mal compris l'ordre du chef de gare mais n'a pas osé le faire répéter. Au lieu de décrocher un wagon de bestiaux et un wagon de marchandises, il isole, en plus, deux voitures de voyageurs. Malgré la nuit et leur sommeil, ceux-ci s'aperçoivent bientôt que leur train est toujours immobile, et pour cause. Ils protestent et s'agitent. Tapiou plaide, note Marc Baroli, « qu'il ne s'agit que d'un retard de 257 minutes, dans l'espoir qu'ils se rendormiront et qu'il pourra raccrocher leurs voitures au premier train du matin. Naturellement, son espoir est déçu et l'administration, trouvant que la mesure est comble, se résout à se passer de ses services ».

Les erreurs d'aiguillage, les pannes, le mauvais temps, les retards, les rendez-vous manqués, constituent un réservoir de péripéties et de sous-entendus dont

Labiche est un maître, aussi imaginatif que bien documenté. Avec, dans son texte, des perles extra-ferroviaires, comme celles-ci : « Vous me devez tout, je ne l'oublierai jamais ! » ou encore « Un égoïste !... Un homme qui ne pense pas à moi ! ». En 1978, Michel Debré, ancien Premier ministre du général de Gaulle et inattendu président de la Société des Amis d'Eugène Labiche, me disait son admiration pour cet auteur fécond qui, notamment à travers les voyages en chemins de fer, avait su prodigieusement restituer la bêtise humaine.

Larbaud, Valery

1881-1957

Il est, avant 1914, le globe-trotter dilettante d'une Europe dont les frontières s'effacent devant les trains de luxe. Né à Vichy dans un milieu aisé – son père, âgé, est propriétaire de la source thermale Saint-Yorre mais meurt bientôt –, il y fait des études dans un « vieux collège, plus cosmopolite qu'une Exposition universelle », selon ses propres termes. La sous-préfecture de l'Allier a des allures de centre du monde ; les coloniaux y soignent leur foie et garnissent, en fin d'après-midi, les arcades de l'époque Napoléon III d'un exotisme mondain sans parvenir à dissiper l'ennui qui imprègne les curistes. On se salue beaucoup en allant d'une source à l'autre. L'adolescent y entend parler de pays lointains. Son premier voyage le conduit à Moulins, au lycée Banville, puis à Paris, à Louis-le-Grand et à la Sorbonne d'où il sort licencié ès lettres. Cela lui suffit, l'aisance financière de sa famille lui permet d'envisager un avenir matériellement serein.

A dix-sept ans, en 1898, Valery Larbaud quitte sa mère, protestante et envahissante, ainsi que le Bourbonnais champêtre pour voyager. Il voyagera tellement que sa vie d'amateur fortuné transeuropéen ressemble à une fuite. Et aussi, sans doute, à la crainte de ne pouvoir plus bouger car sa santé est fragile. Aux souvenirs de voyages, il enchaîne les projets de voyages, passant d'un sleeping à un palace. Et, bientôt, se produit une osmose entre lui et son héros le plus connu, A. O. Barnabooth, dont il publie le journal intime en 1913. Il est, sans doute, le premier écrivain sachant restituer la fascination que peuvent exercer les grands express car il les emprunte beaucoup, notamment en Italie, en Suisse, en Espagne et en Angleterre. Et, ainsi que l'écrira plus tard Jean d'Ormesson, il entretient le culte des Wagons-Lits. Entre Trieste et Vienne, Larbaud-Barnabooth s'émerveille de cette « aristocratique facilité du déplacement » et profite de sa solitude dans la cabine pour en décortiquer les trésors : « Que je suis donc seul, et que je me sens bien, à regarder mes pantoufles de cuir qui sentent bon, la malle sur le tapis, le pondéreux cendrier de cuivre, les glaces et les initiales W.L. entrelacées, et mon corps que j'aime et une Muratti d'où sort un long ruban de fumée bleue, qui monte vers la fenêtre ouverte, danse au rythme du train, hésite un peu puis se fond dans l'air frais que le soleil sucrera tout à l'heure. » Il nous transmet cette volupté, cet isolement bienfaiteur qui permet de traverser des pays en restant chez soi, dans son rêve de représentant en art de vivre. Comme Joseph Kessel* le fera, dix ans plus tard, mais avant la destruction d'un monde qui était encore le XIXe siècle, Valery Larbaud résume ses jouissances ferroviaires dans une « Ode », extraite de *A. O. Barnabooth*, à toutes les rames élégantes d'avant l'attentat de Sarajevo, quand les convois rapides reliaient les capitales européennes telles les perles d'un collier. Un texte sublime, devenu mythique. C'est un résumé de sensations et d'images, un dépliant de cartes postales :

Prête-moi ton grand bruit, ta grande allure si douce,
Ton glissement nocturne à travers l'Europe illuminée,
O train de luxe ! Et l'angoissante musique
Qui bruit le long de tes couloirs de cuir doré,
Tandis que derrière les portes laquées, aux loquets de cuivre lourd,
Dorment les millionnaires.
Je parcours en chantonnant tes couloirs
Et je suis ta course vers Vienne et Budapesth,

Mêlant ma voix à tes cent mille voix,
O Harmonika-Zug !

J'ai senti pour la première fois toute la douceur de vivre,
Dans une cabine du Nord-Express, entre Wirballen et Pskow.
On glissait à travers des prairies où des bergers,
Au pied de groupes de grands arbres pareils à des collines,
Etaient vêtus de peaux de moutons crues et sales...
(Huit heures du matin en automne, et la belle cantatrice
Aux yeux violets chantait dans la cabine à côté.)
Et vous, grandes places à travers lesquelles j'ai vu passer
La Sibérie et les monts du Samnium,
La Castille âpre et sans fleurs, et la mer de Marmara sous une pluie tiède !

Prêtez-moi, ô Orient-Express, Sud-Brenner-Bahn, prêtez-moi
Vos miraculeux bruits sourds et
Vos vibrantes voix de chanterelle ;
Prêtez-moi la respiration légère et facile
Des locomotives hautes et minces, aux mouvements
Si aisés, les locomotives des rapides,
Précédant sans effort quatre wagons jaunes à lettres d'or
Dans les solitudes montagnardes de la Serbie,
Et, plus loin, à travers la Bulgarie pleine de roses...

Je précise que le matériel dans lequel voyage Larbaud-Barnabooth est encore en bois clair, comme celui de tous les trains d'avant la Première Guerre mondiale et dont la voiture dite de l'Armistice* est un vestige rarissime. Passant des heures, des jours et des nuits à lire dans son sleeping, le poète, dès l'année suivante, publie *Ce vice impuni, la lecture* et se lance dans diverses traductions ; il fait découvrir aux Français l'Irlandais James Joyce et donne la première analyse d'*Ulysse* et d'auteurs hispano-américains. C'est encore la conséquence d'un voyage, commencé dans le Sud-Express en qualité d'envoyé spécial du *Figaro* en Espagne, en 1916. Il y réussit un exploit – qui laisse dubitatif ! : en deux ans, il n'envoie au quotidien que... un seul article mais dévore une littérature nouvelle, ensoleillée, lue principalement à Alicante. Son compartiment devient un cabinet de lecture, spécialisé en littérature étrangère ; il apportera, discrètement, ses fins jugements aux Editions Gallimard, contribuant à révéler aux francophones William Faulkner et Joseph Conrad. Lié à André Gide, qu'il avait rencontré en 1911, lors d'un voyage – c'était obligatoire ! – à Londres, il correspond avec Paul Claudel*, Jean Paulhan, Saint-John Perse, et collabore à des revues réputées. Ce n'est pas amoindrir son talent que de rappeler qu'il a pu faire éditer ses premières œuvres grâce à ses moyens. Il n'est pas un amateur mais un professionnel de la curiosité, un esprit raffiné dont les périples lointains ont nourri la culture ; les murs de sa propriété vichyssoise de Valbois sont tapissés de livres rares en plusieurs langues. Larbaud peut même traduire des classiques français directement en anglais et en espagnol. Si, à partir de 1919, il habite Paris, à l'ombre de la montagne

Sainte-Geneviève, sa santé le prive peu à peu de voyages. Mais serait-ce bien utile ? L'Europe qu'il a connue et célébrée est morte à Verdun. En août 1935, Valery Larbaud (cinquante-quatre ans) est victime d'une congestion cérébrale qui le laisse paralysé par une hémiplégie, et atteint d'aphasie. Mais son esprit continue de vagabonder entre les essais et la critique. Disparu le 2 février 1957, enterré au cimetière communal de Vichy, il doit sa réputation définitive à son romantisme ferroviaire, avec un style et un esprit annonçant Paul Morand*. Au début des années 1970, dans les pages littéraires du journal *Le Monde*, paraît une caricature de Larbaud et son crâne dégarni, à cheval sur une locomotive à vapeur. Si la cheminée est fantaisiste, on reconnaît bien la silhouette d'une Atlantic Nord, une 221. Une sœur de celle qui l'avait enlevé à bord du Nord-Express en direction de la Russie...

Lawrence d'Arabie

Thomas Edward Lawrence, dit, 1888-1935

L'énigmatique mais fameux colonel Lawrence, dont David Lean* a raconté le destin fracassé dans une éblouissante fresque cinématographique, s'est beaucoup servi du chemin de fer pour animer et fédérer la révolte arabe contre l'Empire ottoman entre 1916 et 1917. Son objectif est la ligne du Hedjaz, imaginée pour relier Damas à Médine puis à La Mecque sur environ 2 000 km. Le Hedjaz est une barrière montagneuse à travers le désert, au départ du golfe d'Akaba et qui s'étend du nord-ouest au sud-est, en parallèle à la mer Rouge. Or, bien avant d'être militairement engagé contre les Turcs, adversaires de la Couronne britannique pendant la Première Guerre mondiale, Thomas Edward Lawrence a fait de brillantes études à Oxford et se passionne pour l'archéologie. Il est envoûté par l'Orient et l'épopée des Croisades. L'un de ses maîtres à l'université, Hogarth, est un orientaliste de grande valeur qui parle couramment sept langues et a été correspondant du *Times* en Crète. En secret, au rythme de ses missions scientifiques, ce professeur très respecté informe le gouvernement britannique. Sans Hogarth, véritable mentor, sans doute n'y aurait-il jamais eu de Lawrence d'Arabie. Le distingué conservateur de l'Ashmoleum Museum pressent en son élève, très doué, outre un futur archéologue, un très précieux agent de renseignements des services secrets de l'Empire, car il est certain qu'il s'adaptera à la vie des nomades.

Lawrence apprend l'arabe avec un prêtre syrien et arrive à Beyrouth en 1909. Sa mission officielle :

mettre des cartes à jour. Il participe à des fouilles dans la province turque de Syrie et en Mésopotamie (actuel Irak). Ses connaissances géographiques et linguistiques sont prodigieuses. La nudité apparente du désert le fascine et, à vingt ans, il parcourt 6 000 km à pied, s'imposant des efforts surhumains pour compenser ses handicaps physiques. Ses recherches scientifiques le conduisent souvent le long de l'audacieuse voie ferrée du Hedjaz, en cours de construction depuis dix ans au prix d'immenses difficultés. Le projet est, à l'origine, religieux ; il doit permettre à des millions de pèlerins de se rendre aux Lieux saints de l'islam. Commencée en 1900 sur ordre du grand vizir, la ligne suit les points d'eau des caravanes. Le financement est assuré par des dons, la vente de peaux de moutons immolés par les fidèles et une retenue de 10 % sur le traitement des fonctionnaires. *A priori*, les capitaux ne manqueront pas...

Cependant, la pose de la voie avance moins vite que souhaité, malgré le rachat d'une petite ligne au départ de Damas. En 1905, seuls 400 km sont achevés et La Mecque est encore à 1 300 km. Devant l'inefficacité de la main-d'œuvre, la troupe est requise. Les puissances occidentales suivent cette progression avec un intérêt à peine dissimulé. L'Allemagne de Guillaume II, déjà engagée dans le défi du *Bagdadbahn*, aide la Turquie moribonde par des conseils techniques et une logistique rigoureuse, plus rentables que les primes versées, officieusement, aux officiers, dont certains sont déjà membres du mouvement révolutionnaire « Jeunes Turcs ». Depuis 1890, Berlin a réorganisé l'armée turque sur le modèle prussien. L'élaboration de la ligne du Hedjaz va à l'encontre de la décomposition de l'Empire régenté par le sultan de Constantinople. Londres redoute l'effondrement de la puissance ottomane car, dans ce cas, elle devrait protéger le canal de Suez – dont l'Angleterre ne voulait pas un demi-siècle plus tôt ! – et la route des Indes où est stationnée la moitié de l'armée britannique. De plus, une forte odeur de pétrole commence à se répandre dans cette zone incluant la Perse.

Hogarth et Lawrence prennent le train à Deraa et gagnent Alep. C'est, en fait, un repérage de la ligne. L'archéologue observe les ingénieurs et contremaîtres du Kaiser. Sous des prétextes d'explorations de citadelles disparues dans les sables, le disciple d'Hogarth analyse l'importance militaire de la ligne du Hedjaz. Doté d'une mémoire fabuleuse, il note le tracé, les gares, les puits. Et constate que si le matériel vient principalement d'outre-Rhin, les traverses et les signaux sont fournis par les Etats-Unis, l'Espagne, l'Autriche-Hongrie et la Russie. Il y a même des wagons arrivés de Belgique. Un concours de soins empressés autour de « l'Homme malade de l'Europe ». Lawrence, dès cette époque, est un espion. Par provocation et dérision, il ne cherche pas à être discret. Il porte un short blanc – une rareté avant 1914 ! – et se sert de son appareil photographique, très perfectionné puisqu'il est équipé d'un téléobjectif, autre rareté. Inutile de se demander pourquoi il photographie des points à trois kilomètres alors qu'il est penché sur un site de fouilles. Il prend des centaines de documents. Un bien étrange archéologue... très attentif au nouveau chemin de fer.

En 1909, la voie atteint Maan, à environ 200 km à l'est d'Akaba. Le trafic depuis Damas commence ; il reste faible. Quelque soixante-dix locomotives allemandes et six cents wagons ont pourtant été livrés. S'y ajoutent des voitures-salons pour les officiels et même une extraordinaire voiture-mosquée... Le tsar Nicolas II n'a-t-il pas fait construire une voiture-chapelle* sur la ligne du Transsibérien ? Pour inciter les pèlerins, méfiants, à prendre le train, on leur annonce que lorsque la ligne Damas-La Mecque sera terminée, ce voyage ne prendra que quatre jours contre quarante par dromadaires.

La guerre nourrit le rêve de Lawrence : fonder un royaume arabe indépendant au Proche-Orient. Avec l'appui de l'Intelligence Service, il rejoint, à Djeddah, l'émir Fayçal, fils du chérif Hussein. Il organise ses troupes. Et c'est alors qu'il conduit des raids contre la ligne incomplète du Hedjaz. Il dynamite des portions de voie, multiplie les attentats contre les convois militaires, paralyse leur circulation. Toutefois – et ceci doit être souligné – Lawrence, devenu expert en explosifs, veille à ne jamais détruire complètement les installations. Ses sabotages sont méticuleusement limités. Son but réel est d'obliger les Turcs à défendre la voie, ce qui les détourne de la Palestine. Sa stratégie ferroviaire est un succès militaire puisque l'Empire ottoman est contraint de maintenir des troupes au sud de Damas. Le plus grand exploit de l'aventurier Lawrence est la prise d'Akaba en juillet 1917. Nommé au grade de colonel, il est l'officier le moins conventionnel de l'armée britannique, vêtu de blanc comme un Bédouin et préférant les méharis aux automobiles. Même en uniforme, il porte un keffieh. Les tribus l'appellent « El Aurens ». Sa désinvolture et sa liberté d'action choquent l'état-major. Mais son intimité avec la cause arabe et sa remarquable expérience en font un officier exceptionnel. Le général en chef

Allenby, impressionné par ses audaces et ses coups de main, lui demande, en novembre 1917, de bloquer le trafic des trains de marchandises transportant du blé. Au début de janvier 1918, il attaque un long convoi à 80 km au sud de Maan, et coupe la ligne à Tell el-Cham. C'est à la fois une diversion et une expérience puisque, pour la première fois dans leurs opérations en Arabie, les Anglais utilisent des véhicules blindés. Le raid est réussi : désormais, la voie ferrée n'est qu'à quelques heures d'Akaba. En même temps, sur ses instructions, un adjoint du colonel Lawrence attaque un village à 50 km au nord de Maan, s'empare de la gare et fait deux cents prisonniers turcs. Le gouverneur ottoman, fou de rage, met la tête de « l'Arabe blanc » à prix : vingt mille livres vivant, dix mille mort.

Après 1918, Lawrence, intellectuel torturé par ses paradoxes, désespéré du double jeu des politiciens de Londres et de Paris, estime que la cause arabe a été trahie par les traités de paix. Il s'efface. Allenby lui rend hommage : « Il est rare que l'on puisse attribuer aussi nettement la direction d'événements mondiaux à la puissance et au dynamisme d'un seul individu. » Il ne croyait plus aux idées mais aux seuls actes. La ligne du Hedjaz, qui n'avait pas dépassé Médine en 1918, ne sera plus exploitée au-delà de la frontière jordanienne et ses tronçons en Arabie seront détruits en 1967, pendant la guerre des Six-Jours. Il reste, aujourd'hui, le moyen de revivre une partie de cette épopée. Au sud de la Jordanie, le Wadi Rum, désert en altitude, dresse ses montagnes magiques. Ce relief a incité Lawrence à appeler son livre de mémoires *Les Sept Piliers de la sagesse*. Sur une voie bien entretenue, des trains spéciaux touristiques circulent, entre deux immenses convois de marchandises, à travers ce paysage inoubliable. Les voitures sont plus ou moins d'époque mais on le présente comme « le train de Lawrence d'Arabie », évidemment. La ligne du Hedjaz ressemble au rêve de cet homme légendaire, un mirage emporté par les vents de sable.

Lean, sir David

Cinéaste britannique, 1908-1991

Couronné d'Oscars, anobli par la reine d'Angleterre le 18 juin 1984, David Lean fut un réalisateur exceptionnel. Seize films en quarante-deux ans – et un silence de quatorze années avant le dernier (entre autres talents il avait celui de ne s'exprimer qu'en ayant quelque chose à dire...) – lui ont valu une réputation mondiale, parfaitement justifiée. Perfectionniste jusqu'à la maniaquerie, il impressionnait encore ses interlocuteurs à l'âge de soixante-dix-sept ans, en 1985. Et pourtant, même à ce moment, auréolé d'une carrière prestigieuse, la silhouette impeccable en chemise blanche, pantalon gris et pull marin bleu, il prévenait les journalistes, alors qu'il préparait son ultime long-métrage *La Route des Indes* (*Passage to India*) : « Vous ne tirerez pas grand-chose de moi. J'ai peur ! » S'il a souvent traité – et expliqué –, sous divers aspects, l'Empire britannique, les trains jouent un rôle, variable mais essentiel, dans son œuvre. Et pourtant sa première collaboration concernait... la Marine dans *Ceux qui servent en mer* (*In Which We Serve*, 1942, en secondant Noël Coward). Ancien assistant opérateur puis monteur, c'est avec une histoire banale qu'il aborde, à trente-huit ans, l'atmosphère ferroviaire dans *Brève Rencontre* (*Brief Encounter*, 1946). Un chef-d'œuvre en noir et blanc d'amours banales, de romances quotidiennes ou hebdomadaires dans une petite gare de banlieue. Lean retrouve l'auteur dramatique Noël Coward en adaptant sa pièce *Still Life* (*Vie tranquille*) pour raconter une histoire qui pourrait arriver à tout le monde. De même qu'il y a des trains du désir, ici on vit dans la gare de la passion. Une passion naissante, contenue, prometteuse et finalement trahie par le destin. Tout commence à cause des locomotives à vapeur. Laura Gesson (Celia Johnson) mène une vie familiale sans éclat ni égards. Un jour, sur le quai, elle reçoit une escarbille dans l'œil. Un médecin, le docteur Alec Harvey (Trevor Howard), la lui retire. Je pense que sans cet inconvénient de la traction à vapeur, il n'y aurait pas eu de scénario ! Après le coup de charbon dans l'œil, voici le coup de foudre dans leurs cœurs.

Ils se plaisent, elle habillée comme une Anglaise de l'hiver 1938-1939, lui avec son manteau au chic modeste. Et leurs chapeaux. Evidemment, ils sont mariés chacun de son côté, donc leur amour est impossible (nous sommes en 1946 lors de la réalisation...).

Et pourtant, grâce à la gare enfumée, à leurs occupations qui les font s'y rendre chaque jeudi, ils essaient d'y croire. Il ne se passe rien de spectaculaire mais la peinture, minutieuse, de leurs prétextes pour se rencontrer, toujours brièvement, est très fine. David Lean sait ce qu'est une gare, les rendez-vous clandestins, les espoirs et les déceptions qu'elle fait naître. Les sifflets des machines sont autant de cris désespérés, annonceurs de ruptures. Les détails des habitudes, pudiques ou insupportables, du monde autour des deux êtres sont passés au crible de la sensibilité. Rapidement, le médecin se rend compte que leur rêve est impossible ; il demande sa mutation le plus loin possible, en Afrique du Sud. D'ailleurs, tout devient pénible, sans issue, entre une serveuse de bar qui joue les précieuses et un chef de gare pointilleux. La cruauté de l'histoire veut qu'ils ne peuvent même pas se dire adieu. Envahis par la conversation catastrophique d'une voisine, ils sont séparés par le départ d'un train, peut-être celui qui les avait réunis. Le médecin devra se contenter de poser, discrètement, sa main sur l'épaule de son amour interdit. Leur romantisme dans la grisaille n'a duré que six semaines et le comble est qu'ils ont été voir un film, *Les Ravages de la passion*, d'où ils sont sortis épouvantés... Le film, tourné en dix semaines avec un budget ridicule, se déroule dans la gare de Carnforth. La comédienne Celia Johnson dira qu'elle restait volontiers le soir dans cette gare pour voir et entendre passer le Flying Scotsman.

Grand prix du Festival de Cannes et prix de la Critique internationale, *Brève Rencontre* est une rencontre cinématographique définitive de David Lean avec les trains. Il exigea des mécaniciens des coups de sifflet variés, leur expliquant que « ce n'était pas une question de volume mais d'émotion ». Et d'ajouter : « Les trains m'ont toujours provoqué un choc irrésistible. Je pense qu'ils sont de merveilleux sujets pour le cinéma*. Ils sont presque vivants. »

Après avoir évoqué les pilotes d'essais dans *Le Mur du son* (*The Sound Barrier*, 1952), David Lean réalise son onzième film, *Vacances à Venise* (*Summertime* ou *Summer Madness*, 1955). La séquence ferroviaire se situe au début de cette romance – encore un homme marié, encore une brève rencontre ! – car c'est en train, ce qui est rare au cinéma*, qu'une secrétaire américaine, célibataire de quarante ans, jouée par Katharine Hepburn, arrive à Venise. Il faut dire que, après le long pont sur la lagune, la gare vénitienne de Santa Lucia, en cul-de-sac, est une invitation spectaculaire à toutes les amours : elle débouche sur le Grand Canal...

On sait que le célébrissime film *Le Pont de la Rivière Kwaï* (*The Bridge on the River Kwaï*, 1957), adapté d'un roman français de Pierre Boulle, apporta à David Lean la consécration internationale ; le public et la critique furent pour une fois d'accord. On sait moins que la construction d'un fameux pont ferroviaire fut, en 1943, un épisode réel de la guerre en Birmanie qui coûta des milliers de vies humaines britanniques. A cette période de la Deuxième Guerre mondiale, le Japon, qui avait bombardé Pearl Harbor le 7 décembre 1941, se trouve en situation défavorable. La reconstruction du réseau britannique de 1937 est urgente ; la main-d'œuvre sera fournie par les prisonniers de guerre. La rivière Kwaï sépare la Birmanie de la Thaïlande. Le scénario met surtout en scène un colonel entêté (Alec Guiness) et un intraitable chef de camp (Sessue Hayakawa, vétéran du cinéma* muet). Pendant près de deux heures, ces deux ennemis ont un objectif commun, le pont. Pour le Japonais, la voie ferrée est d'un intérêt stratégique ; pour l'officier de Sa Gracieuse Majesté George VI, c'est un travail dont il est fier et aucun sabotage ne sera admis jusqu'au moment où il réalise sa folie. Le dynamitage du pont et le convoi inaugural précipité dans la fameuse rivière sont un moment cinématographique fort, filmé par six caméras. Sécurité supplémentaire, les bobines du négatif sont expédiées à Londres, par six avions différents, jusqu'au laboratoire de développement. C'est la première fois que Lean travaille en Cinémascope. Après huit mois de tournage épuisant dans l'île de Ceylan et un pont partiellement en bambou de 300 mètres de haut et de 1 km de long qui avait exigé l'apport de quinze cents troncs d'arbres et le concours de quarante-cinq éléphants, il était exclu de refaire la scène... En pratique, trois ponts avaient été édifiés. Le premier permettait d'acheminer le matériel de prises de vues au-dessus de la fameuse rivière ; le deuxième fut filmé pendant les scènes de construction ; le dernier fut l'ouvrage détruit. Pour la petite histoire, la musique est un partition que David Lean avait entendue dans son enfance. Les paroles, jugées grossières, furent remplacées, dans la bande originale, par les sifflets des prisonniers. Hélas, en France notamment, il y eut, pour un disque, des paroles ineptes...

En 1962, *Lawrence d'Arabie* (*Lawrence of Arabia*), autre monument de David Lean (restauré et remonté en 1989 dans une version définitive de deux cent vingt-deux minutes), comporte, dans sa seconde partie, une très belle séquence ferroviaire. Il s'agit de l'attaque – un fait historique – d'un train turc en 1917, sur la ligne du Hedjaz, dans l'Empire ottoman allié de l'Allemagne. La scène où l'énigmatique colonel Lawrence d'Arabie*, devenu « l'Arabe blanc », est juché, triomphant, revolver au poing, sur le toit d'un des wagons qui ont déraillé, est digne de l'imagerie du réalisateur. A noter : aujourd'hui, en Jordanie (lieu de la révolte arabe et où le film a été tourné), un train d'époque circule sur la ligne proche du désert du Wadi Rum pour un voyage historico-touristique impressionnant.

En 1965, pour *Docteur Jivago*, d'après le roman de Boris Pasternak, David Lean et son équipe voyagent beaucoup, à la recherche d'un paysage où ils pourraient faire rouler un Transsibérien* reconstitué dans la Russie déchirée de la révolution d'octobre 1917. Finalement, les principales séquences ferroviaires sont tournées pendant quinze jours en Finlande, à 600 km au nord d'Helsinki, dans la région du lac Pyhaselka, près de la ville de Joensuu. Le metteur en scène mobilise trente-deux voitures des Chemins de fer finlandais et deux énormes locomotives fonctionnant au bois. Ironie de l'Histoire : la ligne utilisée est celle qui avait été construite sur ordre de Staline en 1940, lors de l'invasion de la Finlande. Des extérieurs complémentaires, pour les scènes de montagnes, sont réalisés au Canada.

Enfin, en 1984, dans ce qui peut être considéré comme son testament, *La Route des Indes*, David Lean redonne aux trains de l'Inde britannique de 1928 (avec un esprit souvent caustique et peu favorable à l'Empire) une place importante, celle des communications difficiles dans un immense pays. Du train qui emporte, depuis Bombay, le vice-roi, à celui, aventureux, qui, au temps des maharadjahs*, conduit deux Anglaises à visiter les grottes de Marabar sous le direction de l'enthousiaste Dr Azziz (il crie sa joie, accroché à une portière, quand le convoi arrive sur un viaduc !), tout le talent de David Lean (il a soixante-seize ans) est dans ces séquences. Spectaculaire ou intimiste, sa direction d'acteurs fut de grande qualité. Et il a bien servi le chemin de fer en lui donnant, souvent, un grand rôle, au point qu'il déclara un jour : « Je ne sais pas pourquoi, mais il y a des trains dans presque tous mes films... »

Lénine, Vladimir Ilitch Oulianov, dit

Révolutionnaire russe,
fondateur de l'Etat soviétique, 1870-1924

Avant que Boris Pasternak n'écrive son bouleversant livre *Le Docteur Jivago*, devenu un célèbre film de David Lean*, le train joue un rôle décisif dans l'effondrement du régime impérial russe et le triomphe de la révolution.

Proscrit, considéré comme un dangereux agitateur par la police du tsar, Vladimir Ilitch Oulianov, plus connu sous le nom de Lénine, est le chef de la tendance bolchevique du parti social-démocrate. Exilé, il habite Zurich avec sa femme, Nadejda Kroupskaïa, chez le cordonnier Kammerer. Le 16 mars 1917, Bronski, un révolutionnaire polonais, arrive très excité dans la chambre de Lénine :

— La révolution vient d'éclater à Petrograd !

Depuis 1905, la situation russe était lézardée par les erreurs du gouvernement, la faiblesse de Nicolas II et le poids grandissant du prolétariat. Mais la vieille et sainte Russie tenait encore, forgée par près de dix siècles d'autorité. Et, après les cérémonies en l'honneur du tricentenaire de la dynastie des Romanov, le patriotisme avait apporté un soutien réel à Nicolas II. Les idées subversives étaient repoussées à plus tard, l'heure était à la défense de la terre russe. Seuls manquaient ce qu'attendait l'impatient Lénine, les revers militaires. Eux seuls pourraient abattre « la tyrannie du Tsar rouge », surnom donné au souverain après la sanglante répression d'une marche pacifique, un dimanche de 1905. Dans sa chambre, arrive un de ses autres amis, Zinoviev. De Berne, celui-ci rapporte des coupures de journaux et des informations : grèves, manifestations contre le tsar, défilés dans les rues, il n'y a que des bonnes nouvelles. Nicolas II a abdiqué le 2 mars. Dans le gouvernement provisoire, se trouve Alexandre Kerensky, fils de l'ancien tuteur de Lénine et ministre de la Justice. C'est le moment de partir. Enfin !

Mais comment gagner l'ancienne Saint-Pétersbourg devenue, dès l'été 1914, Petrograd ? L'avion présente plusieurs dangers ; d'ailleurs, on ne trouvera ni avion ni pilote. Il n'y a que le train... à condition de pouvoir passer, notamment, les frontières allemande, suédoise et russe alors que les deux empires sont opposés dans le conflit. Les alliés de la Russie (France, Angleterre et, depuis 1915, Italie) n'ignorent pas que Lénine est prêt à signer la paix avec l'Allemagne ; sur les masses populaires, son charisme agit et, s'il prenait la tête de la révolution en Russie, ce serait très dangereux.

Pour l'entourage du camarade Lénine, la seule solution est de traiter directement avec Berlin. Après l'intervention de deux députés socialistes allemands, le général Ludendorff, considéré comme le véritable chef des opérations sur le front de l'Est, donne son accord à la traversée du territoire allemand par Lénine. Sans sous-estimer les conséquences politiques de son geste, il considère – et c'est l'essentiel – que le retour de Lénine en Russie ne peut que hâter la défaite militaire des armées du tsar. Le 15 mars, la Reichsbank informe les représentants des banques allemandes en Suède que des sommes destinées à la propagande défaitiste en Russie seront délivrées à neuf personnes, dont Lénine et Trotski, par virement n° 2754 aux comptes courants ouverts pour eux... A Berlin, on sait parfaitement que l'adversaire de Lénine n'est pas l'Allemagne mais le gouvernement provisoire russe...

Au consulat général d'Allemagne à Zurich, un premier protocole est signé le 3 avril 1917. Il stipule que le parlementaire Fritz Platten accompagnera, sous sa responsabilité et à ses risques et périls, les émigrés qui voudront rentrer en Russie au moyen du chemin de fer, dans une voiture spéciale. Il sera l'unique interlocuteur des autorités allemandes et personne ne pourra pénétrer dans ce wagon sans son autorisation. Mieux : cet élément d'un train bénéficiera, exceptionnellement, du statut d'extraterritorialité :

aucun contrôle de passeport ou de douane ne pourra être exercé ni à l'entrée ni à la sortie du territoire allemand. Par une fiction diplomatique, le wagon sera considéré comme une partie du territoire russe. Personne ne pourra quitter le wagon de sa propre initiative, sauf sur ordre. Le transit s'effectuera le plus rapidement possible. Enfin, les émigrés s'engagent à agir auprès du gouvernement russe pour faire libérer un nombre égal de prisonniers allemands. Cet échange n'est qu'un alibi. En vérité, le retour de Lénine doit favoriser le triomphe de la révolution chez l'ennemi. Il faut profiter de l'effervescence et du mécontentement populaire à Petrograd. Dans le chaos, l'adversaire s'effondrera...

Le départ est précipité. Dans ses *Mémoires*, Nadejda Kroupskaïa raconte comment tout est réglé en cinq jours grâce à l'aide de socialistes suisses ; cependant, le couple doit tout de même se rendre à Berne, siège du gouvernement fédéral, pour accomplir certaines formalités. Le 8 avril, à Zurich, Lénine participe à un déjeuner d'adieu au Zahringer Hof. Le lendemain, il doit signer un nouveau protocole préparé par les services diplomatiques de Berlin. Ce texte, en allemand, comprend cinq points. Lénine certifie avoir pris connaissance des conditions fixées par Platten, en accord avec l'ambassade à Berne et le consulat général à Zurich. Ensuite, il affirme se soumettre aux instructions du voyage dirigé par Platten. Le troisième paragraphe indique le caractère dangereux du périple : « J'ai connaissance d'un reportage du *Petit Parisien* selon lequel le gouvernement provisoire russe considère les voyageurs traversant l'Allemagne comme des traîtres. » En d'autres termes, si leur présence est révélée, ils seront fusillés ; en

France, Mata-Hari* vient d'être arrêtée. Puis, le révolutionnaire déclare assumer la pleine responsabilité politique du voyage. Enfin, il est précisé que Platten ne garantit ce voyage que jusqu'à Stockholm. Suivent les signatures du couple *« 1 Lenin, 2 Frau Lenin »* et vingt-neuf autres. L'un des passagers sera accompagné de son fils ; Zinoviev est le dixième à signer, en lettres énormes. L'indispensable député Fritz Platten les attend à la gare, en début d'après-midi. Ils arrivent comme des voyageurs presque sans bagages, n'ayant que le strict minimum dans des paquets grossièrement ficelés. Ce départ a été connu, malgré les ruses félines de Lénine. Il a attiré une foule animée dans la gare. Des mencheviks (minoritaires du Parti social-démocrate russe) sont face à des bolcheviks. Ceux-ci chantent *L'Internationale* tandis que les mencheviks les insultent en les traitant de « sales espions allemands et d'« agents provocateurs ». Ils les couvrent de critiques : « Vous voyagez aux frais de l'Allemagne ! »

15 h 10. Leur train part. C'est un convoi très court. L'une de ses voitures, de couleur verte, comporte huit compartiments, trois de deuxième classe et cinq de troisième classe. Un fourgon est théoriquement destiné aux bagages. La frontière allemande est atteinte dans la nuit à Gottmadingen. Sur le quai désert, deux officiers attendent les mystérieux passagers, lesquels ne sont pas rassurés. Un message de Ludendorff, en qualité de chef d'état-major de la VIIIe armée, leur est transmis par le plus jeune des officiers, le lieutenant von Buhring. Il parle russe mais on ne doit pas le savoir. C'est là une prudence toute politique dans une opération essentiellement politique et peu militaire.

Avec leurs baluchons, les voyageurs sont priés de descendre et de prendre place dans la salle d'attente des troisièmes classes. L'ambiance est pesante. « Nous nous attendions à toutes les catastrophes », dira plus tard un Caucasien qui faisait partie du groupe. Tous ont un coussin, une couverture et une petite lampe à alcool. L'autre officier demande que les femmes, dont la jolie Olga Ravitch, femme de Sakfarov, se regroupent d'un côté, les hommes de l'autre. Après le contrôle du laissez-passer (pour trente-deux personnes avec Platten), on leur annonce qu'ils vont changer de train mais rester dans la même voiture.

Lénine, maussade et les lèvres serrées, exige que les exilés n'aient aucun contact avec les officiers allemands, ce qui est impossible puisque les militaires doivent les accompagner jusqu'à la frontière de sortie avant la Suède. Après discussion – et pour satisfaire Lénine –, il est convenu que les deux militaires allemands occuperont un des compartiments de troisième classe, au bout de la voiture. Une ligne est tracée à la craie dans le couloir ; personne n'a le droit de la franchir ! Les « territoires » allemand et russe se partagent la voiture qui, heureusement, est équipée de toilettes à chaque extrémité ; ainsi, personne ne violera le domaine de l'autre ! Sauf les punaises, par centaines dans ce cloaque ambulant. Contrairement au compartiment occupé par les officiers du Reich, les portières de ceux occupés par les Russes sont verrouillées (il s'agit d'une voiture ordinaire classique de l'époque, avec une portière par compartiment). Et leurs rideaux doivent être baissés pendant le trajet en Allemagne, même de nuit. Ces dispositions, exceptionnelles mais strictes, sont à l'origine d'une légende, exploitée par les révolutionnaires mais totalement infondée. Non, Lénine n'est pas revenu en « wagon plombé » mais dans une voiture dont l'intérieur était occulté par des tissus, ce qui n'est pas la même chose... En revanche, il n'est pas interdit aux voyageurs de chanter : dès que le nouveau train est en marche, les plus jeunes entonnent *La Marseillaise*...

Pendant ce temps, à l'aide du télégraphe et du téléphone, à Berlin on suit la marche de ce train fantôme avec une certaine anxiété car la Suède, toujours neutre et qui doit laisser circuler la voiture sur son territoire, n'a pas encore signifié son accord, malgré les démarches empressées du comte Brockdorff-Rantzau, l'ambassadeur d'Allemagne à Stockholm. Les pouces dans les emmanchures de son gilet, Lénine ne peut que deviner dans le crépuscule les sapins défilant le long de la voie. D'après ses compagnons, il est perdu dans ses pensées lorsque le convoi atteint la petite gare de Singen et s'immobilise sur une voie de garage. Les deux officiers distribuent des sandwiches et de la bière. Puis, la nuit étant tombée, Lénine, comme un pion d'internat, ordonne à toutes et à tous de dormir « au nom de la discipline du parti » !

Dans la réalité, lui et Nadejda occupent seuls un compartiment ; les camarades ont insisté pour que les époux soient confortablement installés. La promiscuité et l'interdiction d'ouvrir les fenêtres font naître quelques conflits de voisinage dans cet univers clos. Ainsi, Lénine a horreur du tabac. Avant le départ, il avait décidé que les fumeurs s'isoleraient dans les toilettes, selon une tradition universelle ! Mais, au bout du couloir, il n'y a pas que les fumeurs qui attendent. Lénine met de l'ordre dans les priorités : les fumeurs attendront ! A 5 h 10 du matin, la voiture et le fourgon sont différés sur un autre train circulant entre Radolfzell et Ulm, puis encore un en direction de Stuttgart.

La mise au point de ces multiples transferts a été fort bien organisée mais, le pays étant en guerre, la priorité est réservée aux transports de troupes. De temps en temps, le convoi est refoulé sur une voie de garage ; les attentes sont interminables et sans explication. De plus, ce convoi empruntant les lignes de quatre compagnies ferroviaires différentes, il change d'autant de locomotives, d'où des manœuvres et des pertes de temps supplémentaires.

Lénine demeure patient, griffonnant sur un cahier d'écolier. Des arrêts, des rebroussements et des attentes d'une nouvelle machine révèlent aux passagers combien leur voyage est périlleux, compliqué et très aléatoire. Après le Neckar, la locomotive prévue n'arrive pas. En gare de Stuttgart, personne n'est autorisé à descendre, comme partout. Ils n'aperçoivent que des quais. Zinoviev a relaté l'impression sinistre d'une Allemagne sans hommes valides où seuls les vieillards et les femmes travaillent aux champs. Comparée à la Suisse riante de l'exil où pourtant les Russes menaient une vie pauvre et difficile, cette Allemagne désolée offre un contraste saisissant.

Enfin les voici à Berlin puis à Sessnitz, sur l'île de Rügen reliée au Mecklembourg par un pont de 2,5 km. Cette ville portuaire est le point de départ des bateaux pour la Scandinavie, croisant devant de hautes falaises de calcaire. Ici s'arrête la ruse du général Ludendorff. Tout s'est bien passé, après plusieurs jours d'inquiétude. A Berlin, on est soulagé. La Suède accepte le passage de Lénine, exporté avec ses idées et ses proches. Le soutien du gouvernement et de l'état-major allemands a été décisif. La mer Baltique est agitée, les Russes malades au fond des cabines, mais Lénine et Zinoviev sont dans une discussion si intense qu'ils en oublient le mauvais temps.

A Stockholm, le maire socialiste accueille le groupe en chapeau haut de forme et invite le camarade Lénine à un dîner d'honneur. Nadejda le regarde dans ses vêtements fripés par près d'une semaine de voyage : « Tu ne peux pas te présenter dans cette tenue ! » lui dit-elle. Il s'en moque. Mais, en dépit de ses protestations, elle l'entraîne dans un magasin de chaussures puis dans un autre pour acheter un costume neuf.

Après avoir traversé la Finlande, dans l'obédience russe mais avec une autonomie qui s'organise, le révolutionnaire est accueilli en héros. Dans toutes les gares russes, son train soulève les foules. Les ouvriers chantent *L'Internationale* et *La Marseillaise*. Pourquoi est-il soucieux ? Des partisans lui ont apporté le dernier numéro de la *Pravda* (« Vérité »), le journal des bolcheviks fondé en 1912. Lénine ne décolère pas en lisant l'éditorial de Kamenev, récemment libéré de

Sibérie. Il se prononce pour la poursuite de la guerre ! C'est catastrophique, il faut cesser tout soutien au gouvernement provisoire et signer la paix. « Décidément, dit-il à Nadejda, il était temps de rentrer ! »

Mais il est inquiet... Lui et ses camarades vont-ils finir en prison ? N'ont-ils pas été, finalement, trahis par les Allemands ?

Le dernier train les conduisant jusqu'à Petrograd doit arriver en pleine nuit, ce 16 avril 1917. Par la vitre souillée de son compartiment, Vladimir Ilitch Oulianov voit le défilé des gares et des soldats russes. A la gare dite de Finlande, une foule impatiente piétine depuis la veille, tenant d'immenses banderoles. Par deux fois, le président du soviet municipal va au bout du quai, guettant le convoi. Enfin, il arrive. C'est un triomphe mais aussi une relative déception car les mencheviks, majoritaires au soviet, ont préconisé la collaboration avec le gouvernement provisoire. Il faudra que Lénine fasse preuve de toute sa fougue d'orateur pour troubler les esprits, plaider la fraternisation avec les soldats allemands et la paix le plus tôt pos-

sible. Le succès de l'odyssée ferroviaire de Vladimir Ilitch Oulianov et son retour au bon moment feront dire à Léon Trotski, en 1935 : « Si ni Lénine ni moi n'avions été présents à Petrograd, il n'y aurait pas eu de révolution d'Octobre. » Aujourd'hui encore, devant la gare de Finlande à Saint-Pétersbourg (appelée Leningrad de 1924 à 1991), Lénine, statufié dans le vent de l'Histoire, harangue toujours les partisans du communisme.

Limoges (gare de)

C'était au temps où les luxueux Capitole (Paris-Toulouse-Paris), les trains n° 76 et 77, se croisaient en gare de Limoges-Bénédictins, une des plus monumentales de France. Je me souviens de cette question posée par un voyageur novice :

— Mais c'est Constantinople !

— Non, voyons, c'est Limoges !

Le jugement n'était pas faux, loin de là. En effet, ce bâtiment, sorti de terre en 1929, est un somptueux anachronisme. L'architecte, Roger Gonthier, a voulu imiter deux célèbres gares parisiennes, celle de Lyon et celle d'Orsay*.

« Le résultat, observe le Briviste Jean-Paul Chavent (*Journal intime du Massif central*, n° 5), est en fait un fastueux trompe-l'œil de pierres calcaires accrochées sur du béton armé. » Jugez plutôt, si vous ne connaissez pas ce fantasme approximatif de mosquée dont le minaret vous donne l'heure : un immense dôme, une grosse vague bosselée de cuivre, jouxte un curieux campanile qui s'élève à 60 mètres de haut. Quelques Limougeauds comparèrent la nouvelle gare à « une tortue épousant un cierge » ! Fort heureusement, elle a été classée Monument historique et ses décors en stuc ainsi que ses gigantesques verrières, œuvre du Limousin Francis Chignot, ont été restaurés à l'identique après le terrible incendie de 1998 qui avait ravagé la coupole. Et on peut toujours rêver : pour Istanbul et Sainte-Sophie, passez par Limoges...

Loewy, Raymond

1893-1986

« A quinze ans, je quittai le collège Chaptal pour entrer à l'école de Lanneau (école préparatoire pour le concours de l'Ecole centrale). Nous habitions la porte Dauphine, assez loin de l'école de Lanneau. Le moyen de transport le plus rapide pour me rendre en classe était, fort heureusement, celui qui me plaisait le plus : c'était le train, un vrai train à vapeur, le train de "ceinture", dans lequel j'avais la chance de monter deux fois par jour. (...) Je dégringolais les escaliers glissants et j'attendais sur le quai l'arrivée du train, et mon émotion du matin. C'était merveilleux de sonder le brouillard du regard à la rencontre du halo doré qui illuminait, en se rapprochant, à la fois mon cœur et le quai luisant de la gare. Le train arrivait à toute vapeur et ralentissait dans la pluie d'étincelles des freins, les roues grinçaient sur le sable, et il s'arrêtait, joyeusement éclairé par l'aube naissante, dans une exquise odeur de fumée, de vapeur et de sable roussi. Je grimpais dans un petit compartiment qui sentait le reps moisi et le tapis mouillé. Comme je voyageais en première, le compartiment était presque toujours à moitié vide et je m'installais sur la banquette beige couverte de taches, je sortais mes livres et je "repassais" mes leçons. »

Ainsi débute le troisième chapitre des Mémoires d'un homme qui a révolutionné notre vie quotidienne en inventant l'esthétique industrielle, sous un titre en forme de slogan, *La laideur se vend mal* (Gallimard, 1952, édition refondue en 1963, coll. « L'Air du temps », dirigée par Pierre Lazareff. Traduction française de Miriam Cendrars). Ce chapitre est intitulé « Sexe et locomotives » (!) et l'adolescent en émoi y avoue ses deux passions. A quinze ans, il « donne son cœur à douze magnifiques créatures »... Ce sont douze machines d'un entrepôt du PLM à Nice, qui, avec leur « coupe-vent », passent pour les plus élégantes de leur époque. Et c'est dans son convoi matinal qu'une ravissante inconnue lui accorde son premier baiser. Désormais, il en est certain, il recherchera le raffinement sous toutes ses formes et l'esthétique des locomotives sera, pour lui, aussi importante que la beauté des femmes.

Né à Paris le 5 novembre 1893 – son père, d'origine autrichienne, est journaliste et sa mère française –, Raymond Loewy doit interrompre ses études d'ingénieur à cause de la Première Guerre mondiale. En 1919, le capitaine Loewy part pour New York avec pour tout bagage son uniforme, sept décorations, dont la Légion d'honneur et la croix de guerre, et quarante dollars. Engagé comme dessinateur de mode par les magazines *Vogue* et *Harper's Bazaar*, il crée aussi des costumes de théâtre. Dans l'Amérique inventive, il répète que seule la beauté d'un objet ayant une fonction technique peut développer son succès commercial. En 1929, un industriel anglais, Sigmung Gestetner, intéressé par ses dessins, le charge de modifier un modèle de machine à polycopier. Cette première œuvre remporte un immense succès, les ventes augmentent de 25 %. La démonstration est faite : personne n'achètera quelque chose de repoussant, même s'il est solide et de qualité. L'harmonie doit habiller les formes. « Entre deux objets comparables par le prix, la fonction et la qualité, celui qui a le plus bel aspect se vendra le mieux. » Pour ce qui nous concerne, ses débuts ferroviaires sont modestes mais révélateurs : la gare du Pennsylvania Railroad de New York lui commande... de nouvelles corbeilles à papier. Levant les yeux, il suggère à la direction du réseau de redessiner les anciennes locomotives Pacific de 1917, puissantes machines tirant des convois de 1 000 tonnes à plus de 150 km/h. La crise économique frappe toutes les industries, y compris celles du rail. Pour réanimer les désirs de voyager, il dessine deux locomotives extraordinaires, les 5037 et 5073. Carénées, elles ont la forme d'obus et masquent partiellement les huit essieux. Le succès est immédiat : la puissance est augmentée de 300 cv et la vitesse atteint le 160 km/h. Le concepteur ouvre un cabinet de « design industriel » et en 1938 il publie un essai de référence, *The Esthetics of the Locomotive.*

Ses réalisations seront innombrables et internationales. Sa griffe modifie le paquet de cigarettes Lucky Strike, puis un réfrigérateur ; elle invente la voiture soviétique Moskovitch XRL et l'Américaine Studebaker en 1963, des logos de Kleenex, Shell puis ceux de Viandox et du Petit Lu, sans oublier les distributeurs de Coca-Cola dont il affine la bouteille ni les premiers habitacles d'engins destinés à la conquête spatiale par la NASA.

Cependant, Raymond Loewy n'a jamais renoncé à sa passion viscérale pour les locomotives et les trains. Dans ce domaine, le sommet de son art se situe dans les années 1940. Le *Detroit Arrow*, qui détient alors le record mondial de vitesse en traction vapeur, cherche à améliorer encore ses performances. Loewy conçoit une machine exceptionnelle, la 6100, dotée de dix essieux, développant 7 000 ch et atteignant le 200 km/h. Une machine est absolument superbe mais le fort carénage empêche la circulation de l'air ; la mécanique chauffe anormalement lors des essais et le dessinateur doit démonter une partie de la superstructure. Reprenant ses crayons pour tenter de concilier, selon son habitude, la beauté et la technique, Raymond Loewy fait naître, en 1941, une série de machines à huit essieux masquant encore les roues et les essieux. Les résultats sont, *a priori*, fabuleux : un train de voyageurs de 900 tonnes peut rouler à 160 km/h. Hélas, la même surchauffe oblige l'artiste à revenir à un dessin plus classique ; il déshabille la locomotive par étapes jusqu'à ce que la température redevienne normale. C'est, pour ce génie du visuel, un échec, peut-être le seul dans une carrière éblouissante. Bien que naturalisé américain (il a dessiné l'avion personnel du président Kennedy), Raymond Loewy revient en France. Par décret spécial du gouvernement, en 1954, il devient citoyen d'honneur français. Grand officier de la Légion d'honneur, Raymond Loewy s'éteint à Monte-Carlo le 14 juillet 1986. Dans les trois dimensions, il a créé l'art utile et suscité nos envies de consommation.

Louis II de Bavière (Le château roulant de)

Il est grand. Il est beau. Il est jeune. Et il est roi... Un soir de l'été 1865, alors que le foehn, ce vent chaud qui balaie le sud des Alpes, a tout desséché, il n'en peut plus. Son bonheur est tel qu'il a du mal à respirer. Il lui faut de l'air. Alors, il tire le signal d'alarme de sa voiture-salon et, en dépit des protestations et des inquiétudes de son état-major, il se juche à l'avant de la locomotive et donne l'ordre de repartir. Avec la prudence que l'on devine, le convoi redémarre, lentement. Le roi se calme, apaisé par la vitesse et l'air enfin rafraîchi. Grâce à son train, le monarque a trouvé le remède au mal que décrivait

Goethe un siècle plus tôt, le malaise provoqué par « un air trop vif dans une poitrine trop étroite ».

Dans cette nuit du 1er au 2 juillet 1865, le roi Louis II de Bavière, tremblant d'une fièvre créatrice, a failli avoir un malaise. Un malaise de bonheur, encore accentué par la chaleur. Ce qu'il vient de vivre est, en grande partie, son triomphe, même si ce n'est pas son œuvre que le public de l'Opéra de Munich a longuement applaudie. On vient de donner *Tristan et Isolde*, un opéra réputé injouable, écrit par un musicien réputé insupportable, Richard Wagner. La quatrième représentation a été magistrale. Louis II, qui a succédé à son père Maximilien un an plus tôt, est au comble de l'allégresse ; son exaltation est un écho à la mission qu'il s'est donnée, aider Wagner le proscrit, Wagner le criblé de dettes, Wagner l'agitateur progressiste et – mais il ne le sait pas encore – Wagner l'homme à femmes, à « déployer les ailes puissantes de son génie ». Le nouveau souverain le lui a annoncé au printemps 1864, lorsqu'il est monté sur le trône des Wittelsbach, la Maison de Bavière, royale depuis 1805 grâce à Napoléon...

Le train fend la nuit, en direction du sud et des montagnes, de Munich aux rives du lac de Starnberg. C'est dans son château de Berg que le monarque-mécène s'écroulera, épuisé, à l'aube, ayant vécu l'un des moments les plus intenses de sa vie. Une soirée dont toute l'Europe parlera... sans savoir que Sa Majesté a parcouru quelque 60 km à l'avant de la machine, jouant un dernier acte de sa composition, emplissant ses poumons comme s'il pouvait arracher Tristan à la mort...

Le chemin de fer joue un grand rôle dans la brève vie de Louis II de Bavière (1845-1886). Souverain fantasque mais visionnaire, monarque d'un pays au charme préservé et qui compte parmi les atouts de l'Europe touristique, le cousin germain de la belle Sissi* a, comme elle, la bougeotte, même si la plupart de ses voyages sont géographiquement plus limités que ceux de l'impératrice d'Autriche et reine de Hongrie. De la même manière qu'on peut le voir dans les extraordinaires châteaux qu'il fera construire à partir de 1869, reflets de son génie troublé, le monarque apporte à l'univers du rail une touche personnelle, extravagante, incroyable. Pour l'inlassable – et indulgent ! – protecteur de l'indélicat Wagner, le train ne peut être banal, classique, encore moins sobre. Au contraire, il fait partie du rêve de sa vie et devient un élément de son décor. Louis II met en scène son existence, le train est l'un de ses théâtres. Attachant et longtemps méprisé parce qu'on le croyait à contre-courant de son époque, perdu dans des épopées médiévales et des fantasmes bourboniens, Louis II est, en réalité, un incontestable homme de progrès et un promoteur de la technique. Mais il l'utilise au gré de sa fantaisie, une manière d'encourager l'invention et la recherche. Les améliorations scientifiques – tous domaines confondus – qui vont modifier la vie quotidienne à son époque intéressent beaucoup le roi, davantage tourné vers l'avenir qu'on ne le pense mais dans des formes qui, en revanche, sont uniquement tournées vers le passé.

Pour fuir la médiocrité humaine et l'hypocrisie de la politique, à dix-neuf ans, Louis II, le dernier souverain littéralement romantique, utilise plusieurs moyens pour se déplacer, tels que bateaux et traîneaux, et son fabuleux train, un palais néo-baroque, exposé aujourd'hui au beau musée des Chemins de fer de Nuremberg.

Il est important de noter que cette rame officielle précède de quatre ans le début de la construction du premier château édifié par le roi, Neuschwanstein, inspiré, notamment, de Pierrefonds, près de Compiègne. En fait, le train préfigure ses palais du rêve ; il en est le précurseur et la version mobile. Dans la période 1865-1875, ce palais roulant comprend une locomotive Crampton, de type Poelnitz à haute cheminée, trois voitures et un fourgon. La décoration, tant extérieure qu'intérieure, est soumise au souverain, qui y apporte ses corrections et ses exigences. Comme il le fera pour le style et l'aménagement de ses « châteaux fous ». Le résultat est toujours le même : l'ensemble est lourd et chargé, donc peu discret, alors que le souverain s'efforce de passer inaperçu (!), multipliant les pseudonymes lorsqu'il voyage, comme si c'était un autre qui montait à bord. La longue voiture-salon (quatre essieux, dix fenêtres de chaque côté), toujours au centre de la rame, est surmontée d'une couronne royale, ce qui est rarissime voire unique au monde. Et bien visible : elle est dorée. La caisse est peinte en bleu, couleur favorite du roi et, avec le blanc, la couleur du drapeau national bavarois, hier comme aujourd'hui. Les encadrements et filets d'or (à vingt-quatre carats...) n'ont pas été chichement comptés. Vu de l'extérieur, c'est un train de parade, théâtral et fragile. La dernière voiture, à trois essieux, contraste par sa sobriété. Ses larges fenêtres sont toujours ouvertes, comme dans une voiture panoramique.

L'intérieur de la voiture-salon est stupéfiant ! Où sommes-nous ? Richesse et lourdeur sont accumulées dans un espace réduit. Un grand fauteuil rouge, en bois doré, sert de trône aux motifs compliqués. Les canapés, les tables à plateau de marbre, tout est somptueux. Louis II de Bavière ou le Louis XIV ferroviaire ! Le plafond, doré lui aussi, propose des peintures qui honorent les voyages ; il nous laisse sans voix mais non sans émotion. Comment ne pas comprendre, en effet, que le souverain francophile, effondré par la défaite française de 1870, ne cherche pas, malgré Bismarck et aussi grâce à lui, à conserver une autonomie bavaroise dans l'Empire allemand, y compris des privilèges concernant son réseau ferré ? Pour se rendre d'un château à un théâtre, le roi doit demeurer dans son univers, autant que faire se peut. Et si le chemin de fer encourage ses rêves – la fuite d'une réalité sordide –, ses fantasmes architecturaux soutiennent le rail. Des lignes, jusque-là brèves, sont ainsi prolongées le plus près possible des montagnes pour acheminer les matériaux. Comme entre Munich et Hohenschwangau (le château d'où il surveille son premier chantier) où la ligne était interrompue à Weilheim, ce qui obligeait à de longs transports par attelages de chevaux et de bœufs pour des travaux suspendus pendant l'hiver, souvent fort long. Ainsi, Louis II de Bavière associe le rêve chemin de fer à la réalité train bâtisseur.

Il en subsiste un témoignage pittoresque au bord du lac de Chiem, le Chiemsee, dont la vaste étendue lui vaut le surnom de « mer bavaroise », sur l'axe Munich-Salzbourg. Dès 1874 et surtout 1878, le roi, qui a acheté la Herreninsel (l'île des Hommes) où se trouvait une abbaye désaffectée, prévoit un raccordement pour relier la ligne Bavière-Autriche au port de Prien, sur le lac. Il s'agit d'accélérer la construction du dernier château, Herrenchiemsee, surprenante copie de Versailles, inachevée mais grandiose. Un chantier qui est trompeur. Certes, il n'est pas dans un site montagneux, mais il est néanmoins difficile d'accès. Il se trouve presque au milieu du lac, gelé de novembre à avril et noyé dans des brumes glacées empêchant toute navigation. Et, au débarcadère, il y a encore 1,5 km pour parvenir à l'endroit choisi par le souverain ; ce dernier reste isolé de ses ministres, de son peuple, n'assumant pas son homosexualité et bientôt à court d'argent. Mais, s'il n'est pas toujours compris, il est très populaire.

A une famille de Prien, le monarque accorde la concession d'un embranchement de 2,5 km, partant de la gare de Prien (sur le trajet de l'Orient-Express*) jusqu'à l'embarcadère où, comme sur les lacs suisses, de vénérables bateaux à aubes fouettent une eau très pure. Le *Chiemsee Bahn* a sa gare, son matériel de couleur verte et sa clientèle fidèle à la belle saison. Il est difficile de l'ignorer, d'une part à cause de son trajet – il passe à travers la ville – et d'autre part à cause de son vacarme enfumé précédé de coups de sifflet répétés puisqu'il croise et longe des rues. Ce *Chiemsee Bahn* qui a permis de transporter de nombreux éléments employés dans la construction de l'ultime hommage de Louis II le Roi-Lune, selon Verlaine, à Louis XIV, le Roi-Soleil, circule depuis plus d'un siècle. Il est l'un des derniers tramways à vapeur urbain à écartement normal toujours en service. A côté de ses locomotives-tenders, certaines ont été adaptées au moteur diesel. L'hiver, ses équipes veillent à préparer des bouquets de minuscules branches qui seront placés à l'avant des roues, avec fonction de chasse-pierres. Le mécanicien chauffeur et le chef de train portent des casquettes arborant une ancre de marine, le train étant sous la juridiction de l'administration bavaroise des transports lacustres. La durée du trajet, inchangée depuis 1908, est de huit minutes. Je vous recommande l'unique compartiment de première classe, que j'ai souvent réservé, avec banquette de velours rouge et miroir doré. Juste le temps de savourer une coupe de champagne à la mémoire de ce roi légendaire, car c'était son vin favori. Une excursion aux frontières du réel et de l'imaginaire que beaucoup de touristes ignorent...

Enfin, il ne faut pas oublier le rôle du train dans l'inauguration du festival wagnérien de Bayreuth. Grâce à un don de cent mille marks, le Festpielhaus, ce théâtre austère, a été élevé sur une colline bientôt sacrée par les pèlerins-mélomanes. Après huit années de brouilles et de dissensions, le roi et le musicien vont se revoir. A 1 heure du matin, le 6 août 1876, le train royal s'immobilise en pleine campagne de Franconie, à hauteur du poste de garde-barrière n° 61. Louis II sait que tout Bayreuth l'attend à la gare centrale, malgré cet horaire incongru. Or, il fuit la foule. Par cette ruse, il pense lui échapper. Pâle, vêtu de noir, il descend de sa voiture-salon. Dans la nuit, une silhouette petite et trapue s'avance : Wagner. Il est seul, sans son épouse Cosima*. Les yeux pleins de larmes, ils se serrent longuement la main, après avoir tenté, semble-t-il, une accolade. Le roi avait exigé qu'en dehors de sa suite aucun témoin n'assiste à ces retrouvailles. Mais un journaliste de Berlin, plus astucieux que les autres ou averti par une fuite, voit toute la scène ; il sera le seul à la raconter. Déjà, une calèche précédée de cavaliers porteurs de torches emporte Richard Wagner et le roi de Bavière jusqu'au château de l'Ermitage, un bijou du XVIIIe siècle, ancienne résidence des margraves de Franconie. Au même moment, le convoi repart vers Bayreuth avec le comte Holnstein, aide de camp, le major von Stauffenberg, chambellan, le secrétaire du cabinet von Ziegler et les domestiques. Après quatre jours d'extase lyrique dans la salle pleine mais silencieuse, le roi grâce à qui Wagner a enfin son festival est acclamé. Puis, ayant refusé de saluer son oncle, le roi de Prusse devenu l'empereur allemand Guillaume Ier, Louis II de Bavière se réfugie, à minuit, dans sa voiture-salon aux rideaux tirés. Il y est seul alors que, sur le quai, une fanfare joue l'hymne national... allemand. Le train disparaît dans la nuit franconienne. Jamais le souverain misanthrope ne refera ce voyage.

« Voyager, c'est demander d'un coup à la distance
ce que le temps ne pourrait nous donner que peu à peu. »

Paul MORAND, de l'Académie française.

Madone

La Madone des sleepings,
roman de Maurice Dekobra, 1925

Décrié par la critique, méprisé par les intellectuels ironisant sur sa « littérature de gare* » mais romancier à succès (ceci expliquant peut-être cela...), Maurice Tessier, dit Dekobra, est un auteur qui a fort bien décrit la vie cosmopolite, avec autant d'imagination que d'humour, et su exploiter le snobisme. Pour évoquer la clientèle des trains de luxe, il a trouvé un titre génial, *La Madone des sleepings*, un best-seller des Années folles (1925). Remarquons, comme le fait l'héroïne, qu'écrire « sleepings » avec un s est un barbarisme anglais. Avoir accolé deux termes antinomiques pour créer un personnage et un mythe est une réussite. La Madone est une vierge inaccessible, sacrée ; les sleepings, au contraire, sont un lieu vaguement frelaté où toutes les rencontres sont possibles. Un mot ancien, un mot moderne, c'est un formidable choc culturel. Le titre promet beaucoup. Veuve de lord Winham, ancien ambassadeur de S.M. britannique en Russie, elle montre, dès les premières pages du livre, qu'elle n'a pas froid aux yeux ni ailleurs. Elle ne cache rien de sa sexualité en consultant le psychanalyste Herr Professor Traurig (qui habite le Ritz !), ni de son corps au cours d'une séance où elle danse en tenue d'Eve. Elle avoue avoir « usé les carpettes de la Compagnie des Wagons-Lits » et sillonné toute l'Europe. Elle prétend aussi avoir glissé maints billets doux entre les pages des indicateurs « et livré aux douaniers de tous les pays le parfum de [s]es valises et le secret de [s]es lingeries confidentielles ». En réalité, cette séduisante passagère est une véritable allumeuse. Elle se conduit comme une vierge, insaisissable, pure. Elle frôle le train, les objets, les gens. La couleur des yeux de son voisin de compartiment est essentielle dans le choix de ses excentricités. Toutefois, le lecteur est mis en appétit par cet extrait où une paire de bas de soie joue son rôle aphrodisiaque : « Lady Diana Winham avait allongé sur un cube de velours havane ses jolies jambes moulées dans les fuseaux arachnéens de deux quarante-quatre fins. Son buste était caché derrière le paravent blanc du *Times*, déployé entre ses bras nus. Ses petits pieds s'agitaient dans leurs souliers de brocart cerise et argent et menaçaient l'équilibre d'une tasse en pur Wedgwood tangeant à sa cheville nerveuse. » De même que l'avait été un autre roman célèbre, *La Garçonne*, de Victor Margueritte, la *Madone* revendique un esprit provocateur ; la femme n'est plus confinée dans un rôle supposé effacé et les voyages de cette lady en font une pionnière, inattendue, de l'émancipation féminine après 1920. Adapté deux fois au cinéma*, en 1929 et en 1955, le roman *La Madone des sleepings* était devenu, auparavant, une pièce créée à Paris, au Théâtre de la Renaissance, dont la publicité demeure fort originale. Les différentes scènes sont annoncées comme des gares, à un horaire précis. Et la direction affirme que « 10 000 francs sont offerts à qui prouvera que les changements de décor durent plus de 70 secondes » !

Vers la fin de sa vie, Maurice Dekobra écrivit un feuilleton dans le magazine *Télé 7 jours*, *La Madone des Boeing*. Trahison ou continuité ?

Maharadjahs (Palais roulants des)

Les publicités font rêver, le marketing est intelligent : voyager en Inde à bord du train restauré de l'un des maharadjahs est une merveilleuse manière d'aller d'un palais de marbre à un mausolée nacré, d'un temple perdu dans une forêt à un lac sacré. L'Inde, qui possède l'un des réseaux les plus étendus au monde (plus de 70 000 km de voies) avec celui de la Russie, le premier d'Asie, est un pays où le chemin de fer est entouré de magie. Une foule d'opéra, femmes en saris, hommes presque nus (« vêtus d'espace... », dit-on), masses grouillantes, animaux plus respectés que l'être humain, odeurs d'épices et d'huile, lumières d'or perçant des milliards de fumées, c'est l'Inde, y compris dans les gares. « L'Inde jaune, accroupie et fumant ses poisons », écrit joliment la comtesse Anna de Noailles, poétesse fascinée par l'Asie, dans une ode au voyage ferroviaire. Le train indien roule dans un monde de sortilèges et d'envoûtements, avec ses convois paresseux ou rapides, électriques, diesel ou encore à la vapeur, avec ces ambassadrices couronnées et rafistolées de l'Inde anglaise, jusqu'à 1947.

Quel que soit le trajet, il s'agit bien d'une aventure et elle est authentique. Elle a commencé en 1853 avec l'inauguration de la ligne Bombay-Thana. Seulement 30 km, mais la première voie ferrée d'Asie... Avant l'indépendance et la création de l'Union indienne, l'immense territoire est partagé en une soixantaine de compagnies, sans doute un record du genre. Des convois inouïs circulaient, représentant les deux extrêmes. D'un côté, des grappes humaines recouvrant comme des insectes les rames de la misère, immobilisées par la foule envahissant les voies et les gares d'une manière permanente ; c'était la seule façon d'avoir, un jour, une place... De l'autre, les trains de luxe de la Couronne et des souverains régionaux (*maharadjah* signifie en sanskrit « grand roi ») avec leur voiture-salon aux teintes rubis où s'affaire, en silence, un personnel en turban ; ces fastueux aménagements reléguaient leurs équivalents européens au rang de tortillards étriqués. Avec cinq cent soixante-cinq Etats princiers, la galaxie ferroviaire indienne était d'une complexité phénoménale ; souvent, les trains privés de Leurs Altesses étaient assortis à leurs Rolls-Royce spéciales, par souci d'harmonie. On voyait ainsi des trains blanc et rose comme les magnifiques voitures.

Cette démesure exotique avait commencé en 1879, dans la majesté d'un Empire britannique conquérant. L'Inde étant grande dans la pauvreté comme dans l'opulence, certaines compagnies étaient dirigées depuis Londres, d'autres depuis Bombay, Delhi et Calcutta, et appartenaient à un embryon de réseau étatique.

S'il est avéré que les noms de trains font souvent rêver, comment rester insensible à ce mélange d'insolite et de révolution industrielle que symbolisaient le Great Indian Peninsula, le Bombay Baroda and Central India Railway (fondé en 1855) ou le Bengal-Nagpur ? Le pittoresque, garanti, augmentait avec la variété des écartements de voie (de 0,60 mètre à 1,676 mètre !), une difficulté supplémentaire d'organisation qui, dans le Nord, devait résoudre le problème de l'adhérence des roues causé par des pentes ahurissantes. Elles constituaient des défis à l'accession du progrès sur le « Toit du monde ». Aujourd'hui encore, on admire les audacieuses lignes de montagne nées de la volonté gouvernementale de fuir la saison chaude pour se réfugier sur les contreforts de l'Himalaya. Frotté aux neiges éternelles, l'air permettait à la bonne société de se reposer. Et de jouer au cricket sans transpirer. Notons encore que les moussons et leurs pluies diluviennes avaient contraint les ingénieurs à prévoir des courbes très longues afin d'éviter les affaissements et les éboulements, dans la mesure où le génie humain peut résister à de telles cataractes...

La fortune et le rôle politique des maharadjahs (qui possédaient 30 % du territoire en 1947) leur permettent d'assouvir toutes sortes de fantaisies ferroviaires. Certains font repeindre leurs locomotives tous les mois d'une couleur différente, d'autres font jeter de précieux tapis, très épais, pour tempérer les cahots dans des bibliothèques Art déco. Afin de lutter contre la moiteur, les plafonds se garnissent de ventilateurs en bois rares, mais certains princes préfèrent la technique locale : l'été, la caisse des voitures est entourée de gaines en paille de vétyver. Des réservoirs spéciaux, constamment remplis par les serviteurs, humidifient cette ceinture végétale. L'air n'en est que plus frais. Certains souverains ne disposent que d'une ou deux voitures privées, accrochées aux trains de leurs compagnies, selon les nécessités du trajet. Mais, quelle que soit son importance, ce matériel est frappé aux armes des propriétaires.

L'Inde fabuleuse des forteresses taillées dans le roc et des fakirs, celle des légendes et des contes de Rudyard Kipling, revit avec charme dans les Mémoires d'une femme exceptionnelle. Fille du maharadjah de

Cooch Behar (dans le Nord-Est), future épouse puis veuve du maharadjah de Jaipur (un Etat du centre) qui avait droit à des salves de dix-sept coups de canons lorsqu'il montait dans son train, la maharanée, d'une très grande beauté et fort riche, évoque ses plus anciens et plus précieux souvenirs : ils sont ferroviaires. Née à la fin de la Première Guerre mondiale, elle est élevée dans un palais où s'activent cinq cents domestiques et tire son premier tigre à l'âge de... douze ans. A ses invités, son oncle propose quatre types d'excursions : « Eléphant, cheval, Rolls-Royce ou chemin de fer », mais ils ne sont pas incompatibles. Pour aller rendre visite à ses grands-parents, souverains de Baroda, la jeune princesse va faire un voyage sur voie ferrée de 2 000 km qui a demandé, comme dans les romans russes, de laborieux préparatifs. « Enfant, il me semblait que nous occupions tout le train. Nous avions au moins trois compartiments de première classe à quatre lits. Ma mère, ma jeune sœur et une amie étaient dans l'un ; une gouvernante et moi dans le second. Les assistants et secrétaires occupaient deux compartiments de deuxième classe tandis que les femmes de chambre, les maîtres d'hôtel et les valets avaient droit à la troisième classe. » Kipling note que, en Inde, cette dernière a toujours été « vraiment effroyable ». L'homme blanc n'y est pas seul à porter son fardeau...

« Dans les années vingt, relate la princesse, un voyage en train, même au milieu d'Indiens authentiques, ressemblait à une migrations de Bédouins car tout ce qui concernait les lits et la nourriture devait être transporté. La plupart des trains n'avaient pas de voiture-restaurant et il fallait fournir draps, couvertures et serviettes bien qu'il y eût des salles de bains où l'on pouvait prendre une douche. » (*A Princess Remembers, the Memoirs of the Maharani of Jaipur*, par Gayatti Devi et Santha Rama, Weidenfeld & Nicolson, Londres, 1976).

La légendaire propreté indienne passe avant d'autres raffinements et lutte, d'abord, contre les murs de poussière enveloppant tout ce qui bouge à la saison sèche. Fort heureusement, la princesse note : « Nous avons toujours voyagé avec nos domestiques pour subvenir aux nécessités du long voyage vers Baroda. »

Les repas à bord exigent donc une organisation méticuleuse qui évoque les débuts du chemin de fer en Europe quand les trains devenaient, en principe, le rendez-vous de gens civilisés. Mais l'Inde y apporte des raffinements *a priori* insoupçonnés dans le Vieux Monde. Jugez plutôt : dans une gare, lors d'un arrêt, vous composez votre menu. Le train repart. Pendant qu'il roule, la commande est transmise au buffet de la prochaine gare. A l'arrivée du convoi, tout est prêt, servi dans des poêlons bruns mais « ...la plupart du temps, nous n'avions pas fini quand le train repartait... ». Une astuce aussi vieille que le buffet de gare lui-même. Elle permettait au concessionnaire de récupérer une partie des aliments pour les voyageurs suivants. Certains ragoûts pouvaient faire le bonheur de trois ou quatre trains ! En revanche, quand la halte dure au moins une heure, les enfants affamés se précipitent sur une véritable institution, le *Railway Curry*. Hélas, ce « curry chemin de fer » est sans bœuf pour ne pas offenser les hindous, sans porc pour ne pas choquer les musulmans et donc éternellement servi avec du poulet et de l'agneau. Les jeunes appétits se lassent. « Ce curry ne satisfait personne. » Le buffet est le théâtre d'une lutte feutrée entre la gouvernante et les employés : c'est à qui annoncera que le train va repartir, en espérant que les enfants cesseront de mastiquer avec une exaspérante lenteur. Mais la princesse et ses amis sont malins : cheminots en herbe, ils ont réussi à se procurer l'horaire et prennent donc leur temps...

C'est une véritable cour qui se déplace jusqu'à la station de villégiature d'Ootacamund (Ugadamandalam, en tamoul), soit à 1 800 km. L'endroit avait été mis à la mode par un... percepteur des contributions. Cette ligne fut ouverte par les colons britanniques pour gagner un climat agréable dans un paysage de collines et de montagnes. Quand tout va bien, cela prend huit jours. Le train est impressionnant par son matériel (quatre fourgons pour trente chevaux) et ses passagers humains (une centaine de personnes !). Dans l'énumération – il faut faire l'appel avant de partir ! –, nous n'oublierons pas qu'il n'y a qu'une seule gouvernante (anglaise, bien sûr), deux précepteurs indiens, un chauffeur anglais avec sa femme et sa fille, huit personnes en cuisine quand un wagon-restaurant sera incorporé à la rame et trente palefreniers, un par cheval... Quelques « animaux de compagnie » sont prévus : un dalmatien, insupportable, deux adorables bébés panthères et des singes affolés. Le plus ahurissant est le départ ou l'arrivée car il faut quatre jours pour tout emballer et autant pour s'installer. Très démocratiquement, la princesse voyageait aussi dans les trains publics. Mais tous étaient soumis au changement, la « rupture de charge » imposée par les divers écartements de voies, plus étroites ou plus larges. En pleine nuit, les enfants en pyjama de soie sont transférés à bord d'un autre convoi. Et enfin, sur les hauteurs du Nilgiri, à

2 500 km de Madras et du golfe du Bengale, cette petite armée roule encore trois heures et demie en Rolls, Bentley et camions qui attendaient pour arriver dans une campagne anglaise reconstituée, avec jardin du Kent et sandwiches au concombre. Devant le spectacle des sommets enneigés et roses, les courbatures et la fatigue disparaissent. Aujourd'hui encore, le dernier tronçon emprunté par le Nilagri-Express (640 km en seize heures) est sur voie étroite, souvent à crémaillère. La technique anglaise a été tenue en échec par des rampes de 80/1 000. Il a fallu recourir au génie suisse des lignes de montagne. Huit locomotives à vapeur, pesant cinquante tonnes, bleues à filets jaunes, ont été construites en Helvétie entre 1920 et 1952. Les voitures sont aux mêmes teintes. Sur 19 km, la ligne s'élève de 1 330 m. Vitesse moyenne : 13 km/h grâce aux machines-tenders qui poussent. Avec seize tunnels et... deux cent huit courbes (!), la ligne est l'une des dernières régulières du monde dont le trafic soit entièrement assuré par la vapeur. C'est ce train, à couper le souffle, que David Lean* a filmé dans *La Route des Indes*, d'après le roman, caustique, d'Edward Morgan Forster (1923).

Lorsque voyageaient les maharadjahs dans leurs trains spéciaux, ils se méfiaient des incidents (voies encombrées par des vaches sacrées, locomotives dont la pression n'était pas encore satisfaisante) qui nuisaient à leur prestige. Et certaines catastrophes étaient vexantes, comme le naufrage en 1910, devant Bombay, d'un bateau transportant, depuis Glasgow, dix locomotives. Aussi, en 1911, lorsque le souverain de Jaipur doit se rendre à Londres au couronnement du roi George V, fait-il modifier de nombreuses installations sur son train d'Etat et aussi le paquebot dont il avait retenu toutes les cabines de première classe. Refusant de faire ses ablutions dans une autre eau que l'eau sainte du Gange, il fait charger la rame puis le navire de vingt-cinq énormes jarres remplies de cette eau pure. Son séjour en Europe devant durer six mois, une incroyable rotation ferroviaire et maritime d'approvisionnement en eau sacrée fut assurée, sous la supervision éclairée de l'agence Cook... Dans les années 1980, on pouvait encore voir, au palais royal de Jaipur, devenu un musée, l'une de ces jarres dignes de la caverne d'Ali Baba. Pour faire bonne mesure, le souverain avait distribué beaucoup d'argent avant son départ et même remis une obole, également en argent, à l'océan Indien pour qu'il demeure calme. Un règlement applicable aux trains spéciaux transportant, par exemple, le vice-roi lord Mountbatten et sa suite indienne stipule que, dans les voitures-lits-salons aux fauteuils vastes comme des trônes, « les stores resteront baissés dans les gares pour éviter aux femmes d'être observées par des étrangers », ce qui eût été insupportable...

Les maharadjahs ayant perdu la plupart de leurs privilèges et leur fortune ayant fondu, leurs trains, alors les plus somptueux d'Asie dans les années 1970, risquaient eux aussi de disparaître, ne serait-ce que par manque d'entretien : trente années sans maintenance pour des voitures à la caisse en bois, fût-ce du teck, c'était la mort inéluctable.

Dès 1981, les Indian Railways eurent l'intelligence de rassembler des voitures et des locomotives de provenances diverses. Elles ont été amoureusement et miraculeusement restaurées. Elles composent aujourd'hui le fameux *Palace on Wheels* (« Palais sur roues »), en abrégé POW, universellement appelé, pour stimuler le tourisme, « train des Maharadjahs ». Il est l'une des rarissimes rames de luxe circulant sur voie métrique. Cet écartement, fréquent aux colonies, avait été privilégié dans les années 1880 par lord Lawrence, gouverneur général de l'Inde au nom de son impératrice Victoria. La raison en était le prix de revient : six mille deux cents livres au km contre dix mille cinq cents dans un écartement standard. Depuis 1991, le matériel a été adapté à une voie élargie.

Entraînant une petite centaine de voyageurs étrangers (dont beaucoup répugneraient à voyager en chemin de fer dans leur pays !), il assure des voyages de six jours et parcourt quelque 2 400 km à travers le Rajastan, dans le nord-ouest du pays. Un grand moment de nostalgie ferroviaire, surtout quand le train est en double traction, une 141 de type YG à l'avant, une autre à l'arrière. Elles arborent une superbe livrée noire à filets argentés ; parfois, une flèche métallique agrémente leurs coupe-vent. Leurs noms sont évocateurs : *Fort of Jodhpur* ou *Desert Queen*. Sans parler des extraordinaires paysages, ce matériel offre aussi un dépaysement par ses équipements sophistiqués (douches et toilettes individuelles, prises Internet) dans un matériel d'un heureux autre temps. Conçue comme un appartement autonome, la voiture comprend quatre cabines doubles, deux toilettes, une salle de bains, un office et une petite cuisine ainsi qu'un salon servant principalement au breakfast mais doté d'une télévision et d'un lecteur de DVD. Rescapé de six compagnies différentes, le train a été repeint en marron avec un liséré crème comme l'était l'ancien Jaipur State Railway.

Rêvons un peu... Une voiture était celle du maharadjah de Navangar, une autre celle du gouverneur général, une troisième au souverain de Baroda... Elles ont une mémoire, ces voitures construites entre 1899 et 1937. Elles racontent, par exemple, comment, autrefois, le monarque d'Udaipur, désireux de faire rouler un petit chemin de fer devant son palais, en avait fait transporter la locomotive... à dos d'éléphant ! Les trésors de l'Inde sont au rendez-vous : le Taj Mahal qu'il faut voir trois fois (à l'aube, au crépuscule, au clair de lune), le désert de Thar, le palais des Vents, la citadelle de Jaisalmer née d'un mirage sont inoubliables. On a le temps : la vitesse maximale est 60 km/h mais le 30 km/h est souhaitable. Qui se plaindrait, dans une telle féerie, d'être doublé par une bicyclette ? C'est déjà un progrès notoire si l'on sait que le jour de l'inauguration de la ligne Jodhpur-Jaisalmer (295 km), la locomotive attendue n'est jamais arrivée. Le train a donc été tiré, symboliquement, par un troupeau de... dromadaires ! Le rythme du rêve vous permettra d'observer et peut-être d'apprendre comment les conducteurs et serveurs nouent leurs turbans rouges. Le service est princier : dans leurs tuniques safran, abricot ou poivre, ils sont soixante-dix ! Et dans la voiture « Hyderabad Saloon » du Chemin de fer d'Etat de Son Altesse Grandissime le Nizzam, ornée d'une couronne, d'un croissant de lune et d'une étoile, vous apprendrez que ce monarque n'avait rejoint l'Union indienne qu'en 1949, après deux ans d'émeutes et l'intervention de l'armée.

Enfin, je signale aux cinéphiles deux films très réussis où les trains de l'Inde sont des vedettes : *La*

Croisée des destins (*Bhowani Junction*), réalisé par George Cukor en 1955. Stewart Granger est un colonel qui va quitter l'Inde en 1947, alors que des troubles et des grèves paralysent ce nœud ferroviaire. Ava Gardner est une métisse prénommée Victoria, troublée par sa quête d'identité et son amour impossible pour l'officier colonial. Avec talent, Cukor relate aussi bien le contexte historique que l'univers du rail indien et les difficultés de ce couple à construire un nouveau destin. Le film, très brillant, s'achève par un attentat déjoué contre le train de Gandhi. En 1959, Jack Lee Thompson signe un excellent film d'aventures qui se déroule en 1910, *Aux frontières des Indes* (*Northwest Frontier*). Un prince héritier, dont la vie est menacée par des cavaliers rebelles, est protégé par un capitaine anglais (Kenneth Moore) et une nurse américaine (Lauren Bacall). Ils s'enfuient grâce à une vénérable locomotive qui siffle quand elle ne devrait pas, la vaillante *Victoria* (encore...). Mais il y a un traître à bord... Suspense,

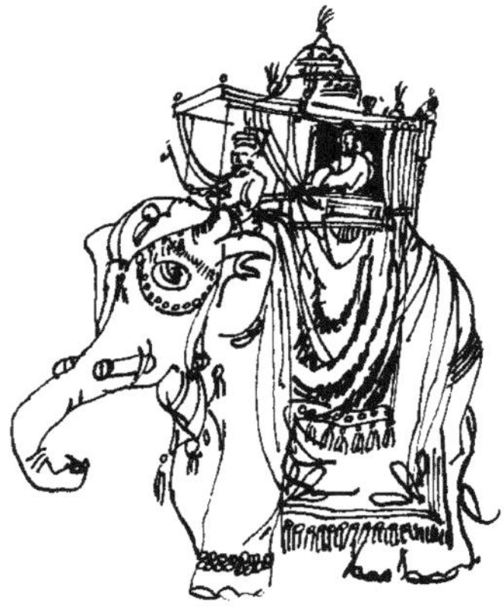

paysages superbes, attaques, humour. Les véritables vedettes sont, sans doute, la machine, presque sans cesse à l'image, et son mécanicien hindou, l'astucieux Gupta, qui lui parle avec respect pour qu'elle avance : « On ne peut demander à une vieille dame ce qu'on exige d'une jeune femme ! »

Malle des Indes (1820-1939)

Une fois par semaine, le rite était immuable. Un garçonnet accompagnait son grand-père pour une promenade mystérieuse d'après-dîner. La scène se passait dans les années 1930 en Bourgogne, près de la petite gare de Lantenay, sur la voie ferrée Paris-Dijon. Tel un magicien qui aurait captivé son auditoire en prononçant une formule magique, le monsieur déclarait à l'enfant : « Allons voir passer la Malle des Indes ! » Et il jetait un œil sur sa montre, un oignon qui ne quittait pas son gilet. C'était l'heure !

Sur place, près de la voie dans une courbe, l'aîné tenait fermement la main du petit garçon. Les rails commençaient à vibrer. Surgi de la nuit, un train emplissait l'air. Le souffle rapide de la machine, une Pacific 231 du PLM, un visage ou deux entrevus dans des reflets de feu, des étincelles qui se dispersaient en queue de comète, des wagons noirs sans lumière, le roulement de l'acier contre l'acier, c'était bien elle, la Malle des Indes qui emportait vers le Midi et l'Asie le courrier venu, déjà, de loin, de Londres. Des lettres qui allaient au bout du monde. C'était encore plus loin, le bout du monde, mais où ? L'enfant ne savait pas, son grand-père non plus, peut-être...

Tout avait duré à peine une minute. Mais, chaque fois, l'émotion ressentie ne se dissipait pas facilement dans les tourbillons de poussière et le coup de sifflet, au bout de la courbe, ne faisait en mourant que la raviver. L'adolescent devint, plus tard, un passionné de trains, un éditeur et un ami. C'était Albert Blanchard, qui n'a jamais pu oublier ce qui ressemblait à un mirage du rail. Et pourtant, cette aventure, peut-être la plus proche de l'imagination de Jules Verne, est bien réelle. Elle a existé pendant plus d'un siècle.

On s'en souvenait encore vers 1950 dans la banlieue nord de Paris, à Pierrefitte.

Sur la Grande Ceinture (GC pour les initiés !), il y avait un vieux café au nom étrange. Sur la toile usée, on lisait « A La Malle des Indes ». Dans un grand port méditerranéen, on aurait compris. Mais là, dans ce triste décor de voies de triage, dépourvu d'exotisme et d'illusion, que venait faire cette référence si lointaine ? Renseignements pris auprès des habitués et des cheminots, on apprenait qu'à cet endroit, jusqu'en 1939, des trains pas comme les autres s'arrêtaient souvent, pour des raisons de manœuvres et de sécurité quand le signal était rouge, un peu avant 6 heures du matin. Or, la plupart de ceux qui en parlaient étaient comme le grand-père et son petit-fils, ils n'avaient jamais pris ce train, ils ne le prendraient jamais puisqu'il n'existait plus. D'ailleurs, à ce qu'on disait, personne ne pouvait monter à son bord. Un train fantôme, un vaisseau roulant de légende et d'opéra ? Non, il avait été l'un des plus célèbres – et l'un des moins connus – des express.

Prenons-le ! De même que le héros du *Tour du monde en quatre-vingts jours* utilisait la panoplie complète des moyens de locomotion dans le dernier tiers du XIXe siècle, de l'éléphant au ballon, cette Malle des Indes a tout employé, du dromadaire à l'hydravion, du train au paquebot. C'était, d'abord, un train puis un réseau bien huilé de transports et de services sur quelque 20 000 km. Le symbole même de l'évolution technique au service des échanges entre l'Occident et l'Orient. Si le nom frappe les esprits, son contenu demeure en général flou. Train ? Bateau ? Avion ? On s'y perd. Le client était la poste de Sa Majesté britannique, pour maintenir et développer les liens entre la Grande-Bretagne et sa plus prestigieuse colonie, un trésor d'accès difficile. Et une préoccupation constante des gouvernements de Londres, ce qui n'allait pas sans rivalités politiques, incidents diplomatiques et litiges commerciaux.

On s'en tiendra, ici, à l'aspect purement ferroviaire de cette entreprise unique au monde.

A l'origine, la Malle est bien... une malle, dont le poids est fixé à 400 livres (180 kilos) et qui doit être « désinfectée au moins deux fois », selon une ordonnance du roi des Français, Louis-Philippe, le 31 juillet 1839. Le courrier transporté par voie maritime puis en diligence spéciale, « une malle-poste » à six chevaux, traverse la France à... 10,44 km/h. C'est seulement à dater du 10 janvier 1848 que démarre le premier train spécial dont l'itinéraire continental part de Calais, où le transbordement du courrier se fait à marée haute, directement du steamer au train. En fait de train, il s'agit d'un ou deux fourgons qui seront rattachés, plombés, aux convois les plus rapides de l'époque, mais on ne compte plus les retards. Les notes de service, innombrables et précises, soulignent l'importance attachée à l'exactitude du service, comme celle-ci : « Toutes les fois qu'il aura été annoncé par le télégraphe que le train n° 6 est parti de Calais avec un retard de plus d'une heure, le chef de gare d'Amiens fera former un train spécial qui sera expédié d'Amiens à Paris à l'heure... » La Malle et son contenu sont prioritaires. Et peu importe la logique : la Malle, en 1850, passe par... Nevers (!) car la ligne est ouverte et c'est un moyen de se rapprocher du Midi. Mais d'autres trajets sont préférés *via* la Belgique, les Etats allemands et la Suisse, sur un axe Anvers-Trieste quand les relations franco-britanniques se tendent ou lors de la guerre franco-prussienne. Souvent Malle varie... L'ouverture du tunnel du Mont-Cenis, le 16 octobre 1871, délaisse la route de Marseille. La Malle l'emprunte pour la première fois le 9 janvier 1872 et rejoint la voie Brindisi-Alexandrie ; le courrier et les dépêches gouvernementales gagnent, selon les cas, quelques jours ou... quelques heures. Dès ce moment, il est établi que seul le chemin de fer peut garantir, en principe, un horaire régulier tandis que les traversées maritimes demeurent aléatoires. En clair, aucun retard ne doit être pris dans la partie ferroviaire, au début du voyage. De même qu'un maître de poste devait toujours tenir prêts des chevaux frais, il doit toujours y avoir une locomotive rapide sous pression en réserve pour lutter contre le temps perdu. N'oublions pas que cette coordination se déroule, sur le territoire français, entre trois compagnies, successivement responsables de la marche du train. Le moment délicat étant le contournement de Paris, pour ne pas perdre une minute, c'est le téléphone qui permet d'ajuster les mouvements. La Malle est une immense chaîne et chaque maillon doit tenir. La navigation s'efforce d'être en harmonie avec cette exigence ; l'inauguration du canal de Suez, en 1869, avait déjà permis de raccourcir la traversée de l'Egypte. De Suez à Bombay, il ne faut plus que treize jours quand l'océan le veut bien.

C'est alors que la question du transport des voyageurs est posée. Le Post-Office britannique et l'Administration des Postes en France se mettent d'accord, à condition de limiter le nombre des passagers et que l'horaire ne soit pas allongé de plus de trente-cinq minutes. Cet accès n'est possible qu'une fois par semaine, le vendredi soir, au départ de Londres, à destination de Calais, Bologne et Brindisi. La Compagnie des Wagons-Lits lance l'*Indian Mail Train*, en correspondance avec les navires de la Peninsular and Oriental Company. Il y a donc désormais deux trains, une malle-voyageurs avec voitures-lits, salons et restaurants construits en Autriche, et une malle-courrier. Le trajet Londres-Brindisi prend entre trente-six et trente-neuf heures. Cette organisation frappe l'opinion. Elle incite l'illusionniste Robert Houdin à mettre au point un numéro dans l'air du temps. C'est son gendre, Hamilton, qui le présente à Paris, avec succès, en 1873 dans une salle de cent soixante places, au n° 8, boulevard des Italiens. L'attraction « orientale », avec fakir en turban, fait disparaître une personne d'une malle. Et elle réapparaît dans une autre ! On applaudit cette « Malle des Indes » sans être contraint de voyager. Ce numéro deviendra un classique des programmes de music-hall.

La technique du transport s'améliore. Pour le courrier, on généralise les allèges, c'est-à-dire des caisses de voitures mobiles qui peuvent être mises sur rails et sur bateaux pour éviter des chargements et déchargements trop longs. Les convoyeurs sont soumis à un rythme épuisant, comme le rapporte *L'Illustration* du 8 janvier 1881 :

« L'infortuné gentleman qui, depuis bientôt onze ans, fait ce service, part de Londres le vendredi soir, arrive le lundi à Brindisi, dort vingt-quatre heures, se repose trois jours et... repart. Il fait ce voyage dix-huit à dix-neuf fois par an ! Il a traversé près de deux cents fois la moitié de l'Europe. Il a touché près de quatre cents fois le sol de Paris, le sol de Turin. Et de tout ce qu'il a touché, le malheureux ne connaît rien ! Il y a des parties de la route où soit à l'aller, soit au retour, il n'est jamais passé que de nuit ! Il a séjourné près de huit cents heures – trente-quatre à trente-cinq jours – dans les murs de Paris, et il n'en connaît que la gare du Nord, le chemin de ceinture, la gare de Lyon. Il voudrait voir Paris, le pauvre (...) mais non ! Infortuné Juif errant de la Poste, il marche toujours : Calais, vingt minutes d'arrêt !... Le contrôle, la douane, en voiture ! Paris, dix minutes d'arrêt, vérification ! Contrôle ! Gare du Nord ! Lyon-Ceinture, Lyon-Gare, dix minutes d'arrêt... En route ! Le malheureux ne connaît que Londres et Brindisi, trop ! Personne plus que lui ne regrette le temps où la Malle anglaise prenait la mer à Marseille. Jugez donc ! Vingt-quatre heures de moins en wagon ! Et toute une semaine à passer dans une des villes les plus gaies du monde, tandis que, me disait-il avec amertume, “ce n'est pas gai, Brindisi !”. »

En effet, à cette époque, pour des raisons essentiellement techniques, la Malle évite Marseille jusqu'au 24 janvier 1902. A cette date, un nouveau raccordement entre la gare d'Arenc et le môle C du bassin de la Grande Joliette permet, enfin, un transbordement rapide. La revanche de Marseille sur Brindisi n'est pas complète, un train sur deux continuant d'emprunter la voie du Mont-Cenis. Mais, tout de même, quelle fierté pour les Marseillais d'accueillir, chaque jeudi, le Bombay-Express, le train Calais-Paris-Marseille. Jusqu'en 1914, les Atlantic 220 du PLM parcourent 862 km en onze heures vingt-huit, soit une moyenne de 74 km/h. Et l'exotisme continue avec le nom des bateaux prenant le relais : *Himalaya*, *Arabia*, *India*... En 1927, le journaliste Albert Londres, prince des grands reporters, écrira : « ... les Anglais, pour qui Marseille n'est qu'un pont reliant Londres à Bombay... »

En 1915, la Malle transporte surtout des militaires lorsque l'Empire britannique fait appel à ses troupes coloniales venues du Cachemire, du Népal, du Penjab. Dans les trains spéciaux qui les conduisent jusqu'à un camp d'exercice, à Orléans, ces soldats à turbans, visages de bronze et longs bambous à lame-miroir font sensation.

A partir de 1925, les développements de l'aviation nuisent à la partie ferroviaire du service. Mais celle-ci est elle-même victime de l'amélioration de son confort, avec de nouvelles voitures, plus élégantes mais plus lourdes. La vitesse moyenne s'en ressent malgré la mise en marche de nouvelles locomotives dites de vitesse, les mythiques Pacific 231 à trois essieux moteurs. Cependant, le trafic postal avec l'Inde (et l'Australie) étant de plus en plus volumineux, de nouveaux fourgons sont construits, pouvant emporter jusqu'à six cents tonnes de courrier par train ! Vers 1930, la dualité train de voyageurs et train postal existe toujours, à cette différence près que celui-là n'est qu'en transit sur le territoire français et personne, entre Calais ou Boulogne et Marseille, ne peut monter à bord ; les manœuvres autour de Paris sont très surveillées.

En 1937, l'utilisation d'hydravions accélère d'une manière spectaculaire le voyage. S'il faut encore vingt-deux heures pour relier Londres à Marseille (train + bateau + train), il ne faut plus que six jours de Londres à Bombay (avion + hydravion) et trois jours au début de 1939. Le rail ne peut plus lutter. Les derniers convois atteignent Marseille en juillet 1939, une date symbolique pour la fin de cette aventure.

La Malle des Indes était-elle le plus célèbre des trains de marchandises ? Ou le plus fantomatique des trains de luxe ? Sans doute les deux. Elle fut un rêve, comme celui de notre ami et de son grand-père. Une petite gare de Bourgogne, Lantenay, uniquement desservie par des tortillards locaux, était sur la Route des Indes. Bombay ? Tout droit !

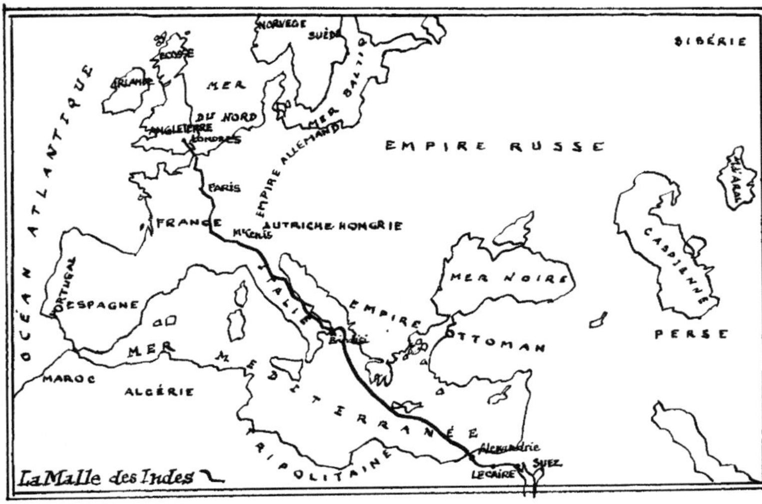

Manchester-Liverpool (I)

Premier voyage, 1830

Si le nom de *Puffing Billy* ne vous dit rien, sachez que c'est la plus vieille locomotive du monde ayant assuré un service régulier. Elle a été imaginée par un ingénieur anglais de trente ans, Richard Trevithick. Cela se passait quand l'Empire français multipliait les conquêtes européennes. Outre-Manche, tout en surveillant Napoléon, on s'occupait du futur. C'était plus modeste mais, techniquement, beaucoup plus sérieux. L'honorable Trevithick avait repris et perfectionné les inventions de Denis Papin et de James Watt pour que la machine, dont la vapeur était définitivement asservie, ne soit plus immobile mais avance, grâce à des roues. En 1808, à Euston Square, dans le centre de Londres, Trevithick attire dans un enclos une foule curieuse. Là, sur des rails en circuit fermé constituant un cercle, il fait tourner un étrange engin, assez élégant, doté de quatre roues et d'une haute cheminée, tirant un ancien landau converti en wagon. Le mariage de la vapeur et d'un fantôme de diligence. Il a baptisé sa création *Catch me who can* (« M'attrape qui peut »). Elle pèse huit tonnes et se déplace à 20 km/h, ce qui est remarquable. Ainsi, la première démonstration réellement ferroviaire ressemble aux futurs circuits de trains électriques des enfants qui avaient la chance d'en recevoir en cadeau de Noël. C'est une véritable attraction foraine qui démode les Montagnes russes. Des milliers de Londoniens, surtout le week-end (qui existait déjà !), viennent voir « la chose », car ils ne savent comment l'appeler autrement. Intrigués, prudents, les sujets de Sa

Majesté le roi George III (qui avait perdu l'esprit...) s'approchent avec crainte, prennent place dans le wagon et font un tour, comme on le fera sur un manège de chevaux de bois. Ils ont un peu peur, surtout lorsque, un rail s'étant brisé, la machine culbute, mais ne provoque aucun dommage aux badauds. Les rails sont en cause, pas la machine. Ils sont en fonte, on les remplacera, dès 1810, par des rails en fer. En 1813, alors que pâlit l'étoile de Napoléon, Richard Trevithick, aidé de William Hedley, met au point un nouveau monstre, appelé *Puffing Billy* (« Billy la Haletante ») parce que son échappement ressemble au bruit, dit-on, d'une lady asthmatique ! *Shocking !* Ces pionniers prouvent l'adhérence naturelle des roues sur les rails. Un corps cylindrique métallique, des tôles travaillées au marteau, une chaudière cerclée de bois pour conserver la chaleur, un labyrinthe d'engrenages, de pistons, de bielles et de balanciers, des rails courts unis par des joints tous les mètres, c'est bien un monstre préhistorique, un étrange atelier qui se déplace à la vitesse d'un homme au pas mais non dépourvu d'une certaine beauté, comme on peut le juger en visitant le passionnant Science Museum de Londres où *Puffing Billy* a pris une retraite silencieuse. Pendant près d'un demi-siècle, la locomotive, c'est elle. Elle est aussi celle qui a connu la première réussite commerciale. Dans la région minière de Newcastle, au nord de l'Angleterre, les ingénieurs Blackett et Hedley ont l'idée de l'atteler à des wagonnets de charbon entre les sillons noirs et un port, car le but est d'amener le charbon jusqu'à la mer. C'est une révolution, car auparavant seize chevaux tiraient ces trains de minerai et le chef du convoi était un cocher. Désormais, une fois vaincue la peur de monter à bord de la lente machine jusque-là guidée par un homme marchant au pas sur le côté, un intrépide a l'audace de grimper sur une petite plate-forme. Il est le premier chauffeur de locomotive.

Bientôt, *Puffing Billy* a des congénaires aussi rudimentaires que leur illustre aînée. Le 27 septembre 1825 – une grande date –, on ouvre la première ligne de chemin de fer au monde, du port charbonnier de Stockton à Darlington. Un trajet d'environ 26 km. C'est un double pari. D'une part, les charges de cavalerie des guerres napoléoniennes avaient fait une grande consommation de chevaux. Il fallait les remplacer par le « cheval de fer ». De plus, des forêts entières ont été abattues pour construire la flotte de guerre, cette Navy qui a humilié les Français, mais il faut arrêter ce massacre de la nature ; le charbon sera substitué au bois. D'autre part, les sceptiques avaient décidé qu'une diligence, spécialement choisie, ferait la course avec le monstre fumant et bruyant (qui affolait le bétail) pour prouver qu'il n'avait aucun avenir. Les bookmakers enregistrent les paris. Sur deux chariots tirés – ô ironie ! – par de nombreux chevaux, la rivale est présentée au public. Son nom : *Locomotion*. Ses créateurs : George Stephenson, qui l'a dessinée, et son fils Robert, qui la conduit. Une conduite périlleuse. Il faut d'abord allumer le foyer. Comme personne n'a d'allumettes, c'est à l'aide d'une loupe que Robert Stephenson obtient la concentration du rayonnement solaire (heureusement, il fait beau !) pour atteindre la température qui permettra d'enflammer le combustible. L'opération est longue, les cochers ricanent. Enfin, voici les flammes. La pression monte, le train va partir. Les vingt-huit wagons sont pris d'assaut par les officiels et des curieux sans billet. Il a fallu poser des échelles pour que les dames soient poussées sur des chariots sans toit et on déplore des gestes inconvenants mais, que voulez-vous, il faut bien donner un coup de main aux femmes audacieuses... Les participants sont juchés, pour la plupart, sur des tas de charbon car ce n'est pas, rappelons-le, un convoi de voyageurs, ce mot lui-même n'existant pas encore ; on peut plutôt parler de spectateurs car ces expériences sont, d'abord, des spectacles pour le public, toujours friand de nouveautés. Le long de la voie, quarante mille personnes assistent à la compétition. Les chevaux, fouettés au sang, sont vite distancés. Le train a gagné. L'humanité entre dans l'âge du chemin et du cheval de fer. A l'arrivée à Stockton, il faut aussi reconnaître que le corset des dames, qui a fait sa réapparition très ajusté, serre trop la taille pour de tels exercices ; les robes, étalées, en cerceaux, ont laissé voir les chaussures et même les chevilles, ce qui n'est guère convenable ni pratique. Les messieurs en redingote et haut-de-forme auront besoin, eux aussi, d'un nettoyage complet. Une autre révolution s'annonce : il faudra inventer des vêtements de voyage. Très sales mais très excités, ces pèlerins d'un nouveau genre sont conscients d'avoir vécu une journée historique, celle de la mort inéluctable de la diligence.

Si, ce 27 septembre 1825, *Puffing Billy* a rassuré ses promoteurs et la population, sa carrière fut mouvementée. Un mois plus tard, une de ses roues est brisée. En juillet 1828, sa chaudière explose et on peut craindre que cette grosse bouilloire ne reste qu'une curiosité dangereuse. Réparée, la machine est retirée du service en 1840 ; le chemin de fer a déjà plus d'un demi-siècle d'existence. Ce qui est souvent oublié est la raison du choix de l'écartement de la voie, une décision de George Stephenson. Sur la ligne Stockton-Darlington, pour la première fois la distance entre les rails est de 4 pieds, 8 pouces, soit 1,422 mètre. Mais il constate que le rapport entre le rail et le rebord de la roue – qu'on appelle le mentonnet – réduit la friction tout en conservant la sécurité du roulement si on ajoute un demi-pouce, soit une dimension finale de 1,435 mètre. Cet écartement sera – et est toujours – celui du réseau européen, à l'exception de l'Espagne et du Portugal qui adopteront un écartement très large (1,676 mètre). En dehors de considérations techniques, Stephenson justifie son choix après avoir constaté que c'était l'écartement entre les roues des chars romains dont des traces avaient été relevées du côté du Mur d'Hadrien. Déjà inventeur des ponts et chaussées, l'Empire romain montrait la voie...

L'étape suivante est le transport normal des êtres humains. Une ligne est construite entre Liverpool et Manchester à partir de 1826. Mais quelle locomotive aura-t-elle le privilège de tracter des chariots améliorés sur roues métalliques ? Avec ce goût de la compétition sportive qu'ont les Britanniques, un concours d'un genre particulier est organisé, le premier concours de locomotives ! Il se déroule sur un tronçon déjà terminé, à Rainhill, près de Liverpool. Cinq engins sont en présence mais trois sont à retenir : *The Rocket* (« La Fusée ») de MM. Stephenson, encouragés par le succès de leur *Locomotion* ; la *Novelty* de John Ericson, qui est la grande favorite car on pense qu'elle sera la plus rapide, et la *Sans-Pareil* de Timothy Hackworth, qui a choisi ce nom français par pur snobisme !

Le règlement est strict : la machine doit tirer trois fois son poids, dégager le moins de fumée possible et parcourir une distance minimum sans incident. Une prime de cinq cents livres sera offerte à la gagnante de l'épreuve qui va durer quatre jours, en octobre 1829. La *Novelty* tombe en panne au bout de deux jours. Elle était originale – et très en avance – puisqu'elle disposait de sa propre réserve de combustible et d'eau. Avec un poids de 4 tonnes, elle est la première locomotive-tender, principe appliqué plus tard aux trains de lignes secondaires et de banlieue. La *Sans-Pareil* porte bien son nom, malheureusement pour son inventeur puisqu'elle dépasse le poids limite autorisé avec 4,9 tonnes. Finalement, c'est la *Rocket* qui remporte le concours. Pendant quatre jours, elle va et vient d'un groupe de gens très élégants à un orchestre. Toute cette fumée donne soif, alors le champagne coule à flots et les spectateurs sont très agités. La *Rocket*, qui ne dépasse pas 4,2 tonnes, roule à une moyenne de 25 km/h et s'autorise des pointes – tenez-vous bien ! – à 47 km/h ! On peut encore voir aujourd'hui les raisons de sa victoire en examinant les dessins de la machine, deux croquis malhabiles mais révélant, entre les lignes d'une écriture allongée, les trouvailles du génial Stephenson père qui ont fait la différence. Reprenant le principe de la chaudière tubulaire (elle est remplie de tubes, inventée par le Français Marc Seguin en 1827) qui permet de chauffer l'eau beaucoup plus vite qu'avant, Stephenson a mis au point un collecteur de fumée et de vapeur où celle-ci entraîne la fumée et attise le foyer. Enfin, il élabore la commande directe des roues par les bielles motrices depuis les pistons. C'est simple et efficace : la locomotive à vapeur moderne est née après divers tâtonnements. L'ère de la véritable exploitation peut commencer.

Au matin du 15 septembre 1830, la foule envahit la toute neuve gare de Liverpool, coiffée de deux immenses colonnes. Après la circulation de quelques rames d'essais, la ligne, qui conduit à Manchester, est prête à accueillir cette curiosité, le premier train de voyageurs au monde. Pour les Français, le terme de « voyageur » apparaît à ce moment, dérivé d'un terme militaire du XVe siècle, *voyagier*. La ligne, longue de 58 km, est l'œuvre de George Stephenson. Il a tout surveillé et s'amuse des étonnements du public devant ce double ruban métallique qu'on appelle les rails. Ainsi, un train va venir se placer ici ? Quelle magie ! Ils sont nombreux à avoir vu une de ces machines mais à quoi peut donc ressembler un convoi transportant des hommes, des femmes, des enfants ?

L'histoire du rail britannique et même mondial commence ici, d'une manière paradoxale puisque les locomotives sont tirées jusqu'à leur point de départ... avec des cordes ! A droite de l'immense bâtiment en brique rouge, un petit tunnel, appelé tunnel Stephenson. Au centre, un tunnel plus large qui abrite deux lignes venant des docks du port. L'événement est si considérable que le duc de Wellington, Premier ministre du roi George IV et ancien vainqueur de Napoléon à Waterloo, monte dans une voiture spéciale, à livrée jaune, comme une diligence qui serait haute sur ses roues. Wellington, au pouvoir depuis un an et réputé hostile à toute réforme, a reçu le surnom de « duc de fer » ; il ne pouvait donc être absent lors de ce baptême du chemin de fer. Parlementaires, fonctionnaires et invités royaux se précipitent. Les six voitures sont bondées. George Stephenson est aux commandes de sa *Rocket*. Il la manœuvre pour qu'elle se place devant un réservoir. Alors commence un rituel qui va durer près d'un siècle et demi, la prise d'eau. Le public est passionné. Il apprend que la machine ingurgite une tonne d'eau dans son tender. La pression monte. Wellington vient saluer Stephenson, ce qui constitue le début d'un autre usage officiel. Au même moment, un député de la circonscription de Liverpool, William Huskisson, se précipite sur le duc pour le saluer à son tour. En dehors des initiés, personne n'est habitué au silence (relatif !) d'une machine qui roule doucement. En revanche, les hennissements et les piétinements des chevaux, on connaît et on s'en méfie. Le pauvre parlementaire, surpris, est happé par la machine qui lui coupe une jambe ! Alors, hissé sur la locomotive et victime d'une hémorragie, le malheureux est conduit à l'hôpital le plus proche à la vitesse, incroyable pour l'époque, de 50 km/h. Hélas, malgré la rapidité des secours, la gravité de l'accident ne laisse aucun espoir. L'honorable William Huskisson, qui voulait accueillir dignement l'illustre soldat et chef du gouvernement, meurt dans l'après-midi. Les prophètes du malheur le répètent : cette invention est diabolique. N'est-elle pas un symbole ambulant des flammes de l'Enfer ?

Cette tragédie peut être considérée, en dehors des explosions en milieu restreint, comme le premier accident individuel de chemin de fer en présence du public. Puisque la locomotive boit – comme les chevaux –, on prévoit des arrêts pour se désaltérer car le soleil, la fumée et la poussière assèchent les gosiers. Et, surtout, Stephenson, accablé par le drame, décide de réduire la vitesse et de faire précéder le convoi d'un cheminot muni d'un fanion rouge.

Deux autres éléments sont à retenir au cours de cette journée d'inauguration du Liverpool-Manchester. D'une part, il y a, désormais, des voies doubles, afin que les trains puissent se croiser. D'autre part, il est décidé qu'ils rouleront sur la voie de gauche, en souvenir des cavaliers qui, en majorité droitiers, portaient l'épée à gauche. Décidément, même si la date du 15 septembre 1830 marque l'entrée en scène définitive du train dans la vie quotidienne, c'est bien un cheval de fer...

Manchester-Liverpool (II)

Conséquences, 1830-1855

Dans quelles conditions circulent-ils entre Manchester et Liverpool, nos voyageurs de cette époque préhistorique ? Exactement comme dans les dessins et caricatures d'Honoré Daumier *. Il y a trois classes et nul doute qu'avant Karl Marx le voyage en train symbolise déjà la « lutte des classes ». La deuxième et la troisième sont derrière la locomotive. Comme il n'y a ni toit ni siège, on reçoit toute la suie et toutes les escarbilles, un peu moins, assure-t-on, en deuxième qu'en troisième, mais c'est relatif ! Le vent est le même pour tous. Qu'il neige ou pleuve, il est prudent de se munir d'un parapluie, ou d'une ombrelle si le soleil est du voyage. Ces voitures ouvertes, de couleur verte, sont donc très inconfortables. Mais les gens se bousculent, debout, serrés comme des harengs et très heureux de participer à une extraordinaire aventure : personne n'avait jamais roulé à 40 km/h ! En première, les voitures, de couleur jaune, ont des portières, des vitres et des sièges capitonnés. On peut y installer une chaufferette pour les pieds, se protéger avec des plaids, emporter ses provisions. Seuls les voyageurs fortunés y ont accès. Il y a tellement de monde qu'en deux ans le trafic marchandises est presque complètement abandonné sur cette ligne historique.

En 1838, une nouvelle génération de locomotives apparaît avec la *Lion* et la *Tiger*, construites par MM. Todd, Kitson et Laird. Ces deux fauves mécaniques disposent d'un foyer vertical, de section carrée, plus haut que le tender. Plus puissantes, elles peuvent non seulement atteindre en service régulier les 50 et 60 km/h mais aussi tracter des voitures plus lourdes et plus confortables. Alors que la *Rocket* utilisait du coke, ces machines brûlent du charbon. Elles sont désormais conduites par un conducteur et un chauffeur qui se tiennent sur une plate-forme découverte. Toutefois, il n'y a toujours pas de freins sur la machine... Pour ralentir et s'arrêter, les deux hommes utilisent l'inverseur de vapeur ainsi qu'un frein, encore rudimentaire, sur le tender. On imagine les cahots !

Le règne de la jeune reine Victoria qui commence est à l'image de celui des trains : l'accélération est aussi celle du commerce, du profit et de la révolution industrielle. Tout le royaume croit au chemin de fer. En vingt-cinq ans, six cents millions de livres sterling sont investis et 15 000 km de voies construits. L'Angleterre est transformée.

Marquet, Mary

Actrice, 1895-1979

Ce fut une rencontre inoubliable. Elle était assise au restaurant Le Train Bleu, le légendaire buffet gastronomique de la gare de Lyon. Coiffée d'un de ses éternels chapeaux, la cigarette nonchalante, Mary Marquet égrenait ses souvenirs ferroviaires et mondains lors du tournage de la série *Histoire des Trains*, coproduite par Pathé et TF1 (1978), superbement réalisée par Daniel Costelle, et dont j'étais l'un des intervenants et conseillers historiques. Ce fut un festival Mary Marquet ! Elle était, en somme, elle aussi une sorte de monument historique vivant des combinaisons politiciennes de la Troisième République et du théâtre. Née à Saint-Pétersbourg, Maniouche, devenue Mary Marquet, avait débuté sur scène avec Sarah Bernhardt et dans la galanterie avec Edmond Rostand. En 1920, elle succédait à la grande Sarah dans *L'Aiglon*. Pensionnaire de la Comédie-Française en 1923, elle en devint sociétaire en 1928. « Ce Train Bleu*, c'était admirable. Toute ma jeunesse ! On y dînait avant de partir pour la Côte. Ah ! J'en ai fait des rencontres dans les couloirs, dans les wagons-restaurants, dans les voitures-bars ! »

Avec sa gouaille, celle qui avait fréquenté les ministères au plus haut niveau sans craindre le scandale, me dit : « Dans les couloirs, il y avait beaucoup d'accostages mais c'était charmant ! Il y avait des joueurs de poker à ce moment-là. Et puis, on buvait, on buvait beaucoup ! J'ai entendu un jour une violente dispute dans un sleeping. Quelqu'un a demandé : “Mais qui est-ce qui s'engueule comme ça ?” Et on a vu sortir Otéro, la Belle Otéro, des peignes rouges tenant ses cheveux huileux et couverte de diamants. Elle voyageait toujours avec ses diamants. » Il faut préciser que les amants d'Otéro constituaient, elle en était fière, un véritable Gotha. Du shah de Perse au prince Albert Ier de Monaco, du prince de Galles, futur Edouard VII, au khédive d'Egypte, tous lui offraient des bijoux somptueux. « Ce soir-là, elle est sortie furieuse de sa cabine et me montrant un tout jeune danseur du Casino de Paris. Blême, elle m'a lancé : “Oune maquéreau, yé épousé oune maquéreau !”. » Evidemment, après tant de liaisons aristocratiques, c'était une déchéance... Mary Marquet poursuit : « Je me souviens aussi d'une femme que j'adore et qui, à ce moment-là, était en pleine vogue, Damia, chanteuse célèbre. Sa chanson *Les Goélands* était un tube de l'époque. Elle était très belle mais imprenable. Dans le couloir, elle était suivie d'une dame à faux-col, l'air terrible. Fallait pas que les messieurs s'approchent ! » La « dame » était Eileen Gray, grand nom de l'Art déco. « J'ai vu, dans le Train Bleu, l'Aga Khan (le père, bien sûr) offrir une canne à un monsieur qui avait dû être riche mais qui ne l'était plus, dont les gants étaient mal raccommodés, les souliers usés, mais qui portait beau. Il admirait cette canne. Eh bien, l'Aga Khan la lui a donnée, devant moi, dans le train. J'ai aussi rencontré un pianiste grotesque que Sacha Guitry adorait, qui composait la musique de ses films. Il s'immisçait dans tous les galas. Il y allait pour rien parce qu'on ne l'aurait jamais payé. Il s'appelait Adolphe Borchard, pour ne pas le nommer. C'était un brave homme, il s'est beaucoup occupé des artistes. Il jouait Chopin avec des gants beurre frais. Ridicule ! Dans le train, au moins, il ne jouait pas. » Sous les regards amusés des garçons du restaurant en tablier blanc 1900, Mary Marquet s'arrête puis reprend, sur un ton de regret : « J'ai beaucoup voyagé avec certains de mes amours, les plus grands. » Parmi eux, André Tardieu, président du Conseil, dont elle était la maîtresse. Jusqu'à la chute de son cabinet en 1932, Mary Marquet passait pour avoir gouverné la France. « Le train est une chose très belle. J'en ai des souvenirs. » Et ce jugement d'une experte en alcôves républicaines : « Tenez, les coussins, les oreillers, les lits... Vous comprenez, on faisait une cure de repos et d'amour quand on allait à Monte-Carlo. Cela durait bien plus longtemps qu'aujourd'hui. Eh bien, je vous jure que maintenant, on est fatigué quand on va à Coulommiers ! »

Mata-Hari

Danseuse et espionne, 1876-1917

C'est un nom indonésien qui signifie « Fille de l'Aurore ». Il est devenu célèbre entre 1905 et 1917 et une référence en matière d'aventures plus ou moins vraies. Car derrière son « nom d'artiste », Margaretha Geertrude Zelle n'est pas une métisse javano-européenne comme elle le prétendait mais une

Hollandaise née à Leeuwarden, le 7 août 1876, dans une famille de petits bourgeois. Dans ce *Dictionnaire*, contentons-nous de rappeler qu'elle a souvent menti et qu'on peut toujours hésiter à la qualifier d'espionne de haut niveau ou de martyre de la justice militaire en temps de guerre.

A dix-huit ans, ayant épousé un officier rencontré, pour une aventure, par petite annonce, elle devient Mme Mac Leod et le suit en garnison coloniale en Indonésie où elle s'initie aux danses sacrées et emprunte ce qui sera son nom de scène et de salon, car elle divorce et rentre en Europe. Vivotant, la brune et grassouillette Mata-Hari aux cheveux noirs, lèvres sensuelles et fourreaux moulant ses formes, finit par présenter un numéro qui tient davantage du strip-tease exotique que de la danse. Dans l'ambiance fascinante du musée Guimet, apparaissant presque nue, elle trouble le Tout-Paris noceur et mondain, avec une prédilection pour les diplomates et les officiers. Devenue une vedette, elle voyage beaucoup et se fixe à Berlin. C'est sans doute là qu'elle est approchée et recrutée par les services secrets allemands. Une correspondante idéale : elle est connue, passe d'un train et d'un amant à l'autre et, à l'horizontale, son intelligence se mue en génie. Partisane d'un patriotisme érotique, elle devient agent double. Les trains sillonnant l'Espagne, la Suisse, la Hollande et l'Allemagne sont régulièrement habités par cette voyageuse devenue plus espionne qu'artiste chorégraphique. L'Orient-Express* est une de ses résidences secondaires. Dès le début de la Grande Guerre, elle est surveillée par les services français qui la soupçonnent de trahison. Son numéro de code, le matricule H 21, est démasqué par un officier du Chiffre, l'astucieux capitaine Painvin, aux décryptages glorieux et dont une salle des Invalides devrait toujours porter le nom. C'est devant l'Elysées-Palace, sur les Champs-Elysées, que se déroule son arrestation, le 13 février 1917, après une filature commencée à Madrid. Dans son sac, de nombreux billets de train et de wagons-lits. On sait aujourd'hui que son dossier d'espionne était aussi mince que son talent. Néanmoins, l'année 1917 étant celle des mutineries, elle est condamnée pour l'exemple et fusillée le 15 octobre au poteau d'exécution de La Caponnière, à Vincennes. Du strict point de vue ferroviaire, elle est la première aventurière connue, à la sensualité affirmée, supposée avoir joué un rôle d'espionne en temps de guerre, et à avoir utilisé les trains internationaux pour ses missions et ses fantasmes.

Maupassant, Guy de

Ecrivain français, 1850-1893

Maître incontesté de la nouvelle – il en publie près de trois cents en dix ans –, écrivant de trois à cinq romans par an, ce fils de noblesse rurale normande, ancien fonctionnaire, peu exemplaire, d'abord au ministère de la Marine puis, en 1878, à celui de l'Instruction publique, a aussi énormément voyagé. De 1880 à 1889, il parcourt la France, l'Algérie, l'Italie continentale et la Sicile, la Tunisie et l'Angleterre. D'une écriture limpide mais réaliste, « lumière de notre Littérature » selon Emile Zola, Maupassant a donné de saisissantes impressions de trajets en chemins de fer. Et, comme Zola, il est subjugué par la vapeur. Les accidents étant nombreux et frappant l'imagination, il décrit l'agonie, quasiment humaine, d'une locomotive dans *Le Rosier de Madame Husson*. Le texte est d'autant plus fort que la catastrophe n'a fait aucun blessé, ni parmi les passagers ni au sein

des employés. Il n'y a qu'une victime, elle est métallique et mécanique : « Une roue s'était brisée à la machine qui gisait en travers de la voie. Le tender et le wagon de bagages, déraillés aussi, s'étaient couchés à côté de cette mourante qui râlait, geignait, soufflait, crachait, ressemblant à ces chevaux tombés dans la rue dont le flanc bat, dont la poitrine palpite, dont les naseaux fument et dont tout le corps frissonne, mais qui ne paraissent plus capables du moindre effort pour se relever... Nous regardions, désolés, la grosse bête de fer estropiée qui ne pourrait plus nous traîner. »

Monaco, princesse Grace de

1929-1982

Grace Kelly, devenue souveraine de la Principauté en 1956, me l'a avoué dans le salon d'honneur de l'ancienne gare de Monte-Carlo : « Les trains ont toujours exercé une fascination sur moi et j'ai beaucoup voyagé aux Etats-Unis en train avant mon mariage. Depuis que je suis à Monaco, je prends très souvent le train et j'adore ça. Il y a toujours des scènes à voir, à regarder partout ; et, bien que connaissant parfaitement cette côte, chaque fois je découvre quelque chose d'autre, quelque chose de nouveau et qui change d'ailleurs avec les saisons. J'aime surtout l'arrivée sur la Côte, j'aime découvrir la mer et toutes les fleurs. Le train est vraiment mon moyen de transport favori. J'aime aussi ce que Hitchcock en a fait dans ses films. Alfred Hitchcock* a beaucoup utilisé le train au cinéma*... Il en fait un lieu du mystère. C'est ce que je ressens moi-même : un train, surtout un train de nuit, je crois, c'est très mystérieux. »

En 1955, Grace Kelly est une star fâchée avec son producteur, la Metro Goldwyn Mayer. C'est avec le Train Bleu* qu'elle se rend au Festival de Cannes où des journalistes de *Paris Match* organisent, au palais de Monaco, sa rencontre avec S.A.S. le prince Rainier III, uniquement dans le but d'un reportage original. Et j'ai souvent aperçu la princesse dans son train français favori, arrivant à la dernière minute le visage masqué par des lunettes noires, un policier veillant sur sa sécurité dans le couloir. Le 7 octobre 1977, une vente aux enchères sans précédent allait être organisée, le lendemain, à la gare monégasque. L'événement, qui devait beaucoup à mon ami Jean-Paul Caracalla, directeur des Relations extérieures de la Compagnie internationale des Wagons-Lits et du Tourisme, attira la presse mondiale. Sous le marteau de Me Escaut-Marquet, Sotheby's allait procéder à l'adjudication de cinq somptueuses voitures des années 1920. Ce 7 octobre, elles composèrent une rame spéciale reliant, à très petite vitesse (25 km/h), Nice à Monte-Carlo, ce qui provoqua un embouteillage ferroviaire mémorable. La princesse Grace avait accepté d'être la marraine couronnée de ce voyage, le temps d'un petit déjeuner de belle tradition, servi en gants blancs dans la voiture Pullman* 4163 construite en 1929. Malgré les exigences du protocole et les mesures de sécurité, une voyageuse anonyme parvint à monter à bord, en toute innocence, croyant qu'il s'agissait d'un train... ordinaire. Aux policiers embarrassés, elle expliqua : « J'ai cru que la SNCF avait enfin fait ce qu'il fallait sur la ligne ! »

Monet, Claude

Peintre français, 1840-1926

Si Monet est célèbre pour ses toiles marines – *Terrasse à Sainte-Adresse* où ses parents ont une propriété – et ses tableaux peints depuis une barque suivant le cours de la Seine (*Régates à Argenteuil*), sans omettre *Impression, soleil levant* à l'origine du terme « impressionnisme » en 1872 et l'admirable série des *Cathédrales*, il est aussi un immense peintre du chemin de fer. Il commence par représenter un petit train de la banlieue Ouest de Paris ; les voies étant établies sur un remblai, il doit rouler quelque part entre Chatou et Rueil. Cette huile sur toile (50 x 60 cm) date, vraisemblablement, de la guerre franco-prussienne, en août 1870, avant que Monet ne se réfugie à Londres avec sa femme Camille et leur fils. C'est un convoi familier, caché par les arbres, petit comme un jouet. On devine la locomotive, plus qu'on ne la voit, par son panache de fumée et cinq voitures à impériale, comme il y en avait sur la ligne historique de Paris à Saint-Germain-en-Laye. Une vision paisible, partagée entre le ciel, la masse végétale et un parc en contrebas d'où des promeneuses à ombrelles observent le train qui passe.

Ses innombrables voyages ferroviaires commencent à inspirer Claude Monet. Installé à Argenteuil de 1872 à 1878, près de la gare, il y reçoit ses amis Renoir, Sisley, Manet, Pissarro, Caillebotte et Cézanne. Entre 1873 et 1874, il peint une œuvre qui est d'une composition originale par son angle, *Le Pont de chemin de fer à Argenteuil* (55 x 72 cm), dont il existe deux versions, une au musée d'Orsay*, l'autre dans la collection John G. Johnson au Philadelphia Museum of Art, peintes à deux heures différentes. Le peintre s'est placé au pied du pont, sur la rive, qui domine le tableau d'un trait oblique. A première vue, l'architecture, le tablier et cinq piliers, est ce qui importe. Puis, on surprend le train, peu visible, souligné par la fumée que le vent fort pousse en avant de la locomotive, sur la gauche du tableau. Presque un instantané.

Après ces deux toiles où le train est lointain ou dissimulé, Monet, revenu à Paris, est séduit par l'architecture de la gare Saint-Lazare, la plus ancienne de Paris (1842), agrandie et transformée pour les Expositions universelles de 1855 et 1867. Cette vaste ossature de fer, vue à travers les fumées, lui dicte plusieurs études. Mais, cette fois, c'est le train lui-même qu'il privilégie. Au lieu de situer la scène sous les 40 m de la verrière d'Eugène Flachat, il installe son chevalet dans une halle voisine, plus ancienne, qu'il juge plus fine. Dans une osmose de nuages et de fumées, on distingue trois trains, dont un, celui du milieu, vient vers le public dans *La Gare Saint-Lazare*, huile sur toile (75x104 cm, musée d'Orsay), de 1877. Cette même année, chez Durand-Ruel, il présente trente toiles dont sept sur cette gare. *Le Figaro* et *Le Moniteur universel* estiment que les tremblements du trait ont le tort d'évoquer le bruit des machines ! En effet, l'air, surchauffé, est le révélateur du mouvement des convois. Ici, le talent de Monet est de peindre l'ambiance sonore. Emile Zola, avisé critique d'art, ne s'y trompe pas : « Monet a exposé cette année des intérieurs de gare superbes. On y entend les trains qui s'engouffrent, on y voit des débordements de fumée qui roulent sous les vastes hangars. Là est aujourd'hui la peinture, dans ces cadres modernes d'une si belle largeur. Nos artistes doivent trouver la poésie des gares, comme leurs pères ont trouvé celle des forêts et des fleuves. »

Morand, Paul

Diplomate, écrivain, de l'Académie française, 1888-1976

« Partir, c'est gagner son procès contre l'habitude. » L'auteur de cette superbe maxime a toujours fui la routine de l'immobilisme. Il lui arrivait même de disparaître avant la fin de ses rendez-vous ou de ses dîners, sans dire au revoir. Un instant plus tard, il était parti ! Il soutint sa réputation, celle d'être *Un évadé permanent*, selon le titre d'un brillant portrait dressé par son filleul Gabriel Jardin (Grasset, 2006), qui remarque et s'interroge : « Toute sa vie, il aura été un évadé. De quoi ? De qui ? De presque tout. De sa carrière diplomatique, de la vie de famille, des fâcheux, de la guerre, de tout ce qui trouble à ses yeux la vie et la capacité de sentir. Aurait-il fait de la fuite une véritable philosophie de la vie ? » Tel un enfant, il piaffait à l'idée de partir en voyage, craignant que quelqu'un ne l'oublie. Un chat investissant son panier ou un chien sa corbeille, au milieu de valises inquiétantes, n'auraient pas été plus angoissés ni impatients. A la manière de Sissi*, il était toujours entre deux portes. Insaisissable, Paul Morand l'était. Sa manie à lui était le départ. Il nourrissait une passion pour la vitesse. En train, d'abord. En automobile, ensuite, puisqu'il en a eu trente-cinq, dont une Porsche Carrera ; à quatre-vingts ans passés, il jubilait de conduire ce bolide et de surprendre ceux qui ne le connaissaient pas. Enfin, il s'enthousiasma pour l'avion, aux Etats-Unis notamment et en Europe : en 1932, il présida l'inauguration du vol régulier Salonique-Paris. Pendant plus d'un demi-siècle, cet habitué des wagons-lits, au gré de missions, de conflits, de curiosités et d'enthousiasmes divers, se considéra comme domicilié partout du moment qu'il était en voyage, comme « l'oiseau de passage de la cage roulante, le pèlerin militant et passionné, le nomade horizontal » par excellence.

Lorsque Jean-Paul Caracalla dirigeait la superbe *Revue des Voyages* éditée par les Wagons-Lits, il recevait, avant de l'avoir demandé, un coup de fil de Paul Morand lui proposant un article. « Pour Lisbonne, je suis votre homme ! » disait-il. On ne pouvait, on ne devait faire appel qu'à lui. Et à peine avait-il raccroché qu'il était déjà – ou presque – au bureau de la compagnie, boulevard Haussmann. Le temps d'un entretien avec quelqu'un d'autre, Jean-Paul Caracalla trouvait sur sa table, déposée par l'huissier en son absence, une carte... de Paul Morand ! Passé et déjà reparti ! Rapide comme son écriture. « Un perpétuel désir d'être ailleurs », selon Hélène, sa femme. Et sans doute une difficulté à être tout à fait heureux, jointe à la crainte de ne pas connaître assez de lieux, de pays, d'impressions.

Il a douze ans quand il découvre le chemin de fer de l'aventure, le Transsibérien*.

Un curieux Transsibérien puisqu'il ne roule pas et qu'il est présenté à Paris, devant l'ancien Trocadéro, particulièrement laid. C'est l'une des attractions de l'Exposition universelle de 1900. Quand on monte à bord du wagon-restaurant, on s'embarque à... Moscou et le temps de déjeuner, grâce à un panorama mouvant, on descend à... Pékin ! Le peintre du décor, qui a fait le voyage en Sibérie, se nomme M. Marcel Jambon ; on le brocarde en l'accusant de barbouillages alimentaires. Le jeune Morand découvre le sleeping-salon, immobile. « Depuis, je les préfère roulants », dira-t-il. C'est un aveu et une vérité. En revanche, quand Paul Morand affirmait « J'ai l'âge de la tour Eiffel ! Nous sommes jumeaux ! », il mentait. Un peu. Par coquetterie. Gentiment. En effet, l'achèvement des travaux de la tour de M. Eiffel date du 31 mars 1889, date à laquelle Paul Morand a déjà plus d'un an : il est né à Paris le 13 mars 1888 et la tour Eiffel est la voisine « à l'ombre de laquelle j'aurai vécu ».

C'est avec son père, Eugène Morand, qu'il découvre l'Expo de 1900 et ce Transsibérien promotionnel, quatre énormes voitures qui ont traversé Paris la nuit. En évoquant la Belle Epoque dans son magnifique livre *1900* (1931), Paul Morand se dira atterré par le modern style de sa jeunesse où triomphe l'esthétique de la nouille, « le style pieuvre avec ses céramiques mal cuites » : « On dirait qu'un train a écrasé les objets les plus usuels. » L'art, il le voit de près car son père, après avoir été conservateur au Dépôt des marbres, dirigera l'Ecole des Arts décoratifs. Le premier vrai voyage de Paul Morand date sans doute de 1905. Il a dix-sept ans et a été collé au baccalauréat de philosophie. La punition est un bachotage pendant l'été pour préparer la session de secours, à l'automne. L'élève puni se rend en Bavière, à

Munich, où il aura pour répétiteur un fin germaniste, le correspondant du *Figaro* Jean Giraudoux*.

Morand, déjà brillant sportif, apprend que Giraudoux, champion du 400 m, est aussi le précepteur du prince de Saxe-Meiningen. Jean Giraudoux deviendra « un frère » de Paul Morand. Il y a aussi Londres, qu'il faut découvrir par le train à cause des falaises de Douvres.

Entré aux Sciences politiques et à la faculté de droit, l'étudiant Morand a un principe : il passe ses vacances uniquement hors de France, notamment à Venise, par le Simplon-Express, qui vient d'être mis en circulation avec l'ouverture du tunnel entre la Suisse et l'Italie. Le voici, dès ce moment, dans des trains, avec tout ce que cela comporte à l'époque, souvent en Angleterre et en Italie. Il dressera la synthèse de ces souvenirs dans un texte inédit que j'ai publié en 1976 : « En 1906, dans Paul Bourget, on les appelait des sleepings ; c'était la première fois que je montais dans un wagon-lit, à la gare PLM, direction Florence. Sur le quai de Florence, le lendemain, descendit du Train de Luxe un jeune écrivain belge alors lancé à la conquête de Paris, frileusement enveloppé dans une pelisse d'opossum mousseux et qui se nommait Francis de Croisset ; par sa grâce et ses façons d'être dans le train, tel que je le vois encore, il m'apparut, ce matin-là, comme l'âme même des wagons-lits, comme l'expression suprême de leur élégance cosmopolite (...). Ce qu'il y a de plus beau dans les voyages, ce sont les affiches des compagnies de chemins de fer et les villes lointaines ne sont vraiment désirables que sur les plaques de tôle accrochées au flanc des wagons (...). »

A partir de 1912, ses succès à divers concours des Affaires étrangères lui font connaître les susceptibilités du protocole puis l'ambassade de France « auprès de la Cour de Saint James », c'est-à-dire à Londres. Le jeune attaché d'ambassade est ensuite transféré au cabinet du ministre, au Quai d'Orsay. Ses voyages, en 1917, sont d'abord ceux de l'exploration incongrue d'un Paris en guerre, où il va d'un salon à un dîner, espérant que « ceux de l'arrière tiendront », selon un mot atroce. Son père lui avait fait connaître des gloires artistiques, comme Sarah Bernhardt et Jules Massenet. Au cœur de la vie politique, autour d'Aristide Briand, il côtoie aussi les plus grands noms de la diplomatie.

La nouvelle Europe née du traité de Versailles l'envoie en poste à Rome, à Madrid. Il en devient un témoin, sachant, avant quelques légations prétentieuses, que la paix n'est qu'une illusion. L'Europe qu'il aimait est morte, alors il en consigne les soubresauts sans savoir que l'agonie durera plus longtemps que prévu. Il situe l'enterrement du Vieux Monde vers 1925.

Grâce à ses voyages, il s'impose comme journaliste accrédité à faire connaître à ses lecteurs des villes grouillantes, des pays lointains. Il est leur portraitiste officiel, voyageant pour les autres. Il est à Bangkok, revient à Londres, hante New York, part pour Bucarest, chante Taormina. Dandy qui surveille sa ligne, désinvolte qui déroute ses plus fidèles soutiens, il rejoint Valery Larbaud* pour lire beaucoup, au long de ses voyages ferroviaires, tel un nouveau Barnabooth lové dans des acajous luisants, des iris en cuivre et des cloisons capitonnées de velours frappé bleu électrique fin de siècle. « Rien ne commence par la Littérature, mais tout finit par elle, y compris l'Orient-Express », assure ce nomade qui écrit. Le congé illimité qu'il obtient du Quai d'Orsay renforce sa notoriété d'écrivain à la mode depuis *Ouvert la nuit* (1922) et *Fermé la nuit* (1923). Il parle, merveilleusement, de ce qu'il a vu en Scandinavie, en Dalmatie, en Irlande, en Turquie, en Allemagne, et, à chaque voyage, Paul Morand vit intensément ses nuits européennes en wagon-lit. Il démontre, bien avant moi, ce que j'ai toujours pensé : en avion, on se déplace ; dans le train, on voyage. Ses images sont fulgurantes, au rythme, cette fois, du nouveau rapide de luxe Simplon-Orient-Express. « Le train éveilla des gares suisses de style gothique, dont les vitraux tremblèrent. Le Simplon, durant vingt-neuf minutes, donna l'audition d'une grande symphonie de fer, puis, sur des chaussées, on passa des rizières du Piémont jusqu'à une station qui finissait sur rien, sur une grande citerne d'ombre, de silence, et ce fut Venise. » En 1927, aux Etats-Unis, il donne un poème plutôt cru où il décrit le Sunset Express (La Nouvelle-Orléans-Los Angeles) et ses voitures habillées d'aluminium ; on lit :

L'express de luxe Coucher-de-Soleil
lace le pays
d'est en ouest.
Quinze wagons blindés
Pareils à des sous-sols de banque
Dans lesquels circulent les nègres amidonnés
avec des plateaux pleins de grâce
frères des nègres qui portent des sorbets
sur les fresques de Tiepolo.

En 1938, approuvant les accords de Munich (il fut loin d'être le seul !), il estime que son devoir lui commande de reprendre le service actif au Quai d'Orsay. Le voici représentant la France à la Commission internationale du Danube, organisme chargé de réglementer la navigation sur le fleuve-roi de l'Europe, qui coule de la Forêt-Noire à la mer Noire. L'Europe, justement, il l'a épousée et l'aime en la personne d'Hélène Chrissoveloni, divorcée du prince Dimitri Soutzo, une Roumaine d'origine grecque-orthodoxe. Elle est devenue sa femme en 1927. Budapest, Bucarest, les gares, les horaires. Icônes, paprika, goulash. « Il y a du casanier chez le voyageur : c'est la chambre d'hôtel et la cabine de wagon-lit. Voyager, c'est voir le monde changer autour de soi », constate Bernard Delvaille dans sa passionnante étude sur ce pur Parisien versificateur (*Paul Morand*, coll. « Poètes d'aujourd'hui », Seghers, nouvelle édition 1984). Au Nouveau-Mexique, en route pour Santa Fe, Morand retient que :

Les gens mettent leur billet dans le ruban de leur grand feutre.
La locomotive
Avec son œil sur le ventre
Eclaire la voie et les traverses
Alternant l'ombre et la lumière, comme un clavier.

L'écrivain dresse le bilan de cette course permanente où l'on a le sentiment que, parfois, c'est la vitesse qui l'intéresse plus que le voyage. *L'Homme pressé*, un « autoportrait », évidemment, est un livre de dilettante, publié à Paris en pleine guerre, ce qui s'ajoutera aux griefs de ses « mauvais choix » en passant de Londres à Bucarest (1943) puis à Berne (en juin... 1944) comme ambassadeur de France, celle de l'Etat français. « J'ai couché dans des wagons durs ou mous, sur des couchettes russes ou américaines, mais rien ne m'a donné ce sentiment de la patrie retrouvée, ressenti quand je monte dans ce foyer ambulant que la Compagnie internationale des Wagons-Lits met à la disposition du Syndicat amical des Juifs errants. » Paul Morand est sans doute le dernier voyageur dont le train ait été le moyen de transport favori, à l'époque où l'art de vivre à bord était à son sommet, normal, pas encore nostalgique. Le catalogue de ses souvenirs est alléchant et bouleversant car c'est une mémoire européenne, avec bonheurs et drames : « S'y associe l'histoire de ma vie : lectures ininterrompues pendant la traversée de l'Europe par l'Orient-Express, au temps de *Ouvert la nuit* ; thé russe, apporté toutes les heures, du samovar, dans les interminables traversées des steppes sous la neige ; paniers de fraises que les villageoises yougoslaves offraient aux portières tandis qu'en Chine du Sud, c'étaient des cœurs de lotus qu'une petite main jaune vous présentait sur une feuille... Je n'ai pas oublié les wagons-lits espagnols, leurs fenêtres grandes ouvertes, les draps mouchetés par le charbon des Asturies, ni les enfants des paysans d'Estremadure munis de bambous avec lignes à hameçon pêchant sans bruit, dans l'obscurité, les effets des voyageurs endormis (ainsi ai-je vu arriver en gare de Séville une délégation de parlementaires étrangers en caleçon...). »

Il faut tout de même un sacré coup d'œil pour identifier les escarbilles d'un charbon extrait d'une mine asturienne, même si les deux tiers de la houille espagnole proviennent de cette région ! « Que de parties de poker entre Calais et Brindisi, que de dîners au champagne entre Paris et Nice ! Si Brantôme, grand voyageur, avait vécu à notre époque, il eût ajouté à ses *Dames galantes* le chapitre des dames itinérantes ; et Maurice Barrès, à la vie de Marie Bashkirtseff, d'autres Notre-Dame du sleeping-car. Si je n'ai pas, comme Graham Greene*, à conter d'histoires d'assassinat en wagon-lit, je puis cependant associer à mes voyages de bien sombres souvenirs pendant la dernière guerre, attentes interminables dans les gares incendiées ou stations à plat ventre, sous les boggies, pendant les bombardements de Pologne et de Roumanie. Il me souvient aussi de ce wagon-lit espagnol où, revenant de Londres par le Portugal, en août 1940, je vécus une semaine avec trois cents rapatriés français, près de Badajoz, à la frontière hispano-lusitanienne, descendant laver mon unique chemise au rio, et la mettant à sécher dans le filet... »

En 1962, Paul Morand, réintégré aux Affaires étrangères depuis sept ans par un décret cassant sa révocation de 1944, est à la retraite avec un traitement d'ambassadeur. Après un apaisement politique, il est le sujet d'une redécouverte littéraire, déjà enthousiaste. Dans *Paris Match*, on lit sous sa plume un formidable papier, « Adieu à l'Orient-Express ». Cette année-là, le label « Train de Luxe » disparaît et ses représentants se traînent, vieillots et démodés ; leur agonie est aussi celle de la vapeur. « Le luxe, désormais, est à Orly », écrit Morand.

Au printemps 1976, préparant mon livre *Sleeping Story*, j'ose demander à cet expert, redevenu fréquentable, et déjà un auteur classique, s'il veut bien jeter un œil – rapide – sur mes feuillets. On me conseilla de déposer mon manuscrit chez lui. Avec l'espoir d'une préface... Je n'eus pas de nouvelle. Dans la nuit du 22 au 23 juillet, dans un épouvantable cauchemar, je vis Paul Morand s'éloigner tandis que je tentai de rattraper l'académicien de quatre-vingt-huit ans, avec mes pages... Mais il disparut. Bouleversé, je téléphonai, très tôt, à Raymond, son valet de chambre-cuisinier.

— Monsieur nous a quittés cette nuit...

Paul Morand n'était pas mort. Il était parti... encore en voyage, sans prévenir qui que ce soit. Je revins avenue Charles-Floquet, dans cet appartement vaste et sombre comme une cathédrale Tudor, où tout Paris s'était empressé. Et je repris mon texte, accablé de ce rendez-vous manqué. Raymond m'indiqua que ses cendres partiraient immédiatement pour Trieste, rejoindre celles d'Hélène, décédée en 1975, au cimetière grec-orthodoxe. Un instant, j'envisageai l'urne

dans un sleeping du Direct-Orient, bâtard de l'Orient-Express à bord duquel j'avais fait un voyage comme conducteur. Ce serait, en somme, une conclusion logique...

— Oh non ! me répondit Raymond. Monsieur prendra l'avion. Monsieur a toujours été pressé...

Le mot est superbe. Paul Morand, converti à l'orthodoxie, avait demandé à ce que ses cendres soient mêlées à celles de son épouse, dans le caveau de sa famille, à Trieste. Et il donna des instructions pour que soit gravé un ultime message terrestre à Hélène : « Voyageur, continue ta route avec celle qui fut, est, sera toujours ton ange gardien. »

Mustafa Kémal, dit Kémal Atatürk

1881-1938

En 1924, le Simplon-Orient-Express* devient un acteur essentiel de la révolution qui a remplacé l'Empire ottoman, agonisant puis vaincu, par la jeune République turque, laïque et moderne, de Mustafa Kémal. Constantinople perd son nom et son statut de capitale. On dira désormais Istanbul, appellation d'un de ses vieux quartiers, et le pouvoir siégera en Asie, à Ankara. Pour accélérer ce mouvement d'ouverture, *Atatürk* (le « Père des Turcs ») fait remplir, une à deux fois par semaine, un fourgon du train de casquettes, chapeaux melon, canotiers et autres coiffes « occidentales » car le port du traditionnel fez rouge est désormais interdit... Tout vient de Paris et ces étranges cargaisons correspondent à une obsession.

Mustapha Kémal avait subi, à deux reprises, l'humiliation de faire rire à cause de ses vêtements jugés orientaux. La première fois en janvier 1909 alors qu'il était jeune officier, de passage en Sicile ; son fez déclenchait l'hilarité chez les pêcheurs et les militaires... La seconde fois, c'était en septembre 1910, quand ce brillant commandant de l'armée impériale ottomane assistait aux manœuvres françaises en Picardie, en qualité d'observateur. Puisque le fez était ridicule, Mustafa Kémal l'avait remplacé par un réglementaire bonnet de fourrure appelé « colback ». Plusieurs Français avaient murmuré que ce soldat n'était qu'« un personnage d'opéra-bouffe »...

N

« Vis à vis, du côté du couloir, un Anglais, en tenue de golf, homespund gratiné épinard et terre de Sienne, ouvrit un guide de Karlsbad et ignora le reste du monde. Dans le filet, au-dessus de sa tête, des clubs s'entassaient, emmaillotés de toile grise, à côté d'une valise en porc qui eût renfermé trois hommes coupés en morceaux. »

Maurice DEKOBRA, *La Madone des sleepings*.

Nagelmackers, Georges

1845-1905

Si son nom est beaucoup moins connu que celui de Pullman*, c'est parce qu'il n'a jamais été utilisé comme raison sociale et c'est une injustice car il est, lui aussi, un pionnier du confort sur rails, un M. Pullman européen. N'est-il pas, entre autres, le fondateur de la Compagnie internationale des Wagons-Lits et le créateur de l'Orient-Express* ? Né à Liège le 24 juin 1845, ce fils de famille fortunée – la plus ancienne banque d'affaires de Belgique porte son nom – est expédié par ses parents en Amérique pour lui faire oublier un chagrin d'amour. Non, il n'épousera pas sa cousine... Qu'il voyage, il l'oubliera ! Chaperonné par un ami de son père, le comte de Berlaymont, et accompagné d'un camarade, Maurice Aubert, Georges Lambert Casimir Nagelmackers va vite oublier ses peines de cœur en tombant amoureux... d'une idée révolutionnaire : les trains de luxe qui existent déjà et parcourent le continent nord-américain. Pendant sa traversée, le jeune ingénieur a d'ailleurs beaucoup bavardé avec un autre pionnier, M. Cunard, inventeur des paquebots transatlantiques. Il a été question du confort en voyage, du service à bord, des réclamations de la clientèle, des progrès techniques, toutes notions auxquelles le jeune Belge – il a vingt-deux ans – sera toujours très attentif.

Pendant dix mois, sillonnant le continent d'est en ouest et retour, l'ingénieur emprunte ces fameux sleeping-cars inventés par l'autre George (sans s), Pullman. Tout est conçu en fonction de la distance et c'est la leçon essentielle que retient l'Européen : on ne peut aller loin en chemin de fer dans des conditions identiques à celles d'un voyage sur une courte distance. Il prend des notes sur la façon dont les voitures sont aménagées, c'est-à-dire avec un couloir central, des niches opposées où les banquettes peuvent glisser et se transformer en lits en quelques instants. L'intérêt est que ce matériel sert aussi bien le jour que la nuit. Le canapé-lit, voilà l'idée... L'existence des commodités au bout de la voiture et de cabinets de toilette est également à mettre au crédit de l'invention américaine. Toutefois, avec ses compagnons, il constate qu'« il n'y a pas de compartiment réservé aux dames. Les Américains, qui poussent la déférence à l'égard des femmes si loin que, même dans les gares, ils leur réservent des salles d'attente, semblent agir ici contre leur pruderie habituelle. Car, après tout, dans ces voitures (pour onze personnes), les niches ne sont fermées que par de simples rideaux, que l'exiguïté du passage fait entrouvrir chaque fois qu'on le traverse ». On se souvient des scènes irrésistiblement comiques du formidable film de Billy Wilder *Certains l'aiment chaud* dans le Chicago-Miami où Marilyn Monroe n'est pas particulièrement pudique... Il faut croire que cette tradition est ancienne : lors de son périple américain, en 1867, le jeune Nagelmackers a connaissance des plaintes de femmes contre l'absence d'intimité. Une Anglaise, scandalisée de pouvoir être observée par des messieurs, sonne le *Pullman Porter*, le responsable de la voiture.

— C'est une honte !

L'employé, qui en a entendu – et vu ! – d'autres, répond, flegmatique :

— Madame, 97 % des femmes américaines n'y voient pas d'objection !

La représentante de la victorienne Albion a un haut-le-cœur, agite son parapluie et domine son indignation avec cette réponse :

— Cela prouve que les Américaines sont 97 fois plus immorales que je ne le pensais !

Pullman a inventé la voiture-dortoir, Nagelmackers va concevoir le compartiment, la cabine fermée par une porte donnant sur le couloir latéral au lieu d'être central. Il adaptera l'idée aux usages mondains de la Vieille Europe en préservant l'intimité des voyageurs.

Rentré en Belgique, tout en dirigeant les hauts fourneaux de sa famille, il accumule notes, croquis, dessins, remarques techniques et financières. Des heures entières, il reste plongé dans son cabinet de travail. A vingt-cinq ans, il le sait, il tient la grande aventure de sa vie. Le 20 avril 1870, il publie, à ses frais, une brochure, dont il n'existe plus qu'un seul exemplaire, *Projet d'installation de wagons-lits sur les chemins de fer du Continent*. Une édition historique puisque les mots « wagons-lits » y apparaissent, pour la première fois et en français.

Ce néologisme est la réponse de l'Europe audacieuse à l'Amérique inventive. Ces trente-deux pages connaissent une édition, obligatoire, en flamand et une autre en allemand, mais la guerre franco-prussienne torpille ce remarquable projet. La paix revenue, le Belge obstiné s'attaque à la complexité des compagnies de chemins de fer qui n'ont pas les mêmes normes ; les gabarits, les système de freinage, d'éclairage, la signalisation divergent. Or, pour faire rouler un nouveau matériel, il faudra qu'il satisfasse à toutes ces obligations, en un mot qu'il soit adaptable. L'ingénieur obtient l'appui de son roi, Léopold II, lui-même pionnier dans d'autres domaines, et arrache un contrat lui permettant de faire circuler une voiture-lit, construite sous sa direction et de ses deniers, sur l'axe Paris-Vienne, l'un des plus fréquentés d'Europe. Un essai. Il a lieu en novembre 1872. Un succès. La presse viennoise est enthousiaste : « Le monde élégant doit à l'ingénieur Nagelmackers la manière américaine de voyager en fonction des usages américains. »

L'ingénieur crée une Compagnie *de* Wagons-Lits dont le parc est modeste (cinq voitures à deux essieux) mais très apprécié sur les concessions qu'il obtient, Ostende-Cologne, Ostende-Berlin et Paris-Berlin. Ce dernier contrat, signé le 19 février 1873, est spectaculaire. Les compagnies, d'Etat ou privées, « s'engagent à admettre au moins un wagon-lit dans chacun des trains convenus ». Le matériel est construit en Autriche-Hongrie où la technique ferroviaire est très en avance. Cependant, les résultats financiers sont aléatoires, la seule recette de sa société étant un supplément encaissé auprès de chaque voyageur. C'est peu face à un investissement lourd. Bien que lié à la haute finance belge, Georges Nagelmackers perd le soutien de banquiers qui n'ont pas compris que le voyage moderne était né. L'ingénieur est contraint de s'associer avec un curieux personnage, un aventurier, véritable héros de la guerre de Sécession mais faux marchand de pétrole, le colonel William d'Alton Mann. Le Belge apporte son expérience et ses contrats, l'Américain ses dollars et ses idées. Fusionnant leurs intérêts, ils peuvent résister aux assauts de Pullman venu tenter sa chance en Europe ; déjà, ses voitures roulent en Angleterre et en Italie. La guerre des sleepings est déclarée !

L'usage de ce mode de voyage nocturne se répand avec une moyenne de six à vingt clients par nuit, selon les destinations. Georges Nagelmackers veut étendre le cadre de sa présence. Maintenant, il est concessionnaire de vingt-deux conventions, dont seize services réguliers ; même les modestes Chemins de fer d'Alsace-Lorraine (intégré à l'Empire allemand) signent pour une durée de trois ans. Le 4 décembre 1876, dans l'étude de Me Van Halteren, notaire à Liège, Georges Nagelmackers fonde la Compagnie internationale *des* Wagons-Lits, rachetant au colonel Mann son matériel. Parmi les quinze souscripteurs, on remarque le roi des Belges. Léopold II, dont l'aventure au Congo prouve qu'il veut encourager la Belgique à cesser d'être un petit pays, soutient l'ingénieur qui supprime les frontières. De nouveaux contrats arrivent, audacieux comme le Paris-Menton ou le Calais-Bologne, mais il n'y en a pas de mineurs. Ainsi, pour le trajet Nice... Menton, la compagnie fait accrocher une voiture-salon au train ordinaire. Il n'y a pas de petites lignes, il n'y a que des lignes concurrentes et l'essentiel est de remporter l'affaire au nom du confort.

L'étape suivante est grandiose, puisque c'est la naissance d'un géant, l'Orient-Express*, puis de ses frères, tels le Nord-Express (Paris-Copenhague et Paris-Berlin) et le Sud-Express (Paris-Madrid-Lisbonne). Conscient que sa clientèle mérite – ou exige – des hôtels en rapport avec le luxe de ses trains, Georges Nagelmackers fonde, en 1890, la Compagnie internationale des Grands Hôtels. Encore une idée révolutionnaire à double effet : voici la première chaîne hôtelière et la première formule du voyage-séjour à forfait, du type club, tellement développée aujourd'hui. Toutefois, cette nouvelle transformation des mœurs (la vie de palace tout compris !) est plus difficile à imposer que prévu. Avant 1914, la branche des hôtels périclite. Cette fois, le génial

Belge était trop en avance. Il s'éteint le 10 juillet 1905, âgé de soixante ans. Sa famille reçoit des télégrammes de condoléances dans une bonne vingtaine de langues, y compris le russe, le chinois et l'arabe, celles des pays où son entreprise fait rouler des trains privés somptueux qui ne cessent de raccourcir les trajets, ceux de la Compagnie internationale des Wagons-Lits et des Grands Express européens. Après que Jean-Paul Caracalla et moi avons tiré de l'oubli le passionnant Georges Nagelmackers, son nom est enfin entré dans un autre dictionnaire avant celui-ci, le *Larousse*...

Naissance (à bord d'un TGV*)

Après les accouchements en diligence – ou presque –, en bateau, en avion (et peut-être en dirigeable...), les naissances à bord des trains, bien qu'exceptionnelles, sont possibles. Et même à bord d'un TGV*. Dimanche 18 septembre 1999, la rame 628 quitte Lyon-Part-Dieu à 18 heures à destination de Paris. Un peu avant Le Creusot, une passagère, visiblement très enceinte et qui voyage seule, fait appeler le chef de bord, dénomination moderne ridicule du chef de train. Elle demande à l'agent, Daniel Descombes, s'il y a un médecin dans le train. Il fait une annonce. Pas de réponse. Une nouvelle annonce dans la rame suivante est positive : son collègue Bernard Bondet, secouriste et pompier bénévole, répond qu'un médecin est dans sa rame. Mais voilà le problème : on ne peut communiquer d'une rame à l'autre dans les TGV*. Il faut donc organiser un arrêt non prévu au Creusot et prévenir le SAMU local. On isole la passagère en voiture 6 afin de préserver son intimité. A 18 h 30, le médecin urgentiste, le docteur Brigitte Mélot, constate que la jeune femme n'est plus transportable. Conclusion heureuse : Céliance, beau bébé de 3 kilos, naît dans le TGV* immobilisé et tout le monde applaudit, sauf quelques hépatiques.

Commentaire double de la voyageuse : « C'est dommage que ma fille ne soit pas née à 300 à l'heure ! » Et : « J'ai cru que j'avais le temps d'arriver à Paris. Le TGV* ne va pas encore assez vite ! »

Napoléon II

L'Aiglon, fils de Napoléon Ier
et de Marie-Louise, archiduchesse d'Autriche,
roi de Rome puis duc de Reichstadt, 1811-1832

Bien que disparu avant les premiers temps du chemin de fer pour voyageurs, le duc de Reichstadt a eu, à titre posthume, les honneurs d'un voyage ferroviaire entré dans l'Histoire, en pleine Deuxième Guerre mondiale.

A Vienne, il reposait dans la crypte des Capucins, la nécropole des Habsbourg puis des Habsbourg-Lorraine depuis la fin du XVIIe siècle. Son double cercueil était à côté de celui de sa mère, seconde épouse de l'Empereur des Français. Après 1853, Napoléon III* avait émis le vœu que la dépouille soit rapatriée à Paris, mais François-Joseph avait fait observer que l'adolescent, emporté par la tuberculose à vingt et un ans, était mort autrichien, sous le titre de duc de Reichstadt accordé par son grand-père.

En 1938, Otto Abetz, ambassadeur du IIIe Reich en France, fait sienne l'idée de cette restitution. Il estime que ce geste, généreux et spontané, servirait au rapprochement franco-allemand. Un traité de « bonne entente » est d'ailleurs signé au Quai d'Orsay, le 6 décembre, entre le ministre des Affaires étrangères de Hitler, Joachim von Ribbentrop, et son homologue français, Georges Bonnet. La suggestion ne reçoit aucun écho, ni à Berlin ni à Vienne soumise à l'Anschluss, encore moins à Paris. Après la défaite française de 1940, Otto Abetz reprend son idée et se jure d'aboutir. Il plaide son dossier auprès de Hitler et lui suggère de procéder au transfert le 15 décembre. La date est importante : c'est celle du centième anniversaire du retour en France des cendres de Napoléon Ier, conçu dans l'esprit d'une réconciliation nationale. Plusieurs journalistes français, acquis à la collaboration franco-allemande, insistent pour que, à leur tour, les restes du fils de l'Empereur soient transférés à Paris, aux Invalides. A Berlin, Jacques Benoist-Méchin, chef de la délégation diplomatique des prisonniers de guerre, s'occupe des démarches. Au début de décembre 1940, par télégramme, Hitler donne son accord à cette translation qui aura lieu par train spécial de Vienne à Paris. Le maréchal Pétain adresse aussitôt au Chancelier une dépêche exprimant ses remerciements émus et ceux du peuple français. Dans l'idée de Hitler, qui avait rencontré Pétain à Montoire le 23 octobre, cette cérémonie obligerait le Maréchal à venir de Vichy à Paris, ce qui serait un symbole fort. Mais le chef de l'Etat français, le « vainqueur de Verdun », décline l'invitation, prétextant un important Conseil des ministres dont l'ordre du jour prévoit la constitution d'une Assemblée consultative. Bien que très déçu, Hitler ne s'oppose pas à l'opération prévue. Curieuse coïncidence, le 13 décembre, Pierre Laval, chef du gouvernement de Vichy, est démis de ses fonctions, arrêté et conduit sous bonne escorte dans sa propriété auvergnate de Châteldon. Informé, l'ambassadeur Abetz exige que le président Laval soit immédiatement relâché, mais il doit se concentrer sur ce qui va se passer aux Invalides... Or, au même moment, à Vienne, s'achève la phase de préparation technique du « deuxième Retour des cendres ». Ici, il convient d'apporter une précision essentielle car on a pu lire, à ce sujet, diverses élucubrations et contrevérités, notamment sous la plume de Bernard-Henri Lévy (*Le Monde*, jeudi 2 mars 2000). Selon l'usage chez les Habsbourg, en vigueur jusqu'en 1878, un protocole sévère était observé lors des funérailles d'un membre de la famille impériale, ce qui était le cas pour l'Aiglon en 1832. Le cœur du défunt était extrait puis placé dans un vase canope et déposé dans la crypte de l'église des Augustins, la paroisse de la Cour. Puis, les viscères étaient enfermés dans une urne en argent et scellés dans une grosse boîte métallique rangée sur une étagère, dans la crypte de la cathédrale Saint-Etienne à Vienne.

Lorsque commence, le 13 décembre en pleine nuit, l'ouverture de la tombe en présence des capucins puis la translation du corps du duc de Reichstadt, seul le cercueil est transporté, avec les honneurs militaires, jusqu'à la gare de l'Ouest. Dans la hâte des préparatifs ou par mépris de l'ancien rite impérial de l'éparpillement, la famille de Habsbourg n'ayant pas été priée de donner son avis, seul le sarcophage de 1832 doit faire le voyage jusqu'à Paris.

Une atmosphère étrange et sinistre baigne cette gare, l'une des sept de Vienne et qui avait été celle de l'ancienne Compagnie des Chemins de fer de l'impératrice Elisabeth, la mythique Sissi*. La rame spéciale, autrichienne, est sous pression. Tous les rideaux des voitures sont tirés. Un fourgon a été transformé en chapelle ardente ; le cercueil est hissé au pied d'une croix de plus de un mètre de haut. Les lourdes portes métalliques sont refermées, deux soldats montent la garde jusqu'au coup de sifflet isolé, dans cette gare où le train funèbre est le seul qui parte cette nuit. A l'extérieur, le fourgon est frappé – délicate attention – des armes du roi de Rome. A titre posthume, le fils de Napoléon retrouve l'identité de sa naissance. C'est en Français qu'il regagne la France... En queue du convoi, une voiture-lit et une voiture-salon sont réservées à l'escorte d'officiers. L'Aiglon part pour son dernier voyage terrestre. A vitesse réduite, le train prend la direction de Paris.

Il y arrive, gare de l'Est, le samedi 14 décembre, à 23 heures, après quarante-huit heures de voyage. Le lourd cercueil de bronze est placé, à la lueur de vingt-quatre torches, sur une prolonge d'artillerie. Les honneurs militaires, allemands, lui sont à nouveau rendus. Une pluie froide, mêlée de neige fondue et de glaçons, tombe sur Paris. L'arrivée de ce train a été tenue secrète « pour éviter les curiosités inopportunes ». Seuls quelques journalistes, dûment sélectionnés et munis d'invitations, assistent à l'événement ; un détachement allemand va prendre en charge le sarcophage afin de le conduire aux Invalides. Deux chefs de mission diplomatique sont présents : Otto Abetz, en uniforme d'ambassadeur de Berlin, et Fernand de Brinon, représentant du gouvernement de Vichy, qui réussit donc le prodige d'être ambassadeur de France... à Paris ! Tous deux transmettent à la presse les regrets de Pierre Laval « de ne pouvoir être présent » ; certains reporters n'étaient pas informés de l'arrestation du président...

Il fait de plus en plus froid. Paris est obscur et silencieux. Des motocyclistes précèdent le convoi suivi par quelques voitures. Lentement, le cortège s'engage boulevard de Strasbourg, boulevard de Sébastopol puis suit les quais de la Seine. Il est 1 h 20 le 15 décembre lorsqu'il parvient aux Invalides : deux cents gardes républicains immobiles forment une double haie et tiennent à la main une torche de résine. Exactement un siècle après que le roi Louis-Philippe avait accepté, « au nom de la France », les cendres de Napoléon, celles de son fils sont reçues dans des conditions dramatiques, bien que, selon plusieurs témoins, il s'agisse « d'un événement historique qui fut aussi, dans sa simple grandeur, le plus impressionnant des spectacles ».

Désormais, la cérémonie est sous contrôle français. L'amiral Darlan représente le Maréchal, plusieurs généraux, membres de la noblesse d'Empire, et des personnalités comme Sacha Guitry sont présents. C'est l'ambassadeur Abetz qui s'adresse à l'amiral Darlan :

— Je vous remets les cendres du duc de Reichstadt.

L'amiral remercie et salue. Tout est fini. On entend les fifres d'un régiment qui défile, place Vauban.

Ajoutons deux mots concernant le lendemain. Le public, admis à s'incliner devant le fils de l'Empereur enfin aux côtés de son père, n'est pas sensible à l'événement. L'homme de la rue, qui a faim et froid, réagit à cette pompeuse manifestation avec une indifférence placide, faisant allusion au froid vif (comme en 1840, d'ailleurs...) :

— Ils nous prennent notre charbon et nous envoient des cendres !

Il reste à redire que le train funèbre exigé par Hitler ne contenait qu'une partie du corps de l'Aiglon ; son cœur et ses entrailles sont restés à Vienne. Ainsi que me l'a fait observer un moine augustin lors de ma contre-enquête, « cette nouvelle dispersion, imprévue, prouve encore davantage, comme l'estime la famille impériale, la vanité de la vie terrestre »...

Napoléon III

Visionnaire du rail, 1848-1870

L'arrivée de Louis-Napoléon Bonaparte au pouvoir, d'abord comme président de la Deuxième République (1848-1852) puis comme empereur des Français (1853-1870), est saluée par les philosophes saint-simoniens comme un fait historique qui va permettre la mise en œuvre de nouvelles industries et la relance d'une politique ferroviaire active. En inaugurant la ligne Paris-Strasbourg, le prince-président déclare, à Epernay, le 2 septembre 1849 : « Si l'Empereur Napoléon eût connu la vapeur, jamais nous n'aurions vu les étrangers envahir la capitale de la France. » Son neveu, souverain moderne par bien des aspects, est l'homme qui va donner son impulsion définitive et visionnaire aux chemins de fer français. En indemnisant les compagnies (décret du 24 décembre 1851) qui avaient subi des dégradations lors des émeutes révolutionnaires de juin 1848, le locataire de l'Elysée redonne confiance aux actionnaires, aux investisseurs et à tous les gens du rail. Entre 1850 et 1858, 3 000 km de voies supplémentaires sont construits. Dans ses projets, l'ancien conspirateur avait noté le retard français par rapport à la situation de l'Angleterre ; mais il avait également souligné que si, en 1847, treize millions de voyageurs avaient pris le train au moins une fois dans leur vie (quelle aventure !), s'agissant des trois millions et demi de tonnes de marchandises transportées, la combinaison de la vitesse à l'économie du prix de la tonne au km assurait déjà la suprématie du rail sur les voies navigables et la route.

De nouvelles concessions sont accordées. Celle de la ligne Paris-Lyon, conclue pour quatre-vingt-dix-neuf ans, regroupe des financiers français et britanniques, MM. Hottinguer, Mallet, Rothschild, Seillière et Pillet-Will. Celle de Lyon à Avignon est adjugée à des industriels et des maîtres de forges, dont les Schneider et Paulin Talabot, fervent saint-simonien, polytechnicien et ingénieur des Ponts et Chaussées. L'esprit d'entreprise est encouragé. L'Etat, qui ne peut pas tout faire, délègue à des gens remarquables, se fait rembourser les travaux qu'il avait exécutés, garantit les intérêts et une participation aux bénéfices. C'est ainsi que dès 1856 la ligne Calais-Paris-Lyon-Marseille est ouverte. La guerre de Crimée avait rendu urgent l'achèvement des travaux dans le Midi pour convoyer troupes et matériel rapidement vers

Marseille. Lorsque le conflit avait éclaté, il manquait encore 105 km entre Lyon et Valence et les infrastructures étaient fragiles ; deux locomotives avaient sombré dans le Rhône et trois autres dans la Saône... Enfin, le 16 avril 1855, la ligne était terminée et solide ; elle allait assurer aux vainqueurs de Sébastopol, de l'Alma et de Malakoff un triomphal retour en chemin de fer depuis Marseille. Ici, il convient de réfuter une légende tenace dont l'impossibilité a été démontrée, notamment par Michel Doerr* en 1952. Non, en dépit de progrès fulgurants, Napoléon III n'a pas été à Marseille accueillir les héros de la Crimée et n'est pas revenu à Paris à la vitesse de 100 km/h dans un train de deux voitures tiré par une Crampton qui aurait eu des ailes à la place des bielles ! Napoléon III a attendu les héros à Paris et le premier train direct Paris-Lyon-Marseille n'a roulé que le 10 octobre 1855, couvrant la distance de 863 km en dix-neuf heures, ce qui est un résultat plus qu'honorable pour l'époque. Et c'est le 30 juin 1857 que deux notaires parisiens, Mes Fould et Dufour, reçoivent les statuts d'une nouvelle société qui fusionne deux réseaux. Voici l'heure de la Compagnie des Chemins de fer de Paris à Lyon et à la Méditerranée, première existence juridique du célèbre PLM.

Napoléon III est lui-même un grand utilisateur du rail. Il s'en servira autant pour des déplacements politiques et militaires, avec un bel effet de propagande, que pour les voyages privés de la famille impériale ou de ses invités vers Compiègne, Vichy ou Biarritz. Les exemples sont innombrables. On peut citer le périple de juin 1856, après le congrès de Paris qui a fondé l'Europe moderne, avec Lyon, Valence, Avignon, Tarascon et Arles comme principaux arrêts. Ou encore celui qui commence le 10 mai 1859. *Via* Marseille et Gênes, Napoléon III part assurer le commandement des troupes françaises contre les autrichiennes dans la guerre d'Italie. Et, d'une certaine façon, les victoires de Magenta et de Solferino sont aussi la victoire du train. Cette campagne en Lombardie est le point de départ mondial de l'emploi des chemins de fer dans la stratégie (accélération du mouvement des armées) et la tactique (prolongation à peu près indéfinie de la durée des batailles). De même, en septembre 1860, lorsque le couple impérial part pour l'Algérie, avant de rejoindre Marseille et le yacht *L'Aigle*, il fait un crochet pour visiter et saluer la Savoie redevenue française. Le 26 octobre 1864, l'empereur prend le train pour Nice, française elle aussi, où il rencontre le tsar Alexandre II de Russie. Le 26 août 1869, l'impératrice Eugénie* et le prince impérial prennent leur train spécial avant un voyage en Corse. Ou encore le départ de la souveraine et de sa suite, le 1er octobre 1869, pour l'Egypte où sera inauguré le canal de Suez ; son convoi gagne Chambéry et Saint-Michel-de-Maurienne car une visite du chantier du futur tunnel du Mont-Cenis est organisée ; de là, l'impératrice gagne Venise, toujours par le train.

Pour Napoléon III, « socialiste éminent », selon le critique littéraire Sainte-Beuve, le développement du chemin de fer ne vise pas seulement à relier les campagnes aux villes avec des transformations considérables ; le train assure à la classe ouvrière une nouveauté, la possibilité de se déplacer. Il est alors prouvé que partout où arrive une ligne, on récolte abondance, prospérité et travail avec les nouveaux métiers, illustres ou obscurs, que propose la vie ferroviaire. Deux chiffres le prouvent : en 1839, sur la première ligne ouverte par Paulin Talabot dans le bassin houiller d'Alès, 132 000 tonnes étaient transportées. En 1859, sur le tronçon Alès-Nîmes, le trafic atteint 490 000 tonnes.

Sous le Second Empire, le rail est le principal vecteur de tous les changements considérables observés dans la vie quotidienne des Français, et ce n'est pas un hasard si le merveilleux Jacques Offenbach situe le premier acte de sa *Vie parisienne* à la gare de l'Ouest, où débarque un Brésilien décidé à faire la fête.

Malheureusement, la fête impériale s'arrête le 15 juillet 1870, jour d'ouverture des hostilités franco-prussiennes. Il faut rappeler – car on l'ignore trop souvent – ce dernier voyage de Napoléon III empereur depuis le palais de Saint-Cloud vers le front de l'Est. Lucide, désabusé, souffrant le martyre d'un énorme calcul dans la vessie, subissant la guerre au lieu de la conduire, le neveu de Napoléon Ier ne veut pas que son train passe par les gares parisiennes, ces cathédrales du progrès. Il sait que bientôt le peuple, qui l'acclamerait, ne tardera pas à le honnir. Il exige que son train spécial emprunte les voies circulaires. Hortense Schneider a beau chanter sur les Boulevards que dans trois semaines elle prendra un train pour Berlin où elle offrira sa voix à... Napoléon III, l'empereur n'en croit rien et part discrètement. Le dernier voyage officiel de l'empereur du rail, comme s'il savait déjà que son cher chemin de fer était devenu l'arme, savante et organisée, de l'ennemi pour envahir la France. Dès 1866, en effet, la Prusse avait fait une application méthodique du rail comme élément des combats en construisant des lignes spéciales et en concevant des quais et des chantiers de débarquement.

Négus

Le train fou du Négus
(Djibouti-Addis-Abeba, Ethiopie)

La « Corne de l'Afrique » fut une des régions les plus hostiles à l'installation du chemin de fer. La fameuse ligne reliant le port de Djibouti à la capitale Addis-Abeba a été construite par des ingénieurs français au milieu de querelles coloniales entre le Royaume-Uni et l'Italie. C'est la France qui, par le vecteur ferroviaire, permit le début de la modernisation de l'ancien territoire mystérieux de la mythique reine de Saba que rechercha André Malraux. A la fin du XIXe siècle, la voie unique fut surnommée « la ligne de l'Enfer » en raison de la chaleur (plus de 50 °C à l'ombre mais il n'y en avait pas !), de l'altitude (Addis-

Abeba est à 2 500 mètres) et de l'esclavage. Il a fallu vingt ans de travaux homériques pour construire 783 km. Des pentes inimaginables étaient franchies par des 030 essoufflées tirant péniblement des trains mixtes et les ouvrages d'art restent ahurissants, en particulier les viaducs jetés au-dessus des gorges des régions arides d'Awash et Mojo. Achevée en 1917, la ligne s'étendit à un réseau total de 1 087 km, ravagé ensuite par la guerre civile et les conflits de l'entre-deux-guerres mondiales. Elle fut, plus tard, l'une des fiertés de Haïlé Sélassié, le Négus (roi) couronné empereur le 2 novembre 1930. Ce petit homme au regard perçant et au maintien hiératique s'avançait sous son inséparable parapluie, inspectant les convois comme ses troupes ; il était considéré comme le descendant direct de la reine de Saba et du roi Salomon. Lorsqu'il accueillait une haute personnalité à l'arrivée du train, il portait un collier d'étoiles de David et il était interdit de le regarder droit dans les yeux. Le contrôle de la ligne fut un des principaux enjeux du conflit de 1935-1936 qui devait faire de l'Ethiopie une colonie italienne. Pour acheter du charbon, les Ethiopiennes firent don de leurs alliances et autres bijoux d'or à un Etat exsangue... De hautes personnalités italiennes (la reine, les princesses et même l'épouse de Mussolini) abandonnèrent leurs alliances, même celles en acier bénies par le curé. Mais le train était incroyablement ponctuel, comme dit un chef de gare : « Du temps des Français, deux minutes de retard et c'était le blâme, voire le conseil de discipline ! On pouvait même arriver à l'exclusion. Le train était toujours à l'heure. Le règlement et les procédures étaient suivis à la lettre. C'est le marxisme qui a tué le chemin de fer. »

Effectivement, dans les années 1970-1980, la situation politique accumula les révolutions, les coups d'Etat, la chute de la monarchie, la fin de la Somalie française en 1977, les famines, les sécheresses, les inondations catastrophiques, les déportations et massacres. Et une mortalité infantile parmi les plus élevées du monde : 212 ‰ ! Une violence à l'image de l'assassinat du Négus : emprisonné en 1974, le Roi des Rois fut étouffé par un oreiller imbibé d'éther. Le coupable était un autre négus, rouge celui-ci, le colonel Haïlé Mengistu, qui tint le pays sous le joug communiste de la misère pendant dix-sept avant de s'enfuir, en mars 1991.

Le 23 juillet 1992, le balancier de l'Histoire permet aux gosses d'Addis-Abeba, pauvres mais malins, de proposer aux automobilistes dans leurs vieilles américaines pourries des portraits de l'empereur. Pourquoi aujourd'hui ? Parce que c'est le centenaire de sa naissance. Le même jour, Patrick Forestier, envoyé spécial de *Paris Match*, se rend dans la crypte de l'église Sainte-Marie. Là repose d'une manière décente Haïlé Sélassié. Ses ossements, retrouvés le 14 février de cette même année à deux mètres du bureau du dictateur stalinien, ont été placés dans un tombeau de marbre, recouvert du drapeau national éthiopien, vert, jaune et rouge. Mais ce qui nous intéresse ici, c'est une plaque posée contre le mur : « La Compagnie du Chemin de Fer Franco-Ethiopien de Djibouti à Addis-Abeba, qu'il avait créée et aimée, dédie cette palme en témoignage d'éternelle reconnaissance à Sa Majesté l'Empereur Ménélik II, roi des rois d'Ethiopie et unificateur de son pays. Signé : le Président de la République Française. » En l'absence de date précise, ce témoignage ne dit pas si le président signataire est encore le très ferroviaire Paul Deschanel* ou son successeur, Alexandre Millerand, élu le 23 septembre 1920. Ménélik II, mort en 1913, ne vit jamais arriver le chemin de fer qu'il espérait et qui ne circula qu'à partir de 1917. Le « train du Négus », comme on l'appelait encore – ou de nouveau – dans les années 1990, est toujours français, construit par des Français avec des cheminots parlant français, souvent avec un accent méridional. Matériel, signaux et habitudes sont hexagonaux : au Club des cheminots, Patrick Forestier se croit du dépôt de Miramas (on joue à la pétanque) ou du côté de Cavaillon (on joue au loto), la chaleur en plus, une réminiscence de l'ancien terme grec *aethpios*, « la face brûlée » de l'Afrique noire au sud de l'Egypte.

Un voyage sur cette ligne légendaire est une aventure qu'on ne saurait conseiller à n'importe qui. D'ailleurs, à l'ambassade de France, quand on apprend que vous avez l'intention de prendre le Djibouti-Addis-Abeba, on vous met en garde. Fermement : « Vous n'y pensez pas ! Prendre ce train, c'est de la folie. Vous risquez d'être bloqué plusieurs jours, attaqué par des guérilleros oromos ou des bandits. Si vous ne finissez pas au fond d'un ravin ! Le train du Négus est devenu le train le plus fou du monde ! Si vous passez à travers toutes les embûches, il vous faudra plusieurs jours pour vous remettre du voyage. les wagons sont en ruine. Depuis des lustres, aucun Blanc ne prend plus ce train. Même les Africains l'évitent. Seuls les plus démunis et les contrebandiers l'empruntent encore. »

Mais, quand on aime le chemin de fer, celui-là est dangereux mais irrésistible. Et quand on est un journaliste courageux, quel reportage ! 18 h 30. Départ pour Dirédaoua, 1 200 mètres d'altitude, à 480 km de

Djibouti, soit une bonne moitié du parcours. Ici, il y a une Alliance française, la première fondée en Afrique. C'est elle qui apprend le français aux cheminots. Dirédaoua fut ensanglanté par des émeutes et même, en 1995, une tentative d'assassinat contre le président égyptien Hosni Moubarak. En août 2006, Dirédaoua a été ravagé par des inondations catastrophiques, en pleine nuit. Chaque été, les rivières Dechatu et Dire passent, en quelques heures, de la sécheresse à la crue sur les hauteurs du plateau.

Les voitures datent de 1964 (époque où l'Ethiopie repousse des attaques somaliennes) et la motrice diesel aussi, arrivée de la lointaine Touraine en avant-courrier au voyage historique du général de Gaulle, deux ans plus tard. Le premier tronçon, de 473 km seulement, va exiger vingt heures – environ... – de voyage. Si tout va bien ! Le billet de première classe vous donne droit à un siège défoncé, d'une saleté repoussante, d'où émergent des peluches de mousse et des lambeaux de Skaï bleu. Vingt-deux places en première, le reste dans deux autres classes. En fait, les banquettes en bois des troisièmes classes qui résistent aux vandales sont moins répugnantes. En revanche, la proximité des toilettes ne peut être ignorée. C'est toute la voiture qui empeste. A vomir. Une inscription en rouge avertit les voyageurs : « Pour se préserver du sida, il faut mettre un préservatif. » C'est écrit en amharique, la langue officielle, même si l'administration se débat en anglais. Certains parlent du convoi comme du « Sida-Express ». Peu engageant mais tout le pays vit avec cette terreur. Décidément, le train cumule tous les périls. Ce soir, trois policiers sont censés escorter le convoi. Montrant sa Kalachnikov, le chef déclare, fièrement :

— Je garde le train qui sert le peuple.

Drôle de garde, faite de rafales de pistolet-mitrailleur au-dessus des enfants qui s'accrochent aux wagons. Car il faut faire fuir les clandestins, protéger quelques marchandises et, éventuellement, les voyageurs. Patrick Forestier raconte, dans son remarquable document publié par *Paris Match* : « Mais si le train subit une attaque en règle, il lèvera les bras, ricane un commerçant assis derrière moi. Avec les resquilleurs (qui sont en majorité), le policier trouve des arrangements. Tout le monde y gagne : le passager, qui paie demi ou quart de tarif, et lui, qui agrémente ses fins de mois. Sur le quai, des fillettes vendent des beignets. Un homme offre des bottes de khât, la drogue de la Corne de l'Afrique. Un phénomène récent dans la capitale. »

Comment le train peut-il rouler sur une voie en aussi mauvais état ? Un miracle, comme l'Afrique en produit tous les jours. Privés de ballast, les rails vibrent, tout branle et gémit à 55 km/h. A 60, le déraillement est inévitable. La cabine de conduite est une passoire : des tirs de roquettes l'ont criblée, du côté d'Awash, en pleine nuit. La guerre interethnies – il y en a vingt-cinq – saigne le pays. Quand ils sont très énervés, les Oromos en révolte arrachent les rails... Mais, même en place, la voie est un danger permanent. En 1984, dans une large courbe achevée sur un pont métallique, une trop grande vitesse (70 au lieu de 40 km/h...) a précipité la rame dans une rivière. Bilan « entre 450 et 900 morts ». Est-ce que cela compte quand un été infernal, sans eau, cause 300 000 décès ?

Quand, entre Awash et Assabot, le train est pris d'assaut en pleine nuit par des voyageurs chargés de sucre, de café – dont l'Ethiopie est le sixième producteur mondial – et d'enfants, le pire est à craindre : le convoi peut être intégralement pillé par des voleurs au bord de l'inanition. Ou des trafiquants. On voit un spectacle insensé : des chèvres, affolées, se réfugient sur les toits des wagons !

A Dirédaoua, la vision de l'atelier central, du dépôt et du service des pièces dites de rechange (inexistantes...) est inoubliable. Et poignante. Patrick Forestier : « C'est, en effet, un cimetière de trains. Les wagons froissés, déchiquetés, côtoient des locomotives rouillées. Ici, on ne réforme rien. Des ouvriers réparent un wagon à bestiaux de 1907. Le châssis, faussé dans un accident, a été "chauffé" puis contraint par une chaîne pour reprendre sa forme initiale. Un autre wagon de voyageurs. » Qu'un wagon de l'époque des rivalités coloniales entre la France, l'Angleterre et l'Italie puisse être encore rafistolé indique que les pièces détachées sont prises sur un vénérable matériel. Déjà, en 1977 et 1978, le Français Max Rosso, directeur technique de la ligne au moment où le Territoire français des Afars et des Issas était devenu la République de Djibouti, me parlait du « rail franco-éthiopien en détresse ». Vingt ans plus tard, dans le bric-à-brac hallucinant de roues, d'essieux, de plate-formes défoncées, Ahmed Hachi, chef du département des matériels remorqués, avoue : « Par manque de voitures, nous transformons des wagons de marchandises en wagons de passagers. » Mais, fièrement, il ajoute que ses locomotives ne sont pas plus vieilles que celles d'une ligne brésilienne, celle du « train du Caoutchouc * ». « A peine trois millions de kilomètres... » dit-il. En Afrique, cela peut s'appeler un rodage...

La suite du voyage nous plonge dans le romantisme d'Arthur Rimbaud et des pirates égarés de la mer Rouge chers à Henry de Monfreid, avec des villes magiques endormies derrière leurs vieux remparts et réveillées par l'appel de dizaines de mosquées. Celles d'Harrar, cité mystérieuse au climat tempéré par l'altitude, sont magnifiques mais la présence de hyènes le long de la voie biscornue n'est guère rassurante. On est maintenant dans le tortillard de la peur. Un islamiste militant a assassiné un pope orthodoxe (on comptait soixante-quinze mille orthodoxes en 1974) et cinq catholiques. Ailleurs, des villageois ont eu les pieds coupés. Les assassins sont toujours des marchands de khât, cette feuille qui est le grand commerce de la région et pousse sur des arbustes, de Djibouti au Yémen. De nouveaux paradis artificiels, qui coupent la faim, font tomber les dents et provoquent des ulcères. La drogue prend le convoi mais aussi les tomates, les poivrons et les salades, deux fois par semaine. Tout le monde le sait. Mais, comme c'est le lieu le plus chaud de la planète, on espère que les wagons ne dérailleront pas encore une fois, par accident ou représailles. Les rails, justement. Entre Dirédaoua et Chénélé, ils ne pèsent plus que 20 kilos au mètre ; comme il n'y a plus de ballast, ils sont posés à même le sol. Sur 12 km, la pente est de 28 ‰. Résultat : des morts par dizaines à cause de freins hors d'usage ou sabotés, le convoi aux roues bloquées dans des gerbes d'étincelles. Normalement, la vitesse est réduite à 20 km/h. Cela n'a pas empêché un fourgon de queue de sortir des rails. Le conducteur, abruti par la chaleur et le tintamarre de ferraille, ne s'en est aperçu qu'au bout de... 10 km ! Quand le fantôme du « train du Négus » n'est pas attaqué par des maquisards, on se dit qu'on a eu beaucoup de chance...

Nez du Diable (Le)

Amateurs d'émotions incomparables, prenez votre billet pour le rêve ! Entre les rivages de l'océan Pacifique et la Cordillère des Andes où fument les plus hauts volcans du monde, voici, dans un paysage stupéfiant, un petit volcan ambulant, une vénérable locomotive Baldwin de type 140, bientôt centenaire. Les Chemins de fer de la République de l'Equateur, l'un des plus petits Etats d'Amérique latine, vous proposent un extraordinaire dépaysement, unique en son genre tant par la beauté des sites que par l'exploit technique. Seule condition : savourer le plaisir de mettre une heure à parcourir un kilomètre au cours de manœuvres, de rebroussements, zig-zags et autres joies de l'aller-retour pour gravir des obstacles réputés infranchissables jusqu'en 1908. A cette date, des ingénieurs américains et britanniques, pas mécontents de prouver leur savoir-faire, construisent une ligne héroïque ; elle relie Guayaquil et Quito, les deux principales villes du pays. Personne n'y avait cru !

Le pittoresque est garanti si vous prenez ce que les locaux appellent *El Mixto*, « le Train mixte », autrement dit voyageurs-marchandises... mais je n'en ai jamais vu d'autre en Amérique du Sud ! En général, les wagons-plates-formes ou couverts sont en tête, les voitures de voyageurs assis, en bois et façon western, en fin de rame. Précisons que, sur le toit des wagons de marchandises, une population folklorique est agrippée à ce qu'elle peut trouver, certaine de ne pas y rencontrer le contrôleur... Chaque convoi ne dépasse pas trois ou quatre voitures. Le train est tellement mixte que l'on voyage avec des Indiens protégés par leur poncho, mâchonnant une racine magique, réputée un excellent dentifrice même si les dents leur manquent. Poules, cochons et lapins peuvent compléter cette cargaison affolée, bruyante et odorante mais quoi, c'est fantastique !

Le réseau, qui totalise un peu moins de 1 000 km à voie étroite (1,067 mètre), est l'un des plus grands défis jamais relevés par des ingénieurs. Jungle, montagne, climat, tout semblait s'opposer à ce projet dont la réalisation ne commença qu'en 1871, alors que deux pays voisins, le Chili et le Pérou, étaient déjà lancés dans l'aventure ferroviaire. Plus de trois mille ouvriers sont engagés pour ouvrir cette voie reliant le Pacifique à la capitale. Des exemples des exploits accomplis : en 79 km seulement, l'altitude de la ligne grimpe de 298 m à 3 238 m, soit une rampe moyenne de 24,5 ‰ ! Il y a pire lorsqu'une déclivité atteint... 55 % ! Le clou du réseau équatorien est une montagne surnommée « le Nez du Diable », appellation curieuse puisque, *a priori*, l'altitude vous rapproche du Ciel... Certes, c'est une ligne diabolique que j'ai vue franchie par deux machines, une rouge et une noire, conduites par un mécanicien portant un nom improbable mais sympathique, Señor Washington ! Car il faut être un monsieur pour dompter cette vénérable bouilloire roulante aux manettes en laiton cuivré. Bleu de chauffe, chemise rose, foulard rouge (essentiel, le foulard), casquette américaine bleutée et gants d'amiante (tant pis !) jaunes, visage joufflu de garçon jeune et bien nourri, notre homme fait tout avec son assistant. On tisonne, on fait de l'eau près des torrents, on siffle et on dégage une fumée particulièrement noire. A flanc de montagne, le *Mixto* surpasse tous les parcs d'attractions. D'un côté, le vide ; de l'autre, un sommet bizarre, finalement inquiétant, je l'admets... Le trajet est hallucinant ; les manœuvres nous font monter en crabe, en franchissant des « z ». Il faut faire 2 km pour gagner 100 mètres d'altitude ! Des ponts (il y en a trois cent neuf !), haut perchés, enjambent des gorges et des canyons vertigineux. Et puis, on retrouve, comme en Asie, cette extraordinaire patience de voyageurs attendant un train deux ou trois jours dans une petite gare. Je vous recommande celle de Tambo, sur la ligne Sibambe-Cuenca (environ 150 km), à 2 984 mètres au-dessus du Pacifique. Des gens par terre, entourés de ballots qui leur servent de table et de lit, espèrent le train qui va les conduire à 30 km de là.

Achevée en 1908, la voie, réputée pour ses prouesses, exigeait deux jours et une nuit de voyage. Les premières locomotives américaines, des 130 suivies d'une série de 140 (une quarantaine au total), ont circulé régulièrement jusque vers 1995. Aujourd'hui, elles tirent des trains touristiques qu'il faut absolument prendre. Le trafic normal est assuré par des autobus sur rails, les *autoferros*, ou quelques machines françaises diesel, d'un type spécial. A ne pas manquer : le pèlerinage de Yaguachi, chaque année à la mi-août. Cette fête religieuse dure trois jours. Les trains des Ferrocarriles Equatorianos sont pris d'assaut. On se croirait en Inde, à Bombay, les Andes en plus. Même le tender est recouvert de voyageurs ! De Guayaquil à Yaguachi, des dizaines de milliers de personnes implorent la Sainte Vierge dont une statue apparaît entre les volutes de la Baldwin de 1944, briquée et rafistolée. Et, pour faciliter la protection divine, on danse, on boit, on mange. Le premier miracle est qu'il n'y ait pas des centaines de victimes à chaque tour de roue du train de pèlerins...

Night-Ferry

Paris-Londres-Paris, 1936-1980

Avec l'Eurostar, nous n'y pensons plus, tant le tunnel sous la Manche facilite nos échanges entre la Grande-Bretagne et l'Europe continentale. C'est une très vieille idée : les Romains y pensaient déjà et

Napoléon y avait réfléchi. Mais, avant de parvenir à sa réalisation, l'idée d'un transport maritime s'impose. Le premier *ferry-boat*, navire transportant des véhicules et des wagons, est mis en service en Ecosse, en 1850, pour traverser l'estuaire de la Forth alors dépourvu de son fameux pont. En dépit de son nom *Léviathan*, évoquant un monstre marin dont parle la Bible, sa capacité est modeste (417 tonneaux) ; mais il accueille dans ses cales vingt-quatre wagons courts, selon les normes de l'époque. Sa vitesse n'est pas fulgurante : il met plus de deux heures pour franchir les 9 km du « Firth of Forth ». L'expérience suivante se situe en Allemagne, lorsque deux gros bacs franchissent le Rhin avec un train, le *Ruhr* et le *Lillebelt*. L'idée séduit de plus en plus. En 1862, un projet à travers la Manche est sérieusement étudié avec l'appui de la reine Victoria et de l'empereur Napoléon III*. Mais le splendide isolement britannique l'emporte. Michelet écrit que « l'Angleterre est une île » et les parlementaires s'opposent à ce que cesse cette situation...

En 1872, un essai de ferry sur grande distance est effectué au Danemark pour franchir les îles de l'archipel ; cette solution sera plus tard étendue au trafic international avec la circulation du Nord-Express qui faisait rêver Joseph Kessel*. En 1867 puis 1876, le chemin de fer permet une nouvelle approche du dossier de la Manche ; on parle de « faire une percée » puisque des travaux gigantesques, notamment ceux de la famille Brunel*, avaient ouvert des tunnels ferroviaires, dont l'un sous la Tamise. Un début d'exécution est constaté, sans plus... En 1880, un énorme bac américain, le *Solano* (129 m de long), traverse une baie californienne, les flancs bourrés de quarante-huit wagons avec des locomotives puis trente-quatre voitures de voyageurs.

Régulièrement, des discussions se déroulent de part et d'autre de la Manche, notamment lors de l'Entente cordiale. L'affaire ressemble au monstre du Loch Ness... apparaissant et disparaissant sans le moindre progrès. Le 30 juin 1930, après un débat animé, la Chambre des communes rejette même une motion demandant la mise en chantier du fameux tunnel. Parallèlement, des ingénieurs français et britanniques étudient des projets de navires « porte-trains » spécifiques pour franchir le Channel. Des essais ont lieu en 1903 et en 1910. Puis rien. C'est la Grande Guerre qui relance définitivement l'idée d'un *ferry-boat* sur la Manche. Créé par le War Office, ce service fonctionne à partir de janvier 1917 et jusqu'à l'automne 1918. Il est exclusivement militaire puis réservé aux marchandises entre Richborough et Calais. L'avancée technique est incontestable ; elle suit, d'ailleurs, la mise en service d'un énorme ferry, construit en Angleterre, pour la traversée du lac Baïkal sur la ligne du Transsibérien*.

Pendant plus de dix ans, le trafic trans-Manche s'en tient à des trains de plus en plus rapides en correspondance avec des bateaux. Il faut attendre 1932 pour qu'un projet très élaboré sorte enfin des cartons de la Compagnie du Nord, des Southern Railways et l'appui, essentiel, de la Compagnie Internationale des Wagons-Lits. Entre 1934 et 1935, un nouveau matériel est construit car il est évident que les voitures devront être plus petites que celles des trains « terrestres », et on propose que le service soit nocturne. Partir en milieu de soirée et arriver le matin, comme lors d'un voyage classique en franchissant la Manche, répond aux attentes de la clientèle aisée. Par conséquent, il faut aussi construire des navires spéciaux et aménager des bassins fermés dans les ports choisis, Dunkerque et Douvres. Enfin, arrive le grand jour... ou plutôt la grande nuit. Il y a, évidemment, une rame dans chaque sens. Le 11 octobre 1936, tirées par la Pacific Nord 3-1253, un essai technique est fait avec trois voitures Pullman* de Paris à Dunkerque Maritime, la gare choisie en France. Puis, dans la nuit du 12 au 13, deux véritables convois nocturnes sont acheminés (depuis Douvres côté anglais). Les ferries, comme le *Shepperton*, comportent, au pont inférieur, quatre voies et d'impressionnantes chaînes pour aider au maintien des voitures en cas de mauvaise mer. Bien entendu, l'anglomane Paul Morand* est à bord : « Je garde un souvenir ému des nuits dans le ferry-boat de Dunkerque (j'ai pris le premier dans l'hiver 1936) où, après avoir été secoué par la tempête marine, dans un bruit de chaînes, de malles roulées et de valises culbutées, on s'endort délicieusement, pour ne se réveiller qu'au matin, sur une voie de garage, à la voix d'un brave serviteur qui apporte un *tea with brown bread and butter*, couleur du Fleuve Jaune. » C'est un succès, promu par une affiche bleu nuit et lettres abricot : « Bonsoir Paris... Bonjour Londres, Wagons-Lits par Ferry-Boat *via* Dunkerque-Douvres. » L'illustration montre un oreiller avec un visage de femme endormie s'échappant de la cheminée d'un bateau. Un curieux bateau : l'avant est une locomotive et l'arrière un sleeping illuminé ! A noter : les voitures comportent la mention inédite « I et II classes » ainsi qu'au bas de la caisse, parmi les données techniques, une ancre de marine attestant que la voiture peut prendre le bateau. De même, à bord, on trouve une notice d'utilisation des brassières de sauvetage en kapok, quand la sirène émet le signal classique de détresse, six coups courts suivis d'un coup long. Dans ce cas, les voyageurs, devenus des passagers, n'obéissent plus au chef de train mais au commandant et à l'équipage ; ils doivent monter au pont supérieur avant de revêtir leurs gilets. Chaque voiture comporte neuf cabines à un lit (première classe) ou deux (deuxième classe) avec, à hauteur de la tête, une ridelle amovible pour empêcher le voyageur de tomber... si la mer est grosse. Une voiture-restaurant circule sur chaque territoire (Paris-Nord-Dunkerque-Paris pour le dîner de l'aller et le petit déjeuner du retour, l'inverse de Londres-Victoria à Douvres puis Londres). Le temps de parcours total est de onze heures vingt de Paris à Londres et de onze heures de Londres à Paris, quand la mer le veut bien ! L'opération d'arrimage, souvent un spectacle dans les deux ports, est longue et sonore : il faut, par voiture, trente minutes pour monter seize chaînes à manilles et quatre vérins... La différence de niveau entre le bateau et les quais doit être inférieure à 2 mètres. Le train, divisé en quatre parties, entre dans le ferry et en sort grâce à une passerelle de 54 mètres de long.

Ce type de voitures spéciales, exclusivement destinées à ce service, doit respecter à la fois les normes continentales et britanniques, notamment pour le gabarit réduit et les freins à double système, disposer de points d'ancrage et de fixations et, enfin, être totalement incombustible, le feu étant le péril le plus redouté en navigation. Les sleeping-cars mesurent seulement 19,2 mètres. Des fourgons (il y en aura plus de mille !) permettent un important trafic de marchandises. Ce sera le seul train jamais admis, techniquement, à rouler aussi bien au Royaume-Uni qu'en Europe. Une curiosité : le train ne circule pas la nuit de Noël... De même que pour celles qui tirent la Flèche d'or*, les locomotives sont parées, à l'avant, d'un disque frappé des mentions « Ferry de Nuit Paris-Londres » et « Night-Ferry London-Paris » avec, dans cette version, un romantique croissant de lune.

Si la Première Guerre mondiale avait anticipé cette formule, la Deuxième la paralyse après trois ans de succès. Le 4 septembre 1939, le ferry *Twickenham* rapatrie des voitures presque vides et le service est suspendu en mai 1940. Les douze voitures d'origine sont saisies par les autorités allemandes, incorporées et maquillées dans le parc de la Mitropa, concurrente germanique de la Compagnie des Wagons-Lits. Si ce matériel n'est pas détruit, c'est sans doute parce que, étant le seul capable de rouler sur le continent et outre-Manche, il est gardé en réserve pour le voyage triomphal que Hitler envisage lorsque son invasion de la Grande-Bretagne aura réussi... En effet, le dictateur, qui se méfie de l'avion et du bateau, ne pourrait pas utiliser son train blindé appelé *Erika*. Basées à Berlin, ces voitures constituent donc un autre train spécial du Führer, en attente pour une seule destination : Londres, après la victoire du IIIe Reich...

Certaines sont transformées en restaurants de capacité réduite (trente couverts seulement), d'autres circulent de Berlin à Prague. Bombardées en 1943, quelques voitures sont très endommagées. De même que Hitler n'a jamais pris Leningrad, il n'a jamais fait capituler Londres : la majorité des voitures sont récupérées en

1945 et les commandes de 1939 enfin livrées. On en compte une vingtaine, vérifiées et remise en état. Le parc – lui aussi a beaucoup souffert – est dispersé. On voit des voitures avec l'ancre de marine sur le Train Bleu*, sur le Berlin-Brest-Litovsk, en Allemagne de l'Est. Leur caisse réduite est facilement reconnaissable mais les temps sont difficiles.

1947. Le service reprend, sous le signe des restrictions : le matériel manque, il n'y a pas de voiture-restaurant (une collation est prévue dans les cabines) jusqu'en 1949 et, faute d'un charbon de qualité, le temps de parcours total monte à douze heures. Ces difficultés n'empêchent pas S.A.R. la princesse Elizabeth d'Angleterre et son époux, le duc d'Edimbourg, de choisir le *Night-Ferry* pour venir en France dans la nuit du 13 au 14 mai 1948, leur premier voyage dans ce pays après leur mariage le 20 novembre précédent. Depuis Dunkerque, la rame diffère du train habituel. La voiture-lit n° 3803, commandée en 1937, n'a été livrée que le 6 décembre 1945 ; elle est accrochée à une voiture-salon du PLM et à deux fourgons. Le convoi, tiré par la Pacific 231 E 36 pavoisée de six drapeaux des deux pays, arrive à la gare du Nord, voie 19, à 9 h 21. Pendant la nuit, la navigation dans la Manche a été très surveillée sur l'itinéraire emprunté par la princesse héritière. Ce déplacement de la fille du roi George VI contribue à la notoriété de cet exploit technique. D'une manière générale, pendant son exploitation combinée terre-mer, le voyage a connu quelques forts coups de vent et les ports gelés en janvier et février 1954 puis pendant l'hiver 1962-1963. Les manœuvres à Douvres étaient délicates, à cause des falaises tombant à pic. Deux relations supplémentaires sont organisées, l'une avec

Bruxelles *via* Zeebrugge le 2 juin 1957 et l'autre avec Bâle, par une seule voiture. En raison de la longueur du voyage (plus de seize heures aller, près de dix-sept heures trente au retour...) lors des hivers 1967-1968 et 1968-1969, cette branche suisse est un échec complet. C'est l'époque de l'apogée du *NF*, comme on dit. L'avion fait sentir sa concurrence puis, sur la Manche et la mer du Nord, les aéroglisseurs.

En conséquence, la rentabilité du système est mise en question. Quelques dizaines de voyageurs dans chaque sens rapportent moins que des wagons de marchandises ; ces calculs achèvent de condamner le *NF*. Les deux rames, amputées de leur luxe intime, exceptionnel dans des dimensions réduites, font leur ultime voyage Paris-Londres-Londres-Paris dans la nuit du 31 octobre au 1er novembre 1980. Pour la dernière fois, les deux rames se croisèrent dans la nuit. C'était, décidément, une triste époque pour les trains élégants. L'une de ces rarissimes voitures est conservée au splendide musée d'York. C'est la nº 3792 au destin mouvementé : bombardée à Berlin le 23 novembre 1943, réformée, récupérée en 1945, reconstruite en 1948, elle témoigne d'une solution qui, pendant quarante-quatre ans, a relié deux mondes avec des bateaux qu'on nommait, les derniers temps, *Falaise* ou *Saint-Eloi*. L'une des affiches françaises, celle de 1947, reste très originale. Son subtil graphisme insiste sur le sommeil des voyageurs. Le dessin du train ressemble à une flèche. Il perce un cœur formé de deux visages, toujours féminins ; l'un a un œil fermé avec Big Ben et le pont de Londres, l'autre un œil ouvert avec la tour Eiffel et l'arc de Triomphe. L'intersection des deux visages englobe le bateau.

Bonsoir Paris, Bonsoir Londres, Bonjour Eurostar...

Nobel, Alfred

1833-1896

Si les prix Nobel sont plus connus que leur fondateur, c'est une profonde injustice car ce Suédois était génial. Combinant un remarquable esprit inventif et un sens des affaires très en avance sur son temps, il s'investit dans d'innombrables domaines. Parmi toutes ses inventions, c'est celle de la dynamite qui le lie au chemin de fer et justifie sa présence ici. Le brevet de la dynamite, qu'il a mise au point, est déposé dans plusieurs pays en 1867 (Suède, Angleterre, Etats-Unis, France, notamment). Or, l'emploi de la dynamite est essentiel dans les travaux ferroviaires alors en plein essor dans les régions montagneuses. L'exemple le plus notoire est la construction du tunnel de la ligne du Saint-Gothard, reliant le nord et le centre de la Suisse au Tessin et à l'Italie. Ce

formidable ouvrage d'art est commencé en 1870 et inauguré en 1882. Le tunnel ferroviaire de 14, 9 km, au tracé original, est, pour l'époque, un exploit sous un massif dépassant les 3 000 mètres d'altitude. On prétend qu'Alfred Nobel n'était pas vaniteux. Toutefois, il s'avoua un peu vexé de ne pas avoir été invité lors de la grandiose cérémonie qui ouvrit la ligne Bâle-Milan. Il aurait pu se consoler de cette ingratitude en se souvenant que son contemporain, l'architecte français Charles Garnier, ne fut pas davantage invité à l'inauguration de son Opéra, à Paris en 1875...

« J’étais très heureux insouciant
Je croyais jouer aux brigands.
Nous avions volé le trésor de Golconde
Et nous allions, grâce au Transsibérien,
Le cacher de l’autre côté du monde. »

Blaise Cendrars, *La Prose du Transsibérien*.

122 (One Two Two)

Non, ce n'est pas un type de machine ou un numéro de locomotive mais une adresse parisienne, proche de la gare Saint-Lazare, une agence de plaisirs qui assurait des voyages très spéciaux... De 1930 à 1946, le One Two Two (122, rue de Provence) fut le plus célèbre et le plus élégant bordel de France. Son luxe surpassait celui de ses concurrents. Le patron, autrefois petit souteneur, avait fait de cette modeste maison close du quartier des grands magasins, des banques et des compagnies d'assurances, une légende où une certaine bonne société venait déjeuner ou dîner dans une vaste salle à manger. Car les grandes « maisons » n'étaient pas seulement réputées pour la galanterie tarifée de filles superbes. L'astuce du propriétaire, Marcel Jamet, est d'avoir ouvert un restaurant de luxe à l'intérieur de son établissement, à l'enseigne du Bœuf à la Ficelle. Sous un lustre de cristal, une table en fer à cheval était décorée de flambeaux, d'argenterie et de porcelaine fine. Le menu était invariable : caviar, bœuf à la ficelle et omelette norvégienne, le tout arrosé des grands crus de champagne. Comme cette gastronomie coûtait très cher, celle qui était devenue « Madame », Fabienne Jamet, et régnait sur un cheptel de soixante-cinq filles, avait fait des économies sur leur tenue pour le service. C'était sobre : une fleur dans les cheveux, un petit tablier blanc brodé, des bas noirs tenus par un porte-jarretelles, de fines chaussures à talons aiguilles. Une charmante mise en train... pour, éventuellement, passer à un autre genre de consommation dans les étages.

Pour ce qui nous occupe, le One Two Two proposait des chambres correspondant à tous les fantasmes, de l'igloo à la case africaine. L'une des plus demandées était le compartiment de wagon-lit, avec sonorisation et ambiance garantie. Le scénario pouvait varier (sur demande) mais une version était très appréciée : une voyageuse (pensionnaire de la maison, évidemment), ravissante et peu farouche (puisque le client avait déjà payé son « voyage »), disait avoir perdu son billet. A l'arrivée d'un contrôleur, la dame, affolée, se jetait dans les bras du client. Elle le remerciait comme il l'attendait tandis que le sifflet d'une machine invisible ponctuait les ébats. On savait qu'elle ne tirerait pas le signal d'alarme ! Fabienne Jamet assurait que le sleeping était très souvent loué car « il permettait à beaucoup d'hommes de s'épanouir » ! On peut la croire car cette jolie femme, qui savait compter, avait débuté dans le métier à l'âge de dix-sept ans... De Colette* à Michel Simon, les amateurs d'érotisme, en particulier ferroviaire, raffolaient de ce train du plaisir, dont les places étaient retenues régulièrement. Et il fut aussi beaucoup visité, par simple curiosité. On y vit, pour admirer le luxe de la reconstitution, Edith Piaf, Tino Rossi (refusant de chanter !), Maurice Chevalier (refusant de donner un pourboire), et Sacha Guitry lancer cet ordre : « Mesdames, ne bougez surtout pas ! » Alphonse Allais l'avait déjà remarqué : « Les trépidations excitantes des trains nous glissent des désirs jusqu'à la moelle des reins. » Le train du One Two Two s'est arrêté en 1946, lors de la fermeture des maisons closes. Le lendemain, un habitué, l'auteur dramatique Yves Mirande, passa, ému, devant le 122, rue de Provence, maison close... fermée, ce qui est un pléonasme. Et il écrivit à Fabienne Jamet : « Tous ces volets ouverts, quelle tristesse ! »

Orient-Express (I)

Le premier voyage, 1883

Le train des rois et le roi des trains, c'est lui. Il est le premier train international. Sa mythologie est exceptionnelle, son pouvoir d'évocation romanesque aussi. Seul à relier, dans les années 1930, trois continents, il est aussi le seul à être devenu une famille nombreuse de trains, un véritable réseau européen, dans le luxe ou la misère, dans la paix comme dans la guerre, ce qui explique les fabuleuses légendes qui l'entourent, certaines fausses, d'autres avérées. Il ne cesse de susciter des fantasmes. Enfin, il est le seul de son espèce qui roule encore, sous des formes diverses, plus de cent vingt ans après son premier voyage...

Son épopée officielle commence à une date qui ne figure dans aucun livre d'histoire, le jeudi 4 octobre 1883. Le lieu : Paris, gare de l'Est*, alors nommée gare de Strasbourg en raison de l'occupation de l'Alsace-Lorraine par l'Allemagne impériale. L'heure : un peu avant 7 h 30 du soir.

Sur un quai, un attroupement inhabituel rassemble des messieurs en redingote et haut-de-forme, des uniformes, des bagagistes affairés. Ces Ulysse du rail sont élégants avec leurs macfarlanes et leurs gros sacs de cuir dans le style de celui de Sherlock Holmes. L'attraction est un convoi tout neuf, deux voitures-lits qui encadrent une voiture-restaurant complétés par deux fourgons, l'un derrière la locomotive Crampton, l'autre en queue. C'est le « Train Express d'Orient », son appellation officielle de l'époque. On admire ce matériel inconnu qui démode, le long de l'autre quai, un omnibus de la Compagnie de l'Est aux modestes voitures vertes.

Un homme est particulièrement entouré, Georges Nagelmackers*, sujet belge appartenant à une dynastie de banquiers, qui, depuis une quinzaine d'années, s'est mis en tête de voyager confortablement. Et loin... Il est un personnage digne de Jules Verne et son pari ressemble à celui de Philéas Fogg dans *Le Tour du monde en quatre-vingts jours* qui a enthousiasmé d'innombrables lecteurs dix ans plus tôt. En effet, ce pionnier du rail a réussi à obtenir l'autorisation de faire circuler, pour la première fois, des voitures privées, qu'il a construites, de Paris à destination du Bosphore. Après un voyage d'essai jusqu'à Vienne au cours de l'été, voici le grand soir. Le pari est audacieux : aller à Constantinople et en revenir en quinze jours. Mais c'est également très risqué car le parcours, plus de 2 500 km, traverse des pays fort différents et, à partir de Budapest, les contrées ne sont pas sûres, ni politiquement ni militairement. Pour cette raison, il n'y aura aucune femme à bord de ce périple historique. Seulement vingt-quatre messieurs dont trois témoins précieux par leur talent, Georges Boyer, envoyé spécial du *Figaro*, Opper de Blowitz, qui représente le *Times*, et l'écrivain Edmond About. Fondateur de la Compagnie Internationale des Wagons-Lits, Georges Nagelmackers a prié ses invités, ministre et hauts fonctionnaires compris, de glisser un revolver dans leurs bagages. La traversée des Balkans est une aventure comparable aux voyages dans le Far-West. A défaut d'Indiens, des bandits de toutes sortes peuvent attaquer ce train qui ne ressemble à aucun autre. Un médecin de la compagnie, le docteur Harzé, est du voyage.

Ce qui frappe est le luxe et la beauté. La voiture-restaurant est somptueuse, un écrin de tapisseries et de cuir repoussé de Cordoue. Sur les tables, brillent les cristaux des carafes où a été décanté un vieux bordeaux ; la blancheur des nappes met en valeur l'argenterie finement ciselée. Et des bouchons de champagne émergent des seaux gravés. On se croirait dans un salon particulier du Café Anglais. Dans la cuisine, le chef, un Bourguignon barbu, est aux fourneaux. Les deux voitures-lits ne sont pas moins surprenantes. Les lits, deux par cabine, sont confortables et des détails prouvent l'attention réservée aux voyageurs, comme le bouton cuivré qui permet d'appeler le conducteur. Des lavabos en aluminium permettent un minimum de toilette. La porte damassée est munie de volets d'aération. En découvrant ce qui

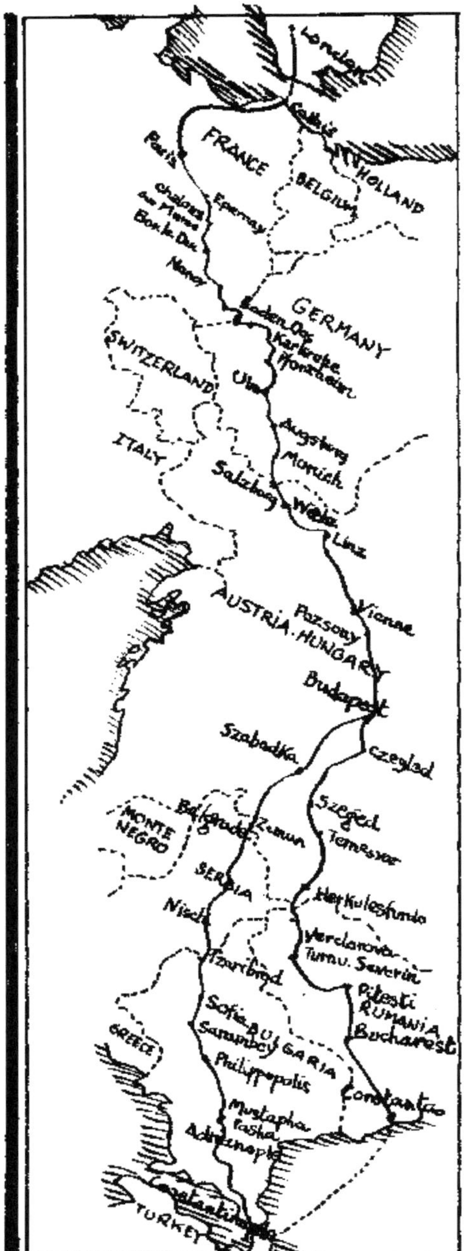
London
Calais
FRANCE
Paris
BELGIUM
HOLLAND
Chalons sur Marne
Epernay
Bar le Duc
Nancy
GERMANY
Baden Oos
Karlsruhe
Pforzheim
SWITZERLAND
Ulm
Augsburg
Munich
ITALY
Salzburg
Wels
Linz
Vienna
Pozsony
AUSTRIA-HUNGARY
Budapest
Szabadka
Czeglad
Belgrade
Zimun
Szeged
Temesvar
MONTE NEGRO
SERBIA
Nisch
Herkulesfurdo
Verclorova
Turnu. Severin
Tzaribrod
Pitesti
RUMANIA
Sofia
BULGARIA
Sarambey
Bucharest
GREECE
Philippopolis
Constantza
Mustapha Pasha
Adrianople
Constantinople
TURKEY

allait être leur domicile pendant plusieurs jours et plusieurs nuits, les journalistes ont le sentiment de se trouver « exactement dans une garçonnière décrite dans un roman de Maupassant ». C'est un art nouveau que symbolise le Train Express d'Orient, l'art du voyage en train. Un rêve...

Il part à l'heure, laissant une foule perplexe et admirative. Une formidable aventure commence. A 70 km/h de moyenne, la rame va franchir des frontières – la première est l'allemande, à Metz – et une vingtaine de machines, appartenant aux Etats traversés, ont la mission de relier la Seine à la Corne d'or. Les haltes principales ? Munich, Vienne, Budapest, Bucarest constituent un exploit. En effet, si les trains américains de M. Pullman* parcourent les Etats-Unis, ils restent dans un même pays. L'Orient-Express (on l'appellera vite ainsi) va unir plusieurs pays d'Europe, ce qui est sans précédent.

L'ambiance est féerique et joyeuse grâce au génie de la France, la cuisine. Le menu servi réjouit les convives : potage tapioca, olives et beurre, bar sauce hollandaise, pommes au naturel, gigot de mouton à la bretonne, poulet du Mans au cresson, épinards au sucre, fromage, tarte aux fruits. Bon appétit, Messieurs ! M. Nagelmackers veut que les estomacs voyagent autant que les esprits. Ainsi, dans les principales gares, on se ravitaillera en produits frais. Et les vins seront à l'unisson : après les inévitables bordeaux et bourgogne, des crus de Moselle, du Rhin et du tokay hongrois seront proposés.

Au premier matin, le reporter britannique fait remarquer que, grâce à la suspension, il a pu se raser sans se couper ; ses monumentales moustaches sont intactes ! De ce premier voyage, il faut retenir, quatre jours plus tard, l'arrêt dans la petite gare de Sinaia, en Roumanie, blottie sur les contreforts des Carpates. Sous une pluie battante, des valets en livrée et des cochers attendent les visiteurs pour les conduire au château de Peles, à peine achevé dans le style de la Renaissance germanique. Là, ils sont reçus par Leurs Majestés le roi Carol Ier de Roumanie – un Hohenzollern – et son épouse, la reine Elisabeth. Celle-ci, poétesse sous le pseudonyme de Carmen Sylva, récite, en français, un – long – compliment à ces passagers venus de si loin. Ils l'écoutent respectueusement debout mais c'est vraiment long ! Voici le début d'une tradition mondaine : très vite, les monarques européens et quelques personnalités se disputeront l'honneur de saluer l'arrivée de ce train et certains engageront des batailles diplomatiques pour qu'il passe sur leurs terres. Le prince Bibesco* répétera, fièrement et en exagérant :

« L'Orient-Express met quatre heures à me traverser ! »

La vérité oblige à souligner que ce premier train s'arrête dans un petit port roumain sur le Danube, Giurgevo. Surprise : les voyageurs descendent avec leurs bagages. Pourquoi ? Parce que c'est ici que les contrats signés par Georges Nagelmackers prennent fin. Nos pèlerins, tout de même déçus, prennent un bac et gagnent Varna, sur la mer Noire, à bord d'un épouvantable tortillard asthmatique. Les cahots font trembler ce train d'un autre temps. Quel changement ! Le mauvais état de la voie, unique, est l'une des raisons qui ont incité Georges Nagelmackers à ne pas risquer ses belles voitures sur des rails mal entretenus. Et c'est une façon de faire encore mieux apprécier son invention...

Il faut encore compter avec une interminable soirée et une nuit de mer – très agitée – à bord d'un vapeur du Lloyd autrichien. Quinze heures de roulis et de tangage. Enfin, à l'aube, comme si un gigantesque rideau de théâtre venait de se lever, les minarets de la Mosquée bleue et de Sainte-Sophie, les palais de marbre de Beylerbey et de Dholmabaçé, et la vieille Stamboul, mystérieuse derrière les murs écroulés de l'ancienne Byzance, s'inscrivent dans un ciel doré. Constantinople ! Tout le monde descend ! Partis de Paris il y a quatre-vingt-une heures et trente minutes, nos voyageurs sont verts, malades mais stupéfaits d'être allés aussi loin. A leur retour, dans le délai prévu, sous le titre à la une « L'Orient à toute vapeur », *Le Figaro* relate l'aventure dans le numéro du samedi 30 octobre 1883. Son journaliste commence ainsi : « Jusqu'à présent, quand on avait une douzaine de jours de liberté et le goût des excursions, on partait pour la forêt de Fontainebleau, ou pour quelque port, pas trop éloigné, de la Manche. Aujourd'hui, on va à Constantinople, comme je viens de le faire... »

Il conclut : « Tout ce que nous avons pu rêver est dépassé par la splendeur du spectacle. Ceux qui veulent le ressentir n'ont qu'à faire le voyage comme moi : grâce à l'Orient-Express ! » Et, d'une manière concomitante, *Le Siècle* publie deux parutions également élogieuses, signées du romancier Edmond About. Titre à la une : « De Pontoise à Stamboul ». Le futur académicien français, auteur de *L'Homme à l'oreille cassée*, écrit : « L'aventure que je vais vous conter par le menu ressemble au rêve d'un homme éveillé. » Si l'entreprenant Nagelmackers a gagné son pari, il travaille déjà à améliorer son projet. Il faut, d'urgence, éliminer le cauchemar de la fin du parcours. Cela lui prend six années. A partir de 1886, une première ramification est ouverte au sud de Budapest vers Belgrade. Ensuite, à travers la Serbie, une autre gagne la Bulgarie et Sofia. Ce n'est que le 1er juin 1889, par l'achèvement d'un dernier tronçon, que la liaison ferrée Paris-Constantinople existe réellement. L'Orient-Express suit alors la ligne ininterrompue la plus longue du continent : 3 186 km, sans rupture de charge, c'est-à-dire ni changement ni correspondance. La durée du trajet est réduite à soixante-sept heures trente-cinq. En reliant le plus grand nombre de capitales, l'Orient-Express, avec ses enfants légi-

times, le Simplon-Orient-Express* et l'Arlberg-Orient-Express, va pouvoir jouer un rôle unique : il sera *le* train de l'Europe.

Orient-Express (II)

De l'été 1914 à 1916

28 juillet 1914. La déclaration de guerre de l'Autriche-Hongrie à la Serbie, un mois après l'attentat de Sarajevo, est le paroxysme des tensions, antagonismes et conflits dans les Balkans. Depuis une quinzaine d'années, les nationalismes s'affrontent dans cette poudrière que traverse l'Orient-Express. Il devait être le train de l'Europe en paix ; il devient celui de l'Europe déchirée. Au début de l'été, le climat politico-diplomatique affectant la circulation des rames n'a cessé de se détériorer. Cet express déjà légendaire est le baromètre et le thermomètre d'une machinerie infernale au bord de l'explosion. *L'Echo de Bulgarie*, journal quotidien publié en français à Sofia, rapporte, dans son édition du samedi 20 juin – donc huit jours avant Sarajevo –, une affaire révélatrice. Sous le titre « Une audace inconcevable » à la une, l'éditorial fustige l'attitude serbe contre la Bulgarie en la personne de son monarque : « Sa Majesté le roi Ferdinand rentrait en Bulgarie et traversait la Serbie dans l'Orient-Express. Le conducteur serbe du train, ayant appris la présence du souverain, pénétra dans la voiture royale afin, disait-il, de s'assurer de l'identité du Roi et poussa l'audace jusqu'à faire arrêter le train entre les gares de Pirot et de Soukhovo

pour mieux satisfaire sa curiosité. Le train ne repartit que lorsque cet extraordinaire employé eut été rappelé à son devoir par les personnages de l'entourage du Roi. Le président du Conseil des ministres, avisé de l'incident, a porté ce fait à la connaissance de l'ambassadeur de Serbie à Sofia qui lui a aussitôt exprimé ses plus vifs regrets. On nous assure que cet employé, extrêmement distingué, a choisi, comme sport préféré, le délicat plaisir de molester les Bulgares forcés de traverser la Serbie. Si cela se passait dans l'administration bulgare, on entendrait un beau tapage dans la Presse européenne ! Comme c'est un Serbe, parions qu'on n'en dira rien ! » L'éditorialiste se trompe : toute l'Europe ferroviaire et des chancelleries est informée de l'incident, que l'on peut résumer en ces termes : qui a osé demander au roi Ferdinand de Bulgarie* (souvent appelé tsar des Bulgares) de prouver son identité alors que, dans un souci de relatif incognito, sa suite avait acquitté les billets de première classe et les suppléments wagons-lits ? Sa Majesté ne souhaitait pas être dérangée et on l'a odieusement importunée... Une enquête, multiple, conclut à un très regrettable excès de zèle d'un conducteur ; le chef de train complice a été mis à la retraite d'office. En revanche, Belgrade refuse de présenter ses excuses à Sofia pour des insultes proférées contre le souverain pendant le trajet puisque sa présence était ignorée et qu'il voyageait incognito... Le train est devenu de l'étoupe, prête à enflammer les pays de son itinéraire. Seule manquait l'allumette, Sarajevo...

Ce même 28 juillet 1914, une note de Paris annonce, en termes laconiques : « Par suite de la crise politique actuelle, nous avons dû limiter l'Orient-

Express et l'Ostende-Vienne-Express au trajet Vienne-Budapest. » Ce n'est qu'une crise, personne ne veut croire à une guerre... Comme en 1870 !

Mais c'en est une, qui dure et qui est mondiale. Le 16 janvier 1916, l'Orient-Express disparaît des documents administratifs et techniques en Europe centrale. Il est remplacé par un faux train avec du vrai matériel des Wagons-Lits, sous le nom *Balkan Zug*. Il circule sur la ligne Berlin-Sofia avec des voitures réquisitionnées et placées sous séquestre en Allemagne, repeintes sous la dénomination Mittel Europaïsche Schlafwagengesellschaft, en abrégé la Mitropa. Au total, soixante-quatre voitures-restaurants et trente-cinq voitures-lits sont maquillées et détournées de leur propriétaire légitime. Pour la première fois, l'Orient-Express est une victime de guerre : il est supplanté par une contrefaçon...

Orsay

Gare, de 1900 à 1971, puis musée, depuis 1986

Ne parlons pas politique mais art et chemin de fer, c'est beaucoup plus sérieux. C'est au président Valéry Giscard d'Estaing que nous devons le sauvetage du superbe monument qu'est la gare d'Orsay et sa transformation en un des grands musées du monde. Comme on le sait, il est consacré aux œuvres du XIXe siècle, plus précisément de 1848 à 1914, c'est-à-dire, pour ce qui nous concerne, le premier âge ferroviaire, de la naissance à l'épanouissement. Soyons justes : dès 1973, le président Pompidou étudiait cette idée de sauvetage ; il fit inscrire la gare (fermée au trafic des voyageurs depuis 1939) et l'hôtel à l'Inventaire supplémentaire des Monuments historiques. En 1978, à la demande de Valéry Giscard d'Estaing, l'ensemble est classé et donc préservé. La destruction des Halles de Baltard avait fait trop de mal à Paris et aux Parisiens, il était urgent d'arrêter le massacre. Or, le XIXe siècle n'avait pas de musée spécifique. La nouvelle affectation et les travaux sont décidés et on sait que le président Mitterrand inaugura le musée d'Orsay le 1er décembre 1986 non sans avoir invité VGE et le Premier ministre Jacques Chirac. Remarquons que, pour la deuxième fois, après le TGV* et quelques mésaventures dans des trains présidentiels*, François Mitterrand étrenne un projet élaboré par son prédécesseur... Les deux chefs d'Etat avaient en commun, au minimum, le respect de l'aventure ferroviaire.

Non seulement l'art méritait un écrin en cohérence avec la période couverte, mais la gare d'Orsay devait être gardée et protégée comme un somptueux témoignage d'un tournant de siècle, ainsi que l'on avait conservé ses contemporains, le Grand et le Petit-Palais. Elle fut la septième, la dernière et la plus centrale des gares parisiennes. Comme celle de Paris-Lyon, ce bâtiment fut élevé en prévision d'une Exposition universelle, celle de 1900. Son promoteur, la Compagnie du Paris-Orléans, exploitait déjà la gare de Paris-Austerlitz, alors dans un quartier très excentré et qui ne correspondait pas à ce que les visiteurs pouvaient attendre de Paris. La compagnie souhaitait donc disposer d'une seconde gare, en somme moins populaire, élégante comme les hôtels particuliers du VIIe arrondissement, encore très aristocratique avant 1900. Une gare qui ne s'abaisserait pas à recevoir le trafic des marchandises et permettrait aux hôtes de la France d'arriver sur les bords de la Seine. En résumé, pour la compagnie, il s'agissait d'un prolongement mondain, admirablement situé au cœur de la capitale, en partie à l'emplacement des ruines de la Cour des comptes incendiée par la Commune, lors de la Semaine sanglante, le 24 mai 1871.

Trois architectes sont mis en compétition en 1897. En avril 1898, Victor Laloux, déjà concepteur de la gare de Tours, remporte le concours. Cet ancien élève des Beaux-Arts veut un édifice en pierre, seule digne, selon lui, de faire face au Louvre et au défunt palais des Tuileries.

L'originalité de son plan est que la gare surplombe les voies, comme les stations du Métropolitain, alors en construction. Cette disposition engendre une autre curiosité car une quinzaine de voies sont alignées en sous-sol et la liaison avec Austerlitz (3,350 km) est presque entièrement souterraine. Aussi, la traction à vapeur étant impossible à cause des difficultés d'évacuation, elle sera électrique, une première en France et à Paris. La gare d'Orsay est la seule qui n'ait jamais été perpétuellement noyée de volutes de fumée, la seule ignorée – ou épargnée – par la vapeur. Une gare « propre », dirions-nous. On y entend de nouveaux sons, les mouvements des convois sont calmes, sans cris. Nulle précipitation, aucune agitation. En effet, les trains rouleront, dès mai 1900, grâce à un nouveau type de locomotives du Paris-Orléans, petites et spécialement conçues. Certaines recevront le courant de 650 volts soit par un troisième rail (comme le métro), soit par fil conducteur aérien. Ces huit machines (E1 à E8), vert olive, dont le principe est, semble-t-il, apparu en 1890 sur la Compagnie américaine du Baltimore & Ohio, ont une forme inédite ; la cabine, unique, est au centre et deux longs capots inclinés abritent l'appareillage électrique. Elles sont livrées entre 1900 et 1904. Les Parisiens, friands de surnoms, jugent que ces locomotives ressemblent à un ustensile, très répandu, dans les cuisines de l'époque, la boîte à sel. Va pour les « boîtes à sel » ! Ces engins connaîtront une longévité inattendue, bien après la fermeture de la gare. Ne dépassant pas le 70 km/h, transformées et adaptées au courant continu en 1 500 volts, elles seront très utiles pour les manœuvres en région parisienne jusque dans les années 1960. Et une nouvelle génération ayant la même silhouette sera très utilisée en Allemagne et en Suisse.

Cette originalité technique, pionnière de l'électricité, en autorise une autre pour la gare elle-même. Son architecture ne sera pas uniquement fonctionnelle, puisque sa verrière n'aura pas pour but d'absorber les fumées, mais d'une élégance et d'un style luxueux inédits. On prévoit l'inverse d'un lieu de passage ; ce sera une immense salle confortable, une sorte d'annexe ferroviaire hôtelière. « Laloux mit tout le poids de sa culture académique et romaine dans la grande halle des machines qui prend l'aspect d'une basilique ou d'une grande ville thermale », écrit Marie-Laure Crosnier Leconte (*La Naissance des gares*, Hachette/Réunion des Musées Nationaux, 1990). Mais nous sommes bien dans une gare avec une splendide horloge – heureusement conservée – de 4,50 mètres de diamètre et deux autres à l'extérieur, côté Seine. De même, selon l'usage du moment vérifié sur presque toutes les gares, les principales villes desservies par le PO sont présentes sous la forme de statues de trois femmes, figurant Bordeaux, Toulouse et Nantes. Cette dernière, due au ciseau de Jean-Antoine Injalbert, a les traits de l'épouse de l'architecte Laloux... Le modernisme de l'architecture, le mélange du métal et de la maçonnerie ont beaucoup de succès, dès l'ouverture au trafic le 14 juillet 1900. « Cette halle frappa d'enthousiasme les Américains, qui firent de la gare d'Orsay le modèle des gares terminus de leurs grandes villes, notamment Pennsylvania et Grand Central Station à New York, et Union Station à Washington » (*ibid.*). Entre 1903 et 1913, plusieurs nouvelles gares chercheront à prendre exemple sur celle d'Orsay. Cette influence est telle qu'on parlera aux Etats-Unis d'un *Beaux-Arts Style* reconnaissable dans certains immeubles de l'époque.

L'énorme chantier de la gare d'Orsay fut conduit en un temps record, à peine deux ans. On y veilla à l'installation de plusieurs ascenseurs ; des plans inclinés et des monte-charges ont été prévus pour aider les voyageurs et les porteurs de bagages. Enfin, Victor Laloux intégra la gare dans un immense hôtel (cinq cent soixante-dix chambres sur cinq étages). L'esthétique en sera variée, toujours avec le symbole d'une Troisième République ne reniant pas les ors du passé monarchique. Mais s'agit-il bien d'une gare ? N'est-ce pas un trop beau monument pour le chemin de fer ? Le peintre Edouard Detaille se pose la question dans son journal dès le 22 mai 1900 : « On me ramène à midi au quai d'Orsay. La gare est superbe et a l'air d'un palais des Beaux-Arts, le palais des Beaux-Arts ressemblant à une gare, je propose à Laloux de faire l'échange s'il en est temps encore. » Une boutade singulièrement prémonitoire !

En 1910, la crue de la Seine et les inondations catastrophiques valent à la gare le surnom, heureusement provisoire, d'« Ys », par référence à la cité bretonne légendaire au large de Douarnenez, qui, selon une tradition, aurait été submergée vers le ve siècle. En effet, les quais et les voies disparaissaient sous l'eau...
« Mais, paradoxalement, la gare la plus moderne de Paris sera celle qui aura la plus brève carrière ferroviaire », soulignent Jean Dethier et Paul Delacroix (*Gares d'Europe*, Denoël, 1988). Elle est sans doute la première victime ferroviaire du Métropolitain, inauguré lui aussi lors de l'Exposition de 1900. Un succès et un triomphe dans les années 1920. Ensuite, l'admirable monument a un défaut lié au développement des chemins de fer après 1900 : les trains sont de plus en plus longs, de plus en plus nombreux, et il est exclu de rallonger les quais ou

de multiplier les voies... Avant la Deuxième Guerre mondiale, le trafic voyageurs est transféré à Austerlitz. Le trafic de banlieue – imprévu en 1900 – continue, insolite ; il sera amplifié, en 1979, par les stations du RER.

En 1945, ce palais vide accueille des gens revenus d'un voyage désespéré ; ce sont les prisonniers de guerre rapatriés d'Allemagne. Que faire de cette gare disproportionnée pour un trafic symbolique ? En attendant de le savoir, on peut penser que si elle n'avait pas été située dans un endroit aussi prestigieux, aussi visible et assurant l'harmonie dans cette partie de la rive gauche, elle aurait été rasée. L'hôtel connaît un sursaut de notoriété. En mai 1958, de Gaulle, l'homme de Colombey, revient à Paris pour assumer les pleins pouvoirs face à une très grave crise. C'est dans la salle des Fêtes que le général annonce la fin de sa retraite politique. Un temps, la gare fantôme sert, ô honte, de garage pour des automobiles. Abandonné, le vaisseau de pierre est le décor idéal d'un univers de cauchemar : en 1962, Orson Welles y tourne l'adaptation cinématographique du livre de Franz Kafka, *Le Procès*. Divers projets de transformations s'accumulent, tous étudiés par la SNCF en fonction de la rentabilité, qui s'annonce juteuse. Le moins grave est celui d'un hôtel encore plus grand que le précédent (jusqu'à huit cent soixante-dix chambres). On envisage aussi un palais des Sports avec piscine. La compagnie des commissaires-priseurs de la salle Drouot y tient le marteau et celle des comédiens Jean-Louis Barrault et Madeleine Renaud s'y produit. Avec la fin de l'hôtel, le 1er janvier 1973, la gare est en grand danger. Plus personne ne s'y intéresse sauf pour la démolir ; Le Corbusier

l'exécrait, prêt à la détruire pour y élever un de ses projets... Et il faut rappeler que le permis de démolir fut accordé par un Etat méprisant et sans mémoire. Sans l'intervention personnelle de trois présidents de la République, à commencer par celle de Georges Pompidou, c'en était fini.
L'architecte milanaise Gae Aulenti fut chargée de la métamorphose. Edouard Detaille avait vu juste : la gare est devenue un palais des Beaux-Arts du XIXe. Quelle revanche ! Aujourd'hui, le souvenir du rail est aussi sur les cimaises, avec des chefs-d'œuvre de Renoir et de Monet*. On pourrait regretter l'absence d'une des locomotives historiques, une « boîte à sel ». La machine E1 est conservée à la Cité du Train*. A Orsay, elle aurait sans doute pris trop de place. Et, surtout, désormais, nous sommes dans un musée d'art...

Oubli

Qui n'est pas coupable ou victime de distractions, d'oublis, de confusions ? Tout le monde, et même les conducteurs de TGV*, peut être concerné. Jeudi 27 juillet 2006, la rame Paris-Lyon nº 6611 doit s'arrêter en gare de Mâcon-Loché, à 12 h 37. A la surprise, peu agréable, d'une cinquantaine de passagers, le TGV* brûle la gare. Arrivés à Lyon, les voyageurs reprennent un train dans l'autre sens et atteignent Mâcon avec cinquante-trois minutes de retard, ce qui est beaucoup sur un trajet normal de soixante-quinze minutes. Explication de la SNCF : « Cet arrêt en Bourgogne n'est effectif que du 18 juillet au 1er septembre. » Visiblement, le conducteur n'en avait pas été informé.

« Le véritable voyage de découverte ne consiste pas seulement à chercher de nouveaux paysages, mais à avoir de nouveaux yeux. »

Marcel PROUST.

Pantalon

L'histoire, véridique, se passe en 1948. A Bruxelles, un Français, venu pour son travail, a l'adresse d'un tailleur dont on lui a vanté les mérites. En ces temps de rationnement, se faire confectionner un costume dans un beau tissu anglais, sur mesure, à un prix abordable et en deux jours est une aubaine.

Après essayage, il est convenu que ce complet veston lui sera apporté à la gare de Bruxelles-Midi, juste avant le départ de l'Etoile du Nord, le train Pullman* Amsterdam-Bruxelles-Paris. A l'heure dite, un commis du tailleur remet une grande boîte au voyageur. On l'assure que, par précaution, des étiquettes françaises ont été cousues à l'intérieur et que le costume n'est pas repassé afin de ne pas paraître neuf car les Douanes françaises traquent ce genre d'affaire.

A Mons, notre voyageur, pressé de revêtir son

achat, s'enferme dans les toilettes. Il va se changer. Il se débarrasse de son costume fatigué, jeté par la fenêtre, et ouvre la boîte. Veste, gilet... pas de pantalon ! Oublié, le pantalon ! Le malheureux a été contraint de demander au contrôleur une couverture avant de faire une arrivée remarquée à Paris, où il a été conduit au commissariat spécial, sommé de s'expliquer sur son exhibitionnisme...

Paradis (Pennsylvanie, Etats-Unis)

Pour gagner le Paradis, il suffit de prendre la ligne Strassburg-Paradise, dans le comté de Lancaster, au sud-est de la Pennsylvanie. Les souvenirs du fondateur français de la cité en 1683 et ceux des huguenots se mêlent aux populations amish, toujours vêtues de noir. Un paradis multiple. Le musée ferroviaire, ouvert en 1975, abrite la fameuse locomotive GG1, conçue par Raymond Loewy*, dont l'originalité est d'être soudée au lieu d'être rivetée. Ici a été fondée la plus ancienne compagnie de chemins de fer américaine, la Strassburg Railroad, en 1832. Toutefois, ses trains n'ont commencé à circuler qu'en 1850. Après le dépôt de bilan de cette légende, en 1957, quelques fanatiques se regroupent. Ils rachètent la ligne (7 km) pour quatre cent cinquante dollars par acquéreur mais seulement... un dollar pour une voiture de passagers. Aujourd'hui, après avoir démonté et remonté une gare, les cinq locomotives Baldwin (de type 240) transportent, dans des voitures authentiques du style Far-West, quatre cent mille personnes chaque année, d'avril à octobre. S'il y a, tout près, de fantastiques réseaux de trains miniatures (où toute la vie d'une ville est animée, y compris les interventions des pompiers !), la ligne de Paradise offre deux autres curiosités. La première est d'y voir circuler un autorail électrique de 1885, en bois, construit... dans un chantier naval ! En 1917, au moment de l'entrée en guerre des Etats-Unis dans le premier conflit mondial, il échappe à la destruction et se trouve converti par les autorités militaires en « véhicule d'inspection ». On se demande encore ce qu'il pouvait inspecter, si loin de l'Europe ! C'est un médecin oto-rhino qui le conduit, le Dr Andy Sellers, bichonnant son moteur avec compresseur à air aussi attentivement que ses patients. La seconde attraction est un village constitué... d'anciens fourgons de queue ! La tradition du rail américain exigeait que chaque convoi se termine par un wagon-fourgon doté d'une vigie. Un astucieux nostalgique en a racheté trente-cinq en 1970, les a aménagés en chambres d'hôtes pour recevoir de deux à six personnes. Comme ils étaient tous de couleur rouge – elle était obligatoire –, il les a recouverts de couleurs diverses en souvenir des compagnies ferroviaires. C'est assez cauchemardesque. Mieux vaut regarder la voie et guetter la machine n° 275 quand elle passe. Elle ne fait pas son âge.

Patrimoine

Les événements de mai 1968 et leurs conséquences n'ont pas été analysés... du point de vue ferroviaire !

Ces années furent les plus douloureuses pour les amateurs de traditions. Le désarroi était universel, constaté dans tous les pays industrialisés. Les valeurs étaient contestées, des décennies de civilisation balayées par une jeunesse ravageuse et insolente. Le rail vivait, lui aussi, une véritable « révolution culturelle ». Les décideurs politiques, administratifs et techniques n'obéissaient qu'à une seule philosophie, résumée en un mot fascinant et dévastateur : vitesse. Les sociétés de transports publics condamnaient toute nostalgie ; la moindre tentative d'arrêter la course au modernisme était vouée au mépris, au désintérêt. Une belle page était tournée et seule la grande vitesse pouvait assurer l'avenir du rail, de plus en plus concurrencé par la route et l'avion. On pouvait même penser que le bon vieux chemin de fer, celui de nos plus lointains souvenirs, allait disparaître, une menace que Louis Armand* avait remarquablement estimée une vingtaine d'années auparavant. Nous vécûmes, quasiment en même temps, la fin de la traction vapeur en service régulier (en 1973 en France) et les premiers essais médiatisés du TGV* (1974). Je fus témoin des deux événements, considérables. La fin d'un âge, le début d'une ère. Dans les années suivantes, ces bouleversements eurent des conséquences diverses, ressenties comme les abandons d'une culture, telle la suppression des « trains d'affaires » du réseau Trans-Europ-Express (TEE) avec la disparition ou l'appauvrissement de rames mythiques, tels Le Capitole, Le Mistral et Le Train Bleu des années 1960. Progressivement, les services de wagon-restaurant, si injustement décriés, furent supprimés en France, remplacés par des grill-express bien utiles et sympathiques, à leur tour rayés du service actif par les gestionnaires.

De nouvelles voitures, les premières « Corail », prouvaient que les stylistes obéissaient à un déconcertant parti pris : désormais, un train ressemblerait à un avion... Parallèlement, des lignes secondaires ou déficitaires étaient fermées. Le rail, qui avait uni la France moderne, était envoyé au musée de l'ingratitude.

Qu'on me comprenne bien : je n'ai jamais été l'ennemi du TGV*, au contraire. J'ai dit et écrit ses bienfaits et participé à sa naissance journalistique, comme je l'ai indiqué dans le prologue de ce livre. J'ai même suivi sa transformation – inattendue, et pour cause de choc pétrolier – adaptée à une alimentation électrique. C'est une réussite technique incontestable, de plus en plus prodigieuse, et on a attendu, avec une impatiente curiosité, la mise en service du TGV* Est en juin 2007 après son nouveau record mondial de vitesse (expérimental) de 574,8 km/h le 3 avril 2007. Le TGV* a même changé la valeur de l'immobilier dans certaines régions en raison de sa rapidité d'accès à un lieu de travail ou à une résidence, qu'elle soit principale ou secondaire. Mais tout a été concentré, jusqu'ici, sur la vitesse et la sécurité. Personne ne peut trouver à y redire mais est-ce assez dans un pays qui se vantait d'être un parangon de l'art de vivre ? Le confort, les couleurs des tissus, le temps passé à bord ont été sacrifiés comme si, en deux ou trois heures, les voyageurs devaient cesser d'être des personnes bien humaines. La suppression du service de restauration à la place sur les parcours français (souvent médiocre et mal conçue, il faut l'avouer...) acheva de punir la clientèle qui, lassée de faire la queue à la voiture-bar pour un sandwich caoutchouteux, réinventa le casse-croûte à bord ou la collation hors voyage. En bref, d'un côté une fabuleuse avancée technologique, de l'autre une régression dans l'art de vivre en voyage. On était transportés. On ne devait plus avoir faim ni soif ! Mais la France était remodelée par ces nouveaux convois, jusqu'à cinq cents par jour en 2006, dépassant le 300 km/h quand ils roulent sur une ligne spéciale.

Honnêtement, ne pas évoluer signifiait une disparition totale ou la réduction de la fonction ferroviaire au transport des marchandises, comme aux Etats-Unis. Il en était du chemin de fer comme du reste, selon un fameux constat du général de Gaulle : oui, il était bien fini « le temps de la marine à voile et de la lampe à huile »... Certes. Mais point n'était besoin d'être polytechnicien pour savoir qu'il serait impossible de ne faire rouler que des TGV*, même si les lignes transversales, évitant Paris, sont un progrès considérable pour les relations hexagonales. Les TGV* duplex, formidable réussite – et bénéficiant d'aménagements mieux étudiés –, apportent une capacité supplémentaire. Le vocabulaire lui-même a changé : on ne prend plus le train, on prend un TGV*, quand c'est possible. Bravo ! On parle peu à ses voisins, on travaille, on téléphone. On compte le temps ; on regarde sa montre. Ce n'est plus une aventure, c'est un déplacement.

Mais, dans ces années 1970, il y avait encore plus grave que cette rupture. On se désintéressait du matériel d'autrefois, quel qu'il soit. J'évoque, ailleurs, cette navrante perte de mémoire qui faillit détruire, entre autres, un exceptionnel témoignage des trains présidentiels*. Il faut tout de même respecter le passé (avant de l'admirer) et veiller à ce que l'Histoire ne soit pas qu'un cimetière ni une succession de vandalismes. J'en ai vu, des voitures anciennes, celles des compagnies d'avant la SNCF (1er janvier 1938), des omnibus, des modèles « grand confort », des troisièmes classes montées en grade après 1956, des locomotives découpées au chalumeau, des voitures-lits cinquantenaires abandonnées, pillées... Un cimetière éparpillé, honteux, parfois caché, pas toujours...

Un peu partout dans le monde – comparons des états de développement comparables –, des bénévoles passionnés, anciens cheminots ou amateurs éclairés, gens d'origines professionnelles diverses et de tous milieux, du banquier à l'ouvrier, du policier au médecin, se groupèrent en associations. Il y eut les mêmes enthousiasmes pour les avions car un DC3, un hydravion trimoteur Ford 1927 et un Super Constellation quadrimoteur, par exemple, ont autant droit à nos soins ; eux aussi sont une mémoire. Oublierai-je les bateaux ? Non : la remise en état du trois-mâts barque *Belem* (avec l'aide de la Caisse d'Epargne) est admirable. Et chacun sait qu'une Bugatti Royale, une Rolls-Royce Phantom de 1932 et la première 2 CV Citroën méritent aussi nos attentions permanentes.

La démarche n'avait rien d'hostile. Elle visait à permettre à ceux qui avaient connu un style, un rythme et un mode de voyage de les retrouver à l'occasion de voyages spéciaux. Ces sauvetages et sauvegardes répondaient à un besoin ; un vide, immense, devait être comblé pour les connaisseurs. En même temps, ces efforts avaient – et ont – une valeur pédagogique. Ces randonnées à l'ancienne allaient permettre aux jeunes générations, nées justement vers 1975-1980, d'apprendre qu'avant le TGV* on circulait autrement, de même que, avant les réacteurs, les avions volaient avec des hélices... Une leçon de choses grandeur nature, la découverte d'une sorte de *Jurassic Park* du rail dont les dinosaures seraient des Pacific. « Des mammifères à roues », disait joliment Jacques Lacarrière en parlant de l'espèce « Bête humaine ». La seule – et immense – différence avec la préhistoire est que l'Homme et la Pacific ont coexisté !

Notons, au passage, que les Britanniques furent sans doute les premiers à préserver en état de marche un matériel d'autrefois. On n'en attendait pas moins du pays de Stephenson...

En résumé, une notion nouvelle apparaissait, celle de « patrimoine industriel ». Que de combats livrés contre tous les obstacles financiers, techniques, administratifs ! Une autre « Bataille du rail »...

Dresser une liste des associations et des chemins de fer touristiques, en tous genres et de toutes tailles, rien qu'en France, serait impossible et fastidieux. Je me bornerai à saluer d'un grand coup de chapeau le MFPN (Matériel Ferroviaire Patrimoine National, animé par Jean-Jacques Gouin), la FACS (Fédération des Amis des Chemins de Fer Secondaires) et l'AJECTA (Association des Jeunes pour l'Entretien et la Conservation des Trains d'Autrefois). Un travail exemplaire, difficile mais aux résultats magiques : leurs efforts conjugués permettent de disposer, chez nous, d'un patrimoine « vivant », complément de l'indispensable visite à la Cité du Train*, à Mulhouse. Après bien des batailles, les dynamiques sauveteurs ont gagné ; ils ont inventé le tourisme ferroviaire. Et leurs voyages, annoncés des mois à l'avance, sont en général complets. La 140 C 231 ou la 231 K 8 sont à l'ouvrage, photographiées, filmées, suivies, guettées, aimées. Personnellement, à chacun de mes anniversaires, je passe une journée d'extase dans un convoi digne des véritables joies, pour retrouver le train tel qu'en un sens il aurait dû continuer à exister... L'AJECTA dispose d'un dépôt à Longueville (Seine-et-Marne), classé Monument historique, qui est le point de départ de bien des trains de plaisir. J'ajouterai simplement que le succès des Orient-Express* restaurés a fait prendre conscience de la valeur d'un patrimoine en grand péril. Jack Lang, alors ministre de la Culture, alerté par les spécialistes, a pris des arrêtés ministériels classant des locomotives et des voitures. Il faut pourtant rappeler que, en dépit d'aides publiques, ces opérations restent onéreuses. Par exemple, la 231 G 558, de 1922, a été sauvée par le Pacific Vapeur Club de Sotteville... pour un franc symbolique. Ses défenseurs la surnomment « La Princesse » car, telle la Belle au bois dormant, elle se réveille ! Après cette opération juridique, surviennent la remise en état, les contrôles. Cette locomotive, une ancienne du réseau de l'Etat, a été homologuée le 28 novembre 1985 et a obtenu l'agrément de la SNCF pour rouler sur ses lignes le 23 mai 1986. Il faut quand même savoir que, seul modèle de son genre préservé en France, elle consomme de 1,5 à 2 tonnes de charbon et de 10 à 15 m^3 d'eau aux 100 km. Une visite technique peut coûter quinze mille euros et les droits d'utilisation des voies nationales peuvent, certaines années, dépasser les cent vingt mille euros. Mais le mouvement d'abandon a été inversé et l'avenir de ce tourisme s'appuie sur le passé. Guillaume Apollinaire l'avait pressenti : « Crains qu'un jour un train ne t'émeuve plus... » L'émotion est revenue. Pour le plaisir !

Perpignan (gare de)

Selon Salvador Dali, peintre, dessinateur, écrivain, cinéaste, membre associé à titre étranger de l'Académie des Beaux-Arts, « la gare de Perpignan est le haut lieu de la métaphysique occidentale ». Il l'a certifié après une visite, le 27 août 1965. Ce jugement, iconoclaste, est sans appel. Il a été prononcé lentement, de cette voix hispanique martelant et découpant les mots ciselés entre de célèbres moustaches effilées. Cet hommage, dithyrambique, ne cesse d'intriguer les admirateurs du maître. Certains y ont consacré des colloques. Pourquoi cette gare ? S'agit-il d'un chef-d'œuvre architectural ? De la situation géographique sur la route catalane ? Du souffle d'un esprit supérieur venu de la cathédrale Saint-Jean ? Du vent de l'Histoire échappé du palais des rois de Majorque ? « C'est toujours à la gare de Perpignan, au moment où Gala fait enregistrer les tableaux qui nous suivent en train, que me viennent les idées les plus géniales de ma vie. Quelques kilomètres avant déjà, au Boulou, mon cerveau commence à se mettre en branle, mais l'arrivée à la gare de Perpignan est l'occasion d'une véritable éjaculation mentale qui atteint alors sa plus grande et sublime hauteur spéculative » explique l'artiste. Dans un délire particulièrement réussi, Dali a fait de cette gare le nombril du monde. Et il l'a peinte à sa manière (huile sur toile, 296 × 406 cm, Ludwig Museum, Cologne, 1965).

En 1969, la SNCF, interloquée puis flattée qu'une de ses installations soit portée au pinacle par inspiration cosmique, commande au génie – ainsi s'est-il défini lui-même en 1964 – six affiches ferroviaires, gravées et tirées, comme d'habitude, par le maître imprimeur Draeger. Elles sont consacrées à des régions. Une débauche d'éclatements d'images, de collages, de montages d'explosions, de taches d'alvéoles. Un feu d'artifice de couleurs. Paris, l'Auvergne, la Normandie, l'Alsace et les Alpes sont revisitées au nom des « Chemins de fer français » sans, d'ailleurs, que le sigle SNCF apparaisse. Sur ces affiches à la signature gigantesque, on ne peut ignorer la présence de papillons. On s'attendrait à ce que celle du Roussillon honore Perpignan et sa gare. Eh bien non ! L'affiche du Roussillon montre un papillon devenu arc de triomphe surmonté d'une vision de *L'Angélus* de Millet, œuvre qui a toujours enthousiasmé Dali. Mais de gare et de chemin de fer, point... La gare de Perpignan est dans l'éther, invisible, et n'y passent que des trains fantasmagoriques, spatiaux et daliens. Les chemins de fer fascinent le peintre. En 1944 – il avait quarante ans –, invité par le magazine *Life* à traverser les Etats-Unis, il avait noté, par des dessins, ses impressions sous le titre *Dans le Pullman* (Eva Lee Gallery, New York).

En 1976, alors que le TGV* à turbine a été converti à l'électricité, Salvador Dali conçoit une nouvelle affiche, très étonnante, sous le titre « Technique de demain » et toujours pour les « Chemins de fer français ». Enfin ! Au centre, quelques éléments de la gare de Perpignan ont survécu à des cataclysmes, on distingue l'arrière d'un convoi de marchandises ainsi qu'un chariot. Et cette gare en morceaux est bien au centre du monde : comme les pales d'un énorme ventilateur, « jaillissent quatre fusées... des TGV* traités en montage photo d'après le Turbotrain expérimental qui fit les premiers excès à grande vitesse... tandis que dans la grisaille, à droite et à gauche, figurent en hommage sentimental les personnages de l'*Angélus* », selon Pierre Belves (*100 ans d'affiches des Chemins de fer*, La Vie du rail, 1980). Le gigantesque paraphe du maître, jaune, répond à un papillon, jaune lui aussi, entre les deux rames supérieures lancées à pleine vitesse. Ayant ainsi retrouvé la gare de Perpignan dans les visions du futur marquis de Dali de Pujol – il a été anobli par le roi d'Espagne en 1982 –, on se demande tout de même si les montres molles indiquent l'horaire des trains anarcho-surréalistes transitant *via* Perpignan... Charles Trenet lui consacrera une chanson :

A la gare de Perpignan
Y a un train qui remonte le temps
Quand il passe à côté des étangs
Du côté des étés d'antan
Je m'retrouve dans le wagon de Paris
Y a déjà le Louvre, les Tuileries
Y a aussi ma famille
Sur le quai
Bien gentille
Mais interloquée.

En effet, rien ne peut être rationnel à la gare de Perpignan, « centre mystique et cosmique de l'Univers ».

Petite panne, grands effets...

Samedi 10 juin 2006. Un Train Express Régional (TER) électrique doit relier La Rochelle à Poitiers. Il arrive avec... cinq heures et demie de retard, à cause d'une panne électrique de la motrice. Les deux cents passagers ont pu profiter de la campagne par une belle journée estivale. Ce n'est plus très original. Ce qui l'est davantage est que le conducteur a dû appeler à l'aide de son téléphone... un taxi (!) pour aller chercher du secours... en gare de Poitiers, celle-ci ne répondant pas à ses appels ! En attendant, les voyageurs se promenaient autour du TER, le long des voies, prenant la situation avec philosophie et humour. Bien entendu, par sécurité, le courant avait été coupé. On s'en réjouit. Mais cette coupure a provoqué... l'arrêt forcé du train de secours ! Le regretté Raymond Devos aurait dit : « Ça n'a pas de sens ! »

Picasso (Autorail)

Bien avant de donner, à titre posthume, son nom à une voiture de la marque Citroën, Pablo Picasso avait déjà été honoré par le rail. De son vivant et involontairement, le peintre est devenu un surnom... d'autorail. Nous avons tous vu celles qu'on appelait encore, par erreur, des michelines sur les lignes secondaires et transversales, à voie unique, assurant les correspondances avec des petites villes souvent isolées. Le Picasso est un autorail inoubliable dans le paysage français d'après 1945 et qui fut en service jusqu'en

1988. Il est celui d'une France encore très rurale – nous dirions aujourd'hui profonde – qui se relève. Cet omnibus légendaire, capable d'atteindre le 120 km/h, est un train à lui tout seul, avec un petit compartiment de première classe et un, plus vaste, de deuxième classe, des toilettes et une partie réservée aux bagages qui est essentielle : colis, paquets, expéditions sont mis « à l'autorail » avant d'être confiés à l'autocar, ou l'inverse. Un voyage rustique. Les jours de marché, le contrôleur a du mal à poinçonner les billets tant il y a de voyageurs debout à la place des valises.

Robuste, résistant à de grandes variations de températures, il assure des parcours journaliers élevés. Sa simplicité de fonctionnement (rien d'électrique dans la commande de ce moteur diesel mais des liaisons mécaniques directes), son entretien lui assurent une place vedette dans la reconstruction ferroviaire du pays dans les années 1950. Pouvant circuler seul ou avec une remorque, il est bruyant et ses accélérations dégagent souvent un panache bleu-noir dans de peu ragoûtantes odeurs d'huile chaude. Engin demandant un entretien réduit, son originalité technique est de se conduire... comme une voiture ! En effet, sur ce moteur de 300 ch, il y a un changement de vitesse et donc un embrayage. Les reprises sont sonores et le démarrage souvent cahotant si le machiniste n'a pas le pied léger. Et, pour bien se faire entendre, cette machine est équipée d'un puissant avertisseur deux tons.

Mais pourquoi l'autorail X 3800, construit par Renault à deux cent cinquante-six exemplaires, est-il surnommé Picasso ? D'abord en raison de sa forme, puis à cause de ses couleurs définitives. Sa cabine de conduite ne se situe à aucune extrémité, mais sur le toit et non centrale. Cette vigie latérale donne à l'autorail un aspect dissymétrique. Elle est comme le nez de certains personnages de Picasso, au-dessus du front. L'emplacement insolite de cette cabine permet d'avoir une vue très dégagée sur la voie et les signaux. Et, ô joie pour les maniaques de mon espèce, comme passager on peut se croire à la place du mécanicien et avaler des kilomètres avec une sensation grisante de vitesse sonore, surtout dans les courbes. La ligne Besançon-Clermont-Ferrand ou Grenoble-Veynes constituait un régal. Toutefois, les premières teintes, rouge en bas de caisse (21,85 mètres) et gris sur le haut, ne sont pas assez visibles en cas de mauvais temps, de pluie et de brouillard. Pour les cantonniers travaillant sur la voie et les passages à niveau non gardés, l'arrivée de l'autorail est trop discrète donc dangereuse. On le dote d'un avertisseur plus puissant et surtout, à partir de 1951, des couleurs plus vives sont adoptées. Les cheminots sont choqués mais la sécurité prime. La toiture devient rouge, la caisse et ses deux faces jaune-orange. Désormais, l'autorail est nettement plus visible, même de loin. Il faudra cependant encore

quelques aménagements chromatiques, dans les années 1970, pour atténuer les reflets trop brillants qui pouvaient nuire à la vision du conducteur.

Une silhouette familière, un portrait haut en couleur alors que le style du peintre espagnol n'est pas encore universellement admiré. Le Picasso a rempli une magnifique mission, celle des temps difficiles d'une SNCF en pleine reconstruction. Le Picasso pouvait rouler en toute sécurité sur les voies un peu déformées de l'après-guerre. Le Picasso était bizarre, unique mais génial. Comme le peintre.

Police ferroviaire

5 juillet 2006. Hélène, une Française qui vient de passer une année d'études à la faculté de médecine vétérinaire de Liège (Belgique), monte à bord d'un Thalys sur la ligne Bruxelles-Paris. Elle est heureuse de retrouver sa famille pour les vacances. Elle pose ses affaires au-dessus de sa place et, avant le départ du train, pendant l'accrochage de la rame venant d'Amsterdam, s'absente à la recherche d'une amie avec qui elle a rendez-vous. A l'arrivée gare du Nord, elle ne retrouve pas son ordinateur portable. Elle fouille à ses pieds, interroge ses voisins. Rien. Plus d'ordinateur. Plus de cours mis en mémoire, ni de courrier et de données personnelles. Affolée, Hélène signale cette disparition au contrôleur. Compréhensif, il lui dit que, malheureusement, la ligne est envahie par ce fléau. Les vols d'ordinateurs, de téléphones mobiles et petits bagages sont très fréquents. La tech-

nique des malfaiteurs est bien rodée. Ils sont très correctement vêtus, avec l'aspect d'hommes d'affaires en costume cravate et de femmes d'affaires en tailleur, discret mais chic. Ils montent à Bruxelles, s'excusent de pousser les bagages des voyageurs déjà installés. Avec maestria, ils disparaissent avant le départ avec ce qu'ils ont volé. Les « bandits du Thalys » profitent d'une faille dans le dispositif de surveillance de la Société Nationale des Chemins de fer Belges (SNCB). La police fédérale du royaume confirme que les lignes internationales sont plus touchées que les autres, pour deux raisons. Comme le dit un agent, « aujourd'hui, les bandits ne sont plus sur les grands chemins, ils sont sur les grandes lignes ». D'une part, les patrouilles mixtes de policiers belges et français n'étaient pas admises jusqu'à un accord, pendant l'été 2006, entre le ministre de l'Intérieur, Nicolas Sarkozy, et son homologue à Bruxelles. D'autre part – et cela reste une difficulté – où déposer plainte si l'on s'aperçoit du vol en France alors qu'il a été commis en Belgique et inversement ? Certains voyageurs n'hésitent plus à attacher leur mallette et autre bagage précieux avec un cadenas, comme une moto, voire, par humour, avec des menottes ! Dans les années 1920, Paul Morand, à bord du Simplon-Orient-Express*, s'amusait de constater que les courriers diplomatiques, « qui voyagaient deux par deux comme des pigeons », ne quittaient jamais la petite valise des dépêches du Quai d'Orsay ou du Foreign Office. Elle était attachée à leur poignet par une petite chaîne. « Et quand l'un allait au wagon-restaurant, l'autre gardait son trésor dans son compartiment. » Pas tout à fait des pigeons...

Des vols dans des trains, il y en a toujours eu. Il y a même eu des vols de trains, certains fort célèbres, qui ont inspiré divers cinéastes. Depuis *La Grande Attaque du rapide* (*The Great Train Robbery*) d'Edwin Porter en 1906 – en fait, le premier western* –, les voyageurs individuels, en groupe ou les transports de fonds et d'autres grandes valeurs sont une mine pour les scénaristes. Les innombrables exploits malfaisants de Jesse James et de son frère Frank après la guerre de Sécession font partie de la mythologie américaine, avec plus ou moins de talent selon les versions.

Mais c'est au Royaume-Uni que se déroule ce qui restera « le hold-up du siècle » (le XXe), dans la nuit du 7 au 8 août 1963. A 3 heures du matin, Jack Mills, mécanicien de la locomotive tirant douze wagons postaux rouges de la Royal Mail au monogramme de la reine, sur la ligne Glasgow-Londres, aperçoit un signal orange après avoir dépassé la petite gare de Leighton Buzzard. Il ralentit puis stoppe au feu suivant, rouge. Le cheminot pense qu'en cette période de vacances la circulation des trains venant d'Ecosse est plus chargée que d'habitude. En application du règlement, l'aide-mécanicien Witby descend vers le poste téléphonique en bordure de voie tandis que le chef de train, Tom Miller, descend du dernier fourgon pour poser des pétards de voie afin d'assurer la sécurité du convoi.

Il est 3 h 03. Le train postal n'a plus que quatre gardiens sur six – dans les fourgons de tête – et le même règlement leur interdit de quitter leur place. Dans les dix wagons suivants, soixante-quinze postiers trient le courrier. La marche du train ne les concerne pas. Et les arrêts en pleine campagne, à cette époque de l'année, sont fréquents. Ils ignorent ce qui peut se passer. Dans la machine, des pirates assomment le mécanicien, détellent la motrice et les deux premiers wagons, et roulent jusqu'au pont de Bridego qui enjambe une route secondaire. Un camion et deux voitures attendent dans la nuit. En quinze minutes, cent dix-neuf sacs plombés contenant 2 631 784 livres sterling (soit 3,5 milliards d'anciens francs) sont dérobés. Le Glasgow-Londres était un coffre-fort roulant, une annexe de la Banque d'Angleterre. Seul quelqu'un de très bien renseigné pouvait savoir que les deux premiers fourgons ne transportaient pas du courrier mais des montagnes de billets, sans escorte nombreuse ni dispositif de surveillance. Scotland Yard en conclut que l'opération a été montée par un « cerveau ». On sait que ses auteurs furent arrêtés et condamnés à trente ans de prison, que deux d'entre eux se sont évadés et qu'un million de livres n'a jamais été retrouvé. Détail piquant : les voleurs avaient vu plusieurs fois des films racontant des aventures de ce genre, mais moins audacieuses. Cette « formation technique » fut consignée dans leurs aveux. Ce sensationnel fait divers a inspiré un film germano-britannique, en 1966, *L'Affaire du train postal Glasgow-Londres*, qui colle à la réalité, et une version comique de Gérard Oury, *Le Cerveau* (1969), qui manque parfois de rythme.

La surveillance dans les trains et les gares a évolué, comme les mœurs. Lorsque je suivis une formation de conducteur des Wagons-Lits pour travailler sur le Direct-Orient, j'ai connu plusieurs policiers qui m'ont mis en garde, énuméré les pièges et les fautes à ne pas commettre. L'un des risques était la multiplication de voyageurs sans titre de transport. Parmi ces limiers, l'inspecteur Liévaux, qui avait travaillé à la Police des frontières, traquait les clandestins dans les années 1960. « Sur cette ligne, les premiers émigrés étaient surtout des Yougoslaves qui fuyaient le régime de Tito. Sans passeport, ils se cachaient dans les boggies ou dans des cachettes dissimulées entre le plafond et le toit des voitures. On les découvrait, en général, à la gare internationale de Vallorbe. On les réconfortait, on les remettait aux autorités suisses qui les dirigeaient vers le Haut-Commissariat aux Réfugiés, seul habilité à statuer sur leur sort. L'Occident était alors une Terre promise, une zone d'abondance et d'emploi. S'ils étaient refoulés, ils étaient découragés, avec leurs femmes, leurs enfants et leurs pauvres balluchons. Même pour un policier, dont c'était la mission, je dois avouer que réveiller des gens, des enfants à l'aube ne laisse pas de bons souvenirs. »

En France, les très graves incidents survenus dans le train Nice-Lyon dans la nuit du 31 décembre 2005 au 1er janvier 2006 (six cents personnes rançonnées entre Saint-Raphaël et Les Arcs, une agression sexuelle) ont obligé les responsables policiers à créer une unité spécialisée, en action depuis juin 2006. Pour prévenir et lutter contre les vols, violences, outrages et insultes, le SNPF (Service National de Police Ferroviaire) compte, fin 2006, 700 policiers et gendarmes. Ils se répartissent chaque jour en 250 patrouilles dans 12 000 trains quotidiens en France. En cas de nécessité, 30 à 40 fonctionnaires sont sur place en une demi-heure. En région parisienne, un service identique est rattaché à la Préfecture de police pour les délits ferroviaires (train, métro, RER) commis en Ile-de-France (1 300 policiers). Ces unités collaborent évidemment avec la SNCF, la RATP, la Police de l'air et des frontières, la gendarmerie. Stopper la marche d'un convoi en cas de graves difficultés est complexe puisqu'il faut, d'abord, tenir compte du trafic.

Mardi 25 juillet 2006. Un grand quotidien, *Le Parisien*, titre à la une « Soyez vigilants dans le train ». Un sentiment d'insécurité générale est constaté et les pickpockets, eux, ne sont pas en vacances. Quai n° 9, gare d'Austerlitz, un train Corail part pour Vierzon, Limoges et Rodez. Il est 9 h 09. Le 3621 s'élance. Les nouveaux anges gardiens apparaissent. Ils sont trois. Casquette siglée « Police », chemise blanche, pantalon bleu, arme à la ceinture, ils circulent d'une voiture à l'autre, dans un sens puis dans l'autre. Les voyageurs se disent rassurés alors que plusieurs incidents ont été signalés sur la ligne, d'où la présence de ces hommes. Mais il n'y a pas que les vols. Il y a ce qu'on nomme, stupidement, des « incivilités ». Le brigadier-chef découvre un jeune les pieds sur la banquette. Eh bien, figurez-vous que c'est interdit, surtout avec des chaussures, et cela depuis 1844 ou à peu près ! « Une infraction à la police des chemins de fer... » Contrôle d'identité. Rien à signaler. Ce voyageur sans-gêne n'est pas inscrit au fichier des personnes recherchées. Le procès-verbal est transformé en réprimande aimable mais ferme. Un contrôleur avoue :

« Sans les policiers, je n'aurais pas obtenu de l'intéressé une attitude plus correcte. »

Même pour la simple opération de vérification des billets, la présence des policiers rassure les agents.

Ils se sentent soutenus, épaulés parce qu'un passager verbalisé pour défaut de billet doit donner ses papiers d'identité.

Rien d'autre à signaler lors de ce voyage. Un des policiers, qui vient d'être affecté à cette brigade, Gilles Tardiff, assure :

« J'ai déjà travaillé dans les trains il y a sept ans. C'était nettement plus violent. Aujourd'hui, c'est plus calme car il y a plus de personnel qu'avant. »

Et pourquoi a-t-il choisi ce service alors qu'il n'est pas cheminot, avec trois jours de travail et trois jours de congés ?

« J'ai la bougeotte. Alors, ce mode de vie me convient tout à fait. »

Pommes soufflées

Il en est des inventions gastronomiques comme de beaucoup d'autres : le hasard y joue un rôle déterminant. Le 24 août 1837, la ligne de Paris à Saint-Germain-en-Laye est inaugurée. Une date phare dans l'histoire ferroviaire française puisqu'il s'agit de la mise en service du premier train de voyageurs en France. Ses promoteurs, les frères Pereire, en sont légitimement fiers. Pour la circonstance, de très hautes personnalités ont été requises. On a même demandé à Sa Majesté Louis-Philippe Ier, roi des Français, de monter à bord. Mais le gouvernement juge l'aventure trop risquée. Alors, on prie son épouse, la douce reine Marie-Amélie, de remplacer le monarque. Je suppose qu'en cas d'accident, d'après les ministres, les conséquences seraient moins graves ! M. Arago, éminent savant, n'avait-il pas déclaré qu'au-delà de 27 km/h « le cœur exploserait » ? Et encore qu'en franchissant le tunnel des Batignolles « on risque des fluxions de poitrine » ! Il y a de quoi être inquiet... Alors, la reine se dévoue, osant même se faire accompagner de trois de ses fils, dont l'héritier du trône, le duc d'Orléans. L'embarcadère, comme on dit à l'époque, se trouve à l'endroit actuel de la place de l'Europe, derrière notre gare Saint-Lazare.

Le train, avec sa haute cheminée, parcourt les 19 km jusqu'au Pecq en vingt-huit minutes alors qu'en diligence ce trajet exige environ deux heures et demie. Vitesse du convoi : 40 km/h. A l'arrivée plus tardive que prévu, une fanfare et des discours patriotiques accueillent la suite royale, vivante et ravie. L'allégresse est générale : on ne déplore aucun évanouissement. Une seule personne est ennuyée, le cuisinier qui a préparé le banquet. Il avait prévu un filet de bœuf accompagné de rondelles de pommes de terre frites. A cause du retard, il les a retirées du feu ; ses pommes de terre ont refroidi et ne sont guère présentables. Le pauvre homme est désespéré. Que faire ? Une idée : il retrempe ses pommes dans l'huile bouillante de sa poêle préalablement réchauffée. Surprise : les pommes se mettent à gonfler comme de petits ballons. Sous le regard émerveillé du chef, les pommes soufflées sont nées. Ce retard allait faire avancer la grande cuisine... Pour renouveler l'exploit, choisissez de grosses pommes, genre bintje, et de l'huile d'olive. Mais soyez à l'heure !

Popesco, Elvire

Comédienne, 1894-1993

Ravissante, d'une beauté éclatante et d'un talent vif aussi bien au cinéma* que sur scène, cette actrice d'origine roumaine a eu l'intelligence de ne jamais perdre son accent d'Europe centrale. A mes débuts de journaliste à *Paris Match*, préparant un reportage sur les célébrités qui avaient emprunté l'Orient-Express*, je suis allé lui rendre visite dans sa loge au Théâtre Marigny, à Paris. Dans sa loge, elle se maquillait et répondait avec humour et tendresse à mes questions dans un torrent roulant les « r ». « Chéri, tu sais, je me suis demandé pourquoi on appelait ce train Orient-Express. C'était très bien et normal dans le sens Paris-Bucarest mais cela n'allait pas dans le sens inverse. On aurait dû dire Occident-Express, n'est-ce pas ? Il ne roule pas que dans un sens ! Eh bien, à cause de mon accent, on m'a prétendu que je prononçais Accident-Express ! Tu te rends compte ? Me dire cela, à moi ! » Ce soir-là, elle jouait une pièce de son auteur favori, l'académicien français et maître du boulevard André Roussin. Titre – il faut me croire ! : *La Locomotive*...

Promontory Point (Utah, Etats-Unis)

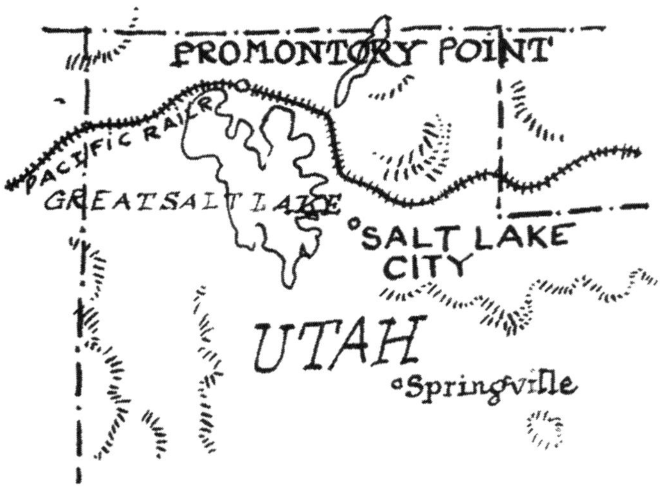

Elles sont face à face depuis le 10 mai 1869, chasse-bœufs contre chasse-bœufs. Seul le soleil du désert chauffe encore leurs carcasses vieilles de bientôt un siècle et demi. Chaudières éteintes mais roues astiquées et cuivres rutilants, ces deux locomotives noires et rouges, typiques du Far-West, sont la mémoire du Transcontinental. Le chapitre essentiel de l'histoire nord-américaine au XIXe siècle, gourmande d'un passé rare. C'est à cet endroit désolé que se sont enfin rencontrés les rails des deux compagnies, Union Pacific, venue de l'est, et Central Pacific, partie de San Francisco. Il leur a fallu sept ans et la guerre de Sécession pour pressentir que les Etats-Unis ne seraient véritablement unis que par le chemin de fer, de l'Atlantique au Pacifique. Le regretté président Abraham Lincoln avait signé l'acte de naissance de cette ligne, le *Railway Act*, en 1862, c'est-à-dire en pleine guerre de Sécession. Il imaginait l'après-guerre. Si la victoire du Nord avait maintenu l'Union, le chemin de fer Transcontinental allait faire mieux : rassembler, rapprocher et permettre la naissance d'une nation. Cependant, le contentieux entre l'importante communauté des mormons, fondateurs de Salt Lake City, et le gouvernement fédéral retarde l'harmonisation politique sur le trajet prévu et donc la circulation de ce train à l'assaut du continent. Alors que le Nevada voisin, ancienne partie de l'Utah, est devenu un Etat en 1864, l'Utah n'accédera à ce statut qu'en... 1896. Le Transcontinental débloquera cette situation particulière. Mais pour arriver à ce que la n° 119 de l'Union Pacific (sosie de la *General* poursuivie par Buster Keaton) touche presque le nez de la *Jupiter* du Central Pacific, quelle épopée ! Et surtout, quelles rivalités ! Ces deux locomotives affichent d'ailleurs une flagrante différence esthétique, pour des raisons de combustible. La cheminée de la *Jupiter* est évasée parce que la machine fonctionne au bois. Le large cône a pour but de recueillir le maximum de cendres encore chaudes car elles provoquent des incendies à travers l'Ouest aride. La pire publicité pour le « cheval de fer » ! Le charbon n'a pas encore été découvert dans le sud-ouest du territoire ; ironie de la géologie, l'Utah en sera, plus tard, le huitième producteur des Etats-Unis. Le bois sera, par définition, le combustible utilisé pour franchir les montagnes Rocheuses : il est sur place. Mais son rendement est inférieur à celui des blocs noirs extraits des mines de Pennsylvanie et les bûches exigent des tenders plus hauts que ceux remplis au charbon, abondant dans le sous-sol de l'est du Mississipi.

Le rêve américain a commencé avec la découverte de l'or en Californie. Aux candidats à la fortune, il fallait six mois, sur les pistes parfois incertaines, avec ces chariots couverts tirés par des chevaux, des mules ou des bœufs. Par défi et comme en Europe, quelques malins avaient organisé des concours entre les premières locomotives (comme *L'Aigle noir*, une Baldwin de 1835) et des diligences. Dans une rampe, les voitures en forme de caisse ovale n'avancent plus ; la machine avait – déjà – dit qu'elle n'en pouvait plus. C'était sur la ligne du Baltimore & Ohio. Les passants s'amusèrent beaucoup de voir les voyageurs du train descendre, pousser le convoi, tandis que la vraie diligence les doublait avec ses six chevaux !

Toutefois, de nombreuses lignes partent déjà de la côte Est. A partir de 1850, l'Amérique – il n'y en a qu'une ! – se hisse au deuxième rang des puissances industrielles et économiques, derrière l'Empire britannique. La preuve : ses usines produisent des machines comme la Huntington n° 3 du Central Pacific, une merveille assez bizarre. C'est une 212, ce qui veut dire qu'elle n'a qu'un essieu moteur, une énorme roue rouge au centre, bien visible de profil ; et son boggie arrière supporte le poids du tender, qui est donc solidaire de la locomotive. Elle fonctionne au bois et sa grosse lampe à pétrole doit éclairer la voie jusqu'à... 800 m, mais on se demande comment ! Au fait, le chasse-bœufs est-il vraiment indispensable ? « Oui, répond Stephen Drew, qui garde ce trésor roulant et restauré dans son état de 1870 au musée de Sacramento (Californie), important nœud ferroviaire. Toutes les pièces de la machine ont une fonction. En fait, le pare-bœufs ou vaches sert surtout à écarter les bisons, très dangereux. »

Dès cette époque, si l'Est est couvert par de très nombreux réseaux, la question d'une ligne vers l'Ouest sauvage est celle-ci : partant de New York, par où va-t-elle passer ? Les politiciens de Chicago proposent leur soutien à la route du Nord ; ceux de Saint-Louis (Missouri) préfèrent la route des grandes plaines centrales, le Middle West. Enfin, les gens du Sud recommandent une ligne depuis Memphis (Tennessee) en traversant le Texas, le Nouveau-Mexique et l'Arizona.

A Washington, le débat ferroviaire devient vite le prolongement de la guerre civile, où l'affrontement entre le Nord et le Sud tourne au déchirement national.

Or, le chemin de fer va jouer son premier rôle dans le destin américain. C'est une importante contribution militaire, le Nord ayant des trains blindés, le Sud coupant les voies et dynamitant les ponts. Rappelons que l'obsession de Buster Keaton (un sudiste) à retrouver sa *General* (volée par des soldats nordistes) est fondée sur une histoire réelle mais qui ne faisait pas rire sa victime...

Après de rudes discussions et des débats financiers complexes, c'est Omaha, dans le Nebraska (37e Etat de l'Union en 1867), qui est choisi, au confluent du Missouri et de la Platte River. Dans l'immense plaine, ce port fluvial devient la base de l'aventure. Il faut trois ans pour rassembler dix mille hommes, vingt mille chevaux et mules – chiffres provisoires –, et ce qu'il leur faut pour vivre. Tout doit être apporté par bateaux, la viande, le bois, les rails. Les femmes suivent... Des villes naissent. Saloons, bagarres. Des villes meurent. D'ailleurs, les fabricants de cercueils suivent aussi. Avec les joueurs professionnels en gants blancs. L'argent gagné est vite perdu, regagné, reperdu. Un travail titanesque est accompli à la main par des Irlandais, des vétérans de la guerre civile, déracinés mais alléchés par les salaires, et, lorsque le relief est hostile, environ dix mille Chinois. Cette dernière main-d'œuvre, très habile, suscite néanmoins de nombreux problèmes de langue, de nourriture, de boisson, de comportement. Ces Asiatiques – dont beaucoup sont directement recrutés en Chine – vivent en communauté. Ils souffrent, se déclarent trop petits. Mais les patrons répondent : « Ils ont construit la Grande Muraille, ils peuvent bien construire une ligne ! » Tout est organisé d'une façon militaire, sous l'autorité de généraux. Les hommes se parlent peu ; mécanisés, ils obéissent. Certains, les Noirs, s'accompagnent de chants ; ils deviendront le jazz et le blues. Ce qui est remarquable est la vitesse à laquelle avancent les chantiers, puisqu'il y en a deux qui doivent se rejoindre. Quand l'Union Pacific annonce huit miles en un jour, la Central Pacific réplique avec dix miles (16 km !) en vingt-quatre heures. Il arrive qu'un rail soit posé toutes les trente secondes ! Peu importe que les rails soient mal joints et les traverses taillées d'un coup dans des troncs d'arbres à coton, les seuls à l'horizon. Il faut donner trois forts coups de masse par crampon et on compte dix crampons par rail. Chaque rail pèse 300 kilos et mesure 10 m. Un kilomètre de voie correspond à deux cent cinquante rails. Dès que vingt mètres sont posés, un train avance, pour un essai. Il transporte ouvriers, matériel, forge, cantine. Le convoi nourrit sa propre progression.

A la tête des compagnies, les hommes ne sont

guère scrupuleux. Certains, comme Thomas Durant, de lointaine origine française et un faux air de Napoléon III*, qui préside le conseil d'administration de l'Union Pacific, rêvent de terminer au plus vite et de revendre ses parts. La recherche du profit est plus qu'évidente, la corruption aussi. Ceux de la Central Pacific ne s'embarrassent pas davantage de délicatesses. MM. Hopkins, Crocker, Huntington et Stanford, surnommés les « Big Four », se font construire des palais de marbre à San Francisco. A leurs frais ? Non : les compagnies sont privées mais l'Etat paie. Cher : seize mille dollars le mile en plaine, quarante-huit mille dans la montagne. Toutefois, la principale source de profit des actionnaires vient des treize millions d'hectares donnés par l'Etat autour de la voie. C'est de la bonne terre, cédée, au prix fort, aux émigrants qui voudront s'installer dans une nature à peu près vierge. La concurrence est sauvage ; certains dirigeants n'hésitent pas à engager des cowboys dévoyés pour saccager, la nuit, le chantier du rival, lequel, à son tour, fait appel à des milices implacables.

A l'automne 1866, alors que 450 km de voies ont été fixés en dix mois, l'Union Pacific est bloquée par un froid polaire et des torrents de boue. En dépit des basses températures, les équipes surnomment le chantier *Hell on Wheels* (« l'Enfer sur roues »). Une ville en sort, Cheyenne, future capitale du Wyoming, qui va vivre du chemin de fer. Une légende naît, celle de Bill Cody, célèbre sous le nom de Buffalo Bill. Pourquoi ? Son petit-fils, Fred Garlow, l'explique : « Mon grand-père était employé par les dirigeants ferroviaires pour tuer, par contrat, au moins 12 bisons par jour. C'était la seule viande comestible pour les ouvriers. Un concours fut organisé avec son grand rival, Bill Comstock, un dimanche. Il y avait foule et les paris étaient élevés. Ce jour-là, mon grand-père tua 64 bisons, son adversaire seulement 46 ! Ce jour-là, il devint Buffalo Bill. Pendant toute cette période, il a tué 4 065 bisons. C'était très dangereux. Sur son cheval indien Brigham, il ne tirait qu'à trois mètres de sa proie avec sa vieille carabine Springfield qu'il appelait... Lucrèce Borgia ! S'il effectuait ce travail risqué, c'est parce qu'il était bien payé : il gagnait cinq cents dollars par mois, ce qui était considérable pour l'époque. Aussi a-t-il continué sa tâche jusqu'à la pose du dernier rail » (témoignage recueilli pour la série de Daniel Costelle en 1977, diffusée sur TF1 en 1978. Version éditoriale publiée par Larousse en 1981). On comprend que Buffalo Bill – le vrai ! – soit devenu une vedette avec son cirque, un spectacle qui fascine l'Europe en 1900. Sa notoriété est telle que le grand-duc Alexis de Russie vient chasser avec lui. Il est sauvé, *in extremis*, d'une horde le chargeant... Le massacre des bisons est la principale cause de la révolte des Indiens contre le « cheval de fer ». Le bison n'est pas seulement leur nourriture ; il est la base de leur civilisation car sa peau sert à confectionner les tentes.

La course infernale reprend en 1868. Pour cette seule année, 680 km sont ancrés dans le sol. Le franchissement des Rocheuses est épouvantable, il faut employer la dynamite. Les Irlandais de l'Union Pacific, grands consommateurs d'alcool, se livrent à des jeux insensés : c'est à qui attendra le plus longtemps avec la mèche allumée à la main ! Bilan : des dizaines de morts, des mains et des bras arrachés, des yeux brûlés. Côté Central Pacific, la progression vers le

Grand Lac Salé est aussi pénible. Pas un arbre, pas une plante mais l'aide d'homme vigoureux, organisés et... sobres, les mormons. Au printemps 1869, les journaux impriment une nouvelle incroyable : les deux lignes continuent chacune d'avancer, l'Union vers l'ouest, la Central vers l'est, mais elles ne vont pas se rencontrer. Elles sont à quelques dizaines de mètres l'une de l'autre ! Erreur de tracé ? Non, volonté délibérée de construire chacune sa ligne complète... La ruée vers le profit rend les hommes fous car chaque mile rapporte. Malgré les protestations d'ingénieurs honnêtes et les appels à la raison, les deux chantiers refusent de se raccorder l'un à l'autre. L'émotion est grande, le gouvernement fédéral intervient pour arrêter cette démentielle surenchère en découvrant les pots-de-vin que tout le monde a touchés, sénateurs, policiers, magistrats et même des journalistes. Par une aberration totale, 250 km de voies sont construits inutilement, des talus et des tranchées le prouvent encore aujourd'hui. Enfin, après correction des deux trajets, les deux voies se rejoignent, pour former quelque 5 000 km en continu. Lors de la cérémonie à Promontory Point, Thomas Durant arrive en retard. Ses ouvriers, qu'il ne payait pas assez, l'avaient retenu en otage ! Mais il est là, face à Lelan Stanford. Union Pacific et Central Pacific sont enfin nez à nez. A 12 h 47 ce 10 mai, le dernier clou, en or, est posé. La foule qui priait applaudit. Les deux magnats, hier ennemis sans pitié, se serrent la main, une bouteille – de champagne, s'il vous plaît – est débouchée pour arroser l'ultime éclisse et la jonction qui faillit ne jamais avoir lieu. Des dizaines d'hommes montent sur les deux locomotives et posent au nom du passé et pour l'avenir.

La photographie reste la plus célèbre de l'aventure du rail américain en même temps qu'un témoignage : l'Amérique, réconciliée, est née. Pour la petite histoire, MM. Durant et Stanford, peu habitués à manier de lourdes masses, s'y prennent très mal ! Il faudra les aider. Mais c'est un moment extraordinaire, vécu « en direct » grâce à la transmission par télégraphe, ce qui est une formidable innovation. L'opérateur de la Western Union, un certain Schilling, a branché le marteau et le clou aux fils électriques. Le message en morse adressé à Washington est le suivant : « Au président des Etats-Unis, le général Ulysses Grant. Monsieur le Président, le dernier rail est posé. Le dernier clou est planté. » Cinq jours plus tard, le premier Transcontinental, un mot magique, roule d'est en ouest. Il est bondé. On se rue vers l'Ouest, dompté. Huit jours pour aller de l'Atlantique au Pacifique contre six mois dans le meilleur des cas avant la ligne. Chaque locomotive sera la première phase d'une plus ambitieuse conquête, l'Europe d'un côté, l'Asie de l'autre. Une ère de communication(s) vient de s'ouvrir.

Proust, Marcel

Écrivain, 1871-1922

En ce temps-là, avant de partir pour un voyage en train, on consulte les horaires dans le *Chaix*. Cet ouvrage est une véritable Bible, mise à jour chaque année. Proust se plonge souvent dans sa lecture et considère que « l'Indicateur des Chemins de Fer est le plus enivrant des romans d'amour ». Pourtant, on ne peut pas dire que Marcel Proust fasse partie des écrivains voyageurs, mais plutôt de celle des voyageurs traumatisés. Lui-même ou le narrateur d'*A la recherche du temps perdu* rêvent très longtemps leur voyage, s'y préparent et sont saisis d'une angoisse incommensurable au moment du départ. Sa définition des gares le prouve : « Malheureusement, ces lieux merveilleux que sont les gares, d'où l'on part pour une destination éloignée, sont aussi des lieux tragiques, car si le miracle s'y accomplit grâce auquel les pays qui n'avaient encore d'existence que dans notre pensée vont être ceux au milieu desquels nous vivrons, pour cette raison même il faut renoncer, au sortir de la salle d'attente, à retrouver tout à l'heure la chambre familière où l'on était il y a un instant encore. Il faut laisser toute espérance de rentrer coucher chez soi, une fois qu'on s'est décidé à pénétrer dans l'antre empesté par où l'on accède au mystère, dans l'un de ces grands ateliers vitrés comme celui de Saint-Lazare où j'allais chercher le train de Balbec, et qui déployait au-dessus de la ville éventrée un de ces immense ciels crus et gros de menaces amoncelées de drames, pareils à certains ciels, d'une modernité presque parisienne, de Mantegna ou de Véronèse et sous lequel ne pouvait s'accomplir que quelque acte terrible et solennel comme un départ en chemin de fer ou l'érection de la Croix. »

Avec l'automobile, le train a été le principal mode de transport de Marcel Proust vers la Normandie, la Bretagne, la Suisse et, deux fois seulement, Venise. Toutefois, cette impression terrifiante est atténuée par le bien-être qu'apporte le train, comme ce grand nerveux l'exprime dans *A l'ombre des jeunes filles en fleurs* : « Quand le soir, après avoir conduit ma grand-mère et être resté quelques heures chez son amie, j'eus repris seul le train, du moins je ne trouvai pas pénible la nuit qui vint ; c'est que je n'avais pas à la passer dans la prison d'une chambre dont l'ensommeillement me tiendrait éveillé ; j'étais entouré par la calmante activité de tous ces mouvements du train, qui me tenaient compagnie, s'offraient à causer avec moi si je ne trouvais pas le sommeil, me berçaient de leurs bruits que j'accouplai comme le son des cloches à Combray tantôt sur un rythme tantôt sur un autre (entendant, selon ma fantaisie, d'abord quatre doubles croches égales puis une double croche furieusement précipitée contre une noire) ; ils neutralisaient la force centrifuge de mon insomnie en exerçant sur elle des pressions contraires qui me maintenaient en équilibre et sur lesquelles mon immobilité et bientôt mon sommeil se sentirent portés avec la même impression rafraîchissante qu'aurait donné un repos dû à la vigilance de forces puissantes au sein de la nature et de la vie (...). »

Comme dans toute son œuvre, Proust parle davantage de lui-même que du train... Et pourtant... Chez les voyageurs comme chez les grands malades, l'aube est toujours plus rassurante que la nuit. Elle permet de revenir à des considérations plus matérielles : « Les levers de soleil sont un accompagnement des longs voyages en chemin de fer, comme les œufs durs, les journaux illustrés, les jeux de cartes, les rivières où des barques s'évertuent sans avancer. »

Pullman, George Mortimer

Industriel américain, 1831-1897

Un nom mondial, symbole du confort, d'abord en train puis en autocar et aujourd'hui même pour des compagnies de paquebots de croisières. Deux syllabes magiques mariant luxe, silence et moelleux. C'est d'abord le patronyme d'un Américain audacieux, inventif, pour qui rien n'est impossible tant qu'on n'a pas essayé. Révolutionnaire du voyage à l'image de l'esprit pratique des Etats-Unis dans la seconde moitié du XIXe siècle, il a un sens inné de ce que nous appelons les relations publiques. Oui, on l'oublie souvent, M. Pullman a existé ; il se prénommait George Mortimer et il avait même un frère, Albert. Né à Brockton, dans l'Etat de New York, le 3 mars 1831, ce fils de mécanicien quitte l'école à quatorze ans pour travailler dans un magasin de matériel agricole. Il s'y ennuie et commence à voyager à travers l'immense pays en vendant des pièces d'ébénisterie fabriquées par Albert. En voyageant de Buffalo à Westfield puis de Chicago à New York, il est exaspéré par l'inconfort des trains de nuit, où il est impossible de dormir. On arrive sale, fourbu, et on est traité comme des troupeaux du Middle West.

A Chicago où il s'installe comme entrepreneur de travaux publics, il se spécialise dans des opérations inouïes, le... déplacement d'immeubles sur vérins ! Il parvient, selon la légende, à changer l'emplacement de l'hôtel Tremont House sans que les clients de l'établissement bougent de leur chambre ni du bar où, paraît-il, aucun verre ne fut renversé ! Digne des spectacles de Barnum, émule du grand magicien Houdini, George Mortimer Pullman stupéfie les ingénieurs. Ses activités l'obligeant à prendre souvent le train, il achète deux voitures de la compagnie Chicago Alton & Saint Louis Railroad. Aidé d'un charpentier ami de son frère Albert, il réaménage l'intérieur des voitures avec des sièges à dossier inclinable formant des couchettes à l'horizontale. Il en est sûr, c'est l'avenir car, pour traverser l'Amérique du Nord, il faut des trains adaptés aux longs trajets, nocturnes entre autres. George Mortimer, l'aîné, l'inventeur, et Albert, le cadet et le génie de la promotion, vont s'en charger.

Le 1er septembre 1859, ils mettent en service les deux voitures entre Bloomington et Chicago. Leur transformation a coûté deux mille dollars, une belle somme. Le premier agent chargé du confort des voyageurs s'appelle Jonathan Barnes, mais personne ne se souvient de lui. Il est vrai que le progrès demeure relatif : pas de draps, un éclairage incertain et dangereux à la chandelle, un poêle qui fume dans le couloir et assèche les gorges mais, ô innovation, un réservoir d'eau potable. M. Pullman encaisse cinquante cents par nuit et par voyageur. La guerre de Sécession interrompt ses activités et les armées nordistes réquisitionnent tout ce qui roule. Voici l'inventeur dans une situation financière précaire. Le mieux, selon lui, est d'éviter de prendre parti entre les Etats de l'Union et les Etats confédérés. Business d'abord ! Allant vers l'ouest, il fuit les combats pour tenter de faire fortune. Arrivé dans le Colorado, il s'installe dans un camp de chercheurs d'or. Là, au cœur de la ruée vers le précieux métal, il vend du matériel et des vivres aux orpailleurs qui ne trouvent pas d'or. Ses affaires marchent. En 1863, il est à la tête de vingt mille dollars, une petite fortune. Avec son ami Ben Field, il investit cette somme dans la construction d'une voiture spéciale qu'il baptise « Pioneer » et en dépose le brevet un an plus tard, à la fin des travaux. Un an ! Pullman, obstiné, voit loin et il est bien de la race des pionniers. « Pioneer » est la plus grosse et la plus longue voiture de chemin de fer jamais construite. Montée sur deux bogies à quatre essieux au lieu de deux, elle n'est en rien conforme aux normes des infrastructures ferroviaires. Comment un tel monstre à huit roues pourra-t-il rouler et prendre les courbes ? La décoration est d'une qualité et d'un luxe inconnus sur rails qui rappellent ceux des élégants bateaux à roues du Mississippi : panneaux de bois précieux, miroirs de cristal, cuivres rutilants, mobilier d'acajou et fauteuils profonds qu'on appellera vite fauteuils Pullman. Au début de 1865, il fait breveter un système de sièges extensibles formant lits à la partie inférieure de la voiture. Une révolution puisqu'on passe du fauteuil au lit, transformation adoptée aujourd'hui par les compagnies aériennes en première et en classe affaires...

Vient le temps des essais. Un désastre ! « Pioneer » ne peut absolument pas rouler ! Son gabarit est tel qu'elle briserait les quais ou se briserait contre eux, bloquerait les tunnels et, pire, elle heurterait les convois en sens inverse ! Les ingénieurs tiennent leur revanche sur ce saltimbanque du rail. George Mortimer a vu trop grand. Comment cet homme pragmatique a-t-il pu négliger les dimensions du matériel classique et des ouvrages d'art ? Mystère... L'homme est du genre à adapter le monde à ses rêves plutôt que l'inverse. En attendant, on se moque de lui, on raille la *Pullman's Folly* et, furieux, le génial bricoleur range sa déjà célèbre « Pioneer » dans un hangar, bien protégée...

La chance ne le quitte jamais complètement. Elle lui sourit à nouveau à l'issue d'un drame qui va endeuiller l'Amérique. Le 14 avril 1865, Abraham Lincoln, président des Etats-Unis ayant élaboré un programme de reconstruction pour réconcilier le Nord et le Sud, assiste, en compagnie de sa femme et d'un couple ami, à une représentation dans un théâtre de Washington. Soudain, un homme entre dans la loge et tire à bout portant sur Lincoln. L'assassin, John Wilkes Booth, est un acteur sudiste fanatique. La dépouille du président est exposée à la Maison-Blanche puis au Capitole où une foule énorme rend hommage à l'homme qui, après la guerre de Sécession, incarnait l'unité américaine depuis la capitulation du Sud. Un certain colonel Bowen, chargé des funérailles du président, est à la tête de la Third National Bank de Chicago où Pullman a placé ses fonds. Le train semble le mode de transport le mieux adapté au transfert du corps d'Abraham Lincoln de Washington jusqu'à son Kentucky natal. Mais, pour Bowen, aucun matériel n'est digne du défunt. Il en parle à Pullman qui, on s'en doute, juge que seule « Pioneer » est digne d'un tel cérémonial, sans précédent aux Etats-Unis. Mais la voiture n'a pas rétréci. Alors ? Avec un calme d'entrepreneur sûr de lui – et qui attendait sa revanche –, George Mortimer répond au colonel-banquier qu'il suffit... d'adapter la voie au gabarit de « Pioneer » ! Merveilleuse époque où ce genre de défi est possible à relever !

Des équipes travaillent jour et nuit pour atténuer les courbes de la voie, consolider les ponts, élargir les passages encaissés, repousser les quais, le tout sur 1 200 km ! Les journaux accordent autant de place à l'exploit qu'à la compassion populaire. Tous les Américains suivent la progression de ces travaux rectificatifs, incroyables mais dont tout le monde est fier. Le culotté M. Pullman sait déjà que la population va se presser sur la ligne pour voir passer la voiture funèbre et que sa « Pioneer » va bénéficier d'une fantastique publicité. Et là réside une bonne part de son génie. De Washington à Hardin County, près de Hodgenville, la locomotive *Nashville*, typique avec son large chasse-pierres, ses énormes roues motrices et sa cheminée évasée, est ornée à l'avant d'un portrait de Lincoln dans une couronne mortuaire. Le silence, la foule qui se découvre, se signe, reste figée. Le premier voyage de la « Pioneer » pour le dernier voyage du président très impliqué dans le développement ferroviaire. Il faut rappeler que le défunt est le père du Transcontinental : en signant le *Railway Act* du 1er juillet 1862 lors de son premier mandat, Abraham Lincoln avait mis face à face (ou plutôt locomotive contre locomotive) les deux compagnies rivales, Union Pacific et Central Pacific, parties à la rencontre l'une de l'autre. C'est grâce à Lincoln que les Etats-Unis furent véritablement... unis avant de se déchirer. Si le voyage aller est marqué par la tristesse et le recueillement, le voyage du retour est une fête, celle des curieux. Jamais les Américains n'avaient vu de train funèbre et maintenant la « Pioneer » est une formidable vitrine. Pullman invite les notables des villes traversées, organise des réceptions à bord, fascine la presse. Il se révèle, comme le diront ses amis, « un pour cent inventeur, neuf pour cent homme d'affaires et quatre-vingt-dix pour cent publicitaire ». En quelques jours et des démonstrations bien étudiées, George Mortimer Pullman a conquis les esprits : tout le monde – du moins ceux qui peuvent voyager mieux que les bovins ! – veut monter dans la « Pioneer » et encourage son créateur à en construire d'autres.

Les cinq grandes compagnies se disputent l'avantage d'incorporer la « Pioneer » à leurs trains, après modifications des installations ; on assiste à une métamorphose unique au monde : des réseaux qui s'adaptent à une seule voiture ! La Chicago Alton et la Michigan Central louent la célèbre voiture, devenue un ambassadeur. Très vite, on parle d'une

Pullman Car et le nom entre dans la légende. Et George Mortimer propose même au président Grant, successeur de Lincoln, d'utiliser la « Pioneer » pour ses déplacements. Ainsi naît l'ébauche d'un train présidentiel*, encore inexistant. Le génie de Pullman est de créer un besoin, tant auprès du public que des autorités ; il démode le vieux chemin de fer en inventant le transport douillet. La Pullman Palace Car Company répond au succès par la construction en série de nouvelles voitures de luxe, sans cesse améliorées. Ses premiers ateliers sont ouverts à Palmyra, près de New York, puis, en souvenir de ses débuts, Pullman fonde près de Chicago – on l'oublie aussi – une ville, pour loger ses ouvriers, à laquelle il donne son nom, Pullman City...

En 1868, à trente-sept ans, le pionnier du confort sur rail invente un nouveau chef-d'œuvre, né des longues distances, la voiture-restaurant. Son nom, « Delmonico », sera plus tard celui d'un célèbre restaurant new-yorkais. Pour vanter les mérites de ce premier restaurant roulant, Albert Pullman se surpasse. Ses affiches ressemblent à celles de Barnum (lequel va commander plusieurs trains...). Même méthode, même calicot en lettres bleu et rouge encadrées de dorures. Mêmes objectifs : le roi du cirque et le roi des trains vendent du rêve. Entrez, entrez ! Au lieu d'applaudir la femme-canon, on va déguster des huîtres frites ou du bœuf tendre et rôti sur demande pendant que le Kansas défile à la fenêtre. C'est aussi un spectacle.

Toutefois, quelques voyageurs ne se laissent pas abuser facilement ; ils font la différence entre la publicité et l'exagération. Ainsi, dans le « Delmonico », la cuisine est, curieusement, au milieu de la voiture. Quel que soit le sens de la marche, on a l'impression de se restaurer derrière la locomotive car les fumées se mélangent. L'honorable J.D. Boddham, un Britannique enchanté de critiquer ces « barbares d'Américains », se plaint : « C'est tout le temps pareil : bœuf, mouton, œufs au jambon. Il n'y a aucune différence de New York à San Francisco. » Et il formule une accusation plus grave chez un sujet de la reine Victoria : « Quand je demande du thé, le garçon persiste à m'apporter du café et m'explique que c'est exactement la même chose, sir ! » Le pointilleux et maniaque J.D. Boddham, décidé à bouder son plaisir de découvrir des trains qui n'existent pas en Europe, n'est pas moins sévère à l'encontre des premières voitures-lits : « L'homme qui dormait dans le lit voisin du mien, ronflait effroyablement. En fait, la nuit avait été atroce à cause des bruits peu mélodieux provenant de toute la voiture. Le matin, si vous n'êtes pas levé tôt, il faut faire la queue avant d'avoir accès au lavabo. Si vous êtes trop en avance, il faut rester dehors, sur la plateforme, dans la poussière et la fumée, en attendant que les lits soient transformés en place. » Ce voyageur est tout de même ingrat car, avant 1870, les chemins de fer d'outre-Manche sont loin d'être aussi évolués. En revanche, ces critiques d'un Européen (bien qu'Anglais !) sont exactement celles, parmi d'autres, que formule un jeune ingénieur belge de passage aux Etats-Unis, Georges Nagelmackers*. C'est lui qui adaptera les concepts de Pullman aux usages européens et créera les premiers wagons-lits du continent en 1872.

A la mort de George Mortimer Pullman, en 1897, le Congrès américain vote enfin des crédits pour que le président des Etats-Unis dispose d'un train spécial. William McKinley a, en effet, des complexes, car il est jusque-là obligé d'accepter les invitations – avec ce que cela comporte – des milliardaires Gould, Vanderbilt et autres Rockefeller, ravis d'étaler leur puissance avec leurs trains spéciaux et leurs extravagantes voitures déjà surnommées *Palaces on Wheels* (« Palaces sur roues » puis, par extension, « Palaces du rail »). Il y aura ensuite une Pullman Car Ltd anglaise, des voitures-salon-Pullman et des orthographes fantaisistes comme celle-ci, que j'ai vue en Turquie, « Poulman », et cette autre, aussi choquante, « Pullmans ». Au fait, n'écrit-on pas « les Molières » ?...

Pullman-Orient-Express

C'est le dernier-né de la galaxie des Orient-Express reconstitués ou inventés dans le style des trains de luxe, à ne pas confondre avec le Venice-Simplon-

Orient-Express*. Jusque vers 1980, la Compagnie Internationale des Wagons-Lits ne se préoccupait guère de la protection et de la conservation de son patrimoine. Des voitures historiques avaient été vendues aux enchères en 1977, un style était abandonné ; il a fallu l'aiguillon de sociétés nouvelles, rachetant une partie de son ancien matériel dispersé et organisant des voyages à thèmes en lui faisant concurrence, pour qu'elle s'intéresse à sa propre histoire. Ainsi est né le Pullman-Orient-Express. Son nom, une création, associe les notions de confort et de voyage mythique. Ce train est basé à Paris, gare de l'Est*, et il ne circule que pour des voyages spéciaux (affrètements d'entreprises) ou à des dates évoquant l'âge d'or du romantisme ferroviaire (par exemple pour la Saint-Valentin). Il y a eu vingt-deux voyages programmés en 2006. On peut aussi choisir l'intrigue policière, où il s'agit de découvrir un coupable en jouant les Hercule Poirot. Ses destinations sont rapprochées, par exemple un dimanche à Chartres et souvent vers les caves de Champagne, avec cocktail à l'aller, dîner de gala au retour. Quelques périples hors frontières ont eu lieu (vers Prague) ainsi que quelques départs avec locomotive à vapeur (la 230 G 353 de la SNCF, star prolongée du cinéma* et de la télévision). Ce sont des voyages sur mesure pour deux cents personnes au maximum.

En France, ce train arrive donc après la première renaissance des palaces du rail.

Outre la possibilité de le louer par groupes (anniversaires) avec une grande variation de prestations à bord sans être soumis à un voyage lointain, le grand intérêt du Pullman-Orient-Express est son matériel, absolument somptueux et authentique, ce qui n'est pas toujours le cas chez ses rivaux. En 1987, six voitures qui circulaient sur les grandes lignes d'Europe occidentale et orientale dans les années 1930 sont restaurées minutieusement et remises sur rails. En 1991, la compagnie, devenue une filiale d'Accor, poursuit ce retour d'un art de vivre oublié. Une septième voiture complète aujourd'hui cette rame de grand luxe. En 2003, après neuf mois de travaux (et un budget de deux millions et demi d'euros), le Pullman-Orient-Express est comme neuf en dépit des années de son parc. Mais ici, il ne s'agit plus d'âge ; il s'agit de mémoire. Quatre de ces voitures sont classées Monument historique. Lorsque la rame vient se mettre à quai, on reste émerveillé. Un orchestre, un verre de champagne, le départ est romanesque. Montons à bord de ces voitures ; si, au temps où elles étaient en service normal, elles n'avaient jamais roulé ensemble, elles sont les témoins raffinés d'un temps où technique et esthétique allaient bien ensemble, l'une au service de l'autre ; les plus grands artistes valorisaient l'art du voyage.

La voiture-salon-bar « Côte d'Azur » n° 4148, classée, date de 1929. Ancienne voiture-salon roulant de Paris à Londres, Bruxelles, Amsterdam, Madrid et Lisbonne jusqu'en 1954, elle fut affectée sur la ligne Milan-Rome-Naples en 1975 puis transformée en voiture-bar. De 1975 à 1985, elle a fait partie des trains croisières européens en direction d'Istanbul. Sa restauration, en 1988, met en valeur la décoration de René Prou, le bronze poli des lampes de table, les panneaux en loupe de bouleau de Finlande, les porte-bagages sommet de l'Art déco. La voiture-salon-bar-restaurant n° 4160, classée, est contemporaine de la précédente. Sa célébrité historique est d'avoir été incorporée, en 1951, au Train Bleu. Décorée par le maître-verrier René Lalique, ses parois en platane avec bouquets de fleurs en pâte de verre et son bar en acajou faisaient l'admiration de Coco Chanel et de Sacha Guitry. La partie salon comprend douze tables et vingt-quatre fauteuils bridge. Cette voiture Pullman de prestige, rénovée et transformée en 1989, tire sa célébrité cinématographique du film *Le Crime de l'Orient-Express*. Peu importe que son réel itinéraire oriental ne l'ait jamais conduite plus loin que San Remo, sur la Riviera italienne ! Les reflets ambrés de ce bar-restaurant nous transportent immédiatement ailleurs, et, avec la sagacité d'Hercule Poirot, comment ne pas « se mettre à table » ?

Même sensation intime et de confort remarquable sans faute de goût dans la voiture-salon Pullman n° 4159, classée, datée de 1929. Sa restauration a réédité les moquettes et tissus d'origine. Avec ses deux salons de quatre places aux extrémités (les « coupés », très demandés !), cette voiture est sublime. Entre des parois en acajou de Cuba, Lalique a glissé des panneaux de pâte de verre moulé à la gloire de naïades. Assis dans les larges fauteuils dorés dus à René Prou, on ne pouvait que rêver lorsque, à bord de la Flèche d'or*, on gagnait rapidement Londres ou Paris. De 1945 à 1971, elle fut incorporée au Sud-Express et au Drapeau (Paris-Bordeaux). Entre 1971 et 1986, cette voiture a également beaucoup circulé avec les trains croisières vers le Bosphore. La voiture-salon Pullman n° 4151 est d'un ton plus blond, avec ses panneaux en loupe de bouleau de Finlande et ses incrustations aux tulipes en étain sur les parois des petits salons. Les lampes Art déco, dessinées par René Prou, animent la couleur prune des fauteuils, différents de ceux de la Flèche d'or et typiques du Pullman-Côte d'Azur. En dehors de ses trajets internationaux (Belgique, Pays-Bas, Espagne et Portugal) cette voiture a eu le privilège de faire partie du premier train rapide de jour, le Mistral (Paris-Nice), encore à vapeur. En raison de son poids, elle était accrochée juste derrière le tender ou plus tard la motrice, jusqu'en 1969.

Enfin, trois voitures-restaurants, non classées (« Riviera » n° 2979, « Taurus » n° 2976 et « Anatolie » n° 2869), sont datées de 1927 et 1925. Les deux premières, construites en Italie, ont effectivement fait partie du Simplon-Orient-Express* et de l'Arlberg-Orient-Express jusqu'en 1940. Leur dernier service régulier, en 1983, fut en Italie. La troisième, avec sa longue table idéale pour un groupe ou un banquet, est de construction britannique. Sa décoration, conçue par Albert Dunn, est un univers délicat de marqueterie en loupe et ronce d'acajou, avec des guirlandes de fleurs en bois de violette, de rose, de platane, de citronnier et d'ébène. Sa restauration date de 1987 par les ateliers de la Compagnie des Wagons-Lits à Ostende.

Proposant au moins cinq menus différents, la gastronomie est, avec le matériel, l'intérêt de ces voyages courts. Longtemps, le chef Michel Merlette officia dans la cuisine, toujours au charbon, de 1926. Nous bavardions pendant qu'il tournait une sauce, l'œil rivé sur sa préparation. Et il m'assura que ses collègues des wagons-restaurants n'avaient pas besoin de regarder par-dessus leurs vitres dépolies pour savoir où était le train, tant ils étaient habitués au profil de la ligne. Ainsi, de Paris à Clermont-Ferrand dans les années 1960, le chef, qui tournait sa sauce comme Michel Merlette, vit sa casserole légèrement se déplacer vers la gauche du fourneau. Une courbe. « Tiens !... Nevers ! » dit-il sans lever les yeux !

Le seul inconvénient de ce train magnifiquement reconstitué est l'absence de voitures-lits d'époque ; elles ont été rachetées par la concurrence aux aguets. On peut toujours concevoir d'ajouter des sleepings modernes et confortables si l'on veut aller loin. L'harmonie, certes, sera rompue. La formule des sept voitures est idéale pour une journée et/ou une soirée en remontant le temps... sans avoir à faire ses valises !

« Le grondement des trains qu'on entend à Paris
Dans l'aube sale où point une faible lumière
Ralentit au travers des petits brouillards gris.
Il pleut : un voyageur a fermé la portière. »

Francis CARCO, de l'Académie Goncourt,
La Romance de Paris.

Quais

On s'en doute mais on peut le rappeler : voici encore un mot emprunté au vocabulaire maritime ou fluvial, à l'époque où, en France, les premières gares étaient appelées des « embarcadères ». Le terme apparaît chez nous en 1846 et désigne la plate-forme (les Anglais disent d'ailleurs *platform*) pour l'embarquement et le débarquement des voyageurs ainsi que le chargement et le déchargement des marchandises. Pendant longtemps, seuls les Chemins de fer britanniques et américains construisaient des quais à la hauteur des portières des voitures. En France et dans bien des pays, il fallait se hisser, parfois difficilement, sur la première marche ; la descente était aussi périlleuse. Les trains de luxe offraient, eux, des tabourets à la clientèle, disposés en hâte à chaque arrivée par un employé. Mais un autre problème demeura longtemps non résolu, celui de la longueur du quai par rapport au convoi. Mon arrière-grand-père était un merveilleux original dont j'ai, sans aucun doute, hérité la passion ferroviaire. Il connaissait les horaires, les correspondances et, seulement protégé par sa carte de visite, il partait saluer le tsar, le prince de Monaco ou une personnalité amie... Comme le duc de Broglie, le duc des Cars voyageait le plus modestement possible. Il aimait les troisièmes classes pour écouter la *vox populi*. Sa longue barbe et sa gentillesse inspiraient confiance. Il était sensible aux tracasseries en tous genres dont étaient victimes, selon lui, les passagers des catégories modestes. Il était pointilleux – et incollable – sur la réglementation. Dans les années 1900-1910, cet homme d'une bonté légendaire s'est rendu célèbre sur les lignes de l'Ouest. Si, avant le départ, il serrait traditionnellement la main du mécanicien et du chauffeur qui lui donnaient du « Monsieur le Duc », fort courtoisement, il n'en était pas moins le cauchemar des chefs de train et des contrôleurs.

A cause des quais... Se rendant souvent en pays proustien, chez des parents en Eure-et-Loir, il ne descendait jamais à la gare de Courtalain (aujourd'hui sur une ligne TGV*) à l'arrivée du train alors que c'était sa destination. Il déplorait que le quai soit trop court pour les voitures de troisième classe, pestait contre la compagnie qui méprisait de pauvres voyageurs contraints de se risquer sur les rails avec tous les dangers d'une telle entreprise. Alors, il attendait que le train reparte et, au bout de quelques secondes, tirait le signal d'alarme au moment où sa voiture longeait, enfin, le quai... et il descendait. Triomphant. Chaque fois, le personnel se précipitait et osait lui dresser un procès-verbal, toujours pour le même motif.

Avec ces mots :

— Encore vous, Monsieur le Duc ! Vous savez très bien que c'est interdit !

Il le savait fort bien. Mais il répétait à ces cheminots stupéfaits que « la longueur du quai doit correspondre à celle de la rame ». Et, de sa redingote, il sortait, invariablement, les textes régissant la « police des chemins de fer ». Des instructions toujours en vigueur, soulignait-il. Ses documents étaient une incroyable collection, du temps de Louis-Philippe, du gouvernement provisoire, de la Deuxième République, de Napoléon III, du gouvernement de la Défense nationale et de la République de son époque, la Troisième, celle de MM. Emile Loubet puis Armand Fallières.

Et après chaque incident – qui avait retardé la marche de son train, à son grand regret ! – il était toujours relaxé par le tribunal de police, et l'amende annulée.

Enchanté, il répétait que personne n'oserait mettre en danger la vie des voyageurs de première classe et même de deuxième. Et que cette désinvolture à l'encontre des troisièmes classes n'était pas acceptable.

Ne me dites pas qu'il était maniaque. Non. Il était précis...

« Il semble parfois que les circonstances sont attachées
les unes aux autres comme les wagons d'un grand train
de marchandises chargés de fleurs, de bêtes, de minéraux,
de glace, d'ennuis, de joies et de rêves, et aussi,
de loin en loin, parfaitement vides. »

André Dhotel, *Le Plateau de Mazagran*.

Record d'altitude, depuis 2006

Depuis le samedi 1er juillet 2006, le record d'altitude, détenu par le Pérou, est tombé au profit de la Chine et il ne risque pas d'être surpassé avant longtemps, s'il doit l'être ! Il y a désormais un train régulier qui roule à... 5 072 mètres d'altitude ! Vous avez bien lu : une voie ferrée a été construite à un niveau qui dépasse de 200 mètres le sommet du Mont-Blanc ! Ce n'est ni un chemin de fer expérimental ni une voie étroite à crémaillère. Et, sur plus de 900 km, la ligne court à plus de 4 000 mètres. Autant dire que les anticipations les plus extraordinaires de Jules Verne et des *Aventures de Blake et Mortimer* sont spectaculairement mises à jour avec un paysage lunaire et glacé que traverse un convoi au luxe surprenant. Son inauguration, fastueuse, par le président chinois Hu Jintao, a permis à la presse officielle d'annoncer, à la une, « Un dragon de fer danse sur le Toit du monde ». Le train du Toit du monde va permettre de relier Pékin à Lhassa, au Tibet, en moins de deux jours. Parti de la capitale chinoise à 21 h 30 le samedi soir, le T27 (c'est son nom de code) a atteint la capitale tibétaine lundi 3 juillet, à 15 heures. Environ quarante-deux heures pour un trajet total de 4 000 km. C'est au col de Tangula que le train plonge sur le plateau tibétain. Le dernier tronçon enfin ouvert, de Golmud à Lhassa, conduit le nouveau « dragon » sur 1 142 km à l'aide de 2 647 ponts et 11 tunnels. Les travaux ont duré un peu plus de six ans et coûté, financièrement, trois milliards et demi d'euros. Le prix humain n'a pas été communiqué. Il ne l'avait pas davantage été pour la construction du Transsibérien*... On sait seulement que, sur les cent dix mille ouvriers engagés, seuls dix mille étaient originaires des régions traversées.

Dans cette fantastique réalisation, il y a deux aspects, l'un purement ferroviaire, l'autre politique et économique. Techniquement, le dernier tronçon fait défiler une vaste steppe battue par les vents puis de larges vallées dans un paysage minéral grandiose sculpté de montagnes ocre. Des troupeaux de yacks, des grues à col noir, des lacs sacrés de ton émeraude que la ligne évite soigneusement pour respecter les croyances tibétaines ? On est dans un roman de Joseph Kessel*. Des soldats au garde-à-vous presque à chaque kilomètre ? On est dans un pays au régime fort où les autorités ont, en matière de sécurité, la main lourde. Des écrans solaires, des pompes à chaleur le long des rails ? On est dans un univers de science-fiction. Par – 25 °C (un minimum) sur plus de 500 km, on peut s'interroger sur la stabilité du ballast car la tenue du permafrost, c'est-à-dire une terre glacée en permanence, est fonction inverse du réchauffement climatique. Le sol, toujours gelé en profondeur, peut être réchauffé par le soleil et le soubassement de la voie en quelque sorte ramolli, d'où les extraordinaires précautions pour veiller à sa stabilisation. Après une rampe de 100 km, le train roule déjà à 4 000 mètres, là où l'oxygène est plus rare et le ciel plus bleu. Et la montée à l'assaut de la formidable barrière tibétaine est hallucinante. Lorsqu'il arrive à Lhassa, le convoi n'est plus, si l'on ose dire, qu'à 3 650 mètres quand il s'immobilise dans la nouvelle gare-terminus posée au pied du Potala. Ce projet titanesque a souvent été annoncé et régulièrement repoussé. La Chine a d'abord fait appel à des ingénieurs suisses, réputés les meilleurs du monde dans le domaine des trains de montagne, d'altitude et de froid intense. On surnomma même cette idée folle « Mission impossible ». Désormais, elle est réussie et fait partie des chantiers impensables qu'elle mène à bien depuis quelque temps.

Mais, au-delà de l'exploit, le plus étonnant est le train lui-même. Il est vraiment unique au monde bien que la fierté nationale chinoise soit singulièrement écornée sur cette question. En effet, si le *Quotidien du peuple* est resté discret sur le matériel, c'est parce que les locomotives sont... américaines et les voitures... canadiennes, issues de sociétés au capitalisme agressif mais expertes dans le transport ! Tractées par trois motrices diesel électriques blanches barrées de bleu et d'un type spécial pour ne pas manquer de souffle, ses voitures à la livrée vert épinard soviétisante sont toutes pressurisées comme la cabine d'un avion de ligne. Au-dessus de 3 000 mètres, un oxygène d'appoint est automatiquement insufflé dans la rame à travers le circuit de climatisation. Des bouteilles d'oxygène individuelles sont prévues. Et, en cas de malaise, des prises pour chaque voyageur, avec un tuyau nasal comme dans un hôpital, sont à portée de main. Toutes les fenêtres sont équipées de filtres à ultraviolets. Chaque rame est composée de seize voitures-lits et voitures-couchettes, d'une voiture-restaurant de luxe et d'une voiture... multimédia ! Vitesse : par moments, plus de 100 km/h. Autrement dit, le tortillard asthmatique gravissant les Andes du Pérou est relégué au musée du rail romantique.

La Chine s'est réveillée pour traverser l'une des régions les plus hostiles de la planète, une immense zone dépourvue jusqu'ici de toute infrastructure ferroviaire. Et, à côté des amplitudes thermiques, les risques sismiques ont été sérieusement analysés. Signalons aussi le souci, inconnu en Chine, de l'environnement. Une enveloppe de cent vingt-cinq millions d'euros a été consacrée à la protection des espèces menacées. Ainsi, sur certains tronçons, la voie a été surélevée pour ne pas troubler la migration des troupeaux des magnifiques antilopes tibétaines, et elle contourne cinq réserves naturelles. Enfin, le tarif actuel du voyage n'a rien d'himalayen : au départ de Pékin, l'aller simple est facturé de quarante à cent vingt-cinq euros. Encore un exploit ! Toutefois, ce n'est qu'une première étape. En 2008, selon la fière annonce des Chemins de fer chinois, de nouvelles voitures comporteront quatre suites de 10 m^2, dotées chacune d'une baie panoramique et d'une salle de bains. Les Venise-Simplon-Orient-Express* et autre Train Bleu d'Afrique du Sud n'ont qu'à bien se tenir ! Avec un tel confort, le « Tangula-Express », comme on le surnomme déjà à l'occidentale, le prix de la journée à bord sera de mille dollars par personne, soit quarante fois plus cher que pour une couchette « molle », l'actuelle référence du confort sur rails en Chine. On assure que, si les réservations correspondent à une demande américaine et européenne, elle sera également chinoise.

Politiquement et économiquement, l'affaire a aussi des conséquences gigantesques. Le président de la Chine populaire a coupé le ruban en vantant « les mérites du socialisme » et loué « ce grand miracle dans l'histoire ferroviaire du monde »... sans monter à bord du premier train. On constate que, depuis les premiers essais des convois de marchandises au mois de mars 2005, le trafic routier est en baisse constante. M. Sun Yongfru, vice-ministre des Chemins de fer, s'est félicité des « nombreuses innovations de l'ouvrage », insistant sur le fait que des ingénieurs et ouvriers chinois ont relevé un défi incroyable. Entre l'été et le début de l'automne 2006, six villes chinoises ont prévu le début du service direct en une durée maximum de trois jours et deux nuits à bord, notamment depuis Guangzhou, active métropole du Sud. La ligne du Quing-zhang est, selon ce haut fonctionnaire, une réussite : « Aucun autre pays n'a réussi à faire rouler un train sur des terres gelées aussi élevées. » Les villages aux masures écroulées qui ornent l'unique rue, façon western*, sont déjà abandonnés ; les propriétaires de restaurants « routiers » ont vite plié bagage, emportant même portes et fenêtres, pour tenter de survivre ailleurs.

Le président chinois avait gardé un mauvais souvenir de son séjour au Tibet où il était secrétaire provincial du parti communiste. L'altitude lui causait de telles migraines qu'il passait la moitié de l'année à Pékin. Et cet homme à poigne avait réprimé dans le sang une révolte des partisans du Dalaï-Lama, exilé en Inde.

Depuis qu'en 1950 l'Armée populaire de Libération

a envahi le Tibet, l'absence de communications par le rail permettait au Tibet, rétif à la tutelle chinoise, d'échapper plus ou moins à l'emprise de Pékin. Au nom du progrès, cette fragile liberté succombe à une colonisation implacable et à grande vitesse sous couvert d'un tourisme nouveau et séduisant. Là où des moines mettaient plusieurs mois à gagner la Ville sainte du bouddhisme tibétain, alors qu'il fallait au minimum cent cinquante heures de voyage en bus et que l'avion reste cher, le trajet en moins de quarante-huit heures est une menace. Dénonçant le prétexte de désenclaver le Tibet en reliant les régions pauvres de l'Ouest à celles de l'Est, plus florissantes, le responsable d'une association d'anciens prisonniers politiques annonce la catastrophe pour les 2,4 millions de Tibétains : « Ce chemin de fer aura des conséquences désastreuses pour notre peuple alors que Pékin s'efforce d'exploiter notre pays, d'en diluer la culture et d'en déséquilibrer le poids démographique. » De solides considérations ont rendu la réalisation de ce projet indispensable, comme la réouverture de la frontière sino-indienne au commerce, le transport de troupes et de blindés vers la province rebelle et l'exploitation de l'uranium du Tibet pour le programme nucléaire civil chinois. C'est donc une nouvelle conquête par le rail, comme au XIXe siècle. Ajoutons que le train péruvien, qui a perdu sa vieille couronne de plus haut du monde, avait été construit, il y a quelque cent vingt ans, par une main-d'œuvre... chinoise ! A l'été 2008, au moment des jeux Olympiques de Pékin, on s'est ému du sort du Tibet en la personne du Dalaï-Lama. Encore une indignation sélective et temporaire chez certaines « bonnes consciences » car depuis 2006, Lhassa est une très lointaine mais très bien desservie banlieue de Pékin… Qui, alors, s'en était réellement inquiété ?

Records de retards en 2006, 2007 et 2008

Mardi 18 juillet 2006. Le trafic des trains Eurostar, dans le sens Londres-Paris, est gravement perturbé. La chaleur (quand ce n'est pas le froid...) entraîne des « dysfonctionnements techniques ». Résultat : un voyage de huit heures (huit !) pour cinq cents voyageurs qui pensaient, naïvement, que l'Eurostar relie les capitales britannique et française en deux heures trente-cinq. En 1966, la Flèche d'or*, le légendaire train Pullman *Golden Arrow* (deux trains, un passage maritime), accomplissait le trajet en... six heures ! On citera dans les annales du TGV Atlantique la nuit de cauchemar vécue par près de 2 000 passagers coincés dans quatre rames le 18 juillet 2007 à cause de l'orage. Ils sont arrivés à destination avec sept heures de retard, à la suite de ces incidents. Le 18 août 2008, les TGV du Sud-Est vers Paris ont dix heures de retard à la suite de l'arrachage accidentel d'un caténaire. Le chaos est tel qu'un passager affirme : « C'est pire que juin 1940 ! »

Records de vitesse

Après un quart de siècle de TGV*, alors que nous sommes habitués à relier Paris à Lyon en deux heures, une erreur très répandue voudrait que seule la traction électrique soit capable de vitesses supérieures à 200 km/h. Rendons justice à la vérité, oubliée des non-spécialistes. Et rappelons qu'en 1829 la *Rocket* (« Fusée ») de Robert Stephenson frôlait déjà le 50 km/h, ce qui était inimaginable...

En 1893, une locomotive américaine 220 de la compagnie du New York Central & Hudson River, remorquant un train de luxe, atteint, pour la première fois, le 161 km/h. Elle s'illustre sur le parcours Syracuse-Buffalo, dans l'Etat de New York. Toutefois, cette performance n'étant pas homologuée, elle n'est pas retenue sur le plan international, ce qui est regrettable. Ce record à vapeur – c'en est un ! – ne sera égalé en Europe qu'au Royaume-Uni en 1934 par une Pacific 230 vert olive à filets jaunes et sans coupe-vent. Elle tire le célèbre Flying Scotsman (Londres-Edimbourg) qui, ce jour-là, mérite bien son nom d'Ecossais volant !

L'électricité entre dans la compétition en 1901 avec un train allemand, un Siemens und Halske qui roule à 162 km/h. Et, deux ans plus tard, deux locomotives de la même firme poussent le record à 210 km/h.

Toutefois, le système diesel faisait aussi parler de lui avec beaucoup d'éloges. Expérimenté sur des locomotives en Allemagne dès 1912, il avait été mis en service en Suède sur un autorail diesel-électrique qui circula de 1913 à 1923. En Amérique du Nord, l'étonnant *Flying Hamburger* (!), diesel-électrique, circulait dès 1932. Sa vitesse régulière était supérieure à 160 km/h mais il atteignit une fois les 199... Pendant une brève période, il fut le plus rapide des trains réguliers en service normal dans le monde. La vapeur ne s'avoue pas vaincue. En mars 1935, une Pacific 230 de la compagnie du Flying Scotsman, baptisée *Papyrus*, pulvérise le record mondial : 174 km/h ! Cette fois, elle volait sur les rails ! La course continue avec une machine (expérimentale) allemande, la 05.001, qui porte le record à 200,4 km/h. C'est une 232 très impressionnante, carénée en forme d'obus.

Mais il ne faut pas confondre les parcours d'une machine seule ou avec une courte rame d'essais et un train dit normal et surtout en service commercial. Le 3 juillet 1938, en Grande-Bretagne, une énorme *Mallard*, de classe Pacific 232 A 4, au profil aérodynamique, remorque un convoi de sept voitures pesant 244 tonnes. Elle atteint le 203 km/h, et ce record ne sera jamais égalé ni battu par une machine à vapeur. Pour quiconque est jamais monté dans la cabine d'une de ces monstrueuses merveilles, il faut imaginer l'impression de puissance, de bruit et de vibrations à bord ! Fantastique !

Ainsi, avant 1939, le seuil du 200 km/h était franchi.

La guerre, la reconstruction des réseaux et le besoin de résultats sans cesse améliorés allaient permettre à l'électricité de s'imposer, du moins en Europe.

C'est une ligne droite de 66 km, avec une seule courbe à grand rayon. Au sud de Bordeaux et au nord de Dax, elle traverse les Landes. En ce printemps 1955, un grand événement se prépare sur cette voie, des « essais techniques » voulus par la SNCF. A la Direction des études de la traction électrique, les ingénieurs Marcel Garreau et Fernand Nouvion ont choisi la section Lamothe-Morcenx pour une expérience qui n'a rien de confidentiel puisqu'elle va se dérouler en présence de très nombreux journalistes du monde entier, à une époque où la communication médiatique et la promotion sont au mieux ignorées, au pis mal considérées... Quelques aménagements ont été rendus nécessaires par l'événement, en particulier une alimentation électrique renforcée par trois sous-stations mobiles. De même, les deux locomotives choisies subissent des modifications mécaniques. Pourquoi ? Elles ne peuvent rouler « qu'à 240 km/h » (!), et encore c'est une limite, leurs moteurs risquant de s'emballer... Toutefois, les spécialistes ont en mémoire des essais treize mois plus tôt entre Dijon et Beaune, au cours desquels une machine de type CC, tirant trois voitures, a atteint 243 km/h sans problème particulier. Enfin, des transformations sur le matériel ne peuvent qu'intriguer. L'arrière des deux locomotives est enveloppé d'une sorte de coffrage (on dira une « cornette de bonne sœur » !) qui colle à l'avant de la première voiture afin d'éviter les turbulences de l'air. Pour la même raison – mais l'effet est plus spectaculaire –, l'arrière du train est doté d'une carène arrondie avec une fenêtre d'observation. Les effets dits de la traîne de l'air pourraient freiner la rame. On note que les pare-brise des machines sont protégés par une grille. Les aérateurs, les marchepieds et les rampes pour monter dans les voitures ont été supprimés. Pendant un an, on a procédé à des essais en soufflerie, comme pour les avions. En bref, tout ce qui pourrait ralentir un convoi a disparu.

A l'évidence, les essais annoncés concernent la vitesse.

28 mars 1955, 7 h 30 du matin, température de 14 °C. Sur la ligne verrouillée, une locomotive s'élance. C'est la CC 7107 verte, à six essieux, qui tracte trois voitures pesant chacune 35 tonnes. Sous les arceaux typiques de la Compagnie du Midi, elle dépasse le 300 km/h puis, dans des gerbes d'étincelles, atteint le 331 km/h. Le record mondial ! Pendant quelques secondes, la machine a triplé sa puissance et roulé à la limite de ses possibilités.

5 000 ampères et 13 000 chevaux, s'il vous plaît ! Mais on constate que, sous la chaleur, les pantographes (les losanges pliables transmettant le courant aux moteurs) ont été déformés et presque détruits. En réalité, ce sont ces dégradations qui ont « limité » la vitesse à 331 km/h. Un magnifique résultat, filmé par des journalistes d'une équipe de télévision américaine à bord d'un avion survolant la rame. Pour faire connaître l'exploit technique ? Selon notre ami Clive Lamming, scrupuleux historien ferroviaire, « c'est bien parce qu'ils espéraient montrer en direct le déraillement le plus sensationnel du monde : la SNCF n'allait quand même pas jusque-là dans ses espoirs de sensationnel... » (*Le Réveil du chemin de fer en France*, Atlas, 2006).

Le lendemain, dans les mêmes conditions, un nouvel essai est réalisé avec une autre locomotive, la BB 9004 à quatre essieux. Curieusement, cette machine, différente, atteint exactement la même vitesse, ce qui a laissé sceptiques quelques observateurs. Il est encore plus surprenant de remarquer que c'est elle qui est titulaire du record homologué. Or, seul le tirage au sort avait décidé que la CC roulerait la première. Contre l'avis de son entourage, Louis Armand*, ingénieur et président de la SNCF, avait déclaré que sa rivale tenterait aussi sa chance. Il n'était pas question de désavantager un constructeur par rapport à l'autre puisque les deux machines sont nées dans des ateliers différents. « Entre eux et nous, nous n'étions pas que des clients et des fournisseurs, mais des gens travaillant avec le même zèle, dans la confiance et la cohésion, à la tâche commune d'améliorer la race des locomotives. De ce point de vue, je jugeais injuste de laisser le hasard avantager l'un de ces concurrents. »

Les deux machines ont gagné mais, pour l'Histoire, seule la BB est la vedette. Peut-on croire que la gloire montante d'une autre BB, Brigitte Bardot, en soit responsable par homonymie ? En fait, le prix de revient de la BB roulante était plus avantageux que celui de la CC mais, améliorée avec la série des 6500, elle prendra sa revanche dans les années 1960 en tirant des trains prestigieux comme le Capitole (Paris-Toulouse) et l'Etendard (Paris-Bordeaux). Ces deux performances de 1955 avaient un objectif immédiat : faire circuler des trains à 140 km/h sur le tronçon Paris-Lyon qui a été électrifié. Elles sont, il faut le dire, à l'origine d'études très poussées qui permettront aux trains rapides d'atteindre le 200 km/h en vitesse commerciale, elle-même annonciatrice du projet de TGV*, lequel a sauvé l'avenir du rail français qui commençait à être concurrencé sérieusement par la route et l'avion, avec le premier vol d'une Caravelle exactement deux mois après le record battu à travers la forêt landaise.

Se souvient-on (c'était en 1981) qu'un TGV* a roulé à 380 km/h ? Depuis, il a fait mieux, beaucoup mieux ! 408 km/h en 1988, jusqu'au nouveau record du 18 mai 1990. Ce jour-là, les invités la SNCF, journalistes et personnalités *ad hoc*, se retrouvent tôt le matin, gare Montparnasse. Le voyage commence par un parcours devenu « banal » jusqu'à Vendôme et sa nouvelle gare, à 300 km/h. C'est là que, dans un silence absolu, est attendue la rame spéciale du TGV* Atlantique (206 tonnes, 106 m de long au lieu de 237, trois remorques) chargée d'éblouir l'assistance. A

10 heures, l'événement est vécu en direct grâce à des haut-parleurs. A 150 km de Paris, on apprend que le TGV* est déjà à 470 km/h... Clive Lamming, dans son passionnant ouvrage cité plus haut, raconte l'extraordinaire moment : « La rame apparaît subitement dans notre champ de vision. Elle franchit la gare de Vendôme dans un bruit de tonnerre assourdissant et disparaît à l'horizon à une telle vitesse qu'il est impossible de tourner la tête à temps pour la suivre des yeux. Une pluie de cailloux arrachés au ballast tombe autour de la gare. A 10 h 06, on apprend que la rame n° 325 a roulé à 515, 3 km/h au point kilométrique 166, 8 [je précise : à 5 km de Vendôme]. Des applaudissements éclatent. Le président de la SNCF, M. Fournier, demande aux journalistes de ne pas encore divulguer la nouvelle : il faut être sûr de l'exploit et attendre le dépouillement des enregistrements. L'exploit est confirmé quinze minutes plus tard... » Cerise sur le gâteau : cette vitesse prodigieuse a été maintenue pendant trois kilomètres... Il reste à équilibrer le coût de telles réussites avec la rentabilité, y compris dans la perspective d'extension européenne, mais il faut, sans réserve, saluer ce très grand jour dans l'aventure ferroviaire.

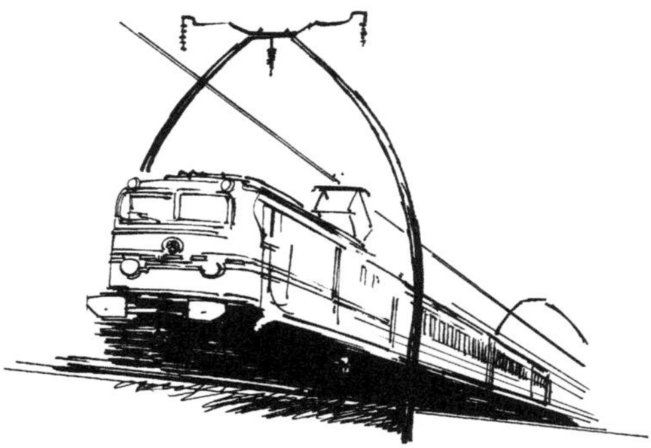

Règlement

Je choisis celui-ci, établi par le PLM en 1907 et applicable dans ses trains de luxe :

Avis à MM. les Voyageurs :

Les conducteurs préparent les lits quand demande leur en est faite et successivement dans l'ordre de ces demandes.

Passé 11 heures du soir, un des occupants d'une cabine ne pourra se refuser à laisser faire son lit si le second occupant de la même cabine désire se coucher.

Les Voyageurs sont tenus de se déchausser avant de se coucher.

Les conversations à haute voix, comme en général tout bruit qui pourrait empêcher les Voyageurs de dormir, sont interdites la nuit.

Chiens de luxe : les petits chiens de salon sont tolérés dans les wagons-lits à la condition :

a) qu'ils seront enfermés dans un panier ;

b) que le poids du chien, y compris le panier, ne sera pas supérieur à 3 kilos.

Observations un siècle plus tard : on s'étonne que, dans un train de luxe, des rustres prétendent dormir avec leurs chaussures. Donc, même avec de l'argent, on n'achète pas de bonnes manières. Les conversations ne peuvent qu'être des confidences, avec toutes les conséquences qu'une telle intimité peut entraîner. Enfin, les chiens de salon ne sont pas des chiens de rue. Bâtards s'abstenir...

« Rovos, la fierté de l'Afrique » (Afrique du Sud)

Pour les passionnés de trains de luxe, c'est, sans doute, le plus extraordinaire de ceux qui circulent depuis une quinzaine d'années. Le Rovos est une merveille roulante à travers de splendides paysages. Imaginez une rame de vingt somptueuses voitures, d'un confort légendaire, tirées, selon les tronçons, par de puissantes machines à vapeur (parfois, ô extase, en double traction), diesel ou électriques, du Cap à Pretoria et Johannesbourg (1 600 km), du Cap à Georgetown et Knysna (700 km), entre autres itinéraires. Et, depuis mars 1988, les trajets Pretoria-Parc Kruger-Komatipoort (462 km) et Pretoria-Swakopmund (3 400 km !) vous mettent dans les pas de Rudyard Kipling et vous révèlent, à travers des vitres panoramiques, les savanes, les déserts du Kalahari et de Namibie. Ou encore un voyage aux chutes Victoria ou jusqu'à Dar es-Salaam, en allant de l'Afrique du Sud vers le Zimbabwe, la Zambie et la Tanzanie. D'évidence, le Rovos est, comme l'Orient-Express*, un réseau, une famille de trains, une dynastie de l'art de vivre. Inoubliable pour soixante-douze passagers au maximum, de vingt-quatre heures à... quinze jours !

Restaurées dans le style victorien, edwardien ou des années 1920, certaines voitures, construites en Europe, datent d'avant la Première Guerre mondiale et furent expédiées par bateaux en Afrique australe. Au total, cette impressionnante flotte compte soixante voitures.

Dès le départ, vous rêvez. A Capital Park, ouvert en 1943, gare, dépôt et musée, vous dégustez un excellent vin sud-africain pendant qu'un quartet à cordes charme vos oreilles. Si vous ne finissez pas votre verre, ce n'est pas bien grave. Vous aurez l'occasion de visiter des vignobles et, ce faisant, des caves avec dégustation. Vos bagages sont acheminés à vos cabines par des porteurs vêtus comme des grooms de palace. Capital Park est aussi impeccable qu'une écurie de pur-sang. C'est un garage ferroviaire très chic.

Le cœur d'un voyage en Rovos bat d'abord ici où quatre locomotives à vapeur, gris métallique et rouge, font entendre leurs rassurants chuintements. On doit les appeler par leur prénom. Voici *Tiffany*, la n° 439, la plus petite et la plus ancienne puisqu'elle fait partie d'une série de quarante construites en 1893 en Ecosse, à Glasgow. Rachetée en 1987, elle a repris son service après un complet lifting. Suivent *Brenda*, n° 2701, *Bianca* et *Marjorie*. Celle-ci avait subi l'humiliation d'avoir été convertie au fuel. Il a fallu dix-huit mois pour lui reconstituer un organisme au seul régime charbon. Elle a été rebaptisée, comme un bateau, le 7 mai 1999 par sa marraine, Mrs Marjorie Vos. Précision : le nom Rovos vient de la contraction des prénom et nom de Rohan Vos, l'initiateur et le propriétaire de cette tribu du rail, fort attaché à ce qu'un voyage chez lui soit le plus authentique possible. La famille Vos ne manque ni d'imagination ni de moyens et tout est absolument parfait. Des lunettes sont même fournies pour se protéger des escarbilles.

A bord, on vous dira que c'est « simple, élégant et africain », ce qui est une garantie de qualité en Afrique du Sud. La table est excellente et variée, adaptée à des trajets qui peuvent durer deux semaines. Il serait étonnant – et incongru ! – que l'on vous serve deux fois le même menu, sauf si vous l'avez demandé. Le soir, la cravate est de rigueur pour les messieurs et le smoking souhaité.

Mais vous n'avez encore rien vu ! A bord du Rovos, la nostalgie est un écrin qui recèle des raffinements dont bien des ancêtres célèbres, aujourd'hui repartis à la conquête d'une nouvelle clientèle, feraient bien de s'inspirer. Le voyage est long, le train est long, alors voici le 5 étoiles du rail avec... des salles de bains ! Les suites sont de deux catégories. Une Deluxe (11 m^2) comprend baignoire et douche, coin salon, coffre, bar et deux lits soit séparés en angle droit, soit côte à côte en double. Encore mieux, une suite Royale, par exemple la *Cecil Rhodes*, offre une superficie de 16 m^2, avec baignoire, douche, armoire à bagages, vaste lit double, réfrigérateur. Le tout dans une décoration de bois précieux ; aux murs des gravures à l'ancienne comme dans un club. Très *british* ! Le nom de Cecil Rhodes est un hommage à ce fils de pasteur émigré en Afrique australe à la fin du XIXe siècle qui devint l'un des grands architectes de l'empire colonial sous le règne de Victoria. Il donna son nom à la Rhodésie et rêvait de construire un chemin de fer allant du Caire au Cap... Avec ces suites, un *room service* est à votre disposition 24 h/24. Le train ayant son propre système d'alimentation en eau, aucun gaspillage ni rationnement ne sont à craindre. Le mélange de la technologie (air conditionné bien réglé) avec le charme esthétique d'hier fait du Rovos un véritable diamant, aussi étincelant que le premier découvert à Kimberley, en 1866.

Royal Scotsman

L'Ecosse est une contrée de légendes. Et des histoires qui courent sur la lande et au-dessus des *lochs*, il y en a à peu près autant que de labels de whiskies. Ecoutez celle-ci, verre en main... Il était une fois deux gentlemen, chefs d'entreprise, très amateurs d'histoire et d'histoires écossaises, MM. Michael Ryan et Fergus Hobbs. Peu après 1980, ils organisent un premier train touristique composé de deux anciennes voitures et d'une locomotive à vapeur d'un beau noir luisant avec filets blancs. Leur idée est de ressusciter le plus ancien train de luxe ayant roulé en Europe, le *Brighton Belle* (ou Pullman Limited Express). Il avait fait un voyage d'essai le 14 octobre 1881 – exactement deux ans avant l'Orient-Express* – puis commencé son service le 5 décembre, et disparut le 1er mai 1972. Pendant quatre-vingt-onze ans, il roula avec un matériel d'origine puis renouvelé, en particulier en 1933. Il fut le premier train Pullman* automoteur (sans locomotive) électrique ; dans ses deux dernières voitures, le courant était capté sur une troisième rame, comme dans le métro parisien, par exemple. Le 9 octobre 1940, stationné au quai nº 17 de Victoria Station, le *Belle* est endommagé par une bombe.

En 1881, les voitures, américaines, construites par Pullman, sont très nouvelles. La « Beatrice », voiture-salon réservée aux dames et aux jeunes filles encombrées de chaperons, est la première au monde équipée d'un éclairage électrique, grâce à trente-deux batteries fixées sous le plancher. Fini le temps, dangereux, des bougies, lampes à pétrole ou à gaz... O merveille : les lumières ne s'éteignent pas sous les tunnels ! Des Français, de la Compagnie des accumulateurs Fauré, ont procédé à cette révolution. Deux de ces voitures deviennent célèbres lorsque sir Arthur Conan Doyle y installe ses personnages Sherlock Holmes et le Dr Watson. Pendant un trajet Winchester-Londres, le roi des détectives stupéfie son ami en résolvant, dans le confort Pullman, l'affaire du cheval de course Silver Blaze. Deux fois par semaine, les voitures « Louise », « Maud », « Alexandra » et l'étonnant *vestibule parlor Albert Edward*, rarissime appellation, assurent un trafic élégant Londres-Brighton-Londres, d'où le nom de *Brighton Belle*. Il n'y a pas de destination plus raffinée. Les initiés diront *La Belle*. Il y eut un joli scandale dans la bonne société victorienne lorsqu'un pasteur dénonça la marche du train le dimanche. Le dimanche était réservé au Seigneur et au repos... Le premier aller-retour dominical ne pouvait qu'être conduit par Satan lui-même ! On en profita pour murmurer que les jeunes gens quittaient la voiture-fumoir pour importuner les voyageuses dans leur salon. Toutes ces rumeurs assurèrent un succès supplémentaire au train. De nombreux souvenirs sont attachés au *Brighton Belle*. Après 1945, on le vit circuler avec une curieuse voiture mixte première et troisième classes sans que l'on puisse expliquer ce qu'il était advenu de la deuxième classe. Et, en 1960, on vantait encore ce train d'autrefois, ses lampes à abat-jour en satin brodé, la voiture « Grosvenor » à six essieux, construite en 1908, « les petits pains croquants au four accompagnés de beurre frisé » servis à son bord. Comme dans tout le monde ferroviaire, les années 1970 ont été pour lui catastrophiques.

Cette mythologie a été ranimée, retrouvée et remise à l'honneur par MM. Ryan et Hobbs. Ayant acheté une dizaine d'anciennes voitures, ils inventent, en 1985, le *Royal Scotsman* (à ne pas confondre, s'il vous plaît, avec le Flying Scotsman), un rêve de train. Depuis novembre 2004, un accord a été passé avec la société Orient-Express Hotels, Trains and Cruises, propriétaire notamment du Venice-Simplon-Orient-Express*.

Exploité par la Great Scottish and Wester Railway Company (lettres et armoiries jaunes sur fond bleu), le *Royal Scotsman* est dirigé par Vincent Gullon, premier Français à occuper ce poste.

Tout voyage commence par un air de cornemuse...

et une coupe de champagne. Dans le club des trains de luxe restaurés ou créés depuis environ un quart de siècle, le *Royal Scotsman* est le plus fermé : il n'accueille que trente-six passagers... pour quatorze employés, soit la moyenne, exceptionnelle, de près d'un membre du personnel pour deux voyageurs. Puisqu'il s'agit d'une croisière sur rails – et l'une des plus recherchées –, l'équipe vous est présentée. Signe particulier : elle est jeune, enthousiaste, parfaitement stylée. Ce train est un 5 étoiles. Six mois par an, du début mai à fin octobre, sa gare de départ et d'arrivée est toujours Edimbourg Waverley, au son de la cornemuse. Les neuf voitures rouge-brun à lettres dorées sont de style edwardien ; elles totalisent seize cabines doubles et quatre singles dans une ravissante décoration de bois d'ébène avec salle de bains et douche, toilettes individuelles. Somptueux. Il s'agit d'anciennes voitures Pullman reconverties avec goût et élégance, en tenant compte des impératifs d'hygiène et de confort. En revanche, les deux voitures-restaurants « Raven » et « Victory » ont conservé leur fonction d'origine ; l'acajou poli de leurs panneaux brille. Leur réaménagement est astucieux puisque les tables peuvent accueillir de deux à huit personnes. Le service, d'exception, propose une cuisine reconnue comme l'une des plus fines du Royaume-Uni. En 2006, le chef, Frankie Quinn, un Ecossais qui a dirigé les brigades de palaces britanniques, et ses deux assistants ont encore étonné les journalistes gastronomiques les plus difficiles. Saumon saisi à la poêle avec pommes de terre nouvelles écrasées et pudding au caramel, par exemple, au déjeuner. Au dîner : des Saint-Jacques sautées, un gigot d'agneau avec champignons sauvages et risotto aux truffes, un parfait glacé aux noisettes et coulis de framboise. Et un violoniste doué. Vous voudrez bien vous souvenir que les salades et herbes aromatiques sont cultivées, exclusivement pour le *Royal Scotsman*, dans un jardin d'Ecosse à ciel ouvert. Ne parlons pas de la cave, elle aussi fait rêver et la carte des pure malt vous donne l'impression de rouler même à l'arrêt ! Il faut redire combien l'intendance de ce train est remarquable : il compte deux voitures pour le personnel et une voiture de réserves diverses, au cas où le whisky s'évaporerait... Et ce whisky, justement, il faut le déguster dans la voiture-salon-bar-observatoire. Canapés profonds et larges fauteuils garnissent cette voiture en queue de rame. Véranda mobile, grandes baies vitrées, l'admirable spectacle de l'Ecosse défile au-dessus des rails. Ne serait-ce que pour ces paysages, le voyage est de ceux que l'on doit programmer une fois dans sa vie. Il est incomparable. Les routes sont rares ou lointaines, les accès souvent difficiles ; à travers les Highlands, de nombreux panoramas inoubliables ne sont vus que du train. Et, dans les courbes, la rame est la note romantique indispensable. La traction est principalement diesel mais certains tronçons vous gratifient d'une locomotive à vapeur. La reconstitution, adaptée, est parfaite.

Avec la voie ferrée, en général peu encombrée, c'est une autre Ecosse, peu connue et authentique, qui défile. Après le dîner, un conteur, un musicien voire un pêcheur de saumon viennent raconter souvenirs et anecdotes tandis que le whisky nous dispense un plaisir ambré.

L'une des grandes originalités des voyages à bord du *Royal Scotsman* (de une à sept nuits selon les circuits) est qu'ils sont uniquement diurnes. Pour deux raisons officielles. L'une est de profiter de la nature, d'une beauté à couper le souffle. L'autre est de permettre aux gens de dormir dans un endroit calme, y compris dans des hôtels sélectionnés, tous en harmonie avec le train. C'est un choix et un luxe supplémentaire. Toutefois, la véritable raison de ces arrêts la nuit est peut-être dans les itinéraires et les excursions organisés « à terre ». Par exemple, quand vous visiterez le château de Cawdor, vous saurez que Shakespeare s'en est inspiré pour sa tragédie *Macbeth*. Ou, quand vous découvrirez celui de Stirling, le souvenir de l'élégante et indomptable Marie Stuart, reine de France et d'Ecosse, ne vous quittera plus. Pensez à sa peau blanche, si transparente que, lorsqu'elle buvait un peu de vin, on le voyait couler dans les veines de son cou ! A Inverness, vous aurez une pensée pour l'énigmatique monstre du Loch qui s'obstine à se cacher. Et à Glamis, où la reine mère Elizabeth passa son enfance, vous comprendrez que si le *Royal Scotsman* ne roule pas la nuit, c'est par courtoisie, pour ne pas déranger les fantômes...

« Ne traversez pas sans regarder dans les deux directions.
Un train peut en cacher un autre. »

Panneau d'avertissement de la SNCF.

Saint-Bernard-Express, Mont-Blanc-Express et Glacier-Express

Suisse, depuis 1880

Paradis de la démocratie directe pour ses citoyens, paradis fiscal pour d'heureux résidents, la Suisse est, selon moi, le paradis mondial du train.

La Confédération helvétique rassemble la plus intéressante et la plus forte concentration de chemins de fer au monde, sur près de 5 000 km, sans compter les correspondances avec les funiculaires, tramways et les bateaux à vapeur traversant les lacs. La densité de son réseau s'explique par la coexistence, unique, d'une société publique, les Chemins de Fer Fédéraux (CFF) – avec de surprenants wagons-restaurants McDonald's sur deux lignes –, et de compagnies exploitant des chemins de fer privés. Ces lignes – j'en ai compté soixante-cinq –, parfois gérées par des collectivités publiques locales ou régionales, ont néanmoins conservé leur caractère en somme familial. Ces merveilleux trains font partie du paysage culturel helvétique. Fabuleuse toile ferroviaire couvrant tous les cantons, les chemins de fer offrent certains des plus beaux panoramas d'Europe, des sites impressionnants (parfois seulement accessibles par le rail comme Zermatt) et des merveilles techniques, qu'il s'agisse de l'audace des voies ou du matériel dont la variété est celle d'un fabuleux musée vivant, roulant, en excellent état et ponctuel. Qu'il soit d'origine, avec le charme suranné du patrimoine entretenu par des amoureux, ou de construction très récente, le train suisse a tout pour plaire ! Et c'est un vrai bonheur d'être à son bord. L'amateur est comblé : on y trouve des écartements variés (la gare de Montreux rassemble, côte à côte, trois types de voies), des trains à crémaillère, des lignes courtes ou complexes et de sensationnels ouvrages d'art. Avec un point commun : l'agrément de l'accueil, la courtoisie allègre du personnel, le confort des voitures-bars ou restaurants et la joyeuse ambiance des sorties en groupe pour des randonnées, excursions et autres pique-niques. Un plaisir réel.

Le choix est délicat. Mais je n'ai pu résister lorsque j'ai vu, pour la première fois, des portraits de chiens... sur un train ! A ma connaissance, le Saint-Bernard-Express est le seul convoi dont l'effigie représente des chiens (et quels chiens, avec leurs tonnelets de rhum !) et des chanoines à skis au flanc de ses voitures. C'était à la gare de Martigny, dans le Valais, le principal canton vinicole au sud-ouest du pays. Joliment peint en rouge et blanc, le Saint-Bernard-

Express est l'un des deux trains quittant Martigny dans un but de découverte touristique. Direction Orsières, au cœur de la vallée d'Entremont ; un grand rendez-vous pour les amateurs de fromage dont les meules fermentent au bout de quinze jours ; sept cents énormes pièces sont affinées entre juin et septembre. A l'origine, la ligne, à écartement standard, devait traverser le massif du Grand-Saint-Bernard *via* un tunnel rejoignant le val d'Aoste. Ce grandiose projet, des années 1850-1860, prévoyait un tracé combinant train et diligence : le « ferroutage » avait même été envisagé : sur certains tronçons, les diligences auraient pris le chemin de fer ! Une convention, signée entre la Suisse et le royaume de Sardaigne en 1851, fixe le début des travaux en 1856. Mais le chantier doit être abandonné en raison des difficultés techniques à plus de 2 000 mètres d'altitude ; de plus, les ouvriers ne sont ni payés ni nourris... Plus tard, en 1904, une société anglaise spécialisée dans l'exploitation de l'aluminium construit une ligne à voie étroite sur les 19 km de Martigny à Orsières. Inaugurée en 1910, la voie n'aura pas l'utilité industrielle prévue : l'usine n'a jamais été construite... Mise à écartement normal, la ligne se subdivise à Sembrancher ; depuis le 16 août 1953, une bretelle de 6 km gagne, à l'est, Le Châble. Il s'agissait d'aider la construction du barrage Mauvoisin, ce qui permet d'accéder, en télécabine, à la station de Verbier. Et l'hiver, depuis 1950, les trains directs, au départ de Genève, du Martigny-Orsières permettent aux citadins de laisser leurs chaussures dans les voitures et de gagner les pistes de ski depuis Le Châble. Fermé à la mauvaise saison, le célèbre hospice des moines augustins du Grand-Saint-Bernard est ouvert l'été, pendant trois mois. En juillet 1936, le PLM y avait mis en service des autocars reliant les vallées du Rhône et d'Aoste. Mais l'événement le plus original de la région demeure le passage, en 1935, d'une éléphante, appelée « Miss Dolly », à 2 469 mètres d'altitude, à la suite du pari d'un écrivain américain. Après les exploits légendaires d'Hannibal et de Bonaparte, les paisibles chiens de secours bien dressés étaient supplantés dans leur prestige !

Un conseil : n'essayez pas de faire croire aux chiens que vous êtes en danger (si vous ne l'êtes pas) pour boire leur fameux rhum. Ils sont dévoués mais leur flair déjoue les imposteurs !

L'autre train partant de Martigny est le Mont-Blanc-Express, qui se dirige d'abord vers le nord-ouest puis bifurque à Vernayaz vers le sud-ouest et la frontière française au Châtelard. Le Martigny-Châtelard, qui gravit la vallée du Trient, fut longtemps arrêté à cette frontière ; les voyageurs devaient changer de train et poursuivre avec la SNCF le trajet jusqu'à Chamonix et Saint-Gervais. Désormais, la collaboration franco-helvétique permet à cinq rames panoramiques un voyage direct Martigny-Saint-Gervais. Toutefois, aux amateurs d'émotions, je conseille un entracte spectaculaire avec ce qu'on nomme, parfois, le « train fou d'Emosson ». Il s'agit d'un ensemble rare mais typiquement suisse : en gare de Giétroz, part un funiculaire. Puis, jusqu'au pied du barrage d'Emosson, vous êtes dans des voitures ouvertes, celles d'un petit train façon Disneyland. Enfin, un minifuniculaire vous hisse au sommet. La possibilité de franchir ces 800 mètres de dénivellation est le résultat de la ténacité d'une poignée de passionnés. De mi-juin à mi-septembre ou les week-ends de beau temps au printemps et à l'automne, la descente à pied (une heure trente) ou en bus postal (système très fréquent en Suisse : attention, ce véhicule est prioriaire !) jusqu'au village de Finhaut est inoubliable. Un vrai périple, d'Emosson en émotions.

Je ne puis omettre le merveilleux Glacier-Express. Il relie les deux célèbres stations de Zermatt la Valaisanne, dominée par le Cervin (Matterhorn), et Saint-Moritz, la vedette de l'Engadine. Le Glacier-Express est très original. D'abord, par son matériel à voie étroite conçu pour la traction dite normale (par adhérence) et par crémaillère sur les tronçons abrupts que franchissent sa locomotive rouge et ses voitures de même teinte mais à bande et toits blancs, les couleurs nationales de la Confédération. Au flanc de la machine, deux énormes lettres « F.O. ». Rien de syndical ici ! Elles désignent le tunnel de la Furka et le col de l'Oberalp, c'est-à-dire la zone du glacier du Rhône. Ici, nous sommes sur le « toit de l'Europe ». On traverse des fleuves naissants qui se jetteront dans la mer du Nord, la Méditerranée, l'Adriatique et même la mer Noire. Ensuite, ce train est exploité par plusieurs compagnies privées sur un tracé qui n'a jamais été modifié depuis sa construction. Elle a commencé en 1899 (Zermatt-Visp, appelé aussi Viège) ; le tronçon Saint-Moritz-Chur (Choir) fut achevé en 1904. La dernière partie, centrale à l'ouest du Saint-Gothard, date de 1915. Au total, il faut sept heures et demie pour 290 km. On aura donc intérêt à réserver sa place à la voiture-restaurant (très demandée !) où des « roesti », du veau, des salades et du fromage appétissants sont proposés. Regardez bien les verres sur votre table, ils sont exceptionnels : un bord est plus haut que l'autre ! Ainsi, lorsque le convoi s'incline, il suffit de tourner le verre pour que votre excellent vin blanc ne se répande pas sur la nappe ! Perfection et prévision helvétiques !

L'altitude donnant soif, je vous signale qu'il existe un délicieux vin suisse dénommé Chemin de fer. Ce vin de Désalay est, entre autres, à la carte du buffet – excellent – de la gare désaffectée de Céligny, enclave genevoise en terre vaudoise. Jadis, un industriel du ciment, M. Schmidheini, y obtenait l'arrêt des trains directs entre Nyon et Coppet, pour gagner sa propriété.

Grâce à des travaux herculéens (notamment après un éboulement en 1991), les galeries de protection contre les avalanches ont été multipliées et le train circule donc aussi l'hiver. Chaque année, trois millions de voyageurs en ramènent d'inoubliables souvenirs. Enfin, je vous recommande le chemin de fer le plus étroit de Suisse (75 cm d'écartement), 13 km de long, vingt minutes de trajet de Waldenburg à Liestal, près de Bâle. De 1880 à 1953, il a circulé à vapeur. Et il est l'un des très rares trains suisses où l'on puisse, pour des trajets spéciaux de mai à octobre, retrouver le panache d'autrefois, celui des locomotives qui attendent les nostalgiques... Une dernière façon de coller vos amis sur les chemins de fer privés d'Helvétie ? Le plus court est le Orbe-Chavornay ; le plus long est le réseau rhétique ; le plus vieux est le Lausanne-Echallens et le plus jeune (en 1997) est le Reineck-Walzenhausen. Est-ce bien compris ?

Sénateur (train de)

Qui l'eût cru ? Même ce bon Jean de La Fontaine (qui n'aimait pas les enfants...) parle du chemin de fer sans le savoir. Dans sa fable *Le Lièvre et la Tortue*, nous trouvons ce vers : « Il laisse la tortue aller son train de sénateur. » En politique, quand l'âge des sénateurs correspondait à celui de l'étymologie, le sénateur agissait – et avançait – aussi lentement que majestueusement. Or, j'ai bien connu un remarquable et passionnant sénateur des Hautes-Alpes qui ne s'endormait pas sur ses dossiers, marchait d'un bon pas de montagnard (il était un enfant du Queyras) et fit beaucoup pour améliorer le trafic voyageurs de la ligne Paris-Briançon, afin de se rendre dans sa circonscription, lointaine et peu accessible. J'ai nommé Ludovic Tron. Polytechnicien, membre de plusieurs cabinets ministériels, président de banque et très lié à François Mitterrand (il fit partie de ce qu'on appelait son contre-gouvernement de 1966 à 1968, sur le modèle du *Shadow Cabinet* britannique), le sénateur socialiste Tron était las des fatigues inutiles de ses nuits en couchette dans le « rapide ». Il intervint auprès de la SNCF pour qu'une voiture-lit soit incorporée dans la rame. Il tenait – on le comprend – à arriver frais et dispos à sa résidence de Châteauroux, après Embrun, ou à Paris. Ses amis et adversaires plaisantèrent son « train de sénateur » car un sleeping dans les Hautes-Alpes, quelle affaire ! En famille, nous en avons apprécié les bienfaits. Aujourd'hui, paraît-il, le « rapide » ne s'arrête même plus dans sa gare et, dit-on, le souvenir de Ludovic Tron semble oublié, ce qui est injuste. Au train où se diluent les mémoires...

Simenon, Georges

1903-1989

C'est un écrivain ayant utilisé dix-sept pseudonymes (le plus connu étant Georges Sim) et un auteur que Marcel Aymé qualifiait de « Balzac sans longueur ». Né à Liège, venu tôt à Paris, il écrit des feuilletons, des nouvelles policières, et couvre des faits divers souvent dérisoires, des « chiens écrasés ».

Bien qu'originaire d'un pays de canaux et passionné de bateaux, Simenon fait intervenir une gare et un train dès son premier roman, *Pietr le Letton*, en 1929. La même année, il crée un personnage de commissaire français à chapeau melon capable de dénouer des intrigues complexes. En février 1931, il le baptise officiellement Jules Maigret. En plus de quatre-vingts romans, Maigret troquera son melon contre un feutre mou auquel il tient beaucoup, fumera toujours la pipe et gardera ses méthodes d'investigation pour démasquer des coupables, le plus souvent solitaires. Et, pour ses enquêtes, Maigret, l'as de la Police judiciaire, prend beaucoup le train. Un train normal, par exemple dans *L'Affaire Saint-Fiacre*, une nouvelle de 1957, portée au cinéma* par Jean Delannoy en 1959, ou dans *Le Train*, véritable personnage du récit (1961), ou encore un train de luxe, comme le Train Bleu*, dans lequel le policier est très mal à l'aise loin des milieux sordides auxquels il est habituellement confronté (*Mon ami Maigret*, 1949). Certains romans s'inspirent aussi de noms de célèbres express comme *L'Etoile du Nord*, le rapide Paris-Bruxelles-Amsterdam dont Cassandre* avait dessiné une magistrale affiche.

Dans *L'homme qui regardait passer les trains*, une nouvelle de 1938, le chemin de fer est à la fois un décor et un symbole, même s'il ne joue pas un rôle dans la création romanesque. Simenon décrit une atmosphère, propice au crime.

Pourquoi l'assassin est-il attiré par l'univers du rail ? « S'il préférait les trains de nuit, c'est qu'il devinait en eux quelque chose d'étrange, de presque vicieux. Il avait l'impression que les gens qui partent de la sorte partent pour toujours (...). Le sifflet d'un train l'atteint comme une promesse. » De crime en tentative de suicide en se couchant sur les voies, le héros se sert, avec désespoir, d'un monde mécanique dont il fait son complice.

Mais il y a un autre Simenon, tout aussi remarquable par son écriture, le grand journaliste envoyé spécial de *Paris-Soir* avant la guerre, qui n'a cessé de prendre des trains, qu'il s'agisse de rencontrer Léon Trotski ou de traverser l'Arizona. On notera encore son reportage sur les mystères d'un crime politique* ferroviaire, la célèbre affaire Prince, en 1934.

Simplon-Orient-Express (1919-1962)

Les Alpes sont un obstacle à la mesure des pionniers du rail et des aventuriers du progrès. Allemandes, autrichiennes, françaises, suisses ou italiennes, elles sont jalonnées de quelques-uns des plus beaux ouvrages d'art européens. Arlberg, Mont-Cenis, Saint-Gothard, Loestschberg : des noms et des réussites qui s'inscrivent au panthéon de la technique. Le tunnel du Simplon, ouvert en 1906, relie Brigue (Suisse) à Iselle (Italie). Sa construction sur près de 20 km en faisait la plus longue galerie ferroviaire du monde. Mais, surtout, les trains l'empruntant seraient les concurrents de l'Orient-Express*, passant par la Lombardie, la Vénétie avant de rejoindre Trieste et Belgrade au lieu de suivre la ligne, historique, du Danube. Cette ligne du sud serait aussi beaucoup plus rapide. Les souverains et gouvernements qui se sentaient menacés par ce détournement du trafic, c'est-à-dire l'Allemagne de Guillaume II et l'Autriche-Hongrie de François-Joseph, s'opposent à la création de ce nouveau train international. Il est limité de Londres à Venise *via* Calais, Paris et Milan en vingt-six heures. Il s'appelle le Simplon-Express. De 1906 à 1914, il roule sur ce trajet, en attendant mieux... Ce sera le pire, avec la Grande Guerre. L'effondrement des régimes dans les pays vaincus ainsi que la naissance de nouveaux Etats permettent de reposer la question du prolongement du train méridional jusqu'à la Serbie, pour rejoindre la ligne venant de Vienne. Si la politique avait empêché la naissance du Simplon-Orient-Express (à ne pas confondre avec le seul Simplon...), c'est elle qui l'impose. Le SOE, comme on dira, figure à l'ordre du jour de la conférence de la Paix, à Versailles.

Les diplomates étalent la nouvelle carte de l'Europe, dont l'encre est à peine sèche. Il faut ménager les susceptibilités, reconnaître les nationalismes et tenir compte d'impératifs à la fois techniques et commerciaux. Une évidence : Belgrade sera le point de rencontre des trains, anciens et futurs. Une commission alliée se réunit à Paris, au ministère des

Travaux publics, du 18 au 26 mars 1919. Le 11 avril, les négociations aboutissent à la création, prochaine, d'un nouveau train. Ce sera, enfin, le Simplon-Orient-Express. Son existence est officialisée par la signature du traité de Versailles, le 28 juin, dans la galerie des Glaces. Ce nouvel express, symbole d'une Europe meurtrie et transformée, est créé par l'un des quatre cents articles de la convention. Il est le premier train né d'un traité de paix. Toutefois, sa mise en route est délicate en raison des destructions de lignes et de gares, du délabrement de la signalisation et d'une vétusté du matériel, souvent endommagé, sans omettre la médiocrité ou la rareté du charbon. Entre ce qui est paraphé sur le papier et la réalité, il y a une grande différence. En ce premier été, le train prolongé... s'arrête encore à Trieste (comme l'ancien Simplon-Express). Il faut changer de voiture pour Bucarest, Athènes ou Constantinople.

En attendant que la nouvelle organisation soit effective, à l'automne, une conférence internationale spécialisée veut remettre en route l'Orient-Express* métamorphosé, depuis février 1919, en « Train de Luxe militaire » qui roule de Paris à Bucarest avec des branches vers Prague et Varsovie. L'itinéraire évite soigneusement le territoire allemand, en particulier le Bade-Wurtemberg et la Bavière, passant par Chaumont, Vesoul, Belfort puis Bâle et la Suisse, ce qui est une grande nouveauté. Les quatre voitures-lits, la voiture-restaurant et les trois fourgons, dont un postal, circulent deux fois par semaine. La rame n'est accessible « qu'aux seuls voyageurs militaires ou civils munis d'une autorisation du ministère français de la Guerre qui, seul, dispose de la vente des places ». Le prix des repas est fixé en francs sur tout le parcours. Pour les officiers et les personnalités il en coûte dix francs pour le déjeuner ou dîner (sans le vin) et deux francs cinquante pour le petit déjeuner. Bientôt, un ordre de l'état-major annonce qu'« il sera exceptionnellement servi, aux hommes de troupe de la grande armée de ce train, des repas au prix de 1 F le petit déjeuner et de 4,50 F le déjeuner ou dîner ».

Montons à bord dès la conclusion des premières discussions, au soir du 12 avril 1919. Notre guide se nomme M. Bourguet ; il appartient à la direction de la Compagnie des Grands Hôtels, filiale des Wagons-Lits. Son carnet de route raconte l'ambiance particulière du convoi, composé d'un matériel d'avant 1914 et de passagers dotés de passeports, souvent inconnus jusqu'à cette date : « Mon compagnon de cabine, un tout jeune lieutenant de l'armée américaine, se rend en Roumanie au titre de Courrier de Cabinet. C'est un joyeux camarade, beaucoup plus occupé d'amour et de réalisations de quelques bonnes petites affaires que par la surveillance de ses valises (...). Les ayants droit du train, au nombre d'une soixantaine environ, sont, en général, des officiers français, polonais, tchécoslovaques, yougoslaves et roumains ; quelques diplomates rejoignent leur poste, cinq ou six hommes politiques, quatre individus sans profession bien déterminée et huit dames dont une nurse. »

Le réel événement de ce voyage ? Pour la première fois depuis sa création il y a plus de trente ans, l'Orient-Express (même en tenue militaire...) roule sur le territoire de la Confédération helvétique. Parti de Paris à 19 h 20, il atteint Bâle le lendemain, 13 avril, à 8 h 40. Ce passage est très délicat. En effet, la Suisse, neutre pendant le conflit, n'est pas enchantée de voir circuler chez elle le train d'un des belligérants de 14-18 ; cela constitue, d'après le Conseil fédéral, une violation de sa précieuse neutralité... Berne a mis des conditions : les officiers doivent se changer, revêtir des tenues civiles jusqu'à la frontière autrichienne, et les soldats rester dans les fourgons. Deux officiers suisses et un piquet en armes sont chargés de la stricte exécution de cette mesure. L'achat de vêtements non militaires étant coûteux, les intéressés sont bientôt autorisés à rester en uniforme mais à condition d'être totalement invisibles, enfermés comme des animaux... ou des détenus. On peut se délecter à la lecture du règlement pour traverser la Suisse. A cause des Français, fiers de leur victoire, il est décidé de fermer les yeux et de laisser faire ! De manière à ne vexer personne, à la gare frontière de Buchs, en entrant en Autriche, une nouvelle circulaire stipule que « les voyageurs en uniforme resteront dans leurs compartiments, stores baissés. Seuls les civils auront le droit de se tenir aux fenêtres, voire même de descendre sur le quai ». Incorrigibles, les Français, qui se sentent en terrain conquis, entrebâillent les portières et se font offrir des cigares ou des fleurs ! « En remerciement, ils envoyaient des baisers aux visiteuses qui, gloussantes et rougissantes de plaisir, s'excusaient en allemand de ne pouvoir faire mieux ! » M. Bourguet est choqué : « A mes yeux de Français et avec mes sentiments, cette mentalité nous est odieuse et nous en concluons ou que les femmes sont tout bonnement amorales ou que la défaite de leur pays leur a fait perdre tout sentiment de prudence, de pudeur et de convenance ! »

Le long arrêt du lendemain à Vienne, de 10 heures à 12 heures à la gare de l'Ouest, permet à notre témoin de constater les ravages de la guerre dans cette ville toujours endeuillée de la mort de François-Joseph, stupéfiée par la chute de la double monarchie. « Rues mornes, places désertes, cafés, brasseries et restaurants aux trois quarts fermés et à peu près vides de consommateurs. Quelques rares voitures traînées par des chevaux squelettiques. Les habitants sont tous d'aspect famélique et misérablement vêtus. On sent, à n'en pas douter, que ce peuple, un des plus gais, des plus bruyants et des plus remuants du monde, meurt littéralement de faim... »

En direction de la Hongrie, le train roule à très petite vitesse. La mauvaise qualité du charbon empêche la locomotive de marcher à vitesse normale le long du Danube. A bord de l'étrange convoi, il y a quelques dissensions, des remarques désagréables, des allusions déplacées. La paix n'est pas encore signée à bord ! Les incidents naissent à propos de tout et de rien, souvent à cause du rationnement. Une Roumaine, épouse d'un colonel hongrois qui craint de devenir roumain par une catastrophique modification de frontière, s'énerve. Son saumon est cotonneux. Ah ! Quand elle soupait chez Prunier à Paris, au printemps 14 ! Elle proteste contre la dureté des temps. Son accent est savoureux :

— C'est seulement à *Baris* et chez *Brunier* que l'on mange du bon *boisson* !

Le calme ne revient que lorsqu'une jeune fille monte avec une poule dans un panier, ce qui est strictement interdit. Malgré le règlement, les voyageurs l'accueillent avec un franc sourire, elle et sa volaille affolée. Puis, le gallinacé se sent protégé. « (...) La poule a pondu un œuf pendant le trajet, action d'ailleurs très méritoire de sa part... » Le bercement du train ?

Après ces convois provisoires à l'essai, d'innombrables incidents et contretemps, le « Train de Luxe militaire » retrouve le nom d'Orient-Express le 1er mai 1920 et le Simplon-Orient-Express commence enfin à circuler, en juillet 1920, jusqu'à Constantinople *via* Sofia. C'est seulement à partir de cette date qu'il justifie son nom. Partant de Paris-Lyon, il gagne Dijon, Lausanne, passe le Simplon et atteint Milan (en dix-neuf heures) puis Constantinople (en quatre-vingt-seize heures). En théorie... Mais ces premières années sont difficiles car les pays traversés ne sont pas encore stabilisés ; de nombreux troubles perturbent le réseau, comme les grèves en Italie qui obligent le train à être détourné sur Vienne. Souvent, Bucarest ne pourra être atteint. En 1922, la branche Bordeaux-Milan, appelée « la ligne du 45e parallèle », est supprimée car elle n'est pas rentable. Les intempéries s'ajoutent aux pénuries, situation qui inspirera Agatha Christie* quelques années plus tard. Le *Livret des instructions* (1922) essaie de prévoir les difficultés de fournitures en cours de route. Il s'agit d'une *check-list* minutieuse, fondée sur l'expérience. Le conducteur d'une voiture-lit doit partir avec quatre sacs de vingt-cinq kilos de charbon et un sac vide pour le complément qu'il pourrait (!) recevoir en cours de route. Il prépare ses visites de douanes (douze !) de Calais à Constantinople, en n'oubliant pas que le sucre et le café sont soumis à une taxe, acquittée par le serveur-receveur. Le ravitaillement frais et le renouvellement des boissons sont prévus dans six gares mais, à chaque sortie d'un pays, les caisses de vins et d'alcools sont plombées. La fourniture de glace au wagon-restaurant est normalement assurée (à l'aller) à Paris, Milan et Trieste, « sur demande, par télégramme », à Lausanne puis à cinq autres postes jusqu'au Bosphore. Enfin, chaque train est muni d'une pharmacie et d'une trousse de secours comprenant vingt-sept accessoires, dont une hache, quatre torches de résine, cinq extincteurs et un bidon d'huile de graissage...

Par son itinéraire méridional éloigné de la frontière allemande, le SOE connaît moins de désagréments politiques que l'Orient-Express. Lorsque, en janvier 1923, l'Allemagne refuse son passage parce que les troupes belges et françaises occupent la Rhénanie, le train repasse par la Suisse puis emprunte le tunnel de l'Arlberg, entre Zurich et Innsbruck, ouvert en 1883 et long de 10, 250 km. Provisoirement appelé Suisse-Arlberg-Orient-Express, ce nouveau train qui circule à travers les Alpes entre celui du nord et celui du sud (le SOE) prend, en mai 1932, le nom d'Arlberg-Orient-Express. Dernier-né de cette famille, sa renommée est double. Il réduit le trajet Paris-Vienne à vingt et une heures vingt, Paris-Bucarest à quarante-sept et Paris-Athènes à soixante et une heures trente et une, soit moins de trois jours pour 3 341 km. Ensuite, il sera le train des sports d'hiver, desservant les stations de ski du Vorarlberg et du Tyrol (Lech, Saint-Anton et leurs satellites Kitzbühel et Zell-am-See). La Suisse, jadis si réticente, est le seul pays à être traversé par deux express d'Orient...

Tous ces trains, auxquels s'ajoutera la branche d'Ostende décrite par Graham Greene*, se complètent, se décomposent, souvent en deux, se recomposent et changent de nom en cours de route mais circulent des jours différents de manière à couvrir un réseau de plus en plus vaste. Cette complexité est à l'origine de nombreuses confusions de dénominations et d'itinéraires, encore aujourd'hui. Toutefois, le SOE bénéficie, à partir de 1925, d'une réputation exclusive : il est le train des voyages de noces vers les lacs italiens et Venise. Et, pour gagner la Turquie, son trajet est le plus court. Têtes couronnées d'une Europe disloquée mais renaissante, grands-ducs en fuite, lords anglais en bonne fortune, marchands nouveaux riches et milliardaires américains ayant pris goût au Vieux Monde constituent une clientèle aussi régulière que capricieuse. C'est le train qui éblouit Valéry Larbaud*. « Je chante l'Europe, ses chemins de fer et ses théâtres », écrit-il. Ne pouvant résister à la course somptueuse (grâce aux nouvelles voitures) qui accumule les kilomètres et les gares, il chérit ses « souvenirs de villes comme l'on a des souvenirs d'amour ». Une féerie sans frontières... Le snobisme aidant et le goût des rallyes automobiles étant très développé chez les Britanniques, Humber Snipe et le publiciste Dudley Noble décident de faire la course avec le train d'Istanbul à Ostende en 1937. Alors que la voiture de Noble était distancée en Bulgarie, elle parvient à compenser son retard et arrive avant l'express sur la côte belge ! Juste avant le Salon de l'auto de Londres !

1939. Le 4 septembre, l'Orient-Express est interrompu mais le SOE continue. A l'été 1940, la situation de la Roumanie, qui s'affirmait neutre, est particulièrement critique. Le roi Carol II a été contraint de faire appel à un cabinet proallemand. Staline, en accord avec Hitler, reprend la Bessarabie et la Bucovine, qui étaient des provinces roumaines. Puis, l'Allemagne et l'Italie, pour satisfaire la Hongrie de l'amiral Horthy, imposent à Bucarest, le

30 août, la restitution de la Transylvanie à la Hongrie et de la Dobroudja à la Bulgarie. La Roumanie est dépecée, réduite telle une peau de chagrin. Dictateur pris en étau entre les pressions de Berlin et celles de Moscou, le roi, furieux et humilié, est contraint d'abdiquer le 6 septembre. Le lendemain, dans son train spécial (que l'on peut emprunter aujourd'hui), bourré de trésors d'argenterie, de tableaux et de meubles rares, il cherche à gagner la Suisse, avec sa maîtresse Magda Lupescu. Le convoi étant stoppé en cours de route, c'est en fait grâce au SOE qu'il se réfugie en Suisse avant de gagner le Portugal. Le service du train est interrompu le 16 mars 1942.

Il reprend le 13 novembre 1945 de Paris à Istanbul. En raison des circonstances, des voitures ordinaires (places assises), dites « de classe », sont accrochées à quelques voitures-lits. Le 8 janvier 1946, le SOE circule trois fois par semaine, puis quotidiennement à dater du 7 octobre. En novembre 1951, de catastrophiques inondations dans le nord de l'Italie emportent la voie à la sortie du Simplon. Le train est détourné sur... le Mont-Cenis (tunnel du Fréjus) et Turin. La même année, après des troubles à la frontière grecque, la branche Paris-Athènes fonctionne de nouveau... jusqu'en 1952, à la fermeture de la frontière bulgaro-turque. En revanche, la frontière gréco-turque demeure ouverte. Toutefois, la ligne du nord de la Grèce est très dangereuse la nuit, des bandits et des maquis menaçant de rançonner les voyageurs. La rame est immobilisée, sous protection nocturne, en gare d'Alexandroupolis, au bord de la mer Egée. Le voyage, de plus en plus risqué à cause de la guérilla communiste, est pratiquement réservé aux seuls diplomates. Pendant le parcours diurne, le SOE est accompagné de militaires, de wagons antimines devant la locomotive et d'une voiture blindée avec mitrailleuse ! Un curieux train qui roule en pleine guerre civile, dans une ambiance de film d'aventures.

En 1954, le trafic reprend *via* Sofia et la Bulgarie mais les autorités imposent au SOE d'être couplé à un convoi de marchandises. Une rame mixte... Le 21 mai 1962, sous la pression des régimes communistes, le Simplon-Orient-Express est supprimé. James Bond, l'agent 007, a eu le temps de monter à bord pour nous envoyer de *Bons baisers de Russie**. Toute la famille des Orient-Express est démantelée, banalisée et diluée dans les convois des migrations ouvrières d'une grande banlieue d'Europe du Sud, sous un nom d'ersatz, le Direct-Orient. C'est Paul Morand* qui prononce l'oraison funèbre dans une brillante rétrospective publiée par *Paris-Match*.

Sissi, « l'Impératrice locomotive »

1837-1898

Lors de votre prochain voyage à Vienne, ne manquez pas de visiter le superbe musée des Sciences et des Techniques ; il se trouve en face du château de Schönbrunn. La voiture-lit-salon de l'impératrice Elisabeth d'Autriche, également reine de Hongrie à partir de 1867, qui y est exposée et a été minutieusement restaurée pendant plusieurs mois, est la meilleure explication du personnage de Sissi. Cet élément du train spécial de la souveraine, construit à Prague en 1873, est le principal moyen de sa fuite perpétuelle ; il lui permet, pense-t-elle, de ne pas être vue... mais cet anonymat sera souvent gâché par trop de précautions et de complications. Monarque rebelle au protocole, aux contraintes de la Cour et à certains usages qu'elle juge ridicules (comme de manger avec des gants !), la ravissante duchesse *en* Bavière, devenue à seize ans l'épouse de François-Joseph, est une adepte du chemin de fer ; et l'Empire des Habsbourg-Lorraine est alors le pays d'Europe où, en raison d'un relief souvent montagneux, l'industrie ferroviaire est particulièrement développée et même exemplaire ; le tunnel de l'Arlberg, dont la ligne relie la Suisse à l'Autriche, est ouvert en 1884 à 1 310 mètres d'altitude, ce qui est très élevé pour l'Europe ; sa longueur est de 10,240 km. De même, les distances sont considérables puisque le territoire impérial et royal couvre neuf fois la superficie de l'Autriche républicaine d'aujourd'hui. De la Pologne à la côte Adriatique, des Alpes au bassin danubien, le réseau est très étendu. Si, pour le gouvernement de Vienne, le chemin de fer est un formidable instrument d'union politique entre quinze peuples, pour Sissi, il est sa survie. Au bout de la voie, un yacht l'attend pour la conduire encore plus loin...

De son mariage en 1854 jusqu'à la guerre franco-prussienne de 1870, les souverains voyagent souvent ensemble. Leurs voitures portent les monogrammes de « FJ » et « E » qui encadrent les fenêtres centrales. Le train semble apaiser l'épouse nerveuse de François-Joseph. Elle y trouve une raison de vivre, d'oublier la mort en bas âge de son premier enfant, la petite Sophie, le carcan imposé par sa belle-mère et tante, les obligations incessantes et sous surveillance. Le train, au moins, lui permet d'être isolée et protégée. Pour lui être agréable, une nouvelle compagnie est créée, celle des « Chemins de fer de l'impératrice Elisabeth », qui dessert l'ouest du pays. Désormais, Sissi a sa ligne, le symbole de l'évasion.

Dans une seconde phase, surtout à partir de 1873, elle voyage seule. Seule ? C'est-à-dire avec au moins douze personnes (chef de train, chambellan, femmes de chambre, valets, dame d'honneur entre autres), mais sa suite peut atteindre soixante-quinze personnes, comme lors de ses vacances en France, près de Fécamp, en Normandie, à l'été 1875. Dans ce cas, le personnel occupe un train entier. On y trouve même des cuisiniers et des boulangers, pour préparer les boulettes de viande et les petits pains dont Sa Majesté ne saurait se priver... Il y a aussi dans ses bagages un lit en fer comme celui qu'elle utilise à Vienne, au palais de la Hofburg, et que l'on peut toujours voir.

On sait moins que cette armada humaine est flanquée d'animaux. Derrière sa voiture spéciale, un ou deux fourgons sont aménagés pour transporter des vaches et des chèvres afin d'avoir le lait frais qui convient à cette femme dont le régime alimentaire est presque un secret d'Etat. Il y a également des chevaux pour ses longues courses d'amazone intrépide ; Elisabeth peut passer plusieurs heures à cheval chaque jour. Les cris de cette ferme roulante ne passent pas inaperçus ; de nombreux cheminots se demandent quel est donc cet étrange convoi où un très haut personnage, dit-on, veut voyager incognito... mais avec une ferme, des vachers et des palefreniers et un vétérinaire !

La voiture-lit-salon exposée à Vienne pouvait aussi être incorporée à un train régulier en cas de voyage bref ; sa livrée vert sombre et l'absence de monogramme ou d'armoiries n'attiraient pas l'attention. Elle fut souvent rattachée, discrètement, aux express et rapides internationaux et, ainsi, la belle « impératrice errante », selon le mot de Maurice Barrès, devint, par adjonction ponctuelle, une passagère occasionnelle de l'Orient-Express* à partir de 1883. De quoi encourager tous les fantasmes ! Dans ce cas, sa suite prend place dans une voiture normale du train choisi.

Cette voiture-lit-salon comporte trois essieux et pèse 18 tonnes. Elle a parcouru l'Europe pendant près de vingt années. Son austérité extérieure contraste avec l'aménagement intérieur, celui d'un véritable petit appartement, douillet, confortable, partagé en deux parties. On entre par le salon, délicieux boudoir décoré de cuivre, de bois précieux, de velours frappé et de tissu fleuri suffisamment épais pour étouffer les bruits. Les tons sont marron et vert olive. Une petite porte ouvre sur les toilettes. Ce salon comprend un lavabo en cuivre et un long miroir vertical. De chaque côté, des lampes à pétrole assurent l'éclairage, avant l'installation d'un système électrique. Des boutons de sonnette permettent d'appeler une femme de chambre ou la dame d'honneur. Au mur, un thermomètre et un baromètre soulignent que la voyageuse veut connaître les conditions de son déplacement, un geste également rituel de François-Joseph chaque matin. Des cendriers révèlent que Sissi aime fumer sans être dérangée, ce qui scandalise la reine Victoria. L'impératrice et reine y accorde de très exceptionnelles audiences. C'est ce qu'espère le maréchal de MacMahon, président (monarchiste...) de la République française, lorsque le train d'Elisabeth passe en gare d'Evreux à l'été 1875. Mais il est tôt et le maréchal, en grand uniforme, et qui voulait saluer dignement l'une des plus belles femmes de son temps, a attendu en vain : les rideaux de la voiture sont restés tirés et sa mythique occupante invisible.

Elle y prend des repas, d'une frugalité maniaque. Une argenterie à son chiffre et un service à thé en porcelaine blanc et or complètent l'équipement. Sur la gauche, on entre dans la chambre. Le lit, sobre, est perpendiculaire à la marche du train. Des casiers sont prévus pour des livres et des journaux, préparés à chaque gare importante. Sur une table, il y a tout ce qu'il faut pour écrire et l'agenda de la souveraine paraît être sa seule contrainte.

Lorsque, à partir de 1890, l'impératrice et reine, toujours en noir depuis la mort énigmatique de son fils Rodolphe, se rend souvent à Corfou, les Grecs, impressionnés par la mobilité et la rapidité de son train au moment où les premières lignes sont mises en service dans le Péloponnèse, lui décernent, admiratifs, un nouveau surnom, « l'Impératrice locomotive » !

C'est à bord de cette voiture qu'elle quitte Bad Ischl pour la Suisse, au début septembre 1898. Tandis que son train s'éloigne, François-Joseph, accablé par cette nouvelle séparation qu'il espère brève – il compte la rejoindre –, reste longtemps sur le quai de la petite gare autrichienne. A Genève, lorsque Sissi descend à l'hôtel Beau-Rivage, le contrôleur du train impérial, M. Mader, fait partie de sa suite. Le 10 septembre, ayant renvoyé son convoi à Montreux et à Territet où elle va se rendre en bateau, Sissi est assassinée par un anarchiste italien. Son corps sera rapatrié à Vienne par train funèbre spécial. L'ultime trajet de celle qui, en une seule année, avait voyagé pendant deux cent soixante-cinq jours, un record pour le Gotha du XIXe siècle.

Lors des travaux de remise en état de cette voiture exposée à Vienne, on a trouvé, sous un coussin, trois épingles à cheveux. Les derniers souvenirs de Sissi se cachaient dans son train...

Soutien-gorge

Non, ce n'est pas ce que vous pensez ! Et pourtant... ce dont je vais parler ressemble à cet accessoire féminin. La signalisation ferroviaire connaît de profonds bouleversements, liés à la grande vitesse. Les vieux signaux d'autrefois sont peu à peu remplacés par l'assistance informatique et l'affichage des indications dans la cabine du conducteur qui, à 300 km/h, n'aurait plus le temps de comprendre le message des signaux en bordure de voie. Dans la terminologie classique du rail, le soutien-gorge est le surnom d'une plaque suspendue au-dessus de la voie représentant deux losanges contigus, de couleur violette, traversés d'une bande horizontale blanche. De même qu'un heurtoir annonce la fin d'une voie pour toute rame – l'arrêt est inévitable ! – le soutien-gorge ne concerne que la traction électrique. Il signifie la fin de la caténaire, donc du contact des pantographes avec le courant électrique. Le soutien-gorge est particulièrement utile lorsqu'une voie se prolonge sans être électrifiée, par exemple sur une ligne secondaire. Est-ce sous l'influence des féministes ? L'expression « soutien-gorge » est de plus en plus souvent remplacée par celle, infiniment moins suggestive, de... « cacahuète » ! Le panneau en a aussi la forme...

Souvenirs (d'autrefois)

Dans son délicieux livre *Une éducation manquée* (Perrin, 2005), l'écrivain Ghislain de Diesbach raconte ses impressions pittoresques d'une « France aujourd'hui disparue », d'avant 1939 : « A l'auberge, envahie de mouches qui s'agglutinaient sur du papier collant jaune ou bien s'allaient noyer dans un carafon de cidre, les ivrognes officiels fraternisaient avec les sacristains, recrutés souvent parmi les bossus, et aussi avec les gardes-barrière qui avaient en général beaucoup d'enfants, conçus par insomnie entre deux passages d'express. Du train, on voyait cette marmaille, sale et à moitié nue, assise dans les carrés de choux des jardinets ferroviaires. Dans les hôtels, près des gares, on entendait la nuit vivre, haleter, gémir et s'accoupler des locomotives en rut, lâchant soudain des coups de sifflet désespérés qui tiraient les voyageurs de leurs cauchemars tandis que le fracas de la manœuvre des rames évoquait des travaux cyclopéens dans les forges de l'Enfer. Ces gares disposaient de porteurs, accablés sous le fardeau de leur misère, étant généralement chargés d'enfants, car les prolétaires justifiaient cette appellation, se reproduisant d'autant plus qu'ils étaient pauvres avant que cette fécondité ne fût tarie par l'invention des allocations familiales. Ils enviaient les classes moyennes, assez riches pour avoir un fils ou une fille unique. »

Stroheim, Erich Oswald, dit Erich von

Acteur et cinéaste américain
d'origine autrichienne, 1885-1957

Petit, toujours sanglé dans un uniforme ou un costume trop étroits, les mots lâchés au rythme d'un marteau cogneur, crâne rasé, monocle et une façon, mécanique, de se jeter en arrière pour boire un verre cul-sec, Erich von Stroheim se donnait beaucoup de mal pour être cassant et désagréable. Parfois, dans ses rôles, une ébauche de regard, un silence passaient pour un instant de pudeur, voire de la bonté. Il avait parfaitement réussi à coller au slogan trouvé par le service de publicité d'un producteur américain : « l'homme que vous aimerez haïr ». Odieux, il séduisait. Réalisateur plus intéressé par la psychologie des personnages que par les développements du scénario, ce Viennois gringalet né dans une famille de commerçants juifs s'était fabriqué un personnage d'aristocrate bâtard de l'Empire austro-hongrois. Il alla jusqu'à prétendre être le fils d'un colonel de l'état-major de François-Joseph et d'une dame d'honneur de Sissi* ! Rien d'étonnant à ce que, dans la seconde partie de sa carrière, en France, le citoyen américain et converti au catholicisme Stroheim jouât le rôle d'un chef de bande chinois, Tchou King, lors de la construction d'une ligne dans la province du Yunnan pendant les terribles années 1930. Le film de Christian Jaque *Les Pirates du rail* (1937), un classique efficace, est la grande rencontre de Stroheim avec le train. En l'occurrence, la Chine montagneuse se trouve être... les Alpes-Maritimes et la voie construite par l'ingénieur français Henri Pierson (Charles Vanel) n'est autre que celle, à écartement métrique, des Chemins de fer de Provence entre Nice et Digne, bâtie de 1890 à 1911. Le cinéma* ? Une grande illusion... Vous pouvez la revivre dans ce superbe décor naturel avec le train des Pignes, 151 km, vingt-sept tunnels, vingt ponts et viaducs en maçonnerie, treize ponts métalliques. Ces ouvrages d'art sont d'autant plus impressionnants en voie étroite qu'ils étaient conçus, à l'origine, pour la voie normale.

En juin 1955, cinq ans après son magistral dernier rôle quasi autobiographique et caricatural dans *Sunset Boulevard* de Billy Wilder, Stroheim, qui a une propriété aux environs de Paris, participe à la Kermesse aux Etoiles. Cette fête est en l'honneur de la 2e Division blindée du général Leclerc (promu maréchal). Elle dure trois jours dans les jardins des Tuileries.

Sur un « pont d'honneur », une maquette, grandeur nature, d'une voiture du Train Bleu* attire la foule. L'opération promotionnelle annonce : « Comme vos vedettes, voyagez en wagons-lits. » Après Marlene Dietrich (enfin descendue du *Shanghai-Express...*), Erich von Stroheim apparaît à la fenêtre du sleeping. Un salut lassé, rigide, presque militaire et mécanique, de cet homme au manteau en poil de chameau et gants de pécari. A soixante-dix ans, Stroheim la légende dit adieu à son public et à un métier dont il avait connu toutes les facettes. C'est à peine s'il a salué la troupe de l'Opéra de Pékin qui avait envahi la voiture le temps d'une photographie. Le faux Chinois n'a pas voulu voir ceux de Mao. Une autre légende assurait que le prodigieux et mythomane Stroheim restait marqué par un affront en train. Il l'avait raconté lui-même, dans un rire sarcastique. Un voyage imprévu et urgent l'avait obligé à prendre un Pullman* de deuxième classe. Même pour lui, il n'y avait plus de place en première, ce qui était déjà inadmissible ! Puis, deux femmes, pas très jolies hélas, s'étaient installées face à lui. Sortant son étui, le comédien leur demande si la fumée ne les dérange pas et leur propose même des cigarettes. La plus âgée des deux femmes, la mère bien entendu, qui n'a pas reconnu l'officier prussien de *La Grande Illusion* (insupportable, mais la même mésaventure est arrivée en train à Jean Gabin !), apostrophe ce voyageur sûr de lui : « Monsieur, je vous prie de laisser ma fille tranquille ! On voit bien que vous n'avez pas l'habitude de voyager en seconde classe ! »

Réplique de Stroheim, inventée mais bien dans sa manière et son accent inimitables : « Madame, j'ai voyagé en troisième classe et en première classe. J'ai constaté qu'en troisième le contrôleur insulte les voyageurs, qu'en première les voyageurs insultent le contrôleur. Je constate qu'en deuxième, les voyageurs s'insultent entre eux ! »

T

« Le Train Bleu, c'est fleur bleue ! »

Charles Trenet.

Tchaïkovski, Piotr Ilitch

Compositeur russe, 1840-1893

Que vient faire ici le compositeur de *La Dame de pique* et des ballets classiques *Le Lac des cygnes*, *Casse-Noisette* et *La Belle au bois dormant* ? Le train est sa fuite et son cauchemar. Marié le 6 juillet 1877 à Antonina Milioukova, il est incapable d'honorer sa femme et fuit le contact avec le corps féminin. La nuit de noces, cauchemardesque, en wagon-lit sera d'ailleurs remarquablement mise en images par le cinéaste Ken Russell dans son magistral film *Music Lovers* (1970), avec Richard Chamberlain et Glenda Jackson, les jeunes mariés. « La caméra de Russell violente littéralement les deux partenaires et, dans la furia baroque des images, fait partager avec intensité la frustration tragique des deux personnages », soulignent Daniel Corinaut et Roger Viry-Babel (*Travellings du rail*, Denoël, 1989).

Homosexuel torturé, horrifié par sa situation, Tchaïkovski subit les allusions pénibles et les reproches appuyés d'une belle-mère caquetante qui ne quitte pas sa fille... Considéré comme dépravé, pervers et même dément, l'immense musicien est obsédé par son divorce au bout de quelques nuits car seule la séparation, pense-t-il, pourra effacer son « erreur ». On le voit souvent dans le train de nuit Moscou-Saint-Pétersbourg ou l'inverse, sans compter ses tournées européennes et en Amérique du Nord. Au petit matin, il descend du convoi hirsute, hagard, sanglotant. Il a bu toute la nuit, a été malade et son aspect est lamentable. Il dit à un de ses amis, qui le recueille souvent dans ce triste état, que le train accompagne sa folie. Et il court d'une gare à l'autre, oubliant régulièrement son manteau. Insomniaque, se plaignant d'avoir « un clou dans la tête », il peut hurler dans le wagon-lit, son compartiment est bien capitonné. Presque une cellule d'asile... provisoire.

Mais, indirectement, les trains jouent un rôle autrement plus important dans la vie de Tchaïkovski ; ils lui ont assuré des rentes confortables pendant treize ans. En effet, la mécène du compositeur, la baronne von Meck, devait en grande partie sa fortune aux investissements avisés de son mari et d'elle-même dans une compagnie privée de chemins de fer russes, notamment en Oural. Nadejda von Meck, riche à millions, propriétaire d'un palais à Moscou et d'un immense domaine en Ukraine, est animée d'une incessante bougeotte. Du lac de Côme aux thermes de Wiesbaden, de Florence à Bayreuth, de Vienne à Nice, elle sillonne l'Europe dans sa voiture-lit-salon privée, blasonnée, aux rideaux tirés, raccrochée aux express internationaux. Cette mélomane à l'âme tumultueuse, mère de onze enfants, est veuve à quarante-quatre ans ; son mari est quasiment mort de chagrin lorsqu'il a découvert que sa dernière fille n'était pas de lui... A l'écoute du *Concerto n° 1* de Tchaïkovski, en 1877, elle est foudroyée d'admiration. Elle écrit au compositeur, s'engage à lui verser une rente considérable pour lui permettre de se libérer des soucis matériels. La seule condition qu'elle y met est qu'ils ne se rencontrent... jamais ! Une double aubaine pour Tchaïkovski, puisqu'il ne sera pas obligé de s'intéresser de trop près à cette dame. Toutefois, ils se croiseront, à peine, à Florence et en Ukraine ; l'argent sera scrupuleusement versé, largement augmenté dans les périodes difficiles, au moment où le compositeur se sépare de sa femme ou quand il doit subvenir aux besoins d'une nièce venue accoucher clandestinement à Paris. La généreuse baronne cesse, brusquement, son soutien le 13 septembre 1890. On ne sait trop si Nadejda s'est horriblement vexée de se reconnaître dans le personnage de la comtesse dans l'opéra *La Dame de pique* ou si, en définitive, elle a jugé que l'homosexualité de son protégé était trop encouragée par ses libéralités. Il est toutefois probable que ses enfants, exaspérés par ses dépenses, l'aient contrainte à une plus grande prudence financière. L'argent du chemin de fer allait cruellement manquer à Tchaïkovski. Il meurt à Saint-Pétersbourg le 3 novembre 1893, officiellement du choléra mais plus vraisemblablement acculé au suicide à cause d'une affaire de mœurs encore plus grave que les précédentes. Pourtant, la passion de la baronne von Meck était plus sincère qu'on ne le supposait : elle s'éteint deux mois seulement après le décès de ce musicien de génie. Sans les revenus des chemins de fer russes, son œuvre n'aurait peut-être pas été aussi brillante ni déterminante dans l'inspiration d'une génération de compositeurs comme Scriabine, Chostakovitch et Stravinski.

Terminologie

Un « express » n'est pas un « rapide ». C'est une question de vitesse et de distribution. Le train express, apparu en 1849, ne s'arrête qu'aux gares d'embranchement et de correspondance. Le rapide, apparu en 1870, en général composé de peu de voitures, va plus vite et ne s'arrête qu'aux grandes villes. Il est même souvent « direct » d'une gare à une autre. Le terme « omnibus », fréquent en grande banlieue, connu dès 1825, n'avait, à l'origine, aucun lien avec le chemin de fer. Il désignait une diligence, une voiture hippomobile publique « pour tous ». Dès 1838, par déformation, il s'appliqua à un train desservant « toutes les gares » d'une ligne.

TGV... hier !

Ne croyez pas que le sigle TGV* (Train à Grande Vitesse) ne date que d'un demi-siècle ni qu'il ait toujours eu ce sens précis, celui de rames circulant à 300 km/h. Dès le 1er juillet 1891, la régularité du Train Express d'Orient (Orient-Express*) permet aux administrations ferroviaires des pays traversés d'annoncer qu'il se chargera du « Transport à grande vitesse des articles de messageries, marchandises et denrées ». Grande vitesse ? Tout est relatif : la moyenne est inférieure à... 40 km/h, ce qui est déjà un exploit pour l'époque dans les Balkans ! L'avis est émis par « les Chemins de Fer de l'Est Français, les Chemins de Fer Allemands, Austro-Hongrois, Serbes, Bulgares, Roumains et Orientaux ». Ce service concerne aussi bien le trajet *via* Belgrade (3 108 km), entièrement par rail, que celui *via* Bucarest et Giurgevo (2 506 km), avec poursuite du voyage par voie maritime. Après 1920, la Compagnie des Wagons-Lits organise un nouveau service de « transport rapide de petits colis de 5 à 60 kilos par fourgons spéciaux directs attelés au Train de Luxe Simplon-Orient-Express* ». La durée ? Paris-Milan (quotidien) : 19 heures. Paris-Bucarest (quotidien) : 75 heures. Paris-Belgrade (jeudi) : 51 heures. Paris-Sofia (samedi) : 68 heures. Paris-Constantinople (lundi, mercredi, vendredi et dimanche) : 89 heures. Des correspondances existent aussi : Bordeaux-Lyon-Milan en 16 heures et Bordeaux-Lyon-Bucarest en 73 heures. Si, dans toutes les villes, une entreprise est désignée pour se charger du ramassage et de l'expédition, à Lausanne, par exception, on est prié de s'adresser à « M. le Chef de Gare »...

TGV (incidents)

Je ne suis ni cocardier ni spécialement « déclinologue », mais j'avoue préférer les trains qui circulent normalement à ceux qui tombent, trop souvent, en panne. Bien entendu, j'exclus les cas de force majeure, comme les inondations. Je constate, simplement, que cette merveille qu'est le TGV* – c'est une merveille ! – est d'une surprenante et regrettable fragilité, trop sensible aux fortes chaleurs et aux froids vifs. Un exemple récent, vécu le dimanche 11 juin 2006. La rame La Rochelle-Paris s'arrête à 16 h 40, à 15 km de Tours. Pendant plusieurs dizaines de minutes, les portes restent fermées et l'air conditionné est hors service. Plus de sept cent cinquante voyageurs sont bloqués. Un TGV* de secours arrive enfin, qui ne repart qu'après 20 heures, soit trois heures plus tard, et atteint Paris avec... trois heures quarante-cinq de retard sur l'horaire prévu. Entretemps, trois voyageurs, pris de malaise à cause de la chaleur et du manque d'air, ont dû être soignés par les pompiers. « Pour des raisons de sécurité, tant que toutes les précautions ne sont pas prises, on ne peut laisser les voyageurs descendre sur le ballast », explique la SNCF. C'est l'évidence. Et M. Louis Gallois, alors président de la compagnie, présente ses excuses à ses clients (je réfute le terme « usagers » qui est... usagé !), ce qui est aimable et normal.

Ayant connu, à plusieurs reprises, ce type d'incident et les mêmes l'hiver à cause du gel, du givre et de la neige, c'est-à-dire l'immobilisation d'un TGV* en pleine nature (ou à 1 km, par exemple, de la gare de Bordeaux-Saint-Jean... sans pouvoir la rejoindre à pied !), je ne cesse de poser une question de bon sens à Mesdames et Messieurs les directeurs, ingénieurs et techniciens : comment se fait-il qu'aucune motrice ne dispose d'un moteur auxiliaire, de type diesel-électrique, ou d'un groupe électrogène, pour maintenir l'air conditionné, même réduit à la ventilation, un éclairage suffisant et, surtout, permettre au train dont l'alimentation par caténaire est coupée de rouler, à petite vitesse, jusqu'à une gare, une voie de garage, que sais-je, où son stationnement ne paralysera pas le trafic de toute la ligne ? Les naufragés pourront prendre l'air, se dégourdir et se souvenir que la ponctualité était une vertu du rail français (ah ! l'affiche « Etat : vitesse, exactitude, confort » des années 1930...), qu'elle l'est très souvent, soyons justes. Sujet de méditation pendant la panne : cette interrogation posée par ce farceur de Marcel Duchamp : « Faut-il réagir contre la paresse des voies ferrées entre deux passages de trains ? » Imagine-t-on, aujourd'hui, un voilier de plaisance, même le plus modeste, dépourvu d'un petit moteur pour manœuvrer dans un port ou quand la bise prend des vacances ? Non, bien sûr. Si quelqu'un a une idée, prière d'écrire à l'éditeur, qui transmettra.

Autre constatation : la signalisation des TGV*, très élaborée, électronique, qui s'affiche dans la cabine du conducteur en raison des vitesses élevées, tombe, elle aussi, souvent en panne à cause la chaleur ou du froid. Exemple récent, également vécu : mardi 11 juillet 2006, le TGV* Paris-Aix-en-Provence est retardé de cinquante minutes en début d'après-midi, à 14 heures. Raison : les signaux ont un coup de chaud. Même panne, moins longue, dans le TGV* Aix-Paris de 14 h 22. L'hiver, il y a, *dixit* sérieusement une autorité, « de mauvaises neiges ». Ah bon ? J'ai traversé souvent la Russie, de la Sibérie à Moscou. Mon Transsibérien* n'a connu qu'une sorte de neige, le veinard, abondante, une vraie neige russe, très *Docteur Jivago*, bref une « bonne neige ». Nous avons roulé sur 10 000 km sans une minute de retard. C'était fin septembre. Il gelait du côté du lac Baïkal et nous avons franchi l'Oural enneigé après 1 000 km par – 20 °C. Comment les Russes osent-ils ? Leurs trains sont lourds et lents mais ceux que j'ai pris se jouaient des variations climatiques. TGV* ? Parfois, cela signifie Très Grande Vulnérabilité...

TGV (et tourisme)

L'arrivée du TGV* Est, qui a été mis en service en juin 2007, a aussi pour mission d'accélérer la fréquentation touristique des villes qu'il desservira, soit seize cités lorraines et alsaciennes. De même qu'autrefois les compagnies proposaient des forfaits voyage-séjour dans la région (bord de mer, montagne) qu'une ligne allait enfin joindre dans de bonnes conditions, de nouvelles « destinations » apparaissent. Ce sont les mêmes lieux qu'avant, mais qui seront désormais accessibles plus rapidement et enrobés de promotions séduisantes. Des trajets encore trop longs (par exemple Paris-Mulhouse : quatre heures quarante pour 465 km, soit une moyenne de 99,60 km/h, presque celle de 1959, à vapeur, sur cette même ligne) sont considérablement raccourcis. Le matériel lui-même, d'une nouvelle génération repensée, à l'intérieur, par le couturier Christian

Lacroix, sera à l'heure de ce réveil. Car l'Alsace, en dépit d'attraits considérables et d'un excellent équipement, connaît une inquiétante baisse de fréquentation : – 2 % en 2005, – 4,5 % depuis 2002. Avec humour, Jacques Dreyfuss, président du Comité régional du tourisme et vice-président du Conseil régional d'Alsace, déclarait, au printemps 2006 : « Les fameux 4 C, pour Cigogne, Colombage, Choucroute et Cathédrale, ne suffisent plus. » Les programmes négociés avec la SNCF s'inspirent des très bons résultats engrangés en Bretagne depuis que, le 8 décembre 2004, Saint-Malo est à deux heures cinquante-six de Paris en TGV* direct. Le désenclavement touristique devra également se caler sur les échanges professionnels : il faut pouvoir faire un aller-retour dans la journée.

TGV

Le 25e anniversaire en 2006

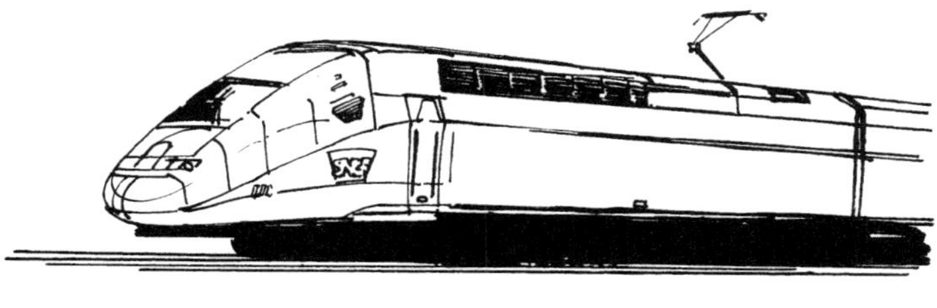

Le Train Français à Grande Vitesse, réellement mis en chantier sous le septennat de Valéry Giscard d'Estaing et inauguré sous celui de François Mitterrand, a battu son premier record de vitesse* commerciale le 26 février 1981 à 380 km/h. En vingt-cinq ans, la première ligne Sud-Est est devenue un véritable réseau, desservant deux cent cinquante gares ; en 2006, il a transporté cent millions de voyageurs. Il a transformé la France. Il a même influencé le marché immobilier. Chaque jour, quatre cents rames assurent six cent cinquante relations, y compris entre les métropoles provinciales sans passer par Paris, avec 1 540 km de lignes à grande vitesse. En vingt-cinq ans, un milliard deux cents millions de voyageurs ont été transportés. Avec ses déclinaisons comme le Thalys, qui a fêté ses dix ans en 2005, et les cinq ans du TGV* Méditerranée, on est à un an de la mise en service du TGV* Est.

Louis Gallois, président de la SNCF jusqu'à fin juin 2006, a estimé qu'il est devenu « une marque, une signature ». De fait, sur ces axes, on ne prend

plus le train mais le TGV*. Projets en cours : les liaisons Bretagne-Pays de Loire, Rhin-Rhône, Poitiers-Limoges, Europe-Atlantique. Un risque : la saturation de la gare parisienne de Montparnasse, qui pourrait profiter à celle d'Austerlitz. Un inconvénient : les reliefs accidentés ou les courbes qui réduisent la vitesse. La technologie du TGV* a été exportée dans de nombreux pays. Elle s'apprête à transformer les relations européennes.

Thiers, Louis Adolphe

Homme politique, journaliste, historien,
1797-1877

Ce Marseillais, qui avait été avocat à Aix-en-Provence, passe pour un esprit subtil, adroit et doté d'un savoir quasi universel. S'il contribue, par ses écrits, au déclenchement de la révolution de juillet 1830 et à l'arrivée sur le trône du duc d'Orléans, devenu Louis-Philippe, « roi des Français », il ne pressent pas la formidable révolution industrielle et sociale que représente la naissance du monde ferroviaire. En 1836, alors qu'il est chef du gouvernement, il déclare, avec un remarquable aveuglement : « Il faudra donner des chemins de fer aux Parisiens comme un jouet, mais jamais on ne transportera un voyageur ni un bagage ! » Un an plus tard, la reine Marie-Amélie monte à bord du premier train de Paris à Saint-Germain-en Laye où elle découvre, aussi, les succulentes pommes soufflées*.

Train (Cité du)

Musée français du Chemin de fer, Mulhouse

Quand le rail devient un spectacle : c'est ce que propose, depuis le 10 mars 2005, le musée français du Chemin de fer rénové, l'un des atouts économiques et culturels de Mulhouse et du Haut-Rhin. Entièrement réaménagé, repensé depuis son ouverture en 1971, le musée – qui abrite la plus importante collection présentée en France – est devenu un endroit magique car les trains y donnent l'impression de vivre. Ils roulent... presque ! Au silence figé de l'époque inaugurale il y a trente-cinq ans – le rêve de Michel Doerr* était enfin une réalité –, a succédé une remarquable mise en scène sonore qui amplifie les multiples effets visuels. Désormais, la première halle est une gare, avec ses bruits, ses cris, ses sonorités d'hier et d'avant-hier mais si présentes dans nos souvenirs. Propos de voyageurs, instructions des agents, commentaires, bruits de machines : on s'attend à partir et il faut se retenir pour ne pas monter à bord. Cette conception est celle d'une scénographie passionnante réalisée par l'architecte François Seigneur en collaboration avec l'attentif et dynamique conservateur Jean-Marc Combe, qui sait tout sur le train et tellement d'autres choses !

Même si l'on connaît l'ancienne muséographie, il faut courir à Mulhouse ; la Cité du Train vaut le voyage car elle est le théâtre du voyage lui-même, pendant un siècle et demi. Une leçon d'Histoire, d'histoires et de technique. En deux salles (le Siècle d'or du Chemin de fer et l'Aventure ferroviaire), 102 pièces restaurées – parfois il s'agit d'une véritable résurrection – sont littéralement mises en scène dans la première halle – j'allais écrire « gare ». Sur 20 000 m^2 de surface couverte et 2 000 mètres de voies, quel défilé ! J'annonce 30 locomotives à vapeur, 8 électriques, 4 diesel*, 7 automoteurs thermiques (autorails), 21 voitures de voyageurs, 15 wagons, 10 engins pour le service et les travaux. Le tout dans un décor d'atmosphère vécue, avec des signaux, des installations et même des plaques de baptême de locomotives. Les Alsaciens ont de la chance de disposer d'un tel divertissement pédagogique dans une région qui s'apprête à vivre l'aventure du TGV* Est et du TGV* Rhin-Rhône, comme leurs ancêtres avaient vibré à l'ouverture d'une des premières lignes françaises en 1839, de Mulhouse à Thann.

Promenons-nous dans les trains, à travers six thèmes principaux. Voici une micheline de la Compagnie de l'Est, cuvée 1936, dans sa livrée rouge et jaune. Huit essieux, dix places en première et en deuxième, trente-six en troisième classe. Premier train rapide sur pneus, elle est le résultat d'essais commencés en 1929. Le but des ingénieurs de la firme Michelin est de réduire le bruit métallique du roulement, ce qu'on nomme le « dur sur dur ». Mais la raison de cette recherche du silence se trouve dans les insomnies d'André Michelin. L'industriel voyageait beaucoup en wagon-lit, bien qu'il y dormît fort mal. On chercha donc à adoucir le martèlement métallique, le choc des aciers qui empêchait le patron et les autres clients de dormir. La première démonstration d'un autorail portant son nom a lieu le 26 janvier 1931. Avec ses six roues, il relie Paris à Trouville en atteignant le 107 km/h grâce à son moteur Hispano-Suiza. Conduire une micheline de ce type prouve l'origine automobile du constructeur. Il y a trois pédales au plancher (embrayage, frein, accélération, de gauche à droite). Et le volant, par définition sans usage, est remplacé par trois leviers (changement de vitesse, frein à main, marche arrière). Il faut presque un permis poids lourd ferroviaire pour cet engin léger de 10,5 tonnes seulement.

La micheline, qui devait sillonner les campagnes et être *le* train des lignes secondaires jusque vers 1960, a existé en vingt-trois modèles différents. La première avait un avant d'autocar et c'était bien un dérivé d'autocar... pour concurrencer, justement, les véritables autocars. Sa ressemblance avec un véhicule de transport en commun était telle qu'elle avait... un pneu de secours ! La crevaison ou le dégonflement étaient signalés par une sonnerie. Hélas, la réparation exigeait le passage en atelier. Crever sur une voie ferrée, voilà qui était original. Et un cauchemar redouté quand fut lancée, en 1935, une micheline à... seize roues !

Les deux guerres mondiales sont évoquées avec intelligence, du locotracteur thermique camouflé de 1916 destiné à l'ALVF (Artillerie Lourde sur Voies Ferrées) aux voitures de deuxième classe pour les soldats, des wagons plats chargés de blindés aux wagons de la déportation. Mais la « Bataille du rail » est aussi présentée comme on ne l'a jamais fait – et il fallait oser : montrer une locomotive à vapeur couchée après le sabotage d'une voie par le réseau Résistance-Fer. Les puristes, les nostalgiques, les fous de la vapeur ne cessent de protester contre cette disposition de la machine 140 A 259, construite en 1928. Une locomotive à vapeur sur le flanc, abîmée, non respectée ! Alors que des bénévoles se saignent pour restaurer ce matériel ! Les reproches adressés à la Cité du Train pour cette scène spectaculaire sont infondés. Outre le magistral film de René Clément, les innombrables récits, documents et rétrospectives sur ce sujet – douloureux –, rappelons que cette locomotive n'a pas été massacrée ni achevée par des sadiques ou des maniaques au service du musée ! Cette locomotive avait eu ses dimanches mondains quand, sur le réseau du Nord, elle conduisait les turfistes de Paris au champ de courses de Chantilly. Puis, ce furent les heures sombres. Lorsqu'elle fut examinée en vue de la nouvelle muséographie, on constata qu'elle était en très mauvais état. On l'a donc conservée telle quelle, symbole de souffrance et du sacrifice particulier des cheminots sabotant leur matériel, dont ils prenaient traditionnellement grand soin. Certes, quand on arrive devant cette machine qui montre ses dessous (rarement exposés, d'où une valeur d'enseignement), on a un choc ! Il faut se dire que cette « Bête humaine* » dort. C'est tout. Et calmer des polémiques aussi stupides que stériles face à cette audacieuse mais pertinente évocation du conflit, de ses pertes humaines et matérielles. On retiendra quelques chiffres, qui se passent de commentaires, sur le tribut payé par la SNCF : en 1945, 819 cheminots français ont été fusillés et 2 480 déportés. Seuls 18 000 km de voies sont exploitables sur 40 000 ; 11 000 locomotives sur 17 000 ont été détruites et 6 000 seulement sont en état de marche, sans parler des installations, bombardées ou dynamitées, gares, ponts, triages, etc., hors d'usage. Au chapitre de la reconstruction dans des circonstances exceptionnelles, on peut souligner l'exploit, peu connu, des cheminots du Mans à l'été 1944. Le 14 août, les troupes du général Patton sont bloquées au Mans par la destruction de toutes les lignes qui conduisent à Cherbourg. Or, Cherbourg est une essentielle base logistique alliée. L'absence de trains coupe l'acheminement du ravitaillement en carburant et en munitions, et donc stoppe l'avance de l'armée Patton. Le général aux deux pistolets donne... trois jours aux cheminots manceaux pour rétablir la voie.

Avec l'aide des soldats, ils réparent la voie, jour et nuit, finissant à la lueur de torches, de briquets voire de cigarettes pour vérifier la dernière éclisse... Le 17 août, le premier convoi de Cherbourg entre en gare du Mans.

Une curiosité retient l'attention : il s'agit de la voiture, très rare, de quatrième classe des Chemins de fer d'Alsace-Lorraine, de 1907. Ce réseau, alors sous contrôle de l'Empire allemand, avait créé en 1906 une quatrième classe pour les trains omnibus. Construite près de Mayence, la voiture, dont le revêtement extérieur d'une face a été désossé pour qu'on puisse apprécier sa structure en bois, est on ne peut plus simple. C'est même ultra-rudimentaire : quelques bancs et beaucoup de voyageurs debout... « le premier train *low-coast* », constate Jean-Marc Combe, lors de mon retour à Mulhouse pour une visite détaillée. Rappelons que ces voyages dans des conditions simplifiées en quatrième classe ont été supprimés le 10 janvier 1930, ce qui « entraînera l'hostilité des populations rurales protestant contre l'augmentation des tarifs imposée par ce changement ».

Quand je passe devant la somptueuse voiture-lit LX n° 3532, construite à Aytré (Charente) en 1929, je m'approche. C'était le summum du luxe pour dix voyageurs seulement. Entré dans le musée en 1976, le mythique sleeping est désormais habité par des mannequins. Le conducteur de la voiture vient demander à une passagère si elle n'a besoin de rien. Puisqu'il ne peut s'agir que de *La Madone des sleepings**, j'aurais aimé entendre ses propos, comme on en distingue un peu partout au cours de la visite. Il doit bien exister, dans le texte de Maurice Dekobra, une ou deux phrases évocatrices sans risquer de choquer de jeunes visiteurs. Hélas, la voyageuse est curieusement muette. On lui a appris une sévère et inutile pudeur.

Je me dirige vers quatre autres stars de cette Cité. Voici, par ordre chronologique, la Pacific 3.1192 Nord, construite avant 1914, modifiée en 1934 puis en 1936. Elle porte un nom illustre dans le monde entier pour tous les fervents de la vapeur, celui d'André Chapelon. Cet homme, né en 1892, est un peu le Stephenson français. Il a révolutionné la locomotive, de 1925 à 1950. Cet ancien élève de l'Ecole centrale, thermodynamicien génial, a réussi là où les polytechniciens avaient échoué et ils ne le lui pardonneront pas. C'est-à-dire qu'il a doublé la puissance des machines et obtenu des économies de 30 % d'eau et de 20 % de charbon, et permis de tracter six cents tonnes de marchandises à 120 km/h contre, au maximum, quatre cents à 90 km/h auparavant. A cet homme qui a rendu possible l'inimaginable, on a fait payer sa rigueur scientifique, sa technologie avancée et ses résultats. Dans le métier, on a fini par dire de cette locomotive, comme de toutes celles qu'il a transformées, la *Chapelon Nord*. Livrée marron, filets d'or, pesant cent deux tonnes, elle atteignait le 130 km/h, tira la Flèche d'or* avec une ponctualité exemplaire. Restaurée à Dunkerque en 1971, elle serait, théoriquement, prête à reprendre du service. Saluons la mémoire souvent occultée d'André Chapelon, silhouette ronde, petite moustache et feutre à la Maigret, ce théoricien qui a obtenu des performances inoubliables.

Pas très loin, voici une autre machine, surnommée « la Belle Américaine », officiellement la 141 R 1187, verte à filets rouges. Sa disposition d'essieux lui valait un autre surnom, exotique, celui de « Mikado ». A la cour du Japon, à la fin du XIXe siècle, le vénérable terme de *Mikado* (qui signifie « Noble Porte ») désignait le palais impérial. Par métaphore, il signifiait aussi l'empereur lui-même. Or, la première locomotive présentant ses roues selon la terminologie 1-4-1 fut construite aux Etats-Unis, par les usines Baldwin de Philadelphie, pour un client pas comme les autres : l'empereur du Japon. C'était en 1897. L'ère Meiji modernisait l'archipel nippon ; dès 1872, le chemin de fer reliait Tokyo à Yokohama. Il fallut attendre 1904 pour que ce modèle soit répandu ailleurs. Ces locomotives, définitivement et familièrement appelées *Mikado*, furent construites dans plusieurs pays sans référence au Japon. Celle présentée à Mulhouse fait partie d'une commande sans précédent de la SNCF en 1944 : 1 340 unités ! Les usines américaines et canadiennes se mettent au travail. La cadence est rapide : 620 machines sont prêtes en deux ans. Toutefois, une catastrophe survient : lors d'un naufrage du cargo *Belpamela*, 17 locomotives sombrent au fond de l'océan... Seules 1 323 furent donc livrées.

Machines passe-partout de la Libération, bonnes pour le service voyageurs et marchandises, pas très rapides mais simples d'entretien et très solides, elles étaient les locomotives idéales pour la reconstruction du trafic. Devant nous, cette « Belle Américaine », aligne 1 604 707 km entre sa mise en service le 5 juillet 1947 et son retour d'un ultime train spécial autour de Lyon, le 19 octobre 1975. Je me souviens de l'avoir vue en Bretagne, assurant son dernier trafic régulier en 1971. Sa cure de beauté a coûté quinze mille heures de travail... « Elle est plus belle que le jour de sa sortie d'usine », m'assure Jean-Marc Combe.

Votre visite devant durer – au minimum – une heure, renseignez-vous et arrêtez-vous devant la monumentale Hudson 232 U 1. Toutes les soixante minutes, elle marche, je veux dire qu'elle roule... sans bouger ! Très légèrement surélevée du rail, la locomotive montre ses bielles et ses roues en action lors d'un départ. La sonorisation complète l'illusion. Cette énorme et splendide locomotive, sortie des usines de la SACM (Société Alsacienne de Constructions Mécaniques) pèse cent vingt-neuf tonnes sans le tender, mesure 15,705 mètres de long et date de 1949. Elle est rarissime car sa série, commandée en fait avant guerre, n'était que de huit exemplaires. Avec ses longs coupe-vent, la plus perfectionnée des machines à vapeur ayant roulé en France annonce le chant du cygne de ce mode de traction. Le coup de grâce à la construction et à l'évolution des machines est donné avec la sortie, de 1948 à 1952, des trente-cinq exemplaires 241 P, dites *Mountain*. Ici encore, cette disposition d'essieux est d'origine américaine. Les premières apparurent en 1912 aux Etats-Unis, sur la ligne de la compagnie du Chesapeake & Ohio au profil montagneux, d'où son surnom. Celle-ci, forgée par Schneider, au Creusot, sonne le glas de la vapeur

en France, après quelque cent vingt-trois ans d'invention. Elle a mené le dernier combat, son emploi reculant au fur et à mesure de l'électrification, jusqu'à la fin du service, en 1973. Elle a pris sa retraite à Mulhouse en 1981. Terminus ! Rideau !

Train Bleu (Le) (ballet, 1924)

Est-ce parce que le doux balancement de ses belles voitures fait songer à la technique de la danse pour exprimer la joie de vivre ? Ce rapide est le seul qui ait donné son nom à une œuvre chorégraphique et musicale. Selon son compositeur, Darius Milhaud, c'est un ballet ; selon son scénariste, Jean Cocteau, et la chorégraphe Nijinska, il s'agit d'une opérette dansée. Bronia Nijinska est la sœur de l'illustre Nijinski. Longtemps séparée de son frère, elle a échappé à la révolution bolchevique, n'a de goût ni pour la vie aisée ni pour le rire, et, de plus, elle n'a jamais entendu parler du Train Bleu... Le spectacle est créé au soir du 20 juin 1924, au Théâtre des Champs-Elysées. La magnifique salle de l'avenue Montaigne connaît alors de sérieuses difficultés financières mais elle parvient à présenter des créations qui lui confèrent une réputation internationale.

Sur un argument fort mince, la faune cosmopolite, snob, s'agite entre athlétisme et mondanités ; l'œuvre est d'avant-garde, empruntant des éléments au music-hall et au cinéma*, avec des effets de ralenti. Darius Milhaud, connu jusqu'alors pour ses cantates d'inspiration biblique, écrit la partition en vingt jours. Les costumes, des maillots de nageurs, sont dus aux ciseaux et au crayon de Mlle Gabrielle Chanel, qui signe seulement « Chanel » sur le programme. « Poules » et « gigolos » s'agitent sur la plage et c'est celui qui a l'habitude de diriger la musique des Ballets russes, André Messager, qui est au pupitre. Parmi les danseurs, un nom à retenir : Serge Lifar. Et un autre, celui de l'auteur du rideau de scène : Pablo Picasso*.

Entre le retard des répétitions – houleuses – et la nouveauté de ce spectacle, ce *Train Bleu* a failli dérailler le soir de la première. Mais la fanfare jouant un air de Georges Auric ramène la bonne humeur. Tout Paris applaudit et le ballet-opérette sera interprété, on s'en douterait, à Monte-Carlo, après que la troupe était montée dans le train... en dansant, en janvier 1925, pour rejoindre Serge de Diaghilev. La pochette du disque est l'œuvre d'un prestigieux peintre de la... Marine, Albert Brenet, qui a su appliquer son talent aussi bien aux locomotives et voitures qu'aux étraves et aux cheminées des cuirassés. Sur cette même pochette, la date, 1922, ne correspond pas à celle du ballet mais au lancement du nouveau matériel roulant, peint en bleu.

Train Bleu (Le)
(buffet de la gare de Lyon, Paris)

Louise de Vilmorin fait partie des écrivains considérant le merveilleux buffet de Paris-Lyon comme un établissement sans égal à Paris. Lauréate du prix littéraire décerné par S.A.S. le prince Rainier III de

Monaco en 1955, elle descend à Monte-Carlo par le rapide, saluant ses amis à la fenêtre en brandissant le bouquet de douze tulipes qu'on lui a offert, après avoir admiré, une fois de plus, ce lieu mythique qui lui inspirera un merveilleux texte, *La Lettre dans un taxi* (Gallimard, 1958). Il est vrai qu'un déjeuner ou un dîner dans ce cadre sont déjà un dépaysement. Il suffit de lever les yeux... Le héros de son roman, qui se marie, donne une réception au fameux « Buffet gastronomique » avant de partir en voyage de noces par le train éponyme. L'auteur de *Madame de* nous met en appétit avec une description par le menu :

« Il n'y a pas à Paris de plus beau restaurant que celui de la gare de Lyon : imaginez une vaste pièce rectangulaire et richement décorée, dont le plafond, en anse de panier, semble prendre naissance à deux mètres du sol. Tandis que des mascarons de physionomie placide protègent l'envolée de certaines nervures, des sirènes, cariatides de fantaisie, ne soutiennent dans cette architecture que le rêve du voyageur. Craignant, sans doute, de manquer le train en se laissant prendre à leur charme, il s'ingénie à suivre des yeux les moulures massives et d'un modèle pompeux qui encadrent des scènes régionales du midi de la France, peintes à l'huile par les artistes officiels des années 1900. Plus son œil s'élève, plus il est diverti car, au plafond, des peintures de formes et de formats divers présentant des paysages ou des allégories, sont enchâssées dans un jeu de caissons qui, tout en obéissant aux règles de la symétrie, en déroutent le caractère monotone par la variété même de leurs proportions. Face à l'entrée, vers le fond de la pièce, la caissière est assise dans un kiosque de verre que domine une pleine lune qu'on appelle pendule parce qu'elle a des aiguilles et, du haut de son trône, cette caissière préside au va-et-vient des maîtres d'hôtel et des garçons qui vont des consommateurs à une grande desserte ombragée de plantes vertes. Les tables auxquelles s'ajoutent quelques chaises, sont placées devant de doubles banquettes d'okoumé et de cuir brun, accolées à un épais dossier qui les unit et les sépare. Ces tables, toujours prêtes, ces banquettes flanquées de portemanteaux et dont le dossier est couronné de barres de cuivre, forment sur l'océan du parquet des îlots bien alignés, solidement établis, empreints de toutes les dignités qui s'attachent à la pesanteur et suffisamment distants l'un de l'autre pour ne pas nuire à l'intimité de la conversation. Cette salle s'éclaire, sur chacune de ces longues faces, par trois baies dont le cintre est fort large et d'où l'on découvre, d'un côté, les voies bleues des voyages tandis que, de l'autre côté, à travers des rideaux de filet blanc, on distingue la place de la gare,

les rampes y donnant accès, les pyramides de marbre couronnées de candélabres de bronze noir et, plus loin, les enseignes de cafés auxquelles vont se prendre les chercheurs d'illusions. Deux immenses lustres de cristal jettent une vive lumière sur l'ensemble de ce restaurant on ne peut plus cossu, dont l'esprit exalte le point terminus de tous les styles classiques. L'extraordinaire, c'est que ce dévergondage de décors contient en son faste éperdu une vérité considérable qui défie les délicatesses de la beauté et du goût par le spectacle de l'opulence républicaine. »

Train Bleu (Le) (et la littérature)

Il se nomme Emile Ripert. En dehors de l'hommage que lui a rendu Jean-Paul Caracalla, son nom reste inconnu du public et ses écrits ignorés des anthologies. Et pourtant, Emile Ripert est l'auteur d'un recueil de poèmes intitulé *Le Train Bleu* (Flammarion, 1929), paru spécialement l'année du lancement du nouveau Calais-Méditerranée-Express avec des voitures métalliques de luxe.

Il y a ainsi des poètes pour célébrer le voyage sous toutes ses formes. Relisons cette très plate ode oubliée au progrès, à l'art de vivre et à un univers ensoleillé parce que le train a pour mission d'unir :

Venez : c'est le Train Bleu, dont le magique essor
Court aux rives d'azur, là-bas, vers l'Italie
Venez : c'est le Train Bleu, dont la belle folie
Fuit vers le Languedoc et la Provence d'Or

Venez : c'est le Train Bleu qu'un navire prolonge
Vers la blanche Algérie et la Corse au grand cœur,
C'est le train dont l'élan pacifique et vainqueur
Semble s'arrêter qu'aux limites du songe.

Rapide nocturne de l'entre-deux-guerres desservant la Côte d'Azur, l'élégant Paris-Monte-Carlo-Vintimille transporte et enchante les plus grands noms, attirés par un Midi qui ne connaîtrait que la douceur de vivre. Des écrivains sont fascinés par ce lien entre une capitale grise et la Riviera. Nous en rencontrons pour tous les goûts littéraires. Dans *Tendre est la nuit*, paru en 1934 (nouvelle traduction par Jacques Tournier, Belfond, 1985), Scott Fitzgerald décrit une atmosphère largement autobiographique où l'argent, l'alcool et l'oisiveté montrent la décomposition d'une société encore brillante mais déjà à la dérive. Génération perdue, élégante anarchie, désespoir... Si « tendre est la nuit », c'est parce que l'héroïne, Rose-Mary, jeune comédienne de dix-huit ans, vit ses premières émotions dans le train de nuit qui la conduit vers le soleil : « Le souffle de la locomotive agitait la poussière des feuilles de palmiers. Ses escarbilles rejoignaient l'engrais desséché des jardins. Rose-Mary se dit qu'en se penchant à la portière, elle pourrait sans doute cueillir les fleurs au passage. Une douzaine de cochers sommeillaient sur leurs véhicules devant la gare de Cannes (...). » Agatha Christie* ne peut résister à concocter une nouvelle intrigue ferroviaire dans *Le Train Bleu* (Librairie des Champs-Elysées, traduction de Louis Postif, 1947). Elle réunit, cela va de soi, de riches Anglais qui vont se promener à Nice. Dans la nuit, qui n'est pas tendre celle-ci, la fille de l'homme d'affaires Van Aldin est assassinée. Plusieurs mobiles peuvent être retenus mais aucun suspect ne peut être confondu. Comme par hasard, Hercule Poirot, bien qu'en retraite depuis des années, est dans le train. A Nice, l'enquête piétine. L'originalité du roman est que son dénouement est révélé... dans le voyage du retour. Le détective belge avait une idée ; elle devient une certitude en remontant vers Paris et le meurtrier est démasqué. « Comme le train, la vie poursuit son cours ! » conclut le limier belge. Deux ans plus tard, Georges Simenon prend la relève avec *Mon ami Maigret* (Presses de la Cité, 1949). *A priori*, il est rare que le célèbre commissaire voyage dans les trains de luxe. Ce soir, il est accompagné d'un collègue de Scotland Yard, le respectable Mr Pyke, qui, au nom de l'Entente cordiale, se familiarise avec les méthodes de la Police judiciaire. Une affaire criminelle très complexe les attend à Porquerolles et l'avion est exclu. Bien sûr, il y a les couchettes et Jules Maigret, s'il était parti seul pour Toulon, aurait voyagé ainsi. Mais que va penser Mr Pyke si la PJ lui inflige cette manière inconfortable ? En revanche, il ne faudrait pas que l'envoyé de Scotland Yard s'imagine que les policiers français voyagent luxueusement aux frais du contribuable... Quelle solution choisir ? Maigret, ennuyé, résout sa première énigme : tant pis, il retient deux wagons-lits, c'est-à-dire deux lits superposés (un double) dans un sleeping de première classe.

Arrivant dans le couloir avec son compagnon, Maigret est agacé et bougonne. Ces gens élégants, cossus, qui foulent la belle moquette acajou avant de se donner rendez-vous au bar, ces bagages de prix hissés par les porteurs, cette affluence sur le quai autour d'une vedette de cinéma* les bras chargés de fleurs, tout cela choque Maigret qui pose sa modeste valise. L'Anglais observe cette comédie humaine, amusé. Le Français lui murmure :

— C'est le Train Bleu.

Maigret est ennuyé à l'idée de se déshabiller mais un wagon-lit, n'est-ce pas, c'est fait pour ça... Et puis Mme Maigret a oublié de mettre dans sa valise la robe de chambre neuve qu'elle lui a achetée il y a deux mois. En pyjama, le commissaire français est gêné. En revanche, Mr Pyke, qui doit avoir une grande habitude des voyages confortables, est très à l'aise. D'où sort-il ce flacon en argent dont le bouchon est un gobelet ?

— Cela s'appelle un *night cap*, un « bonnet de nuit », si vous préférez. Le dernier whisky avant de dormir.

Jules Maigret apprend beaucoup de choses.

Le lendemain matin, une brume dorée s'effiloche sur le Rhône. Le commissaire, qui ne connaît pas le Midi (le roman prouve combien ce voyage est alors une découverte), est stupéfait : le cabinet de toilette est aussi net que s'il n'avait pas servi, un parfum de lavande embaume la cabine et Mr Pyke, lavé, rasé et habillé, est dans le couloir. Déjà prêt et le Français n'a rien entendu ! De nouveau, Maigret est mal à l'aise. Devant un tel raffinement et une si parfaite éducation, il se sent grossier, cherche son rasoir et se déclare à lui-même :

— Maintenant, il s'agit de ne pas faire le couillon !

Simenon ajoute, à l'intention du lecteur :

« C'était peut-être l'impeccable correction de Mr Pyke qui le rendait grossier... »

Le wagon-restaurant est bondé. Mr Pyke a retenu une table ; Maigret y arrive en retard, s'excuse. Décidément, cet univers n'est pas le sien. Son appartement du boulevard Richard-Lenoir lui manque. Mr Pyke pince les narines à l'arrivée des œufs au bacon, lequel est moins craquant qu'au Royaume-Uni. Et Mr Pyke parle de ses voyages, en Egypte notamment. Non, Maigret ne connaît pas. Enfin débarqués sur l'île de Porquerolles, les deux hommes s'accordent à apprécier la qualité du vin blanc au déjeuner. A l'ombre des platanes, Maigret mijote sa revanche. Suivant, en principe, une partie de pétanque en fumant sa pipe, il résout le mystère. Elémentaire, mon cher Pyke !

Ajoutons cette remarque de notre ami Robert Courtine, *alias* La Reynière, célèbre chroniqueur gastronomique du journal *Le Monde* pendant des années. Il connaissait bien Simenon et son univers : « Les trains, les gares, sont des éléments bons conducteurs du fantastique social, de l'aventure tout court. » Enfin, on ne saurait oublier *Le Train Bleu s'arrête treize fois* du talentueux duo Boileau-Narcejac (Denoël, 1966). Ces complices, devenus « un » auteur de roman policier, qui prenaient souvent le Bleu, ont l'idée de treize nouvelles, chacune se déroulant dans les villes où il passe. Un bel exercice car chaque meurtre est différent depuis le premier fait divers imaginé, l'assassinat du directeur d'un grand quotidien parisien. Le Train Bleu est sans doute le train circulant sur le territoire français qui a le plus inspiré la littérature, tous genres confondus.

Train de 8 h 47 (Le)

C'est celui qu'ont pris des milliers de lecteurs à partir de 1888 en lisant cette œuvre de Georges Moinaux, dit Courteline, écrivain rapidement séduit par le théâtre (1858-1929) où ses pièces les plus courtes (un acte) ont connu de grands succès. Deux ans après *Les Gaietés de l'escadron*, Courteline stigmatise de nouveau la vie militaire en soulignant « l'imbécillité des choses et la mauvaise grâce des hommes ». Dans une garnison de l'Est, voici le brigadier La Guillaumette chargé d'une mission spéciale par le capitaine Hurluret. En fait, il s'agit d'un prétexte pour libérer le brigadier puni par le redoutable adjudant Flick. La mission des deux cavaliers est de ramener des chevaux à la garnison. Avec son ami Croquebol, La Guillaumette prend le train de 8 h 47. C'est seulement en cours de route que La Guillaumette se rend compte qu'ils vont devoir changer de train, prendre une correspondance, ce qui constitue une aventure... risquée.

Ils descendent donc au premier arrêt, Bar-le-Duc, où il pleut, et manquent la correspondance. Les deux bidasses, perdus et trempés, errent dans les rues de la ville. Après une nuit à chercher une maison close qui voudrait bien leur ouvrir sa porte en dépit de l'heure tardive, ils passent un moment avec des filles de joie. A l'aube, les deux troufions essaient de prendre le train... dans lequel ils auraient dû monter. Hélas, leur virée nocturne a été si agitée qu'ils ont perdu leurs billets et ne les retrouvent pas en se dirigeant vers la gare. Encore une fois, ils manquent leur correspondance et semblent condamnés à errer dans Bar-le-Duc. Finalement, ce sont les gendarmes qui se chargent de les reconduire à leur caserne où l'adjudant Flick, intraitable ganache, savoure son triomphe. Il va pouvoir exercer sa hargne sur ceux qui espéraient échapper à son sens peu bienveillant de la discipline. Courteline trace des portraits comiques par des dialogues efficaces où la médiocrité des uns égale le despotisme des autres. *Le Train de 8 h 47* a été adapté au cinéma* (muet) en 1927, en 1934 avec Fernandel, irrésistible dans son rôle du comique troupier Croquebol, et Fernand Ledoux, sec comme une trique dans le rôle de Flick, puis en 1952 avec Darry Cowl. On pouvait penser que si les personnages de cette mésaventure fondée sur une correspondance ratée ont été immortalisés pour des générations, la gare de Bar-le-Duc le serait aussi. Hélas, lors d'un voyage récent qui me faisait passer par Bar-le-Duc, l'employée – jeune – à qui je demandai si le train de 8 h 47 existait toujours m'a, aimablement et simplement, répondu qu'il n'y en avait jamais eu à cette heure-là... Pauvre Courteline !

Train de vie, de maison, de retard, etc.

La première expression, qui désigne un style d'existence, est bien antérieure à l'invention du chemin de fer puisque Beaumarchais l'emploie déjà : « Tu vas mener un train de vie bien différent. » Les « éléments du train de vie » ont, tout le monde le sait, un sens fiscal. Dans son *Histoire de la Révolution française* (1847-1853), reprenant la vieille formule regroupant la domesticité, les particularités et les dépenses d'une résidence, Michelet écrit : « il prit un train de maison, voiture, table ouverte et le petit hôtel de la Chaussée d'Antin qui subsiste encore ». On mène « grand train », ce qui m'a toujours fait rêver (du point de vue ferroviaire !) et l'expression rejoint un autre sens ancien de bruit et de tapage. Le train désigne un ensemble de choses ou d'animaux, regroupés et/ou avançant ensemble. Même Valéry Larbaud*, très brillant et convaincant avocat du rail, respecte cette ancienne notion dans une description non ferroviaire : « Il avait rencontré un train de tombereaux chargés de pierre. »

En clair, le train, qu'il soit d'artillerie, des équipages, de pneus, de péniches, qu'il désigne l'allure d'un cheval, d'un être humain, est un mot apparu dans la première moitié du XVIe siècle avec l'idée d'une base construite, comme la partie d'une presse d'imprimerie sur laquelle on posait la forme. Cette référence à l'information renaît avec les voyages. « Avoir un train de retard » veut dire, dès 1860, que l'on n'est pas au courant des dernières nouvelles. Il y a donc bien longtemps que la « mise en train » existe et on ne peut que constater que le terme précède celui de « chemin de fer », apparu en 1787 et devenu officiel en 1823, date de la mise en service de la ligne de Saint-Etienne-Andrézieux. Depuis le XIIe siècle, le verbe traîner indique le mouvement lent pour tout ce qui se déplace. On notera que Belzébuth ne s'est pas adapté aux transports modernes. On redoute « le Diable et son train » qui roule certainement à « un train d'enfer », mais on imagine mal, aujourd'hui, de dire « le Diable et son avion » ou « le Diable et sa voiture ». Chez les Goncourt, le terme désigne une agitation sonore, joyeuse et bruyante : « Et le jour de la fête, (...) nous avons fait du train. » On remonte, dans ce cas, à l'expression célèbre de la fin du XVIIe « boute-en-train », qui s'applique à une personne de joyeuse humeur et ayant le don de la communiquer. Cet amuseur apparaît sous la plume de Renan : « Dans les cabarets, on faisait cercle autour de lui. Il était la vie, l'âme, le boute-en-train de tout le monde. » Cependant, le train signifie aussi une activité fébrile mais qui peut être sans mouvement et silencieuse. La preuve ? Je suis en train d'écrire ce *Dictionnaire amoureux* ! Mais en faisant attention car, ainsi que l'a chanté Claude Nougaro, en s'inspirant d'un célèbre avis écrit en quatre langues quand les trains avaient des fenêtres ouvrables :

Il est dangereux de se pencher au-dehors
Quel que soit son train de vie.

Trains miniatures

Evidemment, enfant, j'ai eu un premier train. Un modeste jouet mécanique de l'après-guerre, en métal embouti. Je remontai tellement le ressort de la machine qu'il cassa ; à cinq centimètres près, j'étais aveuglé. J'avais six ans. Ma carrière ferroviaire faillit s'arrêter net. Puis, j'entrai dans le véritable monde des petits trains de l'enfance, quand mes résultats scolaires le permettaient et que mes parents pensaient à me récompenser. Enfant unique, mon circuit était mon rêve, mon évasion. Dans ma chambre, je m'allongeais contre la voie pour mieux profiter de l'arrivée, en sortie de courbe, de la réplique de la BB championne du monde. Sur mon tapis, elle allait si vite qu'elle déraillait et j'étais triste, la réparant, la bichonnant... Les maîtres de cette illusion s'appelaient Hornby (une marque anglaise, on s'en douterait) et Jouef (une marque bien de chez nous). Plus tard, mon budget me permit d'approcher ces merveilleux trains Märklin fabriqués outre-Rhin, avec leurs maisons à colombages, leurs gares, leurs villes et un remarquable souci d'exactitude et de finesse dans l'exécution des détails. Un monde. Il y a quelque chose de grave chez l'enfant qui « joue au train » : il ne supporte pas que quelqu'un d'autre y touche ! Surtout s'il s'agit d'un adulte. Et c'est encore pire quand le père de famille ose prétendre jouer au chef de gare. Mon père, après avoir admiré mon petit circuit et mes efforts de paysagiste grâce à un morceau de pelouse volé dans le square voisin en revenant du lycée Condorcet, se contentait de se prendre les pieds dans les rails, d'arracher les fils du transformateur de vitesse. Un désastre. Puis, je commençai à comparer avec mes camarades de classe le matériel des uns et des autres (les jeunes garçons comparent souvent des éléments très personnels !). Chacun avait sa préférence, écartement O, HO, tout petit, plus grand. Nous organisions des concours de locomotives chez l'un ou l'autre les jours de congé (un Carambar de pénalité en cas de déraillement !), exhibions le dernier wagon sorti de chez untel. On l'essayait, on s'extasiait et, parfois, on était jaloux...

Cette passion, typiquement masculine (nous avions décidé que les filles n'y comprenaient rien sauf si elles étaient jolies), était vivifiée par une caverne d'Ali Baba du rail, La Maison des Trains, passage du Havre, près de la gare Saint-Lazare. C'était très cher mais le lèche-vitrine est heureusement gratuit. Puis, toujours en sortant de Condorcet, nous allions voir partir, vers 1960, les 140 tirant les rames de grande banlieue. Le summum était de monter place de l'Europe, à l'endroit de l'embarcadère du premier train de voyageurs en France, en 1837. Je guettais un départ de la gare et courais à l'autre bout du pont pour être enveloppé par la fumée compressée pendant quelques instants. La volupté ! Aussi, après devoirs et leçons, je retrouvais mon train. Petit ou grand, quelle différence à l'époque ? Je vivais une continuité. Puis j'allais acheter *La Vie du rail*, rue de Milan.

Depuis, j'ai rencontré de sérieuses grandes personnes ayant de somptueux petits trains bien organisés, comme le merveilleux compositeur et chef d'orchestre Claude Bolling, qui passe volontiers de son formidable Big Band à la mélodie ferrée. N'a-t-il pas écrit l'inoubliable thème de *Borsalino*, où une locomotive brûle le cadavre d'un truand ? Un de mes bons amis, industriel de l'agro-alimentaire, a un extraordinaire circuit en Seine-et-Marne. Il invente des épisodes historiques de la Deuxième Guerre mondiale où les vaincus sont les vainqueurs parce que leur train arrive à l'heure ! Et puis, il y a les Rolls-Royce du train miniature, comme la fantastique collection du comte Giansanti Coluzzi, avec ses trois mille pièces de chez Fulgurex. Du sur-mesure, du cousu main admirable, hélas vendu après la mort du comte en 2005. De véritables réseaux, d'un réalisme étonnant, existent. Et les amateurs communiquent par des magazines spécialisés, telle *Loco Revue*. La passion n'a pas d'âge. Savez-vous que des cheminots et anciens du métier se retrouvent près des vrais trains pour jouer avec des petits ? L'enfance est un monde sérieux.

Trains présidentiels et royaux (1960-2006)

De tous les présidents de la Ve République, le général de Gaulle fut le plus grand utilisateur de trains, même s'il prit souvent l'hélicoptère. Il aimait rouler vite en voiture – ce qui lui a permis d'être épargné lors d'attentats –, mais il appréciait les avantages du chemin de fer pour leur contact avec la France profonde, provinciale, et les bains de foule dans les gares. Entre deux haltes, le président s'isolait pour travailler ou se reposer, réunir ses collaborateurs ou se restaurer. Le service des VO (Voyages Officiels) de l'Elysée demande à la SNCF et à la CIWLT, prestataire de service à bord, de prévoir une rame autonome (traction diesel), insensible aux coupures de courant en cas de grève notamment, de composition réduite, à grand rayon d'action et relativement rapide. Une RGP (Rame à Grand Parcours) est constituée, exclusivement pour des voyages diurnes. Il s'agit d'un autorail spécial, rouge et crème, comprenant une motrice à chaque extrémité, les X 2723 et X 2734. L'aménagement intérieur est modifié par le démontage de deux rangées de sièges (seize places), la pose d'une cloison pour former un salon et d'une épaisse moquette. Entre les deux engins moteurs, la voiture XR 7716 est équipée d'une antenne avec installation radio. Mais cette voiture est, en fait, isolée : l'intercirculation est impossible à bord de la rame, ce qui est un grave inconvénient ; des téléphone et interphone relient le salon aux cabines de conduite et aux services de sécurité. Lorsqu'elle accompagne son mari, Mme de Gaulle se tient dans le salon tandis que les membres du gouvernement occupent les compartiments voisins ainsi que l'aide-de-camp, le chef du protocole, les gardes du corps, le valet de chambre du « service privé » et un huissier de la direction générale de la SNCF. L'entreprise dispose d'un compartiment pour ses représentants. Ensuite, la cuisine et l'aire de stockage remplissent un bon tiers de la voiture.

C'est l'occasion de rappeler l'existence de la brigade présidentielle des VO, dont les services ne sont plus guère demandés, ce qui est dommage... Constituée lors des visites de souverains dans les premières années de la Troisième République, cette émanation de la Compagnie des Wagons-Lits aura, pendant des décennies, le monopole de la cuisine et du service à bord, sous l'autorité de chefs et de maîtres d'hôtel réputés dans la profession, en tout une douzaine d'agents. S'y ajoute le personnel extérieur à la CIWLT : cinq policiers des VO, huit agents SNCF (inspecteur de traction, mécanicien, ouvrier d'entretien, agent d'exploitation, etc.). Tous ces gens, qui ne sont pas là par hasard, se connaissent très bien ; ils ont l'habitude de travailler ensemble et de faire face aux incidents éventuels. Les journalistes accrédités sont installés en fin de rame.

L'un des premiers voyages gaulliens à bord de ce train prend la direction de l'Alsace, en novembre 1959. La motrice de tête est décorée d'un drapeau et d'un écusson tricolores, avec le monogramme doré RF ; de petites cocardes sont accrochées au-dessus des phares. Le général de Gaulle fait une trentaine de voyages à bord, apparaissant toujours à une fenêtre de son salon, par exemple en gare de Rouen le 6 juillet 1962, pour répondre aux acclamations de la foule. Le train, surélevé par rapport au quai, permet d'être vu ; c'est une tribune au cœur des villes. De même, les itinéraires, soigneusement étudiés, permettent d'honorer de petites cités, comme Givet, Segré ou Nogent-le-Rotrou, qui n'ont pas souvent les honneurs d'une visite présidentielle. Le 23 avril 1960, venant de Nice, l'autorail entre en gare de Monaco où le président français et Mme de Gaulle sont accueillis par les princes de Monaco*, L.L. A.A. S.S. Rainier et Grace. Devenu un train hexagonal, le train officiel est aussi devenu européen et international : il a reçu le chancelier Adenauer (1962), le président italien Segni et celui du Togo (1964). Après le départ de Charles de Gaulle, la rame a été utilisée deux fois en 1969, le 11 juin à Nantes, par Alain Poher, président par intérim, puis par Georges Pompidou, élu président le 16 juin, lors d'un voyage à Strasbourg le 23 septembre. La motrice RX 2723 du train spécial a pris sa retraite au dépôt de Metz ; elle y a assuré un service ordinaire, sans gloire, et n'a eu droit, curieusement, à aucune plaque commémorative comme ses cousines les locomotives à vapeur ayant tracté les convois officiels. L'ancienne équipe de conduite se souvenait, émue, que, selon la tradition, le président de Gaulle allait toujours serrer les mains de l'équipe de traction, avant mais aussi après le voyage, geste beaucoup plus rare...

On l'appelait « Monsieur K ». En mars 1960, le voyage en France de Nikita Khrouchtchev est un événement. La déstalinisation, qu'il avait commencée en 1956, se poursuit. « Monsieur K » cumule les fonctions dirigeantes de secrétaire général du Parti communiste soviétique et de président du Conseil des ministres de l'URSS. Reçu en qualité de chef d'Etat, sa visite prend les allures d'une trêve dans la guerre froide* qui gèle les relations Est-Ouest. Khrouchtchev, spécialiste des questions agricoles, est aussi un passionné de chemins de fer. Arrivé, par avion, le 28 mars, ce petit homme rond au chapeau « bourgeois » et cravaté de blanc part presque tout de suite à la découverte de la France en quatre étapes. Le lendemain, en gare de Dijon, Robert Buron, ministre français des Travaux publics, des Transports et du Tourisme, lui offre... un train électrique (échelle HO) pour son petit-fils. « Monsieur K » est un grand-père surpris mais attentif aux explications qui lui sont données sur ce jouet. Puis, il visite avec autant de joie le centre de triage de Gevrey-Chambertin que les caves de ce prestigieux bourgogne. Dans cette gare, on lui présente quatre locomotives électriques, la CC 7107 et la BB 9004 (détentrices du record de vitesse* en 1955) et deux machines soviétiques, construites en France, les OR 37 et OL 07. A Reims, sa dégustation de champagne est satisfaisante : il en fait compliment à Pierre Taittinger, auteur d'un livre intitulé *Le Péril rouge*... Le plaisir de Nikita Khrouchtchev se transforme en euphorie lors d'un changement de machine à Corbie, dans la Somme, en se rendant à Lille. Le train officiel est composé de la voiture présidentielle PR2, restaurant, ainsi que plusieurs voitures réservées à la presse, très amusée du comportement, inattendu, de « Monsieur K ». La traction, assurée jusque-là par la BB 1601, se mue en un festival de vapeur sur les lignes non électrifiées : deux Pacific 231 et une Mikado se relaient (C71, K22, F659). Alors qu'il déjeune (la rame est arrêtée), des centaines de personnes l'applaudissent. Il se lève, fait baisser la glace, salue, et porte ostensiblement un toast en levant son verre de vin blanc. Quelques minutes plus tard, à la surprise des journalistes, Nikita Khrouchtchev, goguenard, entre dans leur voiture. L'envoyé spécial d'un journal de Moscou lui lance, en russe puis en français :

— Prenez le café avec nous !

Et l'homme qui a dénoncé les crimes de Staline ainsi que les « erreurs » du régime s'asseoit et tient, pendant vingt minutes, une conférence de presse improvisée et décontractée.

En route de Lille à Rouen, le maître de l'URSS confie à l'échotier d'un quotidien du soir :

— L'accueil que je reçois dépasse mes prévisions !

Lors d'un arrêt à Serqueux, le facétieux « Monsieur K » traverse les voies en affolant son escorte et entre dans le buffet. Le patron, en bon Normand, lui propose :

— Un calvados, monsieur Khrouchtchev ?

Dans la gare, l'hôte de la France devient une vedette. On lui demande des photos pour des autographes. Ce n'est pas son genre ! Alors, il signe des billets de train, des tickets de quai ! Le programme prend du retard. De Rouen à Paris, l'horaire modifié du train présidentiel provoque un gigantesque embouteillage ferroviaire. Au wagon-restaurant, « Monsieur K » et sa délégation savourent le dernier déjeuner du voyage :

Ris-de-veau Ile-de-France
Steak aux pommes nouvelles
Cœurs de laitues
Brie
Pêche Melba
Petits Fours

Le tout accompagné de pouilly-fuissé, aloxe-corton et champagne Pommery, pour surprendre les papilles gustatives de l'Ukrainien. A votre santé, camarade !

Quelqu'un a-t-il osé dire à « Monsieur K » que la longue table pour dix-huit couverts sur laquelle avaient été servies ces agapes était celle de la voiture dans laquelle, en 1896, le président Félix Faure avait traité avec le tsar Nicolas II ? En effet, cette voiture-restaurant n° 3354, construite à Aytré (Charente), fut transformée et affectée au train présidentiel français en 1955. René Coty, Charles de Gaulle et Georges Pompidou y reçurent les invités de la France, comme la reine Elizabeth II et le roi des Belges, Baudouin Ier. Mais, résistant à divers aménagements, sa table, antérieure d'environ soixante ans, était toujours la même... et elle n'avait pas coupé l'appétit de Nikita Khrouchtchev.

Comme l'écrit un journal du soir à grand tirage, cet ultime menu servi à bord « a beaucoup fait pour la coopération franco-soviétique ». L'invité de la République, si bien transporté, dans tous les sens du mot, déclare, avec un gros rire :

— Je me demande si je ne vais pas m'installer dans un petit coin tranquille jusqu'à la Conférence au sommet [fixée au 14 mai à Paris, soit dans six semaines...].

Le dessinateur Jean Effel, proche du parti communiste, collaborateur – à l'époque – des *Lettres françaises* et futur lauréat du prix Lénine, observe que Nikita Khrouchtchev consigne ses impressions sur un journal de bord pendant son périple en France. Et il invente une réflexion apocryphe émanant d'un « Monsieur K » croqué dans son train : « Noté curieux manque de coordination : les marteaux sont rassemblés dans le Nord, les faucilles en Normandie » !

La dernière conférence internationale qui se soit déroulée dans un train spécial en France date du 5 janvier 1978. Elle eut lieu de Bayeux (Calvados), première ville de France libérée le 7 juin 1944, à Paris, entre les présidents Jimmy Carter et Valéry Giscard d'Estaing. Le matin, les deux chefs d'Etat, arrivés dans des hélicoptères différents, se sont recueillis à Omaha Beach, sur les plages du Débarquement. Pendant cette cérémonie, un train spécial avait quitté Paris-Saint-Lazare à 8 h 40. En réalité, il y aura deux trains, celui des hautes personnalités et celui des journalistes, précédés d'une rame de sécurité, le fameux « train balai ». A 13 h 42, le train officiel quitte Bayeux. Il comprend huit voitures type « Trans-Europ-Express », dont deux voitures-restaurant-cuisine. La deuxième voiture a été aménagée pour les entretiens au sommet ; dix hommes prennent place autour des présidents. Deux fourgons générateurs sont équipés de radio et de telex installés par le Secret Service américain. Deux locomotives diesel bleues à bandes blanches, de 80 tonnes chacune, tirent la rame de 572 tonnes. Ces machines BB 67 412 et 67 417, du dépôt de Rennes, font partie de la série construite à partir de 1963. Avec quatre cent quatre-vingt-douze exemplaires, ces puissantes machines ont définitivement remplacé la vapeur. Celle de tête, avec cocarde tricolore française à l'avant, est barrée de deux « bannières étoilées », le drapeau américain. Dans la première cabine, trois hommes sont chargés de la marche du train, MM. Letellier, conducteur de route, Houget, inspecteur, et Baril, chef de traction. Au menu – diplomatique – qui a suivi la gastronomie (les discussions ont eu lieu à la même table) : la situation au Moyen-Orient (encore et toujours), la présence renforcée du personnel militaire soviétique en Afrique et à Cuba, les entretiens du président Carter avec le roi d'Arabie

Saoudite et le shah d'Iran. Valéry Giscard d'Estaing déclare, le soir même, que les conversations dans le train avaient été « cordiales, ouvertes et fructueuses ».

S.M. Margrethe II, reine de Danemark, a toujours privilégié le train dans ses déplacements officiels et privés, chaque fois que cela est possible. Longtemps et comme beaucoup de femmes après la naissance d'enfants, la souveraine éprouva une phobie de l'avion. On la disait peu rassurée. En grandissant, les princes furent la plus efficace des thérapies ; le voyage aérien ne lui cause plus aucune crainte. Néanmoins, elle demeure très attachée aux voyages ferroviaires, notamment pour visiter son royaume. Son engouement pour le chemin de fer vient de son père, le roi Frederik IX, qui régna jusqu'en 1972. Il connaissait par cœur l'horaire des trains et des ferries de son pays, autant que des partitions musicales, puisqu'il était aussi chef d'orchestre... A l'automne 1978, Valéry Giscard d'Estaing, président de la République française, reçoit la reine en France pour un voyage d'Etat de trois jours, suivi d'un séjour dans la propriété familiale de son époux, le prince Henrik, dans le Lot. Margrethe II a décidé de venir en train. La voiture royale choisie pour ce périple est à l'image de la cour danoise : une grande simplicité avec un bon confort. Construite à Randers, au Danemark, en 1937 par les ateliers Scandia, elle mesure 23,50 mètres de long pour un poids de 44 tonnes. Elle est homologuée pour une vitesse maximum de 140 km/h. Son aménagement comporte deux chambres, un salon et cinq compartiments classiques de voitures-lits. Une installation suffisante pour des parcours européens.

Pour cette visite, la voiture est discrètement acheminée de Copenhague à Maubeuge par le Nord-Express puis rattachée à un train spécial composé de matériel français. La rame comprend la voiture présidentielle dite PR III, utilisée par la reine Elizabeth II en 1972 de Paris à Rouen et les présidents Carter et Giscard d'Estaing en 1976 de Bayeux à Paris. Des voitures de type Grand Confort de la SNCF, analogues à celles du Mistral, sont incorporées, dont une voiture-restaurant. C'est la machine BB n° 16053, du dépôt de La Chapelle, pavoisée aux couleurs des deux pays, qui a l'honneur de tracter le convoi jusqu'à la gare Saint-Lazare.

Le 12 octobre, sur le tapis rouge déroulé le long du quai, la reine est accueillie par le président. La musique de la Garde républicaine interprète les hymnes nationaux. Margrethe II porte une élégante cape à col de loup et un chapeau. Une arrivée dont le protocole allégé – toutes proportions gardées – contraste avec l'ancienne tradition des hôtes de la France arrivant, autrefois, à la gare de l'avenue Foch, surnommée par les cheminots « Le Petit Trianon » ! Autres temps, autres mœurs.

Depuis 1995, une nouvelle voiture royale a été construite et mise à la disposition de la souveraine et de S.A.R. le prince Henrik. Elle comprend un salon équipé de télévision et lecteur CD notamment, un bureau doté de tous les moyens de communications, des chambres avec douches et une petite cuisine. Selon les nécessités, cette voiture est couplée à une autre voiture spéciale pour la suite royale.

— La Reine et moi aimons beaucoup ce moyen de locomotion à l'ancienne mais très confortable, me déclare le prince Henrik. Le Danemark n'est pas grand alors nous aimons partir vers 11 heures du soir et arriver le lendemain matin, frais et dispos. La nuit, notre voiture est souvent stationnée sur une voie de garage et nous dormons dans les gares. Nous apprécions de prendre notre temps. Le train est l'idéal pour se déplacer en se reposant. En plus, les Chemins de fer danois sont très contents !

— Monseigneur, nous sommes en 2006. Quel est votre dernier voyage officiel en train ?

— C'était l'année dernière, en 2005, pour nous rendre en Suède. Peu importe que la distance ne soit pas immense, c'est un grand plaisir et sans bousculade.

La passion du prince Henrik pour les chemins de fer a également une origine familiale :

— Mon grand-père, qui était délégué de l'Annam-Tonkin au Conseil des colonies de 1905 à 1925, avait fait construire une voiture superbe pour circuler en train là-bas, en Indochine ; il l'utilisait beaucoup pour aller à la chasse. Je me souviens qu'enfants, jusqu'à 1939, nous aimions beaucoup nous promener en famille dans ce somptueux wagon qui nous semblait... royal !

Le prince Henrik, qui prend aussi très souvent le train en France, s'est beaucoup intéressé à une ligne secondaire de la vallée du Lot, ouverte en 1886 et fermée au trafic normal en 1980. Il a accepté la présidence d'une association de sauvegarde faisant circuler des autorails des années 1950, sur environ 70 km. Un superbe tracé avec quatorze tunnels et six viaducs au-dessus des rivières et des gorges.

Il faut rappeler que François Mitterrand faisait un peu partie de la famille des cheminots. Son père, né en 1873, avait été agent de la Compagnie des chemins de fer de Paris à Orléans, sous-chef de gare à Saint-Nazaire puis chef de gare. Le train lui était familier et il en parlait en connaisseur et en admirateur. Toutefois, certains de ses voyages officiels ferroviaires ont été marqués d'incidents fâcheux. Le 22 septembre 1981, quatre mois après son élection à la présidence de la République, François Mitterrand est à Lyon pour inaugurer la nouvelle ligne du TGV*, mise en chantier par son prédécesseur. Le président est accompagné de trois ministres, MM. Hernu (Défense), Chevènement (Recherche et Technologie) et Jobert (Commerce extérieur). La rame parcourt le trajet Lyon-Mâcon (92 km) en vingt-trois minutes. Peu après le départ, il a pris place dans la cabine de conduite et apprécié la performance. La chaîne de télévision publique Antenne 2 devait diffuser ce voyage mais personne n'avait, semble-t-il, pensé que l'avion dans lequel se trouvait le cameraman allait moins vite... que le TGV*. Il fut distancé ! Et l'émission annulée... A la nouvelle gare de Montchanin-Le Creusot, le président rendit hommage « à la tradition d'efforts de la SNCF » et aux gouvernements précédents qui « ont agi utilement », tout en faisant allusion au prochain TGV* Atlantique.

L'inauguration de ce dernier sera beaucoup plus perturbée, le 17 mai 1989, deux jours avant le départ de François Mitterrand pour les Etats-Unis. Dès la gare parisienne de Massy-Palaiseau, le TGV* deuxième génération, gris et bleu, dont l'avant est barré d'un large bandeau tricolore, est bloqué par une manifestation d'agriculteurs. Puis, de Paris à Poitiers et de Poitiers à Angoulême, d'autres mécontents envahissent les voies, empêchant toute circulation. Le président doit achever son voyage en hélicoptère. Drapeau rouge en main, il finira par donner le départ... d'un petit train touristique à vapeur dont les passagers ne s'attendaient pas à un tel honneur ! Sans être affecté outre mesure par les nombreux incidents ayant gâché son voyage, François Mitterrand fait rire les journalistes en constatant, avec humour, que lui, fils de cheminot, est empêché de satisfaire son goût des voyages en train :

— On ne peut pas dire que nous ayons abusé du chemin de fer. Mais on a quand même vu la gare !

Permettez-moi d'ajouter quelques mots sur un sauvetage *in extremis*. En 1976, la voiture présidentielle, dite PR 2, qui avait, entre autres, accueilli « Monsieur K », est menacée de démolition. Or, 1976 était, paraît-il, l'« Année du Patrimoine » ! Avertis par la SNCF que cette voiture, propriété de la CILWT, allait être détruite, quelques amis, dont Gérald Maurois (l'un des fils de l'académicien André Maurois), et moi constituons une association de défense. Nous sommes scandalisés de la désinvolture avec laquelle ce souvenir d'anciens voyages officiels est méprisé. Nous réunissons la somme pour arrêter la mise à mort mais... que faire d'une telle voiture avec son salon des aides-de-camp et sa cuisine qui fonctionne toujours au charbon ? Après quelques travaux, Albert Glatt* a décidé d'adopter en Suisse cette voiture officielle française réformée. Nous l'avons réinaugurée au printemps 1983, lors d'un voyage unique. La cuisine et le service furent assurés par la brigade du célèbre chef suisse Max Kehl, de Chez Max. Je ne sais si nous avons voyagé comme des empereurs, des rois ou des présidents, mais nous avons fait le tour du lac de Constance, de Zurich à Zurich, en pensant que si cette voiture pouvait parler, elle nous dirait qu'elle revient de loin...

Train qui n'existait pas (Le)

Officiellement, on l'appelait le TMFB. Décodées, ces initiales signifiaient « Train Militaire Français de Berlin ». Aucun indicateur, aucun horaire, ne le mentionnait. Ni nom ni itinéraire. Aucune agence de voyages, aucune gare, même centrale, ne pouvaient vous renseigner, encore moins vous délivrer un billet. Et si, par votre fonction ou une relation haut placée, vous appreniez, confidentiellement, qu'il circulait trois fois par semaine sur le trajet Strasbourg-Berlin-Strasbourg, il vous était impossible de monter à bord sans une enquête préalable, des autorisations et des documents spécifiques. Et pourtant, je l'ai pris ! Et c'est l'un de mes souvenirs les plus exaltants.

Ce véritable train fantôme, bizarre mais passionnant, a roulé quarante-neuf ans. Il raconte toute l'histoire de l'après-Deuxième Guerre mondiale en Europe, celle du destin de l'Allemagne et des graves tensions nées de l'affrontement Est-Ouest lors de la guerre froide*. C'était au temps où les Etats comptaient une Allemagne fédérale et une Allemagne démocratique, la RFA et la RDA, selon la terminologie officielle.

Bien que spécial, il était régulier et pourtant unique en son genre. Sa création remonte au mois de novembre 1945, soit cinq mois seulement après l'arrivée des forces d'occupation alliées à Berlin. Dans la paix retrouvée, la Direction générale des Transports militaires en Allemagne est dissoute ; elle est remplacée par la Direction des Transports Militaires par Voie Ferrée (DTMVF), laquelle relève du 4e Bureau de l'Etat-major du général commandant suprême des Forces Françaises en Allemagne (FFA). Cet organisme est chargé du transport des troupes et du matériel dans les quatre zones d'occupation délimitées par les accords de Yalta et de Potsdam en 1945. A l'évidence, cette mission, dont la valeur politique et diplomatique est claire, a également un aspect technique : elle peut suppléer les défaillances d'un réseau qui a terriblement souffert, notamment des bombardements alliés. Avec l'aide des délégations militaires régionales, une organisation ferroviaire spécifique est mise en place. A cette époque, la zone française comprend le Bade-Wurtemberg, la Rhénanie-Palatinat ainsi que la Sarre, jusqu'au 1er janvier 1957, cette région ayant été occupée par la France puis indépendante et enfin rattachée à l'Allemagne moyennant le versement de quatre-vingt-dix millions de tonnes de charbon à la France. Les villes opérationnelles sont Mayence, Offenburg et Sarrebruck ; l'état-major de la DTMVF est alors basé à Achern, en face de Strasbourg et au sud de Karlsruhe. Au début de cette aventure peu connue du public, les effectifs sont de soixante officiers et deux cent soixante-dix hommes sous l'autorité du commandement français de Berlin.

L'évolution de ce qu'on peut appeler le « problème allemand » rejaillit directement sur cette organisation. Les relations avec l'URSS sont déterminantes jusqu'à 1989. Des événements tragiques, au retentissement mondial, bouleversent ou affectent la circulation ferroviaire sous contrôle français. En effet, par rapport aux autres puissances d'occupation, la France est dans une situation privilégiée puisqu'elle est le seul Etat allié ayant une frontière avec le pays occupé. La marche du train de Strasbourg à Berlin et vice versa signifie la traversée des deux Allemagnes puis celle de Berlin, enclave quadripartite au cœur de la RDA. La zone de Berlin-Ouest se trouve elle-même répartie en trois secteurs ; la France occupe celui du nord et sa gare spéciale est celle de Berlin-Tegel. Le train utilise donc trois réseaux, ceux de la Reichsbahn (RDA), de la Deutsche Bundesbahn (RFA) et celui, très minoritaire, de la SNCF. C'est un train international mais pas tout à fait comme les autres... Son statut, réglé par des piles de paperasses, lui confère un régime particulier, sous surveillance renforcée. Et tatillonne en allant vers Berlin...

Il faut rappeler – car c'est très peu connu – que les horaires dans les deux sens sont fixés chaque année, lors d'âpres débats, par une conférence internationale, une manière d'affirmer la volonté politique des Alliés de conserver à Berlin son statut particulier... Les jours de départ sont les mercredis, vendredis et dimanches depuis Strasbourg, les mardis, jeudis et samedis au départ de Berlin. La rame de huit voitures suit ce qu'on nomme le « corridor spécial », analogue à une route aérienne, toujours la même : Kehl, Appenweier, Buhl (Baden), Baden-Baden, Rastatt, Karlsruhe, Mannheim, Francfort, Harburg, Fulda, Kassel, Göttingen, Braunschweig, Helmstedt. Ici, la machine de la SNCF est remplacée par celle des Chemins de fer est-allemands (DR) et inversement. Puis, on atteint Marienborn, à la frontière. Ici, venant de l'Ouest, on sait qu'on entre dans l'Est. Les permissionnaires composant la majorité des voyageurs, les gendarmes et les appelés, jusque-là bien en vie, voire bruyants, se figent. C'est l'heure de la vérification des documents, avec l'aide d'un interprète. Une seule portière est ouverte, ce qui limite les envies d'évasion. Un silence de plomb s'abat sur le convoi. C'est ici, en 1948, qu'un officier soviétique empiéta sur ses prérogatives, s'autorisant un contrôle-surprise douanier et monétaire ; le chef de train français s'y opposa au motif qu'il s'agissait d'un train militaire français. Il protesta. Ce fut le début du Blocus... Vingt ans plus tard, au même endroit, on entend des mots russes, allemands, des silences, quelques mots de français et enfin des coups de tampon libérateurs. Mais la pesanteur ne se dissipe pas, elle plombe toujours psychologiquement le train et l'enveloppe jusqu'à l'arrivée, *via* Magdeburg, Potsdam et Berlin-Tegel. « La douce gaieté de l'Allemagne de l'Est », me disait, ironique, l'ancien ministre français de l'Intérieur, Raymond Marcellin. Dix-huit gares (mais pas autant d'arrêts car en RDA ils sont limités) sur un trajet de 886 km en douze heures. Le matériel fait partie du parc affecté aux FFA qui comprend, entre autres, soixante-dix wagons plates-formes porte-chars et des wagons de marchandises, lesquels, une fois par mois, composent le « train du ravitaillement ». La circulation de ce convoi trihebdomadaire évoque un peu celle de l'Orient-Express* après 1918. La rame roule surtout la nuit, habituellement sous escorte. Un train secret, un train de tous les secrets...

Sa composition a évolué au gré des améliorations techniques et des besoins. Les voitures de voyageurs sont la propriété des FFA ; les voitures-lits sont de type P, du nom de l'ingénieur Pilpich qui les élabora ;

quatre-vingts exemplaires, identifiables par leur caisse métallique et construits entre 1955 et 1956, ont circulé en France, en Italie et en Belgique ; ces deux voitures font partie du parc de la Compagnie internationale des Wagons-Lits et sont louées à cette société ; un fourgon est la propriété de la SNCF. Les machines françaises ont un emblème particulier ; c'est un écusson or, rouge et noir ; on lit, en lettres dorées, *Forces Françaises en Allemagne*, et à l'avant de la silhouette d'une locomotive à vapeur le sigle DTMVF. A l'origine, en 1957, chaque rame comporte au minimum un fourgon, deux voitures-lits, une voiture-couchettes de première classe et de deux à cinq de deuxième classe ainsi que des wagons frigorifiques, l'ensemble étant sous bonne garde. A partir de 1982, surviennent des modifications importantes. Le fourgon est un ancien wagon-postal allemand à deux essieux, doté d'une vigie, siglé FFA en blanc ; un autre fourgon – la seule partie de la rame à laquelle je n'ai pu accéder – sert de prison roulante, avec barreaux, pour des soldats aux arrêts, sous la vigilance de la prévôté (police militaire). On l'appelle aussi parfois, pudiquement, la « voiture-escorte » ! En effet ! Les voitures-lits sont parfois remplacées par des voitures-couchettes de première d'un modèle plus luxueux que l'ordinaire ; une voiture, dite d'accompagnement, comporte un bar et un service de restauration légère, et on compte trois voitures-couchettes de deuxième classe. La vitesse ne dépasse jamais le 100 km/h.

La réalité oblige à dire que le TMFB de cette époque est « très régulier dans ses retards », selon un cheminot qui précise : « au moins de deux heures... » ! Le trajet en RDA est laborieux, souvent interrompu. Les locomotives à vapeur est-allemandes, obligatoires mais lourdes et poussives, sont épuisées et la voie, unique, est mal entretenue. L'hiver et le gel aggravent l'absence de maintenance. Les incidents techniques sont innombrables, sans parler des grèves et du personnel, également remarquable par « son absence d'enthousiasme », comme le souligne Christophe Cazorla dans sa communication de 2002. Exemple : les voyageurs doivent être transportés de Helmstedt à Berlin par cars à cause d'une grève. Exemple : le 24 avril 1969, le TMFB est dérouté sur un itinéraire nord, au grand mécontentement de la RDA, à cause du déraillement d'un train de marchandises qui a arraché 50 mètres de voie... Exemple : une collision en gare de Brunswick le 14 février 1967. Exemple encore : l'incendie d'un wagon-lit en gare de Marienborn, le 28 décembre 1967, sinistre que les Soviétiques aident à éteindre.

Seule l'autorité militaire peut émettre les billets et assurer les réservations. Un officier, chef de train, pointe les voyageurs et est responsable de la discipline à bord. Une extrême attention caractérise ces opérations car la traversée de la RDA constitue une ingérence dans le trafic est-allemand. Le trajet entre l'Allemagne de l'Est et Berlin est soumis à un strict contrôle. Longtemps, il sera interdit aux voyageurs, pourtant sélectionnés, de prendre des photographies. Ou de filmer. Les interdictions sont multiples : ni monter ni descendre de voiture, pas même se pencher à l'extérieur. Pis : on ne circule pas dans les couloirs, on ne crie pas, on ne parle plus... A peine a-t-on l'autorisation de respirer, silencieusement... Malgré la nuit, on doit obligatoirement baisser les rideaux, stores et vitres dans un black-out ambulant et aucune exception n'est tolérée. A partir de 1963, il fut demandé au commandant du train de surveiller la « technique ferroviaire » de cette zone interdite permanente. Motif officiel des ordres soviétiques : les installations militaires de la RDA doivent rester secrètes. Mais le motif bien réel était certainement de cacher la tristesse et le délabrement de cette même Allemagne dite démocratique... Ces dispositions ont fait supputer toutes sortes d'hypothèses sur d'énigmatiques passagers différents des autres dans un convoi mystérieux.

Comme le mur de la Honte a connu ses tentatives de fuites et ses tragédies, le TMFB a vécu des drames de l'évasion. On a du mal à imaginer, aujourd'hui, qu'en entrant en Allemagne de l'Est, les portières étaient fermées avec des chaînes afin d'empêcher des clandestins de monter à bord, ce qui était la hantise des Soviétiques, dans le sens Berlin-Strasbourg. Les drames des Allemands de l'Est ne voulant pas revenir, dans le sens Strasbourg-Berlin, ont aussi touché les employés des Chemins de fer (DR). Le 27 mai 1969, le *Zugführer* (chef de train) de la DR, qui a commis la faute de laisser une portière ouverte, permet à un clandestin de monter. Celui-ci est repéré par les Soviétiques, qui obligent le train à s'arrêter en gare de Magdebourg, où il ne stoppe jamais, à 22 h 15. Le malheureux est appréhendé. Dans l'autre sens, en dépit d'équipes « sûres », le 11 septembre 1967, lorsque le TMFB quitte Helmstedt et va entrer en RDA, un chauffeur saute du train et se réfugie au bureau des gardes-frontières d'Allemagne fédérale. Enfin, on aura une idée des frictions et tracasseries en tous genres en évoquant les fêtes du 1er mai, du

8 mai (anniversaire de la victoire de 1945) et du 7 octobre (anniversaire de la création de la RDA). Ces trois jours-là, le commandant doit veiller à ce que la locomotive est-allemande ne soit pas pavoisée de drapeaux de la RDA ou de l'URSS, ce qui est interdit. En fait, il aura beaucoup de mal à empêcher ces pratiques, jugées « puériles » par un officier soviétique. En général, ces drapeaux sont retirés avant d'entrer en zone alliée à Berlin ou en RFA.

L'horaire a été modifié avec les progrès de la traction diesel. En 1957, en partant de Strasbourg à 15 h 20, on arrive à Berlin le lendemain à 10 h 12 ; en 1985, le départ est retardé à 19 h 12 pour une arrivée à 7 h 29. En vingt-huit ans, le trajet a été raccourci de plus de neuf heures. Curieusement, aux mêmes époques, le train met deux heures de moins en 1957 et cinquante minutes... de plus en 1985. On peut penser que ce convoi est d'une importance qui relève du scénario d'un film d'espionnage* en noir et blanc dans un interminable après-guerre. En pratique, outre son rôle de lien politico-militaire, il permet de soulager le trafic des permissionnaires tous les deux mois. Et il transporte le courrier depuis ou vers le célèbre BPM 600, le Bureau Postal Militaire de Berlin, une mission essentielle.

A l'époque des fêtes de Noël et du jour de l'An, le matériel habituel est complété par des voitures louées aux Chemins de fer fédéraux allemands (DBB). Et les wagons frigorifiques sont remplis pour garnir les étagères de l'économat du Quartier Napoléon, celui des FFSB (Forces Françaises Stationnées à Berlin). L'ambiance est bonne. Et, à l'occasion, des wagons à bétail sont rajoutés pour des passagers inhabituels... les chevaux du Cadre noir, dans un voyage Saumur-

Strasbourg-Berlin historique, en 1966. A dater de 1980, le matériel atteint l'âge de la réforme ; de nouvelles voitures sont commandées en Allemagne et mises en service fin 1982. A l'œil, on voit que le train français est devenu... allemand ! Elles ont toutes la même livrée bleu et blanc, ce qui est plus harmonieux. La nouvelle rame (budget : 11 313 965 DM), frappée de deux drapeaux tricolores encadrant les lettres TMFB, comprend deux voitures-lits, deux voitures-couchettes de première classe, cinq de deuxième et la fameuse « voiture d'escorte ».

Mon voyage, mes recherches, complétées par l'excellente enquête de Guy Landgraf (*La Vie du rail* n° 2068 du 20 novembre 1986), et les précieuses contributions récentes du lieutenant-colonel Alain Billy permettent de préciser quelques renseignements chiffrés. Alors que le transport aérien commercial s'est considérablement développé, le TMFB, en 1981, a représenté 1 800 convois, dont 1 400 de permissionnaires. Avec 400 voyages, il a transporté 150 000 personnes. En 1985, 2 000 convois circulent, dont encore 600 dits « de Berlin ». De 1955 à 1982, le nombre des voyageurs est passé de 25 909 à 69 387.

En 1986, l'état-major de la DTMVF s'installe à Baden-Oos, quartier de Baden-Baden, siège de l'état-major des FFA, secondé par quatre détachements de liaison à Berlin, Trèves, Fribourg et Karlsruhe, ainsi que deux bureaux de transports installés à Kehl et à Tübingen. L'ensemble, alors placé sous les ordres d'un général de brigade ou d'un colonel, comprend 23 officiers, 21 sous-officiers et 35 hommes du rang. Ils sont assistés de 8 employés civils, évidemment bilingues.

Grâce à l'obligeance et à l'autorisation du général de brigade Jean Brullard, commandant des troupes françaises stationnées à Berlin (jusqu'au 3 octobre 1990, elles étaient sous les ordres du gouverneur militaire de Berlin), et à l'occasion d'une conférence au Quartier Napoléon (ancienne caserne « Général Goering »), j'ai pris ce train n° 18070, qualifié de « spécial » sur le panneau : il était discrètement stationné sur la voie 2, à Strasbourg. Un sous-lieutenant était chef du convoi ; c'est lui qui vérifia mes papiers, assisté de deux gendarmes. Un laissez-passer en trois langues m'a été remis. Chaque voiture-couchette (dans ce cas, le laissez-passer est bleu) était confiée à un convoyeur ; deux employés des Wagons-Lits m'ont apporté dans ma cabine un dîner plus que convenable et la boisson choisie. J'ai été ensuite faire un tour au bar. Une vraie caverne d'Ali Baba ! Le barman proposera jusqu'à... cent quarante articles différents ! Dans quel après-guerre suis-je ? La sécurité était assurée par les deux gendarmes, aidés de quatre appelés. Lors de mon voyage, j'appris qu'à l'époque délicate le train était toujours en contact radio avec le commandement. On craignait le brouillage... Mais, quand la liaison était interrompue, comment faire pour transmettre un message, par exemple signaler un incident ou un retard graves ? Un seul moyen, infaillible : des pigeons voyageurs ! Comme pendant la guerre. Et c'est bien la preuve d'une guerre vers 1960. Si le contact radio est perdu ou coupé, des pigeons sont lâchés du Quartier Napoléon, d'autres de la gendarmerie de Helmstedt. Deux petites escadrilles à plumes, pour aller à la rencontre du convoi. C'est, précisément, un pigeon qui est à l'origine d'un scénario inspiré, partiellement, d'une histoire réelle, raconté par le réalisateur français Jacques Tourneur dans *Berlin-Express* (1949). A Paris, en 1947, un groupe d'enfants trouve un pigeon mort. A l'une de ses pattes, un message en allemand. Remis à la police, le petit papier est transmis aux forces américaines. Quelques heures plus tard, un homme arrive gare de l'Est, où se trouve un bureau militaire spécial. L'homme y retire un billet de chemin de fer pour Berlin. Attention : il ne s'agit pas du TMFB mais d'un train spécial de l'armée américaine, partant de Paris-Est, desservant, notamment, Francfort. Dans ce convoi, quatre représentants des forces alliées voyagent avec un Allemand, célèbre pacifiste. Le mélange des nationalités est fort bien analysé. C'est un remarquable film d'espionnage sur l'après-guerre et un chef-d'œuvre du cinéma* ferroviaire, en particulier lorsqu'on assiste à un crime par le reflet des vitres d'un autre train arrêté à côté du Berlin-Express. L'intérêt documentaire est également considérable puisque plusieurs scènes ont été tournées dans les ruines de Francfort et de Berlin, avec l'autorisation des forces d'occupation.

L'arrivée du TMFB à la gare militaire française de Berlin était pittoresque : c'était une sorte de chalet blanc aux colombages bruns, une inattendue maison du pays Basque, construite par un régiment du génie en 1947. Entre le rez-de-chaussée et le toit, je lus cette inscription en lettres gothiques : « Gare Française Berlin-Tegel »... Il y avait une fanfare. Pas pour moi, tout de même... Elle joua. On m'informa qu'il s'agissait du *Berliner Luft*, une célèbre rengaine des années 1920 ; cette chanson, *L'Air de Berlin*, vantait la qualité de celui respiré dans la région grâce aux forêts de sapins. La mélodie saluait toujours l'arrivée ou le départ du TMFB ! La fanfare ou les haut-parleurs ponctuaient l'événement. Rappelons aussi que les Britanniques avaient également leur train militaire (un par nuit), comme les Américains (deux par nuit), mais sur des trajets courts Berlin-Allemagne de l'Ouest à partir de 1949.

Dans l'effondrement du régime est-allemand et la réunification des deux pays en 1990, les structures de l'après-guerre furent dissoutes, comme le Bureau postal, qui a fonctionné du 3 septembre 1945 au 30 septembre 1994. Le TMFB a aussi perdu sa raison d'être puisque Berlin n'a plus de zones, de secteurs ni de garnisons étrangères. Il a accompli son dernier voyage, sans bruit, après un demi-siècle d'une histoire très originale. Et quatre ans après la création d'une seule Allemagne. En réalité, il y eut deux derniers voyages dans le sens Allemagne-France. Le 3 août 1994, la locomotive est-allemande 65-1057 reprend du service en tête d'un convoi, au son du classique *Berliner Luft*. Sont présents, entre autres, les amoureux des chemins de fer allemands. Puis, le 17 septembre, le véritable dernier TMFB part, ramenant à Strasbourg les dernières troupes françaises stationnées à Berlin, celles de la classe 1993/12.

Il fut un baromètre, peu connu mais très sensible, des convulsions Est-Ouest. On pouvait craindre que son souvenir ne disparaisse, comme la plus grande partie du « Mur » ou « Check Point Charlie », le fameux poste de contrôle et de passage dans la Friedrichstrasse. Le TMFB n'était-il plus que le « train fantôme » d'une époque révolue ? Fort heureusement, dès avril 1992, fut discutée l'idée de créer un musée des Alliés de Berlin. Parmi les premiers intervenants civils et militaires défendant ce projet essentiel pour notre mémoire, un Français, qui était alors le commandant Alain Billy. Dans ce musée, ouvert au cœur de l'ancien secteur américain, le thème de l'exposition permanente est « La liberté préservée à Berlin ». A côté d'un avion britannique de type Hastings – transporté par hélicoptère –, une des dernières voitures bleu et blanc est exposée ; en service, elle était utilisée partiellement comme wagon-restaurant-bar ; c'est le seul vestige bien conservé du TMFB, arrivé au musée en août 1994. Ironie de l'Histoire : les autres voitures, qui avaient circulé douze ans, ont été vendues à un ancien pays de l'Est dont le parc ferroviaire était délabré... Ce train était un spectaculaire paradoxe : ses départs et ses arrivées attiraient les initiés comme un paquebot fascine toujours les amoureux du voyage lointain. Mais personne ne pouvait raconter son voyage à bord...

« Trains-radio »

Les voitures sonorisées d'aujourd'hui, pour entendre les informations et appels du personnel de la SNCF ou de celui assurant le service de la voiture-bar, ont eu des ancêtres dans les années 1930. Les « trains-radio », comme on les nommera, font partie des convois spéciaux ou de vacances qui attestent le mariage des loisirs avec la technique. Dès 1932, les Chemins de fer belges ont mis en service des « rames spécialement équipées pour donner des auditions en cours de route ». En 1934, onze trains circulent. Le voisin français, la Compagnie du Nord, fait de même et son premier convoi circule le 15 mai 1935, un deuxième pour les fêtes de Pâques 1936. Il se compose de dix voitures à boggies avec soufflets d'intercirculation et couloir latéral. En tout, il accueille 500 voyageurs dont 466 de troisième classe et de 42 à 86 de deuxième classe, selon les cas. La formule plaît. Le Paris-Orléans-Midi réplique avec son premier « train-radio », parti le 5 avril 1936. Cette année-là, quatorze voyages spéciaux divertissent 4 360 voyageurs, et en 1937, jusqu'au 1er août, sur ce même réseau, on compte onze voyages et 5 370 adeptes du « train-radio ». L'installation comprend un studio aménagé dans un compartiment insonorisé, en général en queue du train. Une discothèque et un système de haut-parleurs dans les voitures dispensent de la musique « à la demande ». Un ancien serveur de wagon-restaurant, devenu conducteur des Wagons-Lits et collectionneur de documents en tous genres, assura le service musical sur les premiers « trains-radio » sur Paris-Deauville. Il s'appelait Roger Commault, était un wagnérien passionné, et j'ai beaucoup travaillé avec lui sur divers sujets ferroviaires. Son client le plus original était un monsieur élégant qui, moyennant un pourboire conséquent, apportait ses propres disques pour les entendre dans le compartiment qu'il réservait. Son morceau favori était le *Boléro* de Maurice Ravel sur disques 78 tours. Il en avait une valise complète ! Il fallait au moins quarante-cinq disques pour entendre son intégralité. « Je les changeais le plus vite possible mais, pendant quelques secondes, la magie et la progression de cette formidable musique étaient interrompues ! C'était un massacre ! » Mais le voyageur, ravi, conservait les yeux fermés, savourant une sorte d'extase. Et il trouvait même que le bruit du train entre deux accents de l'obsédant leitmotiv améliorait le célèbre *Boléro* !

Des voitures-dancings, anciennes deuxièmes classes transformées, sont souvent raccrochées, ainsi que des restaurants et des bars. « Ces voitures sont alors équipées pour la circonstance et des haut-parleurs disposés dans les filets porte-bagages », rapporte avec précision Maryse Angelier (*Voyage en train au temps des Compagnies*, *1832-1937*, La Vie du rail, 1998). Mais, selon le même principe technique, d'autres trains circulent, à vocation pédagogique, pour des colonies de vacances, des écoles, des sociétés littéraires ou artistiques. Dans ce cas, entre les morceaux de musique si possible adaptés au trajet, un professeur-conférencier s'empare du microphone et dispense un cours sur le paysage, la région, son histoire et ses curiosités. La seule différence avec la classe est qu'il n'y a pas d'examen à l'arrivée... Mais – et c'est très remarquable pour l'époque –, certains compartiments sont eux-mêmes dotés d'un micro. Un voyageur peut ainsi intervenir et entretenir un dialogue avec le titulaire. En ces temps de découverte du pays, l'échange peut être cocasse, tel ce commentaire sur la cathédrale d'Angoulême alors que le train arrivait à Périgueux... Mais, grâce à ces convois, des milliers d'enfants sont assis dans un cinéma* roulant et s'instruisent. Comme on peut le lire dans *La Revue générale des Chemins de fer* de juillet 1937 vantant les mérites de la formule du « train-radio » : « (...) Il n'est pas douteux que de nombreux groupements voudront l'utiliser pour goûter, grâce à ce "train de l'Entrain", le plus beau des films sonores. » Ces rames, que la Deuxième Guerre mondiale allait mettre trop tôt au garage, annoncent, avec quelques mois d'avance, les trains des congés payés, les « Trains rouges* » du Front populaire.

« Trains rouges » (1936)

Dans l'euphorie de la victoire du Front populaire aux élections législatives des 26 avril et 3 mai 1936, alors que des grèves commencent à paralyser la France du commerce et de l'industrie, la Chambre des députés vote, les 11 et 12 juin, à la quasi-majorité, la loi sur les congés payés (et aussi les conventions collectives et la semaine de 40 heures). Un mot, merveilleux et magique, est sur les lèvres de millions de Français, « vacances ». Soudain, la guerre d'Espagne, la persistance de l'agitation sociale, la chute du franc sont oubliées par ceux qui n'ont jamais pris de vacances. Condamnant les illusions de cette allégresse, Paul Reynaud, républicain de droite, plusieurs fois député de Paris et ministre, utilise une métaphore ferroviaire pour rappeler les menaces de Hitler :

— Ce train, lancé à cent kilomètres à l'heure, ne s'arrêtera pas en brandissant au bord de la voie le drapeau du désarmement. Pressez-vous, sinon ce sera un sauve-qui-peut.

Mais on se presse de ne pas l'écouter. Le mardi 4 août, gare de Lyon, part le premier train du Front populaire et des congés payés. Direction : Nice. « On va voir la mer ! » crient les voyageurs enthousiastes. Dans les voitures bondées, on chante *Le plus beau tango du monde* de Tino Rossi. Des milliers d'ouvriers et d'employés vont pouvoir se reposer pendant deux semaines après douze heures de voyage. Soutenu par des accordéons, tout un peuple s'élance à la découverte de la France. Ces convois reçoivent un double surnom, les « trains rouges » pour les adversaires du Front populaire, et les « trains Lagrange », du nom de Léo Lagrange, député socialiste et sous-secrétaire d'Etat aux Sports et Loisirs de 1936 à 1938, instigateur du tourisme de masse.

Transandin

Amérique du Sud, ligne Argentine-Chili

Ma grand-mère paternelle, que j'adorais, était originaire du Chili. Parmi les histoires merveilleuses qu'elle me racontait, j'avais – déjà ! – une préférence pour celles concernant le chemin de fer Transandin. Un train à travers la Cordillère des Andes ! Cela me paraissait encore plus exaltant que les exploits, pourtant héroïques, de Mermoz, ce qui était évidemment injuste. *El Transandino* avait été achevé en 1910, après des années d'efforts surhumains pour relier la capitale argentine, Buenos Aires, à Santiago du Chili et le grand port de Valparaiso. Unissant l'Atlantique au Pacifique, cette ligne de 1 423 km, l'une des plus importantes du continent américain, est la plus méridionale des voies ferrées d'Amérique latine. D'est en ouest, la voie quitte le Rio de la Plata et traverse d'abord les pampas puis atteint les premières terrasses andines entre San Luis et Mendoza. La montée à l'assaut de la Cordillère hisse les voyageurs à 3 750 mètres d'altitude au pas de la Cumbre. La montée était très lente, malgré deux machines en tête et une poussant en queue, si lente que, selon ma récitante, une centaine de *huasos*, ces cow-boys chiliens, aidaient le train en arrimant des cordes à leurs chevaux ! C'était là, à la frontière entre les deux pays, sous un tunnel impressionnant, que se déroulait, pendant l'été austral et au temps où ma grand-mère n'était encore qu'une jeune fille, un rituel étonnant. Une sonnerie était activée et un personnage surgi du néant, en jaquette autrefois grise, perpétuellement noire, apparaissait pour vous souhaiter la bienvenue soit au Chili, soit en Argentine. Il vous offrait même un verre d'un délicieux vin qu'il prétendait être du champagne ; il en buvait pour se réchauffer. Il faut reconnaître que c'était un événement car le tunnel, à 3 200 mètres d'altitude, était alors le plus haut du monde. Régulièrement, l'inconnu, célèbre sur tout le trajet, assurait les voyageurs qu'ils avaient gagné plusieurs jours sur les deux itinéraires maritimes, soit celui du sud par le détroit de Magellan, soit celui du nord par le canal de Panama, ce qui était exact. Inoubliable est la vue en descendant des Andes sur l'océan Pacifique ; le sommet des Andes, l'Aconcagua, cauchemar des pilotes de l'Aéropostale, culmine à 6 959 mètres. Hélas, depuis les années 1980, à la suite d'éboulements, la ligne n'est plus en service. Mais, régulièrement, on reparle de vastes travaux, la Chine ayant proposé ses services… et son aide en raison des débouchés commerciaux qui l'intéressent. Du côté chilien, la ligne se ramifie aussi vers le nord, jusqu'à Antofagasta, la plus grande mine de cuivre à ciel ouvert du monde, et vers le sud, jusqu'à Puerto Montt, par le canal de Chacao ; là, dans ce magnifique pays tout en longueur (4 270 km), on se croirait dans l'extrême Nord scandinave, au milieu de fjords.

Cette ligne du sud (1 086 km), presque entièrement à voie unique, a exigé cinquante-six ans de travaux sur la bande côtière d'une largeur moyenne de 175 km. La mer et la montagne ne sont jamais loin ; la diversité des paysages – et des climats – est étonnante. Comme point de départ de ce train, appelé *El Ràpido*, il y a une extraordinaire gare datant de 1897. Si elle a été dessinée par un Chilien, un certain Camus, elle fut préfabriquée en France par les usines du Creusot et acheminée par bateaux en pièces détachées. Ma grand-mère se souvenait de gens racontant comment, à l'arrivée, les morceaux numérotés étaient minutieusement comptés. *El Ràpido*, très confortable et même luxueux, propose quatre classes, de la *Salon* à l'*Economica*. Dans celle-là, il y a des douches pour chaque cabine ; dans celle-ci, qui bénéficie tout de même de l'air conditionné et du double vitrage, le personnel veille à vous fournir des couvertures. Là se dégustent les savoureux sandwiches chiliens, les *empanadas*, confectionnés par les voyageurs avant leur départ. Entre deux tranches de pain roulées, on peut glisser ce qu'on veut. Le matériel est international : motrice électrique italienne des années 1960 sur 400 km, voitures-lits allemandes de 1935 à l'intérieur en bois plaqué et cuivre, voitures japonaises pour la catégorie la plus chère. Au bar, lors du départ, pendant que les passagers des classes luxueuses commandent leur déjeuner, il est d'usage de boire un *pisco sour* dont ma grand-mère prétendait que chaque famille avait sa recette ; elle ne m'a d'ailleurs jamais donné la sienne car, à l'époque, j'étais trop jeune pour goûter de l'alcool. On longe des vignobles réputés, désormais appréciés en Europe. En route, on traverses des réserves indiennes, celles des Mapuches ou des

Araucans qui portaient de magnifiques plumes et des colliers d'or que les Espagnols n'avaient pas pu voler, assurait-on. A environ 350 km au sud de Santiago, la ligne est soudain posée sur un ouvrage d'art qui est une autre curiosité technique. Long de plus de 400 mètres, le viaduc au-dessus de Malleco est encore un ouvrage préfabriqué en France, en 1890, après avoir été conçu par le Chilien Lastarria. Puis, à Temuco, la ligne électrifiée (la plus longue du continent américain) s'arrête. Le changement de traction est long ; maintenant, c'est une diesel américaine de 1961 qui tire *El Ràpido*... à 40 km/h. On entre dans le pays des lacs, des volcans toujours enneigés, des forêts dont l'exploitation, pour la cellulose et la fabrication du papier, crée des collines de copeaux de bois dorés. Peu à peu, la distance entre la Cordillère et la chaîne côtière s'amenuise. Il fait plus froid ; on boit, au moyen d'une paille, une infusion de maté, surnommé « le thé des Jésuites ». Lors des arrêts, la langue est difficile à comprendre, tout le monde ne parle pas l'espagnol. Après vingt-trois heures d'un inoubliable mais éprouvant voyage, le train atteint son terminus sur la ligne nord-sud la plus méridionale du monde, au milieu d'une véritable mer intérieure. Une Norvège américaine et volcanique. Longtemps, les habitants de ce bout du monde considérèrent qu'ici s'arrêtait « la terre des Hommes ».

Transsibérien (1872-1900)

Qui d'entre nous n'a pas rêvé en entendant ou en formulant ce nom ? Moscou-Pékin ou Moscou-Vladivostok ! Tous les fantasmes d'aventure défilent dans nos têtes. La plus longue voie ferrée du monde (9 303 km), neuf jours de voyage, hier comme aujourd'hui, des travaux qui ont duré plus d'un siècle entre les premiers coups de pioche sous le règne du tsar Alexandre III et les prolongements et améliorations récents au bout de l'immensité russe. Des milliards engloutis (et la ruine des souscripteurs français avec les calamiteux emprunts*). Des dizaines de milliers d'ouvriers chinois, japonais, des condamnés et relégués russes. Un mort par traverse ! L'Europe et l'Asie sur la même ligne. Des températures qui varient de près de 100 degrés (de – 68° à + 35 °C !), trois chaînes de montagnes et des fleuves géants à franchir, le Baïkal, le plus grand lac du monde, à contourner ou à traverser... gelé ! Forêts de bouleaux, taïga, steppe, toundra : la nature déploie ses trésors et ses pièges... Un train dans l'Histoire et la politique, pour le meilleur et pour le pire. L'exploit des années 1900, l'horreur de la Révolution et de la guerre civile, le train des déportations vers des camps inventés par Lénine, le premier convoi du Goulag, le train héroïque de la Seconde Guerre mondiale, encore le train du Goulag, le train de la propagande de la Russie retrouvée et des vacances bon marché, le train d'un nouveau tourisme et celui, peut-être, de la dernière véritable aventure mêlant, à merveille, la machine et l'être humain. C'est bien le train de tous les records. Un véritable « western* de l'Est », si j'ose ce barbarisme. Le Transsibérien ou l'Extrême-Orient-Express.

La Sibérie a toujours fasciné, séduit, terrorisé. Mais, pour commencer, il faut convenir que le mot Transsibérien, s'il nous fait rêver, est, comme bien des rêves, en partie faux. En effet, la traversée de la Sibérie d'ouest en est n'est qu'une partie de son parcours ; les distances sont telles que rien n'est comparable car la Sibérie elle-même (et rien qu'elle !) couvre 25 fois le territoire... de la France continentale ! Entre les rumeurs de fabuleuses richesses dans son sous-sol (l'or, comme en Californie) et la nécessité, pour les tsars, de conquérir et de dompter les régions encore mal connues de leur empire, la construction du Transsibérien s'impose mais, logiquement, il devrait s'appeler Transrussie. Selon les tronçons, immenses, cette voie ferrée sera multiple et aura, en fait, plusieurs noms, à ne pas confondre comme on le verra pus loin.

Dès la fin du règne de Nicolas Ier, le « Tsar de fer », le cabinet impérial veut remédier à l'impossibilité de communiquer avec l'autre bout de l'Empire. En 1854, Nikolai Mouraviev, gouverneur de la Sibérie, accomplit... dix-sept fois le trajet Saint-Pétersbourg-océan Pacifique ! Une vie à cheval ! On comprend que Son Excellence le représentant du tsar ait toujours veillé à être accompagné de son épouse ! Il peut s'écouler un an entre la signature d'un *oukase* (décret) du tsar et sa réception par le destinataire ! Certes, la Russie est loin d'être absente de la compétition ferroviaire. Rappelons que le premier chemin de fer qui y ait roulé date de 1837, soit la même année qu'en France. Il relie Saint-Pétersbourg au palais de Tsarskoïe-Selo (Pouchkine à l'époque soviétique). En l'honneur du tsar, cette voie sera surnommée « la ligne Nicolas ». Cette première ligne de l'Empire russe couvre 22 verstes (cette mesure, créée au début du XVIIe siècle, correspond à 1 067 m, soit 23,500 km) en 30 minutes. Lorsqu'il n'est pas réservé à la famille ou aux invités du souverain, le trajet coûte, selon les classes, 95, 65 ou 50 kopecks. La voie est d'un écartement large et les convois déjà plus impressionnants par leur gabarit qu'en Europe occidentale. Rapidement, le chemin de fer s'étend, par exemple de Moscou vers la mer Noire. A partir de 1855, sous le règne d'Alexandre II, la Russie d'Europe (à l'ouest de l'Oural) est couverte par un réseau satisfaisant et même incroyablement confortable compte tenu des conditions du pays. En 1864, la ligne Kiev-Odessa (648 km) propose, dans l'express de nuit, une voiture-restaurant, des compartiments aménagés en coupés nocturnes et, ô surprise, de véritables cabinets de toilette ! La Russie d'Europe montre l'exemple même si ses convois roulent deux fois moins vite qu'en France.

Mais, une fois passé l'Oural (à environ 1 780 km de Moscou), la ligne s'arrête à Nijni-Novgorod (aujourd'hui Gorki), soit moins du dixième du parcours jusqu'au lac Baïkal, à hauteur d'Irkoutsk, qui, pour mémoire, est encore à quelque 2 500 km de Vladivostok ! L'idée d'un chemin de fer à travers ces milliers de kilomètres est un défi beaucoup plus dur à relever que celui du Transcontinental américain. Il y a de nombreux points communs entre l'aventure américaine et la russe (distances, construction, difficultés techniques) mais aussi des différences (main-d'œuvre, financement, exploitation, durée des travaux, rigueurs du climat). L'autorité politique en Russie aura plus de mal à convaincre et à trouver des pionniers qu'aux Etats-Unis. Le pragmatisme d'outre-Atlantique, le sens des affaires et l'esprit de concurrence mettront, par exemple, jusqu'à 16 compagnies différentes en compétition de New York à Chicago. Le train américain sera privé, celui de la Russie largement étatisé : en 1889, déjà 1/5 du personnel ferroviaire est composé de fonctionnaires, ce pourcentage passe à 60 % dix années plus tard. Enfin, les trains russes sont incomparables à ceux des pays où le chemin de fer est déjà implanté à cause de son écartement large. Rappelons que dès 1841 la compagnie anglaise du Great Western adoptait une voie de 2,134 m, sur les conseils d'un ingénieur d'origine française, Isambard Brunel*. Ce choix reposait sur une plus grande stabilité des convois que sur l'écartement de 1,43 m retenu par Stephenson. Mais l'importance des fondations, des ponts, des tunnels, sans parler de l'obligation de courbes très larges, rendaient son coût trop élevé. Elle fut abandonnée en 1892. Nicolas Ier, comme la plupart de ses contemporains, ne se souciait pas d'unifier les réseaux ferrés. Chacun avait le sien et était maître chez soi. Il finit par se laisser convaincre de retenir un écartement plus large de 10 cm que le standard ouest-européen ; les trains russes circuleront – et circulent – sur des voies de 1,524 m et, par leur grand gabarit, seront les plus impressionnants du monde. La décision du tsar sera lourde de conséquences, en particulier en 1941, lorsque Hitler voudra envahir l'URSS. L'impossibilité de faire rouler les convois allemands en territoire soviétique sera l'une des causes de l'échec de cette « Opération Barbarossa ». Staline a-t-il remercié Nicolas Ier ? Pour dix centimètres de plus...

Les tsars de la fin du XIXe siècle et du début du XXe se sentent très concernés par le projet Transsibérien. Depuis que Nicolas Ier a tracé, d'un coup de règle, la ligne Saint-Pétersbourg-Moscou, le chemin de fer doit se développer vers l'Est. Personne n'osera faire remarquer à l'autocrate qu'en ayant laissé son pouce sur la règle lors de son trait de crayon, le tracé a fait... une bosse, seule explication à une courbe totalement inutile sur ces 700 km ! La passion d'Alexandre II pour les locomotives encourage des ingénieurs à étudier, de 1872 à 1874, les premiers sérieux projets de ligne et les estimations budgétaires. Le temps presse car le port de Vladivostok, fondé en 1860, pourrait aussi jouer le rôle d'une tête de ligne. En 1875, Constantin Possiett, ministre des Voies de communication, tente de débloquer le dossier. En vain. Trois ans plus tard, en direction de l'Est, seule la ligne atteignant l'Oural est exploitée mais le succès considérable du roman de Jules Verne *Michel Strogoff* est un argument en faveur du projet : après l'Oural, le courrier du tsar ne pouvait plus prendre un train pour accomplir sa mission. Cependant, la guerre contre l'Empire ottoman (1876-1878) mobilise autant les budgets que les énergies.

Paradoxalement, une catastrophe ferroviaire va aider à la mise en route des travaux. En effet, le 26 octobre 1881, à Borki, près de Kharkov, le train impérial du nouveau tsar, Alexandre III, déraille ; le souverain et sa famille sont miraculeusement indemnes. On se demande comment lorsqu'on voit, sur les documents de l'époque, cinq voitures et la machine éventrées, couchées, disloquées... Le bilan est de 28 morts et 37 blessés. L'accident est dû à la vitesse et au mauvais entretien de la voie, ce qui sera souvent le fléau des transports ferroviaires russes et soviétiques. Le comte Serge Witte (1849-1915), favorable à une privatisation des chemins de fer, redoutait ce genre d'accident ; il n'avait cessé de rappeler les consignes de sécurité aux responsables de la rame dans laquelle voyage l'empereur. En vain... Il plaide auprès d'Alexandre III le dossier du Transsibérien, qui est urgent. Un budget, provisoire, de 400 millions de roubles est annoncé pour 8 000 km de voie. Witte, devenu ministre des Voies de communication, s'engage à fond. Face aux réticences du ministre des Finances, il établit que les sacrifices financiers ne seront compensés que si la ligne court effectivement à travers toute la Sibérie. Les emprunts russes* viennent à son secours...

Le 29 mars 1891, Alexandre III donne à la réalisation de la plus longue voie ferrée du monde un élan décisif. Il donne à son fils, le tsarévitch Nicolas, qui revient d'un voyage en Extrême-Orient, la mission d'inaugurer les travaux à Vladivostok :

« Altesse Impériale,

Ayant ordonné de commencer la construction, à travers toute la Sibérie, d'un chemin de fer qui réunira les différentes provinces de ce pays, si richement favorisé de la Nature, au réseau ferré de l'intérieur de l'Empire, je Vous charge de faire connaître à tous Ma volonté lorsque vous remettrez le pied sur le territoire russe, après avoir visité les pays étrangers de l'Orient. Outre cela, je vous charge de poser, à Vladivostok, la première pierre dans la section du fleuve Oussouri de la grande voie ferrée de Sibérie, dont la construction est autorisée aux frais de l'Etat et sous la direction immédiate du Gouvernement. (...) J'implore la bénédiction de Dieu sur le long voyage que Vous avez encore à faire à travers la Russie et vous aime toujours sincèrement,

Alexandre. »

Le 31 mai, débarquant du Japon, le futur Nicolas II transporte lui-même une brouette de terre et pose la première pierre d'une ligne dont le coût est de

44 432 roubles le kilomètre et l'achèvement prévu en 1903... Le 19 juillet 1892 est donné le premier coup de pioche de la partie du Transsibérien occidental. Comme cela avait été le cas pour le Transcontinental américain, deux équipes avancent à la rencontre l'une de l'autre. Mais ici elles sont sous contrôle de l'Etat et financées par des contribuables étrangers confiants, notamment les Français et les Britanniques. La nomination de Serge Witte au poste de ministre des Finances le 11 septembre 1892 aide à la poursuite des travaux. 15 000 Chinois et Coréens travaillent sur le chantier de l'Oussouri. Les forçats, déportés politiques, exécutent près de 10 % des terrassements. Au début, ils sont 1500, bientôt rejoints par 2 600 relégués, logés, habillés et nourris par l'administration pénitentiaire qui perçoit le montant de leurs salaires. Pendant au moins quatre mois, le gel empêche les chantiers de fonctionner. Le 26 janvier 1893, Alexandre III désigne son fils comme président du Comité du Transsibérien qu'il vient de créer. Le tronçon central, de Novossibirsk à Irkoutsk, est aménagé de 1892 à 1896. Après la mort d'Alexandre III, Nicolas II et Witte, comme il l'avait juré au tsar défunt, accélèrent les travaux. Des débuts d'exploitation sur des centaines de kilomètres sont satisfaisants. En France, la curiosité est avivée par l'initiative de la Compagnie Internationale des Wagons-Lits : du 5 au 24 août 1898, elle organise une « excursion » de Moscou à Tomsk (3 000 km) pour les deux lauréats du Concours général de géographie, Marius Dujardin, et d'histoire, Albert Thomas.

Le 29 juillet 1899, le brise-glace *Baïkal*, ferry-boat de 34 470 tonnes, est lancé. Il assurera la liaison hivernale entre les deux rives de l'immense lac afin de joindre le Transsibérien central au Transsibérien oriental. Le 14 avril 1900, on apprend une excitante nouvelle : il y a un Transsibérien à Paris*. Il est arrivé très exactement au Trocadéro... où on ne connaît aucune gare !

Transsibérien... à Paris !

Le 14 avril 1900, le Provençal Emile Loubet, rondouillard et mondain président de la République, inaugure l'Exposition universelle. Parmi les attractions vedettes, la présence d'un Transsibérien de luxe, exposé au Trocadéro, fascine les foules et en particulier un garçon de douze ans, Paul Morand*. Ces voitures, les plus lourdes et les plus vastes jamais construites par les ateliers de Saint-Denis, destinées à rouler jusqu'en Mandchourie, commencent par poser des problèmes à la Ville de Paris et à la préfecture de police en raison de leurs dimensions, notamment de leur gabarit, proportionné à la voie large des chemins de fer russes (1,524 mètre). Chacune pèse 35 tonnes et mesure 20 mètres ! Des rues à angle droit mais qui n'ont pas plus de 8 mètres de large, des rampes, comme celle des Ternes pour monter à la place de l'Etoile, que de difficultés pour les quatre chariots tirés par cinquante chevaux ! Serait-ce une revanche sur le train ennemi du cheval ? Non, les robustes percherons n'y parviennent pas.

Dans la nuit, il a fallu remplacer la cavalerie du Transsibérien parisien par des tracteurs spécialisés dans le déplacement des poids lourds. L'opération n'a pris que quatre heures et beaucoup de gens ont profité de cet insolite spectacle nocturne. Ce n'est pas tous les soirs que le Transsibérien s'arrête sur les bords de la Seine ! Tels de grands navires tirés par un remorqueur, les énormes « Sibériennes » (on les appelle déjà ainsi) viennent s'échouer devant le Trocadéro (qui sera remplacé par le palais de Chaillot en 1937). Cette rame est la version luxueuse proposée à la Russie par la Compagnie Internationale des Wagons-Lits, à raison d'un train sur trois. C'est féerique... Deux restaurants-salons, un sleeping-salon sont décorés d'acajou et de chêne. Mais la curiosité est une voiture révolutionnaire, la n° 724. Elle se divise en un petit salon de style Empire en bois de tilleul laqué blanc et un grand salon de quinze places avec un piano droit « qui pourra, si on le désire, jouer automatiquement ». Suit un équipement inouï : une salle de bains en sycomore vert avec une baignoire en zinc dont la forme, spéciale, doit éviter les projections d'eau. Puis, un salon de coiffure et une salle de gymnastique où l'on trouve des haltères, des extenseurs élastiques et un « vélo-room ou vélocipède de chambre » pour se dégourdir les jambes pendant le trajet Moscou-Pékin. Les visiteurs poussent des soupirs admiratifs. Le train est installé contre le pavillon russe, hérissé des murailles crénelées du Kremlin. On monte à la gare de Moscou, reconstituée, pour un souper russe avec une brigade de serveurs en blouse et au crâne rasé. Le duc de Morny, fils du célèbre demi-frère de Napoléon III*, s'y attable immédiatement en élégante compagnie : il avait réservé deux couverts à prix d'or. Pour donner l'impression du voyage, un panorama défile dans les fenêtres avec un réalisme étonnant. En réalité, c'est un véritable décor en quatre plans, chacun avançant à une vitesse différente. D'abord, le ballast contre la voie passe à 300 m/minute. Puis, arbustes, haies et inévitables bouleaux défilent à 120 m/minute. Ensuite, on voit des isbas, des traîneaux, des personnages à raison de 40 m/minute. Enfin, l'horizon, les montagnes, les fleuves et le ciel s'inscrivent à la vitesse réduite de 4 m/minute. L'effet est saisissant. Le spectacle dure trois quarts d'heure. Pour ceux qui ne peuvent s'offrir les agapes, un promenoir, comme au café-concert, est aménagé pour profiter du « voyage Moscou-Pékin ». Cela ne coûte qu'un franc et même cinquante centimes si l'on est porteur de bons de l'Exposition. Quand tout est fini, les convives sortent par l'autre extrémité de la voiture et se trouvent... dans la gare de Pékin avec un personnel portant de longs vêtements de soie bariolée, coiffé de fines tresses noires. Ils vous saluent très poliment. Et préparent le « voyage du retour » ; le poisson frit remplacera le saumon à la crème et le poulet aux champignons les blinis.

Le public veut tout savoir. Il se précipite aussi à Vincennes. Une annexe de l'Exposition est aménagée dans le bois pour présenter les locomotives, trop lourdes pour être acheminées sur la butte de Chaillot. Et d'autres raretés, tel le wagon-citerne destiné au transport du lait. Un matériel complémentaire va donc faire la navette, sur des chalands, la nuit entre les deux sites. Ce n'est rien quand on songe qu'il a été embarqué sur la mer Noire, est arrivé, deux mois plus tard, au Havre et a remonté la Seine. On comprend que Paul Morand, accompagnant son père, ait pris le goût du voyage rendu possible par la coûteuse alliance franco-russe et ses emprunts*.

Toutefois, le gigantisme des quatre somptueuses

voitures devant le panorama se heurtera à des impératifs commerciaux et techniques. Au moment de leur mise en service, les températures rigoureuses exigent davantage de protections thermiques. Elles ne rouleront jamais en Sibérie sous cette forme promotionnelle et devront être adaptées. L'une d'elles sera louée par de riches marchands et le piano de l'autre sera bradé à un modeste pianiste des environs de Paris. Mais quelle publicité ! Et quelle fierté pour les ingénieurs de recevoir, le 11 septembre 1901, une lettre de l'ambassade impériale de Russie. En français, le représentant du tsar leur annonce qu'ils sont décorés de l'ordre de Saint-Stanislas de 3ᵉ classe. Certaines décorations sont comme les chemins de fer : elles comportent plusieurs classes !

Les bonnes idées ne vieillissant jamais, celle de présenter un nouveau matériel au Trocadéro a été reprise par la SNCF les 23 et 24 septembre 2006. Pendant un samedi et un dimanche, les jardins du palais de Chaillot ont attiré les visiteurs. Après un transport nocturne (comme pour le Transsibérien cent six ans plus tôt), deux maquettes des nouvelles rames (dont celle du TGV* Est) ont permis aux voyageurs de tous âges de se croire aux commandes d'un train qui va rouler à 320 km/h et vise le 350 km/h en vitesse commerciale. Ce fut la dernière phase des manifestations célébrant le 25ᵉ anniversaire du TGV*, réussite et symbole de fierté nationale.

Transsibérien : de la Russie à l'URSS

Avant 1914, le Transsibérien est le train le plus impressionnant du monde. Ses performances sont, en effet, sans équivalent. Ainsi, l'hiver, le lac Baïkal est franchi en posant des rails sur l'eau gelée (40 km de traversée) mais il faut veiller à ce que des cendres tombées des locomotives au bois ne fassent pas fondre la glace... et cela arrive, la machine disparaissant dans les eaux du plus grand lac du monde ! Même par – 40 °C, des fissures de un mètre de large sont à redouter. En 1904, débute la guerre russo-japonaise. Du 15 février au 23 mars, 2 340 wagons de troupes et d'armement ainsi que 65 locomotives sont acheminés sur la rive orientale du lac, non sans incidents spectaculaires. Les opérations sont aussi délicates que lentes. Les wagons en bois (8,25 mètres) sont tirés par des attelages à deux chevaux se suivant à 100 mètres les uns des autres. Les machines sont montées sans leurs châssis sur des plates-formes tirées par une vingtaine de chevaux. On verra aussi un gigantesque brise-glace, le *Baïkal*, construit en Angleterre, capable de transporter vingt-cinq wagons et cent cinquante personnes à 12 nœuds (soit une vitesse de 23,2 km/h).

L'été, les passagers empruntent un bateau puis changent de train. Plus tard, à coups d'explosifs, une ligne longeant le lac sera construite, jalonnée de quarante-deux tunnels. Sa construction a été hâtée par la guerre, désastreuse pour l'Empire russe. Aujourd'hui, elle n'est plus utilisée sauf par des convois de luxe, sur des trajets spéciaux, comme ceux que j'ai animés en 2004 et 2005. Ensuite, sur la ligne Moscou-Vladivostok, les 9 303 km sont parcourus en six jours et vingt heures, à la cadence moyenne de 56 km/h, ce qui constitue un record. Avec le décalage horaire, en partant à 10 h 45 du matin, le convoi arrive le huitième jour en début d'après-midi. La voie étant unique et les recharges de combustible fort longues, cet exploit est remarquable. Pour tromper l'impatience des voyageurs, le tunnel au sommet des monts Yablonovoi comporte une inscription, « Vers le Grand Océan ». Encourageant !

Le nombre des gares laisse aussi rêveur : cinq cent quarante-trois ! Certaines sont de simples maisonnettes de bois, perdues au milieu de la steppe, d'autres des palais en maçonnerie d'un style que l'on pourrait qualifier de « byzantin ferroviaire »... Sur les conseils d'ingénieurs américains, les locomotives adoptent la cheminée évasée qu'exige la chauffe au bois et d'énormes tenders. En raison des différences d'écartement, on voit circuler quelques-unes des plus grosses machines à vapeur du monde, dont Léon Tolstoï lui-même n'aurait pu envisager l'ampleur, par exemple les Mallet Compound 230 à deux cylindres de 1900. Ce train a aussi la fâcheuse réputation de repartir sans toujours avertir ses passagers descendus pour faire quelques pas. En principe, une énorme cloche signale chaque départ. En principe... Enfin, la ligne est devenue un réseau. Et, comme dans le cas de l'Orient-Express*, il ne faut pas en confondre les trois branches principales. Le Transsibérien, *stricto sensu*, relie Moscou à Vladivostok en roulant sur le seul territoire russe. Cette ligne évite la Chine. Après de laborieuses négociations, le Céleste Empire autorise la construction d'une voie sur le territoire de la Mandchourie. C'est le Transmandchourien, *via* Kharbin. Il s'agit, si l'on peut dire, d'un raccourci de plusieurs centaines de kilomètres pour joindre Moscou à Vladivostok, avec une voie vers Port-Arthur dont parlera Blaise Cendrars*. Autant la première ligne cherche à développer l'économie sibérienne et à augmenter l'influence politique et commerciale de la Russie en Chine, autant la deuxième a un objectif militaire évident. On l'appelle aussi, à l'époque, le Chemin de fer de l'Est chinois. Enfin, le Transmongolien, *via* Oulan-Bator, relie Moscou à Pékin. C'est l'ancienne route des caravanes du thé aux XVIIIe et XIXe siècles. Cette dernière ligne ne sera effective sur sa totalité qu'après un traité de paix sino-soviétique en 1950. A noter : les embranchements se trouvent après Irkoutsk (à 80 km du lac Baïkal) ; les trois lignes existent toujours et les voies chinoises sont à écartement standard, ce qui impose un matériel adaptable.

Sous le régime tsariste, ce train est l'objet d'un culte. Nicolas II suit attentivement sa progression. Cet intérêt incite le joaillier et orfèvre de la Cour Fabergé, descendant d'émigrés protestants français, à offrir au souverain un Transsibérien... jouet ! Un jouet d'une valeur inestimable, conservé aujourd'hui au Kremlin. « Je suis subventionné par le tsar pour faire des œufs », dit, joyeusement, Fabergé, surnommé « la poule aux œufs d'or » ! Il en a réalisé pour diverses circonstances : l'œuf de la Résurrection, l'œuf au muguet, l'œuf au coucou, l'œuf du carrosse du couronnement... Et voici qu'il cisèle un œuf encore plus étonnant, de 27 cm de haut, en platine, or et argent, surmonté de l'aigle impérial, scellé dans un socle de marbre. A l'intérieur, un minuscule train (locomotive, tender, voiture-fourgon et quatre voitures de voyageurs dont, en queue, la réplique de la fameuse voiture-chapelle*). Une clé permet de remonter le ressort de la machine. Il marche ! Autour de l'œuf, la carte de la plus longue voie ferrée du monde est gravée ; chaque gare importante est marquée d'une pierre précieuse. Ce cadeau est offert à l'impératrice Alexandra Feodorovna.

Dans les années qui précèdent la Première Guerre mondiale, le Transsibérien est l'enjeu d'une rivalité politique, diplomatique, technique et financière. Deux trains sont en concurrence sur la même ligne, le Transsibérien-Etat et le Transsibérien-Express. Le premier circule avec du matériel russe, le second avec du matériel de la Compagnie Internationale des Wagons-Lits, selon la concession obtenue par Georges Nagelmackers*. Il est luxueux et représente un tiers du trafic voyageurs. En principe, donc, voyager à son bord est plus confortable que dans le train public. On compte dix-sept employés par rame, y compris un ajusteur serrurier et un électricien surveillant la dynamo du fourgon à bagages où « les chiens peuvent voyager à condition d'être convenablement muselés et pourvus d'une laisse (...). Chaque animal devant être nourri et soigné par son propriétaire ». Comme le fourgon est doté d'une salle de bains, les ablutions ont lieu dans un concert d'aboiements ! Un Anglais la réserve chaque matin à 9 h 30, sous prétexte qu'à Londres, dans sa résidence de Mayfair, il prend son bain à la même heure. Au diable les fuseaux horaires ! A dater de 1910, des télégrammes sont affichés dans la voiture-restaurant, donnant, par les dépêches du *New York Herald*, les nouvelles importantes. Le dispositif est également émetteur : on peut demander un médecin à la gare suivante bien qu'il y ait un infirmier à bord. Cette même année, l'horaire est amélioré. Le nombre d'arrêts se limite désormais à trente-cinq gares, chaque halte ne pouvant dépasser une heure, la durée moyenne étant ramenée à quinze minutes. 5 022 billets sont vendus, les deux tiers en Chine et en Russie, le tiers à Paris, Londres, Vienne, Bruxelles et Amsterdam. Chaque rame de luxe – il y en a sept – comporte une bibliothèque. On trouve dix livres en anglais, dix en français (la langue officielle parlée dans le train) et dix en allemand. Etrangement, aucun volume en russe ! On suppose que la fin tragique d'Anna Karénine* risquerait de donner de funestes idées aux clients dépressifs ! Ajoutons un jeu d'échecs et de dominos : les Russes y passent des heures et, aujourd'hui encore, c'est l'un de leurs passe-temps favoris à bord.

Cependant, par susceptibilité nationaliste, les convois de luxe sont soumis à d'odieuses tracasseries, voire à des sabotages. Le 23 avril 1913, le Transsibérien-Express parti de Moscou déraille à la 126e verste (km 135), en pleine nuit. La locomotive se couche sur le côté, le fourgon de tête, le wagon-restaurant et deux voitures-lits de seconde classe sont endommagés. Par miracle, on ne compte que des blessés légers, dont un Français, un conducteur russe, M. Panvinsky, atteint à la tête, et un nettoyeur de cuisine, ébouillanté par un bac à eau. L'enquête révèle que les rails ont été déboulonnés juste après le passage d'un train local. A l'aube, les cheminots retrouvent boulons, éclisses et écrous dans la forêt. L'intention criminelle ne fait aucun doute. La rivalité est devenue une guerre... parce que le Transsibérien-Etat est moins fréquenté et moins prestigieux que celui des Wagons-Lits. Chacun guette la clientèle, les améliorations et les imperfections de l'autre.

Deux innovations peuvent être signalées. La première concerne tout le monde : une lampe liseuse individuelle, indépendante du générateur, est fixée dans les cabines. De cette manière, en réduisant l'importance de l'installation électrique, on gagne de la place dans le fourgon pour le courrier. En effet, depuis 1904, un service postal fonctionne entre le Japon et l'Europe sans le long voyage maritime *via* le canal de Suez. Jean-Paul Caracalla et moi avons retrouvé, grâce à la collection du Dr André Camboulives, un précieux souvenir de cette organisation. Il s'agit d'une lettre envoyée par un militaire du corps d'occupation français en Chine, postée le 3 mars 1905 à Tien-tsin. Le destinataire est « Monsieur Languillat, aux Hauts-Bâtis, Grand-Pré, Ardennes ». Avec trois timbres et le tampon magique « Voie Sibérie. Correspondance d'Armée ». Aucune mention de « France »... La missive est pourtant arrivée en moins d'un mois ! Ensuite, pour satisfaire de nombreuses réclamations féminines, des bidets sont prévus dans la salle de bains « pour que les voyageurs puissent se rafraîchir plus complètement » (*sic !*).

Août 1914. La première conséquence ferroviaire du conflit mondial en Russie est la suppression du Transsibérien-Express. L'Empire en guerre délivre sa propre administration d'une présence étrangère qui, après avoir été ardemment souhaitée (les emprunts !), est jugée insultante... Saint-Pétersbourg se russifie et devient Petrograd. Il n'y a plus qu'un train par semaine, ce dont se plaignent les diplomates car « il est mal tenu, son service est mal fait et la nourriture laisse plus qu'à désirer » (lettre du 12 octobre 1916). La Russie a d'autres urgences. Enfoncée dans des troubles nourris par les revers stratégiques, elle bascule vers la révolution. La ligne du Transsibérien est à son image, chaotique et dangereuse.

Trois ans plus tard, Nicolas II abdique et Lénine* revient d'exil pour négocier une paix séparée et éliminer le gouvernement provisoire. Son chef, Kerenski, juge que la sécurité de l'ex-tsar et de sa famille – dont il est garant – ne peut plus être assurée dans le palais Alexandre de Tsarskoïe-Selo où ils sont assignés à résidence. Il décide de les transférer à l'Est, à Tobolsk. C'est loin et c'est révélateur : Tobolsk était l'un des principaux lieux de déportation sous le régime impérial... Ce voyage est risqué car on peut craindre des attentats nihilistes ou, au contraire, un complot des monarchistes afin de libérer l'ancien monarque, peut-être avec une aide étrangère... Par précaution, Kerenski fait mettre sous pression deux Transsibériens composés identiquement de voitures des Wagons-Lits ; personne ne doit savoir dans quel convoi se trouvent Nicolas Romanov et les siens. Sur les voitures, des drapeaux de la Croix-Rouge japonaise (le Japon est allié de la Russie). Ce train est un souvenir pathétique pour le tsar déchu : quelques mois plus tôt, c'est dans sa voiture-salon qu'il a paraphé son abdication, en se signant plusieurs fois, selon l'usage orthodoxe, derrière les stores baissés. Pour ne pas être vu de l'extérieur... L'un de ses ultimes actes en qualité de souverain est l'*oukase* (décret) nationalisant les deux tiers des Chemins de fer russes sur un réseau dépassant les 60 000 km. L'empereur voulait hâter l'unification des règlements et de la bureaucratie ferroviaires pour éviter la paralysie des trains.

Le départ a lieu à l'aube du 1er août 1917. Les deux convois se suivent à une heure de distance, les prisonniers étant gardés en otage par un détachement des opérations spéciales de trois cent vingt-sept hommes. Ils arrivent le 6 août. Six jours pour parcourir les 1 500 km du trajet. Quelle dérision ! Un record de lenteur ! A Tobolsk, la famille impériale et quelques fidèles (médecin, domestiques, le précepteur suisse Pierre Gilliard) s'installent dans une maison délabrée, l'ancienne résidence du gouverneur. Chaque tour de roues a fait de ce Transsibérien très spécial le convoi de l'exil. Il ne fait que commencer.

Le gouvernement provisoire avait bénéficié de l'aide des Alliés, en particulier un crédit de cinq cents millions de dollars avancé par les Américains, dont une partie est consacrée au maintien en service de la ligne, d'un haut intérêt stratégique. La voie est encombrée de trains militaires. Et ces convois, comme la ligne, deviennent le symbole de la Russie en guerre contre l'Europe des Empires centraux et contre une partie d'elle-même. Il faut rappeler que des troupes américaines, débarquées du Japon (allié), avancent vers l'ouest depuis Vladivostok et la Mandchourie dans des trains interminables. Un soldat autrichien, volontaire de dix-sept ans, Edwin Erich Dwinger, est parmi les prisonniers en Sibérie. Il voit passer ces rames dans un tapage incessant, une symphonie métallique de roues, surtout la nuit. Des wagons remplis de canons, de munitions, d'armes et de gaz. D'atroces visions se superposent, les ennemis succédant aux amis et inversement sur la même ligne. Des convois de soldats turcs (adversaires de la Russie) sont arrêtés. Les populations civiles, affamées, qui guettent la voie en espérant un train de ravitaillement, se précipitent. En hâte, on décloue les portes qui murent les wagons. Horreur ! Les cadavres s'amoncellent à l'intérieur, la puanteur s'échappe... Le choléra ! Aucune Croix-Rouge sur ce train de mort ! Les prisonniers valides doivent descendre les corps gelés puis les jeter dans une fosse remplie de chlore. On brûle quelques wagons, considérés, empiriquement, comme les plus contagieux. Et on nettoie les autres avec de l'eau assainie par une vodka non bue parce qu'elle était imbuvable, même pour un soldat russe. L'essentiel est de sauver la locomotive. Dès 1915, alors que les Etats-Unis ne sont pas encore entrés en guerre, la Russie avait commandé 1 300 machines de classe 150 (normes françaises) dont seulement 881 seront livrées jusqu'en 1918. Ces locomotives de 90 tonnes ont une particularité adaptée à la ligne : elles peuvent, par un système de pompe en dehors du tender, s'alimenter en eau, celle-ci étant répartie dans des réservoirs sur les toits des wagons ! En 1972, je me souviens que certaines de ces machines étaient en service sur la ligne sibérienne.

Jusqu'au 3 mars 1918, un gigantesque flux et reflux de trains, d'hommes, de chevaux, d'espoir et de haine encombre la ligne. La guerre est mondiale. Si la Turquie et la Bulgarie sont du côté allemand et austro-hongrois, l'Italie, la Serbie, le Monténégro et la Roumanie ont rejoint la Serbie. On ne sait plus exactement qui roule sur ces milliers de kilomètres. On ne sait qu'une chose : l'armée qui contrôle le Transsibérien a une chance de l'emporter. Le 3 mars, la paix séparée de Brest-Litovsk, en Biélorussie, arrête les hostilités contre les Russes. Lénine consent de lourds sacrifices territoriaux ; il trahit la terre russe pour sauver la révolution. Sur la ligne sibérienne, est-ce pour autant la paix ? Non. La paix avec le monde n'est pas la paix en Russie. A la guerre internationale succède la guerre civile. Une horreur dont le train est, tour à tour, l'un des supports ou un bouclier, comme l'a raconté Boris Pasternak dans *Le Docteur Jivago*, roman longtemps maudit par le régime soviétique puis, après sa publication hors d'URSS et un prix Nobel refusé, transposé au cinéma* par David Lean*.

Le 29 avril 1918, à 3 heures de l'après-midi, la famille impériale descend d'un Transsibérien en gare d'Ekaterinbourg, cité minière sur le flanc oriental de l'Oural central. Le gouvernement bolchevique, installé à Moscou, à 1 300 km, et le soviet local craignent une opération des armées blanches du général Denikine et des légionnaires tchèques de l'amiral Koltchak pour libérer les Romanov. Ces contre-révolutionnaires arrivent de l'Est ; or, transférer les otages à Ekaterinbourg, c'est les ramener vers l'Ouest. L'étau peut se refermer sur les geôliers du tsar, dépassés par la situation anarchique du pays. Dans la nuit du 17 au 18 juillet, c'est cette crainte qui sera le motif officiel de l'exécution de Nicolas II, dans le sous-sol de la maison Ipatiev. Etrange armée que cette légion tchèque de l'amiral Koltchak n'appartenant, en fait, à aucun Etat. Sa situation est paradoxale : traître à François-Joseph, cette troupe est néanmoins farouchement opposée aux bolcheviques. En mai, douze mille légionnaires ont été évacués par soixante-dix Transsibériens vers Vladivostok. Le croisement d'un convoi de prisonniers hongrois arrêté a provoqué de graves incidents à Tcheliabinsk, au sud d'Ekaterinbourg. Deux cents trains sont bloqués sur 2 500 km et la confusion est totale : alliances provisoires, contre-alliances, trahisons, exécutions sommaires se succèdent. La ligne transsibérienne est à la fois un risque et un avantage ; elle est otage.

Il y a tout de même un train qui parvient à rouler, c'est celui de Léon Trotski, fondateur de l'Armée rouge et commissaire du peuple à la Guerre. Trotski sait le parti, le prestige et l'efficacité qu'il peut tirer d'une rame personnelle. Il choisit donc plusieurs voitures, dont un wagon-salon confortable qui, avant la révolution, était celui du ministre des Voies de communication. Il l'aménage en bibliothèque et salle de conférences. Il dicte rapports et instructions, coordonne les ordres, reçoit et expédie des télégrammes grâce à un dispositif autonome. Pour se détendre, il lit des poèmes de Mallarmé. Pendant plus de deux ans, son train, qu'il a fait blinder, est son véritable domicile. Il dira plus tard : « Je m'habituais pour toujours à écrire et à méditer avec l'accompagnement des ressorts Pullman* et des roues. » En raison des surcharges, deux locomotives sont nécessaires. A bord, une imprimerie, une station de radio qui capte, ô surprise, Paris-Tour Eiffel, des bains-douches et un atelier de réparation automobile. La voiture du révolutionnaire est toujours prête à rouler si le train est bloqué. Dans d'autres fourgons, des mitrailleuses, des réserves de munitions, de l'essence et des victuailles complètent ce convoi incroyable au milieu de la pénurie et des combats. Trotski fait savoir que sa rame est une sorte de magasin général où le bon combattant pourra trouver des cartes, des jumelles, des médicaments et un pistolet Mauser. Seuls les plus méritants auront droit à des vestes de cuir et à des montres. Le train de Trotski est en permanence approvisionné, une performance difficilement explicable. Mais c'est un fait, sa circulation (avec des relais de bois et des points d'eau gardés) donne aux Rouges une impression d'ordre, d'organisation mais aussi de vigilance dépourvue de mansuétude : le convoi est aussi une cour martiale ambulante... La mobilité de ce Transsibérien improvisé, hétéroclite et terrifiant, place Trotski au milieu de la révolution puis de la guerre civile. On le voit partout. En près de trois ans, il parcourt la distance ahurissante de trois millions de kilomètres.

A chaque seconde, c'est une nouvelle Russie en marche, qui recule, qui avance. On avait vu des affiches montrant le train avec des canons pour un emprunt de guerre à 5,5 %. Maintenant, la ligne est la plus longue prison du monde. Des wagons blancs surgissent. Ils sont ceux des pestiférés. Pour les trains ordinaires, à tous les dangers de la guerre civile s'ajoute celui de la peste quand on raccroche un de ces wagons blancs à un convoi. Quand il n'y a plus de bois dans le tender, les voyageurs descendent, coupent des arbustes en évitant le maudit wagon blanc. On se demande encore comment, dans de telles conditions, un trafic peut être très vaguement organisé sur la ligne. L'argent est la réponse. D'où vient-il ? Là est la question. Pour une somme de 20 000 à 50 000 roubles, un wagon militaire peut être réaménagé en voiture pour civils prêts à un exode sans fin. Des freins qui chauffent ? Avec 50 roubles, un vérificateur assure que la voiture peut rouler mais il faut ajouter 1 000 roubles pour le chef de gare, afin qu'il la fasse accrocher à un convoi, 50 roubles par homme effectuant la manœuvre, et une « somme raisonnable » pour le mécanicien et le chauffeur. Tout civil, en principe interdit à bord des trains, ne peut y monter qu'en payant quatre fois le prix du billet et en passant discrètement par une porte de service. Le contrôleur est le moins cher : pour 10 roubles seulement, il regarde ailleurs et oublie les ordres...

Cette foire ambulante n'est pas une spécialité des révolutionnaires. Les officiers blancs, exsangues, épuisés et choqués par l'assassinat de la famille impériale, vendent à peu près tout ce qu'ils entassent dans les trains qu'ils contrôlent. Une cargaison de tabac est amputée de 15 % pour contrebande. Entre Omsk et le front des armées blanches qui progresse vers l'ouest, trente mille uniformes et trois cent mille paires de bottes sont vendus dans les gares et aux innombrables arrêts. La gabegie des Blancs profite aux Rouges, leur permettant de s'emparer d'équipements précieux fournis par la Grande-Bretagne. Des paquetages sont ouverts et, le long de la voie, des déserteurs des deux côtés pillent tout ce qu'ils peuvent. Près d'Oufa, sur la ligne sud de l'Oural, des employés et des soldats d'un train contrôlé par l'amiral Koltchak, furieux de ne pas être payés, participent aux sabotages ou se mutilent : « 85 % des hommes sont blessés uniquement à l'index droit ou gauche », selon Ludovic Gondijs, un Néerlandais correspondant de guerre et – on ne sait exactement pourquoi – capitaine auprès de la mission militaire française. Officiers et hommes de troupe sautent parfois en marche. A 300 km d'Omsk, à Ichim (voie du Nord, en Sibérie occidentale), un convoi de trois cents militaires n'arrive qu'avec cent cinquante personnes. Le soir, il n'y en a plus que quarante-trois. Le commandant de la zone doit enfermer ceux qui restent pour stopper l'hémorragie.

Le terrible hiver sibérien est l'ennemi commun. L'eau des réservoirs se fige en blocs, le bois se pétrifie et les machines au charbon ne reçoivent que des boules de glace noire. Les locomotives sont immobilisées par dizaines. Souvent, faute de moyens, la guerre du rail s'arrête. Et puis, elle reprend, après des jours de stagnation. Au milieu de ce chaos à l'échelle d'un continent, deux étrangers, qui veulent gagner Vladivostok, réussissent l'exploit d'y parvenir, l'un en réquisitionnant une voiture badigeonnée des mots « Mission britannique » (ce qui est faux !) et l'autre avec un « passeport diplomatique » qui, en réalité, est un bulletin d'abonnement de six mois à la salle de lecture du British Museum !

Temps de guerre, temps d'aventures incroyables mais véridiques !

La retraite des Blancs en Sibérie, en 1919, est dramatique ; on estime leurs pertes à au moins cinq cent mille morts, peut-être un million. Cent quatre-vingts trains tombent aux mains des Rouges. Vladivostok vit à l'heure de l'exode, sous le regard désormais passif des puissances alliées qui, à l'exception du Japon, ont décidé de ne plus intervenir dans la guerre civile. L'une de ces exilées, réfugiée en France, la princesse Zinaïda Shakovskaya, se souvient de son arrachement à sa terre natale, la Russie : « Plus de trains de luxe, des wagons à bestiaux. Fièvre typhoïde, choléra, grippe espagnole... On était là, entassés, tous ensemble et il arrivait que les soldats jettent les malades par-dessus bord. On avait l'impression d'un monde qui s'écroulait... »

Vladivostok, terminus ! Tout le monde descend ! Le Transsibérien étire la plus longue des plaies au cœur de la Russie en ruine.

Transsibérien : de l'URSS à la Russie

Prendre ce train est devenu un voyage à la mode. Depuis le début des années 1990, le voyage est amélioré sur la ligne principale. En effet, jusqu'en 1960, le régime soviétique interdisait aux étrangers l'accès à ce parcours. En outre, il était impossible, sans la citoyenneté soviétique, de se rendre à Vladivostok, le grand port de la flotte d'Extrême-Orient. Sans autorisations en plus du visa, le voyage prenait fin à Khabarovsk, au confluent des fleuves Amour et Oussouri, à environ 600 km de la mer du Japon. Désormais, seul le visa russe suffit en plus des billets. Vladivostok connaît une animation extraordinaire, nouvel Eldorado pour les uns, terminus de la misère pour les autres. Et, en 2004, soixante-treize ans après la pose des derniers rails, la ligne a été enfin électrifiée. Un résumé de l'histoire du monde au XXe siècle et une véritable bataille du rail, entre dictature, chaos, conflits, déportations, pénuries et une guerre mondiale, la deuxième.

Après 1920, la situation du Transsibérien est une conséquence directe du triomphe des bolcheviques. Officiellement, seul existe le train d'Etat, poussif et délabré. Il est souvent composé de voitures privées des Wagons-Lits, nationalisées par Lénine*. Sur 160 voitures, la société de droit belge n'en détient plus que 13 (7 sleepings, 2 restaurants, 4 fourgons). Autant dire rien... Outre les difficultés techniques, l'imbroglio monétaire aboutit à une paralysie des services. Pendant plusieurs mois, quatre monnaies ont cours, dont la valeur est rongée par l'inflation. Le rouble-or est en concurrence avec l'ancien rouble dit Romanov, le rouble dit Kerensky et le rouble dit Koltchak, celui des armées blanches jusqu'à leur défaite. Un rouble-or vaut cent roubles Koltchak. La dépréciation financière va plus vite que le train. Depuis novembre 1914, le prix de la livre de poisson a été multiplié 781 fois, celui de la dizaine d'œufs 1 333 fois et un costume ordinaire, qui valait soixante roubles et soixante-dix kopecks avant la Révolution, est au prix de... dix-huit mille roubles ! La République des soviets tente d'inspirer confiance, accorde une concession temporaire et est à la recherche du moindre wagon en état de rouler. Une certitude : qu'il s'agisse du pouvoir de Lénine ou de l'ancien gouvernement impérial, le fonctionnement du Transsibérien est vital. Ajoutons qu'un certain prestige international est en jeu alors que l'immense pays vit un bouleversement phénoménal.

A la mort de Lénine, en 1924, ce dossier prend une dimension européenne. Edouard Herriot, président du Conseil français qui a conservé le portefeuille des Affaires étrangères, se hâte de reconnaître l'Union soviétique et entame des négociations diplomatiques aux effets surréalistes. Une conférence, tenue à Paris en décembre 1925, décide que le trajet Moscou-Vladivostok durera deux cent quarante heures (dix jours) tandis que le trajet retour, par un effort à mettre au crédit de la bonne volonté populaire, ne sera que de... deux cent trente-neuf heures ! Certains trains spéciaux sont organisés mais le parc est en si mauvais état que, pour un convoi hebdomadaire dans chaque sens, il faut prévoir quarante voitures, dont dix-huit en réserve. Les nouvelles autorités moscovites assurent que l'entretien normal sera assuré par les Chemins de fer de l'URSS, que l'eau, le chauffage et l'éclairage seront gratuits. Mais pas les pièces de rechange... quand on en trouve ! Des voitures définitivement hors d'usage sont déshabillées et tout ce qui peut être utilisé ailleurs est immédiatement l'objet d'échange, de troc, de marché noir. Deux conceptions du voyage s'affrontent, l'une, publique et gratuite, lente, en quasi-situation de monopole ; l'autre, privée, étrangère, avec l'espoir d'une reprise d'activités commerciales normales. Les deux trains ont en commun d'être bondés, sales, offrant un fantôme de service.

Au cours de l'été 1926, un Transsibérien-Express réapparaît, qualifié « de luxe », ce qui est très relatif si l'on se reporte au récit, sans complaisance, du journaliste Junius B. Wood, correspondant du *Chicago Daily News*. En réalité, l'envoyé spécial apprend, tardivement, qu'il voyage dans le train d'Etat dont les voitures, frappées aux armes des Wagons-Lits, font croire qu'elles sont exploitées par cette société réputée alors qu'elles ont été confisquées. Une demi-heure avant le départ « le guichet s'ouvre, en général un trou rond dans le mur, guère plus grand qu'une soucoupe, et la bagarre commence. Il y a des gens qui ont vécu ici, mangé et dormi pendant des jours et qui se précipitent vers la fenêtre... Il y a peut-être deux cents personnes qui veulent partir, quarante places sur le train et trente-cinq qui sont réservées à des individus brandissant des laissez-passer. Les cinq premières personnes, qui ont attendu patiemment pendant des heures dans la gare, obtiennent ces places dites supplémentaires et le caissier ferme sa fenêtre » (Junius B. Wood, *Incredible Siberia*, Dial Press, New York, 1928). Les voitures sont détériorées, les fenêtres cassées, les tapis déchirés. Les freins fonctionnent quand ils peuvent ; en revanche, les moustiques sont très actifs ! Le reporter s'aventure au centre de la rame, au wagon-restaurant, lugubre. « A 3 h 30, une assiette de soupe apparaît, de l'eau chaude grasse versée sur des morceaux de poisson froid, cuits auparavant. Le plat suivant est du chou-fleur déjà cuit, réchauffé d'une sauce indéfinissable. Puis, du veau rôti, cuit il y a des semaines, maintenant desséché et dur, nage dans une sauce brune sans légumes. C'est le plat principal. Une compote de fruits complète ce repas rapide. Le prix est de 1 rouble 75. Le beurre et la nappe sont en supplément. » Le goût rance et les taches sont gratuits.

Le Transsibérien est, comme tous les trains à long parcours, un baromètre infaillible. D'une part, le gouvernement soviétique condamne l'entreprise privée, étrangère de surcroît. Et la notion de luxe est superflue et provocante face aux masses en révolution. D'autre part, le pays a un besoin urgent de crédits accordés par des Etats confiants et d'aide logistique. Or, la ligne du Transsibérien est le seul moyen de pénétration profonde à travers l'immense pays. Et, à Moscou, on est conscient qu'il est important que le trafic du Transsibérien soit cohérent pour que la jeune Union soviétique puisse délivrer son message au monde qui l'observe, fasciné ou perplexe. Mais la machine administrative est lente et la bureaucratie un paravent... En attendant, s'agissant du domaine ferroviaire, la réalité n'a rien d'exaltant. Une Française, Mme Le Goaer, regagne Paris avec ses deux enfants, un garçonnet de huit ans, une petite fille d'un an. Elle raconte son odyssée : « A Omsk, à 8 heures du soir, on vient nous avertir que notre voiture ne peut plus continuer, et, en pleine nuit, nous changeons de wagon. A Perm [environ 1 000 km à l'ouest], le wagon-restaurant est décroché et nous restons quatorze heures sans manger. Enfin, le soir, à 6 heures, nous trouvons à acheter du pain et quelques fruits. A 3 heures, dans la nuit, réveil : notre voiture est encore détériorée ; on nous installe, à huit, avec tous nos bagages, dans un compartiment infect. Deux messieurs ont bien voulu, pour nous laisser plus de place, aller en troisième. » La lutte des classes marque une pause.

En concurrence officieuse avec les trains d'Etat, le Transsibérien amélioré semble voué à l'échec. Les deux convois ont de multiples points communs, dont celui d'être tractés par des locomotives ayant au moins quinze ans de service sans ménagement. La disgrâce de Trotski et de ses camarades puis leur exclusion du parti communiste et leur exil, les rivalités utilisées par Staline et la mise en œuvre du premier plan quinquennal ne peuvent dissimuler une industrie désorganisée, le manque de main-d'œuvre qualifiée et la rareté des importations. Un autre témoin nous livre ses impressions. Il s'agit de Jules Sauerwein, prince des grands reporters français dans la lignée d'Albert Londres, confident des grands et observateur de l'actualité. En 1927, ce flâneur salarié est envoyé, par son journal, *Le Matin*, en Chine où la guerre civile fait rage : « Quand j'entre dans mon wagon, le conducteur Vania, qui est plein d'attentions et qui parle un peu allemand, vient à moi avec un verre de thé brûlant. Notre voiture, comme toutes celles du train, est chauffée par un poêle à bois dont le ronflement joyeux me réconforte. Je vais peut-être traverser la Sibérie sans y laisser ma peau. » L'envoyé spécial s'installe pour... quinze jours, jusqu'à Moukden (aujourd'hui Shenyang), au sud de la Mandchourie. La Sibérie hivernale lui paraît monotone. En revanche, ses compagnons d'aventure sont des originaux : « Les cabines de wagons-lits sont spacieuses et fort différentes des nôtres. Les lits ne sont pas superposés mais à une hauteur normale, l'un dans le sens transversal, l'autre perpendiculaire devant la fenêtre. Le premier jour, je vois entrer un chef khirgiz puis il cède la place à un député du Soviet suprême de Moscou. Il est en général complètement ivre quand il arrive au siège de sa circonscription, près de Novossibirsk, et de nombreux électeurs l'attendent pour le fêter. Il descend laborieusement, fait quelques pas en titubant et tombe à terre. Attendrissement général : "Le pauvre ! Le pauvre !" entend-on de toutes parts. » Et notre journaliste de noter qu'en Russie « si quelqu'un tombe parce qu'il meurt de faim ou qu'on l'a battu, les gens passent, indifférents. Mais s'il s'effondre parce qu'il est ivre mort, tout le monde est ému jusqu'aux larmes ».

Son compagnon suivant arrive le lendemain en trombe dans la cabine, se jette sur le lit libre et dort pendant vingt-quatre heures en ronflant. A son réveil, il explique, dans un allemand laborieux, qu'il est divorcé mais que, sa femme n'ayant pas de logement, elle habite toujours dans leur unique pièce « où elle reçoit des amis pour la nuit. Je prends le Transsibérien pour dormir. C'est une chance que, comme fonctionnaire des transports, je bénéficie de billets gratuits ». Au wagon-restaurant, Nikita, le maître d'hôtel, propose des dégustations de vins de Crimée et du Caucase, un peu lourds mais préférables à la vodka, pas assez fraîche. D'autres bouteilles de vin attirent l'attention de Jules Sauerwein : leurs étiquettes portent des noms de grands crus écrits en français... et en russe. C'est ainsi que l'un des crus est le « Château... Margot » ! Sans doute une distraction du traducteur...

Nikita s'excuse de ces emprunts : « Vous voyez, il faut prendre aux bourgeois ce qu'ils ont de bon. »

Réplique du bourgeois-journaliste : « Quel dommage que vous ne preniez que les étiquettes fausses ! »

A l'orée des années 1930, la marche du Transsibérien est calquée sur celle de l'URSS, chaotique et collectiviste. Dès qu'une avarie est signalée – c'est fréquent – « le Soviet du train s'assemble et délibère. Chacun donne son avis, même le cuisinier. Comme les pièces de rechange font défaut, finalement nous n'avons plus qu'une seule voiture. Mais nous sommes très peu nombreux et cela suffit ». Dans sa carrière, le journaliste pourra encore moins oublier la suite : son dernier compagnon est... une compagne, car « en Russie soviétique, on mélange hommes et femmes sans discrimination ». Une Madone des sleepings* ? Plutôt une maldonne, voire une matrone, d'âge mûr, grassouillette, professeur à Irkoutsk. Des problèmes d'intimité ? Très réduits : « Comme elle ne se déshabille pas pour dormir et qu'elle ne se lave pas non plus, la pudeur est aisément respectée » ! (Jules Sauerwein, *30 ans à la Une*, préface de Pierre Lazareff, Plon, 1962).

Qu'importe : le Transsibérien doit triompher. Le 1er mai 1929, à Sverdlovsk (ex-Ekaterinbourg), une locomotive est décorée pour la fête du Travail. Tous les hommes, en casquette, posent pour une photographie, visages fiers et déterminés. La rénovation du parc de locomotives est ce qu'il y a de plus urgent. En 1936, mille unités sortent des usines de Novo-Kouznetsk, le Creusot soviétique. Ces machines ne sont plus au bois mais au charbon. Le cinquième de la production nationale disparaît, à pleines pelletées, dans les foyers de ces énormes dévoreuses. Pour transporter une seule tonne de houille du sud d'Omsk à Vladivostok (environ 5 000 km), le tender doit en emporter trois puisque la machine en consomme deux ! La construction de ces machines est typique du volontarisme stalinien : il faut battre des records* et le faire savoir aux autres peuples. Ainsi, une locomotive de type 2-10-2 pour la nomenclature soviétique (151 pour nous) tire une rame de cent quarante-deux wagons, pesant 11 310 tonnes sur plus de... 250 km, de Tcheliabinsk à Kurgan ! Voici le temps des géantes du rail, certaines recevant le nom de dirigeants politiques, comme la *Félix Djerzinski* dont la première, prête en cent soixante-dix jours, roule à 70 km/h en pesant... 206 tonnes ! Encore un record : pour franchir la dépression du Baïkal, il faut trois machines, ce qui maintient la vitesse à 40 km/h, un exploit. Autre performance pour galvaniser l'enthousiasme populaire : les femmes sont devenues mécaniciennes ; on en compte une quarantaine aux manettes des dix sortes de locomotives retenues pour ce train. Et on annonce des voitures « familiales pour les mères et les enfants, avec salle de douches et glacières pour le lait ».

Progrès sensibles dans divers domaines pour le peuple en voyage, ces améliorations demeurent toujours relatives et pittoresques pour la clientèle internationale ; celle-ci est, en proportion, importante, pour ses affaires, son soutien politique ou simplement parce que, ainsi que l'affirme une publicité de l'Intourist (créée en 1929) : « C'est la voie la plus directe, la plus rapide, la plus économique, la plus confortable vers l'Extrême-Orient. » Un voyageur britannique, régulièrement à bord, remarque, désespéré, que « les deux grosses bouteilles noires, d'un vin innommable, jamais ouvertes et rarement époussetées, sont toujours là... comme elles y étaient deux ans plus tôt. (...) En revanche, une curiosité de la ligne fonctionne toujours très bien, c'est le robinet d'eau bouillante dans les gares. Le convoi n'est pas encore immobilisé que les voyageurs s'y précipitent pour remplir leur théière, vieille compagne du voyage sibérien, afin d'être sûrs de ne pas boire d'eau polluée ». Ce passager est Peter Fleming, frère de Ian Fleming, futur créateur de l'agent secret 007, James Bond. C'est aussi l'époque où un Français, officier de marine d'environ vingt-cinq ans, voyage dans le sens est-ouest. Douze jours à cause d'incidents sans fin. Le wagon-restaurant est la seule distraction. La cuisine ? « Elle est abondante mais grossière, mal préparée et mal servie. On prend ses repas sur des nappes qu'on change rarement et qui vers la fin du voyage sont très sales. La seule bonne chose est le caviar, que l'on vous sert pendant les quatre premiers jours à bord. » Mais l'approvisionnement est moins varié qu'annoncé. Finalement, ce sera caviar tous les jours, midi et soir. « Comme vous le savez, je n'ai pas été dégoûté du poisson ! » m'a raconté le commandant Jacques-Yves Cousteau.

Méfiant, rusé comme un renard, mégalomane et sanguinaire, Staline surveille la circulation du train. Il faut payer en roubles et donc changer des devises à un cours très défavorable, ce qui rend très chère la vie à bord. Appareils photo, livres, disques et fruits sont sévèrement examinés ou confisqués, mais quelques paquets de cigarettes peuvent amadouer les inspecteurs. Et la sanglante épuration, les purges ainsi que les procès truqués ont commencé. Staline voit des trahisons partout. En pleine nuit, il fait arrêter la voiture-salon du maréchal Toukatchevski, commissaire-adjoint à la Défense. Vingt-quatre heures plus tard, l'officier qui avait réprimé la mutinerie des marins de Cronstadt est jugé, exécuté avec sept autres « traîtres ». En se débarrassant de ses ennemis, Joseph Staline peut circuler plus librement sur la ligne. Et voici qu'apparaît, dans l'immensité, l'Express Bleu, le seul train de luxe de l'URSS, évidemment le train du dictateur, qui roule depuis le 1er mai 1933. Une rame de dix voitures, sélectionnées et transformées, interdites au peuple, réservées aux dignitaires du parti, aux militaires de haut grade et à leurs épouses. Comme Hitler, Staline craint l'avion, ce qui ne l'empêche pas de faire placer des gardes le long de la ligne lorsqu'il s'y déplace. Plus tard, à la mi-juillet 1945, lorsqu'il se rendra dans son train de Moscou à la conférence de Potsdam, on comptera un soldat tous les 100 mètres le long de la voie ! Le directeur de l'express dictatorial, Vladimir Tregubov (accusé, lui aussi, de tentative d'assassinat mais qui pourra s'enfuir d'Union soviétique), en donne une description détaillée, recueillie par le soviétologue américain David Dallin (*The New Soviet Empire*, Yale University Press, 1951). Le « petit père des peuples » ne se refuse rien. L'insonorisation est parfaite, au moyen de liège, de bois, de linoléum et de tapis épais, achetés cinq mille roubles alors qu'ils en valent cinquante mille. Les bogies sont améliorés et la souplesse de roulement vérifiée : un verre d'eau, rempli à ras bord, ne doit pas répandre une seule goutte ! « Chaque voiture, raconte Vladimir Tregubov, comprend huit compartiments pour deux personnes chacun, avec toilettes intermédiaires et une salle de bains. » La voiture-restaurant fournit une sélection de mets délicieux, une grande variété de fruits, de vins fins, dont les préférés du Géorgien Staline. Avant chaque voyage, le responsable passe dans chaque cabine pour l'asperger d'eau de Cologne, apportant des corbeilles de fruits, des sucreries et les meilleures cigarettes. « La voiture de Staline a deux chambres, un salon, un bureau, un secrétariat, un compartiment pour trois personnes de sa suite, une salle de bains, une cuisine. Les murs et le mobilier sont en acajou. » Nous sommes dans un Extrême-Orient-Express dont les voitures ont un plafond bleu. « Derrière cette voiture spéciale, une autre, extérieur identique, est attribuée aux agents du NKVD, la redoutable police politique. Deux de ses agents sont des femmes – il y en a toujours à bord de l'Express Bleu –, chargées de bavarder avec les invités du maître de l'URSS lors des repas. Elles sont jolies, élégantes, bien élevées et toujours accessibles aux importants passagers... » Les hôtes sont-ils impressionnés par la surveillance de la voie, des tunnels, des ponts, les convois balais ? Non. Ils sont, en revanche, séduits par le fait de pouvoir « emporter chez soi le caviar, les conserves, les vins et les cigarettes ». Le Soviétique lambda n'a même pas le droit de s'approcher d'une gare où stationne le train du tsar rouge. Le secret des rideaux baissés est une des composantes de la puissance.

De même, le Transsibérien normal est souvent garé à côté d'un train inquiétant, sombre, fermé. Des wagons de marchandises, ouverts par des soldats à l'aide de marteaux. Une masse nauséabonde se répand sur le quai. Des survivants – pour combien de temps ? – émergeant des entassements de cadavres et un atroce mélange de paquets informes et d'excréments. Une odeur pestilentielle. Ils voyagent depuis quinze jours. Ce sont les trains du Goulag, ces milliers de trains très spéciaux qui déporteront vers l'archipel de l'horreur des millions de « malades mentaux »... dont personne n'admettra le martyre avant les années 1970. Une ligne de sang.

1939. Le pacte germano-soviétique du 22 août assurant le calme aux frontières, la ligne transsibérienne ne joue pas un rôle stratégique, à l'inverse de ce qui s'était passé en 1914 et pendant la guerre civile ; son soutien est celui de l'intendance, depuis les convois de thé jusqu'au matériel que le Kremlin veut mettre à l'abri à l'est, c'est-à-dire au-delà de l'Oural. La rupture du pacte et l'invasion de l'URSS, le 22 juin 1941 à 3 h 15 du matin, redonnent au Transsibérien une place essentielle dans l'exode et la défense puisque Moscou est menacé et sa population évacuée. On observe deux mouvements opposés, complexes à organiser car, sur des milliers de kilomètres, la voie est unique. D'ouest en est, les familles s'entassent ; des chefs-d'œuvre des musées et des anciennes résidences impériales sont transférés, avec un soin admirable, vers la barrière protectrice de l'Oural. A l'inverse, d'est en ouest, ce sont des trains de combattants, en particulier ceux venus d'Asie centrale par la ligne du Turksib (Turkestan-Sibérie) qui rejoint la Sibérienne à Novossibirsk. Des trains blindés sont préparés. En assurant le fardeau logistique, la Sibérie envoie la « garde du courage » au moyen de centaines de trains. Et, comme on le sait, la différence d'écartement des voies empêche l'Allemagne d'envahir son ancien allié par le rail, sauf à disposer de bogies adaptables ou à procéder au levage, opération longue et complexe incompatible avec une invasion éclair. Le soutien ferroviaire permet, en partie, la contre-offensive après la bataille de Stalingrad.

Cela explique qui si, après la victoire, le réseau ferré de la Russie d'Europe est dévasté (65 000 km détruits sur 100 000), la ligne transsibérienne est presque intacte. Non seulement l'artère vitale du colosse soviétique est en état, mais l'effort de guerre a rapproché des régions dépourvues de communications sérieuses et des sources de matières premières. C'est le Transsibérien qui apporte à l'Extrême-Orient soviétique les trois quarts de ses besoins vitaux.

Il faut rappeler qu'au moment où plusieurs pays choisissent d'investir dans la construction ou la reconstruction d'un réseau routier et aérien, l'URSS préfère améliorer sa relation ferrée entre sa partie européenne et sa partie asiatique, grâce à un crédit de Washington d'un million et demi de dollars. L'organisation du trafic est originale : pendant une partie de la journée, les convois, quels qu'ils soient, circulent d'ouest en est ; pendant l'autre partie, ils roulent en sens inverse, ce qui ne va pas sans quelques incidents. Un vaste programme d'électrification est adopté, portant sur 40 000 km de voies. Les dernières locomotives à vapeur sortent des usines en 1956. Elles avaient été commandées par Staline, mort en 1953. Le dictateur s'était toujours opposé à la modernisation de la traction, y compris par les diesel. Un amoureux du chemin de fer à l'ancienne, le camarade Staline ? Non. Il aimait beaucoup les énormes machines d'environ 150 tonnes, vertes, avec des coupe-vent comme des murs, leur butoir et leur étoile rouge. Il avait une raison de les apprécier : c'était le modèle appelé *Staline*...

La ligne passant le long de la frontière chinoise en suivant l'Oussouri, le voisinage n'est guère paisible. Les 2 et 15 mars 1969, de graves incidents frontaliers entre les deux géants du communisme obligent l'URSS à accélérer la construction d'une voie partant, après Krasnoïarsk, vers le nord du lac Baïkal. Ce projet, qui datait d'avant la guerre, devient une réalité en 1974. On l'appelle le BAM (Baïkal-Amour-Magistral). Son intérêt est économique et stratégique par la mise en valeur du Nord sibérien tout en évitant les incidents avec la Chine, puisque la nouvelle voie passe, au moins, 700 km plus au nord en aboutissant face à l'île de Sakhaline. Ce nouvel embranchement, de 4 000 km, est qualifié de « plus grand chantier du siècle » par Leonid Brejnev. Le trafic est majoritairement de marchandises. L'hiver, les basses températures ne permettent pas aux cheminots de rester dehors plus de quinze minutes. Le dernier rail est posé le 29 octobre 1984.

Et aujourd'hui ? Bien sûr, il faut faire ce voyage au moins une fois et si possible dans chaque sens, même si, comme d'habitude, la marche vers l'Asie nous paraît plus fascinante que celle vers l'Europe. C'est une illusion ! Le Transsibérien, appelé *Rossia* par les Russes, part tous les jours. Mais, dans le sens ouest-est, il se subdivise à Oulan-Ounde en trois branches tandis que, dans le sens est-ouest, tous les trains aboutissent à Moscou. Le train normal, qui met environ huit jours, a un double avantage : il vous place au cœur d'une réalité, tantôt sympathique, tantôt lassante, car le trajet est si long que beaucoup de voyageurs dorment le jour ; et il vous permet de comprendre le premier problème de la Russie, le même depuis les tsars, son immensité. Vous aurez le temps de relire *Guerre et Paix*. On s'étonne que Hitler, après Napoléon, soit tombé dans ce piège de la distance. Sachez que Vladivostok, cette porte océane mythique, est plus proche de San Francisco que du Kremlin ! Cependant, le train normal présente un double inconvénient. D'une part, même en classe « molle », son confort est relatif (la difficulté ou l'impossibilité de se laver selon le type de voitures...) et ses arrêts sont très courts, ce qui est normal. Attention aux horloges des gares : elles sont toutes à l'heure de Moscou, signe de l'autorité du pouvoir central... idéales pour rater son train si on s'en éloigne ! On parle de doubler ce système de l'heure locale mais soyez sur vos gardes : il y a onze fuseaux horaires ! Aussi, je conseille la version de luxe, sous forme de trains spéciaux qu'organisent certaines agences spécialisées, de préférence de la mi-août aux premiers jours de septembre, l'automne sibérien étant très court (environ trois semaines). Je n'y vois que des avantages. Le confort, bien sûr : sleepings bien conçus, voitures-douches, voiture-bar, deux voitures-restaurants, éventuellement une voiture-salle de conférences ou de projections. Et un personnel aussi nombreux qu'attentionné. C'est une croisière sur rails, avec de véritables escales, parfois d'une demi-journée, ou d'une soirée, par exemple pour un opéra dans l'invraisemblable temple stalinien de Novossibirsk, achevé en 1945, sans oublier l'impressionnant musée en plein air du Transsibérien, installé en bordure de la forêt, non loin de la cité scientifique d'Akademgorodok. On peut aussi profiter d'une nuit pour dormir au bord du lac Baïkal et le traverser le lendemain. Le rythme est bien étudié, il est aussi agréable de descendre « à terre » que de revenir « à bord ». Ensuite, quel itinéraire ? Vladivostok-Moscou-Vladivostok par le Transsibérien ou Moscou-

Pékin par le Transmandchourien ? Je conseille, d'expérience... le troisième, le Transmongolien, Moscou-Pékin-Moscou. Il vous offre la traversée de la Mongolie-Extérieure avec celle du désert de Gobi et une nuit en train chinois, où les employés, impeccables, portent des gants blancs et sont au garde-à-vous au départ. Mon dernier voyage, dans le sens Pékin-Moscou, fut un inoubliable retour vers le passé, impensable il y a une quinzaine d'années. On se frotte les yeux en se demandant comment est possible la coexistence, qui semble apaisée, de témoignages antinomiques et de symboles longtemps incompatibles. Par exemple, sur la place centrale d'Oulan-Ounde, cité stalinienne entre la frontière mongole et Irkoutsk, une gigantesque statue de Lénine trône à même le sol. Un bloc métallique, froid comme le vent qui lève de soudaines tempêtes. L'un de mes contacts me révèle qu'enfant il allait jouer à l'intérieur de l'immense crâne, en se glissant dans un tunnel. « Vous comprenez, la tête de Lénine est vide ! » Je comprends. Mais alors pourquoi conserver ce sinistre souvenir de l'inventeur des camps de concentration ? « Parce qu'il fait partie de notre histoire et nous ne pouvons pas tout effacer. » Très juste observation à méditer pour nos dirigeants : l'Histoire ne se divise pas en bons et en mauvais morceaux. A Irkoutsk, où je salue la mémoire de Michel Strogoff, je tombe sur un défilé à la mémoire des héros de la guerre de 1941-1945 et à celle... d'Alexandre III ! Une commémoration de l'avant-dernier tsar pour qui les cuisinières françaises inventèrent le célèbre « entremets franco-russe ». Le premier Transsibérien avait atteint Irkoutsk le 16 août 1898. En hommage au monarque promoteur de l'impulsion définitive du chantier, une statue imposante fut érigée en 1904. Alexandre III était un colosse, genre phénomène de foire, si gros que lorsqu'il apparaissait à cheval, une rumeur volait sous les chapkas et les toques : « On se demande qui, des deux, est la bête ! » Ayant réprimé les milieux terroristes responsables de l'assassinat de son père, ce tsar n'avait pas la meilleure réputation. En 1917, sa statue avait été déboulonnée, et en 1964 remplacée par un obélisque sans âme. Et voilà qu'en ce jour d'octobre 2003, en présence du ministre russe des Chemins de fer, la statue revient, fleurie, inaugurée officiellement une seconde fois. Les tsars, comme Lénine, refont partie de l'Histoire.

Mais, sur ce parcours, le plus étonnant se trouve à Ekaterinbourg, qui a retrouvé son ancien nom. Non seulement une cathédrale s'élève à l'endroit où s'élevait la maison Ipatiev – rasée par un certain Boris Eltsine en 1977 – mais la nouvelle gare vous réserve une surprise de taille. Avec ses marbres et ses lustres, c'est un palais des transports comme le métro de Moscou. Dans une immense salle d'attente au premier étage, des fresques récentes racontent l'histoire de la Sibérie. Sur un mur, à gauche, comme il se doit, les Rouges de 1917. A droite, les Blancs de 1917. Tous vaillants et courageux avant de s'étriper. Au milieu, la famille impériale au complet, canonisée par l'Eglise orthodoxe en 1998, s'élevant dans le ciel au-dessus de la maison Ipatiev où elle vient d'être exécutée. Dans une gare ! Des foules, attendant des trains pendant des heures, contemplent ce spectaculaire exemple de réconciliation avec un passé qui n'est plus à sens unique. Comme la voie, doublée. Voilà, parmi bien d'autres, ce que l'on peut voir en adoptant le principe de la croisière roulante.

Il n'y a plus à hésiter. Le samovar est au bout du couloir...

Trier, Lars von

Cinéaste et scénariste suédois, né en 1956

En préparant son quatrième long-métrage, *Europa* (1991), avec Jean-Marc Barr et, entre autres, Eddie Constantine, le metteur en scène s'est longuement documenté sur les trains, la vie du personnel et l'atmosphère de l'immédiat après-guerre (octobre 1945) dans une Allemagne détruite mais où règne encore la peur. Il aime la liaison thématique train-cinéma*, disant : « les rails ressemblent d'ailleurs à une pellicule qui défile ». Pendant ses recherches, il a vécu l'ambiance, très crue, des trains d'un pays se libérant, lui aussi, d'une dictature. Dans le livre *Lars von Trier, conversations avec Stig Björkman* (Cahiers du Cinéma, 2000, traduit du suédois par Marie Berthelius), il raconte : « Les voyages en train – surtout les trains de nuit – offrent souvent des expériences insolites. Il m'est arrivé quantité de choses bizarres pendant mes voyages en Pologne lors de la préparation d'*Europa*. En allant à Varsovie pour la première fois, j'ai manqué la correspondance à Berlin. Varsovie se trouve être une des étapes de la ligne Berlin-Moscou et quand j'ai voulu prendre le train pour Moscou, celui-ci était plein. J'ai longé la rame jusqu'au dernier wagon-lit qui avait l'air complètement vétuste, mais où il restait apparemment de la place. J'ai demandé au contrôleur s'il y avait une place de libre. D'abord, il a dit non, désolé, mais il a suffi de lui filer quelques dollars pour qu'il ouvre la porte. Le wagon était désert. J'ai appris par la suite que ce wagon appartenait à deux frères qui avaient corrompu le personnel du train pour qu'il l'attelle à la rame. Les frères se servaient du wagon comme d'une sorte de bordel ambulant et les passagers pouvaient se rendre accompagnés de prostituées dans le dernier wagon pour tirer un coup. Il y eut un va-et-vient constant toute la nuit et il faisait un froid de canard dans mon compartiment. Les frères n'avaient pas fait installer de chauffage. Il y avait un tas de charbon dans le couloir, sans doute pour faire marcher un poêle quelque part. Mais ça n'avait pas beaucoup d'effet. C'était vraiment incroyable ; un exemple de véritable libéralisation ! »

Son film *Europa* est une œuvre hypnotique, le défilement des rails et le commentaire en voix off étant les déclencheurs de l'hypnose. Il transforme le luxueux wagon-lit, traversant un pays en ruine, en instrument d'un voyage initiatique qui vire au cauchemar.

Truffaut, François

Cinéaste, scénariste, critique cinématographique, producteur et acteur français, 1932-1984

En 1977, après un dîner en l'honneur de la princesse Grace de Monaco* pour parler d'Alfred Hitchcock*, nous avions, avec François Truffaut, beaucoup évoqué les chemins de fer. Puis, son assistant me téléphona pour solliciter des informations complémentaires sur ce sujet. Le metteur en scène préparait son nouveau film, *L'Amour en fuite* (1978), où il y aurait des séquences ferroviaires, notamment avec Marie-France Pisier. Finalement, ma collaboration s'arrêta à ces brefs mais intenses échanges. J'ai cependant retenu et apprécié les propos ultérieurs du cinéaste, rapportés par Dominique Rabourdin dans *Truffaut par Truffaut* (Le Chêne, 1985) : « Les flash-back qui commencent dans le train sont particulièrement dynamiques parce que, lorsque nous revenons au présent, nous sommes dans un train en marche, donc soli-

daires d'une chose qui avance. C'est le plaisir spécial que nous procurent les films que j'appelle les "films de déroulement". Tout le monde sait qu'un film c'est un ruban qui se déroule. A cause de ça, les films qui se passent entièrement dans un train, comme *Une femme disparaît* d'Hitchcock, ou sur un radeau, comme le *Aguirre* d'Herzog, nous procurent un plaisir spécial parce que c'est du cinéma* à la puissance deux. »

Truffes et jambon

C'est une jolie histoire, racontée par Henri Vincenot*, sur les petits trafics auxquels des équipes de traction pouvaient se livrer, au temps de la vapeur. Nous sommes à l'automne, à bord d'une machine tirant un train de marchandises, quelque part dans le Lot, en gros sur l'axe Brive-Montauban. Le mécanicien Chabrol et son chauffeur Lavoignat (Chabrol-Lavoignat : un beau nom de duo !) ont mis au point un commerce de truffes. Pour leur compte, les vilains ! Sous le charbon du tender, ils dissimulent une récolte impressionnante, 20 kilos de « diamants noirs ». Il y en a pour une fortune. A l'arrêt de Cahors, un jeune inspecteur de traction monte sur leur locomotive. Une visite imprévue mais de routine. A la hauteur de Gourdon, charmante Sous-Préfecture, une forte odeur de champignons se dégage. Le parfum se précise, il est fort, comme celui des truffes en hiver. L'équipe échange un regard inquiet, le sac s'est ouvert !

L'inspecteur s'écrie :

— Il me semble que cela sent la truffe ! Qu'en dites-vous ?

— Pas étonnant, Monsieur l'Inspecteur : les truffes de la région, il y en a tellement dans cette terre qu'on les renifle en passant !

Un peu plus loin, quelques truffes, secouées par le mouvement, s'échappent de leur cachette et... roulent aux pieds de l'inspecteur sur la plate-forme !

L'inspecteur en ramasse deux, les examine, et murmure avec humour :

— Drôle de charbon !

Chabrol, sans rire, réplique :

— Que voulez-vous Monsieur l'Inspecteur, c'est celui qu'on nous donne à Cahors ! Hé, c'est la houille de la région ! Faut s'en contenter !

Dans le registre tout à fait honnête, j'ai connu un mécanicien qui, en service sur la ligne des Cévennes, accrochait un magnifique jambon d'Auvergne sur le tender au départ.

— Vous comprenez, sur la ligne, on a cent dix-neuf tunnels et galeries. A l'arrivée, à Nîmes, mon jambon est fumé ! C'est ma femme qui va être contente !

Rêvons à la rencontre des deux équipes : quel succulent jambon truffé ! Au sud de l'Argentine, en Patagonie, un train, qui ne circule que le mercredi, est tiré par une Baldwin de 1910. Le mécanicien, en pleine marche, pose des côtelettes et des saucisses sur la machine.

— C'est ma cuisine, dit-il, décontracté...

Tunnel (le bout du)

Encore une fois, le mot « tunnel » nous vient d'Angleterre, vers 1825, par une déformation du français « tonnelle », en usage sous la Renaissance pour désigner une longue voûte végétale en berceau dans les jardins des châteaux construits par des Italiens. Le tunnel ferroviaire est une expression employée en France pour la première fois en 1836, lorsque la construction de la ligne de Paris à Saint-Germain-en-Laye est commencée. L'inquiétude était si grande, aussi bien à percer qu'à emprunter ces galeries ouvertes dans la roche et à l'éclairage si faible, que naquit la formule « arriver au bout du tunnel » pour signifier que la lueur entrevue correspond à la fin des angoisses, des soucis et des ennuis en tous genres. Or, rien n'est moins sûr. Exemple, cette remarque de l'acteur américain Steve Mac Queen (*Au nom de la Loi* à la télévision, *La Grande Evasion* et *Bullitt* au cinéma*) à qui on annonçait une rémission du cancer qui allait pourtant l'emporter : « Si tu vois la lumière au bout du tunnel, fais attention : c'est peut-être un train qui arrive en sens inverse ! »

U

« La locomotive, ce grand mammifère à roues. »

Jacques LACARRIÈRE.

Union Pacific ou les caprices d'une locomotive (1937)

A la fin des années trente, le réseau ferroviaire des Etats-Unis est le plus vaste du monde. Il est aussi le meilleur. De 311 183 km en 1900, il est passé à 406 935 en 1930. Tout y est immense, les voitures équipées de salles de bains, les convois de marchandises de un kilomètre et les locomotives qui atteignent le 160 km/h en tirant des express de luxe. Un jour de 1937, William Jeffers, président-directeur général de la célèbre compagnie Union Pacific, entend démontrer à ses invités qu'il ne craint ni la concurrence de l'automobile ni celle de l'avion. On lui a pourtant objecté que plusieurs machines étaient à bout de souffle... Il fait raccrocher sa voiture privée en queue d'une rame. En pleine vitesse, le train ralentit soudain et s'arrête en rase campagne, dans l'Ouest si chèrement conquis par le rail. C'est la panne ! Plus de pression, plus de vapeur ! En termes de métier, aux Etats-Unis, on appelle cet incident « planter un chou » ! Tout le monde descend, les dames s'installent dans l'herbe. Vexé, furieux, William Jeffers subit la honte de sa carrière. Le dépannage prendra du temps car, comme c'est souvent le cas dans ces grands espaces, la voie est unique. L'affaire, bien exploitée par la presse, est à l'origine de la construction de nouvelles locomotives munies d'un essieu porteur supplémentaire, dès 1938. Ce seront les monumentales *Niagara* ou *FEF* (*Four Eight Four*), des 242 pour notre dénomination, classe Pacific. Une cinquantaine d'exemplaires, avec des variantes, seront disponibles pour l'Union Pacific, sorties des ateliers jusqu'en 1944. Leur poids, tender compris, est de 412 tonnes, soit près du quadruple des Pacific européennes. Présentant un châssis moulé d'une pièce – ce qui est exceptionnel –, elles atteignent le 170 km/h en service normal. Avec seize roues, William Jeffers tenait sa revanche... Certains de ces monstres, robustes, dont les coupe-vent ont été rajoutés en 1940, sont entretenus et toujours en état de marche pour des voyages nostalgiques.

« Le train passe et les temps sont passés,
Mais je n'ai pas oublié la bonne,
La grande aventure, et je le sais
Que Dieu m'a béni plus que personne.
Le train passe et les temps sont passés
Mais l'heure de grâce reste et sonne. »

Paul VERLAINE.

Vatican

Les chemins de fer du pape

Cela peut surprendre mais c'est vrai : la papauté n'a pas échappé au « chaudron diabolique », comme on disait vers 1840. L'affaire commence en 1859, à une époque où la Cité du Vatican n'existe pas encore juridiquement. Dans le tourbillon guerrier de l'Unité italienne, Pie IX, pape depuis le 16 juin 1846, est très attaché aux possessions temporelles des Etats de l'Eglise qui, selon Sa Sainteté, garantissent son indépendance. Elle est fragile et remise en question par diverses interventions armées. Un train serait la preuve d'une existence politique et diplomatique... Pendant huit mois, les ateliers français Delettrez et Cie, à Clichy, construisent une voiture spéciale, dite d'apparat ; elle est un cadeau de la Compagnie des Chemins de fer romains Pio Latina et reçoit l'autorisation de circuler de Rome à la frontière du royaume de Naples où le Saint-Père s'était réfugié lors des événements de 1848. La ligne est à voie étroite. Cette voiture papale sur bogies à roues blanches est un extravagant monument roulant, du pur style sulpicien, avec six statues dont celles de la *Foi*, du *Martyre* et de la *Vérité*, douze portraits d'apôtres sur cuivre, les armes pontificales, une tiare dorée sur le toit et quatre monogrammes de Pie IX. L'ensemble est l'œuvre de l'architecte Emile Trélat, professeur au Conservatoire impérial des Arts et Métiers. Budget : cent vingt mille francs 1860, l'équivalent de deux millions de francs 1990. Ses panneaux métalliques extérieurs sont exécutés en galvanoplastie par l'orfèvre Christofle.

La voiture comprend trois compartiments. Un salon avec un trône pontifical capitonné, deux fauteuils et des canapés parallèles à la voiture, des colonnettes torsadées censées rappeler, en miniature, celles de la basilique Saint-Pierre. Ensuite, un oratoire s'ouvre sur un balcon d'où le pape pourra bénir les fidèles. Millet y a peint une Madone sur toile, conservée aujourd'hui au musée de l'Art moderne du Vatican. Enfin, une chambre de repos, amplement décorée elle aussi. Les peintures sont principalement de Jean-Léon Gérôme, artiste français précis et admiré, qui avait déjà travaillé pour Christofle et dont le tableau *Naissance du Christ* avait été exposé à l'Exposition universelle de 1855. Théophile Gautier, rendant visite à Gérôme le 16 mai 1858, voit ces éléments en cours de préparation dans l'atelier ; plusieurs panneaux sont mobiles.

En résumé, une châsse ferroviaire. Elle est accompagnée de deux voitures à quatre essieux ; l'une dispose d'un escalier de quatre marches, l'autre n'a qu'une porte ; leur décoration est, si j'ose dire, nettement plus sobre... Elles sont destinées aux invités.

Le baptême du convoi papal est prévu le 27 février 1862, en un temps où la jeune monarchie italienne entend absorber Rome et le Latium. Une des toiles de Gérôme montre Pie IX ayant béni des chemins de fer aux locomotives fumantes avant cette inauguration, de la même manière qu'il avait béni des bateaux. Le Saint-Père se réjouit de monter enfin dans son train personnel, protégé par sa Garde suisse et les zouaves pontificaux français. Ses médecins en décident autrement, alarmés par des séquelles d'épilepsie et l'angoisse de leur illustre patient. C'est donc le prince-archevêque de Hohenlohe, aumônier du pape, qui bénit la voiture arrivée de France à petite vitesse, transportée... par un train ! Soldats et personnel civil sont agenouillés pendant la cérémonie. Pie IX ne fera aucun voyage à bord de cet extraordinaire convoi. Remisé ensuite à Civitavecchia, le premier chemin de fer papal sera gravement détérioré par des vandales. Heureusement, quatre panneaux du plafond, œuvre de Gérôme, ont été sauvés et sont conservés au musée de Rome (Palazzo Braschi). En 1870, les troupes piémontaises entrent dans Rome et les Etats de l'Eglise sont annexés par le royaume d'Italie. Pie IX se considère désormais comme prisonnier volontaire dans son palais du Vatican et refuse de reconnaître le régime de Victor-Emmanuel II. Un train serait inutile...

Il faut attendre les accords conclus au palais pontifical du Latran, signés le 11 février 1929, pour que la souveraineté temporelle de l'Etat du Vatican soit reconnue. La « question romaine », non réglée depuis 1870, trouve sa solution dans la convention négociée entre le cardinal Gasparri, secrétaire d'Etat, et Mussolini. Les relations avec l'Italie se détendent, ce qui, en termes ferroviaires, se vérifie par la construction d'une ligne spéciale de moins de 700 mètres dont une centaine seulement sont sur le territoire de la Cité du Vatican. La modeste longueur de la voie, mise à l'écartement standard, est celle d'un embranchement du réseau des Ferrovie dello Stato (Chemins de fer publics italiens) joignant le palais pontifical à la gare de Roma-San Pietro. L'instabilité du terrain a nécessité de gros travaux. Le viaduc de Gelsomino (120 mètres), composé de huit arches de 15 mètres, a exigé des fondations de plus de 25 mètres de profondeur. Coût pris en charge par l'Etat italien : vingt-quatre millions de lires (contre-valeur : quarante millions de francs 1990). La voie prend la direction de Viterbe, cité médiévale au nord et ancienne résidence des papes. Il faut remarquer que la ligne constitue, au sens propre, une brèche ouverte dans le mur d'enceinte de la Cité du Vatican. Un immense portail métallique de plus de 16 mètres, à deux battants coulissant grâce à des roues, a été aménagé. La gare du Vatican est imposante, disproportionnée pour une seule voie à quai avec évitement pour les voyageurs et la même disposition pour les marchandises.

Les accords du Latran prévoient que les trains du pape – on en parle au pluriel... – circuleront dans les mêmes conditions que ceux des chefs d'Etat. Le gouvernement italien s'engage à fournir le matériel de traction et remorqué ; en contrepartie, le Saint-Siège prend à sa charge les frais de circulation du ou des convois et du personnel, aussi bien de conduite que d'accompagnement. Une modeste indemnité est prévue pour les Chemins de fer italiens qui entretiennent l'embranchement et les signaux depuis la gare de Rome-Saint-Pierre. Un fonctionnaire, nommé conjointement par le Vatican et la République italienne, est chargé de régler les éventuels problèmes posés par l'embranchement. Inaugurées le 2 octobre 1929, la gare du Vatican et la ligne n'ont vu que de rares déplacements ferroviaires pontificaux. Jusqu'aux années 1960, le pape voyageait peu en dehors de l'Italie, puis l'avion a été vainqueur. Toutefois, la ligne et la gare servent toujours, principalement à l'acheminement des marchandises « importées » d'Italie pour une population permanente d'environ huit cents personnes, les fonctionnaires, employés et soldats de la Ville-Etat. Les convois, d'en moyenne six wagons, sont tirés par des locotracteurs diesel. Le trafic se monte à environ une quinzaine de mouvements par mois, davantage lors d'un conclave.

Vélo-rail

Pédaler sur les rails d'une voie ferrée, de préférence... fermée au trafic (!), est un divertissement et un sport qui a vu le jour en Suède. Depuis 1990, cette mode se développe en France ; à l'été 2006, on comptait vingt-deux réseaux en activité et dix en préparation. En 2004, plus de 254 000 adeptes se sont livrés à des excursions aussi ludiques que physiques et touristiques. Contrairement à ce qu'on pourrait imaginer, le fait de rouler sur un véhicule léger, appelé draisine, composé de deux vélos reliés par une plate-forme banquette, a d'abord pour but... l'entretien de la voie. Ainsi, elle ne rouillera pas et quelques petites précautions préalables sont à prendre. Ensuite, comme beaucoup de lignes secondaires le permettaient, les points de vue peu accessibles de la route, les coins inconnus et des sites naturels d'une grande beauté sont nombreux. Enfin, il s'agit d'une activité physique très saine mais qui exige une bonne forme car la moyenne des trajets varie entre 10 et 20 km aller et retour, avec, parfois, quelques vallons et donc de petites rampes... mais on s'aperçoit vite qu'elles ne sont pas si faibles que prévu ! En revanche, quelle joie dans les descentes ! Comptez, en moyenne, entre trente minutes et une heure de promenade, avec des pointes à trois heures sur quelques trajets. Certains tronçons vous assurent la sensation de la vitesse à 27 km/h. Ce TGV* à pédales cliquette sur la voie en pleine campagne ou en forêt. « On a l'impression d'être dans un train mais on profite d'un vrai bol d'air », assure Daniel Claret, président de la Fédération des vélo-rails de France, association créée en 2004.

Vous prendrez la précaution de placer aux deux extrémités de la banquette deux personnes de la même force, deux adultes par exemple et les enfants au milieu. L'engin pèse tout de même environ 100 kilos. Une béquille permet, en bout de ligne, d'inverser la marche. Quelques règles sont à suivre : le cyclo-tourisme ferroviaire impose de respecter au moins 150 mètres entre deux véhicules, de ralentir lors des passages à niveau. Comme un véritable train, le vélo-rail a priorité sur les automobiles. Et pas question de doubler une équipe que vous jugez trop lente ! On se suit et, éventuellement, on échange les draisines avec les prédécesseurs lambins. Enfin, prévoyez de l'eau minérale, voire de quoi vous sustenter pour reprendre des forces. Quelques exemples : le Vélo-

Rail du Périgord vert (Dordogne), 11 km de Corgnac à Thiviers ; le Vélo-Rail d'Etretat (Seine-Maritime), 5,2 km à travers le Pays de Caux ; le Cyclo-Rail du Sancerrois, 10 km de Cosne-sur-Loire à Sancerre. Ce parcours est très spectaculaire avec un pont de 826 mètres sur la Loire, un pont sur le canal latéral à la Loire et un viaduc de 40 mètres de hauteur dominant le golf du Sancerrois ; le Vélo-Rail de la Suisse normande, de Caen à Flers. Quel que soit votre choix, c'est un voyage dans le temps. Ne trichez pas : dans le film *Le Tour du monde en quatre-vingts jours* (de Michael Anderson, 1956), Philéas Fogg (David Niven) et son domestique Passepartout (Cantinflas) utilisent une draisine qui marche... à la voile ! Il est vrai que le héros de Jules Verne était pressé...

Venice-Simplon-Orient-Express

Londres-Paris-Venise, depuis 1982

On l'avait assassiné. N'avait-il pas inspiré tellement d'intrigues et d'énigmes que sa mort, la sienne aussi, devait être programmée ? L'avis de décès de l'Orient-Express* datait du jeudi 19 mai 1977, annoncé par un lugubre battement de tambour : le train allait accomplir son dernier voyage de Paris à Istanbul et Athènes. Comme l'aurait flairé Hercule Poirot, cette mort était suspecte. Elle était même une fausse nouvelle. Pour la compréhension du lecteur, je résume ce qui est, avant tout, le droit d'utiliser un nom et donc qui en est propriétaire. Orient-Express, terminologie fondée et déposée par la Compagnie

Internationale des Wagons-Lits, est aujourd'hui la propriété de la SNCF. Sous ce nom, sans préfixe, autrement dit Orient-Express, circule toujours un train sur l'axe Paris-Budapest-Bucarest et retour, partant de la gare de l'Est*. C'est un service régulier exploité par les Chemins de fer des pays traversés. Aucun luxe, des voitures-lits sans éclat mais la continuité de cette extraordinaire aventure commencée en 1883. Il fut, entre autres, le témoin des tensions Est-Ouest lors de la guerre froide*. Ce qui s'achevait ce soir de 1977 – en réalité le vendredi 20 car le départ fut, en raison de la frénésie médiatique, retardé de dix-sept minutes – était la relation directe en voiture-lit (bien fatiguée : une type Y de 1939...) de Paris au Bosphore et au Pirée. Elle était assurée sous le nom de Direct-Orient, enfant naturel mais honteux du précédent. Ses autres « frères », tel le Simplon-Orient-Express*, avaient disparu depuis quinze ans, détrônés dans les fantasmes par la voiture et l'avion.

Cette première confusion – une véritable intoxication – aura, involontairement, un effet positif, surtout après un second événement qui fit pleurer (et couler de l'encre) en cette même année 1977. Le samedi 8 octobre, la première vente aux enchères de wagons-lits et restaurants de la grande époque était organisée par Sotheby's Parke Bernet, à Monte-Carlo. Une manifestation chic, mondaine et même princière puisque, la veille, la princesse Grace de Monaco* était à bord. « Adieu aux trains des Années folles » titre *Le Figaro* du lundi suivant, dont j'étais l'envoyé spécial, sur une dernière page entière. Le fait que deux de ces sleeping-cars avaient fait partie du Simplon-Orient-Express en 1946 et 1947 est déformé et amplifié par l'opinion. Personne ne crie sur les toits que, auparavant, la voiture LX16 n° 3548 de 1929 avait été réquisitionnée par l'état-major de la Wehrmacht de 1941 à 1945... Je suppose que ce passé était moins « vendeur » et peut-être plus gênant que le romanesque habituel ! Nous le savons bien : un train peut toujours en cacher un autre.

Les enchères sont rapides, bien qu'il y ait un moment de contestation après qu'un Anglais, trop hésitant, eut été gêné par les projecteurs de télévision. En moins d'une demi-heure, les voitures changent de destinée. Le plat de résistance est la Pullman*, adjugée trois cent soixante mille francs à un mystérieux Savoyard, M. Paccard, qui l'acquiert, ainsi qu'un sleeping, pour le compte de S.M. Hassan II, roi du Maroc, désireux d'organiser un train royal pour ses invités. Mais c'est entre deux autres adjudicataires que la bataille est serrée. Le premier est Albert Glatt*, qui emporte la voiture-restaurant n° 2741 de 1926 pour deux cent quatre-vingt-dix mille francs, ainsi que la voiture-lit au passé chargé. Le second est un Américain, James B. Sherwood, acquéreur de deux voitures-lits, premières pièces d'un gigantesque jeu de reconstruction d'un Orient-Express de luxe en service régulier. M. Sherwood, président de l'importante Sea Containers Ltd, dispose de grands moyens. Ses navires conteneurs seront réquisitionnés par le gouvernement de Mrs Thatcher lors du conflit appelé « guerre des Falklands » par les Britanniques et « guerre des Malouines » par les Argentins. Dans son nouveau projet, James B. Sherwood est épaulé par son épouse Shirley, médecin, spécialiste de toxicologie. A eux deux et avec l'appui d'une équipe performante, ils vont, pendant cinq ans, faire des recherches, des travaux et des aménagements somptueux pour un premier budget de onze millions de livres sterling. Les démarches de MM. Glatt et Sherwood ne sont pas les mêmes, ni dans leur but ni dans leurs possibilités. Le premier lancera le Nostalgie-Istanbul-Orient-Express (nom composé donc juridiquement libre) sous la forme de trains-croisières. M. Sherwood, lui, rachète un parc considérable d'une vingtaine de voitures d'époque, redécorées avec goût par le Français Gérard Gallet, pour une ligne régulière Londres-Folkestone en train de jour, Boulogne-Paris-Venise avec un autre train à un rythme étudié (soirée, nuit, matinée, après-midi). C'est tout un passé qui va revivre avec la restauration d'un art du voyage disparu... et alors condamné. Ce miracle se nomme le Venice-Simplon-Orient-Express (également un nom composé, libre). Je signale qu'une de ces voitures Pullman avait été utilisée pour les funérailles de sir Winston Churchill en 1965 ; que la voiture « Audrey » (1938) a été employée dans le film *Agatha*, racontant la vie d'Agatha Christie*, avec Vanessa Redgrave, dont le réalisateur, Michael Apted, est devenu l'un des metteurs en scène du remarquable feuilleton télévisé *Rome* diffusé en 2006 ; que la voiture « Minerva » (1928) accueillit les invités de la cour de Saint-James lors du couronnement de S.M. Elizabeth II le samedi 30 mai 1953, lors d'un trajet de Douvres à Londres ; et encore que la voiture « Phoenix », lors de son rapatriement par camion, resta coincée sous un pont et qu'il fallut dégonfler les pneus du poids lourd : enfin, l'un des fourgons à bagages avait été utilisé, en 1943, comme transporteur de... pigeons voyageurs délivrant des messages à la Résistance lors des menaces de Hitler contre le Royaume-Uni. Un glorieux palmarès !

Londres, Victoria Station, 25 mai 1982. En smoking blanc, James B. Sherwood et son épouse président le voyage inaugural. J'étais à bord et j'en ai rendu compte dans un reportage exclusif pour la presse française dans *Le Figaro Magazine*, illustré par les photographies de Pascal Hinous. Rappelons que c'est Charles Fiterman, ministre français – communiste – des Transports, qui donna son accord à la circulation, selon un horaire précis, de ce train « capitaliste » au matériel entièrement privé en dehors des locomotives (française, suisse, autrichienne et italienne). L'événement, considérable dans son domaine, est immédiatement un succès : du 25 mai au 31 décembre 1982, vingt et un mille voyageurs se succèdent à bord du VSOE (appelé par la clientèle l'Orient-Express, ce qui est... inexact). L'un des agréments du voyage, outre la splendeur des voitures et la beauté des paysages alpestres, est le service à bord et en particulier la cuisine. Christian Bodiguel a fait de cette table roulante le seul train membre associé de la prestigieuse chaîne des Relais et Châteaux. Le 4 octobre 1983, pour le centenaire du premier départ de l'Orient-Express, un chef particulièrement doué, Gérard Idoux – le roi du soufflé ! –, assistant de Michel Ranvier, maître des « pianos », a régalé les voyageurs de petites bouchées à la reine, d'un foie gras de la Sainte-Alliance avec sa gelée royale, d'un gratin de homard thermidor, d'un filet de bœuf à l'impériale sauce périgueux avec petits pois à la française. Après les fromages, l'omelette norvégienne et les mignardises recueillirent, pour l'ensemble, un tonnerre d'applaudissements. La cave était à la hauteur : très vieux pineau des Charentes, chablis grand cru, champagne Dom Pérignon 1976. Et je n'oublie pas le cognac Louis de Salignac, grande fine champagne de cinquante ans d'âge. Précisons qu'il y avait deux cuisines servant chacune quarante couverts. Un festin qui s'ajouta aux 944 tonnes de la rame (longueur : 401 mètres) qui gravit les pentes de l'Arlberg tractée par trois locomotives des ÖBB (Chemins de fer autrichiens), deux à l'avant, une poussant à l'arrière.

L'exploit technique, commercial et esthétique est devenu une nouvelle légende. La renaissance de ce mythe est magnifiée par les affiches d'un artiste exceptionnel, Pierre Fix-Masseau. Fait unique dans les annales de l'art graphique, Fix-Masseau a repris et modernisé son style si évocateur des années 1930. On s'y croirait, ; on y croit. A cette réussite, je n'apporterai qu'un léger bémol : l'absence de douches, regrettable dans un tel périple, même pour une seule nuit. Un dernière remarque : le VSOE va fêter ses vingt-cinq ans de service exemplaire, légèrement en retard sur le même quart de siècle du TGV*. Deux réussites, deux styles, des budgets et des fonctions incomparables. Mais les deux extrêmes ont réconcilié des millions de voyageurs avec le train. Pour faciliter notre vie et pour continuer à nous faire rêver...

Vincenot, Henri

Romancier, écrivain, peintre,
dessinateur et cheminot, 1912-1985

Il était un Gaulois (il en avait la moustache) et un Bourguignon (il y habitait et avait restauré un hameau appelé La Pourrie). Mais il était aussi un Celte et sa sagesse était celle d'un druide au caractère égal, attaché au terroir, aux animaux et aux plantes. Henri Vincenot fut révélé au grand public lorsque Bernard Pivot l'invita dans son émission « Apostrophes ». Il était alors un retraité actif n'arrêtant pas d'écrire. Son livre *La Billebaude* (Denoël, 1978), un immense succès, montrait une nostalgie des racines et une authenticité absolue. Droit, la silhouette mince, le cheveu ras, portant d'étonnants gilets, il vivait d'une manière ardente ses vies, celle avec sa femme et leurs quatre enfants et celle autour de la galaxie ferroviaire. Il avait le rail dans le sang puisque son père était dessinateur-projeteur à la compagnie du PLM.

A vingt-trois ans, en 1935, Henri Vincenot entre « aux Chemins de fer ». En 1948, remarqué par Roger Ferlet, le directeur de *Notre métier* (qui allait devenir *La Vie du rail*), il se mue officiellement en nouveau Janus, moitié campagne, moitié ferroviaire. Les amateurs dévorent ses reportages publiés sous le titre

« Les voyages du Professeur Lorgnon », illustrés de ses propres dessins. Pendant vingt ans, Henri Vincenot réussit le mariage heureux de la province et de la ville, des bourgs isolés et du dépôt de locomotives. Ses témoignages et réflexions seront d'autant plus précieux que, lorsqu'il quitte *La Vie du rail*, l'époque est celle d'une mutation technologique entraînant de nouveaux comportements. En 1967, son départ de l'hebdomadaire est aussi la date d'une transition. Poète-cheminot, il était un merveilleux conteur des aventures du rail. En 1974, je rencontre Henri Vincenot. Je lui demande pourquoi, selon lui, le refrain d'une vieille chanson prétend qu'« Il est cocu, le chef de gare ! ». Quelle peut être l'origine de cette révélation peu agréable ? Il rit :

— Je n'en sais rien, mais ce n'était pas tellement le chef de gare qui devait l'être ! C'étaient plutôt les roulants, parce que le chef de gare était sédentaire. De plus, sa femme habitait dans la gare même. Il avait donc certainement de nombreux moyens pour la surveiller ! C'était lui, peut-être, qui l'était le moins de toute la famille cheminote... Cette affirmation est aussi injuste que celle méprisant le lampiste. Pauvre lampiste ! Celui-là trinquait toujours ! On disait que son métier, apparu vers 1860, était le moins noble du chemin de fer. Or, le lampiste, qui était en bout de chaîne, était un homme habile et important. Avec son tablier bleu taché d'huile, de graisse et de carbure de calcium, on le voyait transporter ses lanternes, qu'il astiquait et rangeait dans la lampisterie au bout du quai. Avant l'électricité, il fallait bien qu'il éclaire les voyageurs...

Plusieurs livres d'Henri Vincenot, comme *La Vie quotidienne dans les chemins de fer au* XIXe *siècle* (Hachette, 1975) et *L'Age du chemin de fer* (Denoël, 1980), constituent un panorama et un témoignage précieux à la fois sur l'aventure ferroviaire et son enfance en Bourgogne, région qu'il surnommait « le Toit du monde occidental ».

« Le wagon-salon est rédigé en style pompéien
avec au centre d'un motif de fruits :
Compagnie Internationale des Wagons-Lits
et des Grands Express Européens.
Le train gémit, panier d'osier en pleine vitesse.
Les vitres tremblent.
Dans les courbes, les cendriers tombent. »

Paul MORAND, de l'Académie française.

Wagner, Cosima

Née Liszt, 1837-1930

Ayant vu le jour, comme Sissi*, la nuit de Noël mais au bord du lac de Côme, Cosima est la fille de Franz Liszt, dont elle a le long nez et le tempérament d'un voyageur errant. De sa mère, en premières noces la comtesse Marie d'Agoult, dont le mari avait vingt ans de plus qu'elle, Cosima a un penchant pour les hommes mûrs. C'est Liszt qui la présente à Richard Wagner, qu'il admire mais qui est alors un musicien ignoré ou ridiculisé. Cosima, épouse du chef d'orchestre Hans von Bülow, succombe vite au maître de la « musique de l'Avenir ». Wagner, veuf depuis 1866, provoque le divorce de Cosima et l'épouse en 1869. L'opéra est souvent un vaudeville moins rythmé. Elle constate vite que le compositeur de *Lohengrin* a encore plus besoin de gloire que d'amour. Elle organise la notoriété wagnérienne et la promotion du génie, enfin reconnu, de celui qu'elle ne quittera plus jamais. Si Richard Wagner est mort en 1883, un mois après le premier voyage de l'Orient-Express*, sa veuve s'emploie, chaque fois qu'elle voyage, à transformer sa voiture-restaurant en salon où l'on célèbre le culte du fondateur du festival de Bayreuth. Cela perturbe le travail du personnel, mais qui oserait refuser quoi que ce soit à une telle femme ? Entre le déjeuner et le dîner, Cosima reçoit les admirateurs d'un homme qui, longtemps, n'avait connu que les trains en troisième classe et les fuites honteuses d'un proscrit. En 1910, l'un des plus grands wagnériens de son temps, Ferdinand Bac, est auprès d'elle dans le train. Dans son livre *La Fin des temps délicieux*, Ferdinand Bac décrit Cosima et « la façon dont elle se couvrait de voiles, imposant le respect, recevant les hommages des séides du génial maître, dignité amoindrie par l'arrivée d'un maître d'hôtel criant "Premier Service" » ! La clochette dérange la partition sacrée que joue la célèbre veuve

au caractère peu aimable, voire violent. Mais ce qu'ignore Mme Wagner – et que j'ai pu établir en épluchant les archives – est qu'au même moment un conducteur de wagons-lits, en service sur le parcours allemand, se fait remarquer en réclamant le remboursement d'une somme qu'il a avancée à un voyageur domicilié à Francfort. Cet employé se nomme, lui aussi... Richard Wagner !

Wagon-lit (Eloges)

« Ivresse de partir ! Me voici dans mon single. Quinze jours de vacances, quelle joie ! Mais quel sot me disait tantôt : “Pourquoi ne prenez-vous pas l'avion ? C'est beaucoup plus court, quatre heures de voyage seulement au lieu de vingt-quatre...” L'imbécile ! Quand je ne les donnerais pas pour un empire, justement ces vingt-quatre heures délicieuses, premier bonheur de l'expédition, avant-goût de la liberté ! Songez donc, ce repos forcé, cette détente, ce loisir, cette longue nuit de sommeil bercé, ce long jour de rêverie et de regard dérivant sur le paysage en fuite à travers la vitre, cette immobilité obligée, cette reprise de soi dans le farniente et la disponibilité parfaite de l'esprit, l'absence de courrier et de téléphone, le divin silence. Et soi enfin retrouvé, ce cher moi qu'on perd dans les besognes, retrouvé comme un vieil ami revenu... Que j'ai de choses à me dire ! »

Emile HENRIOT, de l'Académie française,
La Rose de Bratislava.

« Si tout a été dit sur la chanson des roues ou les pulsations des machines de haute mer, il reste à dire beaucoup sur la solitude mobile des cabines et des compartiments réservés à l'usage d'un seul individu, bien installé dans cet admirable confort qui se déplace jour et nuit en respectant les vitesses indiquées par les grands horaires. Le mobilier de ces cellules est charmant : un divan, une petite table, un cabinet de toilette de poche. La table se replie devant la vitre qui ressemble à un écran. Le paysage se déroule comme un film ; le jazz obscur et docile se conjugue avec la sensibilité du voyageur. Ce jazz se compose de plusieurs centaines de roues et d'un sifflet puissant qui arbitre les souvenirs... C'est sans doute dans une de ces cabines des chemins de fer transeuropéens que j'ai discipliné mon émotion devant les images de l'avenir. L'avenir, c'était le prochain arrêt, les uniformes inconnus, des lumières parfois glacées, des soleils et leurs épanouissements à la bonne franquette, des chansons inoubliables, des mots inconnus qui rendent les gens aimables. »

Pierre MAC ORLAN, *Sentimentalité mobile.*

« Le wagon-lit est un “deveteux”. N’espérez pas trouver la définition de ce mot dans votre dictionnaire, quand bien même il s’agirait du *Littré*. Le “deveteux” est de mon cru... On m’a compris, le wagon-lit est l’enfance retrouvée. Pendant quelques heures ou quelques jours, la société va nous permettre de rêver “à haute voix”. Les wagons-lits d’antan, avec leur noble flacon enchaîné, leur dorure, leur tapis rouge, leur marqueterie, leur côté cabinet particulier d’un restaurant 1900, seront les plus aptes à susciter nos imaginaires. Leur fondement, c’était le “décalage”. On dort, on est dans une chambre d’hôtel à la Proust*, on ne bouge pas, on se trouve à mille kilomètres... Le monde était insupportable jadis alors qu’il était une aventure, une longue marche, une rare conquête. Maintenant, il n’est plus qu’une cacophonie, une salle d’attente pour touristes hagards, nous avons dû inventer des instruments qui glissent à la surface, qui effleurent cette terre sans s’y engluer. Voir peu, voir vite, voir sans se salir ni se compromettre, tel est notre slogan. Chardonne disait un jour à ses amis : “Si vous aimez une femme, n’y touchez pas.” Le wagon-lit est ce qui nous permet de toucher un pays avec des pincettes, en smoking. »

Bernard FRANK, *Réflexions sur le wagon-lit.*

Wallenberg, Raoul

Industriel suédois, 1912-1947 ? 1989 ?

Depuis plus d'un demi-siècle, ce nom est une énigme. Et une poignante histoire vraie dont on croit connaître chaque épisode, sauf le dernier... Aujourd'hui encore, le nom de Wallenberg résonne comme un secret d'Etat conservé par les autorités soviétiques puis russes. De Staline à Poutine, de la guerre froide* au troisième millénaire, le mystère reste complet sur la fin d'un homme hors du commun dont un train de l'Europe en guerre fut la preuve de son courage. Il l'a pris pour que d'autres vivent mais, pour lui, sans espoir réel de retour.

Le 16 mars 1942, le Simplon-Orient-Express* est supprimé. Tout le réseau Orient-Express*, éclaté, démantelé comme l'Europe, se réduit à quelques liaisons encore internationales mais sur des parcours limités : Budapest-Bucarest, Budapest-Belgrade, Belgrade-Sofia, Sofia-Istanbul. L'isolement des rames et la confiscation affectent aussi bien le matériel que les personnels car ni les conducteurs ni les chefs de brigade ne peuvent abandonner leurs voitures. Comme lors de la Première Guerre mondiale, l'Allemagne, dont les relations avec la Turquie sont essentielles, met en marche un ersatz d'Orient-Express. Cette nouvelle version du *Balkan-Zug* est réservée à l'élite nationale-socialiste ; sa circulation doit prouver la mainmise de Berlin sur l'Europe. Mais, très vite, sabotages et incidents ralentissent ou paralysent la marche du train, composé de voitures réquisitionnées. La rame doit souvent rouler avec, en tête devant la locomotive, un wagon chargé de pierres au cas où la voie serait dynamitée tandis qu'une mitrailleuse lourde est fixée sur le toit d'un fourgon, en queue. Parfois, le convoi est partiellement réservé à l'état-major allemand ou aux autorités sanitaires. Les agents de la Compagnie Internationale des Wagons-Lits, de nationalités diverses, souvent – mais pas toujours – transformés en chaînons de la Résistance, cachent documents et messages à leurs risques et périls.

Cet étrange faux Orient-Express a ses habitués sur le trajet Berlin-Balkans *via* Vienne. Le service à bord s'efforce d'être comparable à celui d'avant 1940 pour satisfaire des dignitaires et alliés importants du régime hitlérien : le maréchal roumain Antonescu, l'amiral hongrois Horthy, le fasciste croate Pavelic. Mais on y rencontre également l'amiral Canaris, chef du contre-espionnage allemand, en particulier de l'Abwehr, le renseignement militaire, et l'énigmatique Franz von Papen, soixante-cinq ans, ambassadeur du Reich à Ankara d'où il anime un réseau d'agents secrets. (Il sera impliqué dans l'affaire Cicéron, devenue un livre fameux de L.C. Moyzisch en 1951, et un remarquable film de Joseph Mankiewicz en 1952 avec une séquence dans l'Anatolie-Express).

Il arrive que quelques diplomates de pays neutres soient autorisés à monter à bord de ce train particulièrement surveillé. Le 6 juillet 1944, l'un de ces voyageurs est titulaire d'un passeport diplomatique suédois. Seule son abnégation explique sa présence dans le convoi un mois après le débarquement anglo-américain en Normandie. Dans l'unique voiture-lit, cet homme d'une trentaine d'années est le seul voyageur qui ne soit pas de nationalité allemande. Ses compagnons de voyage, des officiers de la Wehrmacht et un civil sarcastique, le reçoivent assez mal. Avant le départ, ils avaient tiré les rideaux et collé des bandes de papier où le mot *Réservé* devait être dissuasif. Mais l'inconnu est en règle, s'excuse, parle allemand avec un accent scandinave, se fait discret. Il est très aimable, sympathique même. Le train quitte Berlin, composé de trois voitures en tout, dont le sleeping, mais il n'y a plus de restaurant. Rationnements, privations, destructions, bombardements, l'Allemagne souffre aussi. Une longue nuit d'été commence...

Un mois plus tôt, l'inconnu n'aurait jamais pu imaginer qu'il roulerait vers Vienne et Budapest dans ces conditions. Il était dans son bureau à Stockholm lorsqu'il avait reçu un mystérieux appel téléphonique...

Le voyageur inconnu appartient à une famille suédoise très connue, la dynastie Wallenberg. Fortunés, influents, les Wallenberg ont donné au royaume des banquiers, des officiers et des diplomates. Raoul Wallenberg, né le 4 août 1912, n'a pas connu son père, qui servait dans la Marine royale et est mort trois mois avant sa naissance. Bien que sa mère se soit remariée avec le directeur d'un hôpital qui lui a donné deux autres fils, Raoul Wallenberg est très proche de la famille de son père biologique. Son grand-père paternel, ancien ministre des Affaires étrangères, s'intéresse beaucoup à ce petit-fils cultivé, doué pour le chant, le dessin et les langues ; à douze ans, outre le suédois, il parle bien allemand, anglais et français. Adolescent, il voyage beaucoup dans toute l'Europe et aux Etats-Unis où, de 1931 à 1935, il étudie l'architecture tout en s'occupant des affaires familiales, sans intégrer la banque de ses ancêtres. Pour des raisons professionnelles, en dehors de ses activités en

Suède, il se rend aussi en Palestine en 1936 puis en Afrique du Sud et maintient, malgré les distances, des relations suivies avec ses oncles banquiers, Jacob et Marcus. A partir de 1940, il sillonne l'Europe centrale pour le compte d'une entreprise hongroise de produits alimentaires que dirige l'un de ses amis juifs, Kalman Lauer. Ce dernier, ne pouvant plus se rendre dans les pays envahis par l'Allemagne, demande à Raoul Wallenberg de le remplacer. Citoyen d'un pays neutre en bonnes relations avec Berlin, le Suédois devient directeur du département Etranger de l'affaire. Il se déplace sans aucune difficulté administrative de Berlin à Vienne, de Vienne à Budapest, notamment.

Janvier 1944. Le gouvernement américain institue le WRB (War Refugee Board, Conseil des Réfugiés de guerre). En Hongrie, l'un des derniers alliés de Hitler, sept cent cinquante mille Juifs, épargnés jusqu'ici, sont menacés. La menace se précise en mars avec l'envahissement du territoire hongrois par les troupes allemandes. Le 19 mars et le 15 mai, les premiers convois partent vers les camps ; les Américains établissent qu'en sept semaines quatre cent trente-sept mille personnes seraient déportées. Washington se tourne alors vers la Suède ; ce pays, neutre, dispose toujours d'une représentation diplomatique à Budapest. Par ce biais, n'y aurait-il pas moyen de sauver des Juifs en leur fournissant des passeports suédois ? Lauer, l'industriel hongrois avec lequel travaille Wallenberg, suggère son nom. Il semble correspondre au profil recherché par le président Roosevelt, celui d'un Suédois intelligent, plein d'humour, parfait polyglotte, grand connaisseur de l'Europe centrale, sensible à la question juive mais insensible à l'argent puisqu'il n'en a pas besoin. Et courageux. Le fait qu'il porte un nom illustre est un atout supplémentaire. Mais il est un détail qu'on peut ajouter aujourd'hui : son oncle Jacob est en relation avec l'un des principaux chefs des services de renseignements allemands, ce qui peut être un avantage... ou un inconvénient.

Le 10 juin 1944, Raoul Wallenberg a donc reçu une communication par téléphone lui demandant de venir à un rendez-vous avec l'ambassadeur des Etats-Unis en Suède. En fait, lors de cette rencontre dans une forêt près de Stockholm, le diplomate Herschel Johnson lui révèle qu'il est le représentant spécial de Roosevelt auprès du Comité suédois des Réfugiés.

La proposition est nette et brève :

— Acceptez-vous de vous rendre en Hongrie, que vous connaissez bien, pour sauver les Juifs survivants menacés de déportation et d'extermination ? Nous avons étudié toutes les possibilités. L'avion est exclu, trop exposé. Le seul moyen est le train Berlin-Vienne-Budapest. Acceptez-vous de le prendre ?

Après un silence, l'Américain reprend :

— Des fonds illimités vous seront alloués, dans la monnaie de votre choix. Cela dépendra de ce que vous pourrez emporter. Je dois vous préciser que, officiellement, le consul général de Suède à Budapest ne saura absolument rien de votre mission secrète pour le compte des Etats-Unis. Vous serez toujours, officiellement, troisième secrétaire. Mais je vous rappelle qu'étant neutre, même une activité caritative ou humanitaire pourrait compromettre votre pays...

Le Suédois a déjà répondu :

— Si je puis sauver une seule personne, je dois essayer...

Raoul Wallenberg vient de sceller son destin. A ses proches, il dit qu'il se sent prêt pour cette mission. Après une préparation technique, le Suédois prend l'avion de Stockholm à Berlin. Il ne se cache pas, au contraire ; seuls ses objectifs sont dissimulés. Sa sœur, Nina Lagergren, épouse d'un fonctionnaire de l'ambassade de Suède, en poste depuis cinq mois, le reçoit. Il lui révèle la vérité. En 2003, à quatre-vingt-deux ans, elle dira : « Cela ne nous a pas vraiment surpris. Cette mission était l'aboutissement de ce qu'il avait fait auparavant. Et le lendemain il a pris le train pour la Hongrie. Après, je ne l'ai plus revu... »

L'imitation d'Orient-Express roule en direction de Vienne. A Berlin, c'est son ambassade qui avait réservé sa place à ce « diplomate ». Mais, depuis huit jours, il a déjà vécu les affres de son nouveau personnage d'agent américain clandestin. Il a dû franchir la frontière du Danemark occupé, porter des vêtements dans lesquels de l'argent, allemand et hongrois, a été caché sous les doublures. Ses valises, avec double fond, contiennent des sommes plus importantes. Il a aussi une liste de Hongrois hostiles au national-socialisme et de membres de l'entourage de l'amiral Horthy. Le dictateur, soixante-seize ans, ancien aide-de-camp de François-Joseph de 1909 à 1914, est maintenant soucieux de se démarquer de la folie hitlérienne ; en secret, il a entamé des négociations confidentielles avec les Soviétiques.

Le voyage est lent, interminable. Les arrêts pour du charbon et de l'eau succèdent aux alertes, les convois blindés à ceux de blessés, bien entendu prioritaires. Les voyageurs doivent se contenter de pain noir et de saucisses fades achetés dans des buffets dévastés. Au bout de trente heures, la rame passe enfin la frontière hongroise. Raoul Wallenberg est désormais sur un terrain très dangereux, celui de son objectif. Son vis-à-vis perd son ton caustique. Il se montre soudain affable, expliquant qu'il est l'adjoint de Riecke, ministre allemand du Ravitaillement. Dans sa conversation, il glisse des remarques amères contre la bureaucratie berlinoise, inefficace. Et il parle de la progression des Alliés en France, incontestable. Wallenberg n'approuve rien. Il se méfie. Il a raison car on saura, plus tard, que cet aimable et sympathique civil était un colonel de la Gestapo testant ce voyageur qui a exhibé un passeport diplomatique... Le train de Wallenberg entre en gare de Pest le 9 juillet 1944. La Hongrie, par chance, vient de décider l'arrêt des déportations. Le « diplomate » est vite au travail, accélérant la délivrance, chaque jour, de passeports de protection (*Schutz Pass*). Peu importe que les bénéficiaires aient des attaches professionnelles ou familiales en Suède. Ils sont protégés par la monarchie suédoise, dont la neutralité remonte à Bernadotte. Wallenberg connaît beaucoup de monde, partout. Il achète les indécis et les lâches, corrompt grâce aux sommes remises par les Américains, tire profit des hésitations de ceux qui se demandent dans quel sens va tourner la guerre. Lui le sait et se dévoue sans relâche. Il sauve au moins 20 000 personnes et contribue à aider entre 50 000 et 70 000 rescapés du ghetto.

S'il n'a pas été démasqué dans le train, la suite est complexe. En octobre 1944, la mission de Wallenberg est achevée. L'Armée rouge et roumaine n'est plus qu'à 100 km de Budapest mais les Allemands, repliés sur la colline de Buda, tiendront jusqu'en janvier 1945. Toutefois, lorsque la ville est aux mains de Staline, les Soviétiques s'interrogent sur ce personnage et ses activités. Si le maréchal Malinovski se montre bienveillant, le sinistre Beria, chef suprême du NKVD, la police politique, pense que Wallenberg a eu d'étranges contacts, peut-être même avec Eichmann et les services secrets de plusieurs pays. Et Wallenberg a pu faire stopper plusieurs convois de déportés alors qu'un ghetto était de nouveau créé dans le centre de la ville. Aux yeux des « libérateurs » de Budapest, il y a trop de zones d'ombre dans la vie de cet homme si dévoué et si convaincant, Wallenberg. C'est lui qui demande à se rendre au QG soviétique, à Debrecen, pour exposer ses projets. On lui donne une voiture, un chauffeur et deux motards soviétiques pour les 200 km de route entrecoupés de barrages. C'est le mercredi 17 janvier 1945. A un ami médecin, qu'il va déposer, il dit, en plaisantant sur ses anges gardiens motocyclistes :

— Je ne sais pas s'ils sont là pour me protéger ou pour me surveiller...

Sur lui et avec lui, beaucoup d'argent, trois valises, un sac de couchage. On ne l'a jamais revu. Toutes les hypothèses ont été émises. Les deux principales sont anciennes : soit il a été abattu par la Gestapo, qui le recherchait, sur la route vers l'est de la Hongrie ; soit il est mort d'une crise cardiaque dans la prison moscovite de la Lioubianka, le 17 juillet 1947, selon une confession, en 1956, d'Andrei Gromyko, ministre soviétique des Affaires étrangères, à l'ambassadeur de Suède en URSS. Mais en 1991, avec l'effondrement de l'Union soviétique, certaines archives sont accessibles. La famille du disparu se bat, d'une génération à l'autre, pour savoir la vérité, alors que les autorités suédoises ont été peu empressées, notamment entre 1945 et 1951... La dernière explication serait qu'il n'est mort qu'en 1989, dans un camp du Goulag, détenu au secret, sous un faux nom, voire un simple numéro d'écrou... Motif ? Sans rien retirer à son admirable engagement et à ses résultats spectaculaires, Raoul Wallenberg aurait été aussi un agent de l'OSS, l'ancêtre de la CIA, ce qui aurait exaspéré le régime stalinien et certains de ses successeurs à Moscou. Depuis plus de soixante ans, une partie du destin du Suédois est gênante. Ronald Reagan avait déclaré : « Le monde a envers ce grand homme une dette énorme et éternelle et l'Union soviétique doit sur son sort un compte rendu complet et exact. » Au printemps 2003, sa sœur, Mme Lagergren, recevant un énième rapport, avouait : « On ne peut pas être optimiste » (Philippe Broussard, *Le Monde*, 8 mars 2003).

A Budapest aujourd'hui, il y a une statue de Wallenberg le Juste. Un historien hongrois qui, depuis

toujours, cherche à reconstituer ce qui s'est passé en 1945, m'a assuré :

— Sans son voyage en train, il n'aurait jamais pu arriver ici. Mais il devait savoir que c'était un aller simple vers la mort...

Westerns

Dans l'histoire nord-américaine, les chemins de fer jouent le rôle déterminant que l'on connaît : conquête des territoires de l'Ouest, unification des Etats, modification de la vie quotidienne, obstacles géographiques, régions hostiles, spéculations et rivalités des compagnies, exploits de matériels imposants, prouesses techniques et réussite économique pendant environ cent ans. La présence des trains est une composante du western. Elle est presque obligatoire. Notons que le mot lui-même, signifiant « de l'Ouest », n'est définitivement adopté qu'au milieu du XXe siècle alors que le cinéma* en avait fait un genre dès 1903, avec *The Great Train Robbery*, de Edwin S. Porter. Le titre est traduit en français alternativement par *La Grande Attaque du train*, *L'Attaque du grand train* ou *Le Vol du rapide...* Dans ce film – qui ne dure que neuf minutes mais pour l'époque c'est long –, on trouve déjà plusieurs ingrédients composant la recette de base : attaque d'un fourgon postal, sabotage du télégraphe, arrêt forcé du train en pleine campagne, bandits sans scrupules tuant le gardien du trésor et pillant les voyageurs, télégraphiste héroïque, arrivée de vigiles mettant les hors-la-loi en fuite, poursuite à cheval... Il n'y manque encore que les Indiens. Après le premier film projeté de l'histoire du cinéma* où le train crève l'écran, il est le thème d'un scénario. Voici le premier western. C'est la naissance d'un genre et d'un style. Evidemment muet, le récit est très écrit, bien structuré. Le train qui entre dans la gare de La Ciotat est paisible et documentaire ; il est une curiosité ethnographique. Chez Porter, il y a une action, des caractères bien campés, des situations parfaitement construites et des décors en place. Il y a même, dans le dernier plan, une trouvaille : le revolver d'un bandit menaçant les spectateurs annonce un genre appelé à un succès mondial et permanent : le suspense. De plus, ces péripéties ont presque la valeur d'actualités puisque l'Ouest est toujours agité par des agressions de hordes attaquant les convois. C'est donc à la fois un témoignage contemporain et un chapitre du passé des Etats-Unis. Il forge un mythe sur le thème de la naissance d'une nation. « Star de l'épopée westernienne, le train y revendique plusieurs rôles. Il est tout à la fois, une locomotive, des wagons, des employés, des voyageurs, des rails, des gares. Tous ensemble ou séparément participent à l'action, à des degrés divers » (*Travellings du rail*, Daniel Corinaut et Roger Viry-Babel, préface de Wim Wenders, Denoël, 1989). Le chemin de fer cesse d'être neutre. Il sera une menace ou un espoir, de toute manière un enjeu, parfois comique, le plus souvent épique et dramatique.

Dans ce *Dictionnaire amoureux*, une filmographie spécialisée serait impossible et je renvoie l'amateur à l'excellent ouvrage que je viens de citer. Je me bornerai à une brève sélection de mes films préférés, vus et revus avec plaisir. Citons, pour l'entre-deux-guerres, quelques classiques. Dans *Le Mécano de la General*, (*The General*, 1926), Buster Keaton situe les péripéties de sa locomotive pendant la guerre de Sécession. L'affrontement entre le Nord et le Sud, qui alimentera de nombreux westerns, même au prix d'un déplacement territorial vers l'Est (peut-on parler d'*easterns* ?), tourne à la poursuite burlesque entre deux machines ; l'intervention des aiguillages est savoureuse. On notera que le flegmatique mécano a tourné sur une voie spéciale de 80 km et avec six locomotives.

Le Cheval de fer (*The Iron Horse*, 1924) est déjà le... cinquantième film de John Ford ! Sur le canevas d'une vengeance, il raconte l'histoire, réelle, de la construction du Transcontinental, décidée et soutenue par le président Abraham Lincoln. Les deux équipes, l'une partie de l'Est et l'autre de l'Ouest, se rencontrent à Promontory Point*, dans l'Utah, le 10 mai 1869. La voie est achevée, la côte Atlantique et la côte Pacifique sont désormais reliées. Cette fresque, d'une longueur exceptionnelle pour l'époque (près de deux heures de projection), a coûté une fortune, deux cent quatre-vingt mille dollars. Elle en a rapporté au moins deux millions. Le succès populaire s'explique par le soin de la reconstitution et l'évocation de la vie difficile des pionniers. Faute d'hôtels, John Ford vécut ce tournage en plein désert, logé dans le train d'un cirque, machine comprise. De nombreux incidents émaillèrent la réalisation, aussi mouvementée que l'histoire qu'elle raconte. Témoignage du régisseur Lefty Hough, cité, en 1978, par l'historien Kevin Brownlow : « Le steward du wagon-restaurant est mort d'une pneumonie. On a procédé à un mariage. On a reçu un chargement de charbon que les Indiens nous ont volé. Les cuisiniers se faisaient de l'argent en revendant les beefsteaks 15 cents sur une telle quantité qu'on en est venu à manquer de nourriture. Le producteur délégué, qui avait établi son quartier général dans un bordel de Reno, a été viré pour malversations (...). On a eu deux vieilles locomotives données par la Compagnie de chemin de fer, dont une avait réellement fait la ligne de Sacramento. Nous tournions de l'un ou de l'autre côté du train, en ayant pris soin de repeindre les wagons de manière à savoir si le train était censé, à l'image, aller de gauche à droite ou de droite à gauche ! » Parmi les figurants soumis à John Ford, deux cent cinquante Chinois dont trente, les plus âgés, avaient effectivement participé à la construction de la ligne, trois mille chevaux et dix mille têtes de bétail. En 1939, la même compétition, acharnée et violente, entre les deux compagnies est mise en scène par Cecil B. De Mille dans *Pacific-Express*, également titré *Union Pacific*. Un autre monument, qui dure dix-huit minutes de plus que le précédent et malmène les nerfs du spectateur par le risque d'un déraillement sur un pont... Ces grands moyens (six locomotives, cinq cents cheminots, vingt kilomètres de voie construits spécialement) vaudront à Cecil B. De Mille, passionné de chemins de fer, ce surnom imaginé par le grand dialoguiste Henri Jeanson : « Cecil Billet de Mille » !

L'heure est un élément majeur dans un western, surtout si c'est celle du train qui part ou arrive. Encore plus quand on l'attend... *Le train sifflera trois fois* (*High Noon*, 1952) est un suspense exemplaire signé Fred Zinnemann. Un shérif qui part en retraite (Gary Cooper) vient de se marier avec la jolie Amy (Grace Kelly, dans son deuxième rôle au cinéma*). Au moment de leur départ en voyage de noces, le représentant de l'ordre apprend qu'un tueur qu'il avait fait arrêter et condamner vient se venger. Il arrivera par le train de midi (d'où le titre original qui signifie « midi juste »). Un train qui sifflera trois fois pour annoncer son arrêt. Trois complices de l'ancien condamné l'attendent déjà à la gare. Le successeur du shérif retraité n'arrivant que le lendemain, le jeune marié de cinquante ans estime qu'il ne peut partir en laissant les quatre bandits agir en toute liberté. Toute la bourgade recommande à ce fonctionnaire courageux et consciencieux de s'en aller. Même sa femme l'en supplie. Il se retrouve seul, dans un combat inégal, abandonné de tous les lâches. Presque un suicide mais le fait de porter encore vingt-quatre heures une étoile sur sa poitrine lui impose le devoir jusqu'au bout. Un personnage d'ombre et d'angoisse alors que sa jeune épouse quaker est lumineuse de fraîcheur. L'obstiné shérif ne transige pas avec l'ordre. Le talent de Fred Zinnemann est de raconter l'histoire en temps réel. Il est 10 h 30 au début du film, midi au dénouement. L'attente est longue, presque insupportable mais cinématographiquement maîtrisée. La silhouette droite de Gary Cooper dans la ville déserte est inoubliable, comme les trois coups de sifflet de la Baldwin, la descente du train de Frank Miller le bandit, ses comparses qui l'accueillent et le quatuor assassin qui se met en marche à la rencontre du shérif... Le train, qui n'apparaît donc qu'à la fin, est omniprésent pendant quatre-vingt-dix minutes, telle une obsession. Un film parfait qui recevra quatre récompenses dont l'Oscar du meilleur acteur, décerné à Gary Cooper, qui avait commencé sa carrière comme cow-boy en 1925 et surveillé la marche d'une locomotive dans un film moralisateur de Sam Wood, *L'Intrigante de Saratoga*.

C'est encore une heure fatidique qui est le ressort du film *3 h 10 pour Yuma* (*3 : 10 to Yuma*, 1957, de Delmer Daves). Le bandit Ben Wade (Glenn Ford) doit être conduit par train à Yuma où il sera jugé. Son convoyeur est un fermier qui a besoin des deux cents dollars de prime pour sauver son exploitation. Les complices du voleur projettent de le faire évader. Le suspense, ici encore, est dans l'attente de ce convoi symbole de la justice. *Butch Cassidy et le Kid* (*Butch Cassidy and the Sundance Kid*, de George Roy Hill, 1969) se situe à la fin du XIXe siècle. Le duo Paul Newman-Robert Redford ne cesse de dévaliser les fourgons de l'Union Pacific. On retiendra surtout la séquence où, lors d'une attaque du train, les joyeux malfaiteurs, peu professionnels dans le maniement des explosifs, s'y prennent tellement mal que le souffle de la dynamite propulse tous les billets volés dans l'air ! Une autre séquence, très célèbre, à bicyclette, annonce la fin d'une époque. On y entend cette réplique désabusée : « La bicyclette est à l'homme ce que le chemin de fer est au cheval. » Une trahison ferroviaire qui ne porte pas chance aux écervelés : ils finissent dans une prison sud-américaine. Justice pour le rail !

Face à Buffalo Bill, de grandes figures de l'Ouest, plutôt des mauvais garçons, ont été historiquement liées au chemin de fer. C'est le cas des célèbres frères Jesse et Frank James, dans les années 1870-1880. Après la guerre de Sécession, ils attaquent des banques puis des trains sous le prétexte que les compagnies ferroviaires, en construisant de nouvelles lignes, les ont spoliés ainsi que les pauvres fermiers de la prairie. Ils tiennent aussi les actionnaires pour responsables de la mort de leur mère. Détroussant les riches pour donner aux pauvres, ces *outlaws* (« hors-la-loi ») deviennent très populaires. Ils sont des justiciers. On les compare à de nouveaux Robin des Bois. Les légendaires frères James sont le sujet d'innombrables films, y compris en épisodes car leur existence, mouvementée et mythique, tient du feuilleton. A retenir *Le Brigand bien-aimé* (*Jesse James*, 1939) de Henry King avec Tyrone Power, Henry Fonda et Randolph Scott dans des attaques de convoi bien menées. Suit une version de Fritz Lang, *Le Retour de Frank James* (*The Return of Frank James*, 1940), où Henry Fonda joue le même rôle que dans le précédent pour venger la mort de son frère Jesse. En 1967, Nicholas Ray donne sa version de cette mythologie, en suivant le scénario du film de Henry King. Si le titre français est le même, *Le Brigand bien-aimé*, le titre américain insiste sur la vérité, *The True Story of Jesse James*. Effectivement, ce film respecte la vérité, commençant par l'échec des deux frères le 7 septembre 1876. Si Jesse et Frank James sont réputés et craints pour leurs attaques ferroviaires, elles ne leur portent pas chance, selon cette réplique : « Tous nos malheurs viennent du jour où on a abandonné les banques pour attaquer les trains. » Ces séquences sont très réalistes et il est exact que Jesse James fut abattu d'une balle dans le dos et que son frère Frank voulut le venger.

En 1968, personne n'aurait pensé que le western, genre alors déclinant, serait ranimé, bouleversé, détruit et reconstruit par un cinéaste italien tournant en Espagne avec des acteurs portant presque tous de faux noms américains, à l'exception de Clint Eastwood, une révélation, et de Lee Van Cleef, l'un des trois vilains du *Train sifflera trois fois*, dans la série des *Pour une poignée de dollars* et la suite. Ayant sévi dans le péplum de Cinecitta, Sergio Leone s'attaque au western. Il le dynamite. De ce puzzle, il invente le « western spaghetti », qui fait d'abord hurler les puristes, puis connaît un succès phénoménal et s'impose. On ne parle plus de parodie mais d'une réécriture, soutenue par la musique d'Ennio Morricone, lancinante et originale, entre l'harmonica et les sifflets. Pour notre propos, *Il était une fois dans l'Ouest* (*C'era une volta il West*, 1968) pulvérise la mythologie *made in Hollywood* en accumulant les morceaux de bravoure. Cela commence sur un quai de gare, désert. Trois hommes, vêtus de longs manteaux qui surprennent et de chapeaux également inhabituels, attendent un voyageur. Encore l'attente... Pour l'abattre. On apprend qu'une compagnie de chemin de fer a loué les services d'un tueur qui n'est autre que l'homme attendu. Sergio Leone se paie le luxe d'avoir au générique Henry Fonda, noble figure, entre autres, de l'authentique western. En fait, le pas-

tiche est un hommage, avec d'inoubliables numéros d'acteur. En 1971, le réalisateur récidive dans un scénario traitant de la révolution mexicaine de Pancho Villa, en 1913, sous le titre français *Il était une fois la Révolution*. Ce « western latino-tortilla » comprend, bien entendu, l'attaque d'un train. Une séquence obligatoire avec des comédiens d'envergure, Rod Steiger et James Coburn. Sergio Leone a-t-il enterré le western ? Quoi qu'on en pense, il y a avant et après lui.

Wilde, Oscar

Ecrivain et auteur dramatique anglais d'origine irlandaise, 1856-1900

Beau, élégant, longue chevelure et joues pâles, esthète à l'esprit subtil, ce fils d'un chirurgien de Dublin est, vers 1880-1890, l'auteur le plus fêté d'Angleterre. Provocateur et impudique par ses confessions, irrésistible causeur, peintre rebelle et impitoyable de la haute société, il éblouit ses victimes – et son public – par son intelligence étincelante. Avant la dénonciation de son homosexualité (qui lui vaut deux ans de travaux forcés et entraîne la chute de sa réputation), il écrit une première comédie qui renouvelle le genre outre-Manche en unissant le pathétique au romanesque. Dans *L'Eventail de Lady Windermere*, créé en 1892, Wilde fait annoncer par l'un de ses personnages, Mrs Erlynne, son départ dans le Club Train. Très chic... mais de quoi s'agit-il ? D'une idée née à la suite de l'engouement suscité par l'Exposition universelle de 1889, à Paris. Quatre compagnies, deux anglaises, le Nord et celle des Wagons-Lits, s'unissent pour organiser un train de luxe rapide assurant la relation Paris-Londres et Londres-Paris dans la journée grâce à un bateau spécialement construit pour sa clientèle lors de la traversée Calais-Douvres et Douvres-Calais en soixante-dix minutes. Les riches turfistes peuvent ainsi faire la navette entre les champs de courses d'Ascot, Chantilly et Longchamp. Ils sont très confortablement installés dans quatre belles voitures-salons d'un vert rutilant et un restaurant. Raffinement suprême, le fourgon-fumoir permet aux messieurs de fumer leur havane sans incommoder les dames. Chic... mais, comme rien n'est parfait, une femme, un peu masculine, fait un scandale car elle aussi fume, de longues cigarettes russes au bout d'un fume-cigarette interminable ! Oscar Wilde, fumeur invétéré, fait semblant d'être choqué : « La moitié des jolies femmes de Londres fument des cigarettes. Personnellement, je préfère l'autre moitié. » Le coupé-toilette, une innovation, permet de se recoiffer et d'ajuster sa mise. Les Français, jaloux de l'expression « Club Train », lui donnent un autre nom, le « Jockey Club-Express » mais les gentlemen d'Ascot ricanent et le surnomment « Snob Train », appellation jamais homologuée sur les affiches et les horaires ! C'est le « Club Train », un point c'est tout, un train d'amateurs de sports. L'anglomanie a le dernier mot. Chaque jour, il part de Londres à 15 heures et de Paris à 15 h 15 ; il arrive à Paris à 22 h 45 et à Londres à 22 h 47. Peu à peu, d'autres gentlemen, ceux de la City et portant le *bowl hat* (chapeau melon), y ont leurs habitudes. Le succès, en 1892, est tel qu'il faut restreindre le nombre de voyageurs, d'où la mention « Train de

Luxe limité » ou « Paris Limited Mail » puisqu'il transporte le courrier, urgent, de la Malle des Indes*. Hélas, l'exploitation du « Club Train » sera très brève pour une raison à laquelle personne n'avait songé : l'horaire ne tient pas compte du mouvement des marées (!) qui entraîne d'insupportables retards aux manœuvres d'accostage des navires. Le 1er octobre 1893, au moment où Oscar Wilde crée sa deuxième pièce, *Une femme sans importance*, le « Club Train », dont il avait assuré, en une réplique, la notoriété, a cessé d'exister. On peut le considérer comme le précurseur de la Flèche d'or* (*Golden Arrow*) des années 1930-1970. Que nul ingénieur ou marin n'ait pensé aux marées est ridicule. Oscar Wilde avait raison de dire, dans une conversation : « Je me dis parfois qu'en créant l'homme, Dieu a quelque peu surestimé ses capacités... »

Z

« Crains qu'un jour, un train ne t'émeuve plus... »

Guillaume Apollinaire.

Zaharoff, sir Basil

Trafiquant d'armes d'origine grecque,
né en Anatolie, 1849-1936

Né dans une misérable banlieue de la partie asiatique de l'Empire ottoman, grandi dans les rues de Constantinople, Basil Zaharoff est l'exemple même d'un génie du commerce qui pratique tous les métiers et fait fortune, à l'âge de vingt-six ans, grâce aux guerres, en particulier celle de la Grèce contre la Turquie et celle du Japon contre la Chine. Il n'a aucune idéologie, il vend des armes à tous les adversaires et leur permet d'en acheter grâce à un système de crédit où ce sont les Etats qui garantissent leurs emprunts. Devenu l'un des hommes les plus riches du monde, ce marchand de canons invente un système économique redoutable, fondé sur la corruption, le cynisme et des campagnes de presse, s'étant glissé dans le système bancaire et contrôlant des journaux populaires de grande audience. Avant 1914, il se retrouve à Londres, la capitale économique du monde. Nommé conseiller de l'Amirauté britannique et de milieux financiers londoniens, il les oriente vers les champs de pétrole du Moyen-Orient, encaissant de confortables commissions pour ses « interventions »... La Grande Guerre lui apporte la considération officielle : il est nommé par le roi George V chevalier de l'Ordre du Bain (portant fièrement bicorne emplumé et grand collier) tandis que la France l'élève au grade de commandeur de la Légion d'honneur « pour services exceptionnels ». Quels services ? Il est l'intermédiaire inévitable de tous les belligérants. Et il ose annoncer que vendre des armes est un comportement « patriotique ». Ayant des clients dans toutes les zones de combats (ce qui n'est tout de même pas sans risque...), il sait relier la finance à l'industrie. Le « système Zaharoff », comme on l'appellera, s'appuie souvent sur une élite désargentée qu'il compromet moyennant des avantages conséquents. La maîtresse d'un grand-duc de Russie passe pour porter à son cou « un collier qui vaut la moitié d'un cuirassé » ! La guerre est belle et profitable pour sir Basil Zaharoff ! On l'accusera d'avoir fabriqué 25 000 canons, 250 000 mitrailleuses, 4 millions de fusils, 300 000 obus, et d'avoir incité les peuples à s'entretuer. Il exerce une forte influence sur des politiciens tels que Lloyd George, Aristide Briand ou Georges Clemenceau et reçoit un surnom qui ne le gêne nullement, celui d'« agent de la Mort »... Il a fourni des munitions à tous les belligérants de la boucherie de 14-18. Toutefois, on peut considérer qu'il sert d'exutoire à la place des dirigeants politiques qui ont accepté, avec lui, des associations de convenance.

Un tel personnage est évidemment chez lui dans l'Orient-Express* dont il est un habitué fastueux et redouté. Les interminables conflits balkaniques sont, pour ce négociateur hors pair, une source de juteux profits. Sur son ordre – discret –, les fourgons de l'express peuvent transporter des mitrailleuses en pièces détachées. Ayant la prudence de rester dans l'ombre et de faire intervenir des hommes de paille, il emprunte souvent le fameux train et y donne des rendez-vous. Une nuit, il y joue même le rôle, inattendu, d'un gentleman en cachant dans sa cabine une belle Espagnole terrorisée, Maria Pilar Angel-Patricimo Simona del Marquiso y Berrete. Il ignore qu'elle est une cousine du roi d'Espagne, S.M. Alphonse XIII. Pourquoi est-elle affolée ? A travers le wagon-restaurant et les wagons-lits, elle est poursuivie par son mari, le duc de Marchesa. Personnage étrange, celui-ci essaie d'étrangler Maria Pilar, qu'il a épousée... deux jours plus tôt ! Zaharoff intervient, la barbiche conquérante, et se mue en séducteur :

— Je vous aime !

Cette déclaration est inouïe quand on sait avec quel cynisme et quelle absence de sentimentalisme Basil Zaharoff traite ses interlocuteurs, partenaires ou victimes. Et le plus étonnant est qu'il est sincère en voyant cette jeune femme apeurée dans le couloir du sleeping. Son mariage avec Emily Ann Burrows, fille d'un industriel de Bristol, avait été un échec. Zaharoff s'était fait passer pour un prince ukrainien. Quand la mariée avait découvert la vérité, elle avait vite rejoint sa famille !

Lui qui n'a jamais voulu s'embarrasser d'une

femme dans ses infâmes activités tombe amoureux dans l'express qui, il est vrai, compte Venise sur son trajet. Le mièvre coup de foudre en train de luxe. Les fiançailles seront longues car, bien que fou, le duc de Marchesa ne se décidera à mourir qu'en 1924. Toutefois, le bonheur conjugal de sir Basil avec Maria Pilar sera de courte durée ; deux ans après leur mariage, Mme Zaharoff s'éteint mystérieusement. Et il faut reconnaître que sir Basil, que rien n'atteignait, est abattu, sombrant dans une inhabituelle torpeur. Son chagrin semble sincère. Il ne peut oublier celle qu'il avait rencontrée dans le train de l'Europe. Ici encore, le contraste est saisissant entre son âpreté publique et son romantisme privé. Puis, il s'achète une conduite en versant deux millions et demi de dollars par an à la Grèce pendant les conflits balkaniques qu'il a contribué à prolonger ; il s'était même intéressé aux sous-marins, pour en vendre, affirmant à la Grèce qu'elle devrait avoir deux submersibles parce que la Turquie en avait un ! Tout était faux ! Puis, il soutient le Fonds américain d'aide aux réfugiés du Proche-Orient et fonde les chaires d'aviation des universités de Paris, Londres et Leningrad. En 1936, il est, comme souvent, à Monte-Carlo. Sur un fauteuil roulant, entouré d'une nuée de domestiques et de secrétaires, on le voit l'hiver, sortant d'un palace, portant chapeau de chasse et manteau de beau tweed, mais ses jambes ne portent plus cet homme rondouillard de quatre-vingt-sept ans.

Et c'est à Monte-Carlo qu'il meurt. Le comble est qu'au même moment une réunion de fabricants et vendeurs d'armes, qui ont un nouveau marché avec la guerre civile espagnole, se tient à 40 km de là, sur la Côte d'Azur, sous le titre, fallacieux, d'Association des amis des Chemins de fer, où le milliardaire comptait quelques amis ! Sir Basil Zaharoff, le créateur de troubles pour qui la guerre était la seule solution, avait reçu, en tout, deux cent quatre-vingt-dix-huit décorations et médailles décernées par trente-huit pays ! Il était fréquentable, utile, indispensable. Il était la personne qu'il fallait, quand il le fallait, avec ce qu'il fallait...

Remerciements

S.M. la Reine Margrethe II de Danemark et S.A.R. le Prince Henrik de Danemark.

Mesdames et Mesdemoiselles :

Danièle Brocheton, chef du service Documentation de *La Vie du rail* ; Martine Chantereau, responsable du département Patrimoine de la Compagnie Internationale des Wagons-Lits ; Jutta Hufenbecher et Ursula Painvin pour leurs travaux de traduction ; Armandine Badey-Bettembourg (Agence LBP, service de presse des trains du groupe Venise-Simplon-Orient-Express) ; Janine Crot ; Laurence des Cars, conservateur au musée d'Orsay ; Nicole Olga Theobald (Train Militaire Français de Berlin) ; et bien sûr Monique, pour son aide précieuse et son soutien permanent.

Messieurs :

Jean-Marc Combe, conservateur de la Cité du Train (Musée français de l'histoire du Chemin de fer, Mulhouse) ; le chef de cuisine Gérard Idoux (en souvenir, notamment, du centenaire de l'Orient-Express en 1983) ; Gabriel Jardin ; Jean-Jacques Gouin, président de l'Association Matériel Ferroviaire Patrimoine National (MFPN), et Georges Nagel, secrétaire ; les équipes de l'AJECTA (Association des Jeunes pour l'Entretien et la Conservation des Trains d'Autrefois), en particulier celles de leur voiture Pullman n° 4155 et restaurant n° 4207. Jacques Crépineau, directeur du Théâtre de

La Michodière, François Floquet ; Philippe Viguié-Desplaces et Yves Thréard, journalistes ; Jimmy Crot ; le comte Ghislain de Diesbach, le lieutenant-colonel Alain Billy (Train Militaire Français de Berlin) ; Albert Glatt, fondateur du *Nostalgie-Orient-Express*.

Que toutes et tous trouvent, ici, ma profonde gratitude pour leur amicale autant qu'efficace contribution à mes recherches et à mes compléments d'enquêtes. Je n'oublie pas les amis, amateurs et passionnés de trains rencontrés au cours de mes voyages, m'ayant aidé et qui forment une grande famille ayant souhaité conserver l'anonymat.

Table

DANS LA MÊME COLLECTION

Ouvrages parus

Claude ALLÈGRE
Dictionnaire amoureux de la science

Yves BERGER
Dictionnaire amoureux de l'Amérique

Jean-Claude CARRIÈRE
Dictionnaire amoureux de l'Inde

Michel del CASTILLO
Dictionnaire amoureux de l'Espagne

Jean des CARS
Dictionnaire amoureux des trains

Patrick CAUVIN
Dictionnaire amoureux des héros

Malek CHEBEL
Dictionnaire amoureux de l'Islam

Bernard DEBRÉ
Dictionnaire amoureux de la médecine

Jean François DENIAU
Dictionnaire amoureux de la mer et de l'aventure

Alain DUCASSE
Dictionnaire amoureux de la cuisine

Dominique FERNANDEZ
Dictionnaire amoureux de la Russie
Dictionnaire amoureux de l'Italie

Daniel HERRERO
Dictionnaire amoureux du rugby

Christian LABORDE
Dictionnaire amoureux du Tour de France

Jacques LACARRIÈRE
Dictionnaire amoureux de la Grèce
Dictionnaire amoureux de la mythologie

André-Jean LAFAURIE
Dictionnaire amoureux du golf

Paul LOMBARD
Dictionnaire amoureux de Marseille

Peter MAYLE
Dictionnaire amoureux de la Provence

Christian MILLAU
Dictionnaire amoureux de la gastronomie

Bernard PIVOT
Dictionnaire amoureux du vin

Pierre-Jean RÉMY
Dictionnaire amoureux de l'Opéra

Pierre ROSENBERG
Dictionnaire amoureux du Louvre

Jérôme SAVARY
Dictionnaire amoureux du spectacle

Jean-Noël SCHIFANO
Dictionnaire amoureux de Naples

Alain SCHIFRES
Dictionnaire amoureux des menus plaisirs

Robert SOLÉ
Dictionnaire amoureux de l'Égypte

Philippe SOLLERS
Dictionnaire amoureux de Venise

Denis TILLINAC
Dictionnaire amoureux de la France

MARIO VARGAS LLOSA
Dictionnaire amoureux de l'Amérique latine

Dominique VENNER
Dictionnaire amoureux de la chasse

Jacques VERGÈS
Dictionnaire amoureux de la justice

Frédéric VITOUX
Dictionnaire amoureux des chats

À paraître

Jacques ATTALI
Dictionnaire amoureux du Judaïsme

Catherine BENSAID
Dictionnaire amoureux de la psychanalyse

Jean-Claude CARRIÈRE
Dictionnaire amoureux du Mexique

Antoine de CAUNES
Dictionnaire amoureux du rock

Claude HAGÈGE
Dictionnaire amoureux des langues

Serge JULY
Dictionnaire amoureux du journalisme

Michel LE BRIS
Dictionnaire amoureux de l'exploration

Yann QUEFFÉLEC
Dictionnaire amoureux de la Bretagne

Alain REY
Dictionnaire amoureux des dictionnaires

TRINH Xuan Thuan
Dictionnaire amoureux du ciel et des étoiles

Cet ouvrage a été composé par
Nord Compo (Villeneuve-d'Ascq)

et imprimé par Normandie Roto Impression s.a.s.
61250 Lonrai
pour le compte de la librairie Plon

Achevé d'imprimer en novembre 2008

N° d'édition : 14109. — N° d'impression : 083571.
Dépôt légal : octobre 2006.

Imprimé en France